T0169731

ESSAI
SUR L'ENTENDEMENT HUMAIN

Livres III et IV
Annexes

BIBLIOTHÈQUE DES TEXTES PHILOSOPHIQUES

Fondateur : Henri GOUHIER   Directeur : Jean-François COURTINE

John LOCKE

ESSAI
SUR L'ENTENDEMENT HUMAIN

Livres III et IV

Annexes

Traduction, notes et index
par
Jean-Michel VIENNE

Deuxième édition revue et corrigée

PARIS

LIBRAIRIE PHILOSOPHIQUE J. VRIN

6, Place de la Sorbonne, Vᵉ

2006

Les notes appelées par des lettres présentent, outre quelques traductions remarquables de Coste, les corrections significatives apportées jusqu'à la cinquième édition anglaise. Ces corrections sont mentionnées à partir de l'édition critique de Peter H. Nidditch : John Locke, *An Essay concerning Human Understanding*, Oxford, At the Clarendon Press, 1975

© *Librairie Philosophique J. VRIN,* 2006
pour la présente édition
ISBN 2-7116-1809-9
Imprimé en France

STRUCTURE DE L'*ESSAI* – LIVRES III ET IV

La structuration suivante propose une mise en évidence de l'organisation logique du texte de Locke et devrait faciliter la lecture à travers le découpage en sections d'importance différente.

La numérotation de droite donne la liste des chapitres et sections de l'ouvrage ; la numérotation de gauche, ainsi que l'intitulé des divisions, qui ne respectent pas toujours ceux de Locke, sont proposés par le traducteur.

STRUCTURE DU LIVRE III

STRUCTURE DU LIVRE IV

ESSAI SUR L'ENTENDEMENT HUMAIN

LIVRE III

TABLE DES MATIÈRES DÉTAILLÉE

CHAPITRE 4 : LE NOM D'IDÉE SIMPLES

GÉNÉRALITÉS SUR LE MOT OU LE LANGAGE

§ 1

Les hommes sont aptes à former des sons articulés

Dieu avait pour dessein que l'homme soit une créature sociable ; aussi l'a-t-Il non seulement créé avec l'inclination et la nécessité de vivre en compagnie de ceux de son espèce, mais Il l'a aussi doté du langage[1] pour que celui-ci soit le principal instrument et le lien normal de la vie sociale[2]. L'*homme* a donc par nature les organes ainsi façonnés qu'ils sont *capables de former des sons articulés* que l'on appelle *mots*. Mais cela ne suffisait pas pour produire du langage : des perroquets et divers autres oiseaux apprennent à articuler des

---

1. On sera attentif, dans ce livre spécialement, au fait que le terme anglais unique (*language*) est traduit en français par deux termes : *langue* et *langage*. L'unité de référence n'est donc pas respectée par la traduction.
2. *Cf.* 3.11.1 ; *Essai sur la Loi de Nature*, Essai IV, f. 61.

sons assez distincts sans pour autant être en quoi que ce soit aptes au langage.

§ 2
Pour en faire les signes des idées

En plus des sons articulés, il fallait encore que l'homme soit *capable d'utiliser les sons comme signes de conceptions internes*, de les établir comme marques pour les idées à l'intérieur de son esprit : il peut ainsi les faire connaître aux autres et les hommes peuvent se transmettre l'un à l'autre les pensées de leur esprit [1].

§ 3
Pour faire des signes généraux

Mais ceci ne suffisait pas encore pour rendre les mots aussi utiles qu'ils devraient l'être. Pour la perfection du langage, il n'est pas assez que les sons puissent devenir signes des idées ; il faut encore que ces *signes* puissent être utilisés de manière à *inclure plusieurs choses particulières*. La multiplicité des mots aurait rendu confus leur usage si chaque chose singulière avait eu besoin d'un nom distinct pour la signifier. [a] Pour

a. Texte ajouté depuis la deuxième édition (*cf.* le texte de la note suivante qu'il remplace).

1. *Cf.* la distinction entre l'homme et l'animal par la capacité de signifier : Sextus Empiricus, *Adversus Mathematicos*, 8, 275 : « L'homme ne diffère pas des êtres animés irrationnels par le discours proféré (car les corbeaux, les perroquets et les pies profèrent des sons articulés) mais par le discours intérieur ... » ; Porphyre, *De l'abstinence*, III, 2 (cités par C. Panaccio, *Le discours intérieur*, Paris, Seuil, 1999, p. 56) ; cf. *Draft B*, § 62 ; une table comparative complète des *Drafts* et de l'*Essai* est donnée dans l'édition Clarendon des *Drafts* par P.H. Nidditch et G.A.J. Rogers (Oxford, 1990), p. 271-286.

remédier à cette difficulté, le langage a bénéficié d'une nouvelle amélioration : l'usage de termes généraux, qui permettent de faire d'un mot la marque d'une multitude d'existences singulières ; usage bénéfique des sons, obtenu seulement par la différence des idées dont on les a faits signes : les noms deviennent généraux quand on leur donne pour fonction de tenir lieu d'idées générales et ils demeurent singuliers là où les idées qu'ils remplacent sont singulières[-a].

|§ 4

Outre[b] ces noms qui tiennent lieu d'idées, il y a d'autres mots qu'[c] emploient les gens, pour signifier non pas une idée mais le manque ou l'absence d'idées simples ou complexes ou de toutes les idées à la fois, comme *nihil*[1] en latin, *ignorance* et *stérilité* en français. On ne peut à proprement parler dire que ces mots négatifs ou privatifs n'appartiennent à aucune idée ou n'en signifient aucune car ils seraient alors des sons parfaitement insignifiants ; mais ils se rapportent à des idées positives et signifient leur absence[2].

b. Mot qui remplace, depuis la deuxième édition, le texte de la première édition : « Les *mots* donc sont faits pour être les signes de nos idées et *sont généraux ou singuliers selon que les idées dont ils tiennent lieu sont généraux ou singuliers*. Mais … ».

c. Texte depuis la deuxième édition, qui remplace le texte de la première édition : « … ont trouvé et … ».

1. *Rien*.
2. Section parallèle à *Draft B*, § 93 fin.

§ 5

Les mots proviennent en dernière instance
de ce qui signifie des idées sensibles

On peut aussi remonter un peu plus vers l'origine de toute notion et de toute connaissance en notant combien la dépendance des mots par rapport aux idées sensibles ordinaires est forte et comment les mots utilisés pour tenir lieu d'actions et de notions fort éloignées des sens *trouvent là leur* d-*source et sont transférés d'idées sensibles manifestes vers des significations plus obscures*, pour tenir lieu d'idées qui ne tombent pas sous le savoir des sens-d ; par exemple *imaginer, appréhender, comprendre, adhérer, concevoir, instiller, dégoûter, trouble, tranquillité*, etc. sont tous des mots empruntés aux opérations des choses sensibles et appliqués à certains modes de la pensée. *Esprit* dans sa signification première est un souffle ; *ange*, un messager [1]. Et je ne doute pas que si l'on pouvait remonter à la trace jusqu'à leur source-e, on trouverait dans toutes les langues que les noms qui tiennent lieu de choses ne tombant pas sous les sens ont eu leur première source dans les idées sensibles.

On peut en tirer quelque conjecture sur le genre et la provenance de notions occupant l'esprit de ceux qui furent les initiateurs des langues ; et comment la Nature, même dans la nomination des choses, suggéra involontairement aux

---

d. Texte depuis la deuxième édition, qui remplace le texte de la première édition : « … *origine* et sont transférés depuis des idées sensibles manifestes ; ».

e. Terme utilisé depuis la deuxième édition, qui remplace : « origine ».

1. Termes tous deux étudiés, plus longuement, par Hobbes en *Léviathan*, chapitre 34. Ces exemples n'étaient pas donnés dans le *Draft B*.

hommes les origines et les principes de toute leur connaissance : ils étaient contraints, pour donner des mots permettant
de faire connaître aux autres des opérations qu'ils éprouvaient
en eux ou toute autre idée qui ne tombaient pas sous les sens,
de faire appel à des mots empruntés aux idées de sensation
ordinairement connues et de permettre aux autres de concevoir
plus facilement les opérations expérimentées en eux et qui ne
se manifestaient pas extérieurement aux sens[1]; quand ils
eurent acquis des noms connus et acceptés pour signifier les
opérations internes de leur propre esprit, | ils furent suffi- **404**
samment dotés pour faire connaître par des mots toutes leurs
autres idées, puisqu'elles ne pouvaient consister qu'en perceptions sensibles externes ou en opérations internes de leur
esprit à leur propos; nous n'avons en effet, on l'a prouvé[2],
aucune idée qui ne vienne pas originellement soit des objets
sensibles extérieurs, soit de ce que nous éprouvons en nous à
partir des élaborations intérieures de notre propre esprit dont
nous sommes intérieurement conscients[3].

§ 6

Plan

Pour mieux comprendre l'utilité et la force du langage
pour l'instruction et la connaissance, il sera pertinent de
considérer :

*Premièrement, ce à quoi les noms sont immédiatement
appliqués dans l'usage de la langue.*

---

1. Jusqu'ici, section parallèle à *Draft B*, § 93f.
2. *Cf.* : 2.1.24, etc.
3. *Conscious to ourselves* … : « dont nous témoignons à nous mêmes » ;
cf. 1.1.3 note ; Coste traduit « convaincus ».

Deuxièmement, puisque tous les noms (exceptés les noms propres) sont généraux, et qu'ainsi ils ne tiennent pas lieu particulièrement de telle ou telle chose singulière mais de classes et de groupes de choses, il sera nécessaire de considérer ensuite ce que sont les classes et les genres ou (si vous préférez les noms latins) *ce que sont les* species *et les* genera *de choses*, en quoi ils consistent et comment on en vient à les fabriquer. Quand on aura bien étudié la question (comme il le faut), on parviendra à mieux découvrir le bon usage des mots, les avantages et les défauts du langage, les remèdes à utiliser pour éviter les incohérences de l'obscurité et de l'incertitude dans la signification des mots – ce sans quoi il est impossible de discourir avec tant soit peu de clarté et d'ordre concernant la connaissance : comme celle-ci porte sur des propositions, et sur des propositions très couramment universelles, elle a de grands rapports avec les mots, plus qu'on ne l'a peut-être suspecté [1].

Ces considérations feront donc l'objet des chapitres suivants.

1. Raison de l'insertion plus tardive de cette analyse des mots dans le plan primitif de l'*Essai* : voir 2.33.19 ; 3.6.43 ; 3.9.21 ; 4.6.1.

CHAPITRE 2

LA SIGNIFICATION DES MOTS

§ 1

Les mots sont des signes sensibles nécessaires à la communication

L'homme a des pensées fort diverses, telles que d'autres pourraient comme lui en tirer plaisir et profit ; | mais toutes **405** demeurent en son sein, invisibles et cachées aux autres et ne peuvent d'elles-mêmes devenir manifestes. Les avantages et les commodités de la vie sociale sont inaccessibles sans communication des pensées ; aussi a-t-il fallu que l'homme trouve des signes sensibles externes permettant de faire connaître aux autres les idées invisibles [a-]dont sont constituées ses pensées[-a]. A cette fin rien n'est plus adapté, par leur fécondité aussi bien que leur brièveté[1], que les sons articulés

a. Texte de la quatrième édition et de la suivante, qui remplace : « … qui possède son esprit avec une telle variété… ».

1. *Cf.* 3.10.24.

que l'homme s'est trouvé capable de créer avec tant de facilité et de variété. On peut ainsi concevoir comment il est advenu que les mots, par nature si bien adaptés à cette fin, soient utilisés par les hommes comme *signes de* leurs idées : non par une liaison naturelle entre des sons articulés particuliers et certaines idées (il n'y aurait alors qu'une seule langue par toute l'humanité), mais par l'institution volontaire qui fait qu'un mot devient arbitrairement la marque de telle idée. L'utilité des mots est donc d'être la marque sensible des idées, et les idées dont ils tiennent lieu sont leur signification propre et immédiate.

§ 2

Les mots sont les signes sensibles des idées de celui qui s'en sert[b]

Les gens se servent de ces marques soit pour enregistrer leurs propres pensées[c] et soulager ainsi leur mémoire, soit pour 'extérioriser' leurs idées et les exposer à la vue d'autrui. *Les mots, dans leur signification primaire ou immédiate ne tiennent lieu de rien d'autre que des idées dans l'esprit de celui qui s'en sert*, quels que soient l'imperfection et le manque de soin avec lesquels des idées sont tirées des choses qu'elles sont supposées représenter. Quand un homme parle à un autre, c'est pour être compris ; et le but de la parole est que ces sons puissent comme des marques faire connaître des idées à l'auditeur. Ce dont ces mots sont les marques, ce sont donc les idées du locuteur. Et personne ne peut les appliquer comme des marques à quelque chose d'autre que les idées qu'il a lui-même : ce serait en faire le signe de ses propres

b. Chez Coste, ce titre couvre les § 2 à 6.
c. Dans les 3 premières éditions : « … idées … ».

conceptions et les appliquer pourtant à d'autres idées ; ce qui reviendrait à la fois à en faire et à ne pas en faire le signe de ses idées ; et ainsi concrètement à ne leur donner absolument aucune signification. Les mots étant des signes volontaires, ils ne peuvent être des signes volontaires qu'on attribue à des choses qu'on ne connaît pas ; ce serait | en faire les signes de **406** rien, des signes sans signification. On ne peut faire de ses mots le signe de qualités dans les choses ou de conceptions dans l'esprit d'un autre, alors qu'on n'en a en soi aucune conception ; tant qu'on n'a pas d'idées en propre, on ne peut supposer qu'elles correspondent aux conceptions de quelqu'un d'autre ni utiliser un signe pour elles ; autrement ce seraient les signes d'on-ne-sait-quoi, ce qui revient en fait à être le signe de rien. Inversement, quand on se représente les idées d'autrui par certaines des siennes, et qu'on accepte de leur donner les mêmes noms que les autres, c'est toujours ses idées propres que l'on nomme et non des idées qu'on n'a pas.

§ 3

C'est une caractéristique tellement nécessaire de l'utili-sation du langage que sous cet aspect, le savant et l'ignorant, le cultivé et l'inculte utilisent en parlant les *mots* (quel que soit leur sens) de la même manière ; les mots, *dans la bouche de tout homme, tiennent lieu d'idées qu'il a* et qu'il voudrait exprimer par là. Un enfant qui n'a remarqué, dans le métal qu'il entend nommer *or*, que la couleur jaune brillante n'applique le mot *or* qu'à sa propre idée de cette couleur et à rien d'autre ; il nommera donc *or* la même couleur sur la queue du paon. Un autre, qui a mieux observé, ajoute au jaune brillant un poids élevé, et le son *or* quand il l'utilise tient lieu d'une idée complexe d'une substance jaune brillant et d'un poids très élevé. Un autre ajoute à ces qualités la fusibilité et le mot *or* signifie alors pour lui un corps, jaune, brillant, fusible et très lourd. Un autre ajoute la malléabilité. Chacun d'eux utilise également le mot *or* quand il lui faut exprimer l'idée à laquelle il applique ce mot, mais il est évident que chacun ne peut l'appliquer qu'à sa propre idée et ne peut en faire le signe de l'idée complexe qu'il n'a pas [1].

§ 4

Les mots sont souvent référés tacitement,
1) *aux idées dans l'esprit d'autrui*

Pourtant, même si les mots tels que les hommes les utilisent ne peuvent signifier en propre et immédiatement rien d'autre que les idées qui sont dans [d-]l'esprit du locuteur[-d], les hommes leur donnent pourtant dans leur pensée une référence tacite à deux autres choses :

1) *Ils supposent que leurs mots sont également marques d'idées dans l'esprit de ceux avec qui ils communiquent*; autrement, si les sons qu'ils affectent à une idée étaient par l'auditeur affectés à une autre (c'est parler deux langues), ils **407** parleraient en vain et ne pourraient être compris. | Mais les gens ne s'arrêtent habituellement pas pour examiner si les idées qu'ils ont, eux et ceux avec lesquels ils parlent, sont les mêmes ; ils pensent qu'il suffit qu'ils utilisent le mot dans ce qu'ils imaginent être l'acception commune de la langue ; et ils supposent qu'en ce cas, l'idée dont le nom a été fait signe est précisément la même que celle que nomment ainsi les gens avisés de ce pays-là.

---

d. Texte qui remplace « … leur esprit … » de la première édition.

1. *Cf.* 3.6.47 ; texte voisin en *Draft A*, § 1 (éd. Nidditch-Rogers, p. 2).

§ 5

2) à la réalité des choses

2) Parce que les *gens* voudraient que leurs discours ne soient pas taxés de *simples* fantasmes personnels mais pris pour des propos sur les choses comme elles sont réellement, ils *supposent souvent que leurs mots sont aussi utilisés pour la réalité des choses*. Mais ceci concerne plus particulièrement les substances et leur nom, comme ce qui précède concernait sans doute les idées simples et les modes ; aussi parlera-t-on de façon plus étendue de ces deux façons différentes d'appliquer les mots quand on en viendra à la question des noms de modes mixtes[1] et des noms de substances[2] en particulier. Mais permettez-moi quand même de dire ici que c'est pervertir l'usage des mots et introduire une obscurité et une confusion inévitables dans leur signification que de les utiliser pour quelque chose d'autre que les idées que l'on a dans l'esprit.

§ 6

À la longue, des mots provoquent immédiatement des idées

À propos des mots encore, il faut aussi remarquer deux choses :

1) Ils sont les signes immédiats des idées des gens et de ce fait les instruments par lesquels les gens communiquent leurs conceptions et expriment les uns aux autres les pensées et les imaginations qu'ils nourrissent en leur sein ; aussi *se forme-t-il, à l'usage répété, une liaison entre certains sons et les idées*

---

1. 3.5.12.
2. 3.6.1, 43 ; *cf.* aussi 2.23.1.

dont ils tiennent lieu, si bien que les noms entendus provoquent presque immédiatement certaines idées, comme si les objets aptes à les produire affectaient eux-mêmes réellement les sens : c'est manifeste pour toutes les qualités sensibles évidentes et pour les substances qui se présentent à nous couramment.

§ 7

Les mots sont souvent utilisés sans signification

2) Bien que les mots aient pour signification propre et immédiate les idées dans l'esprit du locuteur, l'utilisation courante de certains sons articulés depuis le berceau nous les apprend parfaitement et nous les met immédiatement sur la langue, et ᵉ toujours disponibles⁻ᵉ dans la mémoire. Pourtant nous ne veillons pas toujours à examiner ou à établir parfaitement leur signification ; aussi arrive-t-il *souvent* aux *gens*, même à ceux qui se soucient d'attention et de discernement,

408 | *d'appliquer leur pensée aux mots plus qu'aux choses.* Qui plus est : on apprend beaucoup de mots avant de connaître les idées dont ils tiennent lieu ; aussi certains, adultes et pas seulement enfants, n'utilisent pas les mots autrement que des perroquets pour la seule raison qu'ils ont appris les mots et se sont habitués à leurs sons. Mais tant que les mots sont en usage et ont une signification, il y a liaison constante entre le son et l'idée, indice que l'un est là pour l'autre ; et si on ne les utilise pas ainsi, il n'y a rien de plus que du bruit sans signification.

e. Ajout depuis la deuxième édition.

§ 8

Leur signification est parfaitement arbitraire

Les mots, par l'usage courant et répété qui en est fait, en viennent comme on l'a dit [1] à susciter certaines idées avec une telle régularité et une telle facilité que les gens ont tendance à supposer entre mot et idée une liaison naturelle. Mais les mots ne *signifient* que les idées particulières des gens, et *cela par une institution tout à fait arbitraire*, ce que met en évidence le fait que souvent ces mots ne peuvent provoquer chez d'autres (même s'ils parlent la même langue) les idées dont ils sont censés être signes. Tout homme a la liberté inviolable de donner aux mots la signification qu'il veut, au point que personne n'a le pouvoir de faire que les autres qui utilisent les mêmes mots aient dans l'esprit les mêmes idées que lui.

Ainsi, même le grand *Auguste*, ayant acquis le pouvoir de commander au monde, reconnaissait-il qu'il ne pouvait créer un nouveau mot latin [2], ce qui revenait à dire qu'il ne pouvait arbitrairement définir quelle idée serait signifiée par un signe dans la bouche et dans le langage commun de ses sujets. Il est vrai qu'en toute langue l'usage commun attache par consentement tacite certains sons à certaines idées, ce qui détermine tellement la signification du son que celui qui ne l'applique pas à la même idée [f]ne parle pas[f] correctement [3] ; et permettez moi d'ajouter que si les mots de quelqu'un ne provoquent pas chez l'auditeur les mêmes idées que celles qu'il entend leur

---

f. Depuis la quatrième édition, remplace : « … ne peut pas parler … ».

1. § 6.
2. Affirmation approchante en Suétone, *Vie des Césars*, 2.86-89.
3. *Cf.* 3.6.51 ; 3.9.8.

faire signifier en parlant, il [g]ne parle pas[g] de façon compréhensible. Mais quelles que soient les conséquences [h]d'un usage des mots divergeant par rapport au sens général ou par rapport au sens particulier à la personne[h] à qui on s'adresse, il est certain que dans cet usage leur signification est limitée aux idées du locuteur et qu'elles ne peuvent être signe de rien d'autre.

g. *Idem.*

h. Texte qui remplace depuis la quatrième édition : « … de l'utilisation par quelqu'un de mots différant soit de l'usage public, soit de celui des personnes … » ou le texte de la première édition : « conséquence de son usage de tout mot différent soit de l'usage publique soit de celui de cette personne … ».

LES TERMES GÉNÉRAUX

§ 1

La plupart des mots sont généraux

Tout ce qui existe est singulier ; on pourrait alors estimer raisonnable peut-être que les mots, qui doivent être conformes aux choses, soient également singuliers (par leur signification, j'entends[1]) ; on constate pourtant exactement le contraire : la grande *majorité des mots* qui constituent toutes les langues *sont des termes généraux* ; ce qui n'est pas arrivé par négligence ou par hasard, mais par raison et nécessité.

§ 2

Car il est impossible que chaque chose singulière ait un nom

Premièrement, *il est impossible que chaque chose singulière ait un nom propre distinct.*

---

1. Nuance expliquée par 3.3.11.

La signification et l'utilisation des mots dépend en effet du lien que met l'esprit entre ses idées et les sons qu'il utilise comme leurs signes ; dans l'application des noms aux choses, il est [sans doute] nécessaire que l'esprit ait des idées distinctes des choses et retienne aussi le nom singulier qui appartient à chacune avec la nuance propre à cette idée. Mais il est au-dessus des capacités humaines de construire et de retenir l'idée distincte de chaque chose singulière rencontrée : chaque oiseau et chaque animal vus, chaque arbre et chaque plante qui ont frappé les sens, ne pourraient trouver place dans le plus vaste entendement. Si l'on considère qu'un général capable de nommer par son nom chaque soldat de son armée, est un cas de mémoire exceptionnelle, on peut facilement trouver la raison pour laquelle les gens n'ont jamais tenté de donner un nom à chaque mouton de leur troupeau, à chaque corbeau qui les survole et moins encore de donner un nom propre à chaque feuille ou à chaque grain de sable qui parsème leur chemin.

§ 3
C'est en outre inutile

Deuxièmement, si c'était possible *ce serait inutile*, parce que cela ne serait d'aucun intérêt pour la fin première du langage : les gens accumuleraient en vain des noms de choses singulières, qui ne leur serviraient pas à communiquer leurs pensées.

Les gens n'apprennent des noms et ne les utilisent dans leurs discussions avec les autres que pour être compris ; et cela ne se produit que lorsque, par usage ou par convention, le son que je produis par mes organes phonatoires provoque dans l'esprit d'un autre homme qui l'entend l'idée que je lui attribue dans le mien quand je le prononce. Et ceci n'est pas **410** possible avec | des noms attribués à des choses singulières dont j'ai seul l'idée dans l'esprit et dont le nom ne peut ainsi être signifiant ni intelligible pour un autre qui n'est pas familier d'exactement toutes les choses singulières qui me sont tombées sous les yeux.

§ 4

Troisièmement, même si c'était faisable (ce qui n'est pas le cas, je pense), *un nom distinct pour chaque chose singulière ne serait pas de grande utilité pour les progrès de la connaissance.*

Celle-ci est certes fondée sur les choses singulières, mais elle s'accroît par des conceptions générales que permet précisément la réduction des choses en classes sous des termes généraux. Ces classes, avec le nom qui leur appartient, demeurent dans certaines limites et ne dépassent pas à tout instant ce que peut contenir l'esprit ou ce qu'exige l'usage. C'est pourquoi les hommes s'y sont pour la plupart tenus, mais sans se priver de distinguer les choses singulières par des noms appropriés quand le besoin s'en fait sentir ; ainsi, pour leur propre espèce humaine qui leur importe beaucoup et où il leur faut souvent mentionner des personnes singulières, ils utilisent des noms propres ; les individus distincts y ont des dénominations distinctes.

§ 5

Quelles sont les choses qui ont des noms propres

Outre les personnes, les pays également, et les villes, les rivières, les montagnes et les autres déterminations de lieux ont couramment reçu des noms propres, et pour la même raison : ce sont des choses que les gens doivent souvent désigner singulièrement, et, "présenter" aux autres dans leurs discussions. Et je suis sûr que si nous avions une raison de mentionner aussi souvent des chevaux singuliers que des hommes singuliers, nous aurions des *noms propres* aussi familiers pour les uns que pour les autres ; *Bucéphale* serait un terme aussi utilisé que *Alexandre*. Ainsi voit-on que chez les éleveurs les chevaux sont connus et distingués par leur nom propre aussi couramment que les valets : on a souvent besoin chez eux de mentionner tel ou tel cheval particulier en son absence [1].

§ 6

Comment sont faits les noms généraux

Il faut ensuite étudier *comment on en vient à faire les noms généraux*. En effet, puisque toutes les choses qui existent ne sont que singulières, comment acquiert-on les termes généraux ou encore où trouve-t-on les natures générales dont ces termes sont censés tenir lieu ?

411   Les noms deviennent généraux en devenant | signes d'idées générales ; et les idées deviennent générales quand on les sépare des circonstances de temps, de lieu et de toute autre idée qui peut les déterminer à telle ou telle existence singulière [2]. Par cette forme d'abstraction, elles sont rendues capables de représenter plus d'un individu [3] ; chacun des individus étant conforme à cette idée abstraite, est (comme on le dit) de cette classe.

1. *Cf.* 3.6.42.
2. *Cf.* 2.11.9, à différencier de 3.2.3.
3. Cf. *Ibid.* et Arnauld et Nicole, *Logique de Port-Royal*, Partie 1, chapitre 6.

§ 7

Mais pour présenter cela de façon un peu plus distincte, il ne sera sans doute pas inutile de remonter jusqu'à nos premières notions et nos premiers noms[1] et d'observer par quels stades nous passons et selon quelles étapes depuis la première enfance nous élargissons nos idées.

Les idées des personnes avec qui parlent les enfants (pour ne prendre que cet exemple) sont, comme les personnes mêmes, singulières seulement, rien n'est plus évident : les idées de la nourrice et de la mère sont bien formées dans leur esprit ; comme leurs images, elles y représentent seulement ces individus ; le nom qu'ils leur donnent initialement est limité à ces individus et les noms de *Nourrice* et de *Maman* qu'utilise l'enfant se rapportent à ces personnes. Par la suite, quand le temps et une plus grande familiarité leur ont permis d'observer qu'il y a bien d'autres choses dans le monde qui ont une parenté de forme et d'autres qualités qui les font ressembler à leur père, à leur mère et aux personnes auxquelles ils sont habitués, ils forment une idée qu'ils trouvent partagée par tous ces êtres singuliers ; et à cette idée ils donnent comme d'autres le nom d'*homme* par exemple. Et *ainsi en viennent-ils à posséder un nom général* et une idée générale. En cela, ils ne construisent rien de neuf, ils ôtent simplement de l'idée complexe qu'ils ont de *Pierre*, de *Jacques*, de *Marie*, de *Jeanne*, ce qui est spécifique à chacune et ne retiennent que ce qui est commun à toutes.

---

1. Coste traduit : « … considérer nos notions et les noms que nous leurs donnons depuis le début … ».

§ 8

Comme ils ont acquis le nom général et l'idée générale d'*homme*, de la même manière ils *progressent* aisément *vers des noms* et des notions *plus généraux*. Car, observant que diverses choses qui diffèrent de leur idée d'*homme* et qui ne peuvent donc pas être comprises sous ce nom, ont pourtant certaines qualités qui les font concorder avec *homme*, ils retiennent seulement ces qualités, ils les unissent en une idée et obtiennent ainsi une autre idée, plus générale ; ils lui donnent un nom et en font un terme d'une extension plus englobante. Cette nouvelle idée est produite, non par une nouvelle addition, mais seulement comme auparavant par abandon de la forme extérieure et de quelques unes des autres **412** propriétés | signifiées par le nom *homme* : ils conservent seulement un corps, doté de vie, de sensibilité et de mouvement spontané, et le comprennent sous le nom d'*être animé*.

§ 9

Les natures générales ne sont rien d'autre que des idées abstraites

Que telle soit la *façon dont les hommes ont initialement formé des idées générales et des noms généraux pour elles* est si évident, je pense, qu'il n'est pas nécessaire d'en donner d'autre preuve que de se considérer soi-même ou de considérer les autres et la façon habituelle dont leur esprit procède dans la connaissance. Et celui qui pense que les natures générales ou les notions générales sont autre chose que des idées abstraites et partielles d'idées plus complexes initialement tirées d'existences singulières, aura du mal je le crains à savoir où en trouver.

Réfléchissez en effet, [a] et dites moi[a] en quoi l'idée d'*homme* diffère de celle de *Pierre* et de *Paul*, ou l'idée de *cheval* de celle de *Bucéphale*, si ce n'est par l'abandon de quelque chose de particulier à chacun de ces individus et par le maintien de tout ce que, dans les idées complexes des diverses existences singulières, on trouve concordant. Dans les idées complexes signifiées par le nom *homme* ou par le nom *cheval*, on n'abandonne que les détails qui font leur différence et on ne retient que ceux qui font leur accord, puis on forme à partir de là une nouvelle idée complexe distincte, à laquelle on donne le nom *être animé*; on a alors un terme plus général qui outre l'homme inclut plusieurs autres créatures. Ôtez de l'idée d'*être animé* le sens et le mouvement spontané, et l'idée complexe restante, constituée des idées simples restantes *corps*, *vie*, *alimentation*, devient une idée plus générale sous le terme plus englobant *vivant*. Et pour ne pas s'attarder plus longuement sur ce sujet si évident en lui-même, [on dira que] l'esprit progresse de la même manière jusqu'à *corps*, *substance*, et enfin *être*, *chose* et jusqu'à ces termes universaux qui tiennent lieu de n'importe laquelle de nos idées.

Pour conclure, tout ce *mystère* des *genres* et des *espèces*[1], qui font tant de bruit dans les Écoles et qui sont à bon droit si peu considérés en dehors, n'est rien d'autre que des idées abstraites plus ou moins englobantes, associées à des noms. En tout cela, il est constant et invariable que chaque terme plus général signifie une idée qui n'est qu'une partie de n'importe quelle idée contenue en elle.

---

a. Ajout à partir de la quatrième édition.

1. Ici et par la suite, Locke utilise les termes de la logique en latin : *genus*, *species*, *differentia*.

§ 10

Pourquoi on se sert couramment du genre dans les définitions

On peut voir ainsi *pourquoi, dans la définition d'un nom*, qui n'est rien de plus que l'énonciation de sa signification, *on utilise le genre* (ou mot général le plus proche qui l'englobe)[1].

413 Ce n'est pas par | nécessité, mais seulement pour s'épargner la peine d'énumérer les multiples idées simples dont le mot général le plus proche, ou *genre*, tient lieu, ou parfois peut-être pour s'épargner la honte de ne pas être capable de le faire. Pourtant, même si définir par le *genre* et la *différence* (je demande le droit d'utiliser les termes de l'art, bien qu'ils soient originellement en latin, puisque ce sont ceux qui conviennent le mieux aux notions auxquelles on les applique[b]), définir par le *genre*, disais-je, est la voie la plus courte, on peut se demander je crois si c'est la voie la meilleure ; je suis certain au moins que ce n'est pas la seule et qu'elle n'est donc pas absolument nécessaire. Car définir n'est rien d'autre que faire comprendre par des mots à autrui de quelle idée le terme défini tient lieu ; donc une définition est meilleure si elle énumère les idées simples associées dans la signification du terme défini ; et si les gens se sont habitués à utiliser, au lieu de cette énumération, le terme général le plus proche, ce n'était pas par nécessité ou pour une plus grande clarté, mais par souci de rapidité.

Si quelqu'un en effet désirait connaître quelle idée correspond au mot *homme* et qu'on lui répondait que *homme*

---

b. Coste ne transcrit de cette parenthèse que : « comme disent les logiciens ».

1. *Cf.* 3.4.4.

est une substance solide étendue, dotée de vie, de sensibilité, de mouvement spontané et de la faculté de raisonner, il ne fait pas de doute que le sens du terme *homme* serait aussi bien compris et qu'on ferait au moins aussi bien connaître l'idée dont il tient lieu, que quand *homme* est défini comme *animal raisonnable*, ce qui par le biais des définitions successives d'*animal*, de *vivant* et de *corps* se ramène aux idées énumérées plus haut.

En expliquant le terme *homme*, j'ai ici suivi la définition courante des Écoles ; ce n'est peut-être pas la plus exacte, mais c'est celle qui sert le mieux à mon dessein actuel : on peut voir dans cet exemple ce qui a provoqué la règle selon laquelle une définition doit être composée de *genre* et de *différence*, et elle suffit à montrer le peu de nécessité de cette règle ou l'intérêt limité de son application stricte.

Car les définitions, comme on l'a dit, ne sont que l'explication d'un mot par plusieurs autres pour faire connaître avec certitude le sens ou l'idée dont il tient lieu ; mais les langues ne sont pas toujours faites selon les règles de la logique, de sorte que chaque terme puisse avoir sa signification exprimée avec exactitude et clarté par deux autres termes. L'expérience convainc suffisamment du contraire ; ou au moins ceux qui ont bâti cette règle ont eu tort de ne pas avoir donné plus de définitions qui y soient conformes. Mais sur les définitions, [on trouvera] plus de choses dans le chapitre suivant.

414

| § 11

Le général et l'universel sont des créations de l'entendement

Pour en revenir aux mots généraux, il est évident par ce qu'on a dit que le *général et l'universel*[c] n'appartiennent pas à l'existence réelle des choses, mais sont *les inventions et les créations de l'entendement*, élaborées par lui pour son propre usage *et qui portent uniquement sur les signes*, que ce soient les mots ou les idées.

Les mots sont généraux, comme on l'a dit, quand on les utilise comme signe d'idées générales ; ils sont alors applicables indifféremment à de nombreuses choses singulières ; et les idées sont générales quand elles sont instituées comme représentants de nombreuses choses singulières[1]. Mais l'universalité n'appartient pas aux choses mêmes qui, en leur existence, sont toutes singulières, y compris ces mots et ces idées qui, en leur signification, sont généraux. Quand donc nous quittons le singulier[d], le général qui reste n'est que créature de notre fabrication, et sa nature générale n'est que la capacité conférée par l'entendement de signifier ou de représenter de nombreux singuliers. Car sa signification n'est qu'une relation qui lui est ajoutée par l'esprit humain[e].

c. Coste traduit : « … ce que l'on appelle *général & universel* … ».

d. Coste précise en note : « Mots, idées ou choses ».

e. La cinquième édition ajoute ici une longue note citant la *Première lettre à l'évêque de Worcester*, donnée en annexe, note 7.

1. Cf. *Logique de Port-Royal, loc. cit.*

§ 12

Les idées abstraites sont les essences des genres et des espèces

Il faut donc considérer ensuite *quel type de signification ont les mots généraux.*

En effet, de même qu'il est évident qu'ils ne signifient pas simplement une chose singulière (ce ne seraient pas alors des termes généraux, mais des noms propres), de même, d'un autre côté, il est aussi évident qu'ils ne signifient pas une pluralité : autrement *homme* et *hommes* signifieraient la même chose et la distinction de nombre (comme la nomment les grammairiens) serait superflue et inutile. Ce que signifient donc les mots généraux c'est une classe de choses, et chacun le fait en étant le signe d'une idée abstraite dans l'esprit ; et les choses dont on constate la concordance à cette idée sont classées sous ce nom ou, ce qui revient au même, sont de cette classe.

D'où il est évident que les *essences* [f]*des classes ou* (si l'on préfère le mot latin)[-f] *des espèces* de choses, ne sont rien d'autre que ces idées abstraites. Car, avoir l'essence d'une espèce, c'est ce qui rend la chose membre de cette espèce ; et la conformité à l'idée auquel le nom est annexé est ce qui donne le droit à ce nom ; donc « avoir cette essence » et « avoir cette conformité » sont nécessairement la même chose, puisque « être d'une | espèce » et « avoir droit au nom de cette espèce » **415** sont tout un.

Par exemple, « être *homme* » ou « être de l'espèce *homme* », et « avoir droit au nom *homme* » sont la même chose ; ou encore, « être *homme* » ou « être de l'espèce *homme* », et « avoir l'essence d'un *homme* » sont la même chose. Or,

f. Coste ne traduit pas ce passage.

puisque rien ne peut être *homme* ou avoir droit au nom d'*homme* s'il n'a pas la conformité à l'idée abstraite dont tient lieu le nom *homme* – ou encore puisque rien ne peut être homme ou avoir droit à être de l'espèce *homme* s'il n'a l'essence de cette espèce – il s'ensuit que l'idée abstraite, dont le nom tient lieu, et l'essence de l'espèce sont une seule et même chose. À partir de là, il est facile de constater que l'essence des classes de choses, et en conséquence le classement des choses, sont œuvre de l'entendement, [g]puisque c'est l'entendement qui abstrait et fabrique ces idées générales[g].

§ 13

Elles sont l'œuvre de l'entendement mais ont leur fondement dans la similitude des choses

Je ne voudrais pas qu'on pense que j'oublie, et moins encore que je nie, qu'en produisant les choses la Nature en fait plusieurs semblables ; rien n'est plus évident, particulièrement pour les races d'êtres animés et toutes les choses perpétuées par semence [1]. Pourtant on peut dire, je pense, que le fait de les *classer* sous des noms *est l'œuvre de l'entendement qui prend occasion de la similitude* qu'il y observe pour fabriquer des idées générales et pour les fixer dans l'esprit avec des noms qui leur sont attachés, comme des modèles ou des formes (en ce sens, le mot *forme* est en effet pris exactement au sens propre), et quand on constate que des choses singulières existantes s'accordent à cette forme, elles

---

g. Texte omis dans la cinquième édition.

1. *Cf.* 3.6.30.

deviennent membres de cette espèce, reçoivent ce nom ou sont rangées dans cette *classe*[1].

Ainsi, quand nous disons « ceci est un *homme, cela un* cheval ; ceci est *juste*, cela est *cruel* ; ceci une *montre*, cela un *outil* », que faisons-nous d'autre que ranger des choses sous divers noms d'espèce, parce qu'elles s'accordent à ces idées abstraites, dont on a fait de ces noms les signes ? Et qu'est donc l'essence de ces espèces dégagées et désignées par des noms, si ce n'est cette idée abstraite dans l'esprit ? Elle est pour ainsi dire la frontière entre chaque chose singulière qui existe et entre les noms sous lesquels il faut les ranger. Et quand les noms généraux ont une liaison avec des êtres singuliers, ces idées abstraites sont le *moyen terme* qui les unit. Ainsi l'essence des espèces, en tant que distinguée et nommée par nous n'est pas et ne peut pas être autre chose que cette | idée abstraite précise que nous avons dans l'esprit.   **416**

Et donc, les prétendues essences réelles des substances, si elles sont différentes de nos idées abstraites, ne peuvent être les essences des espèces dans lesquelles nous rangeons les choses. Car deux espèces peuvent être une seule espèce, aussi rationnellement que deux essences différentes peuvent être l'essence d'une seule espèce. Et je souhaiterais qu'on me dise : quelles sont les transformations que l'on peut ou que l'on ne peut pas faire subir à un *cheval* ou à du *plomb* sans changer chacun d'espèce ? En déterminant les espèces des choses à partir de nos idées abstraites, la question est facile à résoudre ; mais si l'on cherche ici à se décider d'après les prétendues essences réelles, on sera vite perdu, je crois, et on

---

1. Terme donné en latin : *classis*.

ne sera jamais capable de connaître précisément quand une chose cesse d'être de l'espèce *cheval* ou *plomb*.

§ 14

Chaque idée abstraite distincte est une essence distincte

On ne s'étonnera pas non plus si je dis que ces *essences*, ou idées abstraites (critères des noms et limites des espèces), sont *l'œuvre de l'entendement* quand on observera que les essences complexes au moins sont souvent pour des hommes différents des collections d'idées simples différentes ; ainsi ce qui est *avarice* pour l'un, ne l'est pas pour un autre. Bien plus, même pour les substances, où les idées abstraites semblent tirées des choses mêmes, elles ne sont pas toujours les mêmes ; y compris dans cette espèce qui nous est la plus familière et dont nous avons l'expérience la plus intime : on a plus d'une fois mis en doute l'*humanité* d'un *fœtus* né d'une femme, jusqu'à débattre de la question de savoir s'il fallait ou non le nourrir et le baptiser ; ce qui ne pourrait se produire si l'idée abstraite, ou essence, à laquelle appartient le nom *homme* était de fabrication naturelle, et si elle n'était pas une collection incertaine et changeante d'idées simples que l'entendement assemble, abstrait et attache à un nom. Ainsi, en vérité, *chaque idée abstraite distincte est une essence distincte* et les noms qui tiennent lieu de ces idées distinctes sont les noms de choses essentiellement différentes. Ainsi, un cercle est essentiellement différent d'un ovale, autant qu'un mouton d'une chèvre, et la pluie est essentiellement différente de la neige, autant que l'eau de la terre : l'idée abstraite qui est l'essence de l'un ne peut être communiquée à l'autre. Et ainsi n'importe quelle paire d'idées abstraites qui se différencient l'une de l'autre en quoi que ce soit, associée à deux noms **417** distincts, constituent deux | classes distinctes, ou si vous voulez deux *espèces*, aussi différentes essentiellement que n'importe quelle paire de chose les plus éloignées ou opposées qui soient.

§ 15

Essence réelle et essence nominale

Mais, puisque certains estiment (non sans raison) que l'*essence* des choses est totalement inconnue, il peut être utile d'examiner les *diverses significations du terme essence*.

1) *Essence* peut être pris pour l'être même de quelque chose, par laquelle il est ce qu'il est. Ainsi la constitution interne réelle des choses, généralement inconnue dans le cas des substances, dont dépendent leurs qualités que l'on peut découvrir, peut être nommée leur *essence*. Telle est la signification originaire et propre du mot, comme il est évident par son étymologie : *essentia* signifie proprement dans son premier sens *être*[h], et on l'utilise encore en ce sens quand on parle de l'*essence de choses singulières*, sans leur donner de nom[1].

2) L'érudition et les débats de la Scolastique se sont beaucoup affairés autour du *genre* et de l'*espèce*, et de ce fait le mot *essence* a presque totalement perdu sa signification première ; au lieu de l'appliquer à la constitution réelle des choses, on l'a appliquée presque uniquement à la constitution artificielle des *genres* et des *espèces*. Il est vrai qu'on présuppose communément une constitution réelle pour les classes de choses ; et il est indubitable qu'il doit y avoir une constitution

---

h. Coste traduit : « Le terme d'*essence* signifiant proprement l'être » et ajoute en note : « Ab esse essentia ».

1. *Cf.* 3.6.5 ; 3.6.43.

réelle dont toute collection d'idées simples coexistantes doit dépendre. Mais il est évident que les choses sont rangées en classes ou *espèces* sous des noms dans la seule mesure où elles s'accordent à certaines idées abstraites auxquelles nous avons attaché ces noms. Et donc l'*essence* de chaque *genre* ou classe en vient à n'être rien d'autre que cette idée abstraite dont tient lieu le nom général, ou '*classal*' (si j'ai la permission de forger ce nom à partir de *classe* comme je forme *général* à partir de *genre*)[1]. Voilà ce que l'on constate concernant ce qu'implique le mot *essence* dans son usage le plus commun. On peut nommer, sans difficulté à mon avis, ces deux sortes d'*essence*, l'une *réelle* et l'autre *nominale*[2].

§ 16

Lien constant entre le nom et l'essence nominale

Entre l'essence nominale et le nom, existe un *lien si étroit* que le nom d'une classe de choses ne peut être attribué à un être singulier que s'il a cette *essence* par laquelle il correspond à cette idée abstraite dont le nom est le signe.

§ 17

L'hypothèse selon laquelle les espèces sont distinguées par leur essence réelle est inutile

En ce qui concerne l'essence réelle des substances corporelles (pour ne parler que d'elles) il existe, si je ne me trompe, **418** deux opinions. La | première est celle des gens qui, utilisant le mot *essence* pour ils-ne-savent-pas-quoi, supposent qu'existe

---

1. *Cf.* 3.6.8.
2. Cf. *Logique de Port-Royal*, 1re partie, XII et XIII ; 2e partie, XVI ; 4e partie, IV et V.

un certain nombre de ces essences selon lesquelles toutes les choses naturelles sont fabriquées, et qu'elles partagent toutes exactement, devenant ainsi membre de telle ou telle *espèce*[1]. L'autre opinion, plus rationnelle, est celle des gens qui considèrent les choses naturelles comme dotées d'une constitution de leurs éléments insensibles, réelle mais inconnue, et dont découlent ces qualités sensibles qui servent à les distinguer les unes des autres, selon l'occasion que nous avons de les ranger en classes sous des dénominations communes[2].

La première de ces opinions qui fait l'hypothèse de ces *essences* comme un certain nombre de formes ou de moules dans lesquels sont coulées les choses naturelles et qu'elles partagent donc également, a beaucoup perturbé, j'imagine, la connaissance des choses naturelles. La production fréquente de monstres dans toutes les espèces d'êtres animés, d'imbéciles[3] et d'autres procréations étranges d'origine humaine constituent des difficultés impossibles à concilier avec cette hypothèse : il est en effet impossible que deux choses, partageant exactement la même *essence* réelle aient des propriétés différentes, comme si deux figures partageant la même essence réelle de cercle pouvaient avoir des propriétés différentes. Mais même s'il n'y avait aucune autre raison militant contre elle, *l'hypothèse des essences qui ne peuvent être connues* dont on fait néanmoins ce qui distingue les espèces de choses, *est totalement inutile* et improductive pour tous les champs de connaissance, au point que ce seul fait serait suffisant pour nous la faire abandonner et nous satisfaire des *essences* de classes et d'espèces qui sont à portée de connais-

---

1. Parallèle en 3.10.21 ; voir 3.6.15-20, etc.
2. *Cf.* 3.9.12-13.
3. *Changeling.*

sance ; et quand on les aura sérieusement considérées, on
verra, comme je l'ai dit, qu'elles ne sont rien d'autre que ces
idées abstraites complexes auxquelles on a attaché des noms
généraux distincts[1].

§ 18

*Essence réelle et essence nominale sont identiques dans les idées simples
et les modes, et différentes dans les substances*

Après avoir ainsi distingué les *essences* en essences
nominales et essences *réelles*, on peut encore noter que *dans*
les espèces d'*idées simples et de modes,* elles *sont toujours
les mêmes,* mais *que dans les substances elles sont toujours
totalement différentes.* Ainsi, une figure incluant un espace
entre trois lignes est l'*essence* réelle aussi bien que nominale
du triangle, car elle n'est pas seulement l'idée abstraite à
laquelle on attache le nom général, mais la véritable *essence*[2],
ou être, de la chose même, le fondement dont découlent toutes
ses propriétés, et auquel elles sont toutes attachées sans
419 séparation possible. Mais il en va tout | autrement en ce qui
concerne ce morceau de matière qui constitue l'anneau à mon
doigt, où ces deux *essences* sont manifestement différentes.
C'est en effet la constitution réelle de ses parties insensibles
dont dépendent toutes ces propriétés (couleur, poids, fusibilité, fixité, etc.) [i]que l'on y trouve ; cette constitution, on ne
la connaît pas, et parce qu'on n'en a pas d'idée singulière, on
n'a pas de nom qui en soit le signe. Et pourtant, c'est sa
couleur, son poids, sa fusibilité, sa fixité, etc.[i] qui en font de

i. Texte omis dans la cinquième édition.

1. *Cf.* 2.31.6 et note à 1.4.8 (5ᵉ édition, en annexe).
2. En latin dans le texte : *Essentia*.

l'*or* ou qui lui donnent droit à ce nom, qui donc constituent son *essence* nominale (en effet rien ne peut être appelé *or* sans avoir les qualités conformes à cette idée complexe abstraite auquel est attaché le nom). Mais, cette distinction entre les *essences* appartenant particulièrement aux substances, nous aurons l'occasion d'en traiter plus complètement quand nous arriverons à l'étude de leurs noms.

§ 19

Les essences ne peuvent être engendrées ni corrompues

Il apparaîtra encore que ces *idées abstraites liées à des noms* dont nous avons parlé *sont des essences* dans ce qu'on nous dit sur les *essences* : « Elles ne peuvent être engendrées ni corrompues » ; or ce ne peut être vrai de la constitution réelle des choses qui commence et périt avec les choses. Toutes les choses qui existent, sauf leur Auteur, sont soumises au changement, spécialement les choses qui nous sont familières et ᴶ que nous avons embrigadées sous des noms ou des enseignes différents ᴶ. Ainsi, ce qui est aujourd'hui herbe sera demain viande d'un mouton et sous peu de jours, partie d'un homme. Ici comme en des changements semblables, il est évident que leur *essence* réelle, c'est-à-dire cette constitution dont dépendaient les propriétés de ces choses diverses, est détruite et périt en même temps qu'elle.

Mais si l'on prend *essences* pour des *idées* établies dans l'esprit, liées à des noms, elles sont censées demeurer constamment identiques, quelques mutations que subissent les substances singulières. Car quoiqu'il advienne d'*Alexandre* et

j. Coste traduit : « que nous avons réduit à certaines Espèces sous des noms distincts ».

de *Bucéphale*, les idées auxquelles sont liés les termes *homme et cheval* sont néanmoins supposées demeurer identiques ; ainsi l'*essence* de ces espèces est conservée entière et sans destruction, quel que soit le changement subi par un élément ou tous les individus de cette espèce. De la sorte, l'*essence* d'une *espèce* demeure pleine et entière, sans même l'existence d'un seul individu de cette espèce. S'il n'y avait en effet aucun
420 cercle où que ce soit dans le | monde en ce moment (comme, en son exactitude, cette figure n'existe peut être nulle part), l'idée attachée à ce nom ne cesserait pas d'être ce qu'elle est, et ne cesserait pas d'être un modèle qui déterminerait quelle figure singulière rencontrée a ou n'a pas le droit au nom de *cercle* ; et elle montrerait ainsi quelle est celle qui a cette essence et donc est de cette *espèce*. Il n'y a certes jamais, et il n'y a jamais eu dans la nature, une bête comme *l'unicorne*, ni un poisson tel que la *sirène*, et pourtant, en présupposant que ces noms tiennent lieu d'idées complexes abstraites qui n'incluent aucune incohérence, l'*essence* de *sirène* est aussi intelligible que celle d'*homme*, et l'idée d'*unicorne* est aussi certaine, fixe et permanente que celle de cheval.

A partir de ce qui a été dit, il est évident que la doctrine de l'immutabilité des *essences* prouve qu'elles ne sont que des idées abstraites, que cette doctrine est fondée sur la relation établie entre elles et certains sons qui leur servent de signe, et qu'elle demeurera toujours vraie tant que le même nom pourra conserver la même signification.

§ 20

Récapitulation

Pour conclure, voici en bref ce que je dirais ; toute cette grande affaire de *genre, d'espèces* et de leur *essence* se réduit à rien de plus que ceci : les gens fabriquent des idées abstraites et les fixent en leur esprit avec le nom qui leur est attaché ; ils se rendent ainsi capables de considérer les choses et d'en traiter comme s'il s'agissait de lots, afin de rendre plus facile et plus rapide la communication de leur connaissance, qui ne progresserait que lentement si les mots et les pensées se limitaient aux choses singulières.

CHAPITRE 4

LE NOM D'IDÉE SIMPLE

§ 1

*Le nom d'idée simple, le nom de mode et le nom de substance
ont chacun quelque chose de particulier*

Bien que tout nom ne signifie immédiatement que l'idée dans l'esprit du locuteur, comme je l'ai montré[1], nous allons découvrir après un examen plus serré que le *nom d'idée simple, le nom de mode mixte* (sous lequel je range aussi la relation) *et celui de substance naturelle | ont chacun quelque* **421** *chose de particulier*, différent des autres. Par exemple :

---

1. *Cf.* 3.2.

§ 2

1) *Le nom d'idée simple et celui de substance*
sous-entendent l'existence réelle

1) *Le nom d'idée simple et celui de substance*, outre l'idée abstraite dans l'esprit qu'ils signifient immédiatement[1], *sous-entendent* aussi *une certaine existence réelle*, celle dont on a tiré leur modèle originel. *Le nom de mode mixte* par contre *a son terme dans l'idée* qui est dans l'esprit et ne mène pas plus loin les pensées, comme on va le voir dans le chapitre suivant.

§ 3

2) *Le nom d'idée simple et celui de mode signifient toujours*
l'essence réelle aussi bien que l'essence nominale

2) Le nom d'idée simple et celui de mode signifient toujours l'essence réelle aussi bien que l'essence nominale de leur espèce. Mais le nom de substance naturelle signifie rarement, voire jamais, autre chose que *la pure essence nominale* de cette espèce, comme on va le montrer dans le chapitre qui traite en particulier du nom de substance[2].

§ 4

3) *Le nom d'idée simple est indéfinissable*

3) *Le nom d'idée simple n'est susceptible d'aucune définition*; tout nom d'idée complexe le peut. Personne jusqu'ici à ma connaissance n'a inventorié les mots qui sont susceptibles

---

1. On pourrait aussi traduire « ... outre l'idée abstraite qu'il signifie ... » si l'on n'admet pas que selon Locke l'idée simple puisse être abstraite au même titre que l'idée de substance.

2. 3.6. (référence donnée aussi par Coste).

d'être définis et ceux qui ne le peuvent pas ; faute de quoi, ai-je tendance à penser, chicanes et obscurités importantes ont souvent de quoi se produire quand les gens discourent ; les uns exigent la définition de termes qui ne peuvent être définis et les autres pensent qu'ils doivent se contenter d'une explication par un mot plus général et sa limitation (ou, pour parler selon les termes de l'art, par le genre et la différence) ; pourtant, après ce genre de définition faite selon les règles, la plupart du temps ceux qui l'entendent ne conçoivent pas plus clairement qu'avant le sens du mot.

Je pense au moins qu'il n'est pas complètement hors de propos de montrer quels sont les mots qui sont susceptibles de définition, quels sont ceux qui ne le sont pas et en quoi consiste une bonne définition ; cela produira peut-être sur la nature de ces signes et sur celle de nos idées un tel éclairage qu'il mérite une considération plus particulière.

§ 5
Si tout était définissable, on remonterait à l'infini

Je ne m'attarderai pas ici à prouver que tous les termes[a] ne sont pas définissables, à partir de la régression à l'infini dans laquelle on serait manifestement pris si l'on acceptait que tous les noms peuvent être définis (car si les termes d'une définition devaient encore être définis par | une autre, où **422** s'arrêterait-on à la fin ?). Mais je montrerai à partir de la nature des idées et de la signification des mots *pourquoi certains noms peuvent et d'autres ne peuvent être définis*, et lesquels.

a. Coste traduit ici « … tous les modes… ».

§ 6

Qu'est-ce qu'une définition ?

Il est, je pense, accordé que *définir* n'*est* rien d'autre que *montrer le sens d'un mot par plusieurs autres termes qui ne sont pas synonymes*. Le sens d'un mot n'est que les idées dont le mot tient lieu par choix de celui qui l'utilise ; d'où, le sens d'un terme est montré ou le mot est défini quand, par d'autres mots, l'idée dont le mot est devenu dans l'esprit du locuteur le signe et l'associé, est pour ainsi dire représentée ou placée devant les yeux d'un autre, et sa signification ainsi assurée. C'est la seule utilité et le seul but des définitions ; c'est donc aussi la seule mesure de ce qui est ou n'est pas une bonne définition.

§ 7

Pourquoi les idées simples sont indéfinissables

Cela posé, je soutiens que les *noms d'idée simple* et eux seuls *ne sont pas susceptibles de définition*. En voici la raison : les différents termes d'une définition signifiant différentes idées, ils ne peuvent absolument pas représenter une idée qui n'a absolument aucune composition[1]. Et donc, pour les noms d'idée simple, il ne peut y voir de place pour une définition – elle qui n'est à proprement parler rien d'autre que montrer le sens d'un mot par plusieurs autres qui ne signifient pas chacun la même chose[2].

---

1. *Cf.* 2.2.1. Argument souvent utilisé pour montrer l'impossibilité de définir la simplicité divine.

2. *Cf.* 3.11.14.

§ 8

Exemples : le mouvement

Ne pas observer cette différence entre nos idées (et entre leurs noms) a engendré ce célèbre verbiage de l'École, aisément observable dans la définition qu'elle donne d'un petit nombre d'idées simples (pour la plupart d'entre elles, l'impossibilité absolue de les définir a contraint ces maîtres en définition eux-mêmes à les laisser intacts). Le génie humain pouvait-il inventer un *jargon* plus subtil que cette définition : *L'acte d'un être en puissance et tant qu'il est en puissance* ?[1]. Si la célébrité de cette définition absurde n'avait pas déjà fait connaître son sens, un homme raisonnable aurait du mal à deviner le mot que l'on prétend expliquer ainsi.

Si Tullius[2] avait demandé à un Hollandais le sens de *Beweeginge*[b] et s'il avait reçu dans sa langue l'explication suivante : « c'est l'*actus entis in potentia quatenus in potentia* », | croyez-vous, je vous le demande, que cette **423** définition lui aurait fait comprendre ce que signifie le mot *Beweeginge*, ou deviner l'idée qu'un Hollandais a normalement dans l'esprit et veut signifier à autrui quand il utilise ce son ?

b. Coste ajoute en note marginale : « qui signifie en Hollandois ce que nous appelons *mouvement* en François ».

1. Aristote, *Physique*, III, 2, 201-202, notamment 202 a; texte latin (cité ci-dessous) par exemple chez Thomas d'Aquin (*Sur la physique d'Aristote, in* III 2). Voir la critique par Descartes, *Le Monde*, VII.

2. Cicéron, pris ici comme simple exemple de personne comprenant le latin, langue dans laquelle est exprimée la définition scolastique.

§ 9

Et les philosophes modernes qui ont tenté de rejeter le *jargon* de l'École et de parler de façon compréhensible n'ont pas mieux réussi à définir les idées simples, que ce soit par l'explication de leur cause ou d'une autre façon. Les *Atomistes* qui définissent le mouvement comme le *passage d'un lieu à un autre*[1] font-ils autre chose que remplacer un mot par un synonyme ? Le *passage* est-il autre chose que le *mouvement* ? Et si l'on demandait ce qu'est un passage, comment le définiraient-ils mieux que comme un *mouvement ?* Car n'est-il pas aussi correct et signifiant de dire : « *Le passage est un mouvement d'un lieu à un autre* » que de dire : « *Le mouvement est un passage …* ». C'est traduire et non définir qu'échanger deux mots de signification identique ; cela peut servir à découvrir de quelle idée le mot inconnu tient lieu ; mais c'est très loin d'une *définition* à moins qu'on ne dise que tout mot français du dictionnaire est la définition du mot latin qui lui correspond et que *mouvement* est une définition de *motus*. Et si on l'examine bien, la définition du mouvement que proposent les Cartésiens[2] : *L'application successive des parties de la superficie d'un corps sur celles d'une autre* ne se révèle pas meilleure.

1. Epicure, *Lettre à Hérodote*, § 43, 61 ; Hobbes, *De Corpore*, 2.8.10 et 3.15.1 : « Le mouvement est l'abandon continu d'un lieu et l'acquisition d'un autre ».

2. Descartes, *Principes*, 2.25.

§ 10
Lumière

« L'acte du transparent en tant qu'il est transparent » est une autre définition péripatéticienne[1] d'une idée simple ; elle n'est pas plus absurde que la précédente, celle du *mouvement*, et pourtant elle trahit plus clairement son inutilité et son insignifiance parce que l'expérience montrera aisément à quiconque que cette définition ne rendra absolument pas compréhensible à un aveugle le sens du mot *lumière* (qu'elle prétend définir) – la définition de *mouvement* n'apparaît pas à première vue aussi inutile parce qu'elle échappe à cette forme de test ; cette idée simple en effet pénètre par le toucher aussi bien que la vue ; il est donc impossible de donner un exemple de quelqu'un qui n'a d'autre moyen que la simple définition du nom pour avoir l'idée de *mouvement*.

[c]Ceux qui[c] nous disent que la *lumière* est un grand nombre de petits globules frappant brutalement le fond de l'œil[2] [d]parlent de façon plus[d] intelligible que les Écoles ; pourtant ces | mots, aussi bien compris soient-ils, ne feraient pas **424** comprendre à quelqu'un qui ne la comprenait pas auparavant l'idée dont tient lieu le mot *lumière*, mieux que si on lui disait que la *lumière* n'est qu'une série de petites balles de tennis que des fées lancent toute la journée avec des raquettes à la face de certaines personnes plutôt qu'à d'autres. Car, à supposer

---

c. Texte de la quatrième et de la cinquième édition, qui remplace « Quand les *cartésiens* … ».

d. Texte de la quatrième et de la cinquième édition, qui remplace « … ils parlent un peu plus … ».

1. Aristote, *De Anima*, II. 7 (418 b).
2. Descartes, *Principes*, 4.195.

que cette explication de la chose soit vraie, l'idée de la cause
de la *lumière*, aussi exacte soit-elle, ne nous donnerait pas
plus l'idée de la *lumière* même (comme telle perception
particulière en nous), que l'idée de la figure et du mouvement
d'un morceau de fer acéré ne nous donnerait l'idée de la
douleur qu'il peut engendrer en nous [1].

Car, pour toutes les idées simples issues d'un seul sens, la
cause d'une sensation et la sensation même sont deux idées et
deux idées si différentes, si distantes l'une de l'autre qu'aucune
ne peut l'être plus. Et donc les globules de Descartes auraient
beau frapper aussi longtemps que possible la rétine d'un
homme frappé d'amaurose [2] – *Gutta serena*, celui-ci n'aurait
jamais de ce fait aucune idée de *lumière* ou de quelque chose
d'approchant, même s'il comprennait parfaitement ce que
sont de petits globules et le choc d'un corps sur un autre [e]. Et
donc les *Cartésiens* distinguaient très correctement entre la
lumière qui est la cause la sensation en nous et l'idée produite
par elle en nous, qui est proprement la lumière.

§ 11

Pourquoi les idées simples sont indéfinissables ;
explications complémentaires

On ne peut obtenir les idées simples, on l'a montré [3], *qu'à
partir des impressions* que font les objets mêmes sur l'esprit
par les organes appropriés à chaque classe. Si elles ne sont pas
reçues de cette manière, tous les *mots* du monde *utilisés pour*

e. La phrase suivante est ajoutée à partir de la quatrième édition.

1. *Cf.* 2.8.8.
2. Défaut de vision dû notamment à l'atrophie du nerf optique.
3. 2.8.1.

*expliquer ou définir tel de leur nom ne pourront jamais
produire en nous l'idée dont il tient lieu.* Car les mots sont
des sons et ne peuvent produire en nous aucune autre idée
simple que celles de ces sons eux-mêmes, ni en provoquer
aucune en nous si ce n'est par cette liaison volontaire que l'on
sait exister entre elle et cette idée simple dont l'usage courant
a fait de tel nom un signe. Celui qui pense autrement, qu'il
essaie si un mot peut lui le donner le goût de l'ananas et lui
donner l'idée authentique du goût de ce fruit délicieux et
prisé. Dans la mesure où on lui dit qu'il ressemble à un goût
dont il a déjà en mémoire l'idée, imprimée par des objets
sensibles familiers à son palais, il | peut approcher en esprit cette **425**
ressemblance. Pourtant ce n'est pas donner l'idée par *définition*
mais provoquer d'autres idées simples par leur nom connu – ce
qui restera très différent du goût authentique du fruit même [1].

Il en va de même pour la lumière, les couleurs et toutes les
autres idées simples : la signification des sons n'est pas naturelle mais arbitrairement instituée ; et aucune définition de
lumière ou de *rouge* n'est plus apte ou capable de produire
l'une de ces idées en nous que les sons « lumière » ou
« rouge » par eux-mêmes. Espérer produire en effet une idée de
lumière ou de couleur par un son, quelle que soit sa formation, c'est s'attendre à ce que des sons soient visibles ou des
couleurs audibles, et demander aux oreilles de jouer le rôle de
tous les autres sens. Ce qui reviendrait à dire que l'on peut
goûter, sentir et voir par les oreilles : un type de philosophie
digne seulement de Sancho Pança qui avait la faculté de voir
Dulcinée par ouï-dire [2]. Celui dont l'esprit n'a donc pas reçu

1. Cf. *Draft A*, § 1.
2. Cervantès, *Don Quichotte,* II, chap. 9 : « Fué de oídas la vista … »
(Espasa-calpe, Madrid, 1959, p. 391).

auparavant par l'accès normal l'idée simple dont tient lieu un nom, ne parviendra jamais à connaître la signification de ce mot par le biais d'autres mots ou sons, quel que soit leur ordonnancement en fonction de quelques règles de la définition.

La seule manière [d'y parvenir] est de donner aux sens leur objet propre et de produire ainsi l'idée dont on a déjà appris le nom. Un aveugle appliqué s'était vivement interrogé sur les objets visibles et avait utilisé l'explication de ses livres et de ses amis pour comprendre les noms de lumière et de couleur qu'il rencontrait ; un jour, il se vanta de savoir désormais ce que signifiait *écarlate* ; un ami lui demanda alors : « qu'est-ce l'*écarlate* ? » et l'aveugle répondit que c'était comme le son d'une trompette. C'est exactement cette compréhension qu'aura celui qui espère comprendre le nom d'une idée simple à partir seulement d'une définition ou d'autres mots utilisés pour l'expliquer.

§ 12

C'est l'inverse pour les idées complexes, ce qui est montré à partir
des exemples de la statue et de l'arc-en-ciel

Il en va tout autrement pour les idées *complexes* : elle consistent en plusieurs idées simples et il est au pouvoir des mots tenant lieu des diverses idées qui composent cette idée complexe d'imprimer dans l'esprit des idées complexes qui n'y ont jamais été et de faire comprendre ainsi leur nom. Avec de tels ensembles d'idées désignées d'un seul nom, la *définition* ou l'enseignement de la signification d'un mot par plusieurs autres a sa place et *peut faire comprendre le nom* de choses qui ne sont jamais tombées sous les sens ; elle peut faire élaborer **426** | des idées conformes à celles que les autres hommes ont à l'esprit quand ils utilisent ces noms, pourvu qu'aucun des termes de la définition ne tienne lieu d'une idée simple que celui qui entend l'explication n'a pas encore eu en pensée.

Ainsi le mot *statue* peut-il être expliqué à un aveugle par d'autres mots, alors que celui de *tableau* ne le peut, puisque ses sens lui on donné l'idée de figure mais pas celle de couleurs qu'aucun mot ne peut donc provoquer en lui. C'est ce qui valut la palme au peintre en concurrence avec le sculpteur : chacun prétendait à l'excellence de son art et le sculpteur se vantait de ce que le sien devait être préféré parce qu'il allait plus loin : même ceux qui avaient perdu la vue pouvaient encore en percevoir l'excellence. Le peintre accepta de s'en remettre au jugement d'un aveugle ; on conduisit l'aveugle à un endroit où se trouvaient une statue faite par l'un et un tableau peint par l'autre. On lui présenta d'abord la statue et il parcourut des mains tous les traits du visage et du corps ; plein d'admiration, il loua l'adresse de l'artiste. On le conduisit alors au tableau ; il y posa les mains et on lui dit que maintenant il touchait la tête, puis le front, les yeux, le nez, etc., au fur et à mesure où ses mains se déplaçaient sur le tableau dessiné sur la toile sans qu'il y sente aucune différence. Il s'exclama alors : « Assurément, ce doit être une œuvre absolument admirable, divine, pour être à même de vous représenter tous ces éléments alors que je ne peux en sentir ni en percevoir aucun ».

§ 13

Celui qui utiliserait le mot *arc-en-ciel* avec quelqu'un qui connaît déjà toutes les couleurs sans avoir jamais vu ce *phénomène*, énumérerait le forme, la largeur, la position et l'ordre des couleurs et définirait si bien le mot qu'il pourrait être parfaitement compris. Pourtant cette *définition*, si exacte et parfaite soit-elle, ne permettait jamais à un aveugle de comprendre le mot, parce que plusieurs idées simples qui constituent cette idée complexe sont de nature à ne jamais être acquises par sensation ou expérience et donc aucun mot ne peut les provoquer dans l'esprit.

§ 14

Quand des mots peuvent rendre intelligibles un nom d'idée complexe

Les idées simples, on l'a montré[1], ne peuvent être acquises que par expérience à partir des objets propres à produire en nous ces perceptions. *Quand* l'esprit est par ce moyen muni d'idées et que l'on connaît leur nom, *on est en état de définir* et de comprendre par *définition* le nom de **427** l'idée complexe | constituée de ces idées. Mais quand un terme tient lieu d'une idée simple que quelqu'un n'a jamais eu dans l'esprit, il est impossible, par quelque mot que ce soit, de lui faire connaître son sens. Et quand un terme tient lieu d'une idée acquise par quelqu'un qui ignore que c'est ce nom-là qui en est le signe, un autre nom de la même idée peut lui faire comprendre son sens. Mais en aucun cas un nom d'idée simple n'est susceptible de *définition*.

§ 15

4) Les noms d'idées simples sont les moins ambigus[2]

4) Même si on n'a pas l'aide de la *définition* pour détermi-ner la signification des noms d'idées *simples*, cela n'empêche pas qu'ils *soient en général moins ambigus et moins incer-tains que ceux de modes mixtes et de substances*. Parce qu'ils tiennent lieu seulement d'une perception simple, les gens

---

1. 2.8.1 ; 3.4.11.
2. Pour le 3) voir 3.4.4. ; pour le thème de ce paragraphe, *cf.* le parallèle en 3.9.18.

pour la plupart s'accordent facilement et totalement sur leur signification ; il y a donc peu de place pour l'erreur et la chicane sur leur sens. Une fois connu que *blancheur* est le nom de cette couleur observée dans la neige ou le lait, on ne risque pas de mal employer ce mot tant qu'on retient cette idée ; et quand on l'a totalement perdue, on ne risque pas de se tromper sur son sens : on perçoit qu'on ne la comprend pas. Il n'y a pas cette multiplicité d'idées simples à réunir, ce qui fait la difficulté des noms de modes mixtes, ni cette essence réelle supposée mais inconnue (avec les propriétés qui en dépendent et dont le nombre précis est aussi inconnu), ce qui fait la difficulté des noms de substances. Au contraire, pour les idées simples, la signification complète du nom est d'emblée connue : elle n'est pas constituée de parties qui, selon que l'on en ajoute plus ou moins, font que l'idée peut varier et qui rendent de ce fait la signification de son nom obscure ou incertaine [1].

§ 16

5) Les idées simples ont une ascendance limitée
dans la lignée prédicamentale [2]

5) On peut en outre observer, à propos des idées simples et de leur nom, qu'ils n'*ont qu'une ascendance limitée dans la lignée prédicamentale* (comme ils disent) *de l'espèce la plus basse au genre suprême*. La raison en est que l'espèce la plus basse n'est qu'une seule idée simple, que rien ne peut en être ôté qui permettrait que, une fois la différence ôtée, l'idée puisse s'accorder avec autre chose en une idée commune, idée

1. Cf. *Draft A*, § 7.
2. Ici et quelques lignes plus bas, en latin dans le texte : « in linea prædicamentali » ; de même *espèce* et *genre* sont donnés en latin (*species*, *genus*).

qui aurait un nom commun et serait le *genre* des deux autres[1] ;
par exemple rien ne peut être ôté de l'idée de *blanc* et de celle
de *rouge* pour les accorder en une manifestation commune et
428 avoir ainsi | un nom général, comme on le fait en ôtant *ratio-
nalité* de l'idée complexe d'*homme* pour l'accorder avec *bête*
dans l'idée plus générale et dans le nom d'*être animé*[2].

Quand donc pour éviter des énumérations lassantes les
gens veulent inclure à la fois *blanc*, *rouge* et plusieurs autres
idées simples semblables sous un nom général, ils sont obligés de le faire par un mot qui dénote seulement la façon dont
ils les ont reçues dans l'esprit : quand *blanc*, *rouge*, *jaune*
sont tous inclus sous le genre ou le nom *couleur*, cela ne
signifie rien de plus que des idées qui sont produites dans
l'esprit par la vue seule et introduites par les yeux seuls. Et
quand ils veulent construire un terme encore plus général, qui
inclue à la fois les *couleurs* et les *sons* et d'autres idées
simples semblables, ils le font par un mot qui les signifie
toutes en tant qu'elles viennent dans l'esprit par un seul sens ;
ainsi le terme de *qualité*, en son acception ordinaire inclut les
couleurs, les sons, les goûts, les odeurs et les qualités tan-
gibles[3], par opposition à l'étendue, le nombre, le mouvement,
le plaisir et la douleur qui laissent sur l'esprit des impressions et
introduisent leurs idées par plus d'un sens[4].

1. Appliqué au triangle en 4.7.9.
2. *Cf.* 3.3.9,19 ; 3.4.16 ; 3.6.32.
3. *Cf.* 2.3.1. et 2.8.8.
4. *Cf.* 2.5.

§ 17

6) Les noms d'idée simple tiennent lieu d'idées aucunement arbitraires

6) Le nom d'idée simple, le nom de substance et le nom de mode mixte diffèrent aussi en ce que celui de mode mixte tient lieu d'idées totalement arbitraires, celui de substance n'est pas totalement arbitraire (il réfère à un modèle, même si c'est avec une certaine latitude), celui[1] d'idée simple est totalement emprunté à l'existence des choses et n'est pas du tout arbitraire. Nous verrons dans les chapitres suivants la différence engendrée dans la signification des noms.

Le nom de mode simple diffère peu de celui d'idée simple.

---

1. Un certain illogisme du texte a été respecté dans la traduction : *celui* désigne toujours le nom alors que l'arbitraire qui lui est attribué la deuxième et la troisième fois devrait être attribué à l'idée correspondante.

CHAPITRE 5

LE NOM DE MODE MIXTE
ET LE NOM DE RELATION [1]

§ 1

Comme les autres noms généraux, il tient lieu d'une idée abstraite

Étant général, le nom de mode mixte tient lieu, comme on l'a montré[2], d'une classe ou espèce de choses qui a son essence propre ; et l'essence de cette espèce, on l'a montré[3], n'est qu'une idée abstraite dans l'esprit à laquelle on attache un nom. Jusqu'ici le nom et l'essence de mode mixte | n'ont **429** rien qui ne leur soit commun avec les autres idées ; mais si on les examine d'un peu plus près, on verra qu'elles ont quelque chose en propre qui mérite peut-être l'attention.

1. *Cf.* 2.22.2-8.
2. 2.3.12.
3. 2.3.14, etc.

§ 2

1) *Les idées dont ils tiennent lieu sont fabriquées par l'entendement*

1) La première particularité que je noterai, c'est que l'idée abstraite, ou si vous préférez l'essence de chaque espèce *de modes mixtes est faite par l'entendement*, ce qui les différencie de celle des idées simples : dans cette classe, l'esprit n'a le pouvoir d'en fabriquer aucune ; il reçoit seulement celles qui lui sont présentées par l'existence réelle des choses opérant sur lui [1].

§ 3

2) *Faites arbitrairement et sans modèle*

Ensuite, cette *essence d'espèce de modes mixtes est* non seulement *faite* par l'esprit mais aussi faite *avec beaucoup d'arbitraire*, faite sans modèle ou référence à quelqu'existence réelle que ce soit ; elle diffère en cela de l'essence de substances qui implique l'hypothèse d'un être réel dont elle est tirée et auquel elle est conforme. Par contre, pour les idées complexes de modes mixtes, l'esprit prend la liberté de ne pas suivre exactement l'existence des choses ; il assemble et maintient certaines collections, comme autant d'idées d'espèce, tandis que d'autres qui se présentent aussi souvent dans la Nature, suggérées aussi ouvertement par les choses extérieures, demeurent ignorées, sans nom ni déterminations particuliers. Ces idées complexes de modes mixtes, à la différence de celles de substances, l'esprit ne les examine pas en fonction de l'existence réelle des choses, il ne les vérifie pas en fonction de modèles contenant par nature telle composition particulière [d'idées] : pour connaître la validité de son idée d'*adultère*

---

1. *Aucune* et *celles* désignent-ils *idée* ou *idée abstraite* ?

ou d'*inceste*, la cherchera-t-on parmi les choses existantes ?
L'idée sera-t-elle vraie sous prétexte que quelqu'un a été
témoin d'une telle action ? Nullement : il suffit ici que des
gens aient réuni tel ensemble d'idées en une idée complexe
qui constitue l'*archétype* et l'idée de l'espèce, que cette action
ait ou non été commise en réalité[a].

§ 4
Comment cela se fait

Pour bien le comprendre, il faut considérer *le processus
de formation de ces idées complexes* : il ne s'agit pas de la
formation d'une idée nouvelle mais de l'assemblage de celles
que possède déjà l'esprit. Pour ce faire, l'esprit fait trois
choses : premièrement, il choisit un certain nombre d'idées ;
deuxièmement, il leur confère une certaine liaison et les
constitue en une idée ; troisièmement, il les lie ensemble par
un nom. Si l'on | examine ce processus et la liberté qu'y prend **430**
l'esprit, on observera sans peine en quoi ces essences
d'espèces de modes mixtes sont l'œuvre de l'esprit et en
conséquence que les espèces mêmes sont de fabrication
humaine.

§ 5
Évidemment arbitraire, en ce que les idées précèdent souvent l'existence

Personne ne pourra mettre en doute le fait que ces idées
de modes mixtes soient faites d'un assemblage volontaire
d'idées dans l'esprit indépendamment de tout modèle originaire dans la Nature, s'il se contente de réfléchir au fait que

---

a. Dans le texte, expression latine : « *in rerum natura* » ; non traduite pas
Coste.

cette classe d'idée complexe peut être fabriquée, abstraite et dotée de nom, et une espèce ainsi constituée, avant qu'aucun individu de cette espèce n'ait jamais existé.

Qui peut mettre en doute que les gens puissent former dans leur esprit les idées de *sacrilège* ou d'*adultère* et leur donner un nom, constituer ainsi des espèces de modes mixtes, avant qu'aucun de ces crimes n'ait été commis ? Et qu'il soit possible de discourir, de raisonner, de découvrir des vérités certaines à leur propos, quand elles n'existaient que dans l'entendement aussi facilement que maintenant où elles n'ont que trop souvent une existence réelle ?

Il est ainsi évident que *les classes de modes mixtes sont des créatures de l'entendement* ; et leur existence dans l'entendement est aussi utile à toutes les visées de la vérité et de la connaissance effectives [b] que lorsqu'elles existent effectivement : on ne peut mettre en doute que les législateurs aient souvent fait des lois à propos d'espèces d'actions qui n'étaient que les créatures de leur entendement, des êtres qui n'avaient d'existence que dans leur esprit. Et personne ne peut nier, je pense, que la *résurrection* était une espèce de modes mixtes dans l'esprit avant d'avoir réellement existé.

§ 6

Exemples : meurtre, inceste, estocade

Pour voir *avec quel arbitraire* l'esprit *fait ces essences de modes mixtes,* il suffit d'en examiner une, presque au hasard : un simple regard convaincra que c'est l'esprit qui combine plusieurs idées indépendantes éparses en une idée complexe ;

---

b. Coste traduit : « … aussi propre à tous les usages qu'on peut en tirer pour l'avancement de la vérité … ».

et qu'en lui donnant un nom commun il en fait l'essence d'une certaine espèce sans se régler sur une liaison que ces idées ont par nature.

Y a-t-il par nature une liaison entre les idées de *tuer* et d'*homme*, plus grande qu'entre celles de *tuer* et de *mouton*, de sorte que l'on fasse de la première une espèce particulière d'action signifiée par le mot *meurtre* et pas de l'autre ? Quelle union par nature y a-t-il entre l'idée de *tuer* et l'idée de | la **431** relation *père*, qui n'existe pas avec celle de *fils* ou de *voisin* et de sorte que les premières soient combinées en une idée complexe et forment ainsi l'essence de l'espèce distincte *parricide*, alors que les secondes ne constituent absolument aucune espèce distincte. Pourtant, bien que tuer son père ou sa mère soit devenu une espèce distincte de tuer son fils ou sa fille, il y a d'autres cas où le fils et la fille sont inclus avec le père et la mère dans la même espèce, comme dans celle de l'*inceste*.

Ainsi, dans les modes mixtes l'esprit unit-il arbitrairement en idées complexes les idées qu'il estime pertinentes alors que d'autres qui ont absolument autant d'union par nature sont délaissées et ne sont jamais combinées en une idée, parce qu'elles n'ont pas besoin d'un nom unique ; il est évident donc que l'esprit par son libre choix ajoute une liaison à un certain nombre d'idées qui par nature, n'ont pas plus d'union entre elles que d'autres qu'il délaisse. Pourquoi autrement ferait-on attention à la partie de l'arme qui entame une blessure pour constituer l'espèce distincte *estocade*[c] en

---

c. Coste qui n'a pas traduit *Stabbing*, le mot correspondant à *estocade*, et qui ne l'a pas repris dans l'intertitre de la section, justifie ainsi sa façon de faire : « Rien ne prouve mieux le raisonnement de Mr Locke sur ces sortes d'idées qu'il nomme *Modes mixtes*, que l'impossibilité de traduire en

ignorant la forme et la matière de l'arme? Je ne dis pas que cela se fasse sans raison, comme on le verra mieux par la suite [1], mais je dis ceci : cela se fait par le libre choix de l'esprit poursuivant ses propres buts ; et ces espèces de modes mixtes sont donc les œuvres de l'entendement. Et il est tout à fait évident que l'esprit ne cherche pas dans la nature ses modèles pour la formation de la plupart de ces idées et qu'il ne réfère pas les idées qu'il fabrique à l'existence réelle des choses, mais qu'il assemble celles qui peuvent mieux servir son propre dessein, sans se lier à une imitation précise de quelque chose qui existe réellement.

§ 7

Mais elles demeurent liées aux finalités du langage [2]

Bien que ces idées complexes ou *essences de modes mixtes* dépendent de l'esprit et soient faites par lui avec grande

François ce mot de *Stabbing*, dont l'usage est fondé sur une Loi d'Angleterre, par laquelle celui qui tue un Homme en le frappant d'estoc, est condamné à mort sans espérance de pardon ; au lieu que ceux qui tuent en frappant du tranchant de l'épée, peuvent obtenir grace. La Loi ayant considéré différemment ces deux actions, on a été obligé de faire de cet acte de *tuer en frappant d'estoc* une Espèce particulière, & de la désigner par ce mot de *Stabbing*. Le terme François qui en approche le plus, est celui de *poignarder*, mais il n'exprime pas précisément la même idée. Car *poignarder* signifie seulement *blesser, tuer avec un poignard, sorte d'arme pour frapper de la pointe, plus courte qu'une épée* : au lieu que le mot Anglois *Stab* signifie tuer en frappant de la pointe d'une arme propre à cela. Desorte que la seule chose qui constitue cette Espèce d'action, c'est de tuer de la pointe d'une arme, courte ou longue, il n'importe ; ce qu'on ne peut exprimer en François dans un seul mot, si je ne me trompe ».

1. Cf. *infra*, § 11.
2. *Cf.* 2.22.3-8, 2.28.2.

liberté, elles *ne sont pourtant pas faites au hasard* et
entassées sans raison.

Bien que ces idées complexes ne soient pas toujours
copiées de la Nature, elles sont toujours adaptées à la fin pour
laquelle les idées abstraites sont faites : certes, ce sont des
combinaisons d'idées suffisamment diverses qui ont entre
elles aussi peu d'union que beaucoup d'autres auxquelles
l'esprit ne donne jamais le lien qui les combinerait en une
idée ; mais, elles sont toujours faites pour | les commodités de **432**
la communication, le but principal du langage ; l'utilité du
langage étant de signifier aisément et rapidement par des sons
brefs des conceptions générales, dans lesquelles peuvent être
impliquées non seulement une quantité de choses particulières mais aussi une grande diversité d'idées indépendantes
assemblées en une idée complexe.

Dans la formation des espèces de modes mixtes donc, les
gens n'ont eu égard qu'aux combinaisons qu'ils avaient
l'occasion de mentionner entre eux : ils ont combiné ces idées
en idées complexes distinctes et leur ont donné des noms,
tandis que d'autres qui ont par nature un lien aussi étroit
étaient délaissées. Sans aller plus loin que les actions
humaines elles-mêmes, si les gens avaient voulu faire des
idées abstraites distinctes de toute la diversité que l'on peut y
observer, leur nombre devrait être infini et la mémoire serait
gênée par l'abondance et surchargée sans nécessité. Il leur
suffit de former et de dénommer autant d'idées de modes
mixtes qu'ils découvrent nécessaire de nommer dans les événements courants de leurs occupations : s'ils associent à l'idée
de *tuer* l'idée de *père* ou de *mère* et fabriquent ainsi une espèce
distincte du meurtre du fils ou du voisin, c'est à cause de

[d.]l'atrocité différente du crime et de la punition différente qui est due au meurtre du père ou de la mère, par rapport à celle qui doit être infligée pour le meurtre du fils ou du voisin[d.]; ils trouvent donc nécessaire de la mentionner d'un nom différent et c'est le but de la fabrication de cet assemblage distinct. Les idées de *mère* et de *fille* sont traitées si différemment par rapport à l'idée de meurtre que la première lui est jointe pour former une idée abstraite distincte avec un nom et ainsi une espèce distincte, et pas la seconde; et pourtant sous l'angle de la connaissance charnelle, les deux idées sont reprises sous l'*inceste*; et cela toujours pour le même bénéfice : exprimer sous un seul nom et reconnaître comme d'une seule espèce ces rapports impurs qui sont plus infâmes que d'autres, en évitant les circonlocutions et les descriptions gênantes.

§ 8

Les mots des différentes langues que l'on ne peut traduire en sont une preuve

Une aisance moyenne *en langues* suffira pour se convaincre sans peine de cette vérité : on constate facilement qu'un grand nombre *de mots d'une langue n'ont pas de correspondant dans une autre*; ce qui montre que les gens
433 d'un pays, par leurs coutumes | et leur mode de vie, ont eu l'occasion de former plusieurs idées complexes et de leur donner un nom, alors que d'autres ne les ont jamais assemblées en idées d'espèces. Cela n'aurait jamais pu arriver si ces espèces avaient été l'œuvre stable de la Nature et non des collections faites et abstraites par l'esprit dans le but de dénommer pour la commodité de la conversation. Les termes

d. Texte depuis la deuxième édition, qui remplace : « ... la punition distincte que mérite l'un à la différence de l'autre meurtre ; ».

de notre loi, qui ne sont pas des sons anodins, n'auront guère de correspondants en espagnol ou en italien, langues pourtant prolixes ; encore moins pourra-t-on, je pense, les traduire en langues *Caraïbes* ou *Westoe*. Le *versura*[1] des *Romains* ou le *Corban*[2] des *Juifs* n'ont pas de mots qui leur correspondent en d'autres langues ; la raison en est claire à partir de ce qui a été dit.

Bien plus, si l'on observe un peu attentivement cette question et si l'on compare avec précision différentes langues, on verra qu'elles ont certes dans les dictionnaires ou les traductions[e] des mots qui sont censés se correspondre l'un à l'autre ; pourtant, à peine un dixième des noms d'idées complexes et spécialement des modes mixtes tiennent lieu de la même idée précise que le mot qui lui correspond dans le dictionnaire. Il n'y a pas d'idée plus commune et moins composée que les mesures de temps, d'étendue et de poids, et les noms latins *Hora*, *Pes*, *Libra* sont sans difficulté traduits par les noms *français heure*, *pied* et *livre* ; pourtant, il est tout à fait évident que les idées qu'un *Romain* attachait à ces noms latins étaient fort différentes de celles qu'un *Français* exprime par les noms français. Et si l'un des deux utilisait les mesures que ceux de l'autre langue désignent de leurs noms, ses comptes seraient totalement erronés[3].

Ce sont des preuves trop fortes pour qu'on puisse les mettre en doute, et on verra que c'est plus encore le cas avec

e. Coste ajoute en note de sa traduction (deuxième édition) : « Sans aller plus loin, cette traduction en est une preuve, comme on peut le voir par quelques Remarques que j'ai été obligé de faire pour en avertir le lecteur ».

1. Emprunt destiné à rembourser une dette.
2. Offrande sacrée.
3. *Cf.* 3.9.6.

les noms d'idées plus abstraites et plus composées, telles que celles qui composent la plus grande partie des discours moraux : si l'on a la curiosité de comparer leurs noms avec leur traduction dans d'autres langues, on verra que très peu se correspondent exactement dans toute l'étendue de leur signification.

§ 9

Cela prouve que les espèces sont faites pour la communication [f]

Ce qui fait que je relève tout particulièrement ce point, c'est qu'il ne faut pas se tromper sur les *genres*, les *espèces* et leur *essence* et croire que ce sont des choses faites avec **434** régularité et constance par la Nature | comme si elles avaient une existence réelle dans les choses ; un examen plus précis révèle au contraire qu'elles ne sont qu'un artifice de l'entendement qui vise à signifier plus aisément la collection d'idées souvent transmise, grâce à un seul terme général englobant plusieurs choses singulières dans la mesure où elle s'accordent avec cette idée abstraite. Et si, à cause de la signification ambiguë du mot *espèce*, dire que les *espèces* de modes mixtes sont faites par l'entendement semble difficile à entendre pour certains [1], personne ne peut nier pourtant que c'est l'esprit qui fait ces idées complexes abstraites auxquelles on attribue un nom d'espèce. Et s'il est vrai (et c'est vrai) que l'esprit fabrique les modèles pour classer et nommer les choses, je laisse examiner qui fait les limites de la classe ou espèce, car

f. Coste traduit : « On a formé des Espèces de Modes mixtes pour s'entretenir commodément ».

1. Par exemple Cudworth, voir *Treatise concerning Eternal and Immutable Morality*, 1.2.

pour moi *espèce* et *classe* n'ont d'autre différence que celle de l'idiome latin ou français[g].

§ 10

Dans les modes mixtes, c'est le nom qui maintient lié l'assemblage
et en fait une espèce

La relation serrée qui existe *entre espèce, essence et nom général*, au moins *dans les modes mixtes*, se manifestera plus encore si l'on considère que c'est le nom qui semble préserver cette *essence* et lui conférer sa durée permanente. Car la liaison entre les éléments épars de ces idées complexes étant assurée par l'esprit, cette union qui n'a pas de fondation particulière dans la Nature s'anéantirait à nouveau s'il n'y avait pas quelque chose qui effectivement le "maintenait" fermement et empêchait les éléments de s'éparpiller. Bien que ce soit l'esprit qui fasse l'assemblage, le nom est le "nœud" qui les unit fermement.

Quelle immense variété d'idées différentes associe le mot *Triomphe*[1], et nous présente-t-il comme une seule espèce ! Si ce nom n'avait jamais été fabriqué, s'il avait été totalement perdu, nous aurions pu sans doute avoir des descriptions de ce qui se passait lors de cette cérémonie, mais ce qui maintient ensemble ces différents éléments dans l'unité d'une idée complexe, c'est, je pense, le mot même attaché à cette idée ; sans lui, on ne penserait pas que ses différents éléments forment une seule chose, pas plus que n'importe quel autre

g. Coste traduit : « car ces deux mots sont chez moi tout-à-fait synonymes ».

1. Locke donne le mot latin *Triumphus* et désigne ainsi le sens ancien du terme.

spectacle qui ne s'est produit qu'une fois et qui n'a donc jamais été uni en une seule idée complexe sous une seule dénomination.

À quel point donc l'unité nécessaire à toute essence dépend, pour les modes mixtes, de l'esprit, à quel point la durée et la stabilité de cette unité dépend du nom que l'usage **435** commun lui a attaché, je laisse | ceux qui regardent les *essences* et les *espèces* comme des choses réelles établies dans la Nature, le considérer.

§ 11

Conformément à cela, on constate que *les gens qui parlent de modes mixtes* imaginent ou *utilisent rarement comme espèce de mode mixte d'autres [idées complexes] que celles qui sont distinguées par un nom.*

Parce qu'elles sont faites seulement par les hommes pour nommer, aucune espèce n'est remarquée ou supposée exister si un *nom* ne lui est pas attaché, signe de la combinaison par l'homme en une seule idée de plusieurs idées éparses ; et ce signe de l'union durable qu'il confère à des éléments qui autrement perdraient leur unité dès que l'esprit range cette idée et n'y pense plus réellement. Mais une fois un nom attaché à cette idée complexe, qui confère à ses éléments une unité établie et permanente, l'*essence* est "instituée" et l'*espèce* est considérée comme complète. Dans quel but en effet la mémoire se chargerait-elle de telles compositions si ce n'est pour les rendre générales par abstraction ? Et dans quel but les rendre générales, si ce n'est pour qu'elles puissent avoir un *nom* général pour la commodité de l'exposé et de la communication ?

Ainsi, voit-on que tuer un homme avec une épée ou le tuer avec une hache ne sont pas considérés comme des espèces distinctes d'action; mais si la pointe de l'épée entre la première dans le corps, cela passe pour une *espèce* distincte là où cela a un *nom* distinct, comme en *France* dont la langue utilise le mot *estocade*[1]; mais dans un autre pays où il n'est pas arrivé qu'un *nom* propre serve à spécifier cet acte, cela ne passe pas pour une *espèce* distincte. Par contre, pour les *espèces* de substances corporelles, c'est bien l'esprit qui fabrique l'essence nominale, mais parce que les idées combinées en elle sont supposées avoir une union par nature, que l'esprit les associe ou non, on les considère comme des *espèces* distinctes sans que l'esprit opère, soit en abstrayant soit en donnant un *nom* à cette idée complexe.

§ 12

Pour les originaux des modes mixtes, on ne cherche pas plus loin que l'esprit, ce qui montre aussi qu'ils sont l'œuvre de l'entendement

Conformément à ce qui a été dit[2] également concernant l'*essence* d'*espèce* de *modes mixtes* (ce sont les créations de l'entendement plutôt que le travail de la nature), on voit que *leur nom mène les pensées jusqu'à l'esprit et pas au-delà*[3].

Quand on parle de *justice* ou de *gratitude*, on ne se construit pas une fiction de quelque chose d'existant qu'il faudrait concevoir; les pensées ont leur terme dans les idées abstraites de ces | vertus et ne vont pas plus loin, alors qu'elles **436** le font quand on parle d'un *cheval*, de *fer*; là, on ne considère pas les idées d'espèces comme si elles étaient dans l'esprit uniquement mais comme étant dans les choses mêmes, qui

1. Cf. *supra*, § 6.
2. 3.5.2.
3. *Cf.* 4.4.9.

fournissent le modèle original de ces idées. Dans les modes mixtes au contraire, ou au moins dans leurs éléments les plus importants, les êtres moraux, on considère que les modèles originaux sont dans l'esprit, et c'est à eux que l'on se réfère pour distinguer sous un nom chaque être singulier. C'est de là que vient, je pense, le fait que ces *essences* d'espèces de modes mixtes sont nommées d'un nom particulier, *notions*[h], comme appartenant d'un droit propre à l'entendement[1].

§ 13

Le fait qu'ils soient construits par l'entendement sans modèle donne la raison pour laquelle ils sont si composés

On peut en tirer, de la même manière, *la raison pour laquelle les idées complexes de modes mixtes sont couramment plus composées et décomposées que celles des substances naturelles*.

En effet, puisqu'elles sont l'œuvre de l'entendement visant seulement ses fins propres, la commodité d'une expression brève des idées qu'il voudrait faire connaître à autrui, l'entendement les unit souvent avec grande liberté en une idée abstraite des choses qui par leur nature n'ont aucune cohérence ; aussi associe-t-il sous un même terme une grande diversité d'idées composées ou décomposées.

Ainsi, le nom *Procession* unit dans cette idée complexe un important mélange d'idées indépendantes de personnes, de

---

h. Coste ajoute en note [deuxième édition] : « On dit, la *Notion de la Justice, de la Tempérance* ; mais on ne dit point, la *Notion d'un Cheval, d'une Pierre, etc.* ».

1. *Cf.* 2.22.2.

coutumes, de tapisseries, d'ordres, de mouvements, de sons[i]
que l'esprit humain a arbitrairement assemblées pour les
exprimer d'un seul nom. Au contraire, les idées complexes de
classe de substances sont habituellement constituées d'un
petit nombre seulement d'idées simples : dans les *espèces*
d'être animés, les deux idées, *forme* et *voix* constituent
couramment toute l'essence nominale.

§ 14

Les noms de modes mixtes tiennent toujours lieu de leur essence réelle

Voici autre chose que l'on peut observer à partir de ce qui a
été dit : *les noms de modes mixtes signifient toujours* (quand
ils ont une signification déterminée[j]) *l'essence réelle de leur
espèce*. Car ces idées abstraites sont l'œuvre de l'esprit et ne
sont pas référées à l'existence réelle des choses ; on ne suppose
donc pas que le nom signifie quelque chose de plus que
simplement l'idée complexe que l'esprit lui-même a formée,
qui constitue tout ce qu'il voudrait avoir exprimé par ce nom,
dont toutes les propriétés de l'espèce dépendent et | dont elles **437**
découlent toutes. Aussi *l'essence réelle* et *l'essence nominale*
sont-elles ici les mêmes, fait dont on verra par la suite[1] l'importance pour la connaissance certaine de vérités générales.

i. Coste traduit : « … de personnes, d'habits, de tapisseries, d'ordre, de
mouvements, de sons … ».

j. Terme qui depuis la cinquième édition remplace « distinct ».

1. 3.10.19, 33 ; 4.4.8, etc.

§ 15

Pourquoi on acquiert habituellement les noms avant les idées

On peut y voir aussi la raison *pour laquelle la plupart des noms de modes mixtes sont acquis avant que les idées dont ils tiennent lieu soient parfaitement connues.*

On ne porte habituellement attention qu'aux *espèces* qui ont un nom et ces *espèces*, ou plutôt leur essence étant des idées complexes abstraites faites arbitrairement par l'esprit, il est normal, pour ne pas dire nécessaire, de connaître le nom avant de s'efforcer de former ces idées complexes ; à moins que quelqu'un ne veuille se remplir la tête d'une foule d'idées complexes abstraites auxquelles personne n'a donné de nom et dont il n'a donc rien à faire, si ce n'est de les ranger et de les oublier à nouveau.

Je reconnais qu'aux origines des langues, il était nécessaire d'avoir l'idée avant de lui donner un nom ; et c'est toujours le cas où l'on forme une nouvelle idée complexe et, en lui donnant un nouveau nom, on forme aussi un nouveau mot. Mais cela ne concerne pas les langues faites, qui sont en général fort bien pourvues d'idées que les gens ont fréquemment l'occasion d'avoir et de communiquer. Et je demande si, dans ces langues, ce n'est pas pour les enfants la méthode ordinaire d'apprendre les noms de modes mixtes avant d'avoir leurs idées ? Y a-t-il jamais eu une personne sur mille qui ait formé l'idée abstraite de *gloire* ou d'*ambition* avant d'avoir entendu leur nom ? Il en va autrement, je le reconnais, pour les idées simples et les idées de substance : ce sont des idées qui ont une existence et une union réelles dans la Nature et donc les idées ou les noms sont selon les cas acquis l'un avant l'autre.

§ 16[k]

Pourquoi je m'étends tellement sur cette question

Ce qui a été dit ici des modes s'applique également, avec très peu de modifications, aux relations, chacun peut lui-même l'observer; aussi puis-je m'épargner la peine de m'étendre sur la question, spécialement parce que certains estimeront peut-être que ce que j'ai dit ici dans ce troisième livre concernant les mots dépasse largement ce qu'un sujet aussi ténu exigeait.

Je le reconnais, on pourrait le ramener à une dimension plus réduite, mais je voulais arrêter mon lecteur sur un argument qui me paraît nouveau et sortant un peu des sentiers battus (je suis sûr que je n'y avais pas encore pensé quand j'ai commencé à écrire)[1] et qu'en le creusant à fond et en le tournant de tous côtés, telle | ou telle partie puisse rencontrer **438** les pensées de chacun et donner au plus opposé ou au plus indifférent de réfléchir à un désordre général qui est de grande importance et pourtant rarement remarqué.

Quand on considère le remue-ménage autour des *essences* et combien toutes sortes de connaissances, d'exposé, de conversation sont infestées, embrouillées par l'utilisation et l'application peu soigneuses et confuses des mots, on pensera peut-être qu'il vaut la peine de tout mettre à plat. Et l'on me pardonnera donc si je me suis attardé autant sur un sujet qui me semble devoir être repris, parce que les erreurs dont les gens sont couramment coupables en ce domaine ne sont pas seulement les plus grands obstacles à la connaissance vraie,

k. Le numéro de section est ajouté depuis la deuxième édition.

1. *Cf.* Épître au lecteur, p. 8 (dans l'édition Nidditch) et 3.9.21 et *Logique de Port-Royal*, II, XII.

mais sont tellement respectées qu'elles passent pour de la connaissance vraie. Les gens verraient souvent quelle ration réduite (peut-être nulle) de raison et de vérité est mêlée à ces opinions enflées dont ils se vantent, s'ils se contentaient de regarder au delà des sons à la mode et d'observer quelles idées sont ou ne sont pas englobées sous les mots dont ils s'arment et tirent appui en toutes questions.

J'imaginerai avoir rendu service à la vérité, à la paix et au savoir si, en m'étendant sur ce sujet, je peux faire réfléchir les gens sur leur emploi du langage et leur donner de quoi suspecter que, puisque c'est fréquent chez autrui, il peut leur arriver aussi d'avoir parfois à la bouche et sous la plume des mots tout à fait valables et reconnus, mais avec une signification incertaine, réduite ou absente. Il n'est donc pas déraisonnable qu'ils soient eux-mêmes prudents et ne refusent pas de faire examiner par d'autres leurs propos. Dans cette intention, je vais donc poursuivre par ce que j'ai encore à dire sur ce sujet.

CHAPITRE 6

LE NOM DE SUBSTANCE

§ 1

Le nom commun de substance est mis pour une classe

Le nom commun de substance, comme tout autre terme général, *est mis pour une classe*; cela se réduit à l'instituer comme signe des idées complexes en lesquelles conviennent (ou peuvent convenir) diverses substances singulières | qui **439** deviennent ainsi susceptibles d'être incluses dans une conception commune et signifiées par un seul nom. Je dis « conviennent ou peuvent convenir » car, bien qu'il n'y ait qu'un seul soleil dans le monde existant, si l'on abstrait son idée, de sorte qu'un plus grand nombre de substances (à supposer qu'il en ait plusieurs) puissent convenir en cette idée, celle-ci est aussi bien une classe que s'il y avait autant de soleils qu'il y a d'étoiles. Ceux [d'ailleurs] qui pensent qu'il y en a autant et que, pour quelqu'un qui serait placé à une distance correcte, chaque étoile fixe correspondrait à l'idée dont tient lieu le nom *soleil*, n'ont pas perdu la raison.

On peut ainsi voir en passant combien les classes, ou si vous préférez les *genres* et les *espèces* de choses (car ces termes [d'origine] latine[1] pour moi ne signifient rien de plus que le terme français *classe*), dépendent des assemblages d'idées fabriqués par les hommes et non de la nature réelle des choses ; il n'est pas en effet impossible qu'à proprement parler ce qui est une étoile pour l'un puisse être un soleil pour l'autre.

§ 2

L'essence de chaque classe est l'idée abstraite

La mesure et la limite de chaque classe ou *espèce*, qui la constituent comme telle classe particulière et la distinguent des autres, sont ce qu'on appelle son *essence*, qui n'*est* autre que cette *idée abstraite à laquelle on attache un nom*. Aussi chaque chose contenue dans cette idée est-elle essentielle à la classe. C'est là toute l'*essence* des substances naturelles que l'on connaisse ou qui permette de les distinguer en classes, et pourtant je lui donne un nom distinct, *essence nominale*, pour la distinguer de la constitution réelle des substances (dont dépendent cette *essence nominale* et toutes les propriétés de cette classe) que pour cette raison[a] on peut appeler comme je l'ai dit[2] *essence réelle*. Par exemple l'*essence nominale* de l'*or* est l'idée complexe dont tient lieu le mot *or*, soit par exemple : *un corps jaune, d'un certain poids, malléable, fusible et fixe*. Mais l'*essence réelle* est la constitution des

a. Coste ajoute ici : « …, quoiqu'inconnue, … ».

1. Dans le texte de Locke, les termes *genres* et *espèces* sont en latin et pour cette raison en italiques.
2. 3.3.15, etc.

parties insensibles de ce corps, dont ces qualités et les autres propriétés de l'*or* dépendent. À quel point ces deux essences diffèrent, quoique toutes deux dénommées *essence*, est dès le premier coup d'œil manifeste.

§ 3

L'essence nominale et l'essence réelle différentes

Mouvement volontaire avec sensibilité et raison, joint à un corps d'une certaine forme, voilà peut-être l'idée complexe à laquelle j'attache comme d'autres le nom *homme* et ainsi ce sera l'*essence nominale* de l'*espèce* portant ce nom ; pourtant, personne ne dira que cette | idée complexe est **440** l'*essence réelle* et la source de toutes les opérations que l'on peut trouver dans un individu de cette classe. Le fondement de toutes ces qualités qui entrent dans la composition de notre idée complexe est quelque chose de tout à fait différent. Et si l'on avait connaissance de cette constitution de l'*homme* d'où découlent ces facultés de se mouvoir, de sentir, de raisonner ainsi que ses autres pouvoirs, dont dépend sa forme extérieure si régulière (connaissance que les anges ont peut-être et qu'a certainement son Créateur), on aurait de son *essence* une idée tout autre que celle qui est maintenant contenue dans notre définition de cette *espèce* quelle qu'elle soit. Notre idée de n'importe quel individu humain serait alors aussi différente de ce qu'elle est maintenant, que diffèrent l'idée de celui qui connaît tous les ressorts, rouages et autres mécanismes internes de la fameuse horloge de Strasbourg et l'idée qu'en a un paysan ébahi qui voit simplement le mouvement de l'aiguille, entend sonner la cloche et observe uniquement quelques unes de ses manifestations extérieures.

§ 4

Rien n'est essentiel aux individus

L'*essence*, dans l'usage courant du mot, a rapport à une classe et elle n'est considérée dans les êtres singuliers que dans la mesure où ceux-ci sont rangés dans une classe, comme ceci le rend manifeste : contentez-vous d'ôter l'idée abstraite à partir de laquelle les individus sont classés puis rangés sous des noms communs, et la pensée de quelque chose d'*essentiel* à chacun d'entre eux s'évanouit immédiatement. On n'a aucune notion de l'une sans l'autre, ce qui montre clairement leur relation. Il est nécessaire que je sois ce que je suis, DIEU et la Nature m'ont fait ainsi ; mais rien de ce que j'ai ne m'est essentiel. Un accident, une maladie peuvent fortement modifier ma couleur, ma forme ; une fièvre, une chute peuvent me priver de raison, de mémoire ou des deux ; une apoplexie prive aussi bien de sensibilité que d'entendement, voire de vie ; d'autres créatures qui ont la même forme que moi peuvent avoir été faites avec plus ou moins de facultés que moi, avec de meilleures ou de moins bonnes, et d'autres peuvent avoir de la raison et de la sensibilité dans une forme et un corps très différents du mien ; rien de tout cela n'est *essentiel* à l'un ou à l'autre ou à quelqu'individu que ce soit, tant que l'esprit ne l'a pas référé à une classe ou à une *espèce* de choses ; et à ce moment-là, en fonction de l'idée abstraite de la classe, on trouve que quelque chose est *essentiel*. Celui qui examinera ses propres pensées verra que, dès qu'il suppose qu'il y a quelque chose *d'essentiel* ou dès qu'il en parle, la considération d'une *espèce* ou de l'idée complexe signifiée par un **441** | nom général lui vient à l'esprit ; et c'est par rapport à cela que telle ou telle qualité est dite *essentielle*.

De sorte que si l'on demande s'il m'est *essentiel*, à moi ou à tout autre être corporel singulier, d'avoir de la raison, je réponds que non, pas plus qu'il n'est *essentiel* à cette chose blanche sur laquelle j'écris de porter des mots. Mais si cet être particulier doit être compté dans la classe *homme* et si on doit lui donner le nom *homme*, alors la raison lui est *essentielle*, à supposer que la raison soit une partie de l'idée complexe dont tient lieu le nom *homme* comme il est essentiel à cette chose sur laquelle j'écris de contenir des mots si je lui donne le nom *Traité* et si je l'ordonne sous cette *espèce*. Aussi, *essentiel et non-essentiel ont rapport à nos seules idées abstraites et au nom qui leur est attaché* ; ce qui revient à dire : toute chose singulière qui n'a pas en elle les qualités contenues dans l'idée abstraite dont tient lieu un terme général ne peut être rangée sous cette *espèce* ni être appelée de ce nom, puisque cette idée abstraite est l'*essence même* de cette *espèce*.

§ 5

C'est pourquoi, si l'idée du *corps* était, comme le pensent certains, la pure étendue ou l'espace [1], alors la solidité ne serait pas *essentielle* au corps ; si d'autres [2] décident que l'idée qu'ils nomment *corps* est la solidité et l'étendue, alors la solidité est essentielle au *corps*. Est donc considéré *comme essentiel cela seul qui constitue un élément de l'idée complexe dont tient lieu le nom de la classe* et sans lequel aucune chose singulière ne peut être admise dans cette classe ni être étiquetée de ce nom.

Si l'on trouvait un morceau de matière qui a toutes les autres qualités présentes dans le *fer* sauf la soumission à l'aimant, qui ne serait pas attiré ni orienté par lui,

---

1. Descartes ; cf. *Essai*, 2.4.3 ; 2.13.11.
2. Locke ; *cf.* 2.4.1 ; 3.10.32.

demanderait-on s'il lui manque quelque chose d'*essentiel*?
Il serait absurde de demander si une chose existant réellement manque de quelque chose qui lui soit *essentiel*. Ou,
pourrait-on demander si cela constitue ou non une différence
essentielle ou *spécifique*[1], puisque on n'a pas d'autre mesure
de l'*essentiel* et du *spécifique* que nos idées abstraites?

Parler de différences spécifiques dans la Nature sans faire
référence à des idées et à des noms généraux, c'est parler
de façon incompréhensible. Je voudrais qu'on me dise en effet
ce qui suffit à faire une différence *essentielle* par Nature
entre deux êtres singuliers sans aucune référence à une idée
abstraite, pourtant considérée comme l'essence et le modèle
d'une *espèce*. Si l'on écarte tous ces modèles et ces patrons,
on trouvera que les êtres singuliers considérés purement en
442 eux mêmes ont toutes leurs qualités également | *essentielles*;
et tout en chaque individu lui sera *essentiel*, ou plus exactement, absolument rien. Car, bien qu'il puisse être raisonnable
de demander si la soumission à l'aimant est *essentielle* au *fer*,
je crois pourtant inopportun et absurde de demander si
c'est *essentiel* au morceau singulier de matière qui me sert à
tailler ma plume, sans le considérer sous le nom *fer* ou d'une
certaine espèce[2]. Si, comme je l'ai dit[3], nos idées abstraites
auxquelles sont attachés des noms sont les limites des
espèces, rien ne peut être *essentiel* si ce n'est ce qui est
contenu dans ces idées.

---

1. On pourrait traduire *différence selon l'essence ou selon l'espèce*.
2. *Cf.* 3.3.15.
3. 3.3.12.

§ 6

Il est vrai, j'ai souvent fait mention d'une *essence réelle* dans les substances, distincte de ces idées abstraites que je nomme leur *essence nominale*. Par cette *essence réelle*, j'entends cette constitution réelle de quelque chose, qui est le fondement de toutes les propriétés qui sont combinées dans l'*essence nominale* et qu'on trouve constamment coexister avec elle, cette constitution singulière que chaque chose a intérieurement sans aucune relation avec quoi que ce soit d'extérieur[1]. Mais *essence*, même en ce sens, *a rapport à une classe* et suppose une *espèce*; car, étant la constitution réelle dont dépendent les propriétés, elle suppose nécessairement une classe de choses, car les propriétés appartiennent seulement à des *espèces* et pas à des individus.

Supposé par exemple que l'essence nominale de l'*or* soit un corps de telle couleur et de tel poids particuliers, avec une certaine malléabilité et une certaine fusibilité, l'essence réelle est cette constitution des éléments de la matière dont dépendent ces qualités et leur union; elle est aussi le fondement de sa solubilité dans l'*eau régale*, et autres propriétés accompagnant cette idée complexe; voilà les *essences* et les *propriétés*, mais toutes sous la supposition d'une classe ou d'une idée abstraite générale qui est considérée comme immuable; mais il n'y a aucun morceau de matière individuel auquel l'une de ces qualités serait attachée, de manière à lui être *essentielle* ou à en être inséparable.

Ce qui est *essentiel* lui appartient comme une condition qui la fait de telle ou telle classe; mais ôtez la considération du fait qu'on l'ordonnne sous le nom d'une idée abstraite et il

---

1. Comparer avec 4.6.11.

n'y a plus rien alors qui lui soit nécessaire, plus rien d'inséparable. De fait, pour l'*essence réelle* des substances, on
suppose seulement leur existence, sans connaître précisément
ce qu'elles sont. Mais ce qui les attache néanmoins aux
espèces, c'est l'essence nominale, dont elles sont le fondement et la cause supposées.

443 |§ 7

L'essence nominale détermine l'espèce

Il faut ensuite considérer quelle est, de ces deux essences,
celle qui inscrit *la substance dans une* classe ou *espèce*.

Il est évident que c'est l'*essence nominale*, car c'est elle
seule que signifie le nom, marque de la classe. Il est donc
impossible que la *classe* des choses rangées sous un nom
général soit déterminée par quoi que ce soit d'autre que l'idée
qui a ce nom pour marque choisie ; et cela, comme on l'a
montré, c'est ce que l'on appelle l'*essence nominale*.

Pourquoi dit-on « Ceci est un cheval et cela une mule »,
« Ceci est un être animé, cela une herbe », comment se fait-il
qu'une chose singulière soit de telle ou telle classe, si ce n'est
parce qu'elle a telle essence nominale ou, ce qui revient au
même, s'accorde avec telle idée abstraite, à laquelle ce nom est
attaché ? Et je souhaite que, pour connaître de quelle classe
d'*essence* tel ou tel nom de substances tient lieu, chacun
réfléchisse au moins sur ses propres pensées quand il l'entend
ou le dit.

§ 8

Les *espèces de choses ne sont pour nous que leur
classement sous des noms distincts, selon les idées complexes
en nous* et non selon l'essence réelle en elles, précise et
distincte ; voici ce qui le rend évident : on trouve beaucoup

d'individus rangés dans une classe, appelés d'un nom commun et considérés comme d'une même *espèce*, qui ont pourtant des qualités dépendant de leur constitution réelle, qui diffèrent entre elles autant qu'elles diffèrent d'autres dont elles sont réputées différentes selon *l'espèce*; c'est ce qu'observent facilement tous ceux qui ont à faire avec les corps naturels.

Ainsi les chimistes, notamment, en sont souvent persuadés par leur expérience malheureuse quand ils cherchent, parfois en vain, dans un morceau de souffre, d'antimoine ou de vitriol les mêmes qualités que celles qu'ils ont trouvées dans un autre morceau; bien que ce soient des corps de la même *espèce*, qui ont la même *essence* nominale sous le même nom, ils trahissent souvent lors de procédures d'examen rigoureuses des qualités si différentes l'une de l'autre qu'ils trompent l'attente et le labeur des chimistes les plus circonspects[1].

Mais si les choses étaient distinguées en *espèces* en fonction de leur essence réelle, il serait aussi impossible de trouver en deux substances individuelles de la même espèce des propriétés différentes, que d'en trouver en deux cercles ou deux triangles équilatéraux. Est à proprement parler pour nous *l'essence*, ce qui détermine toute chose particulière à telle ou telle *classe*[2] ou, ce qui est la même chose, | à tel ou tel nom **444** général; et qu'est-ce que cela peut être sinon l'idée abstraite à laquelle est attaché le nom? Et donc en réalité l'essence fait référence non pas tellement à l'être des choses singulières qu'à leur dénomination générale[3].

1. Parallèle à *Draft B*, § 83.
2. En latin dans le texte (*Classis*).
3. *Cf.* 3.3.15; 3.6.43.

§ 9

Pas l'essence réelle, que l'on ne connaît pas

De fait, *on ne peut* ordonnner, *classer*, et en conséquence nommer (ce qui est le but du classement) *les choses par leur essence réelle*, parce qu'on ne la connaît pas.

Dans la connaissance et la distinction des substances, nos facultés ne nous mènent pas plus loin qu'à un ensemble d'idées sensibles observées en elles. Cet ensemble peut être fait avec le plus grand soin et la plus grande exactitude dont on soit capable, il[b] est néanmoins plus éloigné de la véritable constitution interne dont découlent ces qualités qu'est éloignée, comme je l'ai dit[1], l'idée d'un paysan de la machinerie interne de la fameuse horloge de *Strasbourg* dont il ne voit que la figure et les mouvements extérieurs. La plante ou l'animal les plus méprisables confondent l'entendement le plus capable. Même si l'usage courant des choses qui nous entourent supprime l'étonnement, il ne guérit pas l'ignorance. Quand on en vient à examiner les pierres sur lesquelles on marche, ou le fer qu'on manipule quotidiennement, on découvre concrètement qu'on ignore comment ils sont faits et qu'on ne peut donner de raison des diverses qualités qu'on y trouve. Il est évident que la constitution interne dont dépendent les propriétés est inconnue. Pour ne pas aller plus loin que les propriétés les plus grandes et plus évidentes que l'on puisse imaginer : quelle est la texture des parties, l'*essence* réelle, qui rend le plomb et l'antimoine fusibles et non le bois et la pierre ? Qu'est ce qui rend le plomb et le fer malléables, et non

b. La première édition ajoutait ici la précision : « ... notre idée complexe ... ».

1. Cf. *supra*, § 3.

l'antimoine et la pierre? Et pourtant quelle distance infinie avec la belle machinerie et l'inconcevable *essence* réelle des plantes et des êtres animés, chacun le sait! L'œuvre de Dieu parfaitement sage et tout puissant dans la grande machinerie de l'univers et dans chacune de ses parties, excède les capacités et la compréhension de l'homme le plus curieux et le plus intelligent, bien plus largement que la meilleure machinerie du plus ingénieux des hommes excède les conceptions de la plus ignorante des créatures rationnelles.

C'est donc en vain que l'on prétend ordonnner les choses en classes et les disposer en classes sous des noms, à partir de leur *essence réelle* que l'on est tellement loin de pouvoir ᶜ-découvrir etᶜ comprendre. Un aveugle peut aussi | vite **445** classer les choses selon leurs couleurs, celui qui a perdu l'odorat aussi bien distinguer par leur odeur un lis et une rose, que par cette constitution interne qu'ils ne connaissent pas. Celui qui pense pouvoir distinguer les moutons et les chèvres par leur essence réelle qui lui est inconnue, aimera peut-être tester son habileté sur ces *espèces* nommées *Casoar*[1] et *Querechinchio*[2] et déterminer par leur essence réelle interne les limites de ces espèces, sans connaître l'idée complexe [composée] des qualités sensibles dont tient lieu chacun de ces noms dans les pays on se trouvent ces animaux.

---

c. Ajout à partir de la deuxième édition.

1. *Cf.* la description de Locke, *infra*, § 34.

2. Actuellement *quirquincho* (de *quirquinchu*, mot quechua désignant le tatou), nom d'un mammifère apparenté au fourmilier-tamanoir et au paresseux.

§ 10

Pas les formes substantielles, que l'on connaît encore moins

Ceux à qui on a enseigné que les diverses *espèces* de substances ont leur *forme substantielle* interne distincte et que c'est cette *forme* qui distingue les substances selon leurs *espèces* et leurs *genres* véritables, ont donc été plus encore fourvoyés : on a mis leur esprit à la recherche inefficace de *formes substantielles*, totalement inintelligibles et dont on n'a même pas une conception obscure ou confuse en général.

§ 11

C'est à partir de l'essence nominale que l'on distingue les espèces,
plus évident à partir des Esprits [1]

Que l'*ordonnancement* et la distinction des *substances naturelles en espèces se fasse à partir de l'essence nominale* et non à partir de l'essence réelle que l'on trouverait dans les choses mêmes, est plus encore évident à partir des idées des *Esprits*. L'esprit humain n'acquiert en effet que par la réflexion sur ses propres opérations les idées simples qu'il attribue aux *Esprits* ; il n'a ou ne peut avoir une notion d'Esprit qu'en attribuant toutes les opérations qu'il trouve en lui-même à une classe d'êtres sans considérer la matière. Et même la notion la plus poussée que l'on ait de Dieu n'est que l'attribution des mêmes idées simples, acquises par réflexion sur ce que l'on trouve en soi, et où l'on conçoit plus de perfection à leur présence qu'à leur absence ; attribution de ces idées simples à Dieu à un degré illimité. Ainsi, ayant acquis par réflexion sur soi l'idée d'*existence*, de *connaissance*, de *pouvoir* et de *plaisir*, et estimant qu'il vaut mieux les avoir

1. Comparer avec *Draft A*, § 2 (éd. Nidditch-Rogers, p. 70-71).

que ne pas les avoir et que plus on en a mieux c'est, joignant toutes ces idées, avec l'idée d'infini attribuée à chacune d'elles, on obtient l'idée complexe d'un être éternel, omniscient, omnipotent, infiniment sage et heureux[1].

Bien qu'on dise qu'il y a différentes *espèces d'anges*, on ne sait comment en former des idées d'espèces distinctes ; non pas par préjugé | que l'existence de plus d'une seule *espèce* **446** *d'Esprits* est impossible, mais parce que l'on n'a pas plus (et l'on n'est pas capable d'en construire plus) d'idées simples applicables à de tels êtres que ce petit nombre que l'on tire de soi et des actions de son esprit quand il pense, éprouve du plaisir et meut différentes parties de son corps[2] ; on ne peut donc distinguer dans sa conception les diverses *espèces d'Esprits* qu'en leur attribuant opérations et pouvoirs selon des degrés plus ou moins élevés ; on ne peut donc avoir d'idées très distinctes d'espèces d'*Esprits*, excepté de Dieu à qui on attribue à la fois la durée et toutes les autres idées avec infinité, alors que l'on attribue ces qualités aux autres *Esprits* avec limitation[d] ; et, [e]pour autant que je puisse le concevoir[e], on ne met pas entre Dieu et eux de différence dans les idées par le nombre d'idées simples que l'on aurait pour l'un et pas pour l'autre, si ce n'est celle d'infini. Toutes les idées particulières d'*existence*, de *connaissance*, de *volonté*, de *pouvoir* et de *mouvement*, etc., sont des idées tirées des opérations de notre esprit, et nous les attribuons à toutes les classes

---

d. La première édition ajoutait : « ... parmi lesquelles on ne fait pas de distinction ... ».

e. Ajout depuis la deuxième édition.

1. *Cf.* 2.17.20 ; 2.23.33-35 ; 4.10.
2. *Cf.* 2.23.15.

d'Esprit, à la seule différence du degré ; jusqu'au plus élevé que nous puissions imaginer, jusqu'à l'infinité même, quand nous voulons former autant que possible, une idée du Premier Être [1] ; et pourtant Celui-ci est infiniment éloigné, par l'excellence réelle de sa nature, du plus haut et plus parfait de tous les êtres créés, [f]infiniment plus que le plus grand homme, voire le plus pur des Séraphins, n'est éloigné de la partie la plus méprisable de la matière ; Il doit par conséquent excéder infiniment ce que peut concevoir de Lui notre entendement humain borné[-f].

§ 12

Il y en a probablement des espèces innombrables

Il n'est pas impossible de concevoir, ni contraire à la raison, qu'il puisse y avoir de nombreuses *espèces d'Esprits* aussi séparées et diversifiées entre elles par des propriétés distinctes dont on n'a aucune idée, qu'il n'y a *d'espèces* de choses sensibles distinguées entre elles par des qualités qu'en elles on connaît [2] et on observe.

Qu'il y ait plus d'*espèces* de créatures intelligentes au-dessus de nous qu'il n'y en a de sensibles et de matérielles en dessous de nous est pour moi probable du fait que, dans tout le monde corporel visible, on ne remarque aucun intervalle, aucune lacune. À partir de nous jusqu'à la dernière, la descente

---

f. Texte qui remplace depuis la quatrième édition : « …bien plus que ce que notre entendement étroit peut En concevoir, que le plus grand des hommes, voire le plus pur Séraphin n'est éloigné de l'élément le plus méprisable de la matière ».

1. *Cf.* 2.23.36 ; jusqu'ici la section est parallèle à *Draft B*, § 81.
2. Jusqu'ici texte parallèle à *Draft B*, § 81 fin.

se fait pas petites étapes et selon une série continue de choses qui à chaque stade diffèrent | très peu les unes des autres[1]. Il y **447** a des poissons qui ont des ailes et ne sont pas étrangers à l'aérien ; il y a des oiseaux qui habitent les eaux, dont le sang est aussi froid que celui des poissons et la chair au goût si semblable, que l'on permet aux [croyants] scrupuleux d'en manger les jours maigres ; il y a des animaux si proches à la fois des oiseaux et des bêtes qu'ils se situent au milieu des deux ; des animaux amphibies associent le terrestre et l'aquatique : les phoques vivent sur terre et dans l'eau et les marsouins ont le sang chaud et des entrailles de porc, pour ne rien dire de ce que l'on rapporte avec assurance des sirènes et des tritons[2] ; il y a des bêtes qui semblent avoir autant de connaissance et de raison que certains de ceux que l'on dit hommes ; le règne animal et le règne végétal sont si proches que si l'on prend le plus bas de l'un et le plus haut de l'autre, on ne percevra guère de différence entre eux ; et ainsi de suite jusqu'à ce qu'on parvienne aux parties les plus basses et les plus inorganiques de la matière : on verra partout que les diverses *espèces* sont liées entre elles et ne diffèrent que par degrés presque insensibles.

Et quand on considère le pouvoir et la sagesse infinis du Créateur, on a raison de penser qu'il convient à la magnifique harmonie de l'Univers et au grand dessein ainsi qu'à l'infinie bonté de l'Architecte que les *espèces* de créatures s'échelonnent aussi par petites étapes depuis nous jusqu'à la perfection infinie, de même qu'on les voit s'échelonner graduellement depuis nous jusqu'à la dernière. Et si cela est probable, on a

1. *Cf.* 4.16.12.
2. Homme-poisson mythologique.

raison d'être convaincu qu'il y a largement plus d'*espèces* de créatures au-dessus de nous qu'en dessous, car nous sommes en degrés de perfection bien plus loin de l'être infini de Dɪᴇᴜ que du plus bas état de l'être et de ce qui approche le plus du néant. Et pourtant, pour les raisons données plus haut, de toutes ces *espèces* distinctes on n'a aucune idée claire[g] et distincte.

§ 13

C'est l'essence nominale qui est celle de l'espèce,
prouvé à partir de l'eau et de la glace

Mais revenons aux *espèces* de substances corporelles. Si je demandais à quelqu'un si la *glace* et l'*eau* sont deux *espèces* distinctes de choses, je ne doute pas de sa réponse affirmative ; et l'on ne peut nier que celui qui dit qu'il y a deux *espèces* distinctes est dans le vrai. Mais si un *Anglais* élevé en *Jamaïque*, qui n'a peut-être jamais vu ni entendu parler de *glace*, vient en *Angleterre* en hiver et découvre que l'eau qu'il a mise dans son bassin le soir est en grande partie gelée le matin, ne connaissant pas | son nom particulier il l'appellera **448** *eau* durcie[1]. D'où ma question : est-ce que ce sera pour lui une nouvelle *espèce*, différente de l'eau ? Et je pense que l'on répondrait que ce n'est pas pour lui une nouvelle *espèce*, pas plus que de la sauce durcie quand elle est froide n'est une *espèce* distincte de la même sauce chaude et fluide ; ou encore, que l'or liquide dans le creuset n'est pas une *espèce* distincte de l'or durci entre les mains de l'ouvrier. Et s'il en est ainsi, il est évident que *nos espèces distinctes ne sont rien d'autre que*

g. *Clair* : mot ajouté depuis la deuxième édition.

1. Cf. *Draft A*, § 2, p. 9.

des idées complexes distinctes auxquelles on a attaché un
nom distinct.

Il est vrai que toute substance qui existe a sa constitution particulière dont dépendent les qualités sensibles et les pouvoirs qu'on y observe ; mais le classement des choses en *espèces*, qui n'est que le fait de les classer sous différent titres, est fait par nous selon les idées que nous en avons. Cela suffit pour les distinguer par leur nom, et ainsi pouvons-nous en traiter quand nous ne les avons pas présentes devant nous ; mais si l'on suppose que cela se fait grâce à leur constitution interne réelle et que les choses existantes sont distinguées en espèces par leur essence réelle en accord avec ce que nous distinguons en *espèces* par des noms, nous risquons de tomber dans de grandes erreurs.

§ 14

Difficultés [soulevées] contre l'existence
d'un certain nombre d'essences réelles

Pour distinguer les êtres substantiels en *espèces* conformément à la supposition habituelle selon laquelle il y a certaines *essences* précises ou *formes* de choses, produisant par nature la distinction en *espèces* de tous les individus existants, il est nécessaire que :

§ 15

1) l'on soit assuré que, dans la production des choses, la Nature a toujours le dessein de leur faire partager certaines *essences instituées et réglées* qui ont à être les modèles de toutes les choses à produire. Ceci, dans le sens fort où on le présente habituellement, exigerait une explication meilleure avant de pouvoir être totalement accepté.

§ 16

2) Il serait nécessaire de connaître si la Nature parvient toujours à l'*essence* qu'elle a en vue dans la production des choses. La naissance d'être anormaux et monstrueux qui ont été constatées parmi les êres animés, donnera toujours des raisons de mettre en doute l'une ou les deux conditions.

§ 17

3) Il faudrait décider si ceux que l'on nomme *monstres* forment effectivement une *espèce distincte* selon le sens scolastique du terme *espèce* : il est certain que tout ce qui existe a sa constitution singulière, et pourtant on observe que **449** certaines| de ces créatures monstrueuses ont peu ou point de ces qualités supposées résulter de l'*essence* de cette *espèce* dont elles tirent leur origine, qu'elles accompagnent et à laquelle elles semblent appartenir par leur génération.

§ 18

4) L'*essence* réelle de ces choses que l'on distingue en *espèces* et que l'on nomme à partir de cette distinction, devrait être connue, c'est-à-dire que l'on devrait en avoir l'idée.

Mais puisque l'on est ignorant sur ces quatre points, *l'essence réelle supposée des choses ne nous sert pas à distinguer les substances en espèces.*

§ 19

L'essence nominale de substances n'est pas une collection parfaite de propriétés[h]

5) En ce cas, la seule solution imaginable serait de former des idées complexes parfaites des *propriétés* des choses découlant de leur essence réelle, puis de distinguer par là les choses en *espèces*. Mais cela non plus ne peut être fait, car on ignore l'essence réelle elle-même : il est donc impossible de connaître toutes les propriétés qui en découlent et qui lui sont tellement attachées que, s'il en manque une, on peut conclure en toute certitude à l'absence de l'essence et donc que cette chose n'est pas de cette *espèce*. Le nombre précis des propriétés dépendant de l'essence réelle de l'*or* – tel que, si l'une faisait défaut, l'essence réelle de l'or, et donc l'or même, ne seraient pas présents – ne peut jamais être connu, à moins de connaître l'essence réelle de l'or elle-même et par elle de déterminer cette *espèce*.

Par le mot *or*, on doit comprendre que je désigne ici un morceau singulier de matière, par exemple la dernière pièce qui a été frappée ; car si le mot tenait lieu ici, de l'idée complexe que n'importe qui d'autre appelle comme moi *or* selon sa signification ordinaire, c'est-à-dire tenait lieu de l'essence nominale de l'or, ce que je dis serait du jargon (il est bien difficile de montrer les différents sens des mots et leurs imperfections, quand on n'a rien d'autre que les mots pour le faire[1]).

h. Titre donné dans la cinquième édition aux § 18 à 20.

1. Cf. *infra*, § 43.

§ 20

De tout cela, il suit clairement que la *distinction des substances en espèces* par des noms *n'est pas* du tout *fondée sur leur essence réelle* et que l'on ne peut prétendre les ordonner et les identifier exactement en espèces en fonction de différences essentielles internes.

§ 21

Mais un ensemble dont le nom tient lieu

Mais puisque, on l'a remarqué[1], il est besoin de mots généraux bien que l'on ne connaisse pas l'essence réelle des choses, tout ce que l'on peut faire est de rassembler un certain nombre d'idées simples qu'à l'examen on trouve unies dans les choses existantes puis d'en faire | une idée complexe. Bien qu'elle ne soit l'essence réelle d'aucune substance existante, elle est cependant l'*essence de l'espèce* à laquelle appartient le nom et qui est convertible avec lui ; à partir d'elle, on peut au moins tester la vérité de cette essence nominale. Soit par exemple des gens qui diraient que l'essence du *corps*, c'est l'étendue ; s'il en est ainsi, comme on ne peut jamais se tromper en posant l'essence de quelque chose pour la chose elle-même, utilisons dans nos propos *étendue* pour *corps* et, pour dire « le corps se meut », disons : « L'étendue se meut » puis voyons à quoi cela ressemble. Celui qui dirait « une étendue meut une autre étendue par impulsion » montrerait suffisamment, par la seule expression, l'absurdité d'une telle conception[2].

450

---

1. 3.3.3-5.
2. *Cf.* 2.13.11 et la critique de cette conception cartésienne.

L'*essence* d'une chose par rapport à nous, c'est la totalité de l'idée complexe englobée et marquée par ce nom ; et pour les substances, outre les différentes idées simples distinctes qui la constituent, l'idée confuse de substance (ou d'un support et d'une cause de leur union) inconnus en est toujours un élément. L'essence du corps n'est donc pas la pure étendue[i], mais une chose solide étendue ; aussi dire « Une chose solide étendue en meut ou en pousse une autre » est aussi intelligible que son équivalent : « Un *corps* meut ou pousse [un autre corps] ». De la même manière, dire « Un animal rationnel est capable de conversation » revient à dire « Un *homme* [est capable de conversation] » ; mais personne ne dira « La rationalité[j] est capable de conversation », parce

i. Note de Coste : « C'est ainsi que l'entendent les Cartésiens. *La chose que nous concevons étendue en longueur, largeur & profondeur, est ce que nous nommons un Corps* dit Rohault dans sa *Physique, Ch.* II. *Part.* I. Lors donc que les Cartésiens soutiennent que l'Etendue est l'Essence du Corps, ils ne prétendent affirmer autre chose de l'étendue par rapport au Corps que c e que Mr Locke dit ailleurs de la solidité par rapport au Corps, que *de toutes les idées c'est celle qui paroît la plus essentielle & la plus étroitement unie au Corps… desorte que l'Esprit la regarde comme inséparablement attachée au Corps, où qu'il soit & de quelque manière qu'il soit modifié* ; *cf.* ci-dessus, [2.4.1] ».

j. Note de Coste après avoir traduit *Rationality* par *raisonnabilité* : « Ou faculté de raisonner. Quoique ces sortes de mots soient inconnus dans le monde, on doit en permettre l'usage, ce me semble, dans un Ouvrage comme celui-ci. Je prens d'avance cette liberté, & je serai souvent obligé de la prendre dans la suite de ce Troisième Livre, où l'Auteur n'auroit pu faire connoître la meilleure partie de ses pensées, s'il n'eût inventé de nouveaux termes, pour pouvoir exprimer des conceptions toutes nouvelles. Qui ne voit que je ne puis me dispenser de l'imiter en cela ? C'est une liberté qu'ont prise *Rohault*, le P. *Malebranche*, & que *Messieurs de l'Académie Royale des Sciences* prennent tous les jours ».

que [*rationalité*] ne constitue pas toute l'essence à laquelle on donne le nom *homme*.

§ 22

Nos idées abstraites sont pour nous les critères des espèces ;
exemple, l'espèce homme

Il y a des créatures dans le monde qui ont une forme comme la nôtre, mais qui sont velues et n'ont pas l'usage de la parole ni de la raison ; il y a parmi nous des imbéciles qui ont exactement la même forme, mais pas de raison et pour certains pas de langage non plus ; il y a des créatures qui ont, dit-on (si l'on en croit l'auteur[1], mais il n'y a pas de contradiction manifeste à ce qu'il en soit ainsi) langage, raison et forme pour le reste semblable aux nôtres, mais qui ont une queue velue ; il y en a d'autres où les mâles n'ont pas de barbe, et d'autres où les femelles en ont. Si l'on demande si ce sont tous des *hommes* ou non, s'ils sont tous de l'*espèce* humaine, il est évident que la question se réfère seulement à l'essence nominale, car ceux auxquels la définition du mot *homme* ou l'idée complexe signifiée par ce nom convient, sont des *hommes* et pas les autres. Mais si la recherche porte sur l'essence réelle supposée, si l'on cherche à savoir si la constitution et la structure internes de ces | multiples créatures diffèrent par l'espèce, il nous est totalement impossible de répondre, car rien de cela ne fait partie de notre idée de l'espèce ; nous avons seulement de quoi penser que là où les facultés ou la structure extérieure diffèrent autant, la constitution interne n'est pas exactement la même. Mais quelle différence de constitution réelle interne produit une

451

---

1. En latin dans le texte : « Sit fides penes Authorem ».

différence d'espèce, il est vain de le chercher, tant que *nos critères d'espèces* resteront, comme ils le *sont, nos idées abstraites seules*, que nous connaissons, et non la constitution interne, qui n'en fait pas partie.

Est-ce que la seule différence de poils sur la peau serait une marque de constitution spécifique interne différente entre un imbécile[1] et un babouin[2] quand ils se ressemblent par la forme et le manque de raison et de langage ? Est-ce que le manque de raison et de langage ne sera pas pour nous un signe de constitutions réelles différentes entre un imbécile et un homme raisonnable ; et ainsi de suite du reste, si l'on prétend que la distinction des *espèces* [k] ou classes[k] est établie de façon stable par la structure effective et la constitution secrète des choses[3].

§ 23

Les espèces ne sont pas distinguées par la génération

Et qu'on ne dise pas que [l] le pouvoir de reproduction des animaux par l'accouplement du mâle et de la femelle, ou des plantes par la semence, conserve distincte et entière la prétendue *espèce* réelle. Car, même si on pense que c'est vrai, cela ne

---

k. Ajout depuis la quatrième édition.

l. Texte qui remplace depuis la deuxième édition : « ... les *espèces* réelles *d'animaux* sont *distinguées par un* pouvoir de *reproduction*, par l'accouplement du mâle et de la femelle, des plantes par la semence, car cela n'aiderait pas plus que dans la distinction des espèces ... ».

1. *Changeling* ; *cf.* 2.21.50 ; 4.4.13. etc.

2. *Drill*.

3. Comparer avec 3.11.16.

servirait pas à distinguer les *espèces* de choses au-delà des races[1] animales et des végétaux : que faut-il faire pour le reste ?

Mais même pour les animaux et les végétaux le critère ne suffit pas. Si l'histoire ne ment pas, des femmes ont été engrossées par des babouins ; mais se pose alors une nouvelle question : selon ce critère, de quelle *espèce* réelle sera par nature cette procréation ? On a des motifs de penser que ce n'est pas impossible, puisque des mules et des jumarts[m] (nés les premiers de l'accouplement d'ânes et de juments, les seconds de taureaux et de juments) sont si fréquents dans le monde. J'ai vu une fois une créature engendrée par un chat et par un rat, qui avait les marques évidentes de chacun : la Nature paraissait n'avoir suivi le modèle d'aucune des deux classes séparées, mais avoir mélangé les deux. [n]Celui qui y ajoutera les productions

452 monstrueuses qu'on rencontre si fréquemment dans | la Nature, trouvera difficile de déterminer par la génération, même pour les races animales, de quelle *espèce* est chaque rejeton ; sur l'essence réelle qu'il pense avec certitude transmise par la génération et mériter seule le nom de l'espèce, il sera bien embarrassé. Mais en plus, si les *espèces* d'animaux et de plantes doivent être distinguées seulement par l'engendrement, dois-je aller aux *Indes* pour voir le mâle et la femelle qui ont engendré l'un et la plante dont on a recueilli la semence de l'autre, pour savoir si ceci est un tigre et cela du thé ?[n]

m. Note de Coste : « Voyez sur ce mot le Dictionnaire Etymologique de *Ménage* ».

n. Ajout depuis la deuxième édition.

§ 24

Ni par les formes substantielles

De manière générale, c'est évidemment leur propre assemblage de qualités sensibles que les gens transforment en essence des diverses classes de substances[o] et la structure interne réelle de ces substances n'est pas, par la plupart des gens, considérée dans leur classement. Et on aurait encore moins pensé aux *formes substantielles*, s'il n'y avait eu dans cette région du monde des gens qui avaient appris le langage de l'École.

Au contraire, ces gens ignorants qui ne prétendent à aucune vision de ces essences réelles, qui ne s'inquiètent pas des formes substantielles mais se contentent de connaître les choses en les séparant l'une de l'autre par leurs qualités sensibles, sont souvent plus au courant de leurs différences, sont capables de les distinguer avec plus de précision à partir de leur emploi : il connaissent mieux ce qu'on peut attendre de chacune, que ces savants visionnaires qui pénètrent si profondément en elles et parlent avec tant de confiance de quelque chose de plus caché et de plus essentiel[p].

§ 25

L'essence de l'espèce est faite par l'esprit

Mais à supposer que l'*essence réelle* des substances puisse être découverte par ceux qui s'appliqueraient soigneusement à sa recherche, on ne pourrait raisonnablement estimer que le *ordonnancement des choses sous un nom général soit commandé par* cette constitution réelle interne, ou par

o. Coste ajoute : « ... dont ils ont les idées ... ».

p. Coste ajoute : « ... que ces qualités sensibles que tout le monde y peut voir sans peine ».

quelque chose d'autre que *leur claire manifestation*. En effet, en tous pays, les langues ont été instituées bien avant les sciences ; aussi ce ne sont pas les philosophes ou les logiciens ou ceux qui se sont préoccupés de *formes* et d'*essence,* qui ont construit les noms généraux en usage dans les différentes nations humaines ; au contraire, c'est le peuple ignorant et illettré qui dans chaque langue a donné naissance et signification à la plupart de ces termes plus ou moins englobants, en **453** classant et | nommant les choses à partir des qualités sensibles qu'il y trouvait, afin de les signifier à d'autres en leur absence, que ce soit pour mentionner une classe ou une chose particulière.

§ 26 q

Elles sont donc diverses et incertaines

Puisqu'il est évident que l'on classe et que l'on nomme les substances d'après leur *essence nominale* et non d'après leur essence réelle, il faut ensuite considérer comment et par qui ces *essences* sont faites.

Quant à la deuxième [partie de la] question, il est évident qu'elles *sont faites par l'esprit* et non par la Nature ; car si elles étaient l'œuvre de la Nature, elles ne pourraient pas être aussi variables et différer entre les gens, comme ˹le montre l'expérience˺. Si l'on examine en effet la question, on ne trouvera aucune essence nominale d'*espèce* de substances identique à travers toute l'humanité, pas même celles qui

q. Dans la première édition, cette section est également numérotée 25 ; la suivante (§ 27) y est numérotée 25 bis et toute la suite est décalée en rapport, jusqu'au n° 50.

r. Texte de la cinquième édition, qui remplace : « ... c'est évident. ».

nous sont les plus intimement connues de toutes[1]. Il ne
pourrait pas se faire que, si elle était de facture naturelle, l'idée
abstraite à laquelle on donne le nom *homme* diffère entre les
gens, qu'elle soit pour l'un *Animal rationnel* et pour l'autre
Animal sans plume bipède et à larges ongles[2]. Celui qui
attache le nom *homme* à une idée complexe, constituée de
sens, *mouvement spontané*, joints à un *corps de telle forme*, a
de ce fait une essence de l'*espèce homme* ; et celui qui ajoute,
après un examen plus approfondi, la *rationalité*, a une autre
essence de l'*espèce* qu'il appelle *homme*. D'où le même individu sera pour l'un un *homme* véritable, et ne le sera pas pour
un autre. Je pense qu'on ne trouvera guère de gens pour
affirmer que la station debout, si bien connue, soit la différence essentielle de l'*espèce homme* ; et pourtant il est tout à
fait manifeste que les gens déterminent les classes d'animaux
plutôt par leur forme extérieure que par leur génération.

On a en effet plus d'une fois discuté pour savoir si certains
fœtus humains devaient ou non être conservés ou admis au
baptême, uniquement du fait de la différence de leur configuration extérieure par rapport à celle des enfant normaux,
sans savoir s'ils n'étaient pas autant susceptibles de raison
que des enfants formés dans un autre moule ; certains d'entre
eux, bien que de forme extérieure reconnue, ne sont jamais
capables pendant toute leur vie de faire preuve d'autant de

---

1. *Cf.* fin de la note à 1.4.8 (5ᵉ édition, en annexe).

2. Deux définitions classiques, données par Locke en latin : « *Animal
rationale* » (qui sera reprise par la suite en latin) et « *Animal implume bipes
latis unguibus* » ; la première définition est traditionnellement empruntée par
la scolastique à Aristote ; la seconde est une partiellement basée sur une
division proposée par Platon (*Le Politique*, 266e) ; autre emploi de cet
exemple en 3.10.17 et 3.11.20, qui propose un développement plus poussé.

raison que celle qu'on observe chez le singe ou l'éléphant, et
ne donnent jamais d'indice qu'ils sont mus par une âme
rationnelle. D'où il est évident que la forme extérieure (dont
on peut seule noter le manque) et non la raison (faculté dont
personne ne peut savoir si elle manquera à l'âge normal) est
454 devenue essentielle à | l'*espèce* humaine. Le théologien et le
juriste savants doivent renoncer à cette occasion à la définition
consacrée *Animal rationnel* et la remplacer par une autre
essence de l'*espèce* humaine.

[s.]Monsieur Ménage nous offre un exemple qu'il vaut la
peine de rapporter à cette occasion :

> Quand cet Abbé de St Martin, dit-il, vint au monde,
> il avoit si peu figure d'un homme qu'il ressembloit
> plutôt à un monstre. On fut quelque temps à délibérer
> si on le baptiseroit. Cependant il fut baptisé, & on le
> déclara Homme par provision {jusqu'à ce que le temps
> manifeste ce qu'il était}. Il était si disgracié de la
> Nature, qu'on l'a appelé toute sa vie *l'Abbé Malotru*
> {c'est-à-dire mal formé}. Il était de Caen[].

Cet enfant, on le voit, a été très proche de l'exclusion de
l'*espèce* humaine, simplement à cause de sa forme extérieure ;
il y échappa tout juste tel qu'il était et il est certain qu'une
constitution un peu plus difforme l'aurait condamné et qu'il
aurait été exécuté comme une chose qui ne pouvait être
considérée comme humaine. On ne peut pourtant pas donner

s. Ajout depuis la quatrième édition.

[]. *Menagiana 278/430* [Coste précise : Tome I, page 278 de l'édition de
Hollande, an. 1694] ; [Gilles Ménage, *Menagiana, ou bons mots de
M. Ménage*, Amsterdam, 1693, 424 pages, in *The Library of John Locke*,
ed. J. Harrisson & P. Laslett, n° 1964. La deuxième parenthèse, expliquant le
sens de *Malotru* n'est pas reprise par Coste].

de raison pour laquelle, si les traits de son visage avaient été légèrement modifiés, une âme rationnelle n'aurait pu être logée en lui, pourquoi un visage un peu plus allongé, un nez plus écrasé ou une bouche plus large n'auraient pu s'accorder, aussi bien que le reste de sa figure disgracieuse, avec une âme, avec des qualités qui l'ont rendu capable, malgré ses difformités, de recevoir une charge dans l'Église[-s].

§ 27

En quoi donc consiste, je voudrais bien le savoir, les *limites* précises et *inamovibles de* cette *espèce*? Il est clair, si on l'étudie, qu'il n'y a *rien* de tel qui soit *fait par la Nature* et institué par elle parmi les hommes. L'essence réelle de cette classe de substances ou de n'importe quelle autre, il est évident que nous ne la connaissons pas, et que donc nous sommes si indéterminés dans les essences nominales que nous faisons nous-mêmes, que si l'on demandait à différentes personnes si un *fœtus* difforme à la naissance est un *homme* ou non, on aurait sans aucun doute des réponses différentes, ce qui ne pourrait pas arriver si les essences nominales, qui nous permettent de limiter et de distinguer les *espèces* de substances, n'étaient pas faites par l'homme avec une certaine liberté, mais étaient copiées avec exactitude à partir de frontières précises imposées par la Nature et distinguant toutes les substances en certaines *espèces*.

Qui entreprendrait de déterminer de quelle *espèce* est ce monstre mentionné par *Licetus*[1] (livre 1, chapitre 3) avec une tête humaine et un corps de cochon | ou ces autres avec des **455**

---

1. Fortunius Licetus, *De Monstris, ex recensione G. Blasii*, Amsterdam, 1665 ; in *The Library of John Locke*, ed. J. Harrisson & P. Laslett, n° 1741.

corps humains et une tête d'animal, (chien, cheval, etc.)? Si telle de ces créatures avait vécu et avait pu parler, cela aurait accru la difficulté : si la partie supérieure jusqu'au milieu avait été de forme humaine et toute la partie inférieure celle d'un cochon, est-ce que cela aurait été un meurtre de la détruire? Fallait-il consulter l'évêque pour savoir s'il était ou non suffisamment homme pour pouvoir être baptisé, comme c'est arrivé, m'a-t-on dit, en France il y a quelques années pour un cas à peu près semblable? Les limites des espèces animales nous sont si incertaines, à nous qui n'avons pas d'autre mesure que l'idée complexe que nous assemblons nous-mêmes! On est tellement loin d'une connaissance certaine de ce qu'est un *homme*, bien qu'on soit peut-être jugé très ignorant si l'on émet des doutes à ce sujet! Je pense pouvoir dire pourtant que les limites certaines de cette *espèce* sont si peu déterminées et le nombre précis des idées simples qui constituent l'essence nominale est si peu déterminé et connu avec certitude, que des doutes très conséquents peuvent toujours être levés à ce sujet. Et je pense qu'aucune des définitions du mot *homme* que pourtant nous possédons, aucune description de cette classe d'être animé, ne sont assez parfaites ou précises pour contenter une personne exigeante et réfléchie, et encore moins pour obtenir un consentement général auquel adhéreraient partout les gens dans le règlement des cas difficiles et la décision de vie ou de mort, de baptême ou de refus lors d'éventuelles procréations.

§ 28

Mais elles ne sont pas aussi arbitraires que celles des modes mixtes

Bien que l'*essence nominale des substances* soit faite par l'esprit, *elle n'est pas faite aussi arbitrairement que celle des modes mixtes*.

Pour faire une essence nominale, il est nécessaire : 1) que les idées dont elle est constituée aient une union qui permette de faire une seule idée, aussi composée soit-elle ; 2) que les idées particulières ainsi unies soient exactement les mêmes, ni plus ni moins ; car si deux idées complexes abstraites diffèrent, soit par le nombre, soit par la classe, de leurs composants, elles constituent deux essences différentes et non une et la même.

Dans le premier cas [les substances], l'esprit en fabriquant ses idées complexes de substances, suit seulement la Nature et n'assemble pas d'idées qui ne soient supposées avoir une union dans la nature : personne n'associe la voix du mouton et la forme du cheval, ni la couleur du plomb et le poids ou la fixité de l'or, comme idée de substances réelles, à moins d'avoir l'intention de se remplir la tête | de *chimères* et les **456** propos de mots inintelligibles. Les gens, observant certaines qualités toujours jointes et existant ensemble, ont ici copié la Nature ; et, d'idées ainsi unies, ils ont fait leur idée complexe de substance ; car, bien que les gens puissent fabriquer les idées qu'ils souhaitent et leur donner le nom qui leur plaît, s'ils veulent être compris quand ils parlent de choses effectivement existantes, ils doivent dans une certaine mesure conformer leurs idées aux choses dont ils veulent parler. Autrement, la langue des hommes serait comme celle de *Babel* : les mots de chacun, n'étant compréhensibles que de lui, ne serviraient plus à la conversation et aux affaires quotidiennes de la vie si les idées dont ils tiennent lieu ne correspondaient plus d'une certaine façon aux manifestations ordinaires des substances et à leur concordance courante entre elles, telles qu'elles existent effectivement.

§ 29

Quoique très imparfaites

2) Bien que, *en fabriquant* ses *idées complexes de substances*, l'esprit humain n'assemble jamais des idées qui ne coexistent pas effectivement, ou ne sont pas supposées telles, et qu'il emprunte ainsi vraiment cette union à la Nature, *le nombre* d'idées qu'il combine *dépend du soin, de l'application ou de la fantaisie de celui qui les fabrique*. Les gens se satisfont en général de quelques rares qualités sensibles évidentes et, souvent sinon toujours, en ignorent d'autres aussi importantes et aussi fermement unies que celles qu'ils intègrent.

Parmi les substances sensibles, il y en a de deux classes ; la première est celle des corps organisés qui se reproduisent par semence ; pour eux, la forme extérieure est selon nous la qualité dominante[1] et la partie la plus caractéristique qui détermine l'*espèce* ; pour les végétaux et les animaux donc, une substance solide étendue de telle ou telle figure fait l'affaire. Bien que certains en effet semblent valoriser leur définition *Animal rationnel*, s'ils trouvaient une créature dotée de langage et de raison mais ne partageant pas la forme extérieure normale de l'homme, je crois qu'elle passerait difficilement pour un *homme* bien qu'elle soit un *Animal rationnel*. Et même si l'ânesse de Balaam[2] avait pendant toute sa vie discouru de façon aussi rationnelle qu'elle le fit une fois avec son maître, je me demande si qui que ce soit l'aurait estimée digne du nom d'*homme* ou accordé l'appartenance à la même *espèce* que lui.

1. *Cf.* 3.11.20-21.
2. Cf. *Nombres*, 22, 21-35.

De même que pour les végétaux et les animaux c'est à la forme extérieure que l'on s'attache le plus, de même pour la plupart des autres corps qui ne se perpétuent pas par semence, c'est à la couleur ; c'est elle qui guide. Ainsi, quand on trouve la couleur de l'or, on risque d'imaginer que toutes les autres qualités incluses dans l'idée complexe sont également présentes ; et l'on prend couramment ces deux qualités manifestes, | la forme extérieure et la couleur, pour des idées figurant **457** tellement bien les idées de telle ou telle espèce que, devant une peinture bien faite, on dira immédiatement : « ceci est un lion » et « cela une rose », « ceci une coupe en or » et « cela une coupe en argent », uniquement par les formes et les couleurs différentes que le pinceau représente à l'œil[1].

§ 30

Elles sont pourtant utiles pour les échanges ordinaires

Mais bien que cela marche assez bien pour les notions grossières et confuses ainsi que les façons imprécises de parler et de penser, *les hommes sont loin de s'être accordés sur le nombre précis d'idées simples ou qualités appartenant à une classe de choses signifiées par son nom*. Et il ne faut pas s'en étonner, car beaucoup de temps, de peine et d'adresse, de recherche stricte et d'examen prolongé sont nécessaires pour découvrir quelles sont les idées qui sont constamment et inséparablement unies dans la Nature et se trouvent toujours ensemble dans le même sujet[2]. La plupart des gens, faute de temps, d'envie, de soin suffisants pour le faire ne serait-ce qu'à un degré minimum, se satisfont de quelques rares

1. *Cf.* 2.9.9-10.
2. Parallèle à *Draft B*, § 74.

caractéristiques des choses, manifestes et extérieures, qui leur permettent de les distinguer et de les classer pour les affaires de la vie courante ; sans autre examen, ils leur donnent un nom ou utilisent un nom courant. Cela peut assez bien marcher dans la conversation courante comme signes de quelques rares qualités manifestes coexistantes, mais de loin n'englobe pas dans un signification établie un nombre précis d'idées simples et encore moins toutes celles qui sont unies dans la Nature[1].

Celui qui considérera, après tout le battage que l'on a fait sur le *genre* et sur l'*espèce* et tout l'amas de discussions sur la *différence spécifique*, le peu de mots qui aient une définition établie[2], peut avec raison imaginer que ces *formes* dont on fait tant de bruit, ne sont que celles de *chimères* qui ne projettent aucune lumière sur la nature des *espèces* de choses. Et celui qui considèrera combien s'en faut que les noms de substances aient une signification qui fasse l'accord de tous, aura raison de conclure que, bien que les essences nominales de substances soient toutes supposées copiées de la Nature, elles sont toutes, ou la plupart, très imparfaites puisque la composition de ces idées complexes est très différente en différentes personnes et donc que ces limites d'*espèces* sont comme les hommes et non comme la Nature les fait, si au moins il y a dans la Nature de telles limites préfixées.

Il est vrai que beaucoup de substances singulières sont faites par la Nature de telle manière qu'elles ont entre elles une convergence et une similitude, et ainsi fournissent un
458 |fondement pour le classement[3]. Mais le classement des

1. *Cf.* 3.9.3.
2. Parallèle à *Draft B*, § 75.
3. *Cf.* 3.3.13.

choses par nous ou la fabrication d'*espèces* déterminées a pour but de les nommer et des inclure sous des termes généraux ; aussi, je ne vois comment il peut être exact de dire que la Nature pose des frontières pour les *espèces* de choses ; ou alors, nos frontières d'*espèces* ne sont pas exactement conformes à celle de la Nature ; car nous avons besoin de noms généraux pour l'utilité immédiate et nous ne nous attardons pas à la découverte de toutes les qualités qui nous montreraient mieux les différences et les convergences les plus importantes ; au contraire, nous les différencions nous-mêmes en *espèces* à partir de certaines caractéristiques manifestes, pour communiquer plus facilement, sous des noms généraux, ᵗ⁻nos pensées⁻ᵗ à leur sujet. N'ayant en effet d'une substance aucune autre connaissance que celle des idées simples unies en elle, et observant que diverses choses particulières convergent avec d'autres en plusieurs de ces idées simples, nous faisons de cet assemblage l'idée d'*espèce* et nous lui donnons un nom général ; de sorte qu'en enregistrant nos pensées et en discutant avec d'autres nous puissions en un seul mot bref désigner tous les individus qui convergent en cette idée complexe, sans énumérer les idées simples qui la constituent ; ainsi ne perdons-nous pas notre temps et notre souffle en descriptions ennuyeuses, comme sont contraints de faire, on le sait, ceux qui veulent parler d'une nouvelle classe de choses sans avoir encore de nom pour elle.

t. Ajout depuis la deuxième édition.

§ 31

Sous le même nom, se trouvent des essences d'espèces très différentes

Bien que les *espèces* de substances soient assez bien acceptées dans la conversation ordinaire, il est évident que l'idée complexe où s'accordent selon eux plusieurs individus est fabriquée très différemment par différentes personnes : avec grande précision par certains et moins par d'autres. Chez certains, cette idée complexe contient un plus grand nombre de qualités et chez d'autres un plus petit nombre ; elle apparaît ainsi telle que l'esprit la construit.

La couleur jaune brillante fait l'*or* pour les enfants ; d'autres ajoutent le poids, la malléabilité, la fusibilité ; d'autres encore, d'autres qualités qu'ils trouvent jointes avec cette couleur jaune aussi constamment que son poids et sa fusibilité. Car, en toutes ces qualités et dans les semblables, l'une a autant de droit qu'une autre à être incluse dans l'idée complexe de cette substance où elles sont toutes jointes. Et donc *des personnes différentes* qui, en fonction de leur **459** examen, | de leur habileté, de leur observation différents de ce sujet, ignorent ou incluent plusieurs idées simples alors que d'autres ne le font pas, *ont des essences différentes de l'or*, qui doivent nécessairement être de leur fabrication et non de celle de la Nature.

§ 32

Plus les idées sont générales, plus elles sont incomplètes et partielles

Si *le nombre d'idées simples qui constituent l'essence nominale des espèces ultimes* (celles qui pour les individus sont les classes initiales) *dépend de l'esprit* humain qui les rassemble différemment, il est encore plus évident qu'il en est de même pour les classes les plus larges, que les maîtres de logique nomment *genres*. Celles-ci sont en effet des idées imparfaites à dessein[1] [u] et il est visible à première vue que nombre des qualités que l'on peut trouver dans les choses mêmes sont intentionnellement écartées des idées *génériques* [u].

L'esprit en effet fabrique des idées générales incluant plusieurs êtres singuliers en écartant les idées de temps, de lieu et d'autres qui les rendent incommunicables à plus d'un individu ; aussi pour fabriquer d'autres idées encore plus générales, qui puissent inclure plusieurs classes, il exclut les qualités qui les distinguent et inclut dans un nouvel ensemble les seules idées communes à plusieurs classes[2].

De même que les gens, parce que c'est plus commode, ont été amenés à exprimer d'un seul nom plusieurs morceaux de matière jaune venant de Guinée ou du Pérou, de même ont-ils été aussi amenés à faire un seul nom qui puisse inclure à la fois l'or, l'argent et d'autres corps de différentes classes. Cela se fait en écartant les qualités qui sont propres à chaque classe et en retenant une idée complexe constituée de celles qui sont communes à toutes[v]. On y attache le nom de *métal* et ainsi un *genre* est constitué, dont l'essence est l'idée abstraite qui contient seulement la malléabilité et la fusibilité avec certains degrés de poids et de fixité dans lesquels convergent quelques corps de différents genres, mais qui exclut la couleur et d'autres qualités propres à l'or, à l'argent et aux autres classes englobées sous le nom *métal*.

---

u. Texte qui depuis la quatrième édition remplace : « … parmi lesquelles sont intentionnellement écartées plusieurs de ces qualités ».

v. *Toutes*, mot qui, depuis la quatrième édition, remplace « chaque espèce ».

1. *Cf.* 4.7.9.
2. *Cf.* 2.11.9 ; 3.3.9 ; 3.4.16.

Il est ainsi clair que les gens ne suivent pas exactement les modèles proposés par la Nature quand ils fabriquent leurs idées générales de substances puisqu'on ne peut trouver aucun corps qui ait simplement en lui de la malléabilité et de la fusibilité, sans autre qualité aussi inséparable que celles-là.

Les hommes en fabriquant leurs idées générales cherchent plus la commodité du langage et la rapidité de la communi**460** cation | par des signes brefs et englobants, que la nature authentique et précise des choses telles qu'elles existent ; aussi en formant leurs idées abstraites ont-ils principalement poursuivi ce but : être doté d'une réserve de noms généraux de portée différente.

Aussi, dans toute cette affaire des *genres* et des *espèces*, le *genre* (ou le plus englobant) n'est-il qu'une conception partielle de ce que l'on trouve dans l'*espèce,* et l'*espèce* n'est-elle qu'une idée partielle de ce que l'on trouve en chaque individu. Si donc quelqu'un pense qu'un *homme* et un *cheval*, un *animal* et une *plante*, etc. sont distingués par des essences réelles faites par la Nature, il doit en tirer la conséquence que la Nature est très généreuse en essences réelles, puisqu'elle en fabrique une pour le corps, une autre pour l'animal, une autre pour le cheval, et que toutes ces essences sont généreusement attribuées à *Bucéphale*. Mais si l'on considère correctement ce qui se fait avec tous ces *genres*, *espèces* ou classes, on verra qu'il n'y a rien de neuf qui soit produit, mais seulement des signes plus ou moins englobants, ce qui permet d'exprimer en peu de syllabes un grand nombre de choses singulières dans la mesure où elles s'accordent en des conceptions plus ou moins étendues formées à cette fin.

En tout cela, on peut remarquer que le terme le plus général est toujours le nom d'une idée moins complexe et que chaque *genre* n'est qu'une conception partielle de l'*espèce* incluse dans le *genre*. Et donc, si l'on estime que ces idées générales abstraites sont complètes, ce ne peut être que par rapport à une certaine relation établie entre elles et certains noms que l'on utilise pour les signifier, et non pas par rapport à quelque chose d'existant, comme fait par la Nature.

§ 33

Tout cela est adapté à la finalité du langage

Cette façon de faire est *adaptée à la finalité authentique du langage*, être le moyen le plus court et le plus aisé de communiquer nos notions. Ainsi celui qui voudra parler de choses en tant qu'elles conviennent dans l'idée complexe d'étendue et de solidité, ne devra utiliser que le mot *corps* pour dénoter tout cela; celui qui voudra y ajouter d'autres idées signifiées par les mots *vie*, *sens*, et *mouvement spontané*, n'aura qu'à utiliser le mot *animal* pour signifier tout ce qui participe à ces idées; et celui qui a fabriqué l'idée complexe d'un corps doté de vie, de sens, de mouvement avec la faculté de raisonner associés à une certaine forme extérieure, n'aura besoin que d'utiliser les deux brèves syllabes *homme* pour exprimer tous les êtres particuliers qui répondent à cette idée complexe.

Telle | est la fonction propre du *genre* et de l'*espèce*; et **461** c'est ce que font les gens sans prendre en considération les *essences réelles* ou les *formes substantielles*, qui n'entrent pas dans le champ de la connaissance quand on pense à ces choses, ni dans la signification des mots quand on discute avec les autres.

§ 34

Exemple : les casoars

S'il me fallait parler avec quelqu'un d'une classe d'oiseaux que j'ai vus récemment à Saint-James-Park, pour qu'on puisse me comprendre, il me faudrait faire la description suivante : « Haut d'environ trois ou quatre pieds, avec la peau couverte de quelque chose d'intermédiaire entre les plumes et les poils d'une couleur brun foncé, sans ailes mais avec à leur place deux ou trois petites branches retombant comme des branches de genêts, de longues et grosses pattes, des pieds armés de trois griffes seulement et sans queue ». Mais quand on m'aura dit que le nom de cet oiseau est *casoar*, je pourrai utiliser dans ma discussion le mot pour tenir lieu de toute l'idée complexe énoncée dans la description ; et pourtant, par ce mot qui est maintenant devenu un nom d'*espèce*, je ne connais rien de plus qu'avant, de l'essence réelle ou de la constitution de cette classe d'animaux ; et, avant d'apprendre son nom, je connaissais de cette *espèce* d'oiseaux autant que ce que connaissaient beaucoup de Français concernant le *cygne* ou le *héron*, noms très connus de classes d'oiseaux communs en France [1].

§ 35

Ce sont les hommes qui déterminent les classes

À partir de ce qui a été dit, il est évident que *ce sont les hommes qui fabriquent les classes de choses*. En effet, ce sont les différentes essences qui seules font les différentes *espèces* ; il est donc clair que ce sont ceux qui font ces idées abstraites

---

1. Parallèle à *Draft B*, § 76.

que sont les essences nominales qui font ainsi les *espèces* ou classes.

Si l'on trouvait un corps qui avait toutes les qualités de l'or sauf la malléabilité, on se poserait indubitablement la question de savoir s'il s'agit ou non d'or, c'est-à-dire s'il est de cette *espèce*; cela pourrait seulement être déterminé par cette idée abstraite à laquelle chacun a attaché le nom *or*. Ce serait donc de l'or authentique, inclus dans cette espèce, pour celui qui n'a pas inclus la malléabilité dans son essence nominale signifiée par le son *or*; et au contraire, ce ne serait pas de l'or authentique, il ne serait pas de cette *espèce*, pour celui qui a inclus la malléabilité dans son idée d'espèce. Et qui est-ce, je vous prie, qui fait ces diverses *espèces,* fût-ce sous un seul et même nom, sinon les hommes qui font deux idées abstraites différentes, ne comprenant pas exactement le même ensemble de qualités ? Et n'est-ce pas une simple supposition, d'imaginer qu'un corps puisse exister, où les qualités manifestes | de l'or puissent exister sans malléabilité, puisqu'il est **462** certain que l'or lui-même est parfois si aigre[1] (comme le disent les orfèvres) qu'il ne résistera pas plus au marteau qu'un morceau de verre.

Ce que nous venons de dire de l'inclusion ou de l'exclusion de la malléabilité de l'idée complexe à laquelle on attache le nom *or* peut être dit de son poids, de sa fixité propres et de plusieurs autres qualités analogues; car quoi qu'on exclue ou inclue, c'est toujours l'idée complexe à la quelle le nom est attaché qui fait l'*espèce*; et dans la mesure où un morceau particulier de matière correspond à cette idée, le nom de la classe lui appartient authentiquement, et il est de cette *espèce*;

---

1. Terme d'orfèvrerie qui signifie : *cassant.*

c'est ainsi que quelque chose est de l'*or* véritable, un parfait *métal*. Toute cette détermination de l'*espèce*, c'est clair, dépend de l'entendement humain, fabriquant telle ou telle idée complexe.

§ 36

C'est la Nature qui fait la similitude

Voici donc en bref toute la question : *la Nature fait diverses choses singulières qui s'accordent effectivement* l'une avec l'autre par beaucoup de qualités sensibles et probablement aussi par leur structure et leur constitution internes[1] ; mais ce n'est pas cette essence réelle qui les distingue en *espèces* ; ce sont les hommes qui, prenant occasion des qualités qu'ils voient unies en elles, en lesquelles souvent plusieurs conviennent, observent-ils, *les ordonnent en classes afin de les nommer* pour la commodité qu'apportent des signes englobants ; il se fait alors que, sous ces signes, des individus sont rangés comme sous des étendards, en fonction de leur conformité à telle ou telle idée abstraite ; ainsi telle chose est du régiment bleu, tel autre du rouge, ceci est un homme, cela un singe. Et voilà à mon sens, en quoi consiste toute l'affaire des *genres* et des *espèces*[2].

§ 37

Je ne nie pas que, dans la production constante des êtres singuliers, la Nature, loin de les faire toujours nouveaux et divers, les fasse au contraire très semblables et voisins l'un de l'autre ; mais je pense néanmoins qu'il est vrai que *les*

1. *Cf.* 3.3.13. et ci dessus § 30.
2. Parallèle à *Draft B*, § 83.

frontières des espèces, qui permettent aux hommes de les classer, sont faites par les hommes, puisque l'essence des *espèces* distinguées par des noms différents est, comme on l'a prouvé, de facture humaine et rarement adéquate à la nature interne des choses dont elles sont tirées. Aussi peut-on dire en toute vérité qu'une telle manière de les classer est l'œuvre des hommes.

§ 38
Chaque idée abstraite est une essence

Voici une chose qui paraîtra très étrange dans cette | théorie, je n'en doute pas : il découle de ce qui a été dit que **463** *chaque idée abstraite dotée d'un nom constitue une espèce distincte* ; mais qu'y puis-je si c'est la vérité qui le veut ? Cela ne changera pas tant que quelqu'un ne nous aura pas montré une *espèce* de choses limitée et distinguée par autre chose et fait voir que les termes généraux ne signifient pas les idées abstraites mais quelque chose de différent.

J'aimerais savoir pourquoi un caniche et un lévrier ne sont pas des *espèces* aussi distinctes qu'un épagneul et un éléphant. On n'a pas d'idée de l'essence différente de l'éléphant et de l'épagneul autre que l'idée de l'essence différente du caniche et du lévrier : toute la différence essentielle qui permet de connaître et de distinguer l'un de l'autre consiste uniquement en un ensemble d'idées simples différent auquel on a donné un nom différent.

§ 39
Genres et espèces *sont destinés à la dénomination*

La fabrication des espèces et des genres a pour but les noms généraux, et les noms généraux sont nécessaires, sinon pour faire exister, du moins pour compléter une *espèce* et pour la faire accepter comme telle : cela sera manifeste, certes par ce qui a déjà été dit[1] à propos de la glace et de l'eau, mais aussi par un exemple très familier. Une *montre* muette et une *montre* qui sonne les heures ne forment qu'une *espèce* pour ceux qui n'ont qu'un seul nom pour elles ; mais pour celui qui a le nom *montre* pour l'une et *horloge* pour l'autre, avec des idées complexes distinctes auxquelles ces noms appartiennent, il y aura deux *espèces* différentes.

On répondra peut-être que la machinerie et la constitution internes sont différentes, ce dont l'horloger a une idée claire ; pourtant, il est évident qu'il n'y a qu'une espèce pour celui qui n'a qu'un nom pour les deux choses. Qu'est-ce qui suffit en effet dans la machinerie interne pour faire une nouvelle *espèce* ? Certaines montres sont faites avec quatre rouages, d'autres avec cinq : est-ce une différence spécifique pour l'artisan ? Certaines ont des cordes et des fusées[2] ; certaines ont un balancier libre, d'autres sont réglées par un ressort en spirale et d'autres encore par des soies de porc[3] ; suffit-il d'une de ces caractéristiques ou les faut-il toutes pour faire une différence spécifique parmi les constitutions internes des *montres* pour l'artisan qui connaît chacun de ces mécanismes différents, et d'autres encore ?

Il est certain que chaque montre a une différence réelle par rapport au reste ; mais s'agit-il ou non d'une différence essentielle ou d'une différence spécifique : cela dépend uniquement de l'idée complexe à laquelle on donne le nom de **464** *montre*. Tant que | ces choses convergent toutes dans l'idée

1. 3.6.13 ; référence donnée aussi en note par Coste.

2. Tambour sur lequel s'enroule la corde supportant le poids qui fait marcher l'horloge.

3. Procédés divers de régulation du mouvement de l'horloge à l'époque.

ᵂ⁻dont le nom tient lieu, tant que ce nom n'inclut pas, comme un nom générique, différentes *espèces*ᵂ en lui, ces choses ne sont ni essentiellement ni spécifiquement différentes. Mais si quelqu'un introduit des divisions plus fines à partir de différences qu'il connaît dans la structure interne des montres, et s'il donne à de telles idées complexes précises un nom qui va s'imposer, il y aura alors de nouvelles *espèces* pour ceux qui auront ces idées avec un nom et pourront distinguer par ces différences les montres en plusieurs classes; et *montre* deviendra alors un nom générique. Il n'y aura pourtant pas d'*espèce* distincte pour les gens ignorant l'horlogerie et la machinerie interne des montres, qui n'ont pas d'autre idée que la forme extérieure et la grosseur avec l'indication de l'heure par les aiguilles. Pour eux, tous les autres noms ne seront que des termes synonymes pour la même idée et ils ne signifieront pas plus ni autre chose qu'une montre.

C'est exactement la même chose, je pense, pour les choses naturelles. Personne ne mettra en doute que les rouages et les ressorts (si je peux ainsi m'exprimer) intérieurs sont différents chez un *homme rationnel* et chez un *imbécile*[1], et pas plus qu'il n'y a une différence de forme entre le *babouin* et l'*imbécile*. Mais que l'une ou les deux différences soient essentielles ou spécifiques, cela n'est connu qu'à partir de leur convenance ou leur disconvenance avec l'idée complexe dont tient lieu le nom *homme*; par là seulement on peut en effet déterminer si l'un, ou les deux, ou aucun des deux est ou non un homme.

---

w. Texte qui remplace depuis la quatrième édition : « ... qui appartient à ce nom et qui n'a pas d'espèce ... ».

1. *Changeling.*

§ 40

Les espèces de choses artificielles sont moins confuses que les naturelles

Ce qui vient d'être dit permet de voir la raison *pour laquelle dans les espèces de choses artificielles, il y a généralement moins de confusion et d'incertitude que dans les naturelles.* En effet, une chose *artificielle* est un produit humain qu'a eu en projet l'artisan et dont il connaît donc bien l'idée ; son nom n'est par conséquent supposé tenir lieu d'aucune idée, ni impliquer aucune essence, autres que ce qui est peut être connu avec certitude et appréhendé assez facilement. L'idée, ou essence, des diverses classes de choses *artificielles* n'est constituée pour la plus grande part que de la figure déterminée des éléments sensibles, avec parfois le mouvement qui en dépend, façonnée dans la matière par l'artisan en fonction de ses besoins ; il n'est donc pas hors de portée pour nos facultés d'en atteindre une certaine idée et d'établir ainsi la
465 signification des noms qui distinguent les espèces de | choses artificielles, de façon moins ambiguë, obscure, équivoque que pour les choses naturelles, dont les différences et les opérations dépendent de machineries dépassant le champ de nos découvertes[1].

§ 41

Choses artificielles de différentes espèces

Qu'on me pardonne si je pense qu'*il y a pour les choses artificielles des espèces distinctes* comme pour les naturelles : je constate en effet qu'elles sont clairement et régulièrement

---

1. Cf. *Draft A*, § 2 fin et *Draft B*, § 82.

ordonnées en classes ˣ⁻selon des idées abstraites différentes⁻ˣ et des noms généraux qui leur sont attachés, aussi distincts les uns des autres que les substances naturelles. Pourquoi ne penserait-on pas qu'une montre et un pistolet sont des espèces aussi distinctes l'une de l'autre qu'un cheval et un chien qui sont exprimés dans l'esprit par des idées distinctes et aux autres par des appellations distinctes[1].

§ 42
Seules les substances ont un nom propre

Il faut encore observer à propos des *substances* qu'elles *seules* parmi les très nombreuses classes d'idées *ont un nom propre* ou singulier, grâce auquel seule une chose singulière est signifiée[2]. Cela vient de ce que, dans les idées simples, les modes et les relations, il arrive rarement que les gens aient l'occasion de mentionner souvent telle ou telle idée parti-culière quand elle est absente. En outre, la plus grande part des modes mixtes sont des actions qui périssent dès leur nais-sance et ne sont pas susceptibles de durer longuement, comme les substances que sont les acteurs, en qui ʸ⁻les idées simples qui constituent⁻ʸ les idées complexes désignées par le nom ont une union durable.

x. Texte qui remplace depuis la deuxième édition : « ... et ont des idées complexes distinctes ... ».

y. Ajout depuis la quatrième édition.

1. Parallèle à *Draft B*, § 82.
2. *Cf.* 3.3.5.

§ 43

Difficulté de traiter des mots

Je dois prier mon lecteur de me pardonner d'avoir si longuement traité de cette question, et de l'avoir fait peut-être avec quelque obscurité. Mais je voudrais qu'on considère la *difficulté de mener quelqu'un d'autre par des mots jusqu'à la pensée de choses privée des différences d'espèces* qu'on leur attribue ; ces choses, si je ne les nomme pas, je n'en dis rien ; et si je les nomme, je les ordonne dans une classe ou dans une autre et je suggère à l'esprit l'idée abstraite usuelle de cette *espèce* ; et je contredis ainsi mon dessein [1].

Parler d'un *homme* en effet et renoncer en même temps à la signification courante (notre idée complexe) du nom *homme* qui lui est usuellement attaché, pour demander au lecteur de considérer l'*homme* tel qu'il est lui-même et tel qu'il est **466** effectivement distingué des autres dans sa | constitution ou essence réelle internes, c'est-à-dire par quelque chose dont il ne sait pas ce que c'est, semble une plaisanterie ; c'est pourtant ce que l'on doit faire quand on veut parler de l'essence et de l'*espèce* supposées réelles, pensées comme faites par la Nature, ne serait-ce que pour faire comprendre que n'existe pas la chose signifiée par des noms généraux qui servent à nommer les substances.

Mais il est difficile de le faire avec les noms familiers connus ; permettez moi donc de tenter d'éclaircir par un exemple les différentes façons dont l'esprit considère les noms et les idées d'espèces, et de montrer comment les idées complexes de modes sont référées parfois à des archétypes dans l'esprit d'autres êtres intelligents – ou, ce qui est iden-

1. *Cf.* 3.3.15 ; 3.6.8.

tique, à la signification attachée par d'autres à des noms traditionnels et parfois à aucun archétype. Permettez moi aussi de
montrer comment l'esprit réfère toujours ses idées de substances soit aux substances mêmes soit à la signification de
leur nom comme à des *archétypes*, et aussi d'éclaircir la nature
des *espèces* (ou classement des choses) telles que nous les
appréhendons et nous les utilisons, et des essences appartenant à ces espèces. Cela peut-être plus important qu'on ne
l'imagine d'abord, pour découvrir l'étendue et la certitude de
notre connaissance[1].

§ 44

Exemple de modes mixtes : Kinneah *et* Niouph

Supposons *Adam* à l'âge adulte, doté d'une bonne intelligence, mais dans un pays étrange où tout son environnement
est neuf et inconnu ; il n'a pas d'autre faculté pour en acquérir
connaissance que ce qu'a actuellement quelqu'un de son
âge. Il remarque la tristesse inhabituelle de *Lamech*[2] et imagine que cela vient d'un soupçon envers sa femme *Ada* (qu'il
adore) : elle aurait trop d'amitié pour un autre homme. *Adam*
communique ses pensées à *Ève* et lui demande de prendre soin
qu'*Ada* ne fasse pas de folie ; dans sa discussion avec *Ève*,
il utilise deux mots nouveaux, *Kinneah* et *Niouph*[3]. Par la
suite, apparaît l'erreur d'*Adam* : il découvre que le trouble de
Lamech vient de ce qu'il a tué quelqu'un. Pour autant les deux
noms, *Kinneah* et *Niouph*, utilisés le premier pour le *soupçon*

---

1. *Cf.* 2.33.19 ; 3.1.6 ; 3.9.21 ; 4.6.1.

2. Cf. *Genèse*, 4.19-23.

3. Termes hébreux dont Locke donnera ultérieurement la traduction ; il
en sera de même plus loin pour *Zahab ; Niouph* serait plutôt translittéré de nos
jours en *n'ap*.

d'infidélité d'une femme envers son mari et l'autre pour l'*acte d'infidélité*, *ne perdent pas leurs significations distinctes*.

467 Il est évident alors que | l'on a ici deux idées complexes distinctes de modes mixtes avec leur noms, deux espèces d'actions essentiellement différentes.

Question : en quoi consiste l'essence de ces deux espèces distinctes d'actions ? Il est évident qu'elle consiste en une combinaison précise d'idées simples différente dans l'un et l'autre cas. Autre question : est-ce que l'idée complexe dans l'esprit d'*Adam*, qu'il nomme *Kinneah*, était ou non adéquate ? Il est clair qu'elle l'était ; c'était un assemblage d'idées simples qu'il avait volontairement fait sans aucunement s'occuper d'un archétype, de quelque chose comme un modèle ; il l'avait abstrait et lui avait donné le nom *Kinneah* pour exprimer brièvement aux autres par ce seul son toutes les idées simples contenues dans cette idée complexe et unies en elle ; il s'en suit donc nécessairement que c'était une idée adéquate : puisqu'il avait fait de son plein gré cet assemblage, il était constitué de tout ce qu'il avait l'intention qu'il fût ; aussi ne pouvait-il être que parfait, adéquat, puisqu'il n'était référé à aucun autre archétype qu'il serait supposé représenter[1].

§ 45

Ces mots, *Kinneah* et *Niouph*, se répandirent progressivement et le problème fut un peu modifié. Les enfants d'*Adam* avaient les mêmes facultés que lui et donc le même pouvoir de fabriquer à loisir les idées complexes de modes mixtes dans leur esprit, de les abstraire, et de faire des sons

z. Ajout depuis la deuxième édition.

1. *Cf.* 2.31.3.

qu'ils voulaient leur signe. Mais l'utilité des noms est de faire connaître à d'autres les idées intérieures ; et cela ne peut être fait que si les deux personnes qui veulent se communiquer leurs pensées et discuter ensemble utilisent le même signe pour la même idée. Les enfants d'*Adam*, qui ont trouvé dans le langage courant les deux mots *Kinneah* et *Niouph*, n'ont pu les prendre pour des sons insignifiants ; ils ont dû tirer la conséquence qu'ils étaient utilisés pour quelque chose, pour certaines idées, pour des idées abstraites puisque c'étaient des noms généraux ; et que ces idées abstraites étaient l'essence des espèces désignées par ces noms. Si donc ils voulaient utiliser ces mots comme les noms d'espèces déjà établies et acceptées, ils ont été obligés de conformer dans leur esprit leurs idées signifiées par ces noms aux idées que ces noms désignaient dans l'esprit des autres gens[a], comme à leur *patron* et leur *archétype*. Alors, de fait, leurs idées de ces modes complexes étaient susceptibles d'être inadéquates, parce que risquant fort (spécialement celles qui consistaient en la combinaison de nombreuses idées simples) de ne pas être exactement conformes aux idées dans l'esprit des autres gens utilisant les mêmes | noms (bien qu'il y ait habituellement **468** dans ce cas, un remède disponible : demander le sens d'un mot qu'on ne comprend pas à celui qui l'utilise), car il est aussi impossible de connaître avec certitude ce dont tiennent lieu les mots *Jalousie* et *Adultère* (qui, je pense, correspondent aux termes hébreux *Kinneah* et *Niouph*[1]) dans l'esprit de quelqu'un d'autre avec qui j'en parle, qu'il était impossible

a. À partir de la deuxième édition, suppression d'un texte de la première édition : « ... et d'y conformer leurs idées ... ».

1. Termes cités en hébreu par Locke et donnés ainsi en note par Coste.

aux débuts de la langue de connaître sans explication ce dont tenaient lieu *Kinneah* et *Niouph* dans l'esprit de quelqu'un d'autre, puisque ce sont des signes volontaires en chacun[1].

§ 46

Exemple de substances : Zahab

Considérons maintenant de la même manière les noms de substance lors de leur première utilisation.

Un des enfants d'*Adam* erre dans les montagnes et tombe sur une substance luisante agréable à l'œil ; il la ramène chez lui et la montre à *Adam* qui le considère et la trouve dure, de couleur jaune brillant et d'un poids exceptionnellement lourd (telles sont peut-être toutes les qualités qu'il y remarque d'abord) ; puis il abstrait cette idée complexe constituée d'une substance dotée de ce jaune brillant particulier et d'un poids très important par rapport à son volume et lui donne le nom de *Zahab* pour la nommer et servir de marque à toutes les substances qui ont en elles ces qualités sensibles.

Il est évident qu'en ce cas, *Adam* agit très différemment de ce qu'il a fait auparavant en formant les idées de modes mixtes auxquelles il a donné les noms *Kinneah* et *Niouph* : il avait alors assemblé les idées par pure imagination, sans les emprunter à l'existence de quoi que ce soit, et leur avait donné un nom pour désigner toutes les choses qui pourraient être conformes à ces idées abstraites, sans s'occuper de savoir si une telle chose existait ou non ; le modèle alors était de sa propre fabrication. Mais en formant son idée de cette nouvelle substance, il suit une route tout à fait opposée : ici, il a un modèle fabriqué par la Nature et donc, s'il veut se représenter

---

1. *Cf.* 2.31.4.

la substance en son absence par l'idée qu'il en a, il n'introduit dans son idée complexe aucune idée dont il n'ait pas la perception dans la chose même. Il prend soin de conformer son idée à cet *archétype* et cherche à ce que le nom tienne lieu d'une idée qui lui soit conforme.

§ 47

Ce morceau de matière, ainsi dénommée *Zahab* par *Adam*, est totalement différent de tout ce qu'il avait vu auparavant et personne, je pense, ne niera que c'est une espèce distincte qui a une essence propre, | et que le nom de *Zahab* est la marque **469** de l'espèce et le nom appartenant à toute chose partageant cette essence. Et il est clair ici que l'essence pour laquelle *Adam* a choisi le nom *Zahab* n'est rien d'autre qu'un corps dur, brillant, jaune et très lourd.

Mais l'esprit curieux de l'homme, insatisfait de la connaissance de ces qualités que je pourrais dire "superficielles", mène *Adam* à un examen plus poussé de cette matière. Il la frappe et la martèle avec un silex pour voir ce que l'on peut en découvrir à l'intérieur ; il voit qu'elle résiste aux coups et qu'elle ne se brise pas facilement en morceaux ; il découvre qu'elle se plie sans se briser ; est-ce que la malléabilité ne doit pas maintenant s'ajouter à l'ancienne idée et b-faire partie de-b l'essence de l'espèce dont tient lieu le nom *Zahab* ? De nouveaux tests découvrent en outre la fusibilité et la fixité : ne faut-il pas pour la même raison que pour les autres, inclure ces qualités dans l'idée complexe signifiée par le nom *Zahab* ? S'il ne le fallait pas, quelle raison donnera-t-on pour inclure l'une plus que l'autre ? S'il le faut, alors toutes

b. Ajout depuis la deuxième édition.

les autres propriétés que découvriront dans cette matière de futurs tests doivent, pour la même raison, faire partie des ingrédients de l'idée complexe dont tient lieu le nom *Zahab* et être ainsi l'essence de l'espèce marquée par ce nom. Et ces propriétés sont sans fin, si bien que l'idée fabriquée selon ce procédé, d'après cet archétype, sera toujours inadéquate[1].

§ 48

Leur idée est imparfaite et donc diverse

Ce n'est pas tout. Il s'ensuivrait également que les *noms de substances* non seulement auraient (et ils en ont vraiment), mais aussi seraient supposé *avoir*, *des significations différentes quand ils sont utilisés par des gens différents*, ce qui compliquerait beaucoup l'usage de la langue. Si chaque qualité distincte découverte par quelqu'un dans un morceau de matière était supposée faire nécessairement partie de l'idée complexe signifiée par le nom commun donné, il en découlerait la nécessité de supposer que le même mot a une signification différente pour des gens différents ; on ne peut en effet mettre en doute la découverte possible par des gens différents dans des substances de nom identique, de plusieurs qualités dont les autres ne connaissent rien.

§ 49

Donc pour fixer les espèces, on a fait l'hypothèse d'une essence réelle

Pour éviter cela donc, on a *fait l'hypothèse* d'une essence réelle appartenant à chaque espèce, et dont découlent toutes les **470** propriétés, et | l'on tient le nom de l'espèce comme son substitut. Mais, comme on n'a aucune idée de cette essence réelle

---

1. *Cf.* 2.31.6-10 et 13 ; 3.2.3.

dans les substances et que les mots ne signifient rien d'autre que les idées qu'on a, ce qu'effectue cette tentative, c'est uniquement mettre le nom ou le son à la place et en lieu de la chose ayant cette essence réelle, sans connaître ce qu'est cette essence réelle. C'est ce que font les gens quand ils parlent d'espèces de choses en supposant qu'elles sont fabriquées par la Nature et distinguées par l'essence réelle.

§ 50

Cette hypothèse est inutile

Considérons en effet si, quand on affirme « Tout *or* est fixe », cela signifie que la fixité est un élément de la définition, un élément de l'essence nominale dont le mot *or* tient lieu (et en ce cas, l'affirmation « Tout or est fixe » ne contient rien d'autre que la signification du terme *or*), ou bien si cela signifie que la fixité n'est pas un élément de la définition du mot *or* mais une propriété de la substance même (et en ce cas, il est clair que le mot *or* tient lieu d'une substance ayant l'essence réelle d'une espèce de choses faite par la Nature). Avec cette dernière substitution, le mot a une signification si confuse et incertaine que, bien que la proposition *L'or est fixe* soit en ce sens l'affirmation de quelque chose de réel, c'est une vérité qui nous échappera toujours dans son application particulière et qui n'est donc d'aucune utilité et d'aucune certitude. Qu'il soit absolument vrai que tout *or*, c'est-à-dire tout ce qui a l'essence réelle de l'*or*, est fixe, à quoi cela sert-il, tant que l'on ne sait pas ce qui est et ce qui n'est pas de l'or en ce sens ? Car si l'on ne connaît pas l'essence réelle de l'*or*, il est impossible que l'on connaisse quel morceau a cette essence et donc si c'est ou non de l'or véritable.

§ 51

Conclusion

Pour conclure : la liberté qu'avait aux origines *Adam*, de fabriquer toute idée complexe de mode mixte sans autre modèle que ses propres pensées, tous les hommes l'ont toujours eu depuis ; et cette nécessité de conformer ses idées de substances aux choses extérieures comme à des *archétypes* fabriqués par la Nature, à laquelle était soumis *Adam* s'il ne voulait pas intentionnellement se tromper, tous les hommes y sont toujours soumis également depuis. La même liberté qu'avait aussi *Adam* d'attacher un nouveau nom à une nouvelle idée, n'importe qui l'a toujours (spécialement les créateurs de langue, si l'on peut imaginer quelqu'un de ce genre), mais à la différence près que dans les lieux où les gens

471 liés en société ont | déjà établi entre eux une langue, la signification des mots doit être modifiée de façon très prudente et avec parcimonie ; car là où les gens sont déjà munis de nom pour leur idée et où un nom connu est approprié par l'usage à une certaine idée, un changement artificiel de mot ne peut qu'être totalement ridicule : celui qui a de nouvelles notions s'aventurera peut-être parfois à former de nouveaux mots pour les exprimer ; mais les gens prennent cela pour de la témérité et il n'est pas certain que l'usage commun l'accepte et le rende courant ; dans la communication avec les autres, il est nécessaire de conformer les idées exprimées par un mot du langage courant à sa signification propre et connue (ce que j'ai déjà largement expliqué[1]), ou alors de faire connaître la nouvelle signification qu'on lui attache[2].

1. *Cf.* 3.2.8.
2. *Cf.* 3.11.11.

CHAPITRE 7

LES PARTICULES

§ 1

Les particules relient des éléments ou des phrases complètes

Outre les mots qui sont des noms d'idées dans l'esprit, il en y a un grande nombre d'autres, utilisées pour signifier la *liaison* qu'introduit l'esprit entre les idées ou les propositions. Pour communiquer [a-]à d'autres sa pensée[-a], l'esprit n'a pas besoin seulement de signes des idées qu'il a devant lui alors, mais aussi d'autres signes pour montrer ou suggérer une certaine action particulière de sa part relatives à ces idées à ce moment.

Il le fait de plusieurs façons ; par exemple, *est* ou *n'est pas* sont les marques générales de l'esprit qui affirme ou nie. Mais en plus de l'affirmation et de la négation (sans lesquelles il

---

a. Texte de la deuxième édition, qui remplace : « … avec d'autres … ».

n'y a parmi les mots ni vérité ni fausseté [1]), l'esprit qui déclare ses sentiments à d'autres lie non seulement des éléments de propositions entre eux, mais des phrases entières avec leurs multiples relations et leurs dépendances, afin de constituer un discours cohérent.

§ 2

C'est là que réside l'art de bien parler

Les mots qui permettent à l'esprit de signifier quelle liaison il met entre plusieurs affirmations ou négations qu'il unit en un raisonnement ou un récit suivis sont généralement dénommés *particules*, et c'est dans l'emploi correct de ces 472 particules que consiste plus particulièrement la | clarté et la beauté d'un bon style. Pour bien penser il ne suffit pas que l'on ait des idées claires et distinctes dans la pensée, ni que l'on observe la convenance ou la disconvenance de certaines idées ; il faut encore penser de façon suivie puis observer la dépendance de ses pensées et de ses raisonnements les uns par rapport aux autres. Et pour bien exprimer ces pensées méthodiques et rationnelles, on doit avoir des mots *pour montrer quelle* [fonction de] *liaison, restriction, distinction, opposition, emphase, etc.*, on attribue à chaque *partie* respective *du discours.* Se tromper en ce domaine, c'est perturber et non informer son auditeur. C'est pourquoi ces mots, qui ne sont pas vraiment en eux-mêmes les noms d'une idée, sont d'une grande utilité si nécessaire et si constante dans le langage et si importants pour l'expression correcte des gens.

1. *Cf.* 2.32.1.

§ 3

Elles manifestent la relation que met l'esprit entre ses pensées

Autant cette partie de la grammaire a pu être négligée, autant d'autres ont été travaillées avec excès de zèle. Il est facile pour les gens d'écrire les uns après les autres sur les *cas* et les *genres*, sur les *modes* et les *temps*, sur les *gérondifs* et les *supins* ; sur ces questions et les semblables, beaucoup de zèle a été déployé ; et dans certaines langues, les particules mêmes ont été rangées en plusieurs ordres avec grand déploiement d'exactitude. Certes, les *prépositions* et les *conjonctions*, etc., sont des noms bien connus de la grammaire, qui englobent des particules que l'on range soigneusement sous leurs subdivisions distinctes ; mais celui qui voudrait montrer l'usage correct des particules, leur signification et leur force, doit prendre un peu plus de peine, réfléchir à ses propres pensées et observer avec précision les différentes postures de son esprit dans le discours.

§ 4

Pour expliquer ces mots, il ne suffit pas non plus de les redire avec les mots de signification la plus proche dans autre langue, comme il est de coutume de le faire dans les dictionnaires : ce qu'on entend par ces termes est normalement aussi difficile à comprendre dans une langue que dans une autre [1]. Ce sont toutes des *marques d'une action ou d'une suggestion* de l'esprit ; et donc, pour les comprendre correctement, les diverses visions, postures, situations, dispositions d'esprit, concessions et exceptions, et autres pensées de l'esprit pour lesquelles on n'a pas de noms, ou de très déficients, doivent être étudiées

---

1. *Cf.* 3.11.25.

soigneusement. Il en existe d'une très grande diversité, dépassant de beaucoup le nombre des particules dont disposent la plupart des langues pour les exprimer ; il ne faut donc pas s'étonner si la plupart de ces particules ont des significations **473** différentes et parfois opposées. En hébreu, | il existe une particule d'une seule lettre, dont on connaît si je me souviens bien, soixante-dix, ou certainement plus de cinquante, significations différentes[1].

§ 5

Exemple : But

But[b] est une particule des plus familières de la langue anglaise et celui qui affirme qu'il s'agit d'une conjonction disjonctive qui correspond à *Sed* en latin et à *Mais* en français, pense l'avoir suffisamment expliquée. Elle me semble pourtant suggérer des relations diverses qu'introduit l'esprit entre diverses propositions ou éléments de proposition en les joignant par ce monosyllabe :

b. Coste règle la difficulté de traduire *BUT* dans ses emplois qui ne correspondent pas à celui du français, en faisant appel à d'autres usages de *mais* dans la langue française. Il fait précéder cette section de la note linguistique suivante : « En Anglois, *BUT*. Notre *Mais* ne répond point exactement à ce mot Anglois, comme il paroît visiblement par les divers rapports que l'Auteur remarque dans cette particule, dont il y en a quelques uns qui ne sauroient être appliqués à notre *Mais*. Comme je ne pouvois traduire ces exemples en notre Langue, j'en ai mis d'autres à la place, que j'ai tirés du *Dictionnaire de l'Académie Françoise* ».

1. Conjonction correspondant à la lettre hébreue *Vav*, qui sert à commencer beaucoup de phrases.

1) *MAIS pour ne rien dire de plus* : ici, *but* suggère un arrêt de l'esprit dans le cours de sa pensée, avant de parvenir à son terme.

2) *Je n'ai rien vu, SAUF deux planètes* : ici, *but* indique que l'esprit limite le sens de ce qui a été exprimé, avec négation de toute autre chose[d].

3) *Vous priez, MAIS ce n'est pas pour que DIEU vous mène à la vraie religion …*

4) *… MAIS pour qu'il vous confirme dans la vôtre* : le premier de ces *but* suggère une supposition de l'esprit : il y a quelque chose qui est autrement qu'il ne faudrait ; le second montre que l'esprit met une opposition directe entre ce qui suit et ce qui précède[e].

5) *Tous les animaux ont une sensibilité ; MAIS un chien est un animal ; but* ne signifie ici que le fait que la deuxième proposition est jointe à la première comme la mineure d'un syllogisme[f].

c. Coste fait précéder le premier exemple de Locke de deux autres : « Premièrement, cette Particule sert à marquer contrariété, exception, différence. *Il est fort honnête Homme,* MAIS *il est trop prompt. Vous pouvez faire un tel marché,* MAIS *prenez garde qu'on ne vous trompe. Elle n'est pas si belle qu'une telle,* MAIS *enfin elle est jolie.* II. Elle sert à rendre raison de quelque chose dont on veut s'excuser. *Il est vrai, je l'ai battu,* Mais *j'en avois sujet* ».

d. Coste supprime cet alinéa. Il reprend en troisième alinéa le texte du premier alinéa de Locke (les deux suivants, identiques à ceux de Locke, sont donc décalés de deux rangs).

e. Note de Coste sur l'incongruité de la juxtaposition des deux *mais* dans la même phrase.

f. Coste ajoute un sixième sens du terme : « VI. *Mais* sert quelquefois de transition pour revenir à un sujet, ou pour quitter celui dont on parlait. MAIS *revenons à ce que nous disions tantôt. …* » en ajoutant entre autres une note linguistique : « Une chose digne de remarque, c'est que les Latins se

§ 6

Cette question est ici à peine abordée

Je pourrais ajouter à celles-là un grand nombre d'autres significations pour cette particule, si c'était mon travail ici de l'examiner dans toute son étendue et de la considérer en tous ses occurrences ; mais, si quelqu'un l'entreprenait, je doute qu'il puisse trouver parmi toutes les façons de l'utiliser, de quoi valider le titre de *discrétive* que lui attribuent les grammairiens.

Mais je ne cherche pas à donner ici une explication complète de ce genre de signes : les exemples que j'ai donnés peuvent fournir l'occasion de réfléchir à leur usage et à leur force dans le langage, et de conduire à l'examen des diverses actions de l'esprit dans le discours, actions que ces particules suggèrent aux autres, en incluant le sens d'une phrase complète, pour certaines particules de façon constante et pour d'autres dans certaines constructions.

servoient quelquefois de *nam* en ce sens-là. ... Ce qui, pour le dire en passant, prouve d'une manière plus sensible ce que vient de dire *Mr Locke*, qu'il ne faut pas chercher dans les Dictionnaires la signification de ces Particules, mais dans la disposition d'esprit où se trouve celui qui s'en sert ».

LES TERMES ABSTRAITS
ET LES TERMES CONCRETS

§ 1

On ne peut prédiquer un terme abstrait d'un autre et pourquoi

Les mots ordinaires de la langue et notre manière commune de les utiliser nous auraient éclairés sur la nature de nos idées si nous les avions au moins considérés avec attention. L'esprit, on l'a montré[1], a le pouvoir d'abstraire ses idées, qui deviennent ainsi des essences, des essences générales, qui permettent de distinguer les classes de choses. Or chaque idée abstraite est distincte ; aussi, de deux idées abstraites, l'une ne peut pas être l'autre, et l'esprit par connaissance intuitive percevra leur différence. Donc dans les propositions, deux idées en leur totalité ne peuvent jamais être affirmées l'une de l'autre.

1. *Cf.* 3.3.6.

C'est ce qu'on voit dans l'usage commun de la langue, qui ne permet pas *que deux mots abstraits ou deux noms d'idée abstraite* soient *affirmés l'un de l'autre*. Ainsi, bien que les affirmations : *L'homme est un animal* ou *L'homme est rationnel* ou *L'homme est blanc*, semblent proches et qu'elles soient certaines, les propositions : *L'humanité est animalité* ou *L'humanité est rationalité* ou *L'humanité est blancheur* sont fausses, chacun le perçoit du premier coup. C'est une évidence égale à celle des maximes les mieux acceptées.

Toutes nos affirmations portent donc sur le concret : elles affirment non pas qu'une idée abstraite est une autre, mais qu'une idée abstraite est jointe à une autre ; et pour les substances, cette idée abstraite peut être de n'importe quelle sorte ; pour tout le reste, elle n'est guère que de relation. Pour les substances, les plus fréquentes sont celles de pouvoir, par exemple *Un homme est blanc* signifie que la chose qui a en elle l'essence d'un homme a aussi en elle l'essence de la blancheur, ce qui n'est rien d'autre qu'un pouvoir de produire l'idée de blancheur chez celui dont les yeux peuvent découvrir les objets ordinaires ; ou *Un homme est rationnel* signifie que la chose, qui a l'essence de l'homme, a aussi l'essence de la rationalité, c'est-à-dire le pouvoir de raisonner.

§ 2

Ils manifestent la différence entre les idées

Cette distinction entre les noms manifeste aussi la différence entre les idées. Si on les observe en effet, on verra *que toutes les idées simples ont un nom abstrait aussi bien qu'un nom concret* ; pour parler la langue des grammairiens, le premier est un substantif, le second un adjectif ; ainsi : *blancheur / blanc* ; *douceur / doux*. La même chose vaut aussi pour les idées de *mode* et de relation, comme *justice / juste* ;

égalité / égal; avec cette seule différence que certains des noms concrets de relation, | surtout ceux qui concernent **475** l'homme, sont des substantifs, comme *paternité / père*, ce dont il serait facile de rendre raison.

Mais pour les idées de substances, on a très peu, voire absolument *pas de nom abstrait*. Car, bien que les Écoles aient introduit *animalité, humanité, corporéité*[a] et d'autres, ces noms sont sans proportion avec le nombre infini des noms de substances pour lesquels ils n'ont pas poussé le ridicule jusqu'à tenter de forger un nom abstrait; et le petit nombre de ceux que les Écoles ont forgé et mis dans la bouche de leurs élèves n'a jamais pu être accepté par l'usage commun ni obtenir la licence de l'approbation publique. Ce qui me semble être au moins l'aveu qu'à toute l'humanité fait défaut l'idée de l'essence réelle des substances : ils n'ont pas de nom pour ces idées, et ils en auraient eu un sans aucun doute, si la conscience[1] de leur ignorance ne les avait gardés d'un essai aussi vain. Et donc, bien qu'ils aient suffisamment d'idées pour distinguer l'or de la pierre et le métal du bois, ils ne se sont que timidement aventurés à forger des termes comme *auriété, saxiété, metalliété* et *ligniété*[b], et noms semblables, qui auraient la prétention de signifier l'essence réelle de ces substances, dont ils savaient qu'ils n'avaient aucune idée. Et de fait, c'est uniquement la doctrine *des formes substantielles*

a. Locke donne les noms latins : *Animalitas, Humanitas, Corporeitas* et Coste les traduit.

b. Locke (et Coste avec lui) donne les termes latins *Aurietas, Saxietas, Metallietas, Lignietas*, et Coste ajoute en note (1ʳᵉ édition) : « Ces mots qui sont tout à fait barbares en latin, paroîtroient de la dernière extravagance en François ».

1. *Consciousness to themselves* (*cf.* 1.1.3 note).

et la confiance téméraire de ceux qui prétendent abusivement avoir une connaissance qu'ils n'ont pas, qui a d'abord forgé puis diffusé *animalité et humanité, et les autres.* Cela n'a pourtant pas débordé beaucoup leur Écoles et n'a jamais pu devenir courant chez les gens raisonnables. De fait, chez les Romains, *humanité* était un mot familier mais dans un sens très différent qui ne tenait pas lieu de l'essence abstraite d'aucune substance mais était le nom d'un mode; et son correspondant concret était *humain*, et non *homme*.

CHAPITRE 9

L'IMPERFECTION DES MOTS

§ 1

Les mots sont utilisés pour enregistrer et communiquer les pensées

Ce qui a été dit dans les chapitres précédents laisse voir aisément ce que sont les imperfections du langage et comment la | nature même des mots rend presqu'inévitables l'ambiguïté **476** et l'incertitude de la signification de beaucoup de mots. Pour examiner leur perfection et leur imperfection, il est nécessaire d'en considérer d'abord l'usage et la fin, car c'est dans la mesure où ils y sont plus ou moins adaptés qu'ils sont plus ou moins parfaits.

Dans la première partie de cet exposé[1], *un double usage des mots* a été souvent à l'occasion, mentionné :

1) L'un, enregistrer ses propres pensées ;
2) L'autre, communiquer ses pensées aux autres.

1. *Cf.* 3.3.2.

§ 2

Tout mot servira à l'enregistrement

Quant au premier usage, *enregistrer ses propres pensées* pour aider la mémoire et « se parler à soi-même », n'importe quel mot fera l'affaire. Puisque les sons en effet sont des signes volontaires et indifférents de toute idée, on peut utiliser les mots que l'on veut pour se signifier à soi-même ses propres idées ; il n'y aura là aucune imperfection si l'on utilise constamment le même signe pour la même idée : on ne peut alors manquer de comprendre le sens, ce qui est l'usage correct et la perfection du langage.

§ 3

La communication par les mots : soit sociale, soit scientifique

2) Quant à *la communication par les mots*, elle *se dédouble* elle-même *en deux utilisations* :

I. *Sociale* ;

II. *Scientifique*[1].

I. Par *utilisation sociale*, j'entends la communication des pensées et des idées par des mots qui puissent servir à la conversation courante et à l'échange sur les affaires et les plaisirs ordinaires de la vie sociale entre les gens d'un groupe[2].

II. Par *utilisation scientifique* des mots, j'entends l'utilisation qui permet de transmettre les notions précises des choses et d'exprimer dans des propositions générales des vérités certaines et sans ambiguïtés sur lesquelles l'esprit

---

1. Les termes de Locke sont : « I. *Civil*. II. *Philosophical* ».
2. *Cf.* 2.28.2.

puisse s'appuyer et dont il puisse se contenter dans sa recherche de la connaissance vraie.

Ces deux utilisations sont tout à fait distinctes ; bien moins d'exactitude est utile dans la première que dans l'autre, comme on va le voir par la suite [1].

§ 4

L'imperfection des mots réside dans l'ambiguïté de leur signification

La principale finalité du langage dans la communication, c'est d'être compris ; aussi les mots ne serviront pas bien cette fin, que ce soit dans l'échange social ou dans l'échange scientifique, si un mot ne provoque pas chez | l'auditeur la **477** même idée que celle dont elle tient lieu chez le locuteur. Or, puisque les sons n'ont aucun lien naturel avec nos idées mais que toute leur signification leur vient de la décision arbitraire des hommes, l'*ambiguïté* et l'incertitude *de leur significa-tion*, *imperfection* dont il s'agit ici, trouve sa cause plutôt dans les idées dont ces mots tiennent lieu que dans l'inca-pacité d'un son plus qu'un autre à signifier une idée (car de ce point de vue, les sons sont tous également parfaits).

Ce qui produit donc l'ambiguïté et l'incertitude de la signification de certains mots plus que d'autres, c'est la différence d'idée dont ils tiennent lieu.

§ 5

Causes de leur imperfection

Puisque les mots n'ont pas de signification naturelle, l'idée dont tient lieu chaque mot doit être apprise et retenue par ceux qui veulent échanger des pensées et tenir avec les

---

1. *Cf.* 3.11.3 ; voir aussi 3.6.30.

autres des propos intelligibles en n'importe quelle langue. Mais ceci est fort difficile dans les cas suivants :

1) Là où les idées dont les mots tiennent lieu sont très complexes et constituées d'un grand nombre d'idées assemblées ;

2) Là où les idées dont ils tiennent lieu n'ont aucun liaison naturelle, et donc aucun modèle établi où que ce soit dans la Nature, permettant de les corriger et de les ajuster ;

3) Là où la signification du mot est référée à un modèle et où le modèle est difficile à connaître ;

4) Là où le signification du mot et l'essence réelle de la chose ne sont pas les mêmes.

Telles sont les difficultés concernant la signification de divers mots qui sont intelligibles ; il est inutile de parler de ceux qui sont totalement inintelligibles, comme les noms qui tiennent lieu d'idées simples auxquelles l'autre ne peut accéder faute d'organes ou de facultés, par exemple les noms de couleurs pour un aveugle ou de sons pour un sourd.

Dans ces quatre cas, on trouvera une imperfection des mots. Je vais développer un peu mon explication en fonction des diverses sortes d'idées ; car si on les examine, on verra que *les noms de modes mixtes risquent plus d'être ambigus et imparfaits pour les deux premières raisons et les noms de substances surtout pour les deux dernières.*

§ 6

Les noms de modes mixtes sont ambigus

1) Les noms de *modes mixtes* risquent très souvent d'être incertains et obscurs dans leur signification :

478 |a) *parce que les idées signifiées sont complexes*

a) *À cause du grand nombre d'éléments* qui souvent composent ces idées complexes. Pour faire servir les mots aux fins de la communication, il est nécessaire (on l'a dit) qu'ils produisent chez l'auditeur exactement la même idée que celle dont ils tiennent lieu dans l'esprit du locuteur ; faute de quoi, les gens se remplissent l'un l'autre la tête de bruits et de sons mais ne transfèrent pas leurs pensées et n'exposent pas à l'autre leurs idées (alors que c'est le but du discours et du langage). Mais quand un mot tient lieu d'une idée très complexe, qui a été composée et décomposée[1], il est difficile pour les gens de former et de retenir l'idée de façon si exacte que le nom soit normalement utilisé avec précision pour la même idée, sans la moindre variation. C'est à cause de cela que le nom des idées très composées, comme le sont la plupart des mots de la morale[2], ont rarement la même signification précise pour deux personnes différentes, puisque l'idée complexe de l'un s'accorde rarement avec celle de l'autre et diffère souvent de celle qu'il a eue lui-même la veille ou qu'il aura le lendemain.

§ 7
b) *parce qu'elles n'ont pas de modèle*

b) *Parce que les noms de modes mixtes manquent* pour la plupart *de modèle* dans la Nature qui permettraient de corriger et d'ajuster leur signification ; ils sont de ce fait très variables et ambigus ; ce sont des assemblages d'idées faits selon le bon vouloir de l'esprit poursuivant ses fins propres (discourir) et adaptés à ses propres notions, grâce auxquelles il cherche non pas à copier quelque chose qui existerait réellement mais à

---

1. *Cf.* 4.4.9.
2. *Ibid.* et 2.22.6 ; 3.5.8 ; 4.3.19.

nommer et à ordonner les choses selon qu'elles s'accordent le cas échéant avec les archétypes ou formes qu'il a fabriqués.

Le premier qui ait utilisé les mots *frimer*, *materner*, *bassiner*[a], assembla comme il l'entendait les idées dont ces mots devaient tenir lieu ; et ce qui se passe avec les nouveaux noms de mode, qui sont actuellement introduits dans la langue, s'est aussi passé pour les noms anciens lorsqu'ils ont été utilisés pour la première fois.

Les noms donc qui tiennent lieu d'un ensemble d'idées que l'esprit constitue à loisir doivent nécessairement avoir une signification ambiguë quand nulle part on ne peut trouver cet assemblage constamment réalisé dans la Nature, ni présenter un patron permettant de l'ajuster. Ce que signifient les mots *meurtre* ou *sacrilège*, etc. ne peut jamais être connu à partir des choses mêmes : beaucoup d'éléments de ces idées complexes ne sont pas visibles dans l'action même ; l'intention de l'esprit, la relation aux choses sacrées, qui font partie **479** du | *meurtre* ou du *sacrilège* n'ont pas de liaison nécessaire avec l'action extérieure visible de celui qui les commet ; et appuyer sur la gâchette du fusil utilisé pour le meurtre, qui constitue peut-être le tout de l'action visible, n'a aucune liaison naturelle avec les autres idées qui constituent l'idée complexe nommée *meurtre*. Ces idées ne doivent leur union et leur combinaison qu'à l'entendement qui les unit sous un seul nom ; mais, parce que l'entendement les unit sans règle ni

---

a. Coste traduit les termes de Locke « *Sham*, *Wheedle*, *Banter* », par des termes qui ont un autre sens (« *brusquer*, *débrutaliser*, *dépiquer*, *etc.* ») et ajoute la note justificative : « Ce sont des termes nouveaux dans la Langue ; & par cela même qu'ils ne sont pas fort en usage, ils n'en sont peut-être que plus propres à faire sentir le raisonnement que Mr. *Locke* fait en cet endroit ».

patron, la signification du nom qui tient lieu de cette ensemble volontaire ne peut que varier selon la différence d'esprit, chez des gens qui n'ont guère de règle établie pour eux-mêmes et pour leurs notions dans la formation de ces idées arbitraires.

§ 8

La justesse du mot n'est pas un remède suffisant

On peut estimer, il est vrai, que l'*usage commun*, qui est la règle du sens juste du mot, puisse apporter ici une aide pour établir la signification du langage ; et l'on ne peut nier, que dans une certaine mesure, il le fasse : l'usage commun *règle* assez bien *le sens des mots* pour les échanges ordinaires. Mais personne n'a d'autorité pour établir la signification précise des mots ni déterminer à quelle idée il faut les attacher[1] ; aussi l'usage commun ne suffit-il pas pour les ajuster pour les échanges scientifiques : il n'y a guère de nom ou d'idée très complexe (pour ne pas parler des autres) qui n'ait pour l'usage commun une signification très large et qui, dès que l'on s'en tient aux limites du sens propre, ne puisse être utilisé comme signe d'idées très différentes. En outre, les règles et les mesures de la propriétés des termes ne sont elles-mêmes nulle part établies, et c'est souvent un sujet de controverse que de savoir si telle ou telle façon d'utiliser un mot est une façon correcte de parler ou non.

De tout cela découle cette évidence : les noms de ce genre d'idées très complexes sont naturellement sujets à l'imperfection d'avoir une signification ambiguë et incertaine. Même chez les gens qui cherchent à s'entendre entre eux, ces noms ne

1. *Cf.* 3.2.8 ; 3.6.51.

tiennent pas toujours lieu de la même idée pour le locuteur et l'auditeur : bien que les noms *gloire* et *gratitude* soient chacun les mêmes dans la bouche de tous les gens du même pays, l'idée collective complexe de chacun, ou ce qu'il vise par ce nom, est manifestement très différente parmi des gens parlant la même langue.

§ 9

La façon d'apprendre les noms participe aussi à leur ambiguïté

La façon courante d'apprendre les noms de modes mixtes participe également de façon non négligeable *à l'ambiguïté de leur signification.*

480 Observons en effet comment les enfants apprennent les langues : | pour leur faire comprendre ce dont tient lieu tel nom d'idée simple, les gens montrent habituellement la chose dont ils voudraient leur faire acquérir l'idée, puis ils leur répètent le nom qui en tient lieu, comme *blanc, doux, lait, sucre, chat, chien.* Mais pour les modes mixtes, spécialement les plus importants d'entre eux, les termes de morale, les sons s'apprennent en général d'abord, puis pour connaître l'idée complexe dont le mot tient lieu, les enfants dépendent de l'explication d'autrui, ou (c'est le cas pour la plupart) on les laisse à leur observation et à leur application ; mais comme on n'en dépense pas beaucoup pour la recherche du sens vrai et précis des noms, dans la bouche de la plupart des gens les termes moraux ne sont guère plus que de simples sons ; ou, quand ils ont une signification, elle n'est pour la plupart que [b]vague et indéterminée, et par conséquent[b] obscure et confuse.

b. Ajout depuis la quatrième édition.

Même ceux qui ont avec le plus d'attention défini leurs notions n'évitent guère l'inconvénient de leur faire tenir lieu d'idées complexes différentes de celles que d'autres, même intelligents et appliqués, leur font signifier.

Où trouver une controverse ou un conversation concernant l'*honneur*, la *foi*, la *grâce*, la *religion*, l'*Église*, etc., où il ne soit pas facile de noter la différence de conceptions entre les gens ; cette différence se réduit à une désaccord sur la signification de ces mots et au fait qu'ils n'ont pas[c] dans l'esprit[c] les mêmes idées complexes signifiées par ces mots. Ainsi, tous les controverses qui s'ensuivent ne portent que sur le sens d'un son.

C'est ce qui explique que l'interprétation des lois, divines ou humaines soit sans fin : les commentaires engendrent les commentaires et les explications donnent matière à de nouvelles explications ; limiter, distinguer, varier la signification des termes moraux sont sans fin. Les hommes conservent le même pouvoir, et les idées qu'ils ont faites, il les multiplient à l'infini. Plus d'une personne qui, à première lecture, était fort satisfaite du sens d'un texte de l'Écriture ou d'une clause du code, a consulté les commentateurs et n'a plus rien compris : par ces éclaircissements, les doutes se sont levés, ont crû et le passage a été obscurci.

Je ne dis pas cela parce que je pense les commentaires inutiles, mais pour montrer l'incertitude naturelle des modes mixtes, même dans la bouche de ceux qui ont à la fois l'intention et le faculté de parler aussi clairement que le permet le langage.

---

c. Ajout depuis la quatrième édition.

| § 10

D'où l'obscurité inévitable des anciens auteurs

Quelle obscurité en découle nécessairement sur les écrits de ceux qui ont vécu dans les temps éloignés et dans d'autres pays, ce n'est pas la peine de le faire remarquer : l'attention, le soin, la sagesse, et le raisonnement sont requis pour découvrir le sens véritable des *anciens auteurs*, comme le prouvent suffisamment les nombreux volumes de savants qui ont employé leurs pensées de cette façon.

Il n'y a pas d'écrits dont le sens mérite plus qu'on s'en soucie que ceux qui contiennent soit des vérités à croire, soit des lois à observer sous peine de sanction en cas d'erreur ou de transgression ; mais nous pouvons nous préoccuper moins du sens des autres auteurs, qui n'écrivent que leurs propres opinions et que nous n'avons pas besoin de connaître plus nécessairement qu'eux n'ont à connaître nos opinions ; notre bien et notre mal ne dépendent pas de leurs décrets, nous pouvons donc en toute sécurité ignorer leurs conceptions ; et s'ils n'utilisent pas leurs mots avec clarté et netteté, nous pouvons les ignorer en les lisant et, sans dommage pour eux, nous dire à nous-mêmes :

Si tu ne veux pas être compris, tu dois rester ignoré[1].

§ 11

Si les noms de modes mixtes ont une signification incertaine parce qu'ils n'ont aucun modèle dans la Nature

---

1. En latin sous la plume de Locke : « *Si non vis intelligi, debes negligi* ». Citation de source inconnue mais reprise ensuite en plusieurs lieux, par exemple Matthew Henry, *Commentary on the Whole Bible* (1721), Isaïe, 29.9-16 ; Luc 2.49 ; Actes 26.24, etc.

auquel référer ces idées et à partir desquelles les ajuster, *les noms de substances ont une signification ambiguë* pour une raison inverse : *parce que* les idées dont ils tiennent lieu sont supposées conformes à la réalité des choses et *sont référées à des modèles* faits par la Nature. Pour les idées de substances, on n'a pas, comme pour les modes mixtes, la liberté de construire comme on veut des combinaisons qui soient les marques caractéristiques pour ordonner et nommer les choses. Ici, il faut suivre la Nature, adapter ses idées complexes à l'existence réelle et régler la signification des noms à partir des choses mêmes si l'on veut que les noms en soient les signes et en tiennent lieu. En vérité, ici, on a des modèles à suivre, mais des modèles qui rendront très incertaine la signification de leur nom ; car les noms doivent être de sens très variables et instables si les idées | dont ils tiennent lieu **482** sont référées à des modèles extérieurs *qu'on ne peut absolument pas connaître, ou qu'on ne peut connaître que de manière imparfaite et incertaine*.

§ 12

Les noms de substance sont référés :
1) à une essence réelle qui ne peut être connue

Dans l'usage ordinaire, *les noms de substance, ont* une double *référence*, on l'a déjà montré[1] :

1) parfois, on en fait le substitut de la *constitution réelle des choses* dont découlent toutes les propriétés, qui ont là leur centre, et du même coup on suppose que leur signification s'accorde avec cette constitution. Mais cette constitution réelle, ou cette essence réelle (comme on a tendance à la

---

1. 2.31.6 ; 3.3.17.

nommer), nous est absolument inconnue et un son utilisé pour en tenir lieu a nécessairement une application très incertaine. Il sera donc impossible de connaître quelles choses sont appelées *cheval* ou *antimoine* ou doivent l'être, quand ces mots sont pris pour l'essence réelle dont on n'a absolument aucune idée. Et donc, quand on suppose qu'un nom de substance est référé à un modèle qui ne peut être connu, sa signification ne peut jamais être ajustée et établie selon ce modèle.

§ 13

2) À des qualités coexistantes qui ne sont qu'imparfaitement connues

2) Les idées *simples* que l'on voit *coexister dans les substances* sont ce que les noms de substances signifient immédiatement ; donc ces idées, en tant qu'unies dans les diverses classes de choses, *sont* les *modèles* corrects auxquels référer les noms et en fonction desquels la signification peut le mieux être rectifiée.

Mais aucun de ces deux *archétypes* ne remplira assez bien cette fonction pour que les noms perdent leur signification variable et incertaine. Les idées simples qui coexistent et sont unies dans le même sujet sont très nombreuses et ont un droit égal à être incluses dans l'idée complexe d'espèce, accompagnée du nom d'espèce qui en tient lieu ; et de ce fait, les gens, tout en se proposant de considérer exactement le même sujet, construisent pourtant des idées très différentes à son propos ; le nom qu'ils utilisent pour lui acquiert ainsi inévitablement des significations très différentes pour des personnes différentes.

Les qualités simples qui constituent l'idée complexe sont pour la plupart des pouvoirs en relation avec des modifications qu'elles sont capables de produire dans les autres corps ou d'en subir[1]; elles sont donc en nombre presque infini. Il suffit de noter quelle variété de modifications peut recevoir des différentes façons de le soumettre au feu l'un des métaux les plus élémentaires, et quelle variété plus grande encore de modifications il subira entre les mains d'un chimiste qui lui appliquera d'autres corps, pour ne pas trouver étrange cette affirmation : les | propriétés d'une classe de corps sont diffi- **483** ciles à rassembler et à connaître complètement avec les moyens de recherche dont disposent nos facultés. Elles sont au moins si nombreuses que personne ne peut en connaître le nombre précis et défini; aussi chacun les découvre différemment, en fonction de son habileté, de son attention et de sa façon de les traiter, et il ne peut éviter d'avoir des idées différentes de la même substance et de rendre ainsi la signification de son nom commun très variable et incertaine.

Les idées complexes de substances sont constituées des idées simples qui sont supposées coexister dans la Nature, et donc chacun a le droit d'inclure dans son idée complexe les qualités qu'il a trouvée réunies. Ainsi, pour la substance *or*, l'un se satisfera de la couleur et du poids alors qu'un autre pense que la solubilité dans l'*eau régale* doit nécessairement être jointe dans son idée de l'or à celle de couleur, de même que d'autres le pensent pour la fusibilité, car la solubilité dans l'eau régale est une qualité constamment jointe à cette couleur et à ce poids comme la fusibilité ou telle autre; d'autres encore incluent la ductilité ou la fixité, etc. comme le leur ont appris la tradition ou l'expérience. De tous ceux-là, qui a établi la signification correcte du mot *or*? Ou qui sera juge pour en décider? Chacun a son critère dans la Nature, auquel il en

1. *Cf.* 2.23.10.

appelle et chacun pense à juste titre qu'il a le même droit
d'inclure dans son idée complexe signifiée par le mot *or* les
qualités qu'à l'essai il a trouvées unies, comme un autre qui a
aussi bien observé doit l'exclure, ou qu'un troisième qui a fait
d'autres essais doit en inclure d'autres. Car l'union dans la
Nature de ces qualités étant le fondement véritable de leur
union dans une idée complexe, qui peut dire que l'une d'entre
elles a plus de raison qu'une autre d'être incluse ou exclue[1] ?

Il s'ensuivra inévitablement que les idées complexes de
substances, dans l'emploi des noms par les gens pour les
exprimer, seront toujours très variables ; et donc que la signification de ces noms sera très incertaine[2].

§ 14

En outre, il n'y a guère de choses singulières existantes
qui ne partagent des idées simples avec d'autres êtres singuliers, en grand nombre avec celui-ci, en plus petit nombre avec
d'autres. Qui déterminera en ce cas la liste précise qui doit être
signifiée par le nom d'espèce ? Qui peut avec une autorité
reconnue prescrire quelles sont les qualités évidentes et
communes à exclure, ou quelles qualités plus secrètes ou plus
particulières sont à inclure dans la signification du nom d'une
substance ?

484 |Toutes ces imperfections réunies manquent rarement (ou
jamais) de *produire cette signification* variable et ambiguë
des noms de substances, qui engendre tant d'incertitudes, de

---

1. *Cf.* 2.31.6-11 (texte parallèle à celui-ci, mais appliqué à l'adéquation
des idées) ; 3.2.3 ; 3.9.17 ; 4.3.14 ; 4.12.9.
2. Cf. *infra*, § 17.

disputes ou d'erreurs quand on en vient à l'usage scientifique de ces termes.

§ 15

Avec cette imperfection, ils peuvent être utilisés socialement,
mais pas scientifiquement

Il est vrai que, *dans la conversation sociale ordinaire*, les *noms* généraux *de substances*, déterminés dans leur signification ordinaire par quelques qualités évidentes (la structure et l'apparence pour les choses que l'on sait se perpétuer par semence, la couleur jointe à d'autres qualités sensibles pour la plupart des autres choses) désignent *suffisamment bien* ce dont on veut parler : par cette méthode, on conçoit suffisamment bien d'habitude les substances signifiées par les mots *or* ou *pomme*, et on les distingue l'une de l'autre [1].

Mais dans les recherches et les débats scientifiques où l'on veut établir une vérité générale et tirer les conséquences des prémisses posées, on découvrira non seulement que la signification précise des noms de substances *n'est pas bien établie* mais aussi qu'il est aussi très difficile qu'elle le soit. Par exemple, celui qui fera de la malléabilité ou d'une certain degré de fixité une partie de son idée complexe d'*or*, pourra faire des propositions sur l'or et en tirer des conséquences qui découleront en vérité et avec certitude de *or* pris avec cette signification ; mais quelqu'un d'autre qui ne fait pas de la malléabilité ou du même degré de fixité une partie de l'idée complexe dont tient lieu le nom *or* en son acception ordinaire, pourra ne jamais être contraint d'admettre leur vérité, ni en être persuadé.

1. *Cf.* 3.11.19-21.

§ 16

Exemple : la liqueur

Cette imperfection est naturelle et quasiment inévitable avec presque tous les noms de substance de quelque langue que ce soit ; les gens le constateront facilement quand ils abandonneront les notions vagues et confuses et en viendront aux recherches plus strictes et précises. Ils seront alors convaincus de l'ambiguïté et de l'obscurité de la signification de noms qui paraissaient très clairs et déterminés dans leur utilisation ordinaire.

Il m'est arrivé de participer une réunion de médecins savants et habiles et il se trouva que surgit la question de savoir si une liqueur passait à travers les filaments des nerfs. Un bon moment, le débat a été alimenté par des arguments divers de chaque côté ; mais, comme j'avais appris à me **485** demander si la | plus grande part des disputes ne portait pas sur la signification des mots plus que sur une réelle différence de conception des choses, j'ai demandé qu'avant de poursuivre la dispute, on examinât d'abord ce que signifiait le mot *liqueur* et qu'une décision fût prise entre eux. Ils furent d'abord surpris de la proposition et, s'il avaient été moins polis, ils l'auraient peut-être déclarée frivole ou extravagante : chacun des présents estimait comprendre parfaitement ce dont tenait lieu le terme de *liqueur* et, à mon avis également, il ne s'agit pas de l'un des noms de substances les plus problématiques. Ils acceptèrent cependant de suivre ma suggestion et après examen, trouvèrent que la signification de ce mot n'était pas aussi établie et certaine qu'ils ne l'avaient tous imaginé, et que chacun d'entre eux en faisait le signe d'une idée complexe différente ; cela leur fit percevoir que le cœur de leur dispute était la signification du terme et qu'ils différaient très peu en fait dans leurs opinions concernant une matière fluide et subtile passant à travers les canaux des nerfs, bien qu'il ne soit pas facile de se mettre d'accord pour savoir s'il fallait ou non la nommer *liqueur*, question que chacun pensa, après l'avoir considérée, mériter peu de discussion.

§ 17

Exemple : l'or

Que tel soit le cas pour la plus grande part des disputes dans lesquelles les gens se sont engagés avec vigueur, j'aurai peut-être l'occasion ailleurs[1] de le remarquer. Considérons seulement ici un peu plus exactement l'exemple déjà cité du mot *or* et nous verrons combien il est difficile de déterminer de façon précise sa signification.

[d-]Je pense que tout le monde accepte de l'utiliser pour[-d] un corps d'une certaine couleur jaune brillant – comme c'est l'idée à laquelle les enfants ont attaché ce nom, la partie jaune de la queue du paon est pour eux de l'or au sens propre. D'autres, qui ont trouvé que la fusibilité était jointe à cette couleur jaune dans [e-]certains morceaux de matière, ont fait de cet ensemble une idée complexe à laquelle ils donnent le nom *or* pour dénoter une classe de substances ; et pour exclure de cette classe tous les corps jaune brillant qui sont réduits en

---

d. Texte qui remplace depuis la deuxième édition : « Presque tout le monde s'accorde sur le fait qu'il doit signifier… ».

e. Texte qui remplace depuis la quatrième édition : « …l'or pensent que l'autre idée qui ne contenait que l'idée de corps avec cette couleur ne représente pas vraiment l'or, mais est une idée imparfaite de cette sorte de substances. Et donc le mot *or*, comme référé à cette sorte de substances, signifie normalement un corps de cette couleur jaune qui sera fondu et non réduit… ».

1. 3.11.6-7.

486 cendres par le feu, et admettre comme de cette | espèce, ou comme englobés sous le nom *or*, les seules substances qui ont cette couleur jaune brillant et sont fondus, et non pas réduits⁻ᵉ en cendres, par le feu. Un autre, pour la même raison, ajoute le poids, qualité jointe aussi étroitement à la couleur que la fusibilité et qu'il pense pouvoir être jointe pour la même raison dans l'idée et signifiée par ce nom ; il rend ainsi imparfaite l'autre idée, qui est faite de tel corps avec telle couleur et telle fusibilité, et ainsi de suite [1].

En cela, personne ne peut donner de raison pour laquelle quelques qualités inséparables [2] qui sont toujours unies dans la Nature doivent être incluses dans l'essence nominale et d'autres exclues ; ou pourquoi le mot *or* qui signifie la sorte de corps dont est fait l'anneau qu'il a au doigt déterminerait la classe plutôt par sa couleur, son poids et sa fusibilité que par sa couleur, son poids et sa solubilité dans l'*Eau régale*, puisque la dissolution par cette liqueur en est aussi inséparable que la fusion par le feu : les deux ne sont que la relation de cette substance avec deux autres corps qui ont le pouvoir d'agir différemment sur lui.

De quel droit en effet la fusibilité devient-elle une partie de l'essence signifiée par le mot *or*, et la solubilité seulement une propriété ? Ou pourquoi la couleur est-elle une partie de l'essence et la malléabilité, une propriété seulement ? Ce que je veux dire, c'est que tout cela n'est que propriétés, dépendant de sa constitution réelle, et rien d'autre que des pouvoirs, actifs ou passifs, par rapport à d'autres corps, et donc personne n'a autorité pour déterminer la signification du mot *or* (en tant

1. *Cf.* 3.2.3, etc.

2. Question des attributs ou qualités inséparables débattue largement à partir du XIIIᵉ siècle dans la Scolastique.

que référé à un tel corps dans la Nature) comme celle de tel ensemble d'idées qu'on peut trouver dans le corps que de telle autre[1]. De ce fait, la signification de ce nom doit inévitablement être très incertaine puisque, comme je l'ai dit, beaucoup de gens remarquent certaines propriétés dans la même substance et, je pense, personne ne les perçoit toutes. Et donc nous n'avons qu'une description très imparfaite des choses et les mots ont une signification très incertaine.

§ 18
Les noms d'idées simples sont les moins ambigus

À partir de ce qui a été dit, il est facile d'observer [f-ce qui déjà été remarqué-f]2 : *les noms d'idées simples* sont, de tous les autres, les *moins sujets à erreur* [f-et cela pour les raisons suivantes-f] :

|1) parce que les idées dont ils tiennent lieu sont [f-chacune **487** une perception unique et, de ce fait, elles sont-f] plus facilement acquises et plus clairement retenues que les idées plus complexes ; elles ne sont donc pas sujettes à l'incertitude [g-qui grève habituellement les idées complexes de *substances et de modes mixtes*, où on ne se met pas facilement d'accord et on ne retient pas aisément le nombre précis d'idées simples qui les constitue-g].

2) parce qu'elles ne sont jamais référées à une autre essence que la simple perception qu'elles signifient immédiatement ;

f. Ajout depuis la deuxième édition.

g. Texte qui remplace depuis la deuxième édition : « …ou aux inconvénients des modes mixtes très composés ».

1. Cf. *supra*, § 13.
2. *Cf.* 3.4.15.

et c'est cette référence qui rend naturellement les noms de substance si problématiques et provoque tellement de disputes.

Ceux qui n'utilisent pas les mots de façon sophistique ou
qui n'ergotent pas délibérément, se trompent rarement sur
l'emploi et la signification des noms d'idées simples dans les
langues qu'ils pratiquent ; *blanc* et *sucré*, *jaune* et *amer* sont
des noms d'idées simples qui ont une signification et un
emploi tout à fait clairs, que chacun comprend avec précision
ou dont il perçoit facilement qu'il est ignorant et il cherche
alors à s'informer. Mais quelle collection précise d'idées
simples *modestie* et *frugalité* tiennent lieu dans la pratique de
quelqu'un d'autre, ce n'est pas connu avec autant de certitude.
Et même si l'on a tendance à penser que l'on connaît bien
assez ce qui est signifié par *or* ou *fer*, l'idée complexe précise
signifiée pour chacun par ces mots, n'est pas aussi certaine :
il arrive très rarement, je pense, que pour le locuteur et pour
l'auditeur ils tiennent lieu exactement du même ensemble.
Cela engendre nécessairement des erreurs et des disputes
quand on les utilise dans des propos où les gens ont à faire
avec des propositions universelles, veulent établir dans leur
esprit des vérités universelles et considérer les conséquences
qui en découlent [1].

§ 19

Juste après eux, il y a les modes simples

Selon le même principe, les *noms de modes simples sont
après ceux d'idées simples les moins sujets à l'ambiguïté ou à
l'incertitude*, spécialement ceux de figure et de nombre, dont

1. *Cf.* 4.6.

les gens ont une idée si claire et distincte[h] . Qui s'est jamais trompé sur le sens ordinaire de *sept* ou d'un *triangle*, pour peu qu'il soit disposé à comprendre ? [i] Et en général, les idées les moins composées en chaque sorte ont le nom le moins ambigu.[i]

|§ 20   **488**

Les plus ambigus sont les noms des modes mixtes et des substances très composés

Les modes mixtes donc, qui sont constitués seulement d'un petit nombre d'idée simples manifestes, ont habituellement un nom dont la signification n'est pas très incertaine. Mais les noms de *modes mixtes* qui comprennent un grand nombre d'idées simples ont ordinairement un sens très ambigu et très indéterminé, on l'a dit[1]. Les noms de substances, attachés à des idées qui ne sont ni l'essence réelle, ni la représentation exacte du modèle auquel on les réfère, sont sujets à une imperfection et une incertitude encore plus grandes, spécialement quand on accède à un usage scientifique.

§ 21

Pourquoi on attribue cette imperfection aux mots

La grande confusion qui règne dans les noms de substances procède pour la plupart du manque de connais-

---

h. La première édition ajoutait ici le texte suivant, supprimé à partir de la deuxième édition : « …et parmi elles celles qui sont les moins composées et les moins éloignées des idées simples ».

i. Phrase ajoutée depuis la deuxième édition.

1. *Cf.* 2.29.9 ; 3.5.

sance et de l'incapacité à pénétrer dans leur constitution réelle ; aussi peut-on se demander *pourquoi j'attribue cette imperfection aux mots* plutôt qu'à l'entendement. Cette objection me paraît si justifiée que je me crois obligé de donner la raison de la méthode que j'ai suivie.

Je dois avouer qu'au moment où j'ai commencé la rédaction de cet exposé sur l'entendement et assez longtemps après, je n'ai pas estimé du tout nécessaire de considérer les mots [1]. Mais après avoir étudié l'origine et la composition des idées, j'ai commencé à examiner l'étendue et la certitude de la connaissance et j'ai trouvé qu'elle avait un lien si étroit avec les mots que si leur force et leur mode de signification n'était pas d'abord bien observé, on ne pouvait dire que très peu de choses claires et pertinentes sur la connaissance, qui porte sur la vérité et donc a constamment à faire avec les propositions [2] ; bien que la connaissance ait son terme dans les choses, c'est la plupart du temps par l'intermédiaire des mots, au point que ceux-ci ne semblent guère séparables de la connaissance générale. Ils servent, pour le moins, de médiateur entre l'entendement et la vérité que l'entendement désire contempler et appréhender, au point qu'il n'est pas rare que leur obscurité et leur confusion diffusent un brouillard devant les yeux et trompent l'entendement, comme le *medium* à travers lequel passent les objets visibles. Si l'on considère la part des mots, de leur signification incertaine ou erronée, dans les illusions que créent les gens pour eux ou pour les autres et les erreurs **489** dans les controverses et les conceptions des gens, | on aura raison de penser que ce n'est pas un mince obstacle sur la voie

1. *Cf.* 3.5.16.
2. *Cf.* 2.33.19 ; 3.1.6 ; 3.6.43 ; 4.6.1.

de la connaissance ; j'en conclus qu'il faut en prévenir soigneusement les gens, d'autant plus qu'ils l'ont tellement peu remarqué comme un inconvénient que l'art de l'amplifier est devenu l'objectif des études humaines ; il a obtenu la réputation de savoir et de subtilité, comme on le verra dans le chapitre suivant. Mais j'ai tendance à croire que si l'on évaluait entièrement les imperfections du langage en tant qu'instrument de connaissance, une grande part des controverses qui font tant de bruit dans le monde cesseraient d'elles-mêmes, et la voie de la connaissance, et peut-être de la paix aussi, serait plus ouverte qu'elle ne l'est.

§ 22

Cela nous apprendrait à modérer notre tendance à imposer
notre interprétation des auteurs anciens

Une chose dont je suis assuré : la signification des mots en toute langue, dépend fort des pensées, notions et idées de celui qui les utilise ; elle doit donc être inévitablement très incertaine pour des gens de la même langue et du même pays. C'est évident chez les auteurs grecs : celui qui parcourra leurs écrits trouvera presque en chacun une langue différente, bien qu'ils utilisent les mêmes mots. Mais quand à cette difficulté naturelle à chaque pays, s'ajoute la différence de pays, l'éloignement du temps, qui produisent entre locuteurs et auditeurs une différence de notions, de caractères, de rhétorique, de figures de style, etc., qui, chacun, ont influencé la signification des mots à cette époque mais qui sont maintenant complètement oubliés et ignorés, *il conviendrait d'être plus charitable les uns envers les autres dans l'interprétation ou l'incompréhension des écrits anciens* : ils sont de grand intérêt pour nous mais sont néanmoins sujets à d'inévitables difficultés de langue ; celle-ci n'est pas capable, sans définition constante des termes (exceptés les noms d'idées simples et de certaines choses très manifestes), de transmettre sens et intentions jusqu'à l'auditeur. Et dans la mesure où les exposés de religion, de droit, de morale sont des matières du plus grand intérêt, ils sont aussi de la plus grande difficulté.

§ 23

Les volumes d'interprétations et de commentaires de l'Ancien et du Nouveau Testament en sont des preuves trop manifestes. Bien que chaque chose dite dans le texte soit **490** infailliblement vraie[1], le lecteur peut | être, voire ne peut s'empêcher d'être, très faillible dans sa compréhension. Et il ne faut pas s'étonner que la volonté de DIEU, vêtue de mots, soit sujette à l'ambiguïté et à l'incertitude qui affectent cette sorte de transmission quand, même son Fils, quand il était vêtu de chair, était sujet à toutes les faiblesses et à toutes les incohérences de la nature humaine, le péché excepté[2].

Il faudrait magnifier Sa bonté : Il a exposé en caractères si lisibles à travers le monde son travail et sa Providence et donné à toute l'humanité la lumière de la raison, suffisante pour que ceux à qui la Parole écrite n'est jamais parvenue ne puissent (quand ils se mettent à sa recherche) douter de l'existence de Dieu ou de l'obéissance qui Lui est due[3]. Puisque les préceptes de la religion naturelle sont clairs et très compréhensibles de toute l'humanité, et qu'ils sont rarement objets de controverses, que les autres vérités révélées qui sont transmises par les livres et les langues sont par contre sujettes aux

---

1. *Cf.* 4.19.14 ; etc.
2. Cf. *1 ʳᵉ Épître de Jean*, 3.4-5 ; *Épître aux Hébreux*, 4.15 ; etc.
3. Cf. *Épître aux Romains*, 1.19-21.

obscurités et aux difficultés naturelles communes affectant les mots, il me semble qu'il conviendrait que nous soyons plus soigneux et empressés dans l'observance de la religion naturelle et moins magistral, affirmatif et dominateur en imposant notre sens et notre interprétation de la religion révélée[1].

1. *Cf.* 4.19.4 et *Le Christianisme raisonnable* (début).

CHAPITRE 10

L'ABUS DES MOTS

§ 1

L'abus des mots

Outre l'imperfection naturelle au langage, ainsi que l'obscurité et la confusion si difficile à éviter dans l'emploi des mots, il y a dans cette façon de communiquer plusieurs *fautes et négligences volontaires* dont les hommes sont responsables et qui rendent la signification de ces signes moins claire et moins distincte qu'ils ne le sont naturellement[1].

§ 2

1)*Des mots sans aucune idée ou sans idée claire*

1) Dans ce genre, le premier abus, et le plus tangible, consiste à utiliser des mots sans idée claire et distincte ou, ce

---

1. Voir aussi *De la conduite de l'entendement*, § 29.

qui est pire, des signes sans que rien ne soit signifié. Il en existe de deux sortes :

a) On peut remarquer en toute langue certains mots qui se découvriront à l'examen ne tenir lieu d'aucune idée claire et distincte, aussi bien à l'origine que dans leur emploi normal.

491 Ce sont | essentiellement les mots qu'ont introduits les différentes *sectes* philosophiques et religieuses : leurs auteurs, leurs promoteurs se piquent de pensées singulières dépassant la compréhension ordinaire ; et, pour conforter ces opinions étranges ou masquer la faiblesse de leur hypothèse, ils ne manquent guère de *forger* de nouveaux mots, qui après examen peuvent à bon droit être appelés *termes insignifiants* : quand on les a inventés, on ne leur a pas attaché un ensemble déterminé[a] d'idées, ou du moins si on les examine bien on verra qu'elles sont incohérentes ; aussi ne faut-il pas s'étonner si, par la suite dans l'usage des fidèles du même parti, ils demeurent de vains sons sans signification (ou si peu) chez ceux qui estiment suffisant de les avoir souvent à la bouche comme caractères distinctifs de leur église ou de leur école, sans s'occuper l'esprit à examiner de quelles idées précises ils tiennent lieu.

Il n'est pas nécessaire d'entasser les exemples : les lectures ou les conversations de chacun lui en fourniront suffisamment ; ou s'il veut en emmagasiner plus, les grands maîtres-monnayeurs de ce genre de termes (je veux dire les scolastiques et les métaphysiciens et on peut y inclure les scientifiques et les philosophes moraux des derniers temps qui participent à des disputes), il trouvera abondamment de quoi se contenter.

a. Mot qui remplace depuis la deuxième édition « déterminable ».

§ 3

b) Il y en a d'autres qui poussent encore plus loin cet abus : ils ne prennent pas soin d'écarter les mots qui dans leur signification première ne sont guère associés à des idées claires et distinctes, au point qu'ils ont la négligence impardonnable d'*utiliser* couramment, *sans aucune signification distincte*, *des mots* que l'emploi normal attache à des idées très importantes. *Sagesse*, *gloire*, *grâce*, etc., sont des mots assez fréquents dans la bouche de chacun ; mais si l'on demandait à ceux qui les utilisent ce qu'ils entendent par ces mots, beaucoup resteraient muets, ne sachant que répondre. C'est une preuve manifeste que bien qu'ils aient appris des sons, qu'ils les aient au bout de la langue, ils n'ont pas à l'esprit d'idée déterminée[b] à exprimer aux autres par ces termes.

§ 4

L'occasion : l'apprentissage des noms avant celui des idées
auxquelles ils appartiennent

Les gens ont été *habitués* depuis leur berceau *à apprendre des mots* faciles à acquérir et à retenir, *avant de connaître* ou de construire *les idées complexes* auxquelles ils sont attachés ou qui | doivent se trouver dans les choses dont *ils* sont censés **492** *tenir lieu ; habituellement, ils continuent* pendant toute leur vie et sans prendre la peine de fixer dans leur esprit des idées déterminées[c], ils utilisent leurs mots pour leurs notions instables et confuses, se contentant des mots qu'utilisent les autres, comme si le son lui-même portait nécessairement avec

---

b. Mot qui remplace depuis la quatrième édition « claire et distincte ».
c. Mot qui remplace depuis la quatrième édition « claire et distincte ».

lui de façon constante le même sens[1]. Certes, il y en a qui changent leur comportement dans les événements courants de la vie quand il leur est nécessaire de se faire comprendre ; ils construisent alors des signes jusqu'à ce qu'ils soient compris. Mais quand ils commencent à raisonner sur leurs dogmes et leurs intérêts, cette absence de signification des mots engendre manifestement dans leur discours une abondance de bruit et de jargon inintelligibles et vides ; c'est spécialement le cas dans les questions morales où les mots tiennent lieu pour la plupart d'ensembles arbitraires de nombreuses idées, qui ne sont pas unies de manière réglée et permanente : on ne pense souvent alors qu'au son vide ou, du moins, qu'aux notions obscures et incertaines qui leur sont attachées.

Les gens prennent les mots utilisés dans leur entourage et, pour ne pas paraître ignorer ce dont ils tiennent lieu, ils les utilisent avec assurance, sans se mettre martel en tête à propos d'un certain sens fixé. Outre le fait que cette attitude est facile, elle leur procure l'avantage d'avoir rarement raison dans leurs propos ; aussi doivent-ils rarement être persuadés qu'ils ont tort : entreprendre de tirer de leur erreur les gens qui n'ont pas de notions fixes est de même ordre que déposséder de son logement un vagabond qui n'a pas de domicile fixe.

C'est ainsi que je conçois les choses, et chacun peut observer en lui-même et chez les autres s'il en est ainsi ou non.

1. Texte parallèle : 3.11.24.

§ 5

2) *Application inconstante des mots*

2) Un autre grand abus des mots est l'*inconstance* dans leur emploi. On ne trouve guère d'exposé (sur n'importe quel sujet, spécialement dans les controverses) où l'on ne remarque, quand on le lit avec attention, les mêmes mots (ordinairement, ceux qui sont les plus importants pour l'exposé et sur lesquels porte l'argumentation) utilisés parfois pour un ensemble d'idées simples et parfois pour un autre, ce qui un abus caractérisé du langage : puisque les mots sont destinés, non par signification naturelle mais par institution volontaire, à être les signes de mes idées pour les faire connaître aux autres, c'est de l'escroquerie et de l'abus manifestes de leur faire tenir lieu tantôt d'une chose, tantôt d'une autre : le faire volontairement ne peut se justifier que | par une **493** grande folie ou une malhonnêteté plus grande encore.

On peut, avec autant d'honnêteté utiliser dans ses comptes un chiffre tantôt pour un ensemble d'unités, tantôt pour un autre (par exemple, le chiffre 3 utilisé parfois pour *trois*, parfois pour *quatre* et parfois pour *huit*) et utiliser dans ses exposés et ses raisonnements, le même mot pour différents ensembles d'idées simples.

Si des gens tenaient ainsi leur comptabilité, je me demande qui voudrait avoir affaire avec eux. Et celui qui s'exprimerait ainsi dans les affaires et les tractations du monde, qui nommerait 8 parfois *sept* et parfois *neuf* selon son intérêt, [d.]attirerait immédiatement sur lui les noms les plus

---

d. Locke écrit : « …would presently have clapp'd upon him one of the two Names Men constantly are disgusted with » et Coste traduit : « … serait regardé comme un fou ou un méchant homme … ».

injurieux qui soient[d]. Pourtant dans les débats et les controverses savantes, le même genre de procédés passe ordinairement pour du bel esprit et du savoir ; pour moi, cette attitude
manifeste une malhonnêteté plus grande que de fausser les
chiffres dans le calcul d'une dette ; et la tromperie me semble
d'autant plus grande que la vérité importe plus et vaut plus
que l'argent.

§ 6

3) Obscurité affectée à la suite de mauvaise application des mots

3) Un autre abus du langage : *l'obscurité affectée* due à
l'application de mots anciens à des significations nouvelles et
inhabituelles, ou l'introduction de termes nouveaux et ambigus sans définition pour aucun, ou encore l'assemblage de
mots qui provoque la confusion des sens ordinaires. Bien que
la philosophie péripatéticienne ait brillé dans cette voie,
d'autres sectes n'en sont pas totalement exemptes : il n'y en a
guère qui n'ait été embarrassée par quelque difficulté (c'est
l'imperfection de la nature humaine) et qui n'ait été amené à
la masquer par l'obscurité des termes et par la confusion
de la signification : comme un brouillard devant les yeux du
peuple, elle devait empêcher la découverte des éléments
faibles[1].

Corps et *étendue* dans l'usage courant, tiennent lieu de
deux idées distinctes, c'est clair pour celui qui se contentera
de réfléchir un peu : [e]si la signification était précisément la
même, il serait aussi correct et aussi compréhensible de dire :

---

e. Coste ne retranscrit pas ce passage.

1. Pour cette section et les suivantes, voir aussi *De la conduite de
l'entendement*, § 31.

« le corps d'une étendue » que « l'étendue d'un corps »^{-c} ; il y en a pourtant qui trouvent nécessaire de confondre les significations.

Cet abus et les méfaits des confusions | dans la signifi-   **494** cation des mots ont acquis leur réputation grâce à la logique et aux sciences libérales, telles qu'elles sont pratiquées dans les Écoles ; et l'art de la dispute, tellement admiré, a fort accru l'imperfection naturelle des langues, puisqu'il a été utilisé et prévu pour embrouiller la signification des mots plutôt que pour découvrir la connaissance et la vérité des choses. Celui qui consultera cette sorte d'écrits savants verra que les mots y ont un sens bien plus obscur, incertain et indéterminé que dans la conversation ordinaire [1].

§ 7

La logique et les disputes ont fort contribué à cet abus

Il en est forcément ainsi là où les capacités et le savoir des gens est évalué selon leur capacité à participer aux *disputes*. Si la réputation et la récompense sont attachées aux conquêtes qui dépendent surtout du raffinement des mots, il ne faut pas s'étonner que le génie humain ainsi orienté embrouille, complique et raffine la signification des sons, pour ne jamais manquer de chose à dire dans l'objection ou la défense d'une question, puisque la victoire est accordée non à celui qui a la vérité de son côté, mais à celui qui conserve le dernier mot dans la dispute [2].

---

1. Parallèle à *Draft B*, § 88 début.
2. Cf. *De la conduite de l'entendement*, § 1.

§ 8

On l'appelle raffinement

Il s'agit d'une habileté tout à fait inutile et qui me paraît totalement opposée aux voies de la connaissance. Elle est pourtant reçue sous les noms louangeurs et valorisant de *raffinement* et de *pénétration* ; elle a reçu l'approbation des Écoles et les encouragements d'une partie du monde savant. Il ne faut pas s'en étonner, puisque les philosophes anciens (je veux parler des philosophes qui disputent et ergotent, que Lucien critique avec raison) et ensuite les Scolastiques cherchent la gloire et l'estime pour leur grande connaissance universelle, qu'il est plus aisé de prétendre avoir que d'acquérir réellement, et ils ont trouvé pratique de masquer leur ignorance d'un tissu étonnant et inexplicable de mots obscurs, et de se procurer l'admiration des autres par des mots inintelligibles, les plus aptes à produire l'étonnement car ils ne peuvent être compris. Pourtant, il apparaît par toute l'histoire que ces profonds docteurs n'étaient pas plus sages ni plus utiles que leurs contemporains et n'ont apporté que de faibles avantages à la vie humaine ou à la société dans laquelle ils vivaient ; à moins que ce ne soit une chose utile à la vie humaine et digne de louange et de récompense que de forger de nouveaux mots sans produire de nouvelles choses qui

495 puissent les recevoir, d'embrouiller ou | d'obscurcir la signification des mots anciens et de mettre ainsi tout en questions et en disputes.

§ 9

Ce savoir profite très peu à la société

Ce n'est pas à ces doctes disputeurs, à ces docteurs omniscients, mais à des hommes politiques qui ne sont pas des scolastiques, que les gouvernements du monde doivent

leur paix, leur protection et leur liberté; et c'est la "méca-
nique" (nom d'infamie) inculte et méprisée qu'ils doivent les
progrès des techniques utiles. Néanmoins, cette ignorance
artificielle, ce *savant charabia* a fortement prévalu ces
derniers siècles [f] à cause de l'intérêt et de l'artifice de ceux qui
n'ont pas trouvé de voie plus facile jusqu'au sommet de
pouvoir et d'autorité qu'ils ont atteint [f] que d'amuser les
responsables et les ignorants par des mots compliqués ou
d'engager les intellectuels oisifs dans des disputes compliquées sur des termes inintelligibles et de les tenir perpétuellement enfermés dans ce labyrinthe sans fin [g]. En outre il n'y a
pas de meilleur moyen pour obtenir la reconnaissance d'une
doctrine étrange et absurde ou pour la défendre que de munir
ses remparts de légions de mots obscurs, ambigus et mal
définis : cela donne à ces positions l'air d'un repaire de
voleurs, d'un terrier de renards plus que d'une forteresse pour
de valeureux combattants; s'il est difficile de les en faire
sortir, ce n'est pas à cause de leur force intrinsèque, mais à
cause des buissons épineux et de l'obscurité des fourrés qui
les entourent. Les contrevérités ne peuvent être acceptées par
l'esprit humain, aussi ne reste-t-il comme défense pour
l'absurdité que l'obscurité.

f. Coste traduit en édulcorant : « …qui par là a été d'un si grand crédit
dans le monde … ».

g. Coste ajoute : « …, labyrinthe où l'admiration des Ignorants et des
Idiots qui prennent pour savoir profond tout ce qu'ils n'entendent pas, les a
retenus, bon gré malgré qu'ils en eussent ».

§ 10

Mais elle détruit les instruments de la connaissance
et de la communication

Cette docte ignorance et cet art de préserver les gens
curieux eux-mêmes de la vraie connaissance se sont propagés
dans le monde et ont fort embrouillé la compréhension, alors
qu'ils prétendaient l'éclairer. Les autres, gens sages et qui
savent se faire comprendre, dont l'éducation et les talents
n'ont pas acquis cette *pénétration*, pourraient s'exprimer
de façon compréhensible les uns aux autres, et profiter du
langage dans sa simplicité. Les gens sans savoir comprenaient
suffisamment bien les mots *blanc* et *noir*, etc. et avaient des
notions stables des idées signifiées par ces mots, cependant
on trouva des philosophes qui avaient assez de savoir et de
raffinement pour prouver que *la neige est noire*[1], c'est-à-dire
que *le blanc est noir*. Ce faisant, ils avaient le mérite de
détruire les instruments du discours, de la conversation, de
l'instruction et de la vie sociale; avec art et *raffinement*
considérables, ils n'ont fait que jeter la confusion sur la
496 |signification des mots, et rendre ainsi le langage moins utile
qu'il ne l'était par ses défauts propres : beau cadeau, que les
illettrés n'avaient pas obtenu[2].

§ 11

Aussi utile que de confondre le son des lettres

Ces doctes ont éclairé l'entendement des gens et leur ont
procuré les facilités de la vie autant que celui qui modifierait

1. Sextus Empiricus, *Hypothyposes*, 1.33.
2. Les deux dernières phrases se trouvent déjà en *Draft A*, § 4 (éd.
Nidditch et Rogers, p. 14).

la signification des lettres courantes et par un machination raffinée de savoirs, bien au-delà des capacités de l'illettré, du grossier et du vulgaire, montrerait par ses écrits qu'il peut mettre un *A* pour un *B* et un *D* pour un *E*, pour la plus grande admiration et le plus grand bénéfice de son lecteur. Car mettre *noir* (mot reconnu comme signifiant une idée sensible) pour une autre idée ou l'idée contraire (par exemple, dire « la neige est noire ») est aussi absurde que de mettre cette lettre *A* (caractère reconnu comme signifiant une modalité du son produite par un certain mouvement des organes phonatoires) pour *B* (reconnu comme signifiant une autre modalité du son, produite par un autre mouvement des organes phonatoires)[1].

§ 12
Cet art a embrouillé la religion et la justice

Ces méfaits ne se sont pas cantonnés aux finasseries de la logique ou aux vaines spéculations bizarres ; ils ont aussi envahi les grandes questions de la vie et de la société humaines ; ils ont obscurci et embrouillé les vérités fondamentales du Droit et de la Théologie ; ils ont apporté confusion, désordre et incertitude dans les affaires de l'humanité ; s'ils n'ont pas détruit, ils ont dans une grande mesure rendu inutiles, les deux grandes normes, Religion et Justice.

À quoi ont servi la plus grande part des commentaires et des disputes sur les lois de D<small>IEU</small> et de l'homme, sinon à rendre plus ambigu et plus embrouillé leur sens ? Quel a été l'effet de ces distinctions bizarres multipliées, de ces finasseries pénétrantes, sinon l'obscurité, l'incertitude, laissant les mots plus incompréhensibles et le lecteur plus dépaysé.

---

1. Section déjà présente en *Draft A*, § 4 (*ibid.*).

Comment se ferait-il autrement que quand les princes parlent ou écrivent à leur serviteurs pour donner des ordres courants, ils soient si bien compris, et quand ils parlent à leur peuple pour donner des lois, ils ne le soient pas ? Et comme je l'ai noté plus haut, n'arrive-t-il pas fréquemment qu'un homme de capacité ordinaire comprenne très bien un texte ou une loi qu'il lit, jusqu'au moment où il consulte un interprète ou participe à un concile : le temps passé dans l'explication aboutit à rendre les mots insignifiants, ou signifiant tout ce qu'on veut.

497

|§ 13

Cela ne doit pas passer pour du savoir

Je ne chercherai pas à savoir si c'est l'intérêt de ces professions qui a provoqué ces abus. Mais voici ce que je propose à la réflexion : pour le genre humain, dont l'intérêt est de connaître les choses comme elles sont, de faire ce qu'il doit et non de passer sa vie à parler de ces choses ou à jouer sur les mots, ne vaudrait-il pas mieux qu'on emploie les mots de façon simple et directe et que le langage qui nous a été donné pour améliorer la connaissance et le lien social, ne soit pas employé pour obscurcir la vérité et ruiner le droit des peuples, pour faire lever le brouillard et rendre inintelligibles à la fois la morale et la religion ; ou au moins, que si cela doit arriver, qu'on ne le fasse pas passer pour du savoir et de la connaissance [1] ?

---

1. Les § 8-13 sont parallèles à *Draft B*, § 38.

§ 14

4) Prendre les mots pour des choses

4) Un autre grand *abus consiste à prendre les mots pour des choses*. Cela concerne à quelque degré tous les mots, mais affecte plus particulièrement les noms de substances. Ceux qui sont les plus sujets à cet abus sont ceux qui tiennent leur pensée confinée dans un seul système et s'abandonnent à croire fermement à la perfection d'une hypothèse traditionnelle ; ils deviennent alors convaincus que les termes de la secte sont si adaptés à la nature des choses qu'ils correspondent parfaitement à ce qui existe réellement.

Qui a été élevé dans la philosophie péripatéticienne et ne pense pas que les dix noms sous lesquels sont rangés les dix prédicaments sont exactement conformes à la nature des choses ? Qui dans cette école n'est pas convaincu que *formes substantielles*, *âmes végétatives*, *horreur du vide*, *espèces intentionnelles* sont des choses réelles ? Les gens ont appris ces mots dès leur entrée dans la connaissance et ils ont vu leurs maîtres et leur système leur accorder une grande importance ; pour cette raison, ils ne peuvent se défaire de l'opinion qu'elles sont conformes à la Nature et représentent quelque chose qui existe réellement. Les *Platoniciens* ont leur *âme du monde et les Epicuriens* leur *tendance au mouvement* dans leurs atomes au repos. Il n'y a guère de secte de philosophie qui n'ait sa propre collection de mots, que les autres ne comprennent pas. Ce galimatias sert très bien à remédier à l'ignorance et à camoufler l'erreur dues à la faiblesse humaine ; à force d'être employé couramment dans la tribu, il devient la part la plus importante | de la langue et le vocabulaire le plus **498** chargé de sens. Si les termes *véhicules aériens* ou *véhicules* *éthérés*[1] devenaient courants du fait du succès de cette doctrine, ces termes impressionneraient tellement l'esprit des gens qu'il les installeraient dans la conviction de la réalité de ces choses, comme ils l'ont été pour les *formes péripatéticiennes* [h]et les *espèces intentionnelles*[-h].

§ 15

Exemple : la matière

La lecture attentive des textes philosophiques découvrira pleinement combien le fait de *prendre les noms pour des choses* est susceptible d'*égarer l'entendement*, y compris peut-être pour des mots peu suspects d'un tel détournement. Je prendrai l'exemple d'un seul, fort courant.

Combien y a-t-il eu de disputes compliquées sur la *matière*[2], comme s'il s'agissait d'une chose existant dans la Nature, distincte du *corps*, sous prétexte qu'il est évident que le mot *matière* tient lieu d'une idée différente de l'idée de *corps*? Si les idées dont tiennent lieu ces deux termes étaient précisément les mêmes, elles pourraient être utilisées partout indifféremment l'une pour l'autre. Mais il est visible que si l'on peut dire : « *Tous les corps* ont *une matière unique* », on ne peut pas dire : « *Toutes les matières* ont *un corps unique* » ; on dit couramment : « Un *corps* est plus grand qu'un autre », mais cela sonne mal de dire (et on ne le dit jamais, je pense) « Une *matière* est plus grande qu'une autre ». D'où cela vient-

h. Ajout depuis la quatrième édition.

1. Henry More, *Immortality of the Soul* (1662), 2.15.3 : le *véhicule* y est comparable à la matière aristotélicienne, lieu de réalisation d'une forme [note due à R. Woolhouse, édition de l'*Essay*, Penguin Books, Londres, 1997, p. 772].

2. *Cf.* 2.4 ; 2.1.

il ? De ce que, s'il n'y a pas de différence réelle entre *matière* et *corps* et que partout où il y a l'un, il y a l'autre, *matière* et *corps* sont utilisés pour deux conceptions différentes, dont la première est incomplète et un élément seulement de l'autre : *corps* est utilisé pour une substance étendue, solide et dotée d'une figure, dont *matière* n'est qu'une conception partielle et plus confuse : il me semble qu'on emploie ce terme pour la substance et la solidité du corps, sans prendre en compte son étendue ni sa figure. C'est pour cette raison que, quand on parle de la *matière*, on en parle toujours comme une, parce qu'effectivement ce dont on parle ne contient expressément que l'idée d'une substance solide, qui est partout la même, partout uniforme. ⁱ Puisque telle est l'idée de *matière*ⁱ, on ne conçoit pas, on ne parle pas plus de diverses *matières* dans le monde que de diverses solidités, bien que l'on conçoive et que l'on parle à la fois de différents corps, parce que l'étendue et la figure sont capables de variations[1]. Mais puisque la solidité ne peut exister sans étendue et sans figure, le fait de prendre *matière* pour le | nom de quelque chose qui existe **499** réellement avec cette précision, a sans aucun doute produit ces exposés et ces disputes obscurs et inintelligibles sur la *matière première*ʲ qui ont rempli la tête et les ouvrages des philosophes[2].

Je vous laisse imaginer à quel point cette imperfection et cet abus se produisent aussi avec beaucoup d'autres termes généraux ; mais je crois pouvoir dire au moins que l'on aurait

---

i. Remplace depuis la quatrième édition : « … et donc… ».

j. En latin dans le texte : *materia prima*.

1. *Cf.* 2.13.5-6.
2. *Cf.* 4.10.10.

beaucoup moins de controverses dans le monde si les mots étaient pris pour ce qu'ils sont : les signes des idées seulement, et non les choses mêmes. Quand on raisonne sur la *matière* ou tout terme semblable, on raisonne en fait seulement sur l'idée exprimée par ce son, que cette idée même soit ou non en accord avec quelque chose existant effectivement dans la Nature. Et si les gens disaient quelle idée ils associent au nom utilisé, il n'y aurait pas la moitié de ces obscurités et de ces querelles dans la recherche ou la défense de la vérité.

§ 16

Les erreurs sont ainsi perpétuées

Quels que soient les inconvénients qui découlent de ces abus, je suis sûr que l'emploi répété et courant de ces mots envoûte les gens et les entraîne dans des conceptions très éloignées de la vérité des choses.

Il serait difficile de convaincre quelqu'un que les mots utilisés par son père ou son maître, par le curé de sa paroisse ou tel vénérable théologien, ne signifient rien qui existe effectivement dans la Nature[1]. Ce n'est *pas sans doute la moindre des causes de la difficulté à tirer les gens de leurs erreurs*, même dans les opinions purement philosophiques, où il n'y a pas d'autre intérêt que la vérité : les mots dont ils ont depuis longtemps pris l'habitude, s'enracinent dans leur esprit et il en faut pas s'étonner si les conceptions erronées qui leur sont associées ne peuvent être arrachées.

1. *Cf.* 1.4.24, etc. ; Bacon, *Novum Organum*, I, LX.

§ 17

5) Les mettre pour ce qu'ils ne peuvent signifier

5) L'*Abus* suivant *consiste à mettre des mots à la place de choses qu'ils ne signifient pas ou ne peuvent signifier en aucune manière.*

On peut remarquer que normalement, lorsqu'on insère dans une proposition un nom général de substance dont seule l'essence nominale est connue et qu'on en affirme ou qu'on en nie quelque chose, on suppose tacitement qu'il est utilisé pour l'essence réelle d'une certaine classe de substances et on a l'intention [1] qu'il le soit.

Ainsi, quand quelqu'un dit « L'or est malléable », il veut dire et suggérer quelque chose de plus que « Ce que je nomme or est malléable » (bien qu'en fait cela ne dise rien de plus) : il voudrait qu'on comprenne « L'or (c'est-à-dire ce qui a l'essence réelle de l'or) est malléable », ce qui revient à dire | « La malléabilité dépend de l'essence réelle de l'or et en est **500** inséparable ». Mais parce qu'on ne sait pas en quoi consiste l'essence réelle de l'or, l'esprit ne fait pas véritablement le lien entre la malléabilité et une essence qu'il ne connaît pas, mais entre la malléabilité et le son *or* qu'il utilise pour elle.

Ainsi [encore], quand on dit « *Animal rationnel* est une bonne définition de l'homme, et *Animal sans plume, bipède, à ongles larges*[k] ne l'est pas », il est évident que l'on suppose que le nom *homme* en ce cas est le substitut de l'essence réelle d'une espèce et voudrait signifier que *Un animal rationnel* décrit mieux cette essence réelle que *Un animal bipède doté de*

---

k. Les deux définitions de l'homme sont données en latin, alors que leur formulation quelques lignes plus bas est en anglais.

1. *Intend.*

grands ongles et sans plumes. Si ce n'est pas le cas, pourquoi Platon n'aurait-il pu utiliser le mot ἄνθρωπος (*homme*) pour son idée complexe constituée des idées d'un corps distingué des autres par une certaine forme extérieure et autres manifestations extérieures, de façon aussi correcte qu'Aristote qui a constitué l'idée complexe qu'il a nommée ἄνθρωπος (*homme*) d'un corps joint à une faculté de raisonner ? À moins qu'on ne suppose que le nom ἄνθρωπος (*homme*) soit utilisé pour quelque chose d'autre que ce qu'il signifie, ꞁqu'il soit utilisé pour quelque chose d'autre queꞁ l'idée qu'on déclare vouloir exprimer par lui [1].

§ 18

Quand on l'utilise pour l'essence réelle de substances

Il est vrai que les noms de substances seraient bien plus utiles et les propositions formées à partir d'eux bien plus certaines, si l'idée dans l'esprit que signifie tel mot était l'essence réelle des substances. C'est faute de ces essences réelles que les mots introduisent si peu de connaissance ou de certitude dans nos propos à leur sujet ; c'est pourquoi l'esprit cherche à supprimer cette imperfection autant qu'il le peut et, par une supposition implicite, leur fait tenir lieu d'une chose qui a cette essence réelle, comme si ce faisant il arrivait à s'en approcher un peu plus. Car même si les mots *homme* ou *or* ne signifient chacun rien de plus en fait qu'une idée complexe faite de propriétés unies dans une classe de substances, il n'y a pratiquement personne qui utilise ces mots sans supposer que chacun tient la place d'une chose qui a une essence réelle dont

---

l. Ajout depuis la deuxième édition.

1. Autre emploi de cet exemple en 3.6.26.

dépendent ces propriétés. Loin de diminuer l'imperfection des mots, cet abus manifeste l'aggrave en les utilisant pour quelque chose qui n'est pas dans l'idée complexe et dont le nom utilisé ne peut en aucune façon être le signe.

§ 19

Nous pensons à cause de cela que toute modification de nos idées de substances ne modifie pas les espèces

Cela nous montre la raison pour laquelle, *pour les modes mixtes*, si une idée qui entre dans la composition de l'idée complexe | est exclue ou modifiée, on admet qu'il s'agisse **501** d'autre chose, c'est-à-dire qu'il soit d'une autre espèce (on le constate avec *homicide, assassinat, meurtre, parricide*[m], etc.). La raison en est que l'idée complexe signifiée par ce nom est l'essence réelle aussi bien que l'essence nominale et que ce nom ne fait aucune référence implicite à une autre essence que celle-là.

Par contre *pour les substances*, il n'en va pas ainsi. Certes, pour ce qui est appelé *or*, l'un inclut dans son idée complexe ce qu'un autre exclut et vice-versa; mais on ne pense pas habituellement que de ce fait l'espèce soit modifiée, parce que mentalement on réfère implicitement ce nom à une

---

m. Note de Coste : « L'Auteur propose, outre le mot de *parricide*, trois mots, qui marquent des espèces de meurtre bien distinctes. J'ai été obligé de les omettre, parce qu'on ne peut les exprimer en François que par périphrase. Le premier est *chance-medly*, meurtre commis par hazard & sans aucun dessein. Le second *man-slaughter*, meurtre qui n'a pas été fait de dessein prémédité, quoique volontairement; comme lorsque dans une querelle entre deux personnes, l'agresseur ayant tiré le premier l'épée, vient à être tué. Le troisième, *murther*, homicide de dessein prémédité ». La traduction ci-dessus obéit au même principe.

essence réelle immuable d'une chose existante, dont les propriétés dépendent, et on suppose le nom attaché à cette essence. Celui qui ajoute à son idée complexe d'*or* l'idée de fixité ou de solubilité dans l'*eau régale*, qu'il n'incluait pas auparavant, ne passe pas pour avoir modifié l'espèce, mais seulement pour en avoir une idée plus parfaite par ajout d'une autre [n]idée simple qui en fait est toujours[n] jointe à celles qui constituaient son idée complexe initiale. Mais cette référence du nom à une chose dont on n'a pas l'idée, loin d'être une aide, sert seulement à accroître les difficultés. Par cette référence implicite à l'essence réelle de cette espèce de corps, en effet, le mot *or* (qui dans les échanges courants est utilisé pour un ensemble plus ou moins complet d'idées simples et y suffit pour désigner assez bien cette classe de corps) en arrive à ne plus avoir aucune signification puisqu'il est mis pour quelque chose dont on n'a aucune idée du tout : il ne peut alors absolument rien signifier en l'absence du corps est lui-même.

Même si l'on pense que c'est la même chose, on verra, si l'on considère soigneusement la question, que ce sont deux choses différentes que de raisonner sur l'*or* en tant que nom et de raisonner sur un morceau de ce corps lui-même par exemple la *feuille d'or* qu'on a devant les yeux, bien que dans le discours on soit contraint de remplacer la chose par le nom.

n. Texte qui remplace depuis la quatrième édition : « ... qui est toujours in *rerum natura* ... ».

§ 20

La cause de cet abus : l'hypothèse que la Nature
travaille toujours régulièrement

Ce qui pousse si fort les gens à poser le nom comme
le substitut de l'essence réelle de l'*espèce*, c'est je crois
l'hypothèse déjà mentionnée[1] selon laquelle la Nature œuvre
régulièrement dans la production des choses et pose les
frontières de chacune de ces *espèces* en donnant exactement
la même constitution réelle interne à chaque individu que
l'on ordonne sous un nom général. Au contraire, quiconque
observe leurs qualités différentes ne peut guère mettre en
doute que nombre des | individus qui portent le même nom **502**
diffèrent autant par leur constitution interne que nombre de
ceux qui sont ordonnés sous des noms d'espèce différents.
Pourtant *l'hypothèse que la même constitution interne précise*
accompagne toujours le même nom d'espèce, a poussé les
gens à prendre le nom pour le représentant de cette essence
réelle, alors qu'en fait il ne signifie que l'idée complexe qu'ils
ont à l'esprit quand ils l'utilisent. Ainsi, le mot signifie une
chose et suppose pour[2] (ou est mis à la place de) une autre, si
je puis ainsi m'exprimer ; aussi ne peut-il qu'introduire par ce
genre d'emploi une grande dose d'incertitude dans les propos
humains, spécialement chez ceux qui ont été complètement
imbibés de la doctrine des *formes substantielles*, qu'ils imaginent avec conviction déterminer et distinguer les différentes
espèces de choses.

1. 3.6.36-37 ; etc.
2. *Suppose pour* : terme technique de la sémantique médiévale.

§ 21

Cet abus contient deux hypothèses fausses

Il est absurde et irrationnel d'utiliser un nom pour une idée qu'on n'a pas ou (ce qui est tout un) pour une essence que l'on ne connaît pas, puisque c'est faire en réalité du mot le signe de rien ; et pourtant celui qui accepte de réfléchir tant soit peu à l'emploi des mots par les gens reconnaîtra que rien n'est plus courant.

Quand quelqu'un demande si telle ou telle chose qu'il voit (que ce soit un singe ou un *fœtus* monstrueux) est ou non un *homme*, il est évident que sa question n'est pas : « Est-ce que cette chose particulière s'accorde avec l'idée complexe exprimée par le nom *homme* ? » mais « Est-ce qu'elle a en elle l'essence réelle d'une espèce de choses dont il suppose que le nom *homme* tient lieu ? ».

Cet emploi des noms de substances repose sur les fausses hypothèses suivantes :

1) Il existe certaines essences précises selon lesquelles la Nature fabrique tous les choses singulières et par lesquelles celles-ci sont distinguées en espèces. Que chaque chose ait une constitution réelle par laquelle elle est ce qu'elle est, et dont dépendent ses qualités sensibles, est hors de doute ; mais il a été prouvé[1], je pense, que ceci ne constitue pas la distinction entre *espèces*, telle que nous les ordonnons, ni les frontières entre les noms.

2) Cela suggère aussi implicitement que nous avons une idée de ces essences supposées. Car à quoi servirait de chercher si telle ou telle chose a l'essence réelle de l'espèce *homme* si l'on ne suppose pas que l'on connaît une telle

---

1. *Cf.* 3.3.17 (texte parallèle) ; 3.6.15-20 etc.

essence d'espèce ? Ce qui est totalement faux. Donc, utiliser ainsi des noms pour des idées que l'on n'a pas, | engendre **503** nécessairement de grands désordres dans les exposés et les raisonnements à leur sujet et de grands inconvénients dans la communication par des mots.

§ 22

6) L'hypothèse que les mots ont une signification certaine et évidente

6) Il reste encore un autre *abus des mots*, plus général bien que peut-être moins remarqué : par une longue pratique, les gens ont attaché à certains noms certaines idées et ils sont de ce fait portés *à imaginer une liaison si proche et si nécessaire entre le nom et la signification* dans laquelle ils l'utilisent, qu'ils supposent immédiatement que l'on ne peut pas ne pas comprendre ce qu'ils veulent dire : il faut donc recevoir les mots comme s'il était évident que le locuteur et l'auditeur avaient nécessairement la même idée précise en partageant des sons aussi communs ; ils présupposent qu'en utilisant un terme dans leurs propos ils ont du fait même "présenté" devant les autres la chose même dont ils parlent ; et, de la même manière, ils prennent les mots des autres comme s'ils avaient naturellement la signification exacte qu'ils leur donnent habituellement, et ils ne s'inquiètent jamais d'expliquer le sens de leurs mots ni de comprendre clairement celui des autres. De là naissent couramment bruits et querelles sans progrès ni instruction, aussi longtemps que les gens prennent les mots pour les marques réglées et constantes de notions partagées, alors qu'il ne s'agit en fait que de signes volontaires et instables de leurs propres idées.

Pourtant les gens trouvent étrange que dans les exposés ou (ce qui souvent absolument nécessaire) dans les disputes, on demande parfois le sens des termes qu'ils emploient, alors

que les raisonnements, chacun peut l'observer quotidiennement dans ses conversations, manifestent qu'il est rare que
deux personnes utilisent un nom d'idée complexe pour
exactement le même ensemble d'idées.

Il est difficile de trouver un nom qui n'en soit pas
l'illustration claire. *Vie* est un terme on ne peut plus familier ;
n'importe qui prendrait pour un affront d'être interrogé sur le
sens qu'il donne à ce terme. Pourtant si on pose la question :
« Une plante qui est préformée dans la semence a-t-elle la vie ? »,
ou « L'embryon dans l'œuf avant l'incubation, l'homme en état
de syncope dépourvu de sensibilité ou de mouvement, sont-ils
vivants ? », il est facile de se rendre compte qu'une idée claire,
distincte et déterminée n'accompagne pas toujours l'emploi
d'un mot aussi connu que celui de *vie*.

De fait, les gens ont habituellement des conceptions
grossières et confuses auxquelles ils appliquent les mots ordinaires de leur langue, et °une emploi aussi vague de leurs
504 mots-° leur sert assez bien dans leur propos | et leurs affaires
courantes. Mais cela ne suffit pas pour les recherches scientifiques. La connaissance et le raisonnement exigent des idées
précises et déterminées.

Les gens ne veulent pas, de façon déplacée, être obtus au
point de ne pas comprendre ce que disent les autres à moins
d'avoir une explication de leurs termes, ils ne veulent pas être
ces critiques dérangeants qui corrigent les autres sur leur façon
d'employer les mots qu'ils entendent ; pourtant quand la
vérité et la connaissance sont concernées, je ne vois pas quelle
faute il y aurait à demander une explication des mots dont le
sens semble ambigu, ni pourquoi on serait honteux d'avouer

o. Texte qui remplace depuis la quatrième édition : « … cela … ».

son ignorance du sens d'un mot utilisé par quelqu'un d'autre, puisqu'il n'y a pas d'autre façon de le connaître avec certitude qu'en obtenant le renseignement.

L'abus qui consiste à accepter en toute confiance les mots[p] ne s'est répandu nulle part autant que chez les gens de Lettres : la multiplication des disputes et leur opiniâtreté, qui ont dévasté à ce point le monde intellectuel, sont dues à rien de plus que ce mauvais emploi des mots. On croit généralement qu'il y a une grande variété d'opinions dans les volumes et dans les controverses multiples qui perturbent le monde ; pourtant tout ce que je peux trouver dans ce que font les savants combattants de chaque parti lors de leurs joutes argumentatives, c'est qu'ils parlent des langues différentes. Et j'ai tendance à penser que lorsque chacun d'eux abandonne les mots, pense aux choses et connaît ce à quoi il pense, alors tous pensent à la même chose, même s'ils diffèrent éventuellement sur ce qu'ils voudraient obtenir.

§ 23

Les fins du langage ;
1) transmettre les idées

Pour conclure ces considérations sur l'imperfection et sur les abus de langage : dans les échanges avec les autres, le langage a principalement les trois fins suivantes[1] :

1) *faire connaître* les pensées ou idées d'une personne à une autre ;
2) le faire *avec* autant de facilité et de *rapidité* que possible ;

---

p. Coste traduit : « … au hasard sans savoir le sens que les autres leur donnent … ».

1. Comparer avec 3.3.2.

3) *transmettre* par là la *connaissance* des choses.

Il y a abus ou défaut de langage quand manque l'une des trois fins.

1) Les mots manquent la première de ces fins et ne présentent pas aux autres les idées de quelqu'un :

- a) quand on a un nom à la bouche sans idée déter-minée[q] à l'esprit dont le nom serait le signe ;
- b) quand on applique un nom communément reçu dans une langue à une idée que l'usage commun ne désigne pas par ce nom ;
- c) quand on l'applique | de façon très inconstante en l'uti-lisant tantôt pour une idée et tantôt pour une autre. **50**

§ 24
2) *Le faire avec rapidité*

2) On manque à transmettre ses pensées avec toute la rapidité et toute l'aisance possibles quand on a une idée complexe sans avoir un nom distinct pour elle. C'est parfois la faute de la langue même, qui ne contient pas de son destiné à cette signification, et c'est d'autres fois la faute de l'homme qui n'a pas encore appris le nom pour l'idée qu'il voudrait présenter à quelqu'un d'autre

§ 25
3) *Transmettre ainsi la connaissance des choses*

3) Aucune connaissance des choses n'est transmise par les mots de quelqu'un quand ses idées ne s'accordent pas avec la réalité des choses. Bien que ce soit un défaut qui a son origine dans nos idées, qui ne sont pas aussi conformes à la nature des

---

q. Terme qui remplace depuis la quatrième édition : « clair et distinct ».

choses que l'attention, l'étude et l'application le permettraient, il s'étend aussi à nos mots quand nous les utilisons
comme signes d'êtres réels qui n'ont pourtant jamais eu
aucune réalité ou existence.

§ 26

Comment les mots manquent ces fins

1) Celui qui a des mots d'une langue sans idée distincte
dans l'esprit à laquelle les appliquer ne fait que du bruit sans
aucun sens ou signification dès lors qu'il utilise ces mots
dans ses propos. Aussi savant qu'il paraisse par l'emploi de
mots difficiles ou de termes savants, il n'est pas plus avancé
dans la connaissance que ne le serait en savoir celui qui
n'aurait dans son bureau que les titres des livres sans leur
contenu. Car tous ces mots, même organisés en discours
selon les règles grammaticales de la bonne construction ou
l'harmonie des périodes bien tournées, se réduisent à de purs
sons et à rien d'autre.

§ 27

2) Celui qui a des idées complexes sans nom particulier
pour elles ne serait pas dans une meilleure situation que le
libraire qui aurait dans son magasin des volumes sans reliure
et sans titre : il ne pourrait donc les faire connaître aux autres
qu'en montrant des feuilles dispersées et les communiquer
que feuille à feuille. Il est limité dans ses propos par manque
de mots pour communiquer ses idées complexes : il est donc
obligé de les faire connaître en énumérant les idées simples
qui les composent et ainsi contraint d'utiliser souvent vingt
mots pour exprimer ce qu'un autre homme signifie en un seul.

§ 28

3) Celui qui n'emploie pas constamment le même signe **506** pour la | même idée mais utilise les mêmes mots parfois dans une signification et parfois dans une autre, doit passer dans les Écoles et les conversations ordinaires pour un homme aussi sincère que celui qui au marché ou à la bourse vend différentes choses sous le même nom.

§ 29

4) Celui qui applique les mots de n'importe quelle langue à des idées différentes de celles à qui l'usage commun de ce pays les applique, ne sera pas capable s'il ne définit pas ses mots, de transférer aux autres beaucoup de vérité et de lumière, même si son entendement en est éventuellement rempli. Car même si les sons paraissent familièrement connus et facilement entendus par ceux qui s'y sont habitués, ils ne peuvent faire connaître les pensées de celui qui les utilise car ils sont employés pour des idées autres que ʳcelles auxquelles ils sont couramment attachés et qu'ils provoquent dans l'esprit de l'auditeur⁻ʳ.

§ 30

5) Celui qui a ˢ‑imaginé des substances qui n'ont jamais existé, qui a rempli sa tête d'idées qui⁻ˢ n'ont aucune correspondance dans la nature réelle des choses et qui leur donne pourtant des noms stables et déterminés, peut remplir son

---

r. Texte qui remplace depuis la deuxième édition : « … celles qu'ils utilisent habituellement comme signes ».

s. Texte qui remplace depuis la quatrième édition : « … des idées de substances qui n'ont jamais existé et … ».

discours et peut-être la tête de quelqu'un d'autre des imaginations fantasques de son cerveau; il lui restera beaucoup à faire pour avancer d'un iota dans la connaissance vraie et réelle.

§ 31

À celui qui a des noms sans idées fait défaut le sens de ses mots; il ne parle que par sons vides. À celui qui a des idées complexes sans nom font défaut la liberté et la rapidité dans ses expressions; il est contraint d'utiliser des périphrases. Celui qui utilise ses mots de façon vague et inconstante ne sera pas écouté ou ne sera pas compris. À celui qui applique ses noms à des idées différentes de leur emploi normal, fait défaut la correction du langage; il jargonne. Et à celui qui a des idées de substance disjointe de l'existence réelle des choses, fait défaut en son entendement le matériau de la vraie connaissance; à la place, il a des *chimères*.

§ 32

Comment cela se produit pour les substances

Avec les notions des substances, nous sommes sujets à toutes les incohérences ci-dessus; par exemple :

1) Celui qui utilise le mot *Tarentule* sans avoir aucune image ou idée de ce pour quoi ce mot est utilisé, | prononce un mot **507** correct, mais pour autant ne signifie ainsi rien du tout.

2) Celui qui verra dans un pays nouvellement découvert diverses classes d'animaux et de végétaux qui lui étaient jusque là inconnues peut en avoir des idées aussi vraies que celles du cheval ou du cerf, mais il ne peut en parler que par description, jusqu'à ce qu'il prenne le nom que lui attribuent les indigènes ou qu'il leur donne lui-même un nom.

3) Celui qui utilise le mot *corps* parfois pour la pure étendue et parfois pour l'étendue associée à la solidité parlera de façon très fallacieuse [1].

4) Celui qui donne le nom *cheval* à l'idée que l'usage commun nomme *mule*, parle de façon incorrecte et ne sera pas compris.

5) Celui qui pense que le nom *centaure* est utilisé pour un être réel se trompe lui-même et prend les noms pour des choses.

§ 33
Comment, pour les modes et les relations

Avec les modes et les relations, nous sommes en général sujets seulement aux quatre premières incohérences :

1) Je peux avoir en mémoire le nom de modes comme *gratitude* ou *charité* mais sans avoir attaché à ces noms une idée précise en ma pensée.

2) Je peux avoir des idées et ne pas connaître le nom qui leur appartient ; par exemple je peux avoir l'idée d'un homme qui boit jusqu'à ce que sa couleur et son humeur soient altérés, qu'il commence à bégayer, que ses yeux deviennent rouges et qu'il ne puisse plus se tenir sur ses pieds, sans savoir que cela doit s'appeler *ivresse*.

3) Je peux avoir les idées de vertus, de vices et aussi leurs noms mais les appliquer à tort ; par exemple quand j'applique le nom *frugalité* à l'idée que les autres signifient par *avarice*.

4) Je peux utiliser chacun de ces termes avec inconstance.

---

1. *Cf.* 3.6.5, 6 et 2.4.1-3.

5) Mais avec les modes et les relations, je ne peux pas avoir d'idées en désaccord avec l'existence des choses, car les modes sont des idées complexes faites à volonté par l'esprit, et la relation n'est que ma façon de considérer ou de comparer deux choses à la fois et donc aussi une idée de ma façon ; ces idées ne peuvent donc guère être en désaccord avec quelque chose d'existant, puisqu'elles ne sont pas dans l'esprit comme des copies de choses faites de façon réglée par la Nature ni des propriétés découlant inséparablement de la constitution interne ou essence d'une substance ; elles sont pour ainsi dire des modèles logés dans ma mémoire avec des noms associés pour nommer des actions et des relations quand elles se produisent. Mais l'erreur est habituellement de donner un nom erroné à mes conceptions ; en utilisant des mots dans un sens différent de celui des autres gens, je ne suis pas compris, mais je suis considéré comme ayant des idées fausses | quand je leur donne un nom erroné. Mais si dans **508** mes idées de modes et de relations j'assemble des idées incompatibles, je me remplis aussi la tête de *chimères*, puisque ces idées, si on les examine bien, ne peuvent même pas exister dans l'esprit et moins encore servir à nommer un être réel.

§ 34

7) Les discours figurés sont aussi des abus de langage

Puisque la fantaisie et le bel esprit sont plus facilement cultivés dans le monde que la sèche vérité et la connaissance réelle, les *discours figurés* et les allusions ne seront guère prises pour des imperfections ou *des abus* de langage. Je reconnais que dans les propos où l'on cherche le plaisir et l'amusement plus que l'instruction et les progrès, on ne peut guère faire passer ces ornements pour des fautes.

Pourtant, si l'on acceptait de parler des choses comme elles sont, on devrait admettre que tout l'art de la rhétorique en dehors de l'ordre et de la clarté, toute cette utilisation artificielle et figurative des mots que l'éloquence a inventée, ne servent qu'à suggérer de fausses idées, à mouvoir les passions et ainsi à dévoyer le jugement ; tout cela est donc de la pure tromperie. L'art oratoire dans ses harangues et ses allocutions populaires a beau rendre la rhétorique et l'éloquence louables et légitimes, il faut assurément les fuir absolument en tout propos qui prétend informer ou instruire ; on ne peut que les regarder comme de grands défauts soit du langage, soit de la personne qui les utilise, là où vérité et connaissance sont concernés.

ᵗ⁻Il sera superflu de faire ici la mention⁻ᵗ de leur nature et de leurs différences : les livres de rhétorique qui abondent informeront ceux qui en ont besoin. Une seule chose que je ne peux pas ne pas remarquer : le peu d'intérêt et de préoccupation pour le maintien et le progrès de la vérité et de la connaissance parmi les hommes, puisque les arts de la tromperie sont préférés et récompensés. Les hommes aiment tromper et être trompés, c'est évident puisque ᵘ la rhétorique, ce puissant instrument de tromperie et d'erreur, a ses professeurs titulaires, qu'elle est publiquement enseignée et qu'elle a toujours été tenue en grande réputation.

---

t. Texte qui remplace depuis la quatrième édition : « Je ne m'inquiéterai pas ici de … ».

u. Texte qui remplace depuis la deuxième édition : « … le grand art de tromperie et d'erreur, je veux dire la rhétorique, … ».

De telles critiques contre la rhétorique et l'éloquence me feront passer, je n'en doute pas, pour quelqu'un de fort téméraire, voire d'agressif [v]. Comme le beau sexe, l'*éloquence* a trop de charmes pour qu'on puisse jamais la critiquer. Et c'est en vain que l'on découvre les défauts des arts de la tromperie qui donnent aux hommes le plaisir d'être trompés.

v. Coste ajoute une note critique où il s'appuie sur une citation du *Télémaque* de Fénelon pour faire l'éloge de la rhétorique, qu'il conclut en disant : « ... s'il ne paraissait aucune trace de la véritable éloquence dans cet Ouvrage de Mr. Locke, peu de gens voudroient ou pourroient se donner la peine de le lire ».

LES REMÈDES AUX IMPERFECTIONS ET AUX ABUS CI-DESSUS

§ 1

Il vaut la peine de les chercher

Les imperfections naturelles du langage et celles qui leur ont été ajoutées viennent d'être longuement détaillées. Puisque la parole est le lien majeur qui garde unie la société humaine [1] et le canal normal pour transmettre d'un homme à l'autre et d'une génération à l'autre les progrès de la connaissance, la considération des *remèdes* à trouver *aux inconvénients* cités plus haut mérite l'étude la plus sérieuse.

§ 2

Ce n'est pas facile

Je ne suis pas assez vain pour penser qu'on puisse prétendre, sans se rendre ridicule, tenter une *réforme* totale des

---

1. *Cf.* 3.1.1.

langues du monde, voire celle de son seul pays. Exiger que les hommes emploient toujours[a] les mots dans le même sens, qu'ils les utilisent uniquement pour des idées déterminées[b] et uniformes, reviendrait à penser que les hommes devraient avoir les mêmes notions et ne parler que de ce dont ils ont une idée claire et distincte ; personne ne peut l'espérer à moins d'avoir assez de vanité pour s'imaginer capable d'imposer aux hommes d'être soit très savants soit très silencieux. Il faut être fort novice dans les affaires du monde pour penser qu'une expression volubile va toujours de pair avec un bon entendement ou que les gens parlent plus ou moins en fonction seulement de ce qu'ils connaissent.

§ 3

C'est pourtant nécessaire à la science

Même si le marché et la Bourse doivent conserver leur façon de parler et [c] les bavardages ne pas être frustrés de leurs anciens privilèges [c], même si les Écoles et les discutailleurs risquent de voir d'un mauvais œil une proposition visant à réduire la longueur ou le nombre de leurs disputes, ceux *qui* prétendent *sérieusement chercher* ou défendre *la vérité* devraient, me semble-t-il, s'estimer obligés d'étudier comment s'exprimer sans l'obscurité, l'ambiguïté ou l'équivoque qui grèvent naturellement les mots humains s'ils n'y prennent pas garde.

a. Mot qui remplace depuis la quatrième édition *tous.*

b. Mot qui remplace depuis la quatrième édition « ... clair et déterminé ... ».

c. Coste transcrit : « ... et d'ôter aux Femmelettes leurs anciens privilèges de s'assembler pour caqueter sur tout à perte de vue ; ».

§ 4

Le mauvais usage des mots, cause de grandes erreurs

Bien considérer les *erreurs* et l'obscurité, les méprises et la confusion *répandues dans le monde du fait du mauvais usage des | mots*, amènera à se demander si le langage tel qu'il **510** a été utilisé a contribué à faire progresser la science parmi les hommes ou plutôt à lui dresser des obstacles. Combien y en a-t-il qui, voulant penser aux choses, s'attachent uniquement aux mots, spécialement quand ils veulent se consacrer aux questions morales ? Qui peut s'étonner alors si de telles réflexions et de tels raisonnements portant presque uniquement sur des sons (tandis que les idées associées sont fort confuses, instables voire inexistantes), qui peut s'étonner, dis-je, si de telles pensées et de tels raisonnements n'aboutissent qu'à l'obscurité et à l'erreur, sans aucun jugement ni aucune connaissance clairs ?

§ 5

L'opiniâtreté

Les gens souffrent dans leurs méditations privées des inconvénients du mauvais usage des mots ; mais les désordres qui en découlent sont bien plus manifestes dans les conversations, dans les discours et les argumentations avec les autres. Le langage est en effet le canal majeur permettant aux gens de se transmettre les uns aux autres leurs découvertes, leurs raisonnements et leur connaissance ; aussi celui qui en fait un mauvais usage ne corrompt certes pas la connaissance à la source, qui est dans les choses mêmes, mais, pour autant qu'il dépend de lui, il interrompt ou obstrue les canalisations qui la distribuent pour l'usage public et pour le bien du genre humain. Celui qui utilise les mots sans leur donner de sens clair et fixe, que fait-il sinon d'entraîner les autres et lui-même à l'erreur? Et celui qui le fait intentionnellement devrait être considéré comme un ennemi de la vérité et de la connaissance.

On ne doit pourtant pas être surpris de l'inflation, dans les sciences et dans tous les domaines de connaissance, de termes obscurs et équivoques, d'expressions absurdes et ambiguës, qui sont capables de faire que le plus attentif et le plus perspicace devienne le moins savant, le moins orthodoxe, ou ne le soit plus du tout[d]; en effet, chez ceux qui font profession d'enseigner et de défendre la vérité, la subtilité passe pour une vertu; et une vertu se réduisant pour la plus grande part à l'emploi fallacieux et illusoire de *termes obscurs* ou *trompeurs* ne sert qu'à rendre les gens plus prétentieux dans leur ignorance et plus obstinés dans leurs erreurs.

§ 6

Les querelles

On n'a qu'à regarder les livres de controverses en tous genres et l'on y verra que l'effet des termes obscurs, variables ou équivoques n'est que bruits et querelles sur des sons, sans qu'il y ait persuasion ni amélioration de l'entendement 511 humain. Car si | le locuteur et l'auditeur ne s'entendent pas sur l'idée que signifient leurs mots, la discussion ne porte par sur les choses mais sur les noms. Chaque fois qu'un mot dont ils n'ont pas validé entre eux la signification est employé, il n'y a

d. Coste ajoute : « ... le plus grossier qui reçoit ces mots sans s'appliquer le moins du monde à les entendre... ».

pas d'autre objet commun à l'entendement de chacun que le simple son, puisque la chose à laquelle chacun pense et croit exprimée par ce mot est totalement différente [1].

§ 7

Exemple : chauve-souris et oiseau

La question *Une chauve-souris est-elle ou non un oiseau ?* n'est pas la question *Une chauve-souris est-elle autre chose que ce qu'elle est en fait ?* ni *A t-elle d'autres qualités que celles qu'elle a en fait ?,* car il serait totalement absurde de douter de la réponse [2]. Mais la question est :

1) soit posée entre deux personnes qui reconnaissent n'avoir que des idées très imparfaites de l'une ou des deux classes de choses dont ces deux noms sont censés tenir lieu ; c'est alors une véritable recherche concernant la nature d'un *oiseau* ou d'une *chauve-souris*, afin de compléter leurs idées encore imparfaites : ils examinent si toutes les idées simples assemblées auxquelles ils donnent tous deux le nom *oiseau* sont toutes retrouvées dans une *chauve-souris*. Cette question n'est pas question de gens qui font une dispute mais de chercheurs ; ils n'affirment pas, ne nient pas, mais examinent.

2) soit il s'agit d'une question entre personnes qui font une dispute, où l'un affirme et l'autre nie qu'*Une chauve-souris est un oiseau.* Alors la question est une pure question de signification de l'un ou des deux mots : chacun ne donne pas ce nom à la même idée complexe, aussi l'un soutient et l'autre nie que ces deux noms peuvent être affirmés l'un de

---

1. *Cf.* 3.9.16.
2. Parallèle à *Draft B*, § 69.

l'autre. S'ils étaient d'accord sur la signification de ces deux noms, il serait impossible qu'il y ait entre eux dispute à leur sujet ; ils verraient immédiatement et clairement (pour peu qu'ils se soient accordés sur ces noms) si toutes les idées simples, ou le nom plus général *oiseau*, se trouvent dans l'idée complexe d'une *chauve-souris*.

Je souhaiterais à ce sujet que l'on considère, que l'on examine soigneusement si la plus grande partie des disputes dans le monde n'est pas purement verbale et ne porte pas seulement sur la signification des mots ; et si, une fois les termes définis [e-]et ramenés selon leur signification (comme ils doivent l'être quand ils signifient quelque chose) à des [f-]ensembles déterminés[-f] d'idées simples pour lesquels ils **512** sont [g-](ou devraient être)[-g] utilisés[-e], ces disputes ne | s'arrête-raient pas d'elles-mêmes et ne s'évanouiraient pas aussitôt[1].

Qu'on considère alors ce qu'est ce savoir de la dispute, combien il est utile à ceux qui le pratiquent ou aux autres dont le seul travail est de faire un vain étalage de sons, c'est-à-dire ceux qui passent leur vie dans les disputes et les controverses. Quand je verrai l'un de ces combattants épurer tous ses termes de leur ambiguïté et de leur obscurité (ce que chacun peut faire pour les termes qu'il utilise[h]), j'estimerai qu'il est un cheva-

---

e. Coste traduit : « ... et qu'on les réduisît aux collections déterminées des idées simples qu'ils signifient (ce qu'on peut faire quand ils signifient quelque chose) ... ».

f. Ajout depuis la quatrième édition.

g. Ajout depuis la quatrième édition.

h. La quatrième édition supprime un texte présent dans les éditions antérieures : « ... dans la mesure où il a des idées claires et distinctes auxquelles il les applique... ».

1. *Cf.* 3.9.16.

lier servant de la connaissance, de la vérité et de la paix et non
un esclave de la vaine gloire, de l'ambition et du parti pris.

§ 8

Remèdes :
1) n'utiliser aucun mot sans idée

Pour remédier à un certain point *aux défauts d'expression*
mentionnés ci-dessus et prévenir les incohérences qui en
découlent, l'observation des règles qui suivent peut, j'imagine, être utile tant que quelqu'un de plus habile n'aura pas
pris la peine de réfléchir plus avant sur cette question et de
rendre service au monde en livrant le fruit de ses pensées.

1) Chacun devrait prendre soin de *n'utiliser aucun mot
sans signification*, aucun nom sans idée que le nom remplace.
Cette règle ne paraîtra pas complètement inutile à celui qui
prendra la peine de se souvenir du nombre de fois où il a
rencontré dans les propos des autres des mots comme *instinct*,
sympathie, *antipathie*, etc. : ils les utilisent, peut-il aisément
remarquer, sans avoir dans l'esprit d'idée à laquelle les appliquer ; ils ne les prononcent que comme des sons qui leur
servent en l'occurrence de raisons. Non pas que ces mots et
leurs semblables n'aient une signification [i]très particulière
selon laquelle les utiliser[i] ; mais comme il n'y a pas de liaison
naturelle entre un mot et une idée, ces mots peuvent être appris
par cœur comme les autres, puis prononcés ou écrits par des gens
sans aucune idée dans l'esprit à laquelle ils les auraient attachés
pour en tenir lieu ; il le faudrait cependant, pour parler de façon
compréhensible, ne serait-ce qu'à soi-même.

i. Texte depuis la seconde édition, qui remplace : « ...et peuvent être
utilisés avec une signification très propre... ».

§ 9

2) Il ne suffit pas d'utiliser les mots comme signes de certaines idées ; il faut encore que si l'idée attachée au mot [j-]est simple[-j], elle soit | [k-]claire et distincte ; que si elle est complexe, elle soit *déterminée*, c'est-à-dire qu'elle soit l'ensemble précis d'idées simples fixées dans l'esprit, avec un son qui lui soit attaché comme le signe de cet ensemble déterminé précis, et non un autre[-k].

C'est absolument nécessaire pour les noms de modes et spécialement pour les termes moraux, qui n'ont pas d'objet fixe dans la Nature, dont les idées seraient tirées comme de leur original, et qui risquent donc d'être très confus. Le mot *Justice* est dans la bouche de tout le monde, mais le plus souvent avec une signification vague et fort indéterminée. Il en sera toujours ainsi tant que l'on n'aura pas une compréhension distincte des parties qui composent l'idée complexe ; et si elle est à nouveau décomposée, il faudra encore l'analyser[1] jusqu'à parvenir aux idées simples qui la constituent. Et si on n'analyse pas ainsi, on fait un mauvais usage du mot, que ce soit *justice* par exemple ou n'importe quel autre mot.

Je ne dis pas que, chaque fois que l'on croise le mot *justice*, on doive nécessairement s'en souvenir et faire cette

j. Ajout depuis la quatrième édition.

k. Texte qui remplace depuis la quatrième édition : « *...clair et distinct* ce qui, pour les idées complexes, est la connaissance des idées particulières qui composent l'ensemble ; et si dans cet ensemble, une autre idée est également complexe, c'est de nouveau la connaissance de cet ensemble précis uni dans chacune, et ainsi de suite jusqu'à ce qu'on arrive aux idées simples ».

1. *Resolve*.

analyse complète; mais il est au moins nécessaire d'avoir examiné la signification de ce nom et d'avoir fixé dans l'esprit l'idée de tous ses éléments, de manière à ce qu'on puisse faire cette analyse quand on veut. Si quelqu'un comprend l'idée complexe de *justice* comme *une conduite à l'égard de la personne ou des biens d'autrui selon la Loi* et n'a pas d'idée claire et distincte de ce qu'est la loi, qui fait partie de l'idée complexe de *justice*, il est évident que son idée de justice elle-même sera confuse et imparfaite [1].

Cette exactitude paraîtra peut-être trop exigeante et beaucoup penseront pouvoir se dispenser de fixer si précisément dans leur esprit les idées de modes mixtes. Mais je suis pourtant obligé de dire que tant que ce ne sera pas fait, il ne faudra pas s'étonner que demeure beaucoup d'obscurité et de confusion dans leur esprit et de querelles dans leurs discussions avec les autres.

§ 10

Avoir des idées[1] conformes pour les substances

Pour [m-]utiliser correctement les noms de[-m] substances, il ne suffit pas d'avoir [n-]des idées *déterminées*, il faut aussi que *les noms soient[-n] conformes aux choses* telles qu'elles existent; mais j'aurai l'occasion d'en parler plus longuement

---

l. Depuis la quatrième édition, le terme *distinctes* a été supprimé.

m. Depuis la quatrième édition, texte qui remplace : « ...les *substances...* ».

n. Depuis la quatrième édition, texte qui remplace : « ...les idées distinctes dont leurs noms tiennent lieu, ils doivent aussi être ... ».

1. *Cf.* 2.28.9; 4.3.18; 4.4.9.

par la suite[1]. Cette exactitude est absolument nécessaire dans la recherche d'une | connaissance scientifique et dans les controverses sur la vérité. Il serait bien qu'elle s'étende également aux conversations ordinaires et aux affaires communes de la vie, mais je crois qu'il ne faut pas trop l'espérer. Les notions populaires sont appropriées aux noms populaires et même si les deux sont confus, ils fonctionnent assez bien pour le marché et la foire. Les marchants et les amoureux, les cuisiniers et les tailleurs, y trouvent des mots pour régler leurs affaires courantes; et les scientifiques et ceux qui participent aux disputes le pourraient aussi, je pense, s'ils avaient envie de comprendre et d'être clairement compris[2].

§ 11

3) *La justesse*

3) Il ne suffit pas que l'on ait des idées, des idées déterminées[o], pour lesquelles on utilise ces signes; il *faut* aussi faire attention à *appliquer* aussi étroitement que possible *le mot à l'idée que l'usage commun lui a attachée.* Car les mots, spécialement dans les langues déjà formées, ne sont pas la propriété privée de chacun, mais le critère commun de l'échange et de la communication; il n'appartient donc pas à chacun de modifier pour son plaisir le sceau qui les valide ni

o. Terme qui remplace depuis la quatrième édition : « …claires et distinctes… ».

1. § 24.
2. *Cf.* 3.9.3 ; 3.11.1-3.

de changer l'idée associée à ce nom ; ou au moins, quand il y a nécessité de le faire, on est tenu de le faire savoir [1].

Quand les gens parlent, leur intention est (ou devrait être) de se faire comprendre, et dès que l'on ne suit plus l'usage courant, il y faut des explications, des postulats, et d'autres parenthèses peu commodes ; au contraire, la justesse du langage donne aux pensées la clé pour entrer le plus facilement et le plus utilement dans l'esprit de l'autre : elle vaut bien une part de notre attention studieuse, spécialement pour les termes de morale. [p-Il vaut mieux chercher la signification et l'emploi justes des termes-p] auprès de ceux qui semblent avoir eu dans leurs propos et dans leurs écrits les notions les plus claires et avoir [q-choisi et adapté de la façon la plus exacte-q] leurs termes. Employer ainsi le mot juste ne donne pas toujours la chance d'être compris mais cela reporte au moins la faute sur celui qui est si incompétent dans la langue qu'il parle qu'il ne la comprend pas, alors qu'on l'utilise comme elle doit l'être.

§ 12

4) *Faire savoir ce qu'on veut dire*

4) Néanmoins, l'usage courant n'a attaché assez visiblement aux mots aucune signification pour qu'on sache toujours | avec certitude ce dont ils tiennent précisément lieu ; **515** en outre les progrès de la connaissance amènent à avoir des idées différentes des idées vulgaires et traditionnellement

---

p. Depuis la quatrième édition, texte qui remplace : « … dont il faut apprendre l'usage correct … ».

q. Depuis la quatrième édition, texte qui remplace : « … les mieux choisis et les plus adaptés ».

1. *Cf.* 3.6.51 ; 3.10.29.

reçues, et il faut alors forger de nouveaux mots (ce à quoi on s'aventure rarement par crainte d'être accusé de pédanterie et d'originalité) ou utiliser les anciens avec une nouvelle signification.

C'est pourquoi, après avoir observé les règles précédentes, il est parfois nécessaire, pour assurer la signification d'un mot, d'*expliciter leur sens* : soit lorsque l'usage commun en a laissé le sens vague et incertain (c'est la cas dans la plupart des noms d'idée très complexe), ʳsoit lorsqu'il est utilisé en un sens un peu personnelʳ, soit quand le terme est très important dans le propos, qu'il en est l'objet principal et qu'il est susceptible d'ambiguïté ou d'erreur[1].

§ 13

Et cela de trois façons

Puisque les idées dont les mots tiennent lieu sont de différentes sortes, les façons de faire connaître ces idées quand l'occasion l'exige sont aussi différentes. Définir le mot passe pour le *moyen* pertinent *de faire connaître la signification juste d'un mot* ; pourtant il y a des mots qui ne seront pas définis, d'autres dont le sens précis ne peut être donné que par définition, et troisièmement peut-être certains qui partagent quelque chose des deux autres ; on va le voir en examinant les noms d'idées simples, de modes et de substances.

r. Texte omis dans la cinquième édition.

1. *Cf.* ci-dessous § 27.

§ 14

1) Pour les idées simples, par des termes synonymes ou en les montrant

1) Quand on utilise un *nom d'idée simple* et qu'on voit qu'il n'est pas compris ou qu'il risque d'être confondu avec un autre, les lois de l'authenticité et les fins du langage exigent que l'on explicite ce que l'on veut dire, et que l'on fasse connaître l'idée pour laquelle le nom est utilisé. Cela ne peut se faire, on l'a montré[1] par définition ; et donc quand il n'y a pas de synonyme pour le faire, il ne reste que l'un de ces moyens :

a) quelques fois, *nommer le sujet dans laquelle l'idée simple peut se trouver* fera comprendre le nom à ceux qui en sont familiers et en connaissent le nom. Ainsi, pour faire comprendre à un paysan ce que signifie la couleur *feuille-morte*, il peut suffire de dire qu'il s'agit de la couleur des feuilles sèches qui tombent à *l'automne*.

b) le seul moyen assuré de faire connaître à quelqu'un la signification d'un nom d'idée simple, *c'est de présenter aux sens le sujet qui peut la produire dans son esprit* et lui faire avoir effectivement l'idée dont le mot tient lieu.

|§ 15

516

2) Pour les modes mixtes, par définition

2) *Les modes mixtes*, spécialement ceux qui appartiennent à la morale, sont pour la plupart des ensembles d'idées que l'esprit fait de son propre choix et dont on ne trouve pas toujours de modèle stable existant ; c'est pourquoi on ne peut faire connaître leurs noms comme ceux des idées simples, en montrant simplement ; en revanche, ils peuvent être parfaite-

---

1. *Cf.* 3.4.7-11 (référence donnée par Coste en note) ; 3.3.10.

ment et avec exactitude *définis*. Ce sont en effet des ensembles faits de diverses idées que l'esprit humain a arbitrairement associées sans référence à un aucun archétype et les gens peuvent, s'ils le souhaitent, connaître exactement les idées qui participent à chaque ensemble, et ainsi utiliser à la fois ces mots avec une signification certaine et sans ambiguïté et, quand l'occasion se présente, expliciter complètement ce dont ils tiennent lieu.

Ceci, bien considéré, condamnerait tous ceux dont les discours sur la morale ne sont pas tout à fait clairs et distincts : la signification précise des noms de modes mixtes ou, ce qui revient au même, l'essence réelle de chaque espèce, peut être connue puisqu'elle n'est pas de fabrication naturelle mais humaine ; c'est donc par pure négligence ou malice que l'on traite de questions morales de façon incertaine ou obscure, alors que c'est bien plus pardonnable pour les traités portant sur les substances naturelles où les termes ambigus ne peuvent guère être évités, pour une raison exactement contraire, comme on va le voir par la suite.

§ 16

Morale susceptible de démonstration

C'est sur ce fondement que j'ose penser que *la morale est susceptible de démonstration* autant que les mathématiques [1] : l'essence réelle précise des choses dont tiennent lieu les termes de morale peut être parfaitement connue et ainsi la conformité ou la non-conformité des choses elles-mêmes

1. *Cf.* 4.4.7-9.

peuvent être découvertes avec certitude, et c'est ce qui fait la connaissance[1].

Qu'on ne me fasse pas l'objection : en morale, on a souvent la possibilité d'utiliser les noms de substances aussi bien que ceux de mode, et c'est de là que vient l'obscurité ; quand on examine une substance dans un exposé de morale, on ne cherche pas à connaître sa nature propre, mais on la suppose. Par exemple, quand on dit « L'homme est sujet à la loi », par *homme,* on n'entend rien d'autre qu'une créature rationnelle et corporelle ; on ne s'intéresse absolument pas dans ce cas à ce que sont l'essence réelle et les autres qualités de cette créature[2] ; donc la question de savoir si un enfant ou un imbécile[3] est un *homme* au sens physique peut être une question disputée parmi les naturalistes autant qu'ils le veulent, elle ne concerne pas du tout l'*homme de la morale* (si je peux ainsi le nommer), qui est l'idée immuable et inaltérable : | *un être rationnel et corporel.* Si l'on découvrait un **517** singe, ou toute autre créature, qui ait l'usage de la raison au point d'être capable de comprendre des signes généraux et de déduire les conséquences d'idées générales[4], il serait sans aucun doute sujet à la loi, et en ce sens, il serait un *homme,* quelle que soit par ailleurs la différence de sa forme extérieure avec celle des autres qui portent le même nom[5]. Si on utilisait un nom de substances en morale comme il le faut, cela ne pourrait pas créer plus de difficultés pour un exposé de morale que pour un exposé de mathématiques : là quand un mathéma-

1. 4.1.2.
2. *Cf.* 2.28.12-16.
3. *Changeling*.
4. *Cf.* 2.11.10-11.
5. Comparer avec 3.6.22.

ticien parle de *cube*, de *globe* d'or ou d'un autre corps, il a son idée claire et déterminée qui ne varie pas, bien qu'elle puisse être appliquée par erreur à un corps particulier auquel elle ne convient pas.

§ 17

Les définitions peuvent rendre clair les propos de morale

J'ai fait allusion à cette question en passant, pour montrer l'importance, pour les noms de modes mixtes et par conséquent pour tous les exposés de morale, de la définition des mots quand le besoin s'en présente : on peut ainsi pousser la connaissance morale à un degré si élevé de clarté et de certitude ! Et ce doit être un défaut majeur de sincérité (pour ne pas dire plus) que de refuser de le faire. *La définition est le seul moyen de faire connaître le sens précis des termes de morale* et en même temps c'est le moyen de les faire connaître *avec certitude* et sans laisser place à la discussion. Il n'y a donc pas d'excuse à la négligence et à la perversité humaines si les exposés de morale ne sont pas bien plus clairs que ceux de philosophie naturelle : ils portent sur des idées qui sont dans l'esprit, dont aucune n'est fausse ou disproportionnée car elles n'ont pas d'*archétypes* dans les êtres extérieurs auxquels il faudrait les référer et les faire correspondre.

Forger en son esprit une idée qui servira de modèle et à laquelle on donnera le nom de *justice*, pour que toutes les actions conformes à ce patron soient acceptées sous ce nom, est bien plus facile que forger en son esprit l'idée d'*Aristide* que l'on vient de voir, idée qui lui serait en tous points conforme, alors que lui est ce qu'il est, quelle que soit[s] l'idée

---

s. Depuis la deuxième édition « …la notion ou… » est supprimé.

que les gens veulent bien s'en faire. Pour la première, il suffit de connaître ^tl'ensemble d'idées réunies en son propre esprit^t ; pour l'autre, il faut s'enquérir de la nature entière, de la constitution énigmatique et cachée, et des diverses^u qualités d'une chose existant à l'extérieur [1].

|§ 18

518

Et c'est le seul moyen

Une autre raison qui rend si nécessaire de *définir des modes mixtes, spécialement des termes moraux*, je l'ai donnée un peu plus haut : c'est *la seule façon que l'on ait* de connaître avec certitude *la signification de la plupart*. Les idées dont tient lieu le nom de modes mixtes sont composées pour la plupart d'éléments qui, ainsi associés, n'existent nulle part mais sont dispersés et mêlés à d'autres ; c'est l'esprit seul qui les assemble et leur donne l'unité d'une idée ; et c'est par des mots seulement, en énumérant les diverses idées simples que l'esprit a unies, que l'on peut faire connaître aux autres ce dont le nom tient lieu ; ^vles sens ne sont ici d'aucun secours : ils ne peuvent présenter un objet sensible pour montrer l'idée que remplace le nom de mode mixte, comme ils le font souvent pour les noms d'idées^v simples sensibles, et aussi à un certain point pour les ^wnoms de^w substance.

---

t. Depuis la deuxième édition, ce texte remplace : « ... les idées qu'on construit en soi... ».

u. Terme ajouté depuis la deuxième édition.

v. Depuis la deuxième édition, ce texte remplace : « ... et non par application aux sens, comme on peut le faire pour les idées... ».

w. Ajout depuis la deuxième édition.

1. Texte parallèle à *Draft B*, § 159.

§ 19

3) Pour les substances, en montrant et en définissant

3) *Pour expliquer* la signification d'*un nom de substance*, en tant qu'il sert pour l'idée que l'on a d'une espèce distincte, les deux moyens précédents (*montrer et définir*[x]) *sont requis* en de nombreux cas.

Il y a en effet, pour chaque classe, des qualités dominantes[1] auxquelles sont attachées, suppose-t-on, les autres idées qui constituent l'idée complexe de cette espèce; et l'on [y]a tendance à donner le nom de l'espèce à la chose où se trouve cette marque caractéristique[y] que l'on prend pour l'idée qui le mieux distingue l'espèce. Ces idées dominantes ou caractéristiques (si je peux les nommer ainsi) sont pour les classes d'animaux et de végétaux (comme je l'ai noté [z]en 3.6.29 et en 3.9.15[z]) principalement la figure, et pour les corps inanimés la couleur, et parfois les deux à la fois[2].

x. Coste explicite la parenthèse: « ... de montrer la chose qu'on veut connaître, & de définir les noms qu'on emploie pour l'exprimer ... ».

y. Texte qui remplace depuis la quatrième édition; « ...donne le nom à une qualité, ou idée, qui est la plus observable, et ... ».

z. Ajout depuis la quatrième édition.

1. En s'appuyant sur l'expression qui suit « ...cette marque caractéristique... », on pourrait aussi traduire au singulier « ...il y a pour chaque classe une idée dominante... », mais cela contredirait le pluriel utilisé à la fin de la section (« parfois les deux ») et dans la section suivante.

2. Voir aussi 2.9.8-9 et 2.9.15.

§ 20

C'est en montrant qu'on acquiert le mieux les idées
des qualités dominantes des substances

Les *qualités sensibles dominantes*[1] sont *les ingrédients principaux d'une idée d'espèce* et par conséquent la [a]partie la plus observable et la plus constante de la[a] définition du nom spécifique attribué à la classe de substances dont on a connaissance. Certes, le son *homme* est par nature susceptible de signifier une idée complexe constituée d'*animalité* et de *rationalité* unies | dans le même sujet[2], aussi bien que tout **519** autre ensemble ; néanmoins, employé comme marque pour tenir lieu d'une classe de créatures que l'on considère comme du même genre, il est nécessaire d'inclure par exemple dans l'idée complexe signifiée par le mot *homme* la forme extérieure, autant que n'importe quelle autre idée qui s'y trouve. Et donc, pourquoi la définition de Platon : *Animal bipède sans plume à ongles larges*, utilisée pour la classe de créatures *homme*, ne serait-elle pas une définition aussi bonne de ce nom ? Il ne serait pas facile de le montrer, car c'est la forme extérieure comme qualité dominante qui semble plus déterminer cette espèce qu'une faculté de raisonner qui au début n'apparaît pas, et parfois n'apparaît jamais[3].

Si on ne l'admet pas, je ne vois pas comment on peut ne pas considérer comme meurtrier celui qui tue un nouveau-né

a. Texte qui remplace depuis la deuxième édition : « …meilleure ; ».

1. *Cf.* 3.6.29 : seules occurrences de la catégorie de « qualités dominantes », transposition empiriste de l'attribut essentiel de la scolastique.

2. *Subject*.

3. *Cf.* 3.6.26 ; 3.10.17.

anormal[1] parce qu'il a une forme extérieure inhabituelle, sans savoir s'il a ou non une âme rationnelle (ce qui ne peut être discerné au moment de la naissance chez un enfant normal, pas plus que chez un enfant mal formé). Et qui nous a informés qu'une âme rationnelle ne peut résider dans un logement qui n'aurait pas exactement cette façade et qu'elle ne peut s'adjoindre pour l'informer à une sorte de corps qui n'aurait pas telle structure extérieure précise[2] ?

§ 21

C'est en montrant qu'on acquiert le mieux les idées
de qualités dominantes des substances

Or, *c'est en montrant, qu'on acquiert le mieux les idées de qualités dominantes des substances* et on ne peut guère les faire connaître autrement. Des mots n'imprimeront que grossièrement et imparfaitement sur l'esprit la forme extérieure d'un *cheval* ou d'un *casoar*, alors que la vue de ces animaux le fera mille fois mieux. L'idée de la couleur particulière de l'*or* ne s'acquiert pas par la description, mais seulement par l'exercice répété des yeux, comme le manifestent ceux qui ont l'habitude de ce métal et pourront souvent distinguer par la vue l'or vrai du faux, l'or pur de l'alliage, là où les autres, qui ont d'aussi bons yeux mais n'ont pas acquis par expérience l'idée précise et subtile de ce jaune particulier, ne percevront aucune différence.

On peut dire la même chose des autres idées simples propres dans leur genre à une substance, pour lesquelles il n'y a pas de nom propre : la résonance particulière de l'or,

---

1. Mot à mot : « ... naissance monstrueuse (comme on l'appelle) ... ».
2. *Cf.* 2.27.15.

distincte de celle des autres corps n'a aucun nom qui lui soit attaché, pas plus que le jaune particulier qui caractérise ce métal.

§ 22
Les idées de leurs pouvoirs sont mieux acquises par définition

Beaucoup des idées simples qui constituent les idées spécifiques de substances sont des pouvoirs ; et | les choses, **520** telles qu'elles apparaissent normalement, ne les révèlent pas aux sens ; de ce fait, *pour les noms de substance, on fera mieux connaître une part de leur signification en énumérant ces idées simples qu'en montrant la substance elle-même.*

Celui qui ajoutera à la couleur jaune brillant de l'*or* qu'il a obtenue par la vue les idées que je lui énumère : *grande ductilité, fusibilité, fixité* et *solubilité dans* l'*eau régale*, aura une idée plus parfaite de l'*or* que celui qui ne peut que voir un morceau d'*or* et imprimer en son esprit ses seules qualités visibles. Mais si la constitution formelle [1] de cette chose brillante, lourde, ductile (dont découlent toutes des propriétés), était aussi accessible aux sens que la constitution formelle (ou essence) d'un triangle, la signification du mot *or* pourrait aussi facilement être assurée que celle du *triangle*.

---

1. Expression rare chez Locke, qui emploie habituellement *constitution interne* ou *réelle* ; *cf.* quelques lignes plus loin, une autre formule rare : *constitution radicale*.

§ 23

Réflexion sur la connaissance des Esprits

On peut découvrir par là combien le fondement de toute *notre connaissance des choses corporelles réside dans les sens.*

De quelle manière les Esprits séparés des corps (dont la connaissance et les idées de ces choses est certainement plus parfaite que la nôtre) les connaissent, nous n'en avons absolument aucune notion, aucune idée[b]. La totalité de notre connaissance ou de notre imagination ne dépasse pas nos propres idées, limitées à nos moyens de perception. On ne peut douter de la capacité des Esprits de rang supérieur à ceux qui sont immergés dans la chair d'avoir une idée aussi claire de la constitution radicale des substances que de celles que nous avons du triangle ; ils peuvent ainsi percevoir comment toutes leurs propriétés et leurs opérations en découlent ; mais la manière dont ils reçoivent cette connaissance dépasse nos conceptions[1].

§ 24

Les idées de substances doivent aussi être conformes aux choses

Bien qu'une définition serve à expliquer un nom de substances en tant qu'il tient lieu de notre idée, elle le laisse plein d'imperfections en tant qu'il tient lieu de choses. Car les noms de substances ne sont pas simplement utilisés pour nos

---

b. Coste insère en note dans sa deuxième édition de la traduction une citation de Montaigne se référant lui-même à Plutarque à propos de l'impossibilité pour l'homme d'imaginer les dieux et d'en discourir (*Essais,* livre 2, chap. 12, Paris, Seuil, 1967, p. 216).

1. *Cf.* 2.23.13 ; 4.3.6.

idées, ils sont utilisés pour représenter en dernière instance les
choses et sont mis à leur place ; donc leur signification doit
s'accorder avec la vérité des choses aussi bien qu'avec les
idées des gens. Pour les substances donc, il ne faut pas s'en
tenir à l'idée complexe ordinaire que l'on prend communément pour la signification de ce mot ; il faut aller un peu plus
loin et chercher la nature et les propriétés des choses mêmes
pour parfaire autant que possible notre idée de leurs espèces
distinctes ; | ou alors il faut les apprendre de ceux qui ont **521**
l'habitude et l'expérience de ce genre de choses.

On a en effet l'intention d'utiliser le nom de substance
pour un ensemble d'idées simples qui existe effectivement
dans les choses mêmes, aussi bien que pour l'idée complexe
présente dans l'esprit des autres personnes et que signifie
son acception ordinaire ; aussi, *pour définir correctement les
noms de substances, il faut étudier l'Histoire Naturelle* pour
examiner avec soin et découvrir leurs propriétés. Car, pour
éviter les incohérences dans les propos et les raisonnements
sur les corps et les substances naturelles, il ne suffit pas
d'avoir appris l'idée commune mais confuse et très imparfaite
à laquelle chaque mot est appliqué en propriété de termes, et
de le conserver lié à cette idée chaque fois qu'on l'utilise ; il
faut aussi se former au savoir[1] sur cette classe de choses pour
rectifier et fixer les idées complexes appartenant à chaque nom
d'espèce ; dans les propos avec les autres, si l'on découvre
qu'ils comprennent mal, il faut dire pour quelle idée
complexe on utilise ce nom.

Pour tous ceux qui cherchent la connaissance et la vérité
scientifique, ceci est d'autant plus nécessaire qu'on fait

---

1. *History*, au sens d'*histoire naturelle*.

apprendre aux enfants des mots alors qu'ils n'ont encore que
des notions très imparfaites des choses et que de ce fait ils les
appliquent au hasard sans beaucoup d'attention ᶜ et forgent
rarement les idées déterminées que ces mots doivent signi-
fierᶜ ; cette coutume, facile et suffisamment efficace pour les
discussions et les affaires ordinaires de la vie, ils ont tendance
à la conserver à l'âge adulte. Mais ils commencent ainsi par le
mauvais côté : ils apprennent d'abord parfaitement les mots
et ne construisent qu'ensuite très grossièrement les notions
auxquelles appliquer ces mots[1]. De là vient que des gens qui
parlent très correctement – c'est-à-dire en suivant les règles de
sa grammaire – la langue de leur pays, parlent pourtant de
façon très incorrecte des choses mêmes, et quand ils raisonnent entre eux, ils ne font que des progrès minimes dans la
découverte des vérités utiles et dans la connaissance des
choses telles qu'elles se trouvent dans les choses mêmes et
non dans l'imagination ; et comment on les appelle importe
peu aux progrès de la connaissance.

§ 25

Il n'est pas facile de le faire

Il serait donc à souhaiter que les gens versés en recherches
522 physiques et familiers des diverses classes de | corps naturels
fassent l'inventaire des idées simples que partagent constamment d'après leurs observations les individus de la même
classe. Cela remédierait beaucoup à la confusion qui naît de

---

c. Texte qui depuis la quatrième édition remplace : « …d'élaboration
d'idées claires et distinctes ».

1. Texte parallèle en 3.10.4 et tout ce paragraphe est parallèle à *Draft B*,
§ 87 fin.

ce que diverses personnes appliquent le même nom à un ensemble de qualités sensibles plus ou moins nombreuses, en fonction de leur plus ou moins grand savoir ou de la précision de leur examen des qualités d'une classe de choses tombant sous cette dénomination.

Mais un dictionnaire de ce genre, qui constituerait pour ainsi dire une *histoire naturelle*, exige un trop grand nombre de bras et aussi trop de temps, d'argent, de peines, de perspicacité, pour qu'on puisse espérer y parvenir. En attendant qu'il soit fait, il faut se contenter de définitions des noms de substances qui exposent le sens dans lequel les personnes utilisent les termes, et il serait bon, quand elles en l'occasion, qu'elles nous les donnent déjà. Mais même cela ne se fait habituellement pas, car les gens parlent entre eux et discutent avec des mots dont le sens n'est pas partagé ; ils commettent en effet l'erreur de croire que la signification des mots courants est établie avec certitude, que les idées précises dont ils tiennent lieu sont parfaitement connues et qu'il est honteux de les ignorer. Mais toutes ces hypothèses sont fausses : aucun nom d'idée complexe n'a de signification suffisamment déterminée pour être utilisé constamment pour la même idée précise ; et il n'est pas honteux de n'avoir de connaissance certaine de quelque chose que par les moyens nécessaires pour y parvenir. Ce n'est donc pas une déchéance de ne pas connaître quelle idée précise est signifiée dans l'esprit de quelqu'un d'autre par un son, avant qu'il ne me l'explicite par un autre moyen que la simple utilisation de ce son, car il n'y a pas d'autre moyen de la connaître avec certitude que de l'expliciter ainsi.

De fait la nécessité de la communication par le langage amène les gens à un accord sur la signification des mots ordinaires avec une latitude tolérable, qui peut être utile pour la conversation ordinaire ; c'est pourquoi on ne peut supposer que quelqu'un soit totalement ignorant des idées attachées à un mot par l'usage courant dans une langue qui lui est familière. Mais l'usage commun n'est qu'une règle très incertaine, qui se réduit finalement aux idées des hommes particuliers et se révèle souvent n'être qu'un modèle très variable.

Bien qu'un dictionnaire comme celui dont je viens de parler demande trop de temps, d'argent et de peines pour espérer sa réalisation en ce siècle, il ne me semble pas déraisonnable de proposer que les mots tenant lieu de choses connues et caractérisées par leur forme extérieure, soit exprimés par de petits dessins et de petites gravures qui les reproduisent. Un vocabulaire de ce type[d] | enseignerait plus facilement et en moins de temps la véritable signification de beaucoup de termes, spécialement pour les langues d'époques ou de pays lointains ; il donnerait aux gens des idées plus vraies de nombreuses choses dont on lit le nom dans les auteurs anciens, que tous les grands commentaires laborieux des savants interprètes. Les naturalistes qui traitent de plantes et d'animaux ont bien compris l'avantage de cette méthode, et celui qui a eu l'occasion de consulter ces vocabulaires reconnaîtra avoir une idée plus claire du *persil* ou du *bouquetin*[1] grâce à une petite image de cette herbe ou de cette bête qu'il ne pourrait l'avoir par une longue définition de leur nom ; de même, aura-t-on une idée plus claire de *Strigil* et de *Sistrum*,

---

d. Coste ajoute dans sa deuxième édition une note : « Ce dessein a été enfin exécuté par un savant Antiquaire, le fameux *P. de Montfaucon*. Son Ouvrage est intitulé *L'Antiquité expliquée et représentée en figures*, fol. 10 voll. Paris 1722. … ».

1. Locke donne les noms latins : *Amium* et *Ibex*.

si au lieu de *étrille* et de *cymbale* qui sont les noms français qu'un dictionnaire utilise pour les définir, on voit dans la marge de petites images de ces instruments tels qu'ils étaient utilisés par les Anciens. *Toga, Tunica, Pallium* se traduisent facilement pas *robe, veste, manteau*, mais cette traduction ne donne pas plus d'idée vraie de la forme de ces habits chez les Romains que du visage des tailleurs qui les ont faits. Un dessin ferait bien mieux entrer dans l'esprit une chose comme celles-là, que l'œil distingue par la forme extérieure, et il déterminerait bien plus la signification de ces mots que tout autre mot mis à sa place ou utilisé pour le définir. Mais je dis cela en passant.

§ 26
5) *Par la permanence de la signification*

5) Si les gens ne veulent pas prendre la peine d'expliciter le sens de leurs mots et si la définition de leurs termes ne peut être obtenue, on pourrait au moins espérer que dans tous les échanges où quelqu'un prétend instruire ou convaincre quelqu'un d'autre, il *utilise constamment le même mot dans le même sens*. Si c'était fait (ce que personne ne peut refuser de faire sans grande malhonnêteté), beaucoup de livres pourraient être épargnés, beaucoup des controverses qui émaillent les disputes arriveraient à terme, beaucoup des gros volumes, bouffis de mots ambigus utilisés tantôt dans un sens et tantôt dans un autre, se réduiraient à un tout petit volume ; beaucoup d'œuvres philosophiques (pour ne pas mentionner les autres) mais aussi poétiques tiendraient dans une coquille de noix[1].

---

1. Section parallèle à *Draft B*, § 89.

§ 27

Quand le changement doit être expliqué

Mais après tout, [e]la réserve de mots est si réduite[e] par rapport à la variété infinie[f] des pensées que l'on manque de **524** termes pour | exprimer les notions précises ; et malgré les plus grandes précautions, on sera contraint d'utiliser le même mot en un sens un peu différent. Même si, dans la continuité d'un propos ou la poursuite d'une argumentation, il n'y a guère de place, chaque fois qu'on change la signification d'un terme, pour une digression qui le définisse particulièrement, le thème général du propos suffira la plupart du temps pour mener un lecteur sincère et intelligent au sens vrai du terme, s'il n'y a pas de sophisme intentionnel. Mais là où cela ne suffit pas à guider le lecteur, c'est au rédacteur à expliquer ce qu'il veut dire et à montrer en quel sens il utilise ici le terme [2].

e. Texte qui remplace depuis la deuxième édition : « …les mots sont si rares… ».

f. Texte qui remplace depuis la deuxième édition : « …qui existe dans les pensées humaines… ».

2. Cf. *Logique de Port-Royal*, I, XIII.

ESSAI SUR L'ENTENDEMENT HUMAIN

LIVRE IV

TABLE DES MATIÈRES DÉTAILLÉE

LA CONNAISSANCE EN GÉNÉRAL

§ 1
La connaissance porte sur nos idées

Puisque *l'esprit* n'a d'autre objet immédiat, dans toutes ses pensées et tous ses raisonnements, que ses propres idées (il ne contemple et ne peut contempler qu'elles), il est évident que notre connaissance ne porte que sur elles.

§ 2
La connaissance est la perception de la convenance
ou de la disconvenance de deux idées

La *connaissance* dès lors n'est rien d'autre, me semble-t-il, que *la perception de la liaison et de la convenance, ou de la disconvenance et de la contradiction, de telles ou telles de nos idées*; c'est en cela seul qu'elle consiste; là où il y a cette perception, il y a connaissance; là où elle fait défaut, même si l'on imagine, si l'on conjecture ou si l'on croit, jamais on n'accède à la connaissance [1].

---

1. *Cf.* entre autres, Aristote, *Métaphysique*, E, 4, 1027, Thomas d'Aquin, *Somme Théologique*, IIa IIae, q.1 a.4.

Ainsi, quand on connaît [1] que *le blanc n'est pas noir*, que fait-on d'autre que percevoir que ces deux idées ne concordent pas? Quand on est pénétré de la sécurité parfaite de la démonstration selon laquelle *les trois angles d'un triangle sont égaux à deux droits*, que fait-on d'autre que percevoir que *égalité à deux droits* concorde nécessairement avec les trois angles d'un triangle, que c'en est inséparable [a].

§ 3
Cette convenance est quadruple

Mais, pour comprendre un peu plus distinctement en quoi consistent cette convenance ou cette disconvenance, on peut les ramener entièrement, je pense, à quatre sortes :

1) *Identité* ou *différence*;
2) *Relation*;
3) *Coexistence* ou *liaison nécessaire*;
4) *Existence réelle*.

§ 4
1. Identité ou différence

1) La première sorte de convenance ou de disconvenance : *identité* ou *différence*. Quand l'esprit a une sensation | ou une idée, son premier acte est de percevoir ses idées et, dans la mesure où il les perçoit, de connaître chacune en ce qu'elle est; et par là de percevoir aussi leur différence : que l'une n'est pas l'autre. C'est absolument nécessaire, au point qu'autrement il ne pourrait en rien y avoir de connaissance, de raisonnement,

---

a. Dans la cinquième édition, citation de la seconde lettre à l'évêque de Worcester, donnée en annexe, note 8.

1. *Know*, que l'on a préféré traduire, ici et dans la suite, par *connaît* même quand le français utilise *sait*, de même que l'on traduit *knowledge* par *connaissance*, afin de conserver le sens précis que Locke donne à ces termes.

d'imagination, de pensées distinctes [1]. Par là, l'esprit perçoit clairement et infailliblement que chaque idée est en accord avec elle-même (qu'elle est ce qu'elle est), et que toute idée distincte est en disconvenance, (c'est à dire que l'une n'est pas l'autre). Et cela se fait sans difficulté ni travail ni déduction, mais dès la première vue, par son pouvoir naturel de perception et de distinction.

Les hommes de l'art ont ramené cela aux règles générales : *Ce qui est est*, et *Il est impossible pour la même chose d'être et de ne pas être*, pour en disposer partout où il y a lieu d'y réfléchir ; pourtant, il est certain que cette faculté est d'abord mise en œuvre sur des idées singulières [2]. Un homme connaît infailliblement, dès qu'il les a dans l'esprit, que les idées qu'il nomme *blanc* et *rond* sont les idées mêmes qu'elles sont et non les autres idées qu'il nomme *rouge* et *carré*. Et aucune maxime ou proposition au monde ne pourra lui procurer une connaissance plus claire et plus assurée que celle qu'il avait auparavant, sans ces règles générales.

Tel est donc la première convenance, ou disconvenance, que perçoit l'esprit entre ses idées – et il les perçoit toujours dès la première vue. Si jamais quelque doute surgit à ce sujet, on verra toujours que c'est un doute sur les noms plutôt que sur les idées mêmes [3] : leur *identité* et leur *différence* seront toujours perçues dès que les idées elles-mêmes seront perçues et aussi clairement qu'elles – et il ne peut en être autrement.

§ 5
2. *Relative*

2) Une autre sorte de convenance ou de disconvenance que perçoit l'esprit entre n'importe quelles idées peut être appelée, je pense, *relative* ; elle n'est autre que *la perception de la*

1. *Cf.* 2.29.12.
2. *Cf.* 1.2.23, 4.17.8.
3. *Cf.* 2.29.6, 12.

relation entre deux idées de n'importe quel genre (que ce soit substance, mode ou tout autre). Les idées distinctes en effet doivent être éternellement connues comme n'étant pas les mêmes, et par suite niées universellement et constamment l'une de l'autre ; il ne pourrait donc y avoir place pour aucune connaissance positive si nous ne pouvions percevoir aucune relation entre nos idées ni découvrir la convenance ou la disconvenance qu'elles entretiennent l'une avec l'autre, selon les diverses façons dont l'esprit les compare.

§ 6
3. *De coexistence*

3) On peut trouver une troisième sorte de convenance ou disconvenance entre les idées, où s'exerce la perception **527** de l'esprit : | la *coexistence* ou la *non coexistence* dans le même sujet, qui caractérise en particulier les substances. Par exemple, quand on affirme à propos de l'*or* qu'il est fixé, la connaissance de cette vérité se limite au fait que la fixité (le pouvoir de résister au feu) est une idée toujours associée et liée à cette sorte singulière de jaune, de poids, de fusibilité, de malléabilité, de solubilité dans l'*eau régale*, qui constitue notre idée complexe désignée par le mot *or* [1].

§ 7
4. *D'existence réelle*

4) La quatrième et dernière sorte, c'est l'*existence réelle et effective*, qui concorde avec toute idée.

Ces quatre sortes de convenance et de disconvenance, selon moi, contiennent toute la connaissance que l'on a ou que l'on peut avoir. Car toutes les recherches possibles à propos de l'une ou l'autre de nos idées, tout ce que l'on en connaît ou l'on peut en affirmer, tient en ceci : *elle est ou n'est pas la même qu'une autre ; elle coexiste toujours ou non avec*

---

1. *Cf.* 3.6.2.

une autre dans le même sujet; elle a telle ou telle relation à une autre idée; elle a une existence réelle en dehors de l'esprit.

Ainsi, *Bleu n'est pas jaune* a trait à l'identité; *Deux triangles de bases égales inscrits entre deux lignes parallèles sont égaux*[1] a trait à la relation; *Le fer peut être magnétisé* a trait à la coexistence; DIEU *existe* a trait à l'existence réelle.

Certes, identité et coexistence ne sont pas en fait autre chose que des relations; mais ce sont des formes si particulières de convenance ou de disconvenance entre nos idées qu'elles méritent d'être considérées comme des rubriques différentes et non sous la rubrique générale de relations; ce sont en effet des principes d'affirmation ou de négation fort différents, chacun le verra s'il réfléchit tant soit peu sur ce qui est dit en plusieurs endroits de cet essai[2].

Je devrais maintenant poursuivre par l'examen des différents degrés de connaissance[3], mais il faut d'abord considérer les différentes significations du mot *connaissance*.

§ 8
Connaissance effective ou connaissance habituelle

Il existe plusieurs façons pour l'esprit d'être possédé par une vérité; chacune s'appelle connaissance:

1) Il y a la *connaissance effective*, qui est la vision présente par l'esprit de la convenance ou de la disconvenance entre telles ou telles de ses idées, ou de leur relation.

2) On dit [aussi] qu'on connaît une proposition si elle a d'abord été présentée à la pensée et qu'on y a perçu alors avec évidence la convenance | ou la disconvenance entre ses idées **528**

---

1. Égaux en surface, puisque la surface d'un triangle est égale au produit de la demi-base par la hauteur; *cf.* 4.3.3.

2. Identité: 1.2; 2.1; 2.25.1; 2.27; 4.1.14; coexistence: 2.23; 3.3; 3.6; 4.1.6.

3. *Cf.* 4.2.1.

constitutives ; puis on l'a mise en mémoire de telle manière
que chaque fois qu'elle resurgit à la réflexion, sans doute ni
hésitation on choisit la bonne interprétation, on donne son
assentiment et on est certain de sa vérité[1]. On peut appeler cela
je pense de la *connaissance habituelle*. On peut ainsi dire
qu'on connaît toutes les vérités qui sont mises en mémoire par
une perception antérieure claire et complète et dont l'esprit est
ensuite indubitablement assuré chaque fois qu'il lui arrive d'y
réfléchir. Car notre esprit fini n'est capable de penser clairement
et distinctement qu'à une chose à la fois ; et donc si l'on n'avait
aucune connaissance en dehors de ce à quoi l'on pense
effectivement, on serait tous très ignorants ; et celui qui aurait le
plus de connaissance ne connaîtrait qu'une seule vérité, puisque
ce serait tout ce à quoi il peut penser en une seule fois.

§ 9
La connaissance habituelle est double

Il existe aussi (vulgairement parlant[2]) deux degrés de
connaissance habituelle :

1. le premier : la connaissance de *vérités mises en
mémoire, dont, sitôt qu'elles se présentent à l'esprit, celui-ci
perçoit effectivement la relation entre ces idées*. Cela vaut
pour toutes les vérités dont on a une *connaissance intuitive*,
où les idées mêmes, par saisie immédiate, dévoilent leur
convenance (ou disconvenance) l'une avec l'autre.

2. le second : la connaissance de *vérités dont l'esprit a été
convaincu et retient le souvenir de la conviction sans les
preuves*. Ainsi retient-on avec certitude qu'on a un jour perçu
la démonstration selon laquelle les trois angles d'un triangle

---

1. *Cf.* 2.9.10.

2. Parenthèse peut-être justifiée par le texte des trois premières éditions
(*cf.* notes b, c, d).

sont égaux à deux droits : on [b-]est certain qu'on la connaît[-b] parce qu'on ne peut douter de sa vérité [1].

[c-]De cette adhésion à une vérité dont on a oublié la démonstration initialement utilisée pour en avoir connaissance, on peut penser qu'elle est plutôt une croyance en un souvenir qu'une véritable connaissance ; et cette façon de posséder une vérité m'a d'abord paru comme[-c] quelque chose qui se situerait entre l'opinion et la connaissance, une forme d'assurance qui dépasse la simple croyance parce qu'elle s'appuie sur le témoignage d'un autre ; [d-]pourtant, après un examen sérieux, j'ai trouvé que la certitude parfaite ne lui fait pas défaut | et qu'il s'agit en fait d'une véritable connaissance. **529** Ce qui peut nous induire en erreur dans nos premières réflexions sur la question, c'est qu'en ce cas on ne perçoit plus comme la première fois la convenance ou la disconvenance

b. Texte à partir de la quatrième édition, qui remplace « ... accepte communément qu'il s'agisse de connaissance ... » figurant dans les éditions antérieures.

c. Texte à partir de la quatrième édition, qui remplace « Mais, ayant oublié la démonstration, à proprement parler il accorde plutôt foi à sa mémoire qu'il ne connaît la chose ; ou plutôt c'est... » figurant dans les éditions antérieures.

d. Texte à partir de la quatrième édition, qui remplace « ... pourtant il lui manque la connaissance parfaite. Car la connaissance parfaite consiste en claire perception de la relation entre deux idées quelconques, que ce soit par juxtaposition, comme dans la connaissance intuitive, ou par intervention d'autres idées qui découvrent immédiatement leur relation les unes aux autres, comme dans la démonstration ; et donc on ne peut dire en rigueur de termes que l'esprit va jusqu'à une connaissance habituelle, alors qu'il n'a pas de saisie habituelle des preuves, qu'il n'a pas de souvenir suffisant de la démonstration pour percevoir, quand la proposition lui revient à l'esprit, le lien entre ces idées grâce à l'intervention ces autres idées qui ont montré (par leur lien ou leur relation immédiats l'une à l'autre) la relation entre les [idées] extrêmes. Et de là vient que ... ».

1. *Cf.* 4.16.1.

des idées par la saisie effective de toutes les idées intermédiaires, qui permettaient alors de percevoir la convenance
ou la disconvenance des premières dans la proposition [1] ; elle
est perçue par d'autres idées intermédiaires, qui montrent la
convenance ou la disconvenance des idées contenues dans la
proposition dont on conserve en mémoire la certitude.

Par exemple, pour la proposition *Les trois angles d'un
triangle sont égaux à deux droits*, quand on a vu et clairement
perçu la démonstration de sa vérité, on connaît qu'elle est
vraie une fois cette démonstration sortie de l'esprit ; à ce
moment, la démonstration n'est plus effectivement perçue et
ne peut sans doute être remémorée ; on la connaît pourtant,
d'une façon différente de la précédente. La convenance dans
la proposition des deux idées jointes est perçue, mais c'est
par l'intervention d'autres idées que celles qui ont initialement produit cette perception. On se souvient, c'est à dire
on connaît (car le souvenir n'est que la reviviscence d'une
connaissance passée), qu'on était autrefois certain de la vérité
de la proposition *Les trois angles d'un triangle sont égaux à
deux droits* [2].

Le caractère immuable de relations identiques entre des
choses identiques immuables, telle est maintenant l'idée qui
montre que si les trois angles d'un triangle ont été autrefois
égaux à deux droits, ils seront toujours égaux à deux droits. À
partir de là, on parvient à être certain que ce qui a été autrefois
vrai en ce domaine est toujours vrai ; que les idées qui concor-
daient autrefois concorderont toujours, et par conséquent, que
ce qu'on a autrefois connu comme vrai, on le connaîtra
toujours comme vrai, aussi longtemps qu'on peut se souvenir
l'avoir connu autrefois.

---

1. Référence implicite à la connaissance démonstrative : *cf.* 4.2.2.
2. *Cf.* 4.2.7 ; 4.17.15.

C'est sur ce fondement que les démonstrations sur des cas singuliers en mathématiques fournissent des connaissances générales. Si donc la perception que les mêmes idées auront éternellement les mêmes rapports et les mêmes relations n'était pas un fondement suffisant de connaissance, il ne pourrait y avoir en mathématiques aucune connaissance de propositions générales, car aucune démonstration mathématique ne serait autre que singulière ; et quand on a démontré une proposition concernant un triangle ou un cercle, la connaissance ne dépasserait pas cette figure singulière[1]. | Si **530** l'on voulait l'étendre à d'autres cas, on devrait renouveler sa démonstration sur un autre exemple avant de pouvoir connaître qu'elle est vraie d'un autre triangle semblable, et ainsi de suite ; et de cette manière, on ne parviendrait jamais à la connaissance d'aucune proposition générale[2].

Personne ne nierait, je pense, que monsieur Newton connaît avec certitude la vérité de toute proposition qu'il lit aujourd'hui dans son livre, même s'il ne saisit pas réellement cette chaîne admirable d'idées intermédiaires qui lui ont permis initialement de découvrir sa vérité. Une mémoire capable de retenir une telle suite de détails est au-delà des capacités humaines, pensera-t-on à juste titre puisqu'on pense que la découverte même, la perception et l'assemblage de cette liaison merveilleuse d'idées dépassent la compréhension de la plupart des lecteurs. Il est pourtant évident que l'auteur lui-même connaît la vérité de la proposition en se rappelant qu'il a vu autrefois la liaison de ces idées, aussi sûrement qu'il connaît que tel homme en a blessé un autre car il se souvient l'avoir vu le transpercer de son épée.

---

1. *Cf.* 4.7.9.
2. Comparer avec Hobbes, *Leviathan*, chapitre IV ; voir *Draft A*, § 12, édition Nidditch, p. 25.

Mais la mémoire n'est pas toujours aussi claire que la perception effective, et elle faiblit plus ou moins chez tous avec le temps [1] ; et ceci, ajouté à d'autres différences, manifeste que[-d] la *connaissance démonstrative* est bien plus imparfaite que la *connaissance intuitive*, on va le voir au chapitre suivant [2].

1. *Cf.* 4.10.9.
2. *Cf.* 4.2.7.

CHAPITRE 2

LES DEGRÉS DE CONNAISSANCE

§ 1
Intuitive

Toute notre connaissance, comme je l'ai dit [1], est la saisie par l'esprit de ses propres idées ; c'est la plus vive lumière et la plus grande certitude dont nous soyons capables avec nos facultés et notre façon de connaître ; il n'est donc pas inutile de considérer quelque peu ses niveaux d'évidence.

Il me semble que la clarté variable de notre connaissance réside dans les différentes façons dont l'esprit perçoit la convenance ou la disconvenance entre deux de ses idées. Si l'on réfléchit en effet sur ses propres façons de penser, on verra que parfois l'esprit perçoit la convenance ou la disconvenance de deux idées, immédiatement et | par elles-mêmes, sans l'inter- **531** vention d'aucune autre. C'est ce qu'on peut appeler, je pense, *connaissance intuitive*. Car l'esprit n'a aucune difficulté ici à donner des preuves ou à examiner ; il perçoit la vérité, comme

---

1. *Cf.* 4.1.2, qui ne définit pas la connaissance comme saisie des idées, mais comme perception de la convenance entre elles.

l'œil perçoit la lumière, du seul fait d'être dirigé vers elle. Ainsi l'esprit perçoit-il que *blanc* n'est pas *noir*, qu'un *cercle* n'est pas un *triangle, que trois* est supérieur à *deux* et égal à *deux* plus *un*. Ce genre de vérité est perçu par l'esprit à la première vision simultanée des idées, par simple *intuition*, sans intervention d'aucune autre idée ; ce genre de connaissance est le plus clair et le plus certain dont soit capable la faiblesse humaine. Cette partie de la connaissance est irrésistible et, comme l'éclat du soleil, elle s'impose immédiatement à la perception dès que l'esprit se tourne en ce sens ; elle ne laisse aucune place au doute, à l'hésitation ou à l'examen ; l'esprit est aussitôt comblé de sa totale clarté [1].

C'est de cette *intuition* que dépendent toutes la certitude et l'évidence de toute notre connaissance, certitude que chacun éprouve telle qu'il ne puisse en imaginer, ni donc en exiger, de plus grande. Un homme ne peut en effet se concevoir capable d'une plus grande certitude que celle qui consiste à connaître qu'une idée dans son esprit est telle qu'il la perçoit ; et que deux idées où il perçoit une différence sont différentes et non pas exactement identiques [2]. Celui qui exige une plus grande certitude, exige quelque chose qu'il ignore, et manifeste uniquement son envie d'être sceptique alors qu'il n'en est pas capable.

La certitude dépend tellement de cette intuition que, pour le degré suivant de connaissance que je nomme *démonstratif*, cette intuition est nécessaire pour lier toutes les idées intermédiaires, faute de quoi on ne peut parvenir à la connaissance ni à la certitude.

1. *Cf.* 4.17.14.
2. *Cf.* 2.11.3 ; 2.29.3.

§ 2
Démonstrative

Le degré suivant de connaissance, c'est la perception par l'esprit de la convenance ou de la disconvenance entre idées, mais pas immédiatement. Certes, chaque fois que l'esprit perçoit la convenance ou la disconvenance entre telles de ses idées, il y a connaissance certaine ; pourtant il n'arrive pas toujours que l'esprit voie cette convenance ou cette disconvenance qui existent entre elles, même s'il est possible de la découvrir. Dans ce cas, l'esprit demeure dans l'ignorance et, au mieux, il n'atteint que la conjecture probable.

La raison pour laquelle l'esprit ne peut chaque fois percevoir la convenance ou la disconvenance de ces deux idées, c'est qu'il ne peut joindre les idées dont il cherche la convenance ou la | disconvenance de manière à la rendre manifeste : **532** en ce cas, lorsque l'esprit ne peut joindre ces idées de façon à percevoir, par leur comparaison immédiate, leur "juxtaposition" ou leur attribution l'une à l'autre, leur convenance ou leur disconvenance, il est obligé de découvrir la convenance ou la disconvenance qu'il cherche par la médiation d'autres idées (une ou plusieurs selon les cas) ; et c'est que qu'on appelle *raisonner*[1]. Ainsi, quand l'esprit veut connaître la convenance ou la disconvenance de la taille des trois angles d'un triangle d'une part et de deux angles droits d'autre part, il ne peut y arriver par la saisie ou la comparaison immédiates : les trois angles d'un triangle ne peuvent être réunis et comparés avec un ou deux autres angles ; et l'esprit n'en a aucune connaissance immédiate ou intuitive. En ce cas, l'esprit est obligé de trouver d'autres angles égaux aux trois angles du

---

1. *Cf.* 4.17.15.

triangle et, comme il découvre que ces angles sont égaux à deux droits, il en vient à connaître leur égalité à deux droits [1].

§ 3
Elle dépend de preuves

Ces idées intermédiaires qui servent à montrer la convenance de deux autres, on les appelle *preuves*. Là où la convenance ou la disconvenance sont perçues manifestement et clairement par cette voie, cela s'appelle *démonstration*, parce qu'on *montre* à l'entendement et qu'on fait voir à l'esprit qu'il en est ainsi. La rapidité de l'esprit à découvrir des idées intermédiaires (qui dévoileront la convenance ou la disconvenance d'une autre) et à les appliquer correctement, c'est ce qu'on appelle, je crois, la *sagacité*.

§ 4
Mais n'est pas si facile

Cette connaissance par preuves intermédiaires est assurément certaine, mais l'évidence n'est *pas aussi claire* et lumineuse et l'assentiment n'est pas aussi prompt *que* dans la connaissance *intuitive*. Dans la *démonstration* en effet l'esprit perçoit finalement la convenance ou la disconvenance des idées qu'il considère, mais il y arrive non sans peine ni attention ; il faut pour la trouver plus qu'un regard rapide : une tension et une quête constantes sont requises dans cette recherche. Il y faut une progression par étapes et degrés avant que l'esprit ne puisse arriver de cette manière à la certitude et à la perception de la convenance ou de l'opposition entre deux idées qui demandent des preuves et la mise en œuvre de la raison pour les manifester.

---

1. Cf. *Draft A*, § 11 ; comparer avec Gassendi, *Institutio logicae*, Pars V, canon I.

§ 5
Précédée de doutes

Il y a une autre différence entre connaissance intuitive et connaissance démonstrative : certes, dans la connaissance démonstrative, il ne reste aucun doute lorsque | l'intervention **533** d'idées intermédiaires fait percevoir la convenance ou la disconvenance ; pourtant, avant la démonstration, il y avait doute, ce qui ne peut arriver avec la connaissance intuitive pour l'esprit dont la faculté de perception garde la capacité d'avoir des idées distinctes, pas plus que l'œil (qui peut distinguer le blanc du noir) ne peut se demander si encre et papier sont de même couleur. Si l'œil voit, il percevra du premier coup et sans hésitation que les mots imprimés sur la feuille sont de couleur différente du papier ; de même, si l'esprit a la faculté de percevoir distinctement, il percevra la convenance ou la disconvenance des idées qui produisent la connaissance intuitive. Si l'œil a perdu la faculté de voir, ou l'esprit la faculté de percevoir, on s'inquiètera inutilement de la rapidité de la vue du premier ou de la clarté de la perception[a] du second.

§ 6
Pas aussi claire

La perception produite par la *démonstration* est également très claire, c'est vrai ; mais il y manque souvent beaucoup de cet éclat évident et de cette pleine assurance[1] qui accompagnent toujours la connaissance que j'appelle *intuitive*. C'est comme un visage renvoyé indéfiniment par des miroirs multiples : il produit une connaissance tant qu'il conserve la

---

a. Note de Coste : « Ce mot se prendra ici pour une Faculté, et c'est dans ce sens qu'on l'a pris au Livre II, Ch. IX intitulé *De la perception* ».

1. *Assurance* qualifie exceptionnellement ici la connaissance ; voir aussi 4.11.2-3, 8-9 et 4.16.6.

similitude et la convenance avec l'objet ; mais chaque réflexion successive perd néanmoins en clarté et en distinction par rapport à la perfection initialement présente ; et à la fin, après plusieurs renvois, il s'y mêle beaucoup d'obscurité [1] ; à première vue, on ne peut plus aussi bien le connaître, spécialement avec des yeux affaiblis. Il en va de même pour la connaissance engendrée par une longue suite de preuves.

§ 7
Chaque étape doit recevoir une garantie intuitive

Or, *dans la connaissance démonstrative, à chaque étape que construit la raison il y a une connaissance intuitive* de la convenance ou de la disconvenance [b]cherchées avec l'idée médiatrice la plus proche utilisée comme preuve[-b] ; car s'il n'en était pas ainsi, cela même demanderait une preuve. En effet, sans la perception de la convenance ou de la disconvenance, aucune connaissance n'est produite ; si convenance ou disconvenance sont perceptibles par eux-mêmes, il s'agit d'une connaissance intuitive ; s'ils ne sont pas perceptibles par eux-mêmes, il faut une idée intermédiaire, qui serve de mesure commune pour montrer leur convenance ou leur disconvenance. D'où il est clair que toute étape de raisonnement qui produit une

534 connaissance a une certitude intuitive ; et quand | l'esprit perçoit cette certitude, il ne faut rien de plus, si ce n'est de se souvenir qu'elle rend visibles et certaines la convenance ou la disconvenance des idées, objets de la recherche.

Et donc, pour *démontrer*, il est nécessaire de percevoir la convenance immédiate des idées intermédiaires grâce auxquelles on trouve la convenance ou la disconvenance des

---

b. Coste traduit : « ... de chaque idée qui lie ensemble les idées entre lesquelles elle intervient pour montrer la convenance ou la disconvenance des deux idées extrêmes ... ».

1. *Cf.* 4.16.10.

deux idées examinées (dont l'une est toujours la première et l'autre la dernière de l'énoncé)[1].

Cette perception intuitive de la convenance ou de la disconvenance des idées intermédiaires à chaque étape de la progression de la *démonstration* doit aussi être retenue exactement par l'esprit; et il faut être sûr de ne rien laisser tomber; et c'est parce que, dans les déductions longues, avec l'emploi de plusieurs preuves, la mémoire ne s'en souvient plus avec toujours autant de facilité et d'exactitude, qu'il se fait que cette connaissance soit plus imparfaite que la connaissance intuitive[2] et que l'on prenne souvent des erreurs pour des démonstrations[3].

§ 8
De là vient l'erreur [de la règle] « Partir du déjà connu et accepté »

Que cette connaissance intuitive à chaque étape du raisonnement scientifique ou démonstratif soit nécessaire, c'est ce qui a donné lieu, je crois, à cet *axiome erroné* : « Tout raisonnement doit se faire à partir du déjà connu et accepté ». À quel point il s'agit d'une erreur, j'aurai l'occasion de le montrer quand j'en viendrai aux propositions, et particulièrement à ces propositions que l'on appelle *maximes*[4]; et je montrerai que c'est par erreur qu'on les prend pour fondements de toute notre connaissance et de tous nos raisonnements.

1. *Cf.* Descartes, *Regulae*, III.
2. *Cf.* 4.1.9 fin.
3. *Cf.* 4.17.15.
4. *Cf.* 4.7.8.

§ 9
La démonstration ne se limite pas à la quantité

ᶜOn a généralement considéré qu'il était accordé que seules les mathématiques sont susceptibles d'accéder à la certitude démonstrative. Mais cette convenance ou cette disconvenance immédiatement perçues ne sont pas, je pense, le privilège des seules idées de *nombre*, d'*étendue* et de *figure*. Il se peut que ce soit faute de méthode appropriée, faute de soin de notre part, et non faute d'évidence suffisante dans les choses, que la démonstration ait été conçue comme si peu pertinente dans les autres champs de connaissance et qu'il n'y en ait guère eu, mathématiciens exceptés, pour ne serait-ce que l'envisagerᶜ. Car, quelques idées que nous ayons, où l'esprit peut percevoir la convenance ou la disconvenance immédiates qui existent entre elles, l'esprit est capable de
535 connaissance intuitive | et quand il perçoit la convenance ou la disconvenance de n'importe quelle paire d'idées par perception intuitive de la convenance ou de la disconvenance avec une idée intermédiaire, il est capable de démonstration ; et celle-ci ne se limite donc pas aux idées d'étendue, de figure, de nombre et à leurs modes.

§ 10
Pourquoi l'on a pensé ainsi

La raison pour laquelle on l'a en général cherchée et supposée exister entre ces idées seules a été je pense, non seulement l'utilité générale de ces sciences, mais le fait que, concernant l'égalité ou l'inégalité des modes numériques, la

---

c. Texte qui, depuis la deuxième édition, remplace le texte suivant de la première édition : « Ce *ne* sont *pas* seulement les mathématiques et les *seules idées de nombre, d'étendue et de figure*, qui sont *capables de démonstration*, pas plus que ce ne sont ces idées seules et leurs modes qui seraient capables d'intuition : … ».

plus petite différence est totalement claire et perceptible[1]. Certes, pour l'étendue, la plus petite différence n'est pas aussi perceptible, mais l'esprit a dégagé les moyens d'examiner et de découvrir par démonstration l'exacte égalité de deux angles, de deux étendues, ou de deux figures ; et aussi bien les nombres que les figures peuvent être exprimés par des signes visibles et durables[2], [d]qui déterminent parfaitement les idées à considérer, alors que pour la plupart elles ne sont pas déterminées quand on ne les désigne que par des noms et des mots[d].

§ 11

Mais pour les autres idées simples, dont les modes et les différences sont construits et comptés par degrés et non par quantités, on ne distingue pas assez précisément leurs différences pour percevoir ou trouver le moyen de mesurer leur égalité exacte ou leurs moindres différences. Car ces idées simples sont des manifestations ou des sensations produites en nous par la taille, la figure, le nombre et le mouvement des corpuscules infimes, insensibles un par un, et donc leurs divers degrés dépendent aussi de la variation de toutes ces causes ou de certaines d'entre elles ; comme on ne peut observer cette variation dans les particules de matière parce que chacune est trop petite pour être perçue, il nous est impossible d'avoir une mesure exacte des différents degrés de ces idées simples[3].

Supposons que la sensation ou l'idée nommée *blanc* soit produite en nous par un certain nombre de globules qui tourbillonnent autour de leur centre[4] et frappent la *rétine* de

---

d. Texte ajouté à partir de la quatrième édition.

1. *Cf.* 2.16.4.
2. *Cf.* 4.3.19.
3. Cf. *Draft A*, § 12 ; 2.8.25 ; 4.3.24-25 ; etc.
4. *Cf.* Descartes, *Principes*, II, 33-35 ; IV, 198, 201.

l'œil avec une certaine degré de rotation et une vitesse progressive ; il s'ensuivra aisément que plus les parties superficielles d'un corps seront ordonnées de manière à refléter un plus grand nombre de globules de lumière et à leur donner la rotation propre à produire en nous cette sensation de blanc, 536 plus paraîtra blanc ce corps | qui envoie à la rétine, à partir d'une surface égale, un plus grand nombre de corpuscules dotés de ce mouvement spécifique.

Je ne dis pas que la nature de la lumière consiste en globules ronds très petits, ni que la nature de la blancheur consiste en une texture des éléments telle qu'en les reflétant elle engendre une certaine rotation de ces globules ; car je ne traite pas ici de la lumière ou des couleurs en physicien. Mais je peux dire ceci : je ne peux concevoir (et j'aimerais qu'on explique comment on y arrive) comment les corps extérieurs peuvent affecter nos sens autrement que par le contact immédiat des corps sensibles eux-mêmes (comme pour le goût, le toucher) ou par l'impulsion d'une particule insensible qui en vient (comme dans la vision, l'audition et l'odorat) ; et les diverses impulsions de ces éléments, engendrées par leur taille, leur figure et leur mouvement divers, produisent en nous la variété des sensations.

§ 12

Que l'idée de *blanc* se produise en nous parce ces particules sont ou parce qu'elles ne sont pas des globules, parce qu'elles tourbillonnent autour de leur centre ou parce qu'elles ne tourbillonnent pas, il est certain que plus il y a de particules de lumières réfléchies à partir d'un corps disposé à donner à ces particules le mouvement spécifique produisant en nous la sensation de blanc, plus aussi probablement ce mouvement est rapide, plus apparaît blanc le corps qui reflète le plus grand nombre de particules ; on le remarque quand on place la même feuille de papier au soleil, à l'ombre ou dans un trou noir : dans chaque cas, il produira en nous l'idée de *blanc* à des degrés très différents.

§ 13

Ne sachant donc pas quel nombre de particules, ni quel mouvement sont aptes à produire un degré précis de *blancheur*, on ne peut démontrer l'égalité certaine de deux degrés de *blancheur*, parce qu'on n'a aucun modèle certain pour servir de mesure, ni de moyens de distinguer la plus petite différence effective ; la seule ressource que nous ayons vient de nos sens qui sur ce point nous font défaut. Mais là où la différence est assez grande pour produire dans l'esprit des idées clairement distinctes, dont les différences peuvent être parfaitement retenues, là les idées de couleurs, comme on le voit en plusieurs genres comme le bleu et le rouge, sont aussi capables de démonstration que les idées de nombre et d'étendue.

Ce que j'ai dit ici de la *blancheur* et des couleurs demeure vrai, je pense, de toutes les qualités secondaires et de leurs modes.

§ 14
La connaissance sensible d'une existence singulière

Tels sont les deux degrés de notre connaissance : l'intuition et la démonstration ; là où aucun des deux ne s'applique, | quelle que soit l'assurance de l'adhésion, il ne s'agit que de **537** foi ou d'opinion, mais pas de connaissance, du moins pour les vérités générales.

Il existe en effet une autre *perception* de l'esprit, utilisée pour l'existence singulière d'êtres finis extérieurs à nous ; sans atteindre totalement aucun des degrés précédents de certitude, elle dépasse pourtant la simple probabilité, et reçoit donc le nom de *connaissance*.

Il ne peut rien y avoir de plus certain que ce fait : l'idée reçue d'un objet extérieur est dans l'esprit ; telle est la connaissance intuitive. Mais quant à savoir s'il y a quelque chose de plus que la simple idée dans l'esprit, si donc on peut avec certitude en inférer l'existence de quelque chose extérieur à nous qui corresponde à cette idée, c'est ce dont certains pensent que l'on peut douter, parce qu'il est possible d'avoir ces idées dans l'esprit alors qu'une telle chose n'existe pas, alors qu'aucun objet tel n'affecte leurs sens.

Ici pourtant, je pense, on dispose d'une évidence qui fait dépasser le doute[1]. Je le demande en effet à chacun ; n'est-il pas lui-même nécessairement conscient[2] de ce qu'il perçoit différemment quand il regarde le soleil de jour et quand il y pense la nuit, quand il goûte réellement de l'absinthe, quand il sent une rose ou quand il songe seulement à ce goût ou à cette odeur ? On voit aussi bien la différence entre toute idée remémorée et toute idée pénétrant effectivement dans l'esprit par les sens, que l'on voit la différence entre deux idées distinctes.

Si quelqu'un prétend qu'un rêve peut faire la même chose et que toutes ces idées peuvent être produites en nous sans objet extérieur, il n'a qu'à rêver que je lui fais cette réponse :

1) Peu importe que je résolve ou non cette difficulté ; là où tout n'est que rêve, raisonnements et argumentations sont inutiles, vérité et connaissance ne sont rien.

2) Je crois qu'il admettra qu'il y a une différence très manifeste entre *rêver être dans le feu* et *y être effectivement*. Pourtant s'il décidait de paraître assez sceptique pour maintenir que ce que j'appelle *être effectivement dans le feu* n'est qu'un rêve, et que nous ne pouvons donc connaître avec certitude qu'il existe effectivement quelque chose tel que le feu hors de nous, je réponds que nous sentons avec certitude que le plaisir ou la douleur suivent du contact de certains objets dont nous percevons ou rêvons percevoir l'existence, alors cette certitude est aussi grande que notre bonheur ou

---

1. *Cf.* 4.11.3.
2. *Conscious to himself* : *cf.* note à 1.1.2.

notre malheur, sans lesquels nous n'avons aucun intérêt à connaître ou à être [1].

Aussi pouvons-nous ajouter aux deux sortes antérieures de *connaissance*, celle de l'existence | d'objets singuliers exté- **538**
rieurs, par la perception et la conscience que nous avons de l'entrée effective d'idées qui en viennent ; et nous pouvons reconnaître ces *trois degrés de connaissance : intuitive, démonstrative et sensitive ; pour chacune, il y a un degré et un moyen différents d'évidence et de certitude.*

§ 15
La connaissance n'est pas toujours claire, quand les idées ne le sont pas

Mais, puisque notre connaissance est seulement basée sur nos idées et utilisée sur elles, n'en découlera-t-il pas qu'elle soit conforme à nos idées, et que là où nos idées sont claires et distinctes, ou obscures et confuses, notre connaissance sera de même ?

Je réponds non ; car notre connaissance consiste en la perception de la convenance ou de la disconvenance de deux idées ; sa clarté ou son obscurité consistent donc en clarté ou obscurité de cette perception, et non en clarté ou obscurité des idées mêmes. Par exemple un homme qui a des idées claires des angles d'un triangle et de l'égalité à deux angles droits, autant que tout autre mathématicien, peut cependant avoir seulement une perception très obscure de leur convenance, et de ce fait n'en avoir qu'une connaissance très obscure. Mais les idées [e-] qui se confondent à cause de leur obscurité ou pour une autre raison, ne peuvent [-e] produire de connaissance claire et distincte, car dans la mesure où des idées sont confuses [f],

---

e. Texte qui, depuis la quatrième édition remplace : « … obscures et confuses ne peuvent jamais … ».

f. Suppression de « …ou obscures… », depuis la quatrième édition.

1. Cf. *Draft A*, § 9.

l'esprit ne peut percevoir clairement si elles concordent ou non. Ou, pour exprimer la même chose de façon à être moins mal compris : celui qui n'a pas déterminé les idées pour les mots qu'il utilise ne peut en faire des propositions dont la vérité soit certaine.

CHAPITRE 3

L'ÉTENDUE DE LA CONNAISSANCE HUMAINE

§ 1

La connaissance, on vient de le dire[1], réside dans la perception de la convenance ou de la disconvenance de n'importe quelles idées ; il s'ensuit que :

1) Pas au-delà des idées que l'on a

– *premièrement*, on ne peut avoir de *connaissance* au-delà de ses idées. |

§ 2

2) Pas au delà de la perception de la convenance ou de la disconvenance

– *deuxièmement*, on ne peut avoir aucune *connaissance* au-delà de ce dont on peut percevoir la convenance ou la disconvenance ; et cette perception se produit :

1) soit par *intuition* ou comparaison immédiate de deux idées ;
2) soit par *raison*, en examinant la convenance ou la dis-cordance de deux idées par l'intermédiaire d'autres ;

1. 4.1.2.

3) soit par *sensation*, en percevant l'existence de choses singulières.

D'où il s'ensuit aussi que :

§ 3

3) *La connaissance intuitive ne couvre pas toutes les relations entre toutes nos idées*

3) On ne peut pas avoir de *connaissance intuitive* qui s'étende à toutes ses idées et tout ce que l'on voudrait connaître à leur sujet, car on ne peut examiner ni percevoir toutes les relations qu'elles entretiennent entre elles par juxtaposition ou par comparaison immédiate l'une avec l'autre. Ainsi, ayant l'idée d'un triangle à angle obtus et celle d'un triangle à angle aigu, tous deux tracés entre des parallèles sur une base égale, je peux percevoir par connaissance intuitive que l'un n'est pas l'autre, mais je ne peux connaître de cette façon s'ils sont égaux ou inégaux, parce que leur convenance ou leur disconvenance quant à l'égalité ne peut jamais être perçue par comparaison immédiate : la différence de figure fait que leurs éléments ne peuvent être immédiatement superposés avec exactitude ; on a donc besoin de quantités intermédiaires pour les mesurer, ce qui est une démonstration ou une connaissance rationnelle [1].

§ 4

4) *Ni la connaissance démonstrative*

4) De ce qu'on vient de voir, il s'ensuit aussi que la *connaissance rationnelle* ne peut embrasser toute l'étendue des idées. Entre deux idées différentes que l'on voudrait examiner, on ne peut pas toujours trouver les médiations qui permettraient de connecter l'une à l'autre nos idées selon une connaissance intuitive, dans toutes les étapes de la déduction ; et chaque fois que l'on n'y parvient pas, connaissance et démonstration font défaut.

1. *Cf.* 4.1.7.

§ 5
5) La connaissance sensible est plus limitée que chacune [des deux autres]

5) la *connaissance sensible* ne s'étend pas plus loin que l'existence des choses effectivement présentes aux sens ; elle est donc encore plus limitée que chacune des précédentes.

§ 6
6) Notre connaissance est donc plus étroite que nos idées

Il est, à partir de là, évident que *l'étendue de notre connaissance* est limitée non seulement par rapport à la réalité des choses, mais même par rapport à l'étendue de nos propres idées.

Notre connaissance se limite à nos idées, sans les dépasser, ni en étendue ni en perfection ; en outre, ces limites sont très étroites par rapport à l'étendue de | l'univers et bien plus **540** limitées que ce qu'on peut imaginer (à bon droit) présent en certains entendements, créés certes mais pas asservis à l'information grossière et limitée susceptible d'être reçue de quelques rares moyens de perception imprécis tels que nos sens [1]. Pourtant, il nous serait profitable d'avoir une connaissance pour le moins aussi large que nos idées, [a]-sans les multiples doutes ou questions sur nos idées, dont nous ne sommes pas, et ne serons jamais en ce monde, libérés-[a].

Néanmoins, je ne doute pas que, dans les conditions actuelles de notre être et avec notre constitution, la connaissance humaine pourrait être poussée bien plus loin qu'elle ne l'a été jusqu'ici, si les hommes voulaient sincèrement et en toute liberté d'esprit mettre en œuvre, pour améliorer les moyens de découvrir la vérité, l'application et le labeur intellectuel dont ils usent pour enjoliver ou défendre l'erreur,

---

a. Coste traduit : « … et qu'il ne nous restât bien des doutes & bien des questions sur le sujet des idées que nous avons, dont la solution nous est connue, & que nous ne trouverons jamais dans ce Monde, à ce que je crois ».

1. *Cf.* 2.23.13, 4.3.17 et ci-dessous fin de cette section.

pour soutenir un système, un intérêt ou un parti où il se sont
trouvés engagés. Malgré tout cela, je pense pouvoir dire en toute
assurance et sans médire de la perfection humaine, que notre
connaissance n'atteindra jamais tout ce que nous désirons
connaître sur les idées que nous avons et qu'elle ne sera jamais
capable de surmonter toutes les difficultés ni résoudre toutes les
questions qui peuvent surgir à propos de telle ou telle idée.

[Ainsi], a-t-on l'idée d'un *carré*, d'un *cercle*, et celle
d'*égalité* et pourtant, on ne sera peut-être jamais capables de
trouver un cercle égal à un carré en connaissant avec certitude
qu'il en est ainsi.

[De même], a-t-on les idées de *matière* et de *pensée* [b], mais
peut-être ne sera-t-on jamais capable de connaître si un être
purement matériel [c] pense ou non ; car il est impossible, par
examen de ses propres idées et sans Révélation, de découvrir
si la Toute-Puissance n'a pas donné à certains [d-]systèmes de[-d]
matière correctement disposés un pouvoir de percevoir et de
penser, ou s'il a au contraire joint et attaché à la matière ainsi
541 disposée, une | substance immatérielle pensante ; car, sur le
plan des notions, concevoir que Dieu peut, s'il Lui plaît,
surajouter à la [e] matière une faculté de penser, [f-]ne dépasse pas
beaucoup plus les capacités humaines que[-f] de concevoir qu'Il
surajouterait à cette matière une substance dotée de la faculté
de penser : on ne connaît pas en effet ce qu'est penser, ni à
quelle sorte de substances il a plu au Tout-Puissant d'accorder

b. Dans la cinquième édition, et dans la traduction de Coste (qui ajoute
aussi dans la deuxième édition de sa traduction (1729) de longues *Réflexions*
de sa plume), citation en note de la *Première lettre à l'évêque de Worcester,*
et de la *troisième lettre* (texte de la citation en annexe, note 9).

c. Remplace, depuis la deuxième édition : « ... matière... ».

d. Addition à partir de la deuxième édition.

e. Jusqu'à la troisième édition s'insérait ici : « ... notre idée de ... ».

f. Texte remplaçant à partir de la deuxième édition : « ... il est
également facile ... ».

ce pouvoir, qui ne peut exister en aucun être créé que par le bon plaisir et la bonté du Créateur. Car [g] je ne vois pas de contradiction à ce que l'Être pensant éternel et premier [h] donne, s'il lui plaît, quelques degrés de sensibilité, de perception et de pensée à certains systèmes de matière créée dénuée de sensibilité, assemblée comme Il le juge pertinent, même si je pense avoir prouvé (4.10[1]) que supposer que la matière (évidemment par nature dénuée de sensibilité et de pensée) soit cet Être pensant éternel et premier, n'était pas moins qu'une contradiction [g]. Quelle connaissance certaine [i] peut-on avoir que [j] quelques perceptions [j] (comme le plaisir et la douleur) ne soit pas aussi bien dans les corps eux-mêmes modifiés et mus d'une certaine manière, que dans une substance immatérielle du fait de mouvements d'éléments du corps ; [k] un corps, pour autant que l'on puisse le concevoir, n'est capable de choquer et d'affecter qu'un corps ; et [k] le mouvement, aussi loin que l'on pousse son idée, n'est capable que de produire que du mouvement ; aussi, lorsqu'on lui accorde de produire du plaisir et de la douleur, ou l'idée de couleur ou de son, on est contraint d'abandonner sa raison, d'aller au-delà de ses idées et de l'attribuer entièrement au bon plaisir de son Créateur. On doit reconnaître en effet qu'Il a annexé des effets au mouvement et qu'on ne peut concevoir un mouvement capable de les produire ; mais quelle raison a-t-on alors d'en conclure qu'il est impossible à Dieu de décider l'un plutôt que l'autre : ou bien les effets sont produits dans un sujet où il est

g. Ajout depuis la deuxième édition.

h. Ajout des éditions 2 à 4 : « ... ou Esprit omnipotent ... ».

i. Remplace depuis la deuxième édition : « ...assurée... ».

j. Remplace à partir de la deuxième édition : « ... certaines pensées ... ».

k. Ajout à partir de la deuxième édition.

1. § 10-19 (Locke parle au passé, puisque ce texte est un ajout de la deuxième édition).

inconcevable que cette capacité existe ; ou bien les effets sont produits dans un sujet où il est inconcevable que le mouvement de la matière puisse opérer [1] ?

Je ne dis pas ceci pour diminuer en quoi que ce soit la croyance en l'immatérialité de l'âme : je ne parle pas ici de probabilité, mais de connaissance ; et je pense non seulement qu'il convient à la modestie de la philosophie de ne pas se prononcer dogmatiquement là où fait défaut l'évidence qui peut produire | la connaissance, mais aussi qu'il nous est utile de discerner jusqu'où s'étend notre connaissance [2]. Car l'état dans lequel nous sommes à présent n'est pas celui de la vision et nous devons nous contenter en beaucoup de points de foi et de probabilité [3]. Et sur la question présente de l'immatérialité de l'âme, si nos facultés ne peuvent parvenir à une certitude démonstrative, il ne faut pas s'en étonner. Toutes les grandes fins de la moralité et de la religion sont suffisamment assurées sans les preuves philosophiques de l'immatérialité de l'âme. Il est en effet évident que Celui qui nous a d'abord donné l'existence ici comme êtres intelligents et sensibles, puis nous a soutenus dans cet état plusieurs années, peut nous restaurer (et Il le fera) dans un autre monde avec la même sensibilité et nous rendre capables d'y recevoir la rétribution prévue pour les hommes en fonction de leurs actes en ce monde.

[1]Il n'est donc pas si nécessaire de se décider d'une façon ou d'une autre, pour ou contre l'immatérialité de l'âme, comme ont voulu le faire croire au monde certains fanatiques ; d'un côté, ceux qui accordent trop à leurs pensées totalement immergées dans la matière et ne peuvent donc reconnaître aucune existence à ce qui n'est pas matériel ; de l'autre, ceux

1. Ajout à partir de la quatrième édition jusqu'à l'avant dernier alinea.

1. *Cf.* 4.3.28, 29.
2. *Cf.* 1.1.4.
3. Cf. *1 ʳᵉ Épître aux Corinthiens*, 13.9-12.

qui ne découvrent pas la *cogitation* parmi les pouvoirs naturels de la matière, examinée et réexaminée avec la plus grande application de l'esprit, tous concluent avec assurance que la Toute Puissance elle-même ne peut donner la perception et la pensée à une substance dotée du mode de solidité. Celui qui considère combien il est difficile de réconcilier dans la pensée la sensation avec la matière étendue, ou l'existence avec quelque chose qui n'a aucune étendue, avouera qu'il est très loin de connaître avec certitude ce qu'est son âme.

C'est un point qui me semble placé hors du champ de notre connaissance ; et celui qui prendra le temps de considérer librement et d'explorer le côté obscur et complexe de chaque hypothèse, ne trouvera guère sa raison capable de déterminer de façon assurée pour ou contre la matérialité de l'âme : quelle que soit en effet la façon dont il la conçoit (substance inétendue ou matière pensante étendue), tant qu'il n'aura qu'une des deux hypothèses présente à l'esprit, la difficulté de concevoir l'une le conduira à adopter l'autre. Voilà une façon déraisonnable de se comporter : l'inconcevabilité d'une hypothèse amène certains à se jeter tête baissée dans l'hypothèse opposée, pourtant tout aussi incompréhensible pour un entendement impartial.

Voilà de quoi manifester non seulement la faiblesse et la pauvreté de notre connaissance, mais aussi la vanité du | triomphe de ce genre d'arguments tirés de nos propres **543** conceptions, qui nous persuadent que l'on ne peut trouver aucune certitude dans une position sur la question, mais qui nous précipitent dans l'opinion adverse qui se révèlera à l'examen prise dans d'égales difficultés, et de ce fait ne nous aident pas du tout sur le chemin de la vérité[1]. Car quelle sécurité, quel avantage, pour quelqu'un qui veut échapper aux absurdités apparentes rencontrées dans une opinion, difficultés insurmontables à ses yeux, que de se réfugier dans

---

1. *Cf.* 4.17.20.

l'opinion contraire, construite sur quelque chose tout aussi inexplicable et incompréhensible pour lui ?

Il est indéniable que nous avons en nous quelque chose qui pense : nos doutes mêmes sur ce que c'est confirment la certitude de son être, bien que nous devions nous contenter de l'ignorance sur le genre d'être dont il s'agit. Il est inutile de se mettre à être sceptique à ce sujet, autant qu'il est déraisonnable en la plupart des autres cas d'être catégorique contre l'existence d'une chose, sous prétexte qu'on ne peut comprendre sa nature. Car j'aimerais bien connaître quelle substance existe sans avoir en elle quelque chose qui déroute l'entendement.

À quel point d'autres Esprits, qui voient et connaissent la nature et la constitution interne des choses, doivent-ils nous dépasser en connaissance ? Accordons leur une compréhension plus étendue, qui leur permette de voir d'un coup d'œil la liaison et la convenance de très nombreuses idées et leur procure de suite les preuves intermédiaires (alors que, de notre côté, nous les trouvons péniblement au bout d'un long cheminement dans le noir par étapes isolées, risquant d'oublier l'une avant même d'avoir trouvé l'autre) ; on pourra alors imaginer une part du bonheur de ces ordres supérieures d'Esprits qui ont une vision plus rapide et plus pénétrante, aussi bien qu'un champ plus étendu de connaissance[1].

Mais pour en revenir au sujet, notre *connaissance* n'est pas, à mon avis, limitée seulement par le petit nombre et par l'imperfection de nos idées sur lesquelles elle s'exerce : elle est elle même limitée.

Cherchons maintenant jusqu'où elle s'exerce.

§ 7
Jusqu'où s'étend notre connaissance

Les affirmations ou négations sur nos idées peuvent être ramenées à quatre sortes, comme je l'ai suggéré globalement plus haut[1] : identité, coexistence, relation, existence effective. Je vais étudier jusqu'où s'étend la connaissance dans chaque cas.

§ 8
1) La connaissance de l'identité et de la différence : aussi loin que les idées

1) *En ce qui concerne l'identité et la diversité*, comme formes de convenance ou de disconvenance des idées, *la connaissance intuitive est aussi | étendue que les* idées **544** mêmes ; et il ne peut y avoir aucune idée dans l'esprit que, sur le moment et par connaissance intuitive, celui-ci ne perçoive être ce qu'elle est, et différente de toute autre.

§ 9
2) De coexistence : pas très loin

2) En ce qui concerne la deuxième sorte (la convenance ou la disconvenance de nos idées dans l'ordre de la coexistence), la connaissance est ici très limitée, bien qu'on y trouve la partie la plus grande et aussi la plus importante de la connaissance qui concerne les substances. Car les idées des espèces de substance ne sont, je l'ai montré[2], rien d'autre qu'une certaine collection d'idées simples unies en un sujet et de ce fait coexistant ensemble. Par exemple, l'idée de *flamme* est : *un corps très chaud, lumineux et ascendant*; l'idée d'*or* : *un corps d'un certain poids, jaune, malléable et fusible*. Ces idées, ou d'autres aussi complexes qui se trouvent dans l'esprit des hommes, sont représentées par les noms de substances différentes : *flamme* et *or*.

Quand on veut savoir quelque chose de plus les concernant, elles ou toute autre classe de substance, que cherche-t-on, si ce n'est : quelles autres qualités ou pouvoirs ont (ou n'ont pas) ces substances ? Ce qui revient à connaître quelle

1. *Cf.* 4.1.3 ; 3.11.23 ; 2.23.13 ; *Conduite de l'Entendement*, § 3.
2. *Cf.* 2.23.6.

autre idée simple coexiste (ou ne coexiste pas) avec celles qui constituent cette idée complexe.

§ 10
Parce que la liaison entre la plupart des idées simples est inconnue

Certes, il s'agit là d'une part importante et estimable de la science humaine ; elle est cependant très limitée, voire presque nulle. La raison en est que les idées simples qui constituent les idées complexes de substance sont pour la plupart des idées qui n'impliquent dans leur propre nature aucun lien nécessaire visible, ni aucune incompatibilité, avec toute autre idée simple dont on voudrait savoir si elle *coexiste* avec elles.

§ 11
Spécialement les idées de qualités secondaires

Les idées complexes de substance sont constituées d'idées de leurs *qualités secondaires* et c'est surtout sur elles que s'exerce la connaissance des substances. Or ces qualités, comme on l'a montré [1], dépendent toutes des qualités primaires de leurs éléments infimes et insensibles ; ou, si ce n'est pas d'elles, de quelque chose qui est plus éloigné encore de la compréhension [2]. Il est donc impossible que l'on connaisse les idées **545** qui ont entre elles union ou incompatibilité nécessaires. | On ignore en effet la racine d'où elles surgissent ; on ignore la taille, la figure, la texture des éléments dont dépendent et proviennent ces qualités qui constituent l'idée complexe d'or ; il est donc impossible de connaître quelles autres qualités proviennent de cette même constitution des parties insensibles de l'*or*, ᵐ⁻ou sont incompatibles avec elles⁻ᵐ ; de connaître par conséquent les

m. Ajout à partir de la quatrième édition.

1. 2.8.13 ; 2.23.8-12.
2. *Cf.* probablement 4.3.6 ou 4.6.11.

qualités qui doivent toujours *coexister* avec cette idée complexe que l'on en a et celles qui sont *incompatibles* avec elle.

§ 12
Parce qu'on ne peut découvrir de lien entre qualités secondaires et qualités primaires

Outre l'ignorance des qualités primaires des éléments insensibles des corps, dont dépendent toutes leurs qualités secondaires, il y a aussi un autre élément d'ignorance, et plus incurable, qui éloigne encore d'une connaissance certaine de la *coexistence* ou de la "*non-coexistence*" de différentes idées dans le même sujet : on ne peut découvrir aucun lien entre une *qualité secondaire et les qualités primaires* dont elle dépend.

§ 13

Que la taille, la figure, le mouvement d'un corps produise un changement de la taille, de la figure, du mouvement d'un autre corps, ce n'est pas au-delà du concevable ; la séparation des parties d'un corps par l'intrusion d'un autre, le passage du repos au mouvement par impulsion, etc., paraissent avoir des *liens* entre eux. Et si on connaissait les qualités primaires des corps, on pourrait avoir de quoi espérer connaître beaucoup plus de ces opérations de l'un sur l'autre.

Mais l'esprit n'étant pas capable de découvrir de *lien* entre ces qualités primaires des corps et les sensations qu'elles produisent en nous, jamais nous ne serons capables d'établir des règles certaines et indubitables de la liaison ou de la *coexistence* de qualités secondaires, même si nous arrivions à découvrir la taille, la figure ou le mouvement des parties invisibles qui les produisent immédiatement. Il s'en faut tellement que nous connaissions quelle taille, quelle figure, quel mouvement des parties produisent une couleur jaune, un goût sucré, un son aigu, que nous ne pouvons en aucun cas concevoir comment n'importe quels *taille, figure ou mouvement* de n'importe quelle particule peut produire éventuellement en nous l'idée de n'importe quels *couleur, goût, ou son*. Il n'y a pas de *lien* concevable entre l'un et l'autre.

§ 14

Ce sera donc en vain que l'on cherchera à découvrir par ses idées (la seule voie vers une connaissance certaine et universelle [1]) quelles | autres idées on doit trouver constamment jointes avec celle d'une idée complexe de substance ; car, à la fois, on ne connaît pas la constitution réelle des parties infimes dont dépendent leurs qualités et, si l'on pouvait les connaître, on ne pourrait découvrir aucun *lien* nécessaire entre elles et n'importe laquelle des *qualités secondaires* – ce qui est nécessaire, avant de connaître avec certitude leur *coexistence nécessaire*.

Par conséquent, quelle que soit l'idée complexe d'une espèce de substances, il est difficile de parvenir à déterminer avec certitude, à partir des idées simples qu'elles contiennent, la *coexistence nécessaire* de toute autre qualité. La connaissance dans toutes ces recherches ne dépasse pas beaucoup l'expérience. Il est vrai qu'un petit nombre de qualités primaires ont une dépendance nécessaire et un lien visible entre elles : ainsi la figure suppose nécessairement l'étendue, le mouvement reçu ou communiqué par impulsion suppose la solidité ; mais, bien que ces idées et probablement quelques autres aient cette dépendance, il y en a si *peu* qui ont un *lien visible* entre elles, que l'on peut découvrir par intuition ou démonstration la coexistence d'un tout petit nombre des qualités que l'on constate unies dans les substances. Il ne reste que l'aide des sens pour découvrir quelles qualités elles contiennent ; car, parmi toutes les qualités qui *coexistent* dans un sujet, sans la dépendance et le lien évident de leurs idées entre elles, on ne peut connaître avec certitude la *coexistence* de

----

1. *Cf.* Controverse avec Stillingfleet, par exemple Annexe, note 1, etc.

deux d'entre elles, que dans les limites de ce que l'expérience nous en dit par les sens.

Ainsi, bien que l'on voie la couleur jaune et que l'on mesure le poids, la malléabilité, la fusibilité et la fixité unis dans un morceau d'or, pourtant, parce qu'aucune de ces idées n'a de *dépendance* évidente ou de liaison nécessaire avec l'autre, on ne peut connaître avec certitude que, là où sont réunies quatre qualités, la cinquième se trouvera également, même si c'est hautement probable. La plus haute probabilité en effet n'atteint pas la certitude, sans laquelle il n'y a pas de vraie connaissance. Car cette *coexistence* ne peut être connue au-delà de ce qui est perçu ; et elle ne peut être perçue que dans les sujets singuliers par l'observation des sens, ou en général par la *liaison* nécessaire des idées mêmes.

§ 15
[Connaissance] de l'incompatibilité à coexister : plus étendue

En ce qui concerne l'incompatibilité à coexister, on peut connaître qu'un sujet ne peut avoir qu'une qualité primaire singulière de chaque sorte à la fois, | par exemple chaque **547** étendue, figure, nombre d'éléments, mouvement singuliers excluent les autres du même genre. Il en va assurément de même de toutes les idées sensibles propres à chaque sens, car n'importe quelle occurrence de chaque genre présente dans un sujet exclut toutes les autres de la même sorte [1].

Par exemple, aucun sujet ne peut avoir deux odeurs, ou deux couleurs en même temps. On répondra peut-être : l'*opale* ou l'infusion de *bois néphrétique* n'ont elles pas deux couleurs en même temps ? Je réponds que ces corps peuvent offrir des couleurs différentes à des yeux différemment placés. Mais je prends aussi la liberté de dire que, pour des yeux différemment placés, ce sont des parties différentes de l'objet qui

---

1. *Cf.* le raisonnement comparable sur un autre objet en 2.27.1.

reflètent les particules de lumière ; donc, ce n'est pas la même partie de l'objet, et ainsi pas exactement le même sujet, qui apparaît en même temps à la fois jaune et bleu. Car il est impossible qu'exactement la même particule d'un corps modifie différemment, ou reflète différemment les rayons de la lumière, comme s'il avait deux figures et deux textures différentes à la fois.

§ 16
De la coexistence des pouvoirs, très peu

En ce qui concerne le pouvoir des substances de changer les qualités sensibles des autres corps : une grande part de nos recherches et une part non négligeable de notre connaissance portent sur elles. Je me demande à ce propos si *notre connaissance s'étend* beaucoup plus loin que notre expérience, ou si nous pouvons parvenir à la découverte de la plupart de ces pouvoirs et être certain qu'ils sont dans un sujet en lien avec l'une de ces idées qui à nos yeux constituent son essence. Car les pouvoirs actifs et passifs des corps, et leurs moyens d'action consistent en une texture et un mouvement des éléments que nous ne pouvons en aucune façon parvenir à découvrir. En très peu de cas seulement, nous pouvons percevoir leur dépendance ou leur opposition à telle de ces idées qui constituent notre idée complexe de cette classe de choses.

J'ai ici pris le cas de l'hypothèse corpusculaire [n], comme celle dont on pense qu'elle va le plus loin dans l'explication intelligible des qualités des corps ; et je crains que la faiblesse de l'entendement humain ne soit guère capable de la remplacer par une autre, qui permette une découverte plus claire et plus complète de la liaison et de *la coexistence* nécessaires des
548 pouvoirs que l'on constate unis en plusieurs | classes. Mais il

---

n. Coste traduit : « hypothèse des philosophes matérialistes » et ajoute en note : « qui expliquent les effets de la nature par la seule considération de la grosseur, de la figure et du mouvement des parties de la matière ».

est au moins certain que, quelle que soit l'hypothèse la plus claire et la plus vraie (ce n'est pas ma tâche de la déterminer), elle fera peu progresser la connaissance concernant les substances corporelles, tant qu'on ne nous fera pas voir quelles qualités et quels pouvoirs des corps ont une *liaison ou une incompatibilité nécessaires* entre eux. Dans l'état actuel de la philosophie, on ne le connaît que très peu ; et je me demande si, avec les facultés dont on dispose, on sera jamais capable de pousser beaucoup plus loin la connaissance générale (je ne parle pas de l'expérience singulière) en cette matière.

ᵒL'expérience est, en cette matière, ce dont on doit dépendre ; et il serait souhaitable qu'elle soit encore améliorée. On remarque combien les labeurs généreux de certains ont par cette voie accru le fonds de la connaissance de la nature. Et si les autres, spécialement les alchimistes [1] qui y prétendent, avaient été aussi prudents dans leurs observations et sincères dans leurs comptes-rendus que devraient l'être ceux qui se désignent comme philosophes, notre familiarité avec les corps qui nous entourent et notre pénétration dans leurs pouvoirs et leurs opérations auraient été encore bien plus grands ᵒ.

§ 17
Des Esprits, encore plus limitée

Si l'on est aussi perdu en ce qui concerne les pouvoirs et les opérations des corps, il est facile d'en conclure, je pense, *que l'on est bien plus dans l'obscurité en ce qui concerne les Esprits* : on n'en a par nature d'autre idée que celle que l'on tire de son propre Esprit en réfléchissant sur les opérations internes de sa propre âme, dans la mesure où l'on parvient à l'observer. Quelle place méprisable ces Esprits qui habitent nos corps tiennent parmi les nombreux (et incalculables ?)

---

o. Texte inséré depuis la deuxième édition.

1. Littéralement « philosophes par le feu ».

genres d'êtres plus nobles, à quel point leur font défaut les dons et les perfections des Chérubins, des Séraphins et des sortes infinies d'Esprits qui nous surpassent, c'est ce ᵖ⁻que, d'une allusion en passant, j'ai indiqué ailleurs[1] à l'attention de mon lecteur⁻ᵖ.

§ 18
3) Des autres relations, il n'est pas facile de dire jusqu'où elle va

Quant à la troisième sorte de connaissance (*la convenance ou la disconvenance de toute idée en toute autre relation*), c'est à la fois le plus grand domaine de la connaissance et celui dont l'étendue potentielle est difficile à définir. Parce que les progrès dans cette partie de la connaissance dépendent de notre sagacité (trouver les idées intermédiaires qui puissent manifester les relations et les liens des idées dont on ne considère **549** pas la coexistence), il est difficile de dire quand on est | au bout des découvertes et quand la raison, pour trouver les preuves ou examiner la convenance ou la disconvenance d'idées éloignées, a reçu toutes les aides possibles.

Ceux qui ignorent l'*algèbre* ne peuvent imaginer les merveilles que l'on peut faire en ce domaine grâce à elle ; et il n'est pas facile de déterminer les améliorations et les secours supplémentaires, avantageux pour d'autres parties de la connaissance, que peut encore trouver l'esprit perspicace de l'homme[2]. Je crois pour le moins que les idées de quantité ne sont pas les seules capables de démonstration et de connaissance[3], et que d'autres champs de recherche, et peut-être de plus utiles, nous apporteraient la certitude, si les vices, les

---

p. Texte qui, depuis la quatrième édition, remplace : « …. sur quoi nous avons fait ailleurs quelques réflexions ».

1. *Cf.* 2.23.13 ; 4.3.6.
2. *Cf.* 4.12.15.
3. *Cf.* 4.2.9-10 et 4.3.19 ; Descartes, *Regulae*, IV.

passions et les intérêts dominants ne contraient et ne menaçaient de tels efforts.

La Morale est démontrable

L'idée d'une part d'un être suprême, au pouvoir, à la bonté[q] et à la sagesse infinis, dont nous sommes l'œuvre et dont nous dépendons et d'autre part l'idée de nous-mêmes comme êtres rationnels et intelligents, sont des idées claires pour nous ; et, correctement examinées et développées, elles devraient nous procurer, je pense, les fondements de nos devoirs et de nos règles d'action, propres à situer la *Morale parmi les sciences démontrables*[1]. Là, j'en suis sûr, à partir de ⌐propositions évidentes par elles-mêmes, les critères du juste et de l'injuste pourraient être extraits par déductions nécessaires¬, aussi incontestables que les déductions mathématiques, pour peu que l'on s'applique à l'une de ces sciences avec la même neutralité et avec la même attention que l'on emploie pour l'autre. La *relation* entre les *modes* de l'une peut être perçue avec autant de certitude que [la relation entre] ceux du nombre et de l'étendue, et je ne vois pas pourquoi ces modes ne seraient pas aussi susceptibles de démonstration, si les méthodes correctes étaient conçues pour examiner ou développer leur convenance ou disconvenance.

Là où il n'y a pas de propriété, il n'y a pas d'injustice[2] est une proposition aussi certaine que n'importe quelle démonstration d'Euclide ; car l'idée de *propriété* est *Un droit à*

---

q. Terme ajouté depuis la deuxième édition.

r. Texte inséré à partir de la quatrième édition, pour remplacer : « principes » ; « par des déductions nécessaires » se trouvait alors après « mathématiques » qui suit.

1. *Cf.* 4.12.8.

2. *Cf.* 3.11.9. Comparer avec Hobbes, *Léviathan*, chapitre 15, début (§ 2-3).

n'importe quoi [1] et l'idée à laquelle on donne le nom *injustice* est *Atteinte à ce droit ou sa violation* ; il est donc évident que, ces idées ainsi posées avec ces noms attribués, je peux connaître avec certitude que cette proposition est vraie, autant que je **550** connais la vérité de *Un triangle a trois | angles égaux à deux droits*. Ou encore, *Aucun Gouvernement n'accorde de liberté absolue* : l'idée de *gouvernement* étant *La constitution de la société sur certaines règles ou lois qui exigent l'obéissance* et l'idée de *liberté absolue* étant *Chacun fait ce qui lui plaît* [2], je suis aussi capable d'être certain de la vérité de cette proposition que de celle de toute proposition mathématique.

§ 19

Deux choses ont fait croire que la morale ne pouvait pas être démontrée : leur complexité et le manque de représentation sensible

Ce qui, de ce point de vue, a avantagé les idées de *quantité* et fait croire qu'on pouvait mieux parvenir à la certitude et les démontrer, c'est :

1) Qu'elles peuvent être posées et représentées par des marques sensibles qui ont une correspondance plus proche et plus grande avec elles que n'importe quel mot ou quel son. Des figures dessinées sur le papier sont des copies des idées dans l'esprit et ne sont pas soumises à l'incertitude des mots dans leur signification [3]. Un angle, un cercle, ou un carré tracés avec des lignes, demeurent visibles sans qu'on puisse se tromper : ils demeurent, inaltérables, et peuvent à loisir être considérés et examinés ; on peut revoir la démonstration et reprendre plus d'une fois toutes ses parties, sans risquer le moindre changement dans les idées.

---

1. Cf. *Premier Traité du Gouvernement*, § 9, *Second Traité du Gouvernement*, § 87, etc.
2. Cf. *Second Traité du Gouvernement*, § 22, 94.
3. *Cf.* 4.2.10.

On ne peut procéder de la même manière pour les *idées morales* : on n'a pas de marques sensibles qui leur ressembleraient et qui permettraient de les poser ; on n'a que des mots pour les exprimer, qui certes demeurent identiques une fois écrits, mais, chez la même personne, les idées dont ils tiennent lieu peuvent changer ; et il est très rare qu'elles ne soient pas différentes chez différentes personnes.

2) Autre chose qui rend l'éthique plus difficile : les idées morales sont habituellement plus complexes que les idées des figures ordinairement considérées en mathématiques. Deux inconvénients en découlent :

a) leur nom a une signification plus incertaine, car on ne s'accorde pas aussi facilement sur l'ensemble des idées simples dont il tient lieu ; aussi les signes qu'on utilise toujours pour la communication et souvent pour la pensée n'emportent-ils pas de façon stable la même idée. De là viennent les mêmes désordre, confusion, erreur que si quelqu'un qui voudrait démontrer quelque chose sur l'*heptagone* omettait un angle dans la figure dont il se sert, ou | par inadvertance dessinait **551** la figure avec un angle de plus que la figure habituellement désignée par le nom, ou qu'il n'en avait l'intention quand il pensa la première fois à la démonstration. Ceci arrive très souvent, et on l'évite difficilement avec les idées morales très complexes, où le même nom demeure mais un angle – je veux dire une idée simple – est oubliée ou ajoutée dans l'idée complexe (toujours désignée du même nom), à un moment et pas à un autre.

b) De la complexité de ces idées morales suit un autre inconvénient : l'esprit ne peut retenir les combinaisons précises, aussi exactement et parfaitement que nécessaire, dans l'examen des relations et des correspondances, des convenances ou des disconvenances, de plusieurs idées entre elles ; et spécialement là où il faut en juger par de longues déductions et par l'intervention de plusieurs autres idées complexes, pour montrer la convenance ou la disconvenance de deux idées éloignées[1].

Le grand secours que trouvent sur ce point les mathématiciens dans les figures et les schémas qui demeurent sans changement dans leurs dessins, est manifeste; et la mémoire aurait autrement de grandes difficultés à les retenir de façon aussi exacte, quand l'esprit revient sur des éléments pour examiner étape par étape leurs diverses correspondances. En faisant le compte d'une grande somme, par *addition*, *multiplication* ou *division*, chaque élément n'est qu'une progression de l'esprit qui envisage ses propres idées et considère leur convenance ou leur disconvenance; et la résolution de la question n'est que le résultat de l'ensemble, constitué de choses particulières dont l'esprit a une perception claire; pourtant si l'on ne posait pas par écrit grâce à des marques les différentes parties, qui durent et demeurent visibles quand la mémoire les a oubliées, il serait presque impossible de conserver autant d'idées différentes dans l'esprit, sans les confondre, sans laisser perdre quelques éléments du calcul et ainsi rendre inutiles tous les raisonnements sur la question. En ce cas, les chiffres ou les marques n'aident pas du tout l'esprit à percevoir la convenance de deux nombres ou plus, leur égalité, leur proportion : l'esprit y arrive seulement par intuition de ses propres idées de nombres mêmes. Mais les caractères numériques sont des aides pour la mémoire, pour enregistrer et retenir les diverses idées sur lesquelles se fait la démonstration; ainsi peut-on savoir jusqu'où sa connaissance intuitive a avancé dans l'examen de plusieurs nombres singu-
552 liers; ainsi peut-il continuer sans confusion | vers ce qui lui est encore inconnu; et avoir à la fin devant lui les résultats de toutes ses perceptions et tous ses raisonnements.

---

1. *Cf.* 4.17.4.

§ 20
Remèdes à ces difficultés

Il est possible de *remédier* en grande mesure à *certains désavantages* des idées morales, qui ont fait croire qu'elles n'étaient pas susceptibles de démonstration : grâce à des définitions posant l'ensemble d'idées simples dont chaque terme tient lieu, puis grâce à une utilisation stable et constante de cet ensemble précis. Et il n'est pas facile de prédire quelle méthode l'*algèbre* ou quelque chose de ce genre peut suggérer ultérieurement pour supprimer les autres difficultés. Je suis assuré que si les gens cherchaient avec la même méthode et la même impartialité les vérités morales qu'ils cherchent les vérités mathématiques, ils découvriraient qu'elles ont une liaison plus forte l'une avec l'autre, un lien de conséquence plus nécessaire avec nos idées claires et distinctes, et plus de proximité avec la démonstration parfaite, qu'on ne l'imagine couramment.

Mais on ne peut attendre beaucoup de ces avantages tant que le désir d'estime, de richesse et de pouvoir font que les hommes adhèrent aux opinions à la mode et cherchent ensuite des arguments soit pour faire passer pour bonnes leur beauté soit farder et masquer leur difformité. Pour l'œil, rien n'est aussi beau que la vérité ne l'est pour l'esprit ; rien de plus déformé et incompatible pour l'entendement qu'un mensonge. Car, un homme peut accepter volontiers pour bien aimée une femme pas trop jolie ; mais qui a suffisamment d'audace pour avouer qu'il a épousé une fausseté et reçu en son cœur une chose aussi affreuse qu'un mensonge ? Tant que les différents partis gaveront de leurs dogmes les estomacs de tous les gens qu'ils ont en leur pouvoir, sans leur permettre l'examen de leur vérité ou de leur fausseté, tant qu'ils ne laisseront pas la vérité jouer librement dans le monde et les hommes libres la chercher, quelles améliorations de ce genre peut-on espérer ? Quelles lumières plus grandes espérer en sciences morales ? En réalité, au lieu de cet espoir, en de nombreux endroits la part asservie du genre humain ne pourrait espérer que la nuit d'Égypte ajoutée à l'esclavage d'Égypte[1], si la Lumière du Seigneur[2], que le souffle ou le pouvoir de l'homme ne peuvent entièrement éteindre, n'avait pas été déposée par Lui dans l'esprit des hommes.

§ 21
4) De l'existence réelle ; on a une connaissance intuitive
de la nôtre, démonstrative de Dieu, sensible de quelques autres choses

Quant à la quatrième sorte de connaissance, *de l'existence réelle, effective*, des choses, nous avons une connaissance intuitive de notre | propre *existence*, une connaissance démonstrative de *l'existence* de Dieu ; et de l'*existence* de quoi que ce soit d'autre, nous n'avons qu'une connaissance sensible, qui ne s'étend pas au-delà des objets présents à nos sens.

§ 22
Grande est notre ignorance

Notre connaissance étant, comme je l'ai montré, tellement limitée, nous gagnerons peut-être quelque lumière sur l'état présent de notre esprit si nous regardons un peu le côté obscur, et si nous jetons un œil sur *notre ignorance* : elle est infiniment plus grande que notre connaissance et il sera utile, pour calmer les discussions et améliorer la connaissance utile, de trouver jusqu'où s'étendent les idées claires et distinctes afin de contenir nos pensées dans la contemplation des choses qui sont accessibles à l'entendement et ne pas nous lancer dans cet abîme de ténèbres (où nous n'avons pas d'yeux pour voir, ni

1. *Livre de la Sagesse*, 18.1-4.
2. *Candle of the Lord*, citation de *Proverbes*, 20.27 : « La lampe de Yahvé, c'est l'esprit de l'homme » ; thème classique du courant latitudinaire anglais (*cf.* N. Culverwell, *Discourse of the Light of Nature*, 1652) ; *cf.* 4.9.18.

de facultés pour percevoir quoi que ce soit), sous prétexte que nous estimons que rien n'est au-delà de notre saisie [1].

Pour se convaincre de la folie de cette présomption, il ne faut pas aller loin. Celui qui connaît quelque chose, connaît d'abord ceci : il ne faut pas chercher longtemps les exemples de son ignorance. La moindre et la plus assurée des choses rencontrées a des côtés obscurs que la vision la plus vive ne peut pénétrer. Même l'esprit le plus clair et le plus ouvert des penseurs se trouve embarrassé et perdu devant chaque particule de matière. Ce constat étonnera moins quand on considérera les *causes de l'ignorance* ; à partir de ce qui a été dit, on verra, je pense, que ce sont principalement les trois suivantes :

1) manque d'idées

2) manque de lien visible entre les idées que nous avons

3) manque de suivi et d'examen de nos idées

§ 23

1) Une des causes, c'est le manque d'idées ;
on n'en a pas de conception, ou on n'en a pas d'idée singulière [2]

1) Il y a des choses, et pas un petit nombre, que l'on ignore par manque d'idées.

a) Toutes les idées simples que nous avons se limitent (comme je l'ai montré [3]) [s]-aux idées reçues des objets corporels, par *sensation*, et des opérations de l'esprit, comme objets de *réflexion*[-s]. Mais que ces portes rares et étroites soient disproportionnées | par rapport à l'immense étendue de tout ce qui **554**

s. Texte de la cinquième édition, qui remplace le texte, donné dans les quatre premières éditions : « … à l'observation de nos sens et de l'opération de notre esprit dont nous sommes conscients en nous-mêmes … ».

1. *Cf.* 1.1.4.
2. La deuxième partie de ce titre porte en fait sur les premières lignes de la section suivante.
3. 2.1.2.

est, il ne sera pas difficile d'en convaincre ceux qui ne sont pas assez fous pour vouloir mesurer l'univers à leur aune.

Quelles autres idées simples peuvent avoir les créatures situées dans d'autres parties de l'Univers, avec l'assistance de sens et de facultés plus nombreuses ou plus parfaites que les nôtres ou différentes d'elles, il ne nous appartient pas de le déterminer [1]. Mais dire ou penser qu'il n'existe pas d'autres créatures, sous prétexte que l'on n'en conçoit rien, c'est une déduction qui ne vaut pas plus que celle de l'aveugle qui affirmerait qu'il n'existe pas de vue ni de couleurs, sous prétexte qu'il n'a aucune idée de choses telles, et qu'il ne pourrait jamais se construire aucune notion de la vision. L'ignorance et l'obscurité qui sont en nous n'annulent ni ne limitent la connaissance qui est en d'autres, pas plus que la cécité d'une moule n'est un argument contre la vue perçante de l'aigle. Celui qui considèrera le pouvoir, la sagesse, la bonté infinis du Créateur de toutes choses, trouvera des raisons de penser que cette connaissance n'a pas été entièrement répandue sur une créature si ordinaire, modeste et impuissante que lui paraît être l'homme, qui est selon toute probabilité la dernière des créatures intelligentes.

De quelles facultés donc, disposent d'autres espèces de créatures pour pénétrer dans la nature et dans la constitution interne des choses, quelles idées très différentes des nôtres ils peuvent en recevoir, nous ne le connaissons pas ; mais nous connaissons et constatons avec certitude qu'il nous manque beaucoup d'aspects, outre ceux que nous avons, pour parfaire nos découvertes à leur sujet. Et il y a de quoi être convaincus que les idées accessibles par nos facultés sont en grande disproportion par rapport aux choses mêmes, quand on voit que même une idée absolue, claire et distincte de la substance, qui est le fondement de tout le reste, nous est cachée. Mais le

1. *Cf.* 2.23.13 ; 2.3.6 ; etc.

manque d'idées de ce genre est un élément aussi bien qu'une cause de notre ignorance, et ne peut donc être décrit. À mon sens, sur ce sujet, on ne peut dire avec assurance que ceci : le monde intelligible et le monde sensible sont sur ce point parfaitement semblables ; la partie visible de chacun est sans proportion avec l'invisible ; tout ce que l'on atteint des yeux ou de la pensée en chacun n'est qu'un point, presque rien, en comparaison du reste.

§ 24
À cause de leur éloignement, ou...

b) Une autre grande cause d'ignorance est le *manque d'idées que nous sommes capables de recevoir*. De même que nous manquons d'idées (celles que les facultés ne sont pas capables de procurer, ce qui nous écarte totalement de la saisie de choses | qu'il est raisonnable de penser accessibles à **555** d'autres êtres, plus parfaits que nous et dont nous ne savons rien), de même le manque d'idées dont il est question nous maintient dans l'ignorance des choses que nous nous estimons capables de connaître. La *masse*, la *figure*, le *mouvement*, nous en avons des idées. Mais, bien que nous ne manquions pas d'idées de ces qualités primaires des corps en général, nous ne connaissons pourtant pas ce qu'est la *masse*, *la figure* et le *mouvement* singuliers de la plus grande partie des corps de l'univers, et nous ignorons donc divers pouvoirs, efficiences, ou moyens d'action par lesquels les effets que nous voyons journellement sont produits. En certaines choses, ils nous sont cachés parce qu'ils sont *trop lointains* ; *et* en d'autres, parce qu'ils sont trop *infimes*. Quand on considère l'amplitude des éléments connus et visibles du monde et les raisons que nous avons de penser que ce qui est à notre portée n'est qu'une petite part de l'immense univers, on découvrira un énorme abîme d'ignorance.

Quelles sont les structures propres des grandes masses de matière qui constituent tout le prodigieux ordonnancement des êtres corporels ? Quelle est leur étendue ? Quel est leur mouvement, comment est-il entretenu ou communiqué ? Quelle influence ont-elles les unes sur les autres ? Autant de questions où l'esprit se perd dès le premier regard. Si nous rétrécissons notre questionnement et ramenons nos pensées à ce petit territoire (je veux dire notre système solaire et les plus grosses masses de matière qui se meuvent visiblement autour de lui) : quelles classes de plantes, d'animaux et d'êtres corporels intelligents (infiniment différents de ceux qui existent sur notre petit lopin de terre), peuvent exister sur les autres planètes ? Les connaître (fût-ce leur figure et leurs parties extérieures) nous est impossible tant que nous sommes confinés sur cette terre, car il n'y a aucun moyen naturel (par sensation ou par réflexion) d'en introduire une idée certaine dans l'esprit. Elles sont hors d'accès pour ces portes de toute la connaissance. Quelles sortes d'ameublement et d'habitants contiennent ces demeures, on ne peut même pas le conjecturer et moins encore en avoir des idées claires et distinctes.

§ 25

À cause de leur taille minuscule

Si une grande part (voire la plupart) de toutes les catégories de *corps* de l'univers échappent à l'observation à cause de leur éloignement, d'autres sont aussi cachées par leur *petitesse*. Ces corpuscules insensibles sont les éléments actifs 556 de la matière, et | les grands instruments de la Nature ; dépendent d'eux, non seulement les qualités secondaires des corps, mais aussi la plupart de leurs opérations naturelles ; et donc le fait que l'on manque d'idées distinctes précises de leurs qualités primaires maintient dans une ignorance incurable de ce que l'on désire connaître à leur sujet. Je suis sûr que si l'on pouvait découvrir la figure, la taille, la texture et le mouvement des parties constituantes infimes de deux corps, on connaîtrait sans test plusieurs de leurs opérations réciproques, comme on connaît en fait actuellement les propriétés d'un carré ou d'un triangle.

[t]Si on connaissait les caractéristiques mécaniques des particules de *rhubarbe*, de *ciguë*, d'*opium* et si on connaissait d'autre part un *homme*, comme un horloger connaît d'une part les caractéristiques mécaniques d'une montre qui produisent ses opérations et d'autre part les caractéristiques d'une lime qui modifiera par frottement la forme d'une de ses roues[t], nous serions capables de dire *a priori*[1] que la *rhubarbe* purgera, que la *ciguë* tuera, et que l'*opium* endormira l'homme, autant qu'un horloger peut dire qu'un petit morceau de papier posé sur le balancier empêchera la montre de marcher tant qu'il n'est pas ôté, ou que, si on limait tel petit élément de la montre, le mécanisme perdrait totalement son mouvement et la montre ne marcherait plus. La dissolution de l'argent dans l'*eau forte* et de l'or dans l'*eau royale*, et non l'inverse, ne serait peut-être pas alors plus difficile à connaître, qu'il ne l'est à un serrurier de comprendre pourquoi tourner telle clé ouvrira telle porte et pas telle autre.

Mais tant que l'on est dépourvu de sens suffisamment aigus pour découvrir les parties infimes des corps et pour donner des idées de leurs caractéristiques mécaniques, on doit se satisfaire de l'ignorance de leurs propriétés et de leurs modes opératoires ; on ne peut non plus avoir d'assurances sur leur compte, au-delà de ce que peuvent atteindre quelques rares tests effectués ; on ne peut alors être assuré de réussites ultérieures. Cela empêche la connaissance certaine de vérités universelles sur les corps naturels ; en cette matière, la raison nous porte très peu au-delà des faits singuliers.

---

t. Dans la première édition, cette partie se plaçait à la fin de la phrase (après « la montre ne marcherait plus »).

1. *Beforehand.*

§ 26
Donc pas de science des corps

Je suis donc tenté de croire que, quels que soient les progrès possibles, fruits de l'activité humaine en philosophie utile et *expérimentale concernant les choses physiques*, la philosophie *scientifique* demeurera encore hors d'atteinte ; on manque en effet d'idées parfaites et adéquates des corps eux-
557 mêmes qui sont | les plus proches et les plus maîtrisés. Ceux qui sont classés sous des noms et qu'on estime les plus familiers, on n'en a que des idées très imparfaites et incomplètes. On peut sans doute avoir des idées distinctes des diverses classes de corps tombant sous l'examen des sens, mais on n'a aucune idée adéquate en ce domaine, je le crains ; sans doute, les premières idées serviront pour l'usage et les propos courants, mais le manque des secondes rend incapables de *connaissance scientifique* et jamais on ne pourra découvrir à leur sujet des vérités générales irréfutables [u] informatives.

La *certitude* et la *démonstration* sont des choses auxquelles on ne doit pas prétendre en ces questions. La couleur, la figure, le toucher, le goût et les autres qualités sensibles produisent des idées aussi claires et distinctes de la sauge et de la ciguë que celles que nous avons du cercle et du triangle ; mais n'ayant aucune idée des qualités primaires singulières des éléments minuscules d'aucune de ces plantes ni des autres corps auxquels on pourrait les appliquer, on ne peut dire quels effets ils produiront ; et quand on voit ces effets, on ne peut même pas deviner, et moins encore connaître, la façon dont ils sont produits. Ainsi, n'ayant aucune idée des caractéristiques mécaniques singulières des parties infimes des corps que l'on peut atteindre par la vue ou le toucher, on ignore leur constitution, leurs pouvoirs et leurs opérations ; et les corps plus

u. Mot ajouté à partir de la deuxième édition.

éloignés, on en est encore plus ignorant ᵛ‾car on ne connaît même pas leur forme extérieure, ni les parties sensibles plus grossières de leur constitution‾ᵛ ¹.

§ 27
Encore moins des Esprits

Voilà de quoi nous montrer d'emblée à quel point notre connaissance est disproportionnée par rapport à l'étendue entière des êtres matériels eux-mêmes ; et si y nous ajoutons la considération de ce nombre infini d'*Esprits* qui peuvent exister et existent sans doute, encore plus éloignés de notre connaissance et dont nous n'avons aucun savoir, dont nous ne pouvons avoir aucune idée distincte des divers ordres ou classes, alors nous constaterons que ce facteur d'ignorance nous cache dans une obscurité impénétrable la quasi totalité du monde intelligible, monde certainement plus vaste et plus beau que le monde matériel.

Excepté en effet quelques rares idées d'Esprit (que je pourrais qualifier de superficielles) | acquises par réflexion sur **558** notre propre Esprit (ʷ‾que nous reportons pas inférence à partir de là et le mieux possible‾ʷ sur le Père de tous les Esprits ², Auteur éternel et indépendant de ces Esprits, de nous et de toute choses), nous n'avons aucune information certaine, pas même de l'existence d'autres Esprits, si ce n'est par Révélation. Les anges de toutes sortes sont naturellement au-delà de notre découverte, et tous ces êtes intelligibles, dont les ordres sont vraisemblablement plus nombreux que ceux des substances corporelles, sont des choses dont nos facultés

---

v. Texte remplaçant à partir de la quatrième édition : « ... car nous ne connaissons même pas leur forme extérieure et leur être même ... ».

w. Ajout à partir de la deuxième édition.

1. *Cf.* 2.8 ; 2.9.9 ; 2.23.11-12.
2. *Cf.* 4.10.10.

naturelles ne nous donnent absolument aucune présentation certaine.

Qu'il y ait un esprit et un être pensant chez les autres hommes comme en soi, tout homme a raison d'en être persuadé à partir de leurs mots et de leurs actions, [x]et la connaissance de son propre esprit ne permet pas à un homme qui réfléchit d'ignorer qu'il y a un Dieu[-x]. Mais [y]qu'il y ait une échelle d'êtres spirituels entre nous et le grand Dieu, qui arrivera à le connaître par sa propre recherche et ses propres capacités ?[-y]. Nous avons encore moins d'idées de leur nature, condition, état, pouvoirs différents et de leur constitution diverse ; en quoi concordent-ils ou diffèrent-ils les uns des autres et par rapport à nous ? Et donc en ce qui concerne leurs différentes espèces et propriétés, nous sommes dans une ignorance absolue.

§ 28
2) *Manque de lien perceptible entre les idées que nous avons*

2) Le petit nombre d'êtres substantiels existant dans l'univers dont on ait connaissance faute d'idées, nous venons de l'envisager ; il y a encore une autre cause d'ignorance, pas moins importante : le manque de *lien perceptible* entre ces idées que nous avons. Car chaque fois que ce lien fait défaut, on est totalement incapable de connaissance universelle et certaine et, comme dans le cas précédent, il ne reste que l'observation et l'expérimentation : que ces moyens soient étroits et limités et à quel point on est loin avec eux de la connaissance générale, il n'est pas besoin de le dire,

---

x. Ajout à partir de la deuxième édition.

y. Texte qui depuis la deuxième édition remplace le texte suivant de la première édition : « ... entre nous et le grand Dieu, nous ne pouvons avoir aucune connaissance certaine de l'existence d'aucun Esprit, si ce n'est par révélation ; ».

Je vais donner quelques exemples de cette cause de notre ignorance, puis clore la question. Il est évident que la masse, la figure et le mouvement de plusieurs corps autour de nous produisent en nous diverses sensations de couleur, de son, de goût, d'odeurs, de plaisir et de douleur, etc. Ces caractéristiques mécaniques des corps n'ont absolument aucune affinité avec ces | idées qu'elles produisent en nous (il n'y a **559** aucun lien concevable entre une impulsion d'une sorte de corps et une perception de couleur ou d'odeur, constatée dans l'esprit)[1]; on ne peut donc avoir aucune connaissance distincte de telles opérations au delà de l'expérience, et on ne peut raisonner sur elles que comme des effets produits par ordre d'un Agent infiniment sage, qui surpasse parfaitement notre compréhension. De même qu'on ne peut en aucune façon déduire des causes corporelles les idées de qualités secondaires sensibles dans l'esprit, et qu'on ne peut constater aucune correspondance, aucun lien, entre elles et ces qualités primaires qui (comme le montre l'expérience) les produisent en nous, de même, de l'autre côté, l'opération de notre esprit sur notre corps est aussi inconcevable. Comment une pensée pourrait-elle produire un mouvement dans un corps, ou comment un corps pourrait-il produire une pensée dans l'esprit : deux questions aussi éloignées de la nature des idées; si l'expérience ne persuadait pas qu'il en est ainsi, la considération des choses mêmes ne serait jamais capable, ne serait-ce que de le découvrir. Ces événements et leurs semblables ont un lien constant et régulier dans le cours ordinaire de la nature, qui ne peut être cependant pas être découvert dans les idées mêmes; celles-ci apparaissent en effet ne pas avoir de dépendance nécessaire entre elles, et on ne peut donc attribuer leur lien à rien d'autre qu'à la décision arbitraire d'une Agent

---

1. *Cf.* 4.3.11.

infiniment sage qui les fait être et opérer comme ils font, d'une manière complètement au-dessus de ce que notre pauvre entendement peut concevoir.

§ 29
Exemples

En quelques idées, il y a des relations, des rapports et des liens visiblement inclus dans la nature des idées mêmes, au point qu'on ne peut les concevoir séparables par quelque pouvoir que ce soit. Et là seulement on est capable de connaissance certaine et universelle[1]. Ainsi l'idée de *triangle à lignes droites* implique nécessairement *l'égalité de ses angles à deux droits*; et l'on ne peut concevoir que cette relation, ce lien de ces deux idées, puisse changer ou dépendre d'un pouvoir arbitraire qui ait choisi de le faire ainsi et aurait pu le faire autrement. Mais la cohérence et la continuité des parties de la matière, la production en nous de sensations de couleur **560** et de son, etc., par impulsion | et mouvement, voire les règles d'origine et la communication du mouvement où nous ne pouvons trouver aucun lien naturel avec aucune idée que nous avons, nous ne pouvons que les attribuer à la volonté arbitraire et au bon plaisir du sage Architecte[2].

Il n'est pas nécessaire de mentionner ici la Résurrection des morts, l'état futur de cette terre, et les autres choses que chacun reconnaît dépendre entièrement de la détermination d'un Agent libre. Quand on constate perpétuellement que, jusqu'aux limites de l'observation, des choses se comportent avec régularité, on peut conclure qu'elles agissent selon une loi qui leur est prescrite, mais qu'on ne connaît pas; et donc, bien que l'efficacité des causes soit immuable et que les effets

---

1. Comparer avec 4.3.31 et 4.6.
2. *Cf.* 4.3.6 et 28.

en découlent avec constance, on ne peut pourtant pas découvrir leurs *liens* et leurs *dépendances*, mais seulement avoir une connaissance expérimentale.

À partir de tout cela, il est facile de percevoir dans quelle obscurité nous sommes pris, et combien, par rapport à l'être et aux choses qui sont, notre capacité de connaissance est réduite. On ne porte pas atteinte à la connaissance humaine quand on pense modestement de soi, que l'on est si loin de la capacité à comprendre la totalité de la nature de l'Univers et de toutes les choses qu'il contient, que l'on n'est pas capable d'une connaissance philosophique des corps environnants ou qui constituent l'homme : sur leurs qualités secondaires, leurs pouvoirs et leurs opérations, on ne peut avoir aucune certitude universelle. Chaque jour, les sens remarquent divers effets, et dans cette mesure on en a une *connaissance sensible* ; mais les causes, les procédures certaines de leur production, pour les deux raisons mentionnées précédemment, on doit se contenter de les ignorer. Sur ce point, on ne peut aller plus loin que l'expérience singulière qui informe des faits, et par analogie deviner les effets que, selon d'autres tests, produiront vraisemblablement des corps identiques. Mais, quant à la *science* parfaite des corps naturels (pour ne rien dire des êtres spirituels), on est, je pense, si loin d'être capable d'une telle chose, que je conclus que c'est du travail perdu que la chercher.

§ 30
3) *Manque de suivi des idées*

3) Là où l'on a des idées adéquates et un lien certain et décelable entre elles, on reste pourtant souvent ignorant, par manque de *suivi* des idées que l'on a ou que l'on peut avoir, et faute de découvrir les idées intermédiaires qui puissent montrer quel rapport de convenance ou de disconvenance elles entretiennent. | Ainsi beaucoup ignorent les vérités mathéma- **561** tiques, non par imperfection de leurs facultés ou par incerti-

tude des choses mêmes, mais par manque d'application dans l'acquisition, l'examen et la comparaison des idées selon une méthode correcte.

Ce qui a le plus contribué à empêcher le *suivi* correct des idées et la découverte de leurs relations, de leur convenance ou disconvenance entre elles, a été, je crois, la mauvaise utilisation des *mots*. Il est impossible que les gens puissent jamais chercher vraiment, ou découvrir avec certitude, la convenance ou la disconvenance des idées elles-mêmes quand leur pensée papillonne ou s'attache seulement à des sons de signification douteuse et incertaine.

Les mathématiciens séparent pensées et noms et s'habituent à poser devant leur esprit les idées mêmes qu'ils vont considérer, et pas les noms à la place des idées ; ils ont ainsi évité une grande partie des hésitations, des embarras et de la confusion qui ont tellement empêché le progrès humain dans les autres parties de la connaissance. Car, tant qu'ils s'en tiennent à des noms de signification indéterminée et incertaine, ils sont [z] incapables de distinguer, dans leurs propres opinions, le vrai du faux, le certain du probable, le cohérent de l'incohérent ; [a]ce fut le sort ou la malchance d'une grande partie des gens de lettres[a] ; de ce fait, l'augmentation des connaissances authentiques a été très faible, comparée aux écoles, aux disputes et aux écrits qui ont rempli le monde ; et pendant ce temps, les chercheurs [b], perdus dans l'immense forêt des mots, ne savaient pas où ils étaient, de combien leurs découvertes avaient progressé, ni ce qui manquait dans le fonds commun de connaissance ou dans leur propre fonds. Si les gens avaient fait, pour la découverte du monde matériel,

---

z. Terme qui remplace « … étaient … » à partir de la quatrième édition.

a. Ajout à partir de la quatrième édition.

b. *Gens* dans les trois premières éditions.

comme pour celle du monde intelligible (l'enfermer complètement dans l'obscurité de [c] manières incertaines et douteuses
de parler), les volumes rédigés sur la navigation et les
voyages, les théories et les histoires multipliées et discutées
sur les régions et les marées, voire les navires construits, les
flottes armées, n'auraient jamais enseigné la route au delà de
l'Équateur, et les Antipodes seraient encore aussi inconnus
que quand on déclarait hérésie de soutenir leur existence. Mais
j'ai suffisamment parlé des mots et de l'usage déplacé ou
négligent que l'on en fait couramment[1]; je n'en dirai rien de
plus ici.

|§ 31   **562**
Étendue par rapport à l'universalité

On a examiné jusqu'ici l'*étendue* de notre connaissance
par rapport aux diverses sortes d'êtres qui existent; *une autre*
étendue de la connaissance mérite aussi d'être considérée :
sous le rapport de l'universalité; et sous cet aspect, notre
connaissance suit la nature de nos idées.

Si les idées dont on perçoit la convenance ou la disconvenance sont abstraites, la connaissance est universelle. Car ce
qui est connu de telles idées générales sera vrai de chaque
chose singulière dans laquelle cette essence (c'est-à-dire cette
idée abstraite) est constatée. Et, sur de telles idées, ce dont on
a une fois connaissance sera perpétuellement et pour toujours
vrai. Aussi, toute la connaissance générale doit-elle être
cherchée et découverte seulement dans l'esprit, et c'est le seul
examen de nos propres idées qui nous en dote. Les vérités
appartenant à l'essence des choses (c'est-à-dire aux idées
abstraites) sont éternelles et doivent être dégagées par la seule

---

c. Dans les trois premières éditions, il y avait ici « … termes et de … ».

1. *Cf.* 3.9 et 10.

contemplation de ces essences, de même que l'existence des choses ne peut être connue que par l'expérience. Mais je dois en dire plus dans les chapitres où je parlerai de la connaissance générale et de la connaissance réelle ; on peut s'en tenir là pour le moment sur l'universalité de la connaissance en général.

CHAPITRE 4

LA RÉALITÉ DE LA CONNAISSANCE

§ 1

Objection : la connaissance placée dans les idées
peut n'être que pures visions

Mon lecteur risque sans doute de penser à ce moment que je n'ai fait que construire jusqu'ici un château en l'air ; il va me dire :

« Dans quel but tout ce remue-ménage ? La connaissance, dites-vous n'est que la perception de la convenance ou de la disconvenance de nos propres idées ; mais qui sait ce que peuvent être ces idées ? Y-a-t-il aussi extravagant que les fantasmes de cerveaux humains ? Où est la tête qui n'a pas en elle des *chimères* ? Ou, s'il existe un homme sage et de bon sens, quelle différence y aura-t-il, selon vos règles, entre sa connaissance et celle de la fantaisie la plus débridée au monde ? Toutes les deux ont leurs idées dont ils perçoivent la convenance et la disconvenance ; s'il y a une différence entre elles, elle est à l'avantage de l'homme à l'esprit échauffé, puisqu'il a

563 plus d'idées et de plus vives. | Ainsi, selon vos règles, ce sera lui qui connaîtra le mieux [1].

S'il est vrai que toute connaissance tient uniquement à la perception de la convenance ou de la disconvenance de nos idées, les visions d'un *enthousiaste* et les raisonnements d'un homme de bon sens seront également certains. Peu importe comment sont les choses ; pourvu qu'un homme respecte seulement la convenance entre ses imaginations et parle en conséquence, tout est vérité et certitude. De tels châteaux en l'air seront des bastions de vérité aussi puissants que les démonstrations d'*Euclide* [2]. Selon ce principe, *Une harpie n'est pas un centaure* est une connaissance certaine et une vérité au même titre que *Un carré n'est pas un cercle*.

Mais *à quoi sert cette* belle *connaissance de l'imaginaire des gens* pour quelqu'un qui s'inquiète de la réalité des choses ? Peu importe ce que sont les fantaisies des gens : seule doit être estimée la connaissance des choses ; seul donne de la valeur à nos raisonnements, et la priorité de la connaissance de quelqu'un sur celle d'un autre, le fait que ce soit la connaissance de choses telles qu'elles sont et non de rêves ou de fantaisies ».

§ 2
Réponse : non, pas là où les idées conviennent avec les choses

À cette objection, voici ma réponse : si la connaissance de nos idées se réfère à ces fantaisies et ne va pas plus loin, alors qu'on vise quelque chose de plus [3], nos pensées les plus sérieuses seront à peine plus utiles que les rêveries d'un cerveau fou, et les vérités construites là-dessus ne seront pas de plus grand poids que les propos d'un homme qui voit en rêve les choses avec clarté et les exprime avec grande

---

1. Comparer avec 4.5.7.
2. *Cf.* 1.4.25.
3. *Intended*.

assurance. Mais j'espère rendre évident avant d'avoir terminé que cette voie de certitude par la connaissance de nos propres idées[1] va un peu plus loin que la pure imagination ; et je crois qu'il sera manifeste que toute la certitude des vérités générales ne réside pas en autre chose.

§ 3

Il est évident que l'esprit ne connaît pas les choses immédiatement, mais seulement par l'intermédiaire des idées qu'il en a. *Notre connaissance* donc est *réelle* seulement dans la mesure où il y a conformité entre nos idées et la réalité des choses. Mais quel sera le critère ? Comment l'esprit, quand il ne perçoit rien d'autre que ses idées, connaît-il qu'elles sont en convenance avec les choses mêmes ? La réponse ne manque semble-t-il pas de difficultés, mais je pense qu'il y a deux sortes d'idées dont on peut être sûr qu'elles sont en convenance avec les choses.

§ 4

Comme le sont
1) *Toutes les idées simples*

1. Les premières sont les idées simples : on a montré[2] que l'esprit ne peut aucunement se les fabriquer ; aussi, doivent-elles nécessairement être | le produit de choses agissant sur **564** l'esprit de façon naturelle et y produisant les perceptions qu'elles sont destinées et préparées à produire par la sagesse et la volonté de Celui qui nous a faits. Il s'ensuit que les *idées simples ne sont pas des fictions* de notre fantaisie, mais les produits naturels et normaux de choses extérieures à nous, agissant réellement sur nous. Aussi, impliquent-elles toute la

---

1. « Way of certainty by the knowledge of our own Ideas » : dans ses deux lettres critiques (entraînant deux réponses de Locke), Stillingfleet évêque de Worcester, prend cette expression comme le centre caractéristique de la philosophie de Locke ; *cf.* Annexe 1, etc.

2. *Cf.* 2.30.2.

conformité [a]-visée ou-[a] requise par notre état [1]. [b]-Car elles nous représentent-[b] les choses sous les traits qu'elles sont à même de produire en nous ; par là nous [c]-devenons capables de distinguer les classes de substances particulières, de discerner dans quel état elles sont et ainsi de les saisir pour nos besoins-[c] et d'y avoir recours pour notre usage. Ainsi l'idée de *blancheur* ou celle d'*amer*, telles qu'elles sont dans l'esprit, répondent exactement à ces pouvoirs de les produire qui existent dans un corps ; elles ont toute la conformité réelle possible ou souhaitable avec les choses extérieures. Et cette conformité entre nos idées simples et l'existence des choses suffit pour une connaissance réelle.

§ 5
2) *Toutes les idées complexes, sauf celles de substances*

2. *Toutes nos idées complexes sauf celles de substances* sont des *archétypes* produits par l'esprit même ; elles ne sont pas destinées [2] à être les copies de quoi que ce soit, ni référées à l'existence de quoi que ce soit comme leur origine, et donc *aucune conformité nécessaire à la connaissance réelle ne peut leur faire défaut.* Car ce qui n'est pas prévu pour représenter quelque chose d'autre que soi ne peut jamais être porteur de représentation fausse, ne peut introduire une dissemblance qui écarterait de la véritable appréhension de quelque chose. Telles sont toutes nos idées complexes, sauf celles de substances.

a. Ajout depuis la quatrième édition.

b. Depuis la quatrième édition, remplace : « ... ce qui est représenter ... ».

c. Depuis la quatrième édition, remplace : « ... pouvons distinguer les substances en lesquelles elles sont... ».

1. *Cf.* 2.23.12, etc.

2. *Intended.*

Ces idées, comme je l'ai montré ailleurs[1], sont des combinaisons d'idées que l'esprit assemble arbitrairement sans considérer si elles ont une liaison dans la nature. De là vient que, dans toutes ces classes, les idées sont elles-mêmes considérées comme les *archétypes*, et les choses ne sont prises en compte qu'à partir de leur conformité. Aussi ne peut-on qu'avoir la certitude infaillible que toute la connaissance acquise sur ces idées est réelle et atteint les choses mêmes, car dans toutes nos pensées, raisonnements et propos de ce genre, nous visons les choses seulement en tant que conformes à nos idées. Aussi, par ces idées, on ne peut pas ne pas atteindre une réalité certaine et indubitable.

|§ 6   565
D'où la réalité de la connaissance mathématique

On admettra facilement, je n'en doute pas, que la *connaissance* que l'on peut avoir *des vérités mathématiques est* non seulement une connaissance certaine, mais aussi *une connaissance réelle*, [d-]et non la simple vision vide de *chimères* vaines et insignifiantes du cerveau[-d] ; et pourtant si on la considère, on verra qu'elle porte seulement sur nos propres idées.

Le mathématicien considère la vérité et les propriétés appartenant à un rectangle, ou à un cercle, seulement en tant qu'elles sont en idées dans son esprit. Car il est possible qu'il n'en ait jamais trouvé dans la vie aucun, existant mathématiquement, c'est-à-dire exactement vrai. Pourtant, la connaissance qu'il a de vérités ou de propriétés appartenant à un cercle ou à une autre figure mathématique est néanmoins vraie et certaine, même pour des choses réelles existant ; car, par de telles propositions, les choses réelles sont concernées et

---

d. Depuis la quatrième édition, remplace : « … non de vaines *chimères* dans l'esprit des gens … ».

1. 2.23.6.

visées[1] seulement en tant qu'elles concordent réellement avec ces *archétypes* dans l'esprit.

Est-il vrai, de l'idée d'un *triangle*, que ses trois angles sont égaux à deux droits ? C'est également vrai d'un *triangle*, où qu'il existe réellement. Toute autre figure existante qui ne correspond pas exactement à cette idée de *triangle* dans l'esprit du mathématicien n'est pas du tout concernée par cette proposition : il est donc certain que sa connaissance concernant de telles idées est une connaissance réelle ; ne visant[2] pas les choses au-delà de leur convenance avec ces idées, il est sûr que ce qu'il connaît concernant ces figures quand elles ont *une existence* purement *idéale* dans son esprit, demeurera vrai quand elles auront une existence réelle dans la matière : sa considération est purement celle de ces figures, qui sont les mêmes où qu'elles existent et sous quelque forme que ce soit.

§ 7

Et la réalité de la connaissance morale

Il en découle que la *connaissance morale* est aussi *capable de certitude réelle* que les mathématiques. Car la certitude n'est que la perception de la convenance ou de la disconvenance de nos idées, et la démonstration que la perception de cette convenance par l'intermédiaire d'autres idées, ou moyens termes ; nos *idées morales*, aussi bien que nos idées mathématiques sont elles-mêmes *archétypes*, et ainsi idées adéquates et complètes ; aussi toute la convenance ou la disconvenance que l'on trouvera en elles produira de la connaissance réelle aussi bien que dans les figures mathématiques[3].

---

1. *Intended to be meant.*
2. *Intending.*
3. *Cf.* 3.11.16-17.

§ 8
L'existence n'est pas requise pour la rendre réelle

ᵉ˗Pour atteindre la *connaissance* et la certitude, il faut avoir des idées déterminées ; pour rendre la connaissance *réelle*, il faut que les idées˗ᵉ correspondent à leur *archétype*. Qu'on ne | s'étonne pas de me voir placer la certitude de la **566** connaissance dans la considération des idées sans me préoccuper (apparemment) de l'existence réelle des choses : l'examen montrera, je présume, que la plupart des propos qui occupent les pensées et induisent les discussions de ceux qui prétendent faire de la recherche de la vérité et de la certitude leur métier, sont des *propositions et des notions générales* qui ne concernent pas du tout l'existence. Tous les propos des mathématiciens sur la quadrature du cercle, sur les sections coniques ou toute autre partie des mathématiques, *ne concernent pas* l'existence d'une de ces figures ; leurs démonstrations, qui dépendent de leurs idées, sont les mêmes qu'il y ait ou non un carré ou un cercle existant dans le monde. De la même manière, la vérité et la certitude des propos *moraux* est abstraite de la vie des gens, et de l'existence dans le monde des vertus dont ils traitent. Le *Traité des Devoirs* de Cicéron n'est pas moins vrai, sous prétexte qu'il n'y a personne dans le monde qui pratique exactement ces règles et qui vive selon le modèle de l'homme vertueux qu'il a donné et qui n'existait nulle part quand il l'a écrit, si ce n'est en idée. S'il est vrai spéculativement, c'est-à-dire en idée, que *Le meurtre mérite la mort*, ce sera également vrai dans la réalité de toute action qui existe conformément à cette idée de *meurtre* ; quant aux autres actions, la vérité de cette proposition ne les concerne pas. Ainsi en est-il de toutes les autres espèces de choses qui

---

e. Depuis la quatrième édition remplace : « Ce qui est requis pour rendre la connaissance certaine, c'est la clarté des idées, et ce qui est requis pour la rendre réelle, c'est qu'elles … ».

n'ont pas d'autre essence que ces idées qui sont dans l'esprit des hommes [1].

§ 9

Que les idées morales soient faites et nommées par nous ne rend pas la connaissance moins vraie ou moins certaine

On objectera peut-être : « Si l'on met la *connaissance morale* dans la contemplation de nos propres idées *morales* et si celles-ci sont, comme les autres modes, des artefacts, quelle conception étrange aura-t-on de la *justice* et de la *tempérance* [2]? Vice et vertu ne seront-ils pas confondus si chacun peut en construire les idées qu'il veut ? » [3].

Il n'y aura pas de confusion ni de désordre dans les choses mêmes ni dans les raisonnements sur elles, pas plus qu'il n'y aurait (en mathématiques) de perturbation dans la démonstration ou de changement dans les propriétés des figures ou dans leurs relations réciproques, si l'on faisait un triangle de quatre côtés ou un *trapèze* de quatre angles droits – ce qui revient en bon français à changer le nom des figures et donner un nom à ce que les mathématiciens désignent d'habitude d'un autre. Que l'on se fasse une idée d'une figure de trois 567 angles | dont l'un est un angle droit et qu'on l'appelle si l'on veut *équilatère* ou *trapèze* ou n'importe quoi d'autre, les propriétés de cette idée et les démonstrations sur elle seront les mêmes que si on l'appelait *triangle rectangle*. Je reconnais que le changement de nom, par son impropriété, perturbera en un premier temps celui qui ne connaît pas l'idée dont le nom tient lieu ; mais dès qu'on dessine la figure, les déductions et la démonstration sont claires et simples [4].

1. *Cf.* 3.5.14.
2. *Cf.* 3.5.12 ; 3.11.9.
3. Comparer avec 2.28.11 et note.
4. *Cf.* 4.3.19.

Il en va exactement de même pour la connaissance *morale* : soit quelqu'un qui a l'idée de prendre à autrui sans son consentement ce que son travail honnête lui a procuré ; qu'il l'appelle *justice* s'il le veut. Celui qui ne garde que le nom sans l'idée adjointe se trompera en attachant à ce nom une idée de sa façon ; mais dépouillez l'idée de ce nom ou prenez la telle qu'elle est dans l'esprit du locuteur, et les mêmes choses seront en convenance avec l'idée, comme si vous l'appeliez *injustice*.

En fait, les noms erronés dans les exposés moraux engendrent habituellement plus de désordre, parce qu'ils ne sont pas aussi facilement corrigés que dans les mathématiques, où la figure dessinée et observée rend le nom inutile et sans force : quel besoin d'un signe quand la chose signifiée est présente et visible ? Mais pour les noms moraux, on ne peut procéder aussi facilement ni aussi rapidement parce que ces modes sont faits d'idées complexes constituées elles-mêmes à partir d'idées déjà composées[1].

Malgré tout, *mal nommer* l'une de ces idées, en détournant la signification habituelle des mots de la langue, n'empêche pas d'avoir une connaissance démonstrative et certaine des diverses convenances ou disconvenances, si on s'en tient soigneusement aux mêmes idées précises, comme en mathématiques, et si on les suit dans leur diverses relations réciproques sans se laisser dérouter par le nom. Si l'on se contente de séparer l'idée considérée du signe qui en tient lieu, la connaissance se poursuit identiquement dans la découverte de la vérité et la certitude effectives, quels que soient les sons utilisés.

§ 10
Une erreur de nom ne perturbe pas la certitude de la connaissance

Une chose encore à noter : là où Dieu ou un autre législateur ont défini les termes moraux, ils ont constitué l'essence de cette espèce à laquelle appartient le nom et il n'est pas sûr

1. *Cf.* 3.9.6.

de les appliquer ou de les utiliser autrement[1]. Mais dans les autres cas, ce n'est qu'impropriété d'expression de les appli-
568 quer contrairement à | l'usage commun du pays. Mais, même cela ne perturbe pourtant pas la certitude de cette connaissance que l'on doit toujours acquérir par la contemplation et la comparaison correctes de ces idées, seraient-elles affublées d'un nom erroné.

§ 11
Les idées de substance ont leur archétype hors de nous

3. Il existe une autre sorte d'*idées complexes* qui sont référées à des *archétypes* extérieurs et peuvent en différer; il peut donc se faire que notre connaissance à leur égard ne puisse être réelle. Telles sont les idées de substance qui consistent en une collection d'idées simples que l'on suppose empruntées aux œuvres de la Nature et qui pourtant peuvent en différer quand sont unies en elles plus d'idées (ou des différentes) que celles que l'on trouvera unies dans les choses mêmes. De là vient qu'elles peuvent ne pas être (et souvent ne sont pas en fait) exactement conformes aux choses mêmes[2].

§ 12
Dans la mesure où elles concordent avec ces archétypes,
notre connaissance est réelle

Je dis que pour avoir des *idées* de *substance* qui, par leur conformité aux choses, puissent nous fournir une connais-sance réelle, il ne suffit pas d'assembler des *idées* qui ne soient pas incohérentes, n'eussent-elles jamais existé aupa-ravant ainsi (comme pour les modes, par exemple pour les idées de *sacrilège*, de *parjure*, etc., qui étaient aussi réelles et aussi vraies avant qu'après l'existence de tels faits). Mais on suppose que les idées de *substance* sont des copies, et on les

1. Comparer avec 2.28.16.
2. *Cf.* 3.6.

réfère à des *archétypes* extérieurs : elles doivent donc en outre être prises de quelque chose qui existe ou a existé ; même si nous n'arrivons à déceler aucune contradiction dans une telle combinaison, elles ne peuvent consister en *idées* assemblées pour le plaisir de la pensée, sans emprunt à un modèle.

La raison en est que l'on ne connaît pas la constitution réelle des substances, source des *idées* simples et véritable cause de l'étroite union de certaines *idées* entre elles et cause aussi de l'exclusion d'autres[1] ; il y a très peu d'idées dont on puisse être sûr qu'elles sont ou ne sont pas incompatibles en nature, dès qu'on dépasse le domaine de l'expérience et de l'observation sensible. C'est donc ici qu'est le fondement de la *réalité* de la connaissance en ce qui concerne les *substances* : toutes les *idées* complexes de substances doivent être, et être seulement, composées de ces *idées* simples dont la coexistence a été découverte dans la nature. Ces *idées* sont alors vraies, quoique peut-être pas des copies très exactes, et elles sont pourtant le siège d'une *connaissance réelle* (pour autant qu'on puisse en avoir une). Cette connaissance (on l'a déjà montré[2]) se révèlera assez limitée ; mais, dans ces limites, elle demeure une *connaissance réelle.*

Quelles que soient les idées que l'on ait, | dès que l'on **569** découvre qu'elles sont en convenance avec d'autres, il y aura toujours de la connaissance. Si les idées sont abstraites, on aura de la connaissance générale ; mais, pour qu'en ce qui concerne les substances celle-ci soit *réelle*, il faut que les idées soient tirées de l'existence réelle des choses ; toutes les idées simples que l'on voit coexister en une substance peuvent en toute confiance être jointes à nouveau et constituer ainsi des idées abstraites de substance, car tout ce qui a été une fois uni dans la nature peut être uni à nouveau.

---

1. *Cf.* 2.31.16 ; 3.3.15, etc.
2. *Cf.* 2.32.19 ; 3.6.26-30.

§ 13

*Dans les recherches sur les substances, il faut considérer les idées et non
limiter la pensée aux noms ou aux espèces supposées établies par les noms*

Cela bien considéré, et si on *ne limitait pas la pensée* et
les idées abstraites aux noms (comme s'il n'y avait pas ou ne
pouvait y avoir d'autres *classes* de choses que ce que les noms
courants ont déjà déterminées et "établies"), on penserait peut-
être les choses avec plus de liberté et moins de confusion que
d'habitude.

Si je disais que des *imbéciles*[1] qui ont vécu ensemble
pendant quarante ans sans manifester de raison sont quelque
chose entre l'homme et la bête, on prendrait peut-être cela
pour un paradoxe audacieux, sinon une erreur dangereuse ;
mais ce serait un préjugé fondé uniquement sur l'hypothèse
erronée que ces deux noms (*homme* et *bête*) tiennent lieu
d'espèces distinctes établies par des essences réelles, de telle
manière qu'il ne puisse exister entre elles d'autre espèce. Au
contraire, si l'on écartait ces noms et qu'on n'imaginait pas de
telles essences spécifiques faites par la nature, auxquelles
toutes les choses de même dénomination participeraient exactement et de la même manière, si l'on ne se figurait pas qu'il
existe un certain nombre de ces essences où, comme dans des
moules, toutes les choses seraient coulées puis formées[2], on
verrait que l'idée *configuration, mouvement, vie d'un homme
sans raison* est une idée aussi distincte et constitue une *classe*
aussi distincte de l'homme et de la bête que l'idée *configuration d'un âne avec raison* serait différente de celle
d'*homme* aussi bien que de *bête*, et serait une espèce d'être
animé entre eux, distincte des deux.

1. *Changeling* : littéralement, selon des légendes celtes, enfant substitué
par les fées. La caractéristique retenue par Locke en est l'absence de
raison, aussi faute de meilleur terme, on le traduira ici par *imbécile* ;
cf. 2.21.50 ; 3.6.22 ; 4.7.17.

2. *Cf.* 3.6.9-43 (spécialement 26).

§ 14

Réponse à l'objection
contre « *l'*imbécile *est quelque chose entre l'homme et la bête* »

Chacun risque de demander ici : « Si l'on peut formuler l'hypothèse que les *idiots* sont quelque chose entre les hommes et la bête, que sont-ils ? ».

Je réponds : « Des *imbéciles* » mot qui, pour signifier quelque chose de différent de ce que signifient HOMME ou BÊTE, a autant de valeur que n'en ont les noms *homme* et *bête* pour signifier des choses différant entre elles. Ceci, bien considéré, résoudrait la question et montrerait | simplement ce que je **570** veux dire. Mais le fanatisme de certains, qui leur permet de jouer des arguments et de voir la religion menacée dès que l'on se risque à abandonner leur formules, ne m'est pas inconnu et je prévois de quels noms ils risquent de qualifier une telle proposition.

Et on va sans doute demander : « Si les *imbéciles* sont quelque chose entre l'homme et la bête, qu'en adviendra-t-il dans l'autre monde ? ».

Ma réponse :

1. Cela ne m'intéresse pas de le savoir ou de le chercher : *qu'il reste debout ou qu'il tombe, cela ne concerne que son maître* [1] ; que l'on en définisse ou non quelque chose, leur état n'en deviendra ni meilleur ni pire. Ils sont entre les mains d'un Créateur fidèle et d'un Père plein de Bonté, qui ne dispose pas de ses créatures selon nos pensées et nos opinions étroites, et ne les distingue pas selon les noms et les espèces de notre façon [2]. Et nous qui connaissons si peu du monde présent où nous sommes, nous pouvons, je pense, nous satisfaire sans dogmatiser sur la définition des différents états

---

1. *Romains*, 14. 4 : « Toi, qui es-tu pour juger un serviteur d'autrui ? Qu'il reste debout … ».
2. Cf. *Romains*, 2.11 ; *Actes*, 10.34, etc.

qu'atteindront les créatures quand elles sortiront de cette scène. Il peut nous suffir qu'Il ait fait connaître à tous ceux qui sont capables d'instruction, de parole et de raisonnement qu'il leur sera demandé des comptes [1] et que chacun recevra selon ce qu'il a fait dans son corps [2].

§ 15

2. Je réponds ensuite : la force de leur question (« allez vous priver les *imbéciles* d'un état futur ? ») est fondée sur l'une des deux hypothèses suivantes, qui sont toutes deux fausses. La première : toutes les choses qui ont configuration et apparence extérieures d'homme sont nécessairement destinées à un futur état immortel après cette vie. Ou la seconde : tout ce qui est né d'homme doit aussi avoir ce destin.

Chassez ces imaginations, et les questions seront ridicules et sans fondement. Je souhaite donc que ceux qui estiment qu'en chacun l'essence est exactement la même et qu'entre les *imbéciles* et eux il n'y a donc rien de plus qu'une différence d'accident, examinent s'ils peuvent imaginer l'immortalité liée à quelque configuration extérieure du corps ; rien que le proposer suffit je pense pour qu'ils le refusent.

Je n'ai jamais entendu dire que quelqu'un, tout engoncé qu'il fût dans la matière, ait attribué cette excellence à une figure composée de grossiers éléments extérieurs sensibles, au point d'affirmer que la vie éternelle lui soit due ou qu'elle en soit une conséquence nécessaire, ou encore qu'une masse de 571 matière | après sa dissolution ici-bas soit rétablie en un état où elle sentira, percevra, connaîtra éternellement, pour la seule raison qu'elle a été moulée en telle ou telle figure et que ses composants visibles sont structurés de telle manière particulière. Une telle opinion, plaçant l'immortalité dans une

---

1. Cf. *Matthieu*, 25.19.

2. Cf. *Romains*, 14, 10, *2 Corinthiens*, 5.10, etc. (dernière référence donnée par Coste en marge).

certaine figure superficielle, bannit toute considération d'âme ou d'Esprit, raisons suffisantes jusqu'ici pour conclure que certains êtres corporels étaient immortels et pas d'autres. Cela revient à attribuer plus à l'extérieur qu'à l'intérieur des choses, à placer l'excellence de l'homme plus dans la configuration extérieure du corps que dans les perfections internes de l'âme, ce qui est à peine mieux que d'attacher l'inestimable prérogative de l'immortalité et de la vie éternelle qu'il possède par rapport aux autres êtres matériels à la coupe de sa barbe, à la taille de son manteau. Car telle ou telle composition extérieure du corps n'inclut pas plus d'espoir de durée éternelle que la facture d'un vêtement ne donne à un homme de fondements raisonnables pour imaginer qu'il ne va jamais s'user ou qu'il le rendra immortel.

On dira peut-être : « Personne ne pense que la configuration rende quelque chose immortel ; elle est le signe qu'à l'intérieur il y a une âme raisonnable qui est immortelle ». Je me demande qui en a fait un tel signe, car il ne suffit pas de le dire pour la rendre telle ; on aurait besoin de preuves pour en être persuadé. Aucune figure que je connaisse ne parle tel langage. Car il est aussi rationnel de conclure que le corps mort d'un homme, où l'on ne trouve plus de trace ou d'action de la vie qu'en une statue, a pourtant une âme vivante en lui à cause de sa configuration, que de conclure qu'il y a une âme raisonnable en un *imbécile* parce qu'il a l'extérieur d'un être raisonnable, alors que ses actions portent bien moins de marques de raison dans tout le cours de sa vie que l'on ne peut en trouver en de nombreuses bêtes.

§ 16
Monstres [f]

« Mais il est né de parents raisonnables, il faut donc en déduire qu'il a une âme raisonnable ».

---

f. Titre ajouté depuis la quatrième édition.

Je ne sais pas selon quelle logique vous devez conclure ainsi et je suis sûr que c'est une conclusion que gens n'accepteront nulle part, car s'ils le faisaient, il n'oseraient pas détruire comme il le font les rejetons mal formés ou contrefaits.

« Oui, mais ce sont des *monstres* ».

Eh bien soit, mais que seront vos *imbéciles* sans esprit, ni 572 intelligence, ni civilité ? Est-ce un défaut du corps | qui fait un *monstre* et non un défaut de l'esprit (la part de loin la plus noble et, selon la terminologie commune, de loin la plus essentielle) ? Est-ce le manque de nez, de cou, qui fait un *monstre* et exclut de l'ordre humain ce genre de produit, et pas le manque de raison ou d'entendement ? Mais c'est revenir à ce qui vient d'être réfuté : c'est placer tout dans la configuration et évaluer l'humanité uniquement d'après son extérieur.

Pour montrer que selon la façon courante de raisonner sur la question, les gens mettent tout le poids sur la figure et réduisent toute l'essence de (ce qu'ils appellent) l'espèce *homme* à la configuration extérieure, même si c'est déraisonnable et s'ils le refusent, il suffit de suivre leurs pensées et leur comportement un peu plus avant, et ce sera pleinement manifeste.

« *L'imbécile* bien formé est un homme, a une âme raisonnable, bien qu'elle ne paraisse pas, c'est indubitable » dites-vous.

Allongez un peu les oreilles, rendez les plus pointues et le nez un peu plus plat que d'ordinaire, et vous commencez à rechigner ; rendez le visage encore plus étroit, plus plat et plus long et vous ᵍ-êtes perplexe⁻ᵍ ; ajoutez encore de plus en plus de ressemblance avec une brute et que la tête soit exactement celle d'un autre animal, et maintenant c'est un *monstre* et c'est pour vous une démonstration qu'il n'a pas d'âme raisonnable et doit être détruit.

---

g. Texte qui remplace depuis la deuxième édition : « ... commencez à douter ... ».

Ma question alors : où sera la juste mesure ? Quelles sont les limites ultimes de cette configuration qui porte avec elle l'âme raisonnable ? Car on a produit des *fœtus* humains moitié bêtes, moitié hommes, et d'autres aux deux tiers l'un et un tiers l'autre ; aussi, est-il possible qu'il y ait une plusieurs approximations de l'une ou l'autre configuration et qu'il y ait plusieurs niveaux de mélange de ressemblance de l'homme ou de la brute ? Et j'aimerais connaître les traits précis qui, selon cette théorie, peuvent ou ne peuvent pas être liés à une âme raisonnable. Quelle sorte d'extérieur est le signe certain qu'il y a ou qu'il n'y a pas un tel habitant à l'intérieur ? Car tant que ce n'est pas fait, on parle au hasard de l'*homme* ; je crains qu'on le fasse toujours tant qu'on s'abandonnera à certains sons et aux fantasmes d'espèces établies et fixées dans la nature, que l'on ignore.

Enfin, je souhaite qu'on considère que ceux qui pensent avoir résolu la difficulté en disant qu'un *fœtus* mal formé est un *monstre* commettent la même erreur que celle qu'ils combattent, en installant une espèce entre l'homme et la bête. Car qu'est | d'autre, je vous prie, leur monstre en ce cas (si le **573** terme de *monstre* a un sens), si ce n'est ni homme ni bête, mais quelque chose qui a part à chacun ? Et tel est exactement l'*imbécile* dont on parlait. Tant il est nécessaire d'abandonner les notions communes d'espèce et d'essences, si l'on veut vraiment regarder dans la nature des choses, et les examiner à partir de ce que les facultés peuvent en découvrir telles qu'elles existent et non à partir d'imaginations sans fondement adoptées à leur sujet.

§ 17
Mots et espèces [h]

J'ai fait état ici de cette question car je pense que l'on ne peut être trop prudent pour éviter que les *mots* et les *espèces*, dans les conceptions communes auxquelles on s'est habitué, ne nous trompent. J'ai tendance à penser que c'est là un des grands obstacles à la connaissance claire et distincte, spécialement en ce qui regarde les substances ; et que de là vient une grande part des difficultés à propos de la vérité et de la certitude. Si l'on prenait l'habitude de séparer pensées et raisonnements d'une part et mots d'autre part, on pourrait en grande mesure remédier à cet inconvénient dans ses propres pensées ; mais il perturberait encore les discussions avec les autres tant que l'on n'aura pas abandonné l'opinion que les *espèces* et leur essence sont autres choses que des idées abstraites (ce qu'elles sont) attachées à un nom qui en sera le signe.

§ 18
Résumé

Partout où l'on perçoit la convenance ou la disconvenance de certaines idées, il y a connaissance certaine, et partout où l'on est sûr que ces idées sont en convenance avec la réalité des choses, il y a connaissance réelle certaine [1]. De cette convenance des idées avec la réalité des choses, j'ai donné ici les marques, et je pense que j'ai montré, de ce fait, en quoi consiste cette *certitude*, cette *certitude réelle* ; quoiqu'elle soit pour les autres, elle était pour moi jusqu'ici, je l'avoue, l'un des *desiderata* dont je ressentais fortement le manque.

---

h. Titre depuis la quatrième édition, qui remplace : « Réponse à l'objection contre le fait que l'*idiot* soit quelque chose entre l'homme et la bête » (même titre que les § 14 et 15).

1. *Cf.* note à 4.1.2 (5e édition, annexe note 8).

LA VÉRITÉ EN GÉNÉRAL

§ 1
Ce qu'est la vérité

« Qu'est-ce que la *vérité* ? » ; c'est la question posée depuis plusieurs siècles[1] ; et puisque c'est ce que toute l'humanité cherche ou prétend chercher, il vaut la peine de passer du temps à examiner soigneusement en quoi elle consiste ; nous nous familiariserons ainsi avec sa nature et saurons observer comment l'esprit la distingue de la fausseté.

§ 2
L'union ou la séparation correctes des signes, c'est-à-dire des idées ou des mots

La *vérité* au sens propre du terme me semble donc ne rien signifier d'autre que *l'union ou la séparation des signes selon que les choses signifiées par eux conviennent ou non les unes avec les autres*[2]. L'[a]*union* ou *séparation*[-a] de signes

---

a. Texte depuis la deuxième édition, qui remplace : « Cette façon d'unir ou de séparer … ».

1. Cf. *Jean*, 18.38.

2. *Cf.* Aristote, *Métaphysique*, Θ, 10, 1051 b 3-11 ; *De l'interprétation*, 16 a 9-15 ; Hobbes, *Léviathan*, I, IV.

[b]-ici visée est ce que, d'un autre nom[-b], on appelle *proposition*. Aussi la vérité n'appartient-elle en propre qu'aux propositions [1]. Il en existe deux sortes : les mentales et les verbales, comme il existe deux sortes de signes couramment utilisés : les idées et les mots [2].

§ 3

Ce qui constitue les propositions mentales ou verbales

Pour avoir une notion claire de la *vérité*, il est fort nécessaire de considérer comme distinctes l'une de l'autre *vérité* de pensée et *vérité* de mots ; et pourtant il est très difficile d'en parler séparément car il est inévitable, en traitant des propositions mentales, d'utiliser des mots ; et donc les exemples de propositions *mentales* cessent immédiatement d'être simplement mentales *et* deviennent *verbales*. Car *une proposition mentale* n'est qu'une pure considération des idées telles qu'elles sont dans l'esprit détachées des noms, et donc elle perd sa nature de *proposition* purement *mentale* dès qu'elle est mise en mots.

§ 4

Il est très difficile de traiter des propositions mentales

Ce qui rend encore *plus difficile le traitement séparé des propositions mentales* et des propositions verbales, c'est que la plupart des gens sinon tous utilisent des mots au lieu d'idées dans leur pensée et leur raisonnements internes, au moins quand le sujet de leurs méditations contient des idées complexes.

C'est là une preuve forte de l'imperfection et de l'incertitude des idées de cette sorte ; ce qui peut servir, si on l'utilise avec

---

b. Texte ajouté depuis la deuxième édition.

1. *Cf.* 2.32.1.
2. *Cf.* 4.21.4 ; *Draft B*, § 32.

attention, à signaler les choses dont on a des idées établies claires et parfaites et quelles sont les autres. Car si l'on observe attentivement la façon dont l'esprit pense et | raisonne, on verra je 575 suppose que quand on forme en ses pensées une proposition sur le *blanc* ou le *noir*, le *doux* ou l'*amer*, le *triangle* ou le *cercle*, on peut former, et souvent on forme effectivement, les idées mêmes sans réfléchir sur les noms ; mais quand on préfère considérer ou construire des propositions sur les idées plus complexes, comme celles d'*homme*, de *vitriol*, de *force d'âme*, de *gloire*, on met habituellement le nom à la place de l'idée. Parce que les idées dont ces noms tiennent lieu sont pour la plupart imparfaites, confuses et indéterminées, on réfléchit sur les *noms* eux-mêmes parce qu'ils sont plus clairs, plus certains, plus distincts et qu'ils se présentent plus vite à la pensée que les idées pures ; aussi utilise-t-on ces mots au lieu des idées même quand on préférerait méditer, raisonner intérieurement et faire des propositions mentales tacites.

Pour les *substances*, comme cela a déjà été souligné [1], l'occasion en est l'imperfection des idées : on fait du nom ce qui tient lieu d'essence réelle, dont on n'a absolument aucune idée. Pour les *modes*, l'occasion en est le grand nombre d'idées simples qui participent à leur constitution : pour beaucoup de modes qui sont fort composés le nom se présente beaucoup plus facilement que l'idée complexe elle-même, qui demande temps et attention pour être assemblée et représentée exactement à l'esprit, même chez ceux qui ont déjà été à la peine pour la constituer ; la tâche est même totalement impossible pour ceux qui, tout en ayant en mémoire la plupart des noms courants de leur langue, ne se sont jamais de leur vie préoccupés peut-être de savoir à quelles les idées précises correspondent la plupart des noms ; ils se sont contentés de notions confuses ou obscures. Beaucoup de ceux qui parlent

---

1. *Cf.* 3.6.9-43 ; 3.9.21 ; 4.4.13.

énormément de *religion* et de *conscience*, d'*église* et de *foi*, de *pouvoir* et de *droit*, d'*occlusions* et d'*humeurs*, de *mélancolie* et de *bile* ne conserveraient pas grand chose à méditer ou à penser si on leur demandait de ne penser qu'aux choses mêmes et d'abandonner ces mots grâce auxquels ils embrouillent si souvent les autres et fréquemment eux-mêmes aussi.

§ 5
N'étant rien d'autre que l'union ou la séparation d'idées sans mots

Mais pour en revenir à la considération de la vérité, nous devons observer, disais-je, deux sortes de propositions que nous sommes capables de former :

1. *les propositions mentales, où* les idées dans l'entendement *sont assemblées ou séparées* par l'esprit qui perçoit ou juge de leur convenance ou de leur disconvenance sans utiliser de mots ;

576 |2. *les propositions verbales, qui sont des mots* (signes des idées) *assemblés ou séparés en phrases affirmatives ou négatives*. Et par ce moyen – affirmation ou négation – ces signes produits par les sons sont "assemblés" ou "séparés" les uns des autres. Aussi la proposition consiste-t-elle à unir ou séparer des signes, et la vérité à assembler ou à séparer ces signes selon que les choses dont ils tiennent lieu sont ou non en convenance [1].

§ 6
Quand les propositions mentales et quand les propositions verbales contiennent une vérité réelle

L'expérience de chacun le convaincra qu'en percevant ou en supposant la convenance ou la disconvenance de n'importe quelles idées, l'esprit les intègre de fait tacitement en lui-même dans une sorte de proposition affirmative ou négative, ce que j'ai tenté d'exprimer par les termes *assembler* ou

---

1. *Cf.* Aristote, *De l'âme*, III, 8, 432 a 10-11.

séparer. Mais cette action de l'esprit, si familière à tout homme qui pense et raisonne, est plus facile à concevoir en réfléchissant à ce qui se passe en soi quand on ᶜ˗affirme ou nieᶜ qu'en l'expliquant avec des mots.

Quand un homme a dans l'esprit l'idée de deux lignes (le *côté* et la *diagonale*) d'un carré dont la diagonale est longue d'un décimètre, il peut aussi avoir l'idée de la division de cette ligne en un certain nombre de parties égales (cinq, dix, cent ou mille ou tout autre nombre) et il peut avoir l'idée de cette ligne d'un décimètre, divisible ou indivisible en parties égales telles qu'un certain nombre d'entre elles seront égales au côté. Or, quand il perçoit, croit ou suppose qu'une telle sorte de divisibilité concorde ou ne concorde pas avec son idée de cette ligne, il "*joint*" ou "*sépare*" ces deux idées : l'idée de cette ligne et l'idée de ce genre de divisibilité, et il fait ainsi une proposition mentale qui est vraie ou fausse selon que ce genre de divisibilité, une divisibilité entre de telles parties *aliquotes*, concorde réellement avec cette ligne ou non. Quand des idées sont assemblées ou séparées mentalement de telle manière qu'elles (ou les choses dont elles tiennent lieu) concordent ou non, c'est une *vérité mentale* (si je puis l'appeler ainsi).

Mais une *vérité de mots* est quelque chose de plus : c'est l'affirmation ou la négation de mots les uns par rapport aux autres, comme les idées qu'ils représentent concordent ou non ; et cette vérité est elle-même double : *soit purement verbale* et triviale et je vais en parler au chapitre 10 [1], *soit réelle* et instructive, c'est l'objet de la connaissance réelle dont on a déjà parlé.

---

c. Texte depuis la deuxième édition, qui remplace : « … raisonne, juge ou suppose… ».

1. En fait 4.8.

|§ 7

Objection contre la vérité verbale :
elle peut ainsi être entièrement chimérique

A nouveau risque d'apparaître ici, à propos de la vérité, la même difficulté qu'à propos de la connaissance ; on objectera : « Si la vérité ne consiste qu'à unir ou séparer des mots dans des propositions, selon que les idées dont ils tiennent lieu concordent ou non dans l'esprit des gens, la connaissance de la *vérité n'est pas une chose si appréciable* qu'on le croit ; elle ne vaut pas la peine et le temps employés pour la chercher puisque, *selon cette définition*, elle se résume uniquement en conformité des mots aux *chimères* des cerveaux humains. Qui ignore de quelles singulières notions tous les esprits humains sont pleins et de quelles étranges idées ils sont capables [1] ?

Mais si l'on s'en tient là, on ne connaît selon cette règle que la vérité du monde des visions dans l'imagination et on n'atteint pas de vérité autre que celles qui concernent aussi bien les *harpies* et les *centaures* que les chevaux et les hommes. Car les premiers et leurs semblables peuvent être des idées dans l'esprit et trouver là leur convenance ou disconvenance, aussi bien que les idées des êtres réels ; ainsi peut-on faire sur elles des propositions vraies. Et ce sera aussi bien une proposition vraie de dire : « Tous les centaures sont des animaux » que « Tous les hommes sont des animaux » ; et la certitude de l'une sera aussi grande que la certitude de l'autre, car dans les deux propositions, les mots sont assemblés selon la convenance des idées dans l'esprit ; et la convenance de l'idée d'*animal* avec celle de *centaure* est aussi claire et visible pour l'esprit que la convenance de l'idée d'*animal* avec celle d'*homme*. Aussi les deux propositions sont également vraies, également certaines. Mais de quelle utilité nous sera une telle vérité ? ».

1. Comparer avec 4.4.1.

§ 8
*Réponse : la vérité réelle porte sur les idées
en convenance avec les choses*

Ce que l'on a dit dans le chapitre précédent [1] pour distinguer la connaissance réelle de la connaissance imaginaire pourrait suffire ici à distinguer, en réponse à l'objection, la *vérité réelle* de la *vérité chimérique* ou (si vous voulez) *purement nominale*, puisqu'elles dépendent toutes deux du même fondement. Pourtant, il peut ne pas être inutile de considérer à nouveau ici que si les mots ne signifient rien sauf les idées, ils sont pourtant destinés par les idées à signifier les choses, et donc la vérité qu'ils contiennent, une fois mise en proposition, sera seulement *verbale* quand ils tiennent lieu d'idées dans l'esprit qui n'ont pas de convenance avec la réalité des choses. Et donc la vérité, aussi bien que la connaissance, peut bien se distinguer en *verbale* et *réelle* : est *vérité verbale* seulement celle où les termes sont joints selon la convenance ou la disconvenance des | idées dont ils tiennent **578** lieu, sans s'occuper de savoir si les idées sont telles qu'elles aient réellement, ou qu'elles soient capables d'avoir, une existence dans la Nature. Mais ils contiennent une *vérité réelle* quand les signes sont joints comme les idées concordent et quand les idées sont telles que nous connaissions leur capacité à avoir une existence dans la Nature – ce que l'on ne peut connaître pour les substances qu'en connaissant que de telles substances ont existé.

§ 9
*La fausseté consiste à joindre les noms
autrement que ne concordent leurs idées*

La *vérité* consiste à marquer par des mots la convenance ou la disconvenance d'idées conformément à ce qui est ; la

---

1. *Cf.* 4.4.2, 3.

fausseté consiste à marquer par des mots la convenance ou la disconvenance d'idées autrement que ce qui est. Et dans la mesure où ces idées, marquées ainsi par des sons, concordent avec leur archétype, dans cette mesure seule, la *vérité* est *réelle*. La connaissance de cette vérité consiste à connaître quelles sont les idées dont tiennent lieu les mots et la perception de la convenance ou de la disconvenance de ces idées conformément à ce qui est marqué par ces mots.

§ 10
Les propositions générales vont être étudiés plus longuement

Mais parce que les mots sont considérés comme les grands médiateurs de vérité et de connaissance et qu'en disant ou recevant la vérité, et ordinairement en raisonnant sur elle, on utilise des mots et des propositions, je vais plus longuement chercher en quoi consiste la certitude des vérités réelles contenues dans les propositions et où on l'obtient ; j'essaierai de montrer dans quelle sorte de proposition universelle il est possible d'être certain de leur vérité ou de leur fausseté réelles.

Je commencerai par les propositions générales, car ce sont elles qui accroissent le plus notre connaissance et qui exercent le plus notre pensée. Les *vérités générales* sont les plus recherchées par l'esprit comme celles qui élargissent le plus la connaissance et qui informent sur de nombreuses réalités particulières d'un coup, du fait même de leur portée, et qui élargissent ainsi la vision et raccourcissent la route vers la connaissance.

§ 11
Vérité morale et vérité métaphysique

Outre la vérité dans le premier sens mentionné ci-dessus [1], il y a d'autres sortes de vérité :

1. *Cf.* 4.5.6.

1. la *vérité morale*, qui consiste à dire les choses selon la conviction de son esprit, bien que la proposition énoncée ne concorde pas avec la réalité des choses ;

2. la *vérité métaphysique*, qui n'est autre que l'existence réelle des choses conforme aux idées auxquelles on a annexé leur nom. Certes, cela semble consister en l'être même des choses ; pourtant quand on le considère d'un peu plus près, on voit que cela implique une | proposition tacite dans laquelle **579** l'esprit joint la chose particulière à l'idée qu'il avait auparavant posée liée à un nom. Mais ces considérations sur la vérité ont déjà été faites plus haut [1] ou n'ont pas beaucoup de rapport avec notre présent dessein ; on peut donc se contenter de les avoir seulement mentionnées.

---

1. *Cf.* 4.5.4.

CHAPITRE 6

LES PROPOSITIONS UNIVERSELLES, LEUR VÉRITÉ ET LEUR CERTITUDE

§ 1

Il est nécessaire de traiter des mots pour [traiter de] la connaissance

Examiner les idées, les juger par elles-mêmes en mettant complètement de côté leur nom, c'est la voie la meilleure et la plus sûre vers une connaissance claire et distincte ; mais, à mon sens, parce qu'a prévalu la coutume d'utiliser les sons pour les idées, cette méthode est très rarement mise en œuvre. Chacun peut l'observer : même quand on pense ou quand on raisonne intérieurement, il est tout à fait commun d'utiliser les noms à la place des idées elles-mêmes, surtout si les idées sont très complexes et constituées d'un grand ensemble d'idées simples. C'est pourquoi *la considération des mots et des propositions est un élément indispensable d'un traité de la connaissance*, au point qu'il est difficile de parler de façon intelligible de l'une sans élucider l'autre [1].

1. *Cf.* 2.33.19 ; 3.1.6 ; 3.6.43 ; 3.9.21 ; *Draft A*, § 1.

§ 2

*Les vérités générales sont difficiles à comprendre
sauf dans les propositions verbales*

Toute la connaissance que l'on a est uniquement constituée de vérités singulières et de vérités générales ; il est donc
évident que, quel que soit le sort des premières, les secondes
(ce qu'à juste titre on cherche le plus) ne peuvent jamais être
apprises et ne sont que très *rarement comprises, à moins
d'être conçues et exprimées en mots.* Il n'est donc pas hors de
propos, dans l'examen de la connaissance, d'enquêter sur la
vérité et la certitude des propositions universelles.

§ 3

Double certitude : de vérité et de connaissance

Mais pour qu'ici la source universelle d'erreur, l'ambiguïté des termes, ne nous illusionne pas, il convient d'observer que la certitude est double : la *certitude de vérité* et la
certitude de connaissance. Il y a *certitude de vérité* quand les
mots sont assemblés en propositions de manière à exprimer
exactement, telle qu'elle est en réalité, la convenance ou la
disconvenance des idées dont ils tiennent lieu. Il y a *certitude
de connaissance* quand on perçoit la convenance ou la discon-
580 venance des idées en tant | qu'exprimées dans une propo-
sition ; c'est ce qu'on appelle couramment, *connaître* ou *être
certain de la vérité d'une proposition* [1].

§ 4

*On ne peut connaître la vérité d'aucune proposition
où l'essence de chaque espèce n'est pas connue*

Or, parce qu'*on ne peut être certain de la vérité d'aucune
proposition générale sans connaître les limites et l'extension
précises des espèces dont tiennent lieu les termes de la*

---

1. *Cf.* note à 4.1.2 (5ᵉ édition, annexe, fin).

proposition, il est nécessaire de connaître pour chaque espèce l'essence qui la constitue et la délimite.

Pour toutes les idées simples et tous les modes, ce n'est pas difficile : l'essence réelle et l'essence nominale y sont identiques ou, ce qui est tout un, l'idée abstraite dont tient lieu le terme général est la seule essence et la seule limite, réelle ou imaginable, de l'*espèce* ; on ne peut donc avoir aucun doute sur la portée de l'espèce ou sur les choses comprises sous chaque terme : il est évident que ce sont uniquement les choses qui ont une conformité exacte avec l'idée dont tient lieu le terme.

Mais pour les substances, où l'on suppose qu'une essence réelle distincte de l'essence nominale constitue, détermine et limite l'espèce, la portée du mot général est très incertaine ; ne connaissant pas cette essence réelle, on ne peut en effet connaître ce qui est et ce qui n'est pas de cette *espèce* et en conséquence ce qui peut et ce qui ne peut pas en être affirmé avec certitude. Ainsi, quand on parle d'*homme* ou d'*or* ou de toute autre *espèce* de substance naturelle comme préten-dument [a]-constitués par une essence réelle précise, que la Nature imposerait avec régularité à tout individu de cette sorte (ce qui le rendrait membre de[-a] cette espèce), on ne peut être certain de la vérité d'aucune affirmation ou négation à son sujet. Car *homme* et *or* pris en ce sens (utilisés comme *espèces* de choses constituées par des essences réelles différentes de l'idée complexe présente en l'esprit du locuteur) tiennent lieu de je-ne-sais-quoi ; et la portée d'espèces dotées de telles limites est tellement inconnue et indéterminée qu'il est impossible d'affirmer avec certitude « Tous les hommes sont raisonnables » ou « L'or est jaune ». Mais, quand on s'en tient à l'essence nominale comme limite de chaque espèce, quand

a. Texte qui remplace depuis la deuxième édition : « … fait par Nature et partageant cette essence réelle qui est supposée constituer … ».

les gens n'étendent pas l'usage d'un terme général au-delà des choses singulières où se trouvera l'idée complexe dont tient lieu ce terme, il n'y a alors aucun risque de se tromper sur les limites de chaque *espèce*, ni hésitation à ce titre sur la vérité ou l'erreur d'une proposition.

581 J'ai choisi d'expliquer ainsi, de cette façon scolastique, l'incertitude des propositions | et j'ai utilisé à dessein les termes *essence* et *espèce* pour montrer l'absurdité et l'inconvénient de les penser comme une sorte de réalité autre que de simples idées abstraites liées à des noms. Supposer que les *espèces* de choses sont autres que leur classement sous des noms généraux en fonction de leur convenance avec diverses idées abstraites dont les noms sont par nous constitués signes, c'est troubler la vérité et introduire l'incertitude dans toutes les propositions générales que l'on peut en tirer. En conséquence, pour des gens qui ne seraient pas dominés par la culture scolastique, on pourrait présenter les choses d'une façon meilleure et plus claire ; mais ces conceptions erronées de l'*essence* et de l'*espèce* se sont enracinées dans l'esprit de la plupart des gens, qui ont reçu une teinture de la culture dominante dans cette partie du monde ; il faut donc démasquer ces conceptions et les chasser pour laisser place à un usage des mots qui puisse véhiculer la certitude.

§ 5
Cela concerne plus particulièrement les substances

Quand donc *on utilise les noms de substance pour tenir lieu d'espèces prétendument constituées par des essences réelles* que l'on ne connaît pas, *ces noms ne peuvent introduire de certitude dans l'entendement* : de la vérité de propositions générales constituées de tels termes, on ne peut être sûr.

[b-]La raison en est simple : comment peut-on être sûr que telle ou telle qualité est dans l'*or* quand on ne connaît pas ce qu'est (ou n'est pas) l'*or* ? N'est *or* en effet selon cette façon de parler que ce qui partage une essence que l'on ne connaît pas et dont on ne connaît donc pas où elle est ou n'est pas ; aussi ne peut-on être sûr qu'en ce sens la moindre parcelle de matière soit (ou non) de l'*or* : on ne saura jamais si elle a (ou non) ce qui fait qu'une chose est appelé *or* (à savoir cette essence réelle d'*or* dont on n'a absolument aucune idée). C'est pour nous impossible à connaître, comme il est impossible à un aveugle de dire dans quelle fleur se trouve (ou non) la couleur d'une pensée [c], car il n'a absolument aucune idée de la couleur de cette fleur. Ou, si l'on pouvait (ce qui est impossible) connaître avec certitude où est une essence réelle que l'on ne connaît pas (par exemple dans quelles parcelles de matière se trouve l'essence réelle de l'*or*), on ne pourrait cependant pas être sûr que telle ou telle qualité puisse être en vérité affirmée de l'*or*, puisqu'il est impossible de connaître que telle ou | telle **582** qualité ou idée a une liaison nécessaire avec une essence réelle dont on n'a absolument aucune idée, quelle que soit l'espèce imaginairement constituée par cette prétendue essence réelle[-b].

§ 6
La vérité de rares propositions universelles
sur les substances peut être connue

Par contre, quand les *noms de substance* sont utilisés comme il le faut (pour les idées que les gens ont dans l'esprit), ils portent une signification claire et déterminée mais *ne serviront pas à construire un grand nombre de propositions universelles dont la vérité puisse être certaine*. Non pas que

---

b. Passage ajouté depuis la deuxième édition.

c. Coste note en marge : « C'est le nom d'une fleur assez connue. Voyez le Dictionnaire de l'*Académie Française* ».

cette utilisation laisse incertaines les choses signifiées par les noms, mais parce que les idées complexes dont tiennent lieu les noms sont des combinaisons d'idées simples qui ne comportent aucune liaison ni incompatibilité que l'on puisse découvrir, sauf avec un tout petit nombre d'autres idées [1].

§ 7

Parce que la coexistence d'idées peut être connue en peu de cas

Les noms [d-]d'espèce[-d] de substance tiennent lieu, au sens propre, d'idées complexes, collections de qualités dont on observe la coexistence [e-]dans un *substrat* [2] inconnu que l'on nomme *substance*[-e]. Mais quelles sont les autres qualités qui coexistent nécessairement avec de telles combinaisons ? On ne peut le connaître avec certitude que si l'on peut découvrir leur dépendance naturelle. Pour les qualités primaires, on ne peut aller très loin et pour les qualités secondaires, on ne peut découvrir absolument aucune liaison, pour les raisons mentionnées au chapitre 3 [3], à savoir :

1. Parce qu'on ne connaît pas la constitution réelle des substances dont dépend chaque *qualité secondaire* en particulier ;

2. Si on la connaissait, cela nous servirait seulement pour la connaissance expérimentale (et non pas la connaissance universelle) et cette connaissance n'irait pas plus loin que ce seul cas, parce que l'entendement ne peut découvrir aucune liaison concevable entre une *qualité secondaire* et une modification des qualités *primaires*.

---

d. Ajouté à partir de la quatrième édition.
e. Ajouté à partir de la quatrième édition.

1. *Cf.* 4.6.15 et 4.7.5.
2. En latin dans le texte : *substratum*.
3. § 12-14.

On peut donc faire, concernant les substances, très peu de propositions générales qui puissent porter une *certitude indubitable*.

§ 8
Le cas de l'or

« Tout or est fixe » : c'est une proposition dont la vérité ne peut être certaine quelle que soit l'universalité de cette croyance. Car si, selon l'imagination inutile de l'École, quelqu'un prétend que le terme *or* tient lieu d'une espèce de choses naturellement posée par une essence réelle qui lui appartient, il est évident qu'il ne connaît pas quelles substances singulières sont de telle espèce ; aussi ne peut-il avec certitude | affirmer quelque chose d'universel sur *l'or*. Mais, **583** si pour lui *or* tient lieu d'une espèce déterminée par son essence nominale (si cette essence nominale est par exemple l'idée complexe : *corps d'une certaine couleur*, *malléable*, *fusible* et *plus lourd que tout autre corps connu*), en ce sens propre connaître ce qu'est ou n'est pas *or* ne présente aucune difficulté. Pourtant aucune autre qualité ne peut avec certitude être universellement affirmée ou niée de *or*, sauf ce qui a un lien ou une incompatibilité que l'on puisse découvrir avec cette essence nominale.

Par exemple, la *fixité* n'a pas de lien nécessaire que l'on puisse découvrir avec la couleur, le poids ou toute autre idée simple qui fasse partie de l'idée complexe, ou avec toute la combinaison d'idées à la fois ; aussi est-il impossible que l'on connaisse avec certitude la vérité de la proposition : *Tout or est fixe*.

§ 9

De même qu'on ne peut découvrir de lien entre la *fixité* et la couleur, le poids et autres idées simples appartenant à cette essence nominale d'*or*, de même si l'on constitue son idée complexe d'*or* [des idées] *corps jaune*, *fusible*, *ductile*, *pesant* et *fixe*, on aura la même incertitude concernant la solubilité dans l'*eau régale* et cela pour la même raison. En effet, à partir de la considération des idées mêmes, on ne peut jamais affirmer ou nier avec certitude qu'un corps est soluble dans l'*eau régale* à partir de l'idée complexe constituée de *jaune*, *très pesant*, *ductile*, *fusible* et *fixe*; et de même pour ses autres qualités. J'aimerais bien trouver, sur une qualité de l'*or*, une affirmation générale dont tout le monde puisse connaître avec certitude qu'elle est vraie.

On fera sans doute ici l'objection suivante : « La proposition *Tout or est malléable* n'est-elle pas une proposition universelle certaine ? ».

Ma réponse : C'est une proposition très certaine, si *malléabilité* est un élément de l'idée complexe dont tient lieu le mot *or*. Mais alors n'est d'affirmé d'*or* que : « Ce son est le signe d'une idée où *malléabilité* est inclus »; et dire « Un centaure a quatre pieds » est une vérité certaine de même ordre. Mais si *malléabilité* ne constitue pas un élément de l'essence de l'espèce dont le mot *or* tient lieu, il est évident que *Tout or est malléable* n'est pas une proposition certaine, car quelles que soient les autres qualités constituant l'idée complexe d'*or*, *malléabilité* ne manifestera pas de dépendance envers cette idée complexe. Le lien (s'il en existe un) entre *malléabilité* et ces autres qualités n'existe que par l'intermédiaire de la constitution réelle de ses éléments insensibles que nous ne connaissons pas; il est donc impossible que nous percevions ce lien, sauf si nous pouvions découvrir ce qui lie toutes ces parties insensibles.

584 |§ 10

Des propositions universelles peuvent être certaines dans la mesure où une telle coexistence peut être connue. Mais ceci ne va pas très loin …

Plus on assemble de qualités coexistantes en une idée complexe sous un seul nom, plus on précise et détermine la signification de ce mot; pourtant on ne le rend pas ainsi plus capable de *certitude universelle* en ce qui concerne les autres qualités qui ne sont pas contenues dans l'idée complexe : on ne perçoit pas en effet leur lien ou leur dépendance réciproques, car on ignore à la fois la constitution interne qui fonde toutes ces qualités et la façon dont elles en découlent. Car la plus importante part de la connaissance sur les substances n'est pas, comme pour les autres choses, la simple connaissance de la relation entre deux idées qui peuvent exister séparément, mais la connaissance de la liaison et de la coexistence nécessaire de plusieurs idées distinctes dans le même sujet, ou de leur incompatibilité à coexister ainsi.

Si l'on pouvait commencer à l'autre bout et découvrir en quoi consiste cette couleur, ce qui rend un corps plus léger ou plus lourd, quelle texture des éléments le rend plus malléable, fusible, fixe et apte à la dissolution dans tel type de liqueur et pas dans une autre, si (dis-je) on avait de telles idées des corps et si l'on pouvait percevoir en quoi consistent au principe toutes les qualités sensibles et comment elles sont produites, on pourrait en construire des idées abstraites qui fourniraient de quoi avoir une connaissance plus générale et qui rendraient capable de faire des propositions universelles emportant vérité et certitude générales.

Mais, tant que nos idées complexes des sortes de substances sont si éloignées de la constitution réelle interne dont dépendent leurs qualités sensibles, tant qu'elles ne sont faites que d'un ensemble imparfait de qualités manifestes que les sens peuvent découvrir, il y a très peu de propositions générales à propos des substances dont la vérité réelle puisse pour nous être assurée *avec certitude*, puisqu'il n'y a que très peu d'idées simples dont nous connaissions de manière certaine et indubitable le lien et la coexistence nécessaire. J'estime que, parmi toutes les *qualités secondaires* des substances et les pouvoirs qui leur sont liés, on ne peut en nommer deux dont la coexistence ou l'incompatibilité nécessaires, puissent être connues avec certitude – excepté pour celles [qui relèvent] du même sens et s'excluent nécessairement l'une l'autre, comme je l'ai montré ailleurs [1]. Personne, je pense, par la couleur qui est dans un corps, ne peut connaître avec certitude quelle odeur, quel goût, quel son, quelles qualités tangibles lui **585** appartiennent, ni quelles modifications il | peut produire sur d'autres corps ou en recevoir. On peut dire la même chose du son, du goût, etc.

Puisque les noms d'espèces de substances [f]tiennent lieu de[-f] n'importe quel ensemble de telles idées, il ne faut pas s'étonner que l'on puisse, grâce à eux, faire très peu de propositions générales dotées d'une *indubitable certitude réelle*. Pourtant dans la mesure où une idée complexe d'une sorte de substances contient en elle une idée simple dont la coexistence nécessaire avec une autre peut être découverte, dans cette mesure on peut faire *avec certitude des propositions universelles* à son sujet ; par exemple, si quelqu'un pouvait découvrir un lien nécessaire entre *malléabilité* et la *couleur* ou le *poids* de l'*or* ou avec toute autre partie de l'idée complexe signifiée par ce nom, il pourrait fabriquer une proposition universelle *certaine* à propos de l'or sous cet aspect ; et la vérité réelle de cette proposition : *Tout or est malléable* serait aussi certaine que celle de la proposition *Les trois angles de tout triangle à lignes droites sont égales à deux droits*.

§ 11

... parce que les qualités qui constituent les idées complexes de substances dépendent pour la plupart de causes externes, éloignées et non perçues

Si l'on avait des idées de substances permettant de connaître la constitution réelle qui produit les qualités sensibles observées et le processus de leur dérivation, on pourrait, par l'idée spécifique de leur essence réelle dans l'esprit, dégager leurs propriétés et découvrir les qualités qu'elles ont ou n'ont

f. Remplace « signifient » de la première édition.

1. *Cf.* peut-être 1.2.8 ; 2.11.3.

pas, avec plus de certitude qu'on ne le peut actuellement par les sens. Et pour connaître les propriétés de l'*or*, il ne serait pas plus nécessaire que l'*or* existe et qu'on le soumette à l'expérimentation, qu'il n'est nécessaire pour la connaissance des propriétés d'un triangle qu'un triangle existe en quelque matière : l'idée dans l'esprit servirait aussi bien pour l'un que pour l'autre.

Mais il s'en faut tellement que l'on soit admis dans les secrets de la Nature que l'on n'a pratiquement jamais approché son premier portique. Car on a l'habitude de considérer chacune des substances que l'on rencontre comme une chose entière par elle-même, disposant de toutes ses qualités en elle-même, indépendante des autres choses ; et l'on oublie pour la plus grande part les opérations de ces fluides invisibles qui les entourent, et que de leurs mouvements et de leurs opérations dépendent la plus grande partie des qualités qu'on y observe et dont on fait les marques inhérentes de distinction, qui servent à les connaître et les nommer.

Mettez n'importe où une pièce d'or, isolée et ᵍ⁻séparée du contact et de l'influence | de tous les autres corps⁻ᵍ : de suite, **586** elle perdra immédiatement sa couleur et son poids et peut–être aussi sa malléabilité (pour autant que je sache, elle deviendrait parfaitement friable). L'*eau* dont la *fluidité* est pour nous une qualité essentielle, laissée à elle-même cesserait d'être fluide. L'état actuel des corps inanimés dépend tellement d'autres corps extérieurs qu'ils ne seraient pas ce qu'ils nous paraissent être si l'on supprimait les corps qui les environnent ; à plus forte raison en va-t-il de même pour les *végétaux* qui successivement et constamment se nourrissent, croissent et produisent des feuilles, des fleurs, des graines. Et si l'on regarde d'un peu plus près l'état des *êtres animés*, on verra que, pour

---

g. Première édition : « …qu'aucun autre corps ne l'entoure,… ». Deuxième et troisième éditions : « … séparée de tous les autres corps,… ».

la vie, le mouvement et les qualités les plus importantes que l'on peut y observer, ils dépendent si fort des causes et des qualités extérieures des corps autres qui leur sont étrangers, qu'ils ne peuvent subsister un moment sans eux ; pourtant, ces corps dont ils dépendent, on ne les remarque pas : ils ne font pas partie des idées complexes que l'on se donne de ces êtres animés. Privez d'air (ne serait-ce qu'une minute) la plupart des créatures vivantes, ils perdent sur le champ le sens, la vie et le mouvement. Cette connaissance nous a été imposée par la nécessité de respirer ; mais combien d'autres corps extérieurs (très éloignés peut-être) dont dépendent les ressorts de ces admirables machines, que le commun des gens ne remarque pas ou n'imagine même pas ? Combien y en a t-il que le recherche la plus précise ne découvrira jamais ?

Les habitants de ce point de l'univers, pourtant éloigné du soleil de tant de millions de kilomètres, dépendent du mouvement bien réglé des particules qui en émanent ou qu'il agite ; au point que si la situation actuelle de la terre était changée (fût-ce d'un rien), si elle était un peu plus loin ou un plus près de la source de la chaleur, la plus grande part des êtres animés y périrait immédiatement ; c'est plus que probable, puisqu'on observe si souvent leur destruction pas un excès ou par un défaut de chaleur du soleil auquel une position accidentelle d'une partie de notre petit globe les expose.

Les qualités observées dans un *aimant* doivent nécessairement avoir leur source bien au-delà des limites de ce corps ; les ravages fréquents provoqués sur certaines sortes d'êtres animés par des causes invisibles, la mort assurée de certains d'entre eux (dit-on) du seul fait de passer l'Équateur ou d'autres (c'est certain) du fait d'être déplacés dans un pays voisin, montrent évidemment que l'action conjointe de divers corps (auxquels on pense rarement qu'ils ont à faire) est abso-
587 lument nécessaire pour | les faire être ce qu'ils se manifestent à nos yeux et pour préserver les qualités grâce auxquelles nous les connaissons et nous les distinguons.

On est donc complètement dans l'erreur quand on pense que les choses contiennent en elles-mêmes les qualités qui se manifestent en elles; et l'on cherche en vain à l'intérieur du corps d'une mouche ou d'un éléphant cette constitution dont dépendent les qualités et les pouvoirs que l'on observe en eux. Aussi, pour les comprendre correctement, faudrait-il peut-être regarder non seulement au-delà de cette Terre et de cette atmosphère, mais au-delà même du soleil ou de l'étoile la plus éloignée que l'œil ait jamais découvert. Car, à quel point l'être et l'agir des substances singulières de notre Globe dépendent de causes totalement au-delà de notre vue, c'est pour nous impossible à déterminer. Nous voyons, nous percevons certains mouvements et certaines opérations plus massives des choses ici autour de nous; mais d'où viennent les flux qui conservent toutes ces curieuses machines en action et en état, comment sont-ils mus et modifiés, c'est au-delà de notre observation et de notre appréhension. Il se peut, pour autant qu'on sache, que dans leurs influences et leurs opérations réciproques, les grands éléments, les grands rouages (si j'ose dire) de la prodigieuse structure de l'Univers aient des liens et des dépendances tels que, si l'une des étoiles ou l'un des grands corps incompréhensiblement éloignés de nous cessaient d'être et de se mouvoir comme ils le font, les choses dans notre demeure ici auraient peut-être une tout autre figure et cesseraient d'être ce qu'elles sont.

Il est certain que les choses, aussi absolues et entières qu'elles paraissent en elles-mêmes, ne sont que des suites d'autres parties de la Nature; au moins pour ce qui y est le plus visible : ce qu'on y observe de qualités, d'opérations et de pouvoirs dépend de quelque chose qui leur est extérieur. Et il n'y a pas d'élément connu de la Nature assez parfait, assez complet, pour ne pas devoir à ses voisins l'être qui est le sien et les perfections qui lui appartiennent. Il ne faut pas confiner ses pensées à l'intérieur de la surface d'un corps, mais regarder beaucoup plus loin, pour comprendre parfaitement les qualités qui sont en lui [1].

§ 12

S'il en est ainsi, il ne faut pas s'étonner de ce que l'*on ait des idées très imparfaites des substances* et que les essences réelles dont dépendent leurs propriétés et leurs opérations soient inconnues. On ne peut même pas découvrir la *taille*, la *figure* et la *texture* des éléments actifs infimes qui sont réel-
588 lement en eux et moins encore les | mouvements et impulsions divers produits en eux et sur eux par les corps extérieurs [h]; [pourtant] la part la plus grande et la plus remarquable des qualités, celle que l'on voit et dont sont faites nos idées complexes, en dépend, est formée par eux. Cette seule considération [i] ˉsuffit à mettre un terme à tout espoir d'avoir jamaisˉ[i] l'idée de leur essence réelle; et puisqu'elle fait défaut, l'essence nominale que l'on utilise à sa place ne pourra nous doter que très parcimonieusement de *connaissance générale* ou de propositions universelles capables de *certitude* réelle.

§ 13

Le jugement peut aller plus loin, mais ce n'est pas de la connaissance

Il ne faut donc pas s'étonner si l'on n'arrive à trouver de *certitude* que dans un très petit nombre de propositions générales formées sur les substances. La connaissance de leurs qualités et de leurs propriétés dépasse rarement ce que les sens atteignent et nous apprennent. Sans doute, de par la force de leur *jugement*, des gens curieux et observateurs peuvent pénétrer plus avant; à partir de probabilités tirées d'une observation soigneuse et d'indices correctement assemblés, ils

---

h. La première édition ajoutait : « … et leurs effets,… ».

i. La première édition ajoutait : « … peut nous mettre au repos quant aux espoirs de notre … ».

1. *Cf.* 2.31.8 et 3.6.6.

peuvent conjecturer, souvent correctement, ce que l'expérience ne leur a pas encore découvert. Mais cela reste de la conjecture ; cela ne dépasse pas l'opinion et n'a pas la *certitude* exigée de la connaissance [1].

Car toute *connaissance générale* réside seulement dans nos propres pensées et consiste simplement dans la contemplation de nos propres idées abstraites. Partout où nous percevons une convenance ou une disconvenance entre elles, nous avons une *connaissance générale* ; et en associant le nom de ces idées parallèlement en propositions, nous pouvons avec certitude énoncer des *vérités générales*. Mais, les idées abstraites de substance (dont tient lieu le nom d'espèce), quand elles ont une signification distincte et déterminée, ne laissent découvrir de liaison ou d'incompatibilité qu'avec un tout petit nombre d'autres idées ; et il s'en suit que la *certitude des propositions universelles concernant les substances* est très limitée et très rare en ce domaine, principal objet de recherche à leur sujet. Il n'y a guère de nom de substance (quelle que soit l'idée à laquelle il s'applique) dont on puisse, de manière générale et avec certitude, énoncer que telle ou telle qualité lui appartient ou non, a une coexistence ou une opposition constantes avec cette idée où que ce soit.

§ 14
Ce qui est exigé pour la connaissance des substances

Avant d'avoir une connaissance acceptable en ce domaine, il | faut d'abord connaître quels changements produisent **589** régulièrement les *qualités primaires* d'un corps dans les *qualités primaires* d'un autre, et comment ; il faut ensuite connaître quelles *qualités primaires* d'un corps produisent en nous certaines sensations ou idées ; ce qui revient en fait à rien moins que connaître tous les effets de la matière sous ses

---

1. *Cf.* 4.8.9.

diverses modalités de masse, de figure, de cohésion des éléments, de mouvement et de repos ; connaissance, tout le monde le reconnaîtra, absolument impossible pour nous sans révélation. Et quand bien même nous seraient révélé quelles sortes de figure, de masse, de mouvement des corpuscules produiraient en nous la sensation de *couleur* jaune, et quelles sortes de figure, de masse et de texture des éléments dans les surfaces d'un corps seraient adaptées à produire cette couleur, cela ne suffirait pas pour construire avec *certitude* des propositions *universelles* concernant leurs différentes sortes ; il faudrait encore que nous ayons des facultés suffisamment aiguës pour percevoir précisément la masse, la figure, la texture et le mouvement des corps dans leurs éléments infimes grâce auxquels ils agissent sur nos sens, de telle sorte que nous puissions à partir de là en construire nos idées abstraites.

Je n'ai mentionné ici que les substances *corporelles*, dont les opérations paraissent se situer plus au niveau de notre entendement ; car, sur *les opérations des Esprits* (aussi bien leur activité de penser que leur capacité à mouvoir les corps), on se trouve à première vue perdu. Pourtant sans doute, quand on se sera concentré un peu plus sur la considération des corps et de leurs opérations, quand on aura examiné dans quelle mesure, même en ce domaine, nos conceptions dépassent avec quelque clarté les faits sensibles, on sera contraint de reconnaître que là aussi la somme de nos découvertes ne va pas beaucoup au-delà l'ignorance et de la faiblesse absolues.

§ 15

Tant que les idées de substance ne contiennent pas leur constitution réelle,
on ne peut former que peu de propositions générales à leur propos

C'est évident, les *idées complexes abstraites* de *substance* dont tiennent lieu leur nom général n'incluent pas leur constitution interne et *ne peuvent donc offrir que très peu de certitude universelle*. Car ce dont dépendent les qualités observées dans les substances (et dont on voudrait être informé), ce qui a une liaison certaine avec ces qualités, cela ne fait pas partie des idées que l'on en a.

Soit par exemple l'idée à laquelle on donne le nom *homme*; c'est communément : *un corps de forme habituelle avec du sens, du mouvement volontaire, associés à de la raison.* | Cela constitue l'idée abstraite, et par conséquent l'essence de **590** l'espèce, *homme*; aussi ne peut-on former que très peu de propositions générales certaines concernant *homme*, [le terme] qui tient lieu de cette idée; car on ne connaît pas la constitution réelle dont dépendent la sensation, le pouvoir de se mouvoir, le raisonnement et cette forme particulière par laquelle ils sont assemblés dans le même sujet et il y a, de ce fait, très peu d'autres qualités dont on puisse percevoir si elles ont une liaison nécessaire avec elles. On ne peut donc affirmer avec certitude que « Tous les hommes dorment par intervalles », que « Aucun homme ne peut se nourrir de bois ou de pierre », que « Tous les hommes seront empoisonnés par la ciguë », parce que ces idées n'ont aucun lien ni aucune incompatibilité avec notre essence nominale d'homme, avec cette idée abstraite dont tient lieu ce nom. Dans ces cas comme dans les cas semblables, on doit faire appel à des tests sur des sujets particuliers qui ne peuvent aller très loin; on doit se contenter de probabilité pour le reste, mais on ne peut avoir aucune certitude générale tant que l'idée de l'espèce *homme* ne contient pas la constitution réelle qui est la racine en laquelle sont unies toutes ses qualités inséparables et dont elles découlent. Tant que l'idée dont tient lieu le mot *homme* n'est qu'une collection imparfaite de quelques qualités sensibles et de quelques pouvoirs, il n'y a pas de liaison ou d'incompatibilité discernables entre l'idée d'espèce et l'opération sur cette constitution des éléments de ciguë aussi bien que de pierre. Il existe des êtres animés qui mangent sans problème de la ciguë et d'autres qui se nourrissent de bois et de pierres ;

mais aussi longtemps que font défaut les idées de constitution réelle *ʲ⁻de différentes sortes⁻ʲ* d'êtres animés dont dépendent ces qualités et ces pouvoirs et leurs semblables, on ne peut espérer atteindre la *certitude* dans les propositions universelles à leur sujet. Seules les rares idées qui ont une liaison discernable avec l'essence nominale ou ses éléments peuvent procurer de telles propositions. Mais elles sont si rares et de si peu d'importance que l'on peut à bon droit regarder la *connaissance générale* certaine *des substances* comme presque inexistante.

§ 16
Où réside la certitude générale de propositions

Pour conclure : *les propositions générales* en tous genres ne sont donc capables de *certitude* que lorsque les termes utilisés tiennent lieu d'idées dont la convenance ou la disconvenance peuvent êtres découvertes dans leur expression même. Et l'on est donc certain de leur vérité ou de leur fausseté quand on perçoit que les idées, dont les termes tiennent lieu, concordent ou non, en accord avec l'affirmation ou la négation des termes entre eux.

591 |D'où l'on peut noter que la *certitude générale* ne peut jamais se trouver, si ce n'est dans nos idées ; chaque fois que nous la cherchons ailleurs, dans l'expérimentation ou les observations extérieures, notre connaissance ne dépasse pas les cas particuliers. C'est la contemplation de nos idées abstraites propres qui seule peut nous fournir une *connaissance générale.*

j. Ajouté depuis la deuxième édition.

CHAPITRE 7

LES MAXIMES [1]

§ 1
Elles sont évidentes

Il existe une sorte de propositions qui, sous le nom de *maximes* et *d'axiomes*, ont été prises pour les principes de la science ; parce qu'elles sont *évidentes par elles-mêmes*, on les a supposées innées, sans que personne à ma connaissance n'ait jamais réussi à montrer la raison ou le fondement de leur clarté ou de leur force. Il vaut peut-être la peine pourtant de chercher la raison de leur évidence et voir si elle leur est propre ainsi que d'examiner jusqu'où elles influences ou gouvernent nos autres connaissances.

§ 2
En quoi consiste cette évidence par soi

La *connaissance*, comme on l'a montré [2], c'est la perception de la convenance ou de la disconvenance des idées ; or, là où convenance ou disconvenance sont immédiatement perçues par

1. *Cf.* 1.2.
2. *Cf.* 4.1.2, etc.

elles-mêmes, sans intervention ou aide de toute autre, là *notre connaissance est évidente par elle-même*. À toute personne qui se contentera de considérer l'une de ces propositions, auxquelles sans preuve il donne son assentiment[1] du premier coup, il sera manifeste qu'il en est ainsi : dans tous ces cas en effet, il verra que la raison de son assentiment vient de cette convenance ou de cette disconvenance que découvre entre elles l'esprit qui compare immédiatement les idées correspondant à l'affirmation ou à la négation dans la proposition.

§ 3
L'évidence par soi n'est pas propre aux axiomes traditionnels

Puisqu'il en est ainsi, considérons ensuite si cette *évidence par soi*[2] est propre aux seules propositions qui a⁻communément se présentent sous le nom⁻a de *maximes* et se voient attribuer la dignité d'axiomes.

Il est ici clair que plusieurs autres vérités qu'on ne reconnaît pas comme axiomes ont également part à cette 592 *évidence par soi*. | On le verra si l'on reprend les diverses sortes de convenance ou de disconvenance des idées que j'ai ci-dessus mentionnées[3] (l'identité, la relation, la coexistence et l'existence réelle) ; on découvrira alors que non seulement ces rares propositions qui ont reçu le titre de *maximes* sont évidentes par elles-mêmes, mais le sont aussi un grand

a. Remplace depuis la quatrième édition : « … sont reçues pour … ».

1. Comparer avec 4.14.3 ; 4.15.3.

2. Note de Coste justifiant sa traduction de *self-evidence* par *évidence immédiate :* « *Self-evidence* : mot expressif en Anglois, qu'on ne peut rendre en François, si je ne me trompe, que par périphrase. C'est *la propriété qu'a une proposition d'être évidente par elle-même* ; ce que j'appelle *évidence immédiate*, pour ne pas embarrasser le Discours par une circonlocution … ». Auparavant Coste avait traduit *self-evident* par *évidente par elle-même*, que cette traduction conserve.

3. 4.1.3.

nombre (un nombre presque infini même) d'*autres propositions*[1].

§ 4

1) Sous le rapport de l'identité et de la diversité,
toutes les propositions sont également évidentes par elles-mêmes

Car, *premièrement*, la perception immédiate de la convenance et de la disconvenance d'*identité* est fondée sur le fait que l'esprit a des idées distinctes; cela procure autant de propositions *évidentes par elles-mêmes* que l'on a d'idées distinctes. Celui qui a la moindre connaissance, a différentes idées distinctes qui lui servent de fondement; connaître chacune de ses idées[2] par elle-même et la distinguer des autres constituent le premier acte de l'esprit (sans lui, l'esprit ne sera jamais capable de connaître).

[b]Chacun voit en lui-même qu'il connaît les idées qu'il a, qu'[a-b] il connaît aussi quand il y en a une dans son entendement et ce qu'elle est; il voit aussi que, quand il y en a plus qu'une, il les connaît distinctement et sans confusion entre elles. Il en est toujours ainsi (car il est impossible qu'il ne perçoive pas ce qu'il perçoit); donc, il ne peut jamais douter, quand une idée est dans son esprit, qu'elle y est et qu'elle est l'idée qu'elle est, et que deux idées distinctes, quand elles sont dans son esprit, sont là et ne sont pas une et même idée[3].

Aussi, toutes ces affirmations et négations sont faites sans possibilité de doute, d'incertitude ou d'hésitation, et elles doivent nécessairement recevoir l'assentiment dès qu'elles sont comprises, c'est-à-dire dès que l'on a dans l'esprit des

---

b. Remplace depuis la deuxième édition : « C'est ce que chacun voit en lui-même : il connaît les idées qu'il a; ».

1. *Cf.* 1.2.13, 18.
2. Expression *connaître ses idées* peu fréquente.
3. *Cf.* 2.29.4; 4.7.10; *Draft B*, § 33-34; comparer avec 2.11.2.

idées ᶜ‾déterminées‾ᶜ dont tiennent lieu les termes de la proposition. ᵈ‾Et donc, là où l'esprit considère avec attention une
proposition de manière à percevoir que les deux idées signifiées par les termes et affirmées ou niées l'une de l'autre, sont
identiques ou différentes, cet esprit est de suite infailliblement
certain de la vérité de telles propositions. Et il en va de même,
que les propositions soient faites de termes tenant lieu d'idées
plus générales ou d'idées moins générales ; par exemple, aussi
bien si l'idée générale d'*être* est affirmée d'elle-même (comme
dans la proposition *Tout ce qui est est*), que si une idée plus
particulière est affirmée d'elle-même (comme *Un homme est
un homme*, ou *Tout ce qui est blanc est blanc*) ; ou encore,
593　aussi bien si l'idée d'*être* en général est niée de *non-être* | (la
seule idée – si je peux l'appeler ainsi – qui en diffère) comme
dans cette autre proposition : *Il est impossible pour la même
chose d'être et de ne pas être* ¹), que si une idée d'un être
particulier est niée d'une autre différente d'elle, comme *Un
homme n'est pas un cheval*, *Rouge n'est pas bleu*.

La différence des idées, dès que les termes sont compris,
rend de suite visible la vérité de la proposition et cela avec une
égale certitude et une égale facilité dans les propositions les
moins générales et dans celles qui le sont le plus ; et toutes
pour la même raison : parce que l'esprit perçoit, en toute idée
qu'il a, que cette idée est identique à elle-même et que deux
idées différentes sont différentes et non les mêmes. Il en est
également certain, que ces idées soient plus ou moins générales, plus ou moins abstraites, de plus ou moins grande
portée‾ᵈ.

Ce n'est donc pas seulement à ces deux propositions (*Tout
ce qui est est* et *Il est impossible pour la même chose d'être et*

c. Remplace depuis la quatrième édition : « … claires et distinctes … ».
d. Ajouté à partir la quatrième édition.

1. Aristote, *Métaphysique*, 1005 b 19-20, etc.

de ne pas être) qu'appartient par un droit particulier cette évidence par soi. Percevoir qu'elles sont ou qu'elles ne sont pas n'appartient pas plus aux idées vagues signifiées par les termes *Tout ce qui* et *Chose*, qu'à une autre idée. ᵉ⁻Les deux maximes générales se réduisent uniquement à *Le même est le même* et *Le même n'est pas différent* ; ce sont donc des vérités connues sur des cas plus particuliers aussi bien que dans ces maximes générales ; elles sont aussi connues sur des cas particuliers avant qu'on n'ait pensé à ces maximes générales ; et elles tirent toute leur force du discernement de l'esprit employé sur des idées particulières [1].

Rien n'est plus visible que le fait que⁻ᵉ l'esprit, sans le secours d'aucune preuve ᶠ⁻ni aucune réflexion sur l'une de ces propositions générales⁻ᶠ, perçoit clairement et connaît avec certitude que l'idée de *blanc* est l'idée du blanc et non l'idée du bleu, et que l'idée de blanc, quand elle est dans l'esprit, est là et n'est pas absente, ᵍ⁻au point que la considération de ces axiomes ne peut rien ajouter à l'évidence ou à la certitude de sa connaissance.

Il en est exactement ainsi (comme chacun peut l'expérimenter en lui-même) pour toutes les idées que l'on a dans l'esprit. On connaît que chacune est elle-même et non une autre, qu'elle est dans l'esprit et qu'elle n'est pas ailleurs quand elle est là, avec une certitude qui ne peut pas être plus grande ; et donc la vérité d'aucune proposition générale ne peut être connue avec une plus grande certitude ni y ajouter quoi que ce soit⁻ᵍ. Aussi, en ce qui concerne l'identité, notre connaissance intuitive s'étend-elle aussi loin | que nos idées, **594**

e. Ajouté à partir de la deuxième édition.

f. Ajouté à partir de la deuxième édition.

g. Ajouté à partir de la deuxième édition, remplace : « … ; il en est ainsi pour un *triangle*, un *mouvement*, un *homme*, ou toute autre idée ».

1. *Cf.* 1.2.18-19.

et sommes-nous capables de faire autant de propositions évidentes par elles-mêmes que nous avons de noms pour des idées distinctes. J'en appelle à l'esprit de chacun : cette proposition *Un cercle est un cercle* n'est-elle pas aussi évidente par elle-même que celle qui contient des termes plus généraux : *Tout ce qui est est* ? Et encore : est-ce que cette proposition *Le bleu n'est pas le rouge* n'est pas une proposition dont l'esprit dès qu'il en comprend les mots ne peut pas douter plus qu'il ne doute de l'axiome *Il est impossible pour la même chose d'être et de ne pas être* ? Et ainsi pour tous les cas semblables.

§ 5

2) Pour la coexistence, on a peu de propositions évidentes par elles-mêmes

Deuxièmement, en ce qui concerne la *coexistence* (ou liaison nécessaire entre deux idées telle que dans le sujet où l'on suppose être l'une, l'autre doive nécessairement s'y trouver aussi) ; l'esprit a une perception immédiate d'une telle convenance ou disconvenance, mais en très peu de cas. Et dans cette sorte donc, on n'a que très peu de connaissances intuitives [1], et on ne peut trouver beaucoup de propositions évidentes par elles-mêmes, même si certaines le sont (l'idée : *remplir un lieu égal à ce qui est compris entre ses surfaces*, par exemple, étant attachée à l'idée de corps, je pense que la proposition *Deux corps ne peuvent être dans le même lieu* est évidente par elle-même) [2].

§ 6

3) Pour les autres relations, c'est possible

Troisièmement, quant aux *relations* de modes : les mathématiciens ont construit de nombreux axiomes concernant la relation d'égalité comme *Si d'égaux on soustrait des égaux, les restes seront égaux*. Cet axiome, comme les autres de ce

---

1. Plus de développement en 4.6.11.
2. *Cf.* 4.6.6 et 4.6.15.

genre, passent certes pour des maximes chez les mathématiciens et sont des vérités irréfutables, et pourtant je crois que celui qui les considèrera n'y verra pas une évidence par elle-même plus claire que *Un et un égalent deux*, ou *Si vous ôtez deux aux cinq doigts d'une main et deux à ceux de l'autre main, le reste sera égal*. On peut découvrir avec les nombres ces propositions et un millier d'autres qui dès la toute première audition forcent l'assentiment et détiennent une clarté, sinon plus grande, du moins égale à ces axiomes mathématiques.

§ 7
4) *Sur l'existence réelle, il n'y en a aucune*

Quatrièmement, quant à l'*existence réelle*, puisqu'elle n'a de liaison avec aucune autre idée que celle de soi-même ou d'un Être premier, on n'a même pas de connaissance démonstrative et moins encore de connaissance évidente par elle-même concernant l'existence réelle de tous les autres êtres. Il n'y a donc aucune maxime les concernant.

|§ 8   **595**
Ces axiomes n'influencent pas beaucoup le reste de la connaissance

Considérons ensuite quelle *influence* ont ces *maximes* traditionnelles sur les autres parties de la connaissance. Les règles établies dans les Écoles, selon lesquelles tout raisonnement se fait *à partir de ce qui est déjà connu et accepté*[1] semblent fonder toute autre connaissance sur ces maximes et supposer qu'elles sont *déjà connues*. Par là, on entend deux choses : 1) que ces axiomes sont les vérités connues les premières par l'esprit, et 2) qu'en dépendent les autres parties de la connaissance.

---

1. En latin dans le texte : « *ex præcognitis et præconcessis* » ; *cf.* 4.2.8 ; 4.7.10 ; *cf.* Aristote, *Seconds Analytiques*, I, 1.

§ 9

Parce que ce ne sont pas les vérités connues les premières

1) Que ce ne soient pas les *vérités* que l'esprit *connaît les premières*, c'est évident dans l'expérience, ^{h-}comme on l'a montré en un autre endroit^{-h i-}(livre 1, chapitre 2)^{-i 1}. Qui ne perçoit qu'un enfant connaît avec certitude qu'un étranger n'est pas sa mère, que son biberon n'est pas un martinet, bien avant de connaître qu'*Il est impossible pour la même chose d'être et de ne pas être*? Et combien de vérités n'y-a-t-il pas sur les nombres, dont manifestement l'esprit est parfaitement coutumier et pleinement convaincu, avant d'avoir jamais pensé à ces maximes générales auxquelles parfois font référence les mathématiciens dans leurs argumentations. La raison en est tout à fait simple : ce qui fait que l'esprit donne son assentiment à de telles propositions n'est rien d'autre que sa perception de la convenance ou de la disconvenance de ses idées, selon qu'il les voit affirmées ou niées l'une de l'autre en des mots qu'il comprend. Et, puisqu'on connaît que toute idée est ce qu'elle est et que deux idées distinctes ne sont pas les mêmes, il doit nécessairement s'ensuivre que, doivent être connues les premières, les vérités évidentes par elles-mêmes constituées d'idées qui sont dans l'esprit les *premières* ; et les idées les *premières* dans l'esprit, c'est évident, sont celles de choses particulières, à partir desquelles l'entendement poursuit par degrés jusqu'à quelques plus générales ; elles sont tirées des objets ordinaires et familiers des sens, puis sont installées dans l'esprit avec les noms généraux qui leur sont attribués[2].

---

h. Ajouté depuis la deuxième édition.
i. Ajouté depuis la quatrième édition.

1. § 25.
2. *Cf.* 1.2.9.

Ainsi, les idées particulières sont-elles les *premières* reçues et discernées ; et on en acquiert ainsi la connaissance ; ensuite, les moins générales ou idées d'espèces, qui sont proches des idées particulières. Car les idées abstraites ne sont pas aussi manifestes, aussi aisées pour les enfants ou les esprits qui ne sont pas encore exercés, que les idées particulières ; si elles semblent telles aux adultes, c'est uniquement à cause de l'usage constant et | familier [1].

596

Car, quand on y réfléchira soigneusement, on verra que les idées générales sont des fictions et des artifices de l'esprit, qui comportent des difficultés et ne s'offrent pas aussi facilement qu'on ne risque de le croire. Par exemple, ne faut-il pas de la peine et de l'habilité pour former [2] l'*idée générale* d'un *triangle* (qui n'est pourtant pas l'une des idées les plus abstraites, étendues et difficiles), car il ne doit être ni oblique, ni rectangle, ni équilatéral, ni scalène, mais tous et aucun à la fois [3]. En fait, il s'agit de quelque chose d'imparfait [4] qui ne peut exister, une idée où l'on assemble des éléments de plusieurs idées différentes incompatibles [5]. Il est vrai que, dans notre état imparfait, l'esprit a besoin de telles idées et qu'il s'y précipite autant qu'il le peut pour communiquer plus aisément et élargir sa connaissance, deux choses auxquelles il est naturellement très enclin. On a pourtant de quoi soupçonner que de telles idées sont la marque de notre imperfection ; au moins cela suffit à montrer que les idées les plus abstraites et les plus générales ne sont pas celles auxquelles l'esprit s'acclimate en *premier* et le plus aisément, ni celles sur lesquelles porte sa première connaissance.

---

1. *Cf.* 4.1.9 ; 4.7.11.
2. Coste traduit : « pour se la représenter ».
3. *Cf.* 2.11.9-10. *Cf.* aussi 4.11.14 et *Logique* de Port-Royal, V.
4. *Cf.* 3.6.32.
5. Cette phase est absente dans la traduction de Coste.

§ 10
*Parce que les autres éléments de connaissance
n'en dépendent pas* [j]

2) Il découle manifestement de ce qui a été dit que ces maximes tant prisées ne sont pas les principes et les *fondations* de toute autre connaissance. Car s'il y a une grande quantité d'autres vérités qui ont autant d'évidence par soi qu'elles, et une grande quantité que l'on connaît avant elles, il est impossible qu'elles soient les *principes* dont on déduise toutes les autres vérités. Est-il impossible de connaître que *un* et *deux* font *trois* sauf en vertu de cet axiome : *Le tout est égal à tous ses éléments pris ensemble*? Plus d'une personne connaît que *un* et *deux* font *trois* sans avoir entendu cet axiome ou tout autre qui peut servir à le prouver, ou y avoir pensé ; elle le connaît avec autant de certitude que tout autre homme connaît que *Le tout est égal à toutes ses parties*, ou n'importe quelle autre maxime, et toutes pour la même raison : l'évidence par soi. L'égalité de ces idées est aussi visible et certaine pour elle sans cet axiome ou un autre qu'avec eux, car il ne faut pas de preuve pour le faire percevoir. Et une fois qu'il connaît que *Le tout est égal à toutes ses parties*, il ne connaît pas mieux ou avec plus de certitude **597** qu'avant, que *Un et deux sont égaux à trois*. | Car, s'il y avait des disparités entre idées, le *tout* et les *parties* sont plus obscures ou pour le moins plus difficiles à se mettre en tête que celles de *un*, *deux* et *trois*.

Et c'est vrai, à ces gens qui veulent que nécessairement toute connaissance (en dehors des principes généraux eux-mêmes) dépende de principes généraux innés et évidents par eux-mêmes, je demanderai : quel principe est requis pour prouver que *Un et un font deux*, que *Deux et deux font quatre*,

---

j. Jusqu'à la quatrième édition, titre identique à celui de la section précédente.

que *Trois fois deux font six*? On les connaît sans aucune preuve, ce qui prouve soit qu'aucune connaissance ne *dépend* de certaines *choses déjà-connues*[1] ou maximes générales appelées principes, soit que ce sont [eux-mêmes] des principes; et s'il faut les tenir pour des principes, il en sera aussi de même pour une grande partie du calcul sur les nombres. Et si on ajoute à cela toutes les propositions évidentes par elles-mêmes que l'on peut faire sur les idées distinctes, les principes que les hommes arrivent à connaître à différentes époques seront en nombre presque infini, ou seront au moins innombrables; et, de toute leur vie, ils ne parviendront jamais à connaître un grand nombre de ces principes innés[2]. Mais si ces principes sont perçus tôt ou tard, il est vrai qu'on les connaît par leur évidence originelle, qu'ils sont totalement indépendants et ne sont pas éclairés ni prouvés les uns par les autres; et moins encore le plus particulier par le plus général, ou le plus simple par le plus composé; car le plus simple et le moins abstrait est le plus familier, le plus facile et le premier à appréhender.

Mais quelles que soient les idées les plus claires, l'évidence et la *certitude* de toutes ces propositions tiennent à ceci : on voit que la même idée est la même idée, et on perçoit sans erreur que des idées différentes sont des idées différentes. Car, quand un homme a dans l'entendement l'idée de *un* et celle de *deux*, l'idée de *jaune* et celle de *bleu*, il ne peut connaître qu'avec certitude que l'idée de *un* est l'idée de *un* et pas l'idée de *deux*, et que l'idée de *jaune* est l'idée de *jaune* et pas l'idée de *bleu*. Car un homme ne peut confondre dans son esprit les idées qu'il a distinctes : ce serait les avoir en même temps confusément et distinctement, ce qui est contra-

---

1. En latin dans le texte : *Præcognita*; *cf.* 4.7.8.
2. Texte parallèle à ce début de paragraphe en *Draft B*, § 51.

dictoire[1] ; et n'avoir aucune idée distincte, c'est ne pas disposer de ses facultés, n'avoir absolument aucune connaissance. Et donc quelqu'idée qu'on affirme d'elle-même, ou quelque paire d'idées totalement distinctes qu'on nie l'une de l'autre, l'esprit ne peut que donner son assentiment à de telles propositions, comme infailliblement vraies, dés qu'il en comprend les termes, sans hésiter, ni chercher de preuves, ni s'intéresser à ces propositions faites de termes plus généraux, appelées maximes.

598 |§ 11
Quelle est l'utilité de ces maximes générales ?

Que dire alors ? Ces *maximes générales* sont elles inutiles ?

[k]-Nullement, bien que peut-être leur utilité ne soit pas celle que l'on croit habituellement. Mais, puisque le moindre doute concernant ce que certains attribuent à ces *maximes* risque d'être critiqué comme s'il renversait les fondements de toutes les sciences, il vaut sans doute la peine de les considérer par rapport aux autres parties de notre connaissance, et d'examiner plus particulièrement à quels desseins elles servent ou ne servent pas.

1. De ce qui a déjà été dit, il est évident qu'elles ne servent à rien pour prouver ou confirmer des propositions évidentes par elles-mêmes moins générales.

2. Il est clair qu'elles ne sont pas et n'ont pas été les fondements sur lesquels toute science a été construite.

Sous l'influence des scolastiques, on parle beaucoup, je le sais, de sciences et des *maximes* qui leur ont servi de fondement. Mais je n'ai jamais eu la chance de rencontrer une seule

k. Long texte ajouté à partir de la quatrième édition (jusqu'au bas de la page 601 de l'édition Nidditch).

1. *Cf.* 2.29.4 et 4.7.4 ; comparer avec 2.11.2.

de ces sciences, et moins encore une science bâtie sur les deux *maximes* : *Ce qui est est* et *Il est impossible pour la même chose d'être et de ne pas être*. Et je serais heureux qu'on me montre où se trouve une telle science construite sur ces *axiomes* ou d'autres axiomes généraux ; je serais obligé envers toute personne qui mettrait sous mes yeux la structure et le système d'une science construite ainsi sur ces maximes ou de semblables, et dont on ne pourrait montrer qu'elle se tient aussi bien, sans considération de ces maximes

Ces maximes générales n'ont-elles pas, je vous prie, la même utilité dans les études religieuses et dans les débats théologiques que dans les autres sciences ? Ici aussi, elles servent à faire taire les chicaneurs et à mettre fin aux disputes [1] ; pourtant personne, je pense, n'en tirera la conclusion que la religion *chrétienne* est construite sur ces *maximes* ou que la connaissance que l'on en a est dérivée de ces *principes*. C'est de la Révélation que nous l'avons reçue ; et sans Révélation ces *maximes* n'auraient jamais pu nous aider en ce sens. Quand on découvre une idée et que par son intermédiaire on découvre le lien entre deux autres idées, c'est une révélation de Dieu, par la voix de la raison ; car on parvient alors à la connaissance d'une vérité que l'on ne connaissait pas avant ; quand Dieu annonce une vérité, c'est une révélation par la voix de son Esprit et l'on progresse dans la connaissance [2]. Mais en aucun de ces deux cas on ne reçoit la lumière ou la connaissance de *maximes* : dans l'un, les choses mêmes l'apportent et l'on voit en elles la vérité en percevant leur convenance ou leur disconvenance ; | dans l'autre, Dieu lui- **599** même l'apporte immédiatement et l'on voit la vérité de ce qu'il dit dans sa véracité qui ne peut se tromper.

1. Terme désignant le débat réglé de la méthode scolastique.
2. *Cf.* 4.19.4.

3. Elles ne sont pas utiles pour aider les hommes à favoriser l'avancement des sciences ou la découverte de nouvelles vérités encore inconnues. Monsieur *Newton* dans son livre[1] que l'on n'admirera jamais assez, a démontré plusieurs propositions qui sont autant de vérités nouvelles jusque là inconnues du monde, et de progrès dans la connaissance mathématique. Mais pour les découvrir, ce n'est pas par les *maximes* générales *Ce qui est est* ou *Le tout est plus grand que la partie*, etc. que l'on est aidé ; là n'étaient pas les clés qui lui ont ouvert les portes de la vérité ou de la certitude de ces propositions, et ce n'est pas grâce à elles qu'il a acquis la connaissance de ces démonstrations, mais en découvrant les idées intermédiaires qui lui ont montré la convenance ou la disconvenance des idées telles qu'elles étaient exprimées dans les propositions qu'il démontrait. Ainsi s'exerce et s'améliore fortement l'entendement humain pour l'extension de la connaissance et l'avancement des sciences ; et on est loin d'y avoir reçu secours de la contemplation de ces maximes et des autres que l'on fait valoir.

Puissent ceux qui nourrissent l'admiration traditionnelle pour ces propositions, qui estiment qu'on ne peut faire aucun pas dans la connaissance sans l'aide d'un *axiome*, qu'on ne peut poser aucune pierre dans la construction des sciences sans une *maxime* générale, distinguer seulement entre la méthode d'acquisition de la connaissance et la méthode de communication, entre la méthode pour élaborer une science et celle pour enseigner aux autres ce qui y est déjà acquis : ils verraient que ces *maximes* générales n'étaient pas les fondements sur lesquels les premiers inventeurs ont érigé leurs structures admirables, ni les clés qui ouvraient ou fermaient les secrets de la connaissance.

---

1. *Principia Mathematica Philosophiæ Naturalis*, 1686.

Certes, par la suite, quand les Écoles [1] eurent été érigées et que les sciences eurent des professeurs pour enseigner ce que les autres avaient découvert, elles ont fait grand usage de *maximes*, c'est-à-dire qu'elles ont posé certaines propositions évidentes par elles-mêmes ou à recevoir pour vraies : installées dans l'esprit de leurs élèves comme des vérités inattaquables, elles étaient utilisées quand il le fallait pour les convaincre de vérités dans des situations particulières qui n'étaient pas aussi familières pour leur esprit que ces *axiomes* généraux, auparavant inculqués et soigneusement placés dans leur esprit.

Pourtant ces cas particuliers, quand on y réfléchit bien, ne sont pas moins évidents par eux-mêmes pour l'entendement que les *maximes* générales introduites pour les confirmer. Et c'est dans | ces cas particuliers que les premiers inventeurs ont **600** découvert la vérité, sans le secours des *maximes* générales ; et tout autre peut en faire autant, qui les considère avec attention.

Pour en venir donc à l'usage des *maximes* :

a) elles sont utilisées comme on l'a vu dans les méthodes courantes d'enseignement de ce qui est déjà acquis dans les sciences, mais peu ou aucunement pour les faire progresser ;

b) elles sont utilisées dans les disputes pour faire taire les chicaneurs obstinés et mettre un terme à ces joutes.

Permettez moi d'envisager si la nécessité des maximes pour ce faire ne s'est pas fait sentir de la manière suivante. Les Écoles ont fait de la dispute la pierre de touche des capacités humaines et le *critère* de la connaissance ; elles ont donc adjugé la victoire à celui qui restait maître du terrain : on jugeait que celui qui avait le dernier mot gagnait la discussion, sinon le procès. Mais selon ces procédures, entre des combattants habiles, il ne semblait y avoir aucune décision

---

1. *Écoles* ou *Scolastique*.

car l'un trouvait toujours un *moyen terme*[1] pour prouver
n'importe quelle proposition ; et l'autre pouvait avec autant
d'opiniâtreté, à l'aide ou non d'une distinction[2], nier la
majeure ou la *mineure*. Pour prévenir autant que possible le
débordement des disputes en une suite infinie de syllogismes,
certaines propositions générales, la plupart d'entre elles de fait
évidentes par elles-mêmes, furent introduites dans les Écoles ;
comme tout le monde les acceptait et était d'accord sur elles,
on les a considérées comme des mesures générales de la vérité
et on les a utilisées à la place des principes (quand d'autres
n'étaient pas convenus entre débateurs), au-delà desquels on
ne pouvait aller et dont aucune des parties ne pouvait s'éloigner. Ainsi, ces *maximes* ont-elles reçu le nom de *principes* et
les participants aux disputes ne pouvaient reculer au-delà ;
aussi les a-t-on prises par erreur pour origines et sources où naît
toute connaissance, pour les fondements sur lesquels se
construisent les sciences : dans leurs disputes en effet, quand ils
y arrivaient, ils s'arrêtaient, n'allaient pas plus loin et la
question était décidée. Mais on a déjà montré combien c'était
une erreur.

   Cette méthode scolastique a été prise pour la source de la
connaissance, ce qui a conduit, je suppose, à utiliser de même
ces maximes hors de l'École, dans une grande partie des
discussions, pour fermer la bouche aux chicaneurs : chacun
601 peut se permettre | d'arrêter la discussion avec eux dès qu'ils
refusent ces principes généraux évidents par eux-mêmes,
acceptés par tout homme raisonnable qui y a une fois réfléchi.
Leur utilité ici n'est que de mettre un terme aux chicanes ;
mais en fait quand on les avance dans de tels débats, ils
n'instruisent nullement : cela a déjà été fait par les idées

---

1. En latin dans le texte : *medius terminus*.
2. Introduire une distinction, moyen courant de prendre un avantage
dans une discussion scolastique.

intermédiaires utilisées dans le débat, dont le lien peut être perçu sans l'aide de ces maximes ; la vérité peut ainsi être connue avant que la maxime ne soit avancée et que la thèse ne soit ramenée à un premier principe.

Les gens abandonneraient une thèse erronée avant d'en venir là, s'ils se proposaient dans leurs disputes de chercher et d'embrasser la vérité plutôt que de lutter pour la victoire. Ainsi les maximes servent-elles à arrêter l'opiniâtreté de ceux que la sincérité aurait dû faire capituler plus tôt. Mais la méthode scolastique a autorisé, et incité, à s'opposer et à résister à une vérité évidente tant que l'on n'est pas confondu, c'est-à-dire tant qu'on n'est pas réduit à se contredire ou à contredire un principe établi ; aussi n'est-il pas étonnant qu'ils n'aient pas honte d'utiliser dans la conversation ordinaire ce qui passe pour vertu et honneur dans les Écoles : soutenir jusqu'à la dernière extrémité le parti pris sur la question, qu'il soit vrai ou faux, même après avoir été confondu [1].

C'est une façon étrange d'atteindre la vérité ; et la partie de l'humanité que j'estime rationnelle, non corrompue par l'éducation, pourrait à peine croire qu'on puisse admettre cette méthode dans le cercle des amis de la vérité et des disciples de la religion ou de la Nature, qu'on puisse l'introduire dans les séminaires de ceux qui ont à propager les vérités de la religion ou de la philosophie parmi les ignorants et les non-convaincus. Combien une telle méthode de formation est à même de détourner l'esprit des jeunes de la recherche et de l'amour sincères de la vérité, et même de leur faire douter qu'il puisse y avoir une telle chose, ou au moins quelque chose qui vaille qu'on y adhère, je ne vais pas maintenant m'en occuper.

Voici ce que je pense : mis à part ces lieux qui ont importé dans leurs Écoles la philosophie *péripatéticienne*, où elle a perduré de longs siècles sans enseigner au monde autre chose que

---

1. *Cf.* 4.17.4 (éd. Nidditch, p. 675).

l'art de la chicane, nulle part n'a été enseigné que ces maximes étaient les fondements sur lesquels bâtir les sciences ou les appuis importants dans l'avancement de la connaissance[-k].

Quelle utilité ont ces maximes générales

[l-]Quant à ces *maximes générales* donc, elles sont comme je l'ai dit[-l] de grande *utilité* dans les disputes, *pour fermer la bouche aux chicaneurs*, mais pas pour la découverte de vérités **602** inconnues ou pour aider l'esprit | dans sa recherche de la connaissance. Car, qui a commencé à construire sa connaissance sur cette proposition générale *Ce qui est est* ou *Il est impossible pour la même chose d'être et de ne pas être*, et qui, à partir de l'un d'eux en tant que principe de science, a déduit un *système* de connaissance utile ? Parce que des opinions erronées renferment souvent des contradictions, l'une de ces maximes peut servir de pierre de touche pour montrer où elles conduisent ; mais quelle que soit leur pertinence pour dévoiler l'absurdité ou l'erreur des raisonnements ou des opinions humaines, elles sont de très peu d'*utilité* pour éclairer l'entendement. On ne trouvera pas de cas où ces maximes soient d'un grand secours pour accroître la connaissance de l'esprit : celle-ci ne sera pas moindre ni moins certaine si l'on n'a jamais pensé à ces deux *propositions générales*.

Il est vrai, je viens de le dire, que parfois elles *servent* dans une argumentation à faire taire un chicaneur, à montrer l'absurdité de [m-]ce qu'il dit et à l'exposer à la honte de contredire ce que tout le monde connaît et dont il ne peut lui-même que reconnaître la vérité[-m]. Mais une chose est de montrer à quelqu'un qu'il est dans l'erreur, une autre de le mettre en possession de la vérité. J'aimerais bien savoir quelles vérités,

l. Texte depuis la quatrième édition (pour faire le lien avec le texte ajouté), qui remplace : « Oui, elles *sont* … ».

m. Ajout depuis la quatrième édition, qui remplace : « … son opinion. ».

inconnues auparavant ou inconnaissables sans elles, ces deux propositions peuvent enseigner et faire connaître par leur influence. Raisonnons à partir d'elles autant que nous pouvons, elles porteront toujours sur des prédications identiques [1] et n'auront d'*influence*, s'il y en a, que sur ce genre de prédications. Toute proposition particulière portant sur l'identité ou la différence, si on y fait attention, est connue avec autant de clarté et de certitude en elle-même que l'une ou l'autre de ces propositions générales; [n-]simplement on inculque plus et on valorise plus ces propositions générales, parce qu'elles servent dans tous les cas[-n].

Quant aux autres maximes moins générales, beaucoup ne sont que de pures propositions verbales, qui n'enseignent que le rapport et la portée réciproques des noms. Quelle vérité réelle, dites-moi, nous enseigne *Le tout est plus grand que la partie*? Que contient de plus cette maxime que ce qu'induit par elle-même la signification du mot *Totum* (ou *Le tout)*? Et celui qui sait que le mot *Tout* tient lieu de *Ce qui est constitué de toutes ses parties*, sait à peine moins que *Le tout est égal à toutes ses parties*. Et sur les mêmes bases j'estime que la proposition *Une montagne est plus haute qu'une vallée*, et diverses | propositions analogues, peuvent aussi passer pour **603** des maximes.

---

n. Ajout depuis la quatrième édition, qui remplace : « … et rien n'est plus certain que le fait que, par ces maximes seules, on ne peut s'assurer de la vérité d'aucune chose existant réellement ».

1. Note de Coste : « C'est-à-dire *où une idée est affirmée d'elle-même*. Comme le mot *identique* est tout-à-fait inconnu dans notre langue, je me serois contenté d'en mettre l'explication dans le texte, s'il ne se fût rencontré que dans cet endroit. Mais parce que je serai bientôt indispensablement obligé de me servir de ce terme, autant vaut-il que je l'emploie présentement. Le lecteur s'y accoutumera plutôt, en le voyant plus souvent ». Voir la définition de Locke lui-même en 4.8.3 (page 611 de l'édition Nidditch).

Cependant, [o-]quand les professeurs de *mathématiques* enseignent ce qu'ils savent déjà et initient les autres à cette science, ils[-o] ne mettent pas sans raison [p-]au début de leur *système*[-p] cette maxime et d'autres ; ainsi, dès le début, leurs élèves familiarisent parfaitement leur pensée à ces propositions en termes généraux et [q-]s'habituent à faire de telles réflexions et à tenir ces propositions plus générales comme des règles et des proverbes[-q] prêts à l'emploi dans tous les cas particuliers. Non pas qu'elles soient plus claires et plus évidentes, si on les compare, que les cas particuliers qu'elles doivent valider ; mais elles sont plus familières à l'esprit, et le seul fait de les nommer suffit à satisfaire l'entendement. Et ceci, je prétends, tient plus à l'habitude de les utiliser [r-]et à l'affermissement acquis dans l'esprit par le fait d'y penser souvent[-r], qu'à la validité différente des choses.

Mais, avant que la coutume n'ait installé des méthodes de penser et de raisonner dans l'esprit, je suis prêt à penser qu'il en va tout à fait autrement : quand on prend à un enfant une partie de sa pomme, il le sait mieux sur le cas particulier que par la proposition générale *Le tout est égal à la somme de ses parties* ; et s'il a besoin que l'un des deux lui soit confirmé par l'autre, il a plus besoin que la générale soit amenée dans son esprit par la particulière, que la particulière par la générale. Car notre connaissance commence par le particulier et s'étend ensuite par degrés jusqu'au général ; même si, après, l'esprit prend le chemin exactement inverse : il retrace sa connaissance en propositions aussi générales qu'il peut, il se les rend fami-

o. Texte qui remplace depuis la quatrième édition : « … les mathématiciens … ».

p. Texte qui remplace depuis la quatrième édition : « … parmi leurs maximes … ».

q. Texte qui remplace depuis la quatrième édition : « … les tiennent … ».

r. Ajout depuis la quatrième édition.

lières, s'habitue à y recourir comme aux modèles de vérité et
de fausseté[1]. Par cet *usage* familier qu'il en fait comme de
règles pour mesurer la vérité d'autres propositions, arrive le
moment où il pense que les propositions plus particulières
tiennent leur vérité et leur évidence de la conformité aux propositions plus générales que l'on fait valoir si fréquemment et
que l'on admet avec constance dans les exposés et les argumentations. Et telle est, je pense, la raison pour laquelle, au
milieu de tant de propositions évidentes par elles-mêmes,
seules les plus générales ont reçu le titre de maximes.

§ 12

Si l'on ne prend pas garde à l'utilisation des mots,
les maximes peuvent prouver des contradictions

Autre chose qu'il n'est pas inutile, je pense, d'observer
| à propos de ces maximes générales : loin d'améliorer l'esprit **604**
ou de l'établir dans la vraie connaissance, si les conceptions
sont fausses, vagues ou instables, si on abandonne la pensée
pour le bruit des mots plutôt ˢ⁻que de les attacher à des idées
déterminées et stables⁻ˢ des choses, ces *maximes générales*
serviront à conforter dans l'erreur et, avec cette façon si
courante d'utiliser les mots, elles *serviront* à prouver des
contradictions ; par exemple, celui qui formera en son esprit
avec Descartes[2] l'idée de ce qu'il appelle *corps* comme ce qui
n'est autre que l'étendue, peut facilement démontrer qu'il n'y
a pas de *vide*, c'est-à-dire aucun espace dépourvu de corps,
grâce à la maxime *Ce qui est est*. Car l'idée à laquelle il
attache le nom *corps* étant *pure étendue*, sa connaissance que
l'espace ne peut être sans corps est certaine. Car il connaît sa

s. Texte qui remplace depuis la quatrième édition : « … pour des idées
claires, distinctes et stables … ».

1. *Cf.* 4.1.9 ; 4.7.9.
2. Cf. *Essai*, 2.13.11 *sq.*, 23 et Descartes, *Principes*, I, 53 ; II, 4-18. Dans
les trois premières éditions, ici et par la suite, *Descartes* est écrit *Cartes*.

propre idée d'étendue clairement et distinctement et connaît qu'elle est *Ce qu'elle est* et pas une autre idée, bien qu'elle soit nommée des trois noms : *étendue*, *corps*, *espace* ; comme ces trois noms tiennent lieu d'une seule et même idée, ils peuvent indubitablement être affirmés avec la même évidence et la même certitude l'un de l'autre, aussi bien que chacun de lui-même. Et il est certain que, tandis que je les utilise tous pour tenir lieu d'une seule et même idée, la prédication *L'espace est corps* est aussi vraie et identique par la signification, que la prédication *Le corps est corps* est vraie et identique par la signification et le son à la fois.

§ 13
L'exemple du vide

Mais si quelqu'un d'autre se présente, qui se fait une autre idée de la chose, différente de celle de Descartes et qu'il nomme pourtant comme Descartes du même nom *corps*, qu'il fasse de l'idée qu'il exprime du mot *corps* une chose qui a ensemble solidité et étendue à la fois, il démontrera aussi aisément qu'il peut y avoir un *vide*, ou espace sans corps, aussi bien que Descartes démontrait le contraire[1]. Parce que l'idée à laquelle il donne le nom *espace* est ᵗ⁻purement l'idée simple d'*étendue*⁻ᵗ ; et l'idée à laquelle il donne le nom *corps* est l'idée complexe d'*étendue* et de *résistance* (ou de *solidité*) assemblées ᵘ⁻dans le même sujet⁻ᵘ, ces deux idées ne sont pas exactement une et la même, mais aussi distincte dans l'entendement que les idées de *un* et de *deux*, de *blanc* et de *noir*, ou autant que celles de *corporéité* et d'*humanité* (si je peux

---

t. Texte qui remplace depuis la quatrième édition : « ... simple étendue ... ».

u. Ajout depuis la quatrième édition.

1. *Cf.* 2.13.21 *sq.*

utiliser ces termes barbares [1]). Et | donc la prédication de ces **605** termes dans l'esprit ou en mots qui en tiennent lieu, n'est pas une prédication identique, mais la négation de l'un par l'autre : ˅la proposition *L'étendue* ou *l'espace n'est pas un corps* est aussi vraie et évidemment certaine que toute connaissance que peut prouver la maxime *Il est impossible pour la même chose d'être et de ne pas être*˅.

§ 14
Elles ne prouvent pas l'existence des choses hors de nous

Pourtant, bien que les deux propositions (*Il peut y avoir du vide* et *Il ne peut y avoir de vide*) puissent être également démontrées (comme vous le constatez) à partir de ces deux principes certains : *Ce qui est est* et *La même chose ne peut pas être et ne pas être*, cependant aucun des deux ne servira à prouver qu'un corps existe ou lequel ; pour cela, on est livré à ses sens, qui découvriront autant qu'ils le peuvent. Ces principes universels évidents par eux-mêmes ne sont que la connaissance constante, claire et distincte de ses propres idées, rendue plus générale et plus étendue ; ils ne peuvent donc assurer de quelque chose qui se déroule hors de l'esprit : leur certitude est fondée sur la seule connaissance que l'on a de chaque idée par elle-même, et de sa distinction par rapport aux autres ; à ce sujet, on ne peut se tromper tant qu'elles sont dans l'esprit, bien qu'on puisse se tromper, et qu'on le fasse souvent, quand on conserve les noms sans les idées ou qu'on les utilise de façon confuse, parfois pour une idée parfois pour une autre. En ces cas, la force de ces axiomes ne porte que sur

v. Texte qui remplace depuis la quatrième édition : « … aussi certain et évident que *Il est impossible pour la même chose d'être et de ne pas être* ».

1. Les termes avaient été inventés par la Scolastique et paraissaient alors "barbares" ; *cf.* 3.7.2.

le son et non sur la signification du mot et elle ne sert qu'à jeter dans la confusion, l'erreur et la méprise.

[w-]C'est pour montrer aux gens que ces maximes que l'on prône comme grands défenseurs de la vérité ne les garderont pas de l'erreur s'ils utilisent sans soin les mots de façon vague, que j'ai fait cette remarque. Dans tout ce que j'ai suggéré ici sur leur peu d'utilité pour l'amélioration de la connaissance, ou sur leur utilisation dangereuse avec des idées indéterminées, j'ai été assez loin de dire ou de suggérer qu'il faille les *écarter* [1], comme certains m'en ont accusé trop imprudemment. Je soutiens que ce sont des vérités, des vérités évidentes par elles-mêmes, et qu'elles ne peuvent donc être *écartées*. Dans leur champ d'influence, c'est en vain que l'on s'efforce (et je ne m'y essaierai pas) de les limiter. Pourtant, sans faire tort à la vérité ou à la connaissance, j'ai des raisons de penser que leur utilisation ne correspond pas à l'importance qu'on semble leur accorder, et je préviens les gens de ne pas en faire une mauvaise utilisation qui les confirmerait dans leurs erreurs[-w].

606 |§ 15

Leur utilisation pour les idées complexes est dangereuse

Quelle que soit leur *utilisation* dans les propositions verbales, elles ne peuvent révéler ou prouver, au-delà de ce qui est fondé sur l'expérience, la moindre connaissance de la nature des substances telles qu'on les trouve et qu'elles existent hors de nous. La conséquence de ces deux propo-

---

w. Ajout depuis la quatrième édition.

1. Note de Coste : « Ce sont les propres termes d'un auteur qui a attaqué ce que Mr Locke a dit du peu d'usage qu'on peut tirer des *maximes*. On ne vois pas trop bien ce qu'il entend par *lay aside*, *laisser à l'écart*. Peut-être a-t-il voulu dire par là *négliger*, *mépriser*. Quoi qu'il en soit, on ne peut mieux faire que de rapporter ses propres termes ».

sitions nommées principes, est très claire et leur *utilisation*
n'est pas dangereuse ou nuisible pour la preuve de choses où
l'on n'en a pas du tout besoin, car elles sont claires en elles-
mêmes sans elles : là où les idées sont déterminées[x] et
connues par le nom qui en tient lieu. Mais quand ces principes
(*Ce qui est est* et *Il est impossible pour la même chose d'être
et de ne pas être*) sont utilisés pour prouver des propositions
où les mots tiennent lieu d'idées complexes (*homme, cheval,
or, vertu*), alors ces principes sont extrêmement dangereux, et
la plupart du temps les gens reçoivent et mémorisent le faux
pour le vrai, le manifeste et l'incertain pour le démontré ;
s'ensuivent l'erreur, l'opiniâtreté et tous les méfaits qui
peuvent arriver à partir du raisonnement faux.

La raison n'en est pas que ces principes soient moins vrais
[y]ou aient moins de force dans la preuve de propositions faites
de termes[y] tenant lieu d'idées complexes, que [z]là où les
propositions portent sur des[z] idées simples ; mais que les
gens se trompent en général et pensent [a]que là où les termes
sont conservés, les propositions portent sur les mêmes
choses, alors que les idées dont ils tiennent lieu sont en vérité
différentes.

Ces maximes sont donc utilisées pour défendre des
propositions qui sont contradictoires par le son aussi bien que
par la forme, comme on l'a vu ci-dessus pour les démonstra-

---

x. Terme qui remplace depuis la quatrième édition : « … claires et
distinctes … ».

y. Texte qui remplace depuis la quatrième édition : « … dans ces
propositions composées de mots … ».

z. Texte qui remplace depuis la quatrième édition : « … dans celles
d'… ».

a. Texte qui remplace depuis la quatrième édition : « … que ces
propositions portent sur la réalité des choses et non sur la simple signification
des mots, alors qu'elles ne sont en fait pour la plupart rien d'autre, comme il
est clair dans la démonstration du *vide*, où le mot *corps* tient parfois lieu d'une
idée et parfois d'une autre. Mais on va le rendre encore plus manifeste … ».

tions sur le *vide*. Aussi, tant que les hommes prennent les mots pour les choses (comme ils le font habituellement), ces maximes peuvent servir (et le font ordinairement) à prouver des propositions contradictoires. Je vais encore le rendre visible ci-dessous[-a].

§ 16
Exemple : l'homme

Prenez *homme*, par exemple ; vous voudriez à son sujet démontrer quelque chose par ces premiers principes ; on va voir que, dans la mesure où la démonstration se fait par ces principes, elle n'est que verbale, ne fournit aucune proposition universelle certaine et vraie ou aucune connaissance d'un être extérieur.

607   D'abord, si un enfant | forme l'idée d'un *homme*, il est probable que son idée est tout comme ce tableau que fait le peintre en joignant les manifestations visibles : cette conjonction d'idées assemblées dans l'entendement constitue l'idée complexe unique qu'il appelle *homme* ; et comme *blanc* ou *couleur-chair* en font partie en Angleterre, l'enfant peut vous démontrer que *Un nègre n'est pas un homme*, parce que le blanc est l'une des idées simples qui entrent constamment dans l'idée complexe qu'il appelle *homme*. Par ce principe *Il est impossible pour la même chose d'être et de ne pas être*, il peut donc démontrer que *Un nègre n'est pas un homme*. Le fondement de sa certitude n'est pas cette proposition universelle (il ne l'a peut-être jamais entendue ni étudiée) mais la perception claire et distincte de ses propres idées simples de *blanc* et de *noir*, qu'il ne peut jamais être amené à confondre, avec ou sans connaisse de cette maxime.

À cet enfant ou à n'importe qui ayant l'idée qu'il appelle *homme*, vous ne pouvez jamais démontrer qu'un *homme* a une âme, parce que son idée d'homme n'en inclut aucune conception, aucune idée. Et donc pour lui, le principe *Ce qui est est* ne prouve pas ce point : il dépend du rassemblement et de l'observation par lesquels il va construire son idée complexe appelée *homme*.

§ 17

2) Un autre qui a poussé plus loin le rassemblement et la formation de l'idée appelée *homme*, et qui ajoute à la forme extérieure *rire* et *discours rationnel*, peut démontrer, par cette maxime *Il est impossible pour la même chose d'être et de ne pas être*, que les nouveaux nés et les *imbéciles*[1] ne sont pas des hommes. Et j'ai discuté avec des gens très raisonnables qui ont effectivement nié que ce soient des *hommes*.

§ 18

3) Il se peut qu'un autre constitue l'idée complexe qu'il appelle *homme* uniquement des idées de corps en général, des pouvoirs de parler et de raisonner, et qu'il délaisse complètement la forme extérieure : cet homme est capable de démontrer qu'un homme peut ne pas avoir de mains mais être quadrupède, puisqu'aucune de ces idées n'est incluse dans son idée d'*homme* et que tout corps ou forme extérieure où il trouve *parole* et *raison* associées est un *homme* ; il a en effet une connaissance claire de cette idée complexe et il est certain que *Ce qui est est*.

§ 19
Dans les preuves où l'on a des idées claires et distinctes,
ces maximes sont peu utiles

Aussi, bien considéré, je pense qu'on peut dire : [b]-là où les idées sont déterminées dans l'esprit et où nous leur attachons | des noms connus et stables sous ces déterminations fixées[-b],   **608**

---

b. Texte qui remplace depuis la quatrième édition : « *...où nos idées sont claires et disctinctes et les noms acceptés d'un commun accord* qui tiendront lieu de chacune des idées claires et distinctes... ».

1. *Changeling*.

là il n'y a pas grand besoin ni utilité absolue de ces maximes, afin de prouver la convenance ou la disconvenance de certaines d'entre elles. Celui qui ne peut discerner la vérité ou la fausseté de ces propositions sans le secours de ces maximes ou de semblables, n'y trouvera pas de *secours* pour le faire ; on ne peut en effet supposer qu'il connaît la vérité de ces maximes mêmes sans preuve, s'il ne peut connaître sans preuve la vérité d'autres propositions aussi évidentes par elles-mêmes qu'elles. ᶜ⁻C'est sur cette base⁻ᶜ que la vérité intuitive n'exige et n'admet aucune preuve en une partie plus qu'en une autre. Le supposer c'est supprimer le fondement de toute connaissance et de toute certitude. Et celui qui a besoin d'une preuve pour lui rendre certaine la proposition *Deux égale deux* et pour lui donner son assentiment, aura aussi besoin d'une preuve pour admettre que *Ce qui est est*. Celui qui a besoin d'une démonstration pour se convaincre que *Deux n'est pas trois*, que *Blanc n'est pas noir*, qu'*Un triangle n'est pas un cercle*, etc. ou que n'importe quelle paire d'idées déterminées ᵈ différentes ne sont pas une seule et même idée, aura aussi besoin d'une démonstration pour le convaincre qu'*Il est impossible pour la même chose d'être et de ne pas être*.

§ 20
Leur utilisation est dangereuse là où les idées sont confuses

Et, de même que ces maximes sont *de peu d'utilité* là où l'on a des idées déterminées ᵉ, de même comme je l'ai montré elles sont dangereuses là où les idées ne sont pas déterminées ᶠ ; et là où l'on utilise les mots qui ne sont pas attachés

---

c. Texte qui remplace depuis la quatrième édition : « … Et sur les mêmes bases exactement … ».

d. Terme qui remplace depuis la quatrième édition : « … claire… ».

e. Terme qui remplace depuis la quatrième édition : « …claires et distinctes … ».

f. Terme qui remplace depuis la quatrième édition : « …claires et distinctes … ».

à des idées déterminées [g], mais qui ont une signification lâche et inconstante, tenant parfois lieu d'une idée et parfois d'une autre, l'erreur et la faute s'ensuivent et ces maximes (présentées comme preuves pour établir des propositions où les termes tiennent lieu d'idées indéterminées [h]), par leur autorité, les confirment et les fixent.

g. Terme qui remplace depuis la quatrième édition : « …claires et distinctes … ».

h. Terme qui remplace depuis la quatrième édition : « …confuses et incertaines … ».

LES PROPOSITIONS TRIVIALES

§ 1
Certaines propositions n'accroissent pas la connaissance

Je laisse à d'autres le soin de considérer si les maximes dont il a été question dans le chapitre précédent ont pour la connaissance réelle l'utilité qu'on leur attribue généralement. On peut au moins, je pense, affirmer en toute confiance qu'il y a des propositions universelles qui sont certainement vraies et qui pourtant n'éclairent en rien l'entendement et n'accroissent pas la connaissance. Ce sont :

§ 2
1) *Les propositions identiques*

D'abord, toutes les propositions purement identiques. Dès le premier coup d'œil, elles se présentent manifestement sans aucun contenu informatif. Car, quand on affirme le dit [a] terme de lui-même, qu'il soit purement verbal ou qu'il contienne une idée claire et réelle, il ne nous montre rien que

---

a. Terme utilisé depuis la quatrième édition, qui remplace « ... même ... ».

nous ne connaissions auparavant avec certitude, que nous ayons construit ou reçu cette proposition.

De fait, la proposition la plus générale *Ce qui est est* peut servir parfois à montrer à quelqu'un l'absurdité dont il est coupable quand, à la suite de circonlocutions ou de termes équivoques, il nie sur un cas particulier qu'une chose soit elle-même ; personne en effet ne défiera ouvertement le sens commun au point d'affirmer des contradictions visibles et directes en termes explicites ; ou s'il le fait, chacun a le droit d'arrêter de discuter désormais avec lui. Je puis pourtant dire, je pense, que ni cette maxime traditionnelle ni aucune autre proposition identique n'enseigne rien. Certes, dans ce genre de propositions, cette grande maxime vénérée qu'on fait valoir comme le fondement de la démonstration peut être (et est de fait souvent) utilisée pour les confirmer ; pourtant tout ce qu'elle prouve se résume en rien d'autre que : le même mot peut en toute certitude être affirmé de lui-même, sans qu'on puisse douter de la vérité d'une telle proposition, et (permettez moi d'ajouter) sans aucune connaissance réelle.

§ 3

Car, à ce compte, la personne la plus ignorante, qui sait seulement construire une proposition et qui connaît ce qu'il veut dire en disant *oui* ou *non*, peut construire un million de propositions et être infailliblement certain de leur vérité, sans 610 connaître par là une seule chose dans le monde ; | par exemple *Ce qui est une âme est une âme*, ou *Une âme est une âme*, *Un Esprit est un Esprit*, *Un fétiche est un fétiche*, etc. Elles sont toutes équivalentes à la proposition : *Ce qui est est*, c'est-à-dire *Ce qui a l'existence a l'existence*, ou *Ce qui a une âme a une âme*.

Qu'est ce d'autre que s'amuser de mots ? C'est juste comme un singe qui lancerait une huître d'une main à l'autre et qui aurait pu dire, s'il avait des mots pour le dire : « L'huître de la main droite est *sujet*, l'huître de la main gauche est *prédicat* »; il aurait ainsi fait une proposition évidente par elle-même sur l'huître : *L'huître est huître* et pourtant ne serait pas devenu d'un iota plus sage ou plus savant ; cette façon de traiter la question aurait fort satisfait à la fois la faim du singe et l'entendement de l'homme ; et ils [b] auraient grandi à la fois en connaissance et en taille.

[c]Je sais qu'il y en a qui, parce que les *propositions identiques* sont évidentes, y portent un grand intérêt : ils pensent être très utiles à la philosophie en les exaltant comme si elles contenaient toute la connaissance et menaient seules l'entendement à toutes les vérités. Je reconnais avec autant d'assurance que chacun qu'elles sont vraies et évidentes ; je reconnais en outre que le fondement de toute notre connaissance réside dans la faculté de percevoir que la même idée est la même, et de la discerner de celles qui sont différentes, comme je l'ai montré dans le chapitre précédent [1].

Mais je ne vois pas en quoi cela défend de l'accusation de frivolité, l'utilisation de *propositions identiques* pour l'accroissement de la connaissance. Répétez aussi souvent que vous voulez que *La volonté est la volonté*, insistez autant que vous le jugez utile, de quelle utilité seront cette proposition, et une infinité d'autres analogues pour étendre la connaissance ? Faites autant de propositions que le permettra la masse des mots dont vous disposez, comme *Une loi est une loi*, *Une obligation est une obligation*, *Le juste est le juste*, *L'injuste est l'injuste* : est-ce que ces propositions et les semblables vous aideront jamais à vous familiariser avec l'*éthique* ou vous formeront, vous ou d'autres, à la connaissance de la *morale* ? Ceux qui ne connaissent pas (et ne connaîtront peut-être jamais) ce qui est *juste* et ce qui est *injuste* ni leurs mesures,

---

b. Coste et l'errata de la cinquième édition ajoutent ici : « ... deux ... ».

c. Jusqu'à la fin de la section, ajout depuis la quatrième édition.

1. 4.7.4 ; *cf.* aussi 2.11.1.

peuvent de façon aussi assurée construire ces propositions ainsi que toutes leurs semblables et connaître leur vérité, autant que celui qui est le mieux formé en *morale* ; mais quel avantage donne de telles propositions dans la connaissance de ce qui est nécessaire ou utile pour leur conduite ?

611 |Quelqu'un qui, pour accroître les lumières de l'entendement dans un champ de connaissance, s'occuperait de *propositions identiques* et insisterait sur des maximes telles que *La substance est la substance*, *Le corps est le corps*, *Un vide est un vide*, *Un tourbillon est un tourbillon*[1], *Un centaure est un centaure* et *Une chimère est une chimère*, etc. passerait pour s'occuper à rien de plus qu'à des trivialités. Car ces propositions et toutes leurs semblables sont également vraies, également certaines et également évidentes par elles-mêmes ; et pourtant on ne peut que les considérer comme triviales quand on les utilise comme principes d'instruction et quand on y attache de l'importance comme à des secours de la connaissance ; elles n'enseignent rien en effet, si ce n'est ce que tout être capable de discours connaît sans qu'on le lui dise, à savoir : le même terme est le même terme et la même idée est la même idée. C'est à partir de là que j'ai jusqu'ici pensé, et que je pense toujours, que proposer et inculquer de telles propositions afin de donner à l'entendement de nouvelles lumières ou de nouvelles ouvertures dans la connaissance des choses, ce n'est guère mieux que s'amuser de trivialités

Instruire est quelque chose de très différent, et celui qui voudrait ouvrir son esprit ou celui d'autrui à des vérités qu'il ne connaît pas encore, doit trouver des idées intermédiaires et les accoler dans un ordre tel que l'entendement puisse voir la convenance ou la disconvenance des idées en question[2]. Les

---

1. *Cf.* Descartes, *Principes*, 3.30 *sq.*
2. *Cf.* 4.2.3.

propositions qui le font sont instructives ; mais celles qui affirment un terme de lui-même en sont loin, et ne sont, pour soi ou pour autrui, méthode de progrès en aucune sorte de connaissance. Ce n'est pas plus un secours ici, qu'il ne serait un secours pour quelqu'un qui apprend à lire de lui apprendre les propositions telles que *Un A est un A* et *Un B est un B* ; on peut le savoir aussi bien qu'un maître d'école et ne jamais être capable de lire un mot de toute sa vie. Et quel que soit son usage de ces propositions identiques ou d'autres, elles ne l'aideront pas d'un iota dans l'art de la lecture.

Si ceux [1] qui critiquent le fait que je les appelle *propositions triviales* avaient au moins lu et pris la peine de comprendre ce que j'ai écrit ci-dessus en langage très clair, ils n'auraient pu ignorer que par *propositions identiques*, j'entends seulement celles où le même terme indiquant la même idée est affirmé de lui-même, ce que je tiens pour la signification propre de *propositions identiques*. Et à leur sujet, je pense pouvoir continuer à dire en toute sécurité que les proposer comme instructives n'est pas mieux que s'amuser de trivialités. Car personne, disposant de la raison, ne peut | les manquer quand il lui faut **612** les remarquer, ni mettre en doute leur vérité quand il les remarque.

Si l'on veut nommer *propositions identiques* celles où le même terme n'est pas affirmé de lui-même, d'autres jugeront si c'est parler plus proprement que moi. Il est au moins certain que tout ce qu'on dit de propositions qui ne sont pas *identiques* en mon sens, ne me concerne pas, ni ce que j'ai dit ; tout ce que j'ai dit a rapport aux propositions où un terme est affirmé de lui-même. Et j'aimerais voir un cas où l'on puisse utiliser ces propositions au profit de l'amélioration de la connaissance de quelqu'un. Les cas d'autre genre, quel qu'en

---

1. John Sergeant (?) : cf. *Correspondence*, lettre n° 2086.

soit l'usage, ne me concernent pas puisqu'ils ne sont pas ce que j'appelle *identiques*⁻ᶜ.

§ 4

2) Quand une partie d'une idée complexe est prédiquée du tout

2) Une autre sorte de proposition triviale : *quand une partie de l'idée complexe est prédiquée du nom du tout*, quand une part de la définition est prédiquée du mot défini. Telles sont toutes les propositions où le genre est prédiqué de l'espèce[1], ou les termes de plus grande compréhension sont prédiqués de ceux de moins grande compréhension.

Car, quelle information, quelle connaissance apportent la proposition *Le plomb est du métal*, pour un homme qui connaît l'idée complexe dont tient lieu le nom *plomb* ? Toutes les idées simples qui participent à l'idée complexe signifiée par le terme *métal* ne sont que ce qu'il comprenait et signifiait par le nom *plomb*. Il est vrai, pour quelqu'un qui connaît la signification du mot *métal* et pas celle du mot *plomb*, il est plus court d'expliquer la signification du mot *plomb* en disant que c'est un *métal*, ce qui exprime d'un coup plusieurs de ses idées simples, que de les énumérer une par une en disant que c'est un corps très *lourd*, *fusible* et *malléable*.

§ 5

Comme partie de la définition du défini

Il est également trivial de *prédiquer du terme défini, une autre partie de la définition*, ou d'affirmer du nom de la totalité de l'idée complexe une des idées simples qui constituent l'idée complexe (comme *Tout or est fusible*). Car la *fusibilité* est l'une des idées simples qui participent à la constitution de l'idée complexe dont tient lieu le son *or* ; et donc, est-ce autre chose que s'amuser avec les sons d'affirmer

---

1. *Genre* et *espèce* sont en latin dans le texte : *genus, species*.

du nom *or* ce qui est compris dans sa signification traditionnelle ?

Affirmer gravement comme une vérité d'importance que « L'or est jaune » passerait pour à peine moins que ridicule ; et je ne vois pas en quoi il est d'un iota plus pertinent de | dire **613** « Il est fusible », sauf si cette qualité ne faisait pas partie de l'idée complexe dont le mot *or* est la marque dans le discours ordinaire. Quelle instruction reçoit celui à qui on dit ce qu'on lui a déjà dit ou qu'il est supposé déjà connaître ? Car je suis supposé connaître la signification du mot qu'autrui utilise en me parlant, ou bien il doit me la dire ; et si je connais que le mot *or* tient lieu de l'idée complexe de *corps*, *jaune*, *lourd*, *fusible*, *malléable*, il ne m'instruira pas beaucoup de mettre ensuite solennellement cela en proposition et de dire gravement « Tout or est fusible ». Ces propositions peuvent seulement servir à manifester en le lui rappelant parfois, le manque de sincérité de celui qui veut s'appuyer sur la définition de ses propres termes ; mais elles n'emportent aucune connaissance si ce n'est la signification des mots, même si elle est certaine[1].

§ 6

Exemples : homme et palefroi

« Tout *homme* est un animal, ou un corps vivant » est une proposition aussi certaine que possible, mais elle n'introduit pas plus à la connaissance des choses que de dire « Un palefroi est un cheval qui marche à l'amble ou un être animé hennissant qui marche à l'amble » ; les deux portent uniquement sur la signification des mots et ne me font connaître que ceci : *corps*, *sens* et *mouvement* (ou pouvoir de sentir et de se mouvoir) sont trois des idées[d] que j'inclus toujours et

---

d. La première édition ajoutait ici : « … simples … ».

1. Littéralement : « … même s'ils sont certains ».

signifie par le mot *homme* ; et là où on ne les trouve pas assemblées, le nom *homme* n'appartient pas à la chose ; et il en est de même pour l'autre : *corps*, *sens*, et *une certaine façon d'avancer* avec *une certaine sorte de voix*, sont certaines des idées [d] que j'inclus et signifie toujours par le mot *palefroi* ; et quand il se fait qu'on ne les trouve pas assemblées, le nom *palefroi* n'appartient pas à cette chose. Il en va exactement de même, et le but est le même, quand un terme tenant lieu d'une ou plusieurs idées simples, qui constituent ensemble l'idée complexe nommée *homme*, est affirmée du terme *homme* ; supposez par exemple qu'un Latin signifie par le mot *homo* toutes les idées distinctes suivantes, unies dans un seul sujet : *corporeitas*, *sensibilitas*, *potentia se movendi*, *rationalitas*, *risibilitas* [1] ; il ne fait aucun doute qu'il pourrait affirmer universellement en toute certitude du mot *homo* une, plusieurs ou toutes ces idées ensemble ; mais il ne ferait rien d'autre que dire que le mot *homo* dans son pays incluait dans sa signification toutes ces idées. De même un chevalier de roman qui avec le mot *palefroi* signifiait les idées : *corps d'une certaine forme*, *à quatre pieds*, *doté de sens*, *de mouvement*, *marchant à l'amble*, *hennissant*, *blanc*, *habitué à porter une femme sur son dos*, pourrait aussi **614** avec la même certitude | affirmer universellement du mot *palefroi* une ou toutes ces idées ; mais il n'enseignerait ainsi rien de plus que : le mot *palefroi* dans son langage (ou dans le langage chevaleresque) tenait lieu de toutes ces idées et ne devait être appliqué à quoi que ce soit où manquait l'une de ses idées.

Mais celui qui me dira que toute chose où *sens*, *mouvement*, *raison* et *rire* seraient unis, aurait effectivement l'idée de Dieu, ou serait endormie par l'opium, ferait effectivement une proposition instructive ; car ni *avoir la notion de Dieu*, ni *être endormi*

d. La première édition ajoutait ici : « … simples … ».

1. Termes latins signifiant successivement : *homme*, *corporéité*, *sensibilité*, *pouvoir de se mouvoir*, *rationalité*, *capacité de rire*.

par l'opium ne sont contenus dans l'idée signifiée par le mot *homme* et l'on apprend donc quelque chose de plus par ces propositions que simplement ce dont tient lieu le mot *homme*. Et donc la connaissance contenue en elles est plus que *verbale*.

§ 7
Car on n'apprend ici que la signification des mots

Avant que quelqu'un ne construise une proposition, il est censé comprendre les termes qu'il y utilise ; autrement, il parle comme un perroquet, faisant seulement du bruit par imitation et formant des sons qu'il a appris d'autrui, et non comme une créature rationnelle qui les utilise comme signes des idées qu'il a dans l'esprit. L'auditeur aussi est censé comprendre les termes tels que les utilise le locuteur[1], qui autrement parle un jargon et fait un bruit incompréhensible. C'est donc s'amuser avec les mots que de construire une proposition qui, toute faite, ne contient pas plus que ce que contient un terme que l'on était censé connaître avant (comme *Un triangle a trois côtés* ou *Le safran est jaune*). Ce n'est acceptable que lorsque quelqu'un veut expliquer les termes qu'il emploie à quelqu'un qui est censé ou qui dit ne pas le comprendre ; [la proposition] *enseigne* alors *seulement la signification de ce mot et l'emploi de ce signe*.

§ 8
Mais pas de connaissance réelle

On peut ainsi connaître la vérité de deux sortes de propositions avec une certitude parfaite : la première, celle des propositions triviales qui détiennent en elles-mêmes une certitude, mais une *certitude verbale* seulement et pas instructive ; deuxièmement, on peut connaître la vérité et donc être *certain* de propositions qui affirment quelque chose d'une autre qui est une conséquence nécessaire de son idée complexe

---

1. *Cf.* 3.2.2.

précise, mais qui n'est pas contenue en elle ; comme *Pour tout triangle, les angles externes sont plus grands que chacun des angles internes opposés* : la relation de l'angle externe à chacun des angles internes opposés ne faisant pas partie de l'idée complexe signifiée par le nom *triangle*, c'est une vérité réelle qui apporte une *connaissance réelle* instructive.

615 |§ 9

Les propositions générales concernant les substances sont souvent triviales

On ᵉ⁻a peu de connaissances, voire aucune,⁻ᵉ des combinaisons d'idées simples existant ensemble dans les substances, si n'est par les sens ; on ne peut donc construire aucune proposition universelle *certaine* à leur sujet, au-delà de ce à quoi mènent les essences nominales ; mais comme, par rapport à celles qui dépendent de leur constitution réelle, cela ne dépasse pas une toute petite quantité de vérités secondaires, les *propositions* générales *construites à propos des substances, si elles sont certaines, sont pour la plupart triviales seulement* ; et si elles sont instructives, elles sont incertaines et l'on ne peut avoir aucune connaissance de leur vérité réelle, même si la constante observation et l'analogie aident le jugement quand il fait des conjectures[1]. De là vient que l'on puisse souvent rencontrer des exposés très clairs et cohérents qui cependant se réduisent à rien. Car il est clair que les noms d'êtres substantiels aussi bien que les autres, ᶠ⁻dans la mesure où une signification relative⁻ᶠ leur est attachée, peuvent en toute vérité être liés affirmativement ou négativement dans des propositions, puisque leur définition relative ᵍ leur permet

e. Texte depuis la seconde édition ; la première édition portait : « … n'a aucune connaissance … ».

f. Texte depuis la quatrième édition, qui remplace : « … ayant une signification constante et établie qui … ».

g. Terme ajouté à partir de la quatrième édition.

1. *Cf.* 4.3.29 ; 4.6.13.

d'être ainsi liés ; et les propositions constituées de tels termes peuvent avec la même clarté être déduites les unes des autres comme celles qui portent les vérités les plus réelles ; et tout ceci sans aucune connaissance de la nature ou de la réalité des choses existant à l'extérieur de nous.

Par cette méthode, on peut construire en paroles des démonstrations et des propositions indubitables et pourtant ne pas avancer d'un iota dans la connaissance de la vérité des choses ; par exemple celui qui a appris les mots suivants, avec le sens ordinaire, ʰ⁻fait de relations réciproques⁻ʰ, qui leur est attaché : *substance*, *homme*, *animal*, *forme*, *âme*, *végétative*, *sensitive*, *rationnelle*, peut construire diverses propositions indubitables sur l'âme, sans du tout connaître ce qu'est réellement l'âme [1] ; et l'on peut trouver un nombre infini de propositions, de raisonnements et de conclusions de cette sorte dans les livres de métaphysique, de théologie scolastique et de philosophie naturelle d'un certain genre, et après tout cela, en connaître aussi peu sur Dieu, sur les *Esprits* ou les *corps* qu'avant d'avoir commencé.

§ 10
Et pourquoi

Celui qui a la liberté de définir (c'est-à-dire de déterminer la signification de) ses noms de substance (ce que fait assurément chacun en les posant pour ses propres idées [2]) et construit leur signification au hasard en la tirant de sa fantaisie ou de celle des autres hommes, et non de l'examen ou de la recherche dans la nature des | choses mêmes, peut sans grande **616** difficulté démontrer [le lien d'] une idée avec l'autre, ⁱ⁻en

h. Expression ajoutée à partir de la quatrième édition.

i. Texte ajouté depuis la quatrième édition.

1. *Cf.* Les diverses sortes d'âme selon la tradition aristotélicienne, par exemple, *Traité de l'Âme*, 433 b 2-3.

2. *Cf.* 3.6.25 ; 3.11.20-25, etc.

fonction des divers rapports et des relations mutuelles qu'il
leur a attribués[-i] ; et ce faisant, quelle que soit la convenance
ou la disconvenance des choses dans leur nature propre, il n'a
besoin de s'occuper que de ses conceptions et des noms qu'il
leur a conférés ; mais par là, il n'augmente pas sa connaissance
plus que n'augmente ses richesses celui qui prend un sac de
jetons et met l'un à un endroit qu'il appelle *Livre*, un autre à
un autre endroit qu'il appelle *Shilling* et un troisième en un
troisième endroit qu'il appelle *Penny* : en agissant ainsi, il
peut sans aucun doute compter juste et additionner une grande
somme en fonction de ses jetons placés ainsi et évalués selon
son bon plaisir, sans être plus riche d'un iota et sans même
connaître ce que vaut une Livre, mais seulement que l'un est
contenu vingt fois dans l'autre et contient l'autre douze fois [1] ;
ce que peut aussi bien faire quelqu'un avec la signification des
mots, en les dotant l'un par rapport à l'autre d'une compréhension plus grande, moins grande ou égale.

§ 11
3) *Utiliser les mots de façon variée, c'est s'amuser d'eux*

Pourtant, concernant la plupart des mots utilisés dans les
discours, spécialement les discours d'argumentation ou de
controverse, il faut en outre déplorer ce qui est la pire sorte de
trivialité et qui éloigne plus encore de la certitude de la
connaissance, que l'on espère atteindre grâce à eux ou trouver
en eux : la plupart des auteurs, bien loin d'instruire sur la
nature des choses et de la faire connaître, *utilisent leurs mots
sans précision* et de façon incertaine ; d'un mot à l'autre, ils ne
font pas de déductions claires et manifestes en les utilisant
constamment avec la même signification stable ; ils ne
rendent pas leur exposé cohérent et clair (aussi peu instructif

---

1. Avant le passage au système décimal, la monnaie britannique était
divisée en Livre, Shilling et Penny (une livre valait 20 shillings et un shilling,
12 pennies).

soit-il), alors que ce ne serait pas difficile, s'ils n'avaient pas trouvé cela opportun pour masquer leur ignorance et leur opiniâtreté sous l'obscurité et la complexité des termes ; y participent peut-être aussi pour beaucoup l'étourderie et les mauvaises habitudes.

§ 12
Marques des propositions verbales : 1) *La prédication abstraite*

Pour conclure, on reconnaît *les propositions purement verbales* par les marques suivantes :

1) Toutes les propositions où deux termes abstraits sont affirmés l'un de l'autre portent uniquement sur la signification des sons. Car aucune idée abstraite ne peut être la même qu'aucune autre qu'elle-même | et donc, quand son nom **617** abstrait est affirmé de n'importe quel autre terme, il ne peut pas signifier plus que ceci : *Il peut ou doit être appelé de ce nom*, ou *Les deux noms signifient la même idée*. Ainsi dirait-on : « La parcimonie est frugalité », « La gratitude est justice », « Telle ou telle action est ou n'est pas de la *tempérance* ». Aussi plausibles que puissent sembler à première vue ces propositions et leurs semblables, quand on les examine de près avec soin, on verra qu'elles se réduisent à rien de plus qu'à la signification de leurs termes.

§ 13
2) Une partie de la définition prédiquée d'un terme

2) Toutes les *propositions où une partie de l'idée complexe* dont un terme tient lieu, *est prédiquée de ce terme, sont seulement* verbales : par exemple, dire « L'or est un métal », ou « L'or est lourd ». Ainsi, est purement verbale toute proposition où un terme de compréhension plus grande, appelé *genre*, est affirmé d'un terme subordonné ou de compréhension moins grande, appelé *espèce* [1] ou *individuel*.

---

1. *Genre* et *espèce* sont en latin dans le texte : *genus* et *species*.

Quand on aura examiné par ces deux règles les propositions qui constituent les discours que l'on trouve d'ordinaire dans les livres ou ailleurs, on verra sans doute que plus de propositions qu'on ne le croit d'habitude portent exclusivement sur les mots et ne contiennent que l'emploi et l'utilisation de ces signes.

Je crois pouvoir poser une règle infaillible : chaque fois que l'idée distincte (dont un mot tient lieu) n'est pas connue et considérée et que quelque chose non-contenu dans l'idée n'est pas affirmé ou nié d'elle, alors les pensées sont entièrement attachées aux sons ; elles ne sont capables d'atteindre aucune vérité ou aucune fausseté. Si l'on y prend garde, ceci peut sans doute nous épargner un grand nombre d'amusements et de disputes inutiles, et abréger beaucoup les peines et les errements dans la recherche de la connaissance réelle et vraie.

LA CONNAISSANCE DE L'EXISTENCE

§ 1
Les propositions générales certaines ne concernent pas l'existence

Jusqu'ici, seule a été considérée l'essence des choses : n'étant qu'une idée abstraite, elle est dans la pensée détachée par là de l'existence singulière (l'opération propre de l'esprit est, dans l'abstraction, de ne considérer une idée sous aucune existence si ce n'est celle qu'elle a dans l'entendement[1]) et ne donne donc absolument aucune connaissance de l'existence réelle.

On peut noter au passage que les *propositions universelles* dont on peut connaître avec certitude la vérité ou la fausseté ne concernent pas l'*existence*; et en outre que toutes *les affirmations ou négations singulières* qui ne seraient pas certaines si on les généralisait, concernent seulement l'existence : elles ne déclarent que l'union ou la séparation accidentelles d'idées dans les choses existantes, qui n'ont, dans leur nature abstraite, aucune union ou incompatibilité nécessaires connues.

---

1. *Cf.* 2.11.9.

§ 2
Une triple connaissance de l'existence

Mais, laissant à plus tard la considération plus étendue de la nature des propositions et des différentes formes de prédication[1], poursuivons maintenant par l'examen de la connaissance de l'*existence* et de la façon dont on la reçoit. J'affirme que l'on a connaissance de *sa propre existence* par intuition, de l'*existence de* Dieu par démonstration et des autres choses par sensation.

§ 3
La connaissance de notre existence est intuitive

Quant à *notre propre existence*, nous la percevons si simplement et si certainement qu'elle n'a pas besoin de preuve et qu'elle ne peut non plus en avoir. Car rien ne peut être plus assuré pour nous que notre propre existence. *Je pense, je raisonne, je ressens plaisir et douleur*, l'une de ces choses peut-elle être plus assurée pour moi que ma propre existence ? Si je doute de toutes les autres choses, ce doute même me fait percevoir ma propre *existence* et ne souffrira pas que j'en doute. Car si je connais que j'*éprouve de la douleur*, c'est assuré, j'ai une perception aussi certaine de ma propre existence que de l'existence de la douleur que je ressens. Ou si je connais que *je doute*, j'ai une perception aussi certaine de l'existence de la chose doutant que de cette pensée que je nomme *doute*[2]. L'expérience donc nous convainc que *nous avons une connaissance intuitive de notre propre existence*, et **619** une perception interne infaillible que | nous sommes. En tout acte de sensation, raisonnement, pensée, nous sommes conscients[3] de notre propre être ; et, sur ce point le plus haut degré de *certitude* ne fait pas défaut.

1. *Cf.* peut-être 4.15.2 ; 4.16.14 notamment.
. 2. *Cf.* Descartes, *Méditations* (2ᵉ Méditation, et 5ᵉ objection et réponse : Sur la 2ᵉ Méditation).
3. *Conscious to ourselves* ; *cf.* 1.1.3 et note.

Chapitre 10

NOTRE CONNAISSANCE
DE L'EXISTENCE DE DIEU

§ 1

Nous sommes capables de connaître avec certitude qu'il y a un Dieu

Dieu ne nous a donné aucune idée innée de Lui-même ; Il n'a imprimé dans notre esprit aucun caractère d'origine où lire Son être ; mais Il nous a donné les facultés dont notre esprit est doté et ne nous a donc pas laissés sans témoin de Lui[1]. Nous avons en effet sens, perception et raison et, aussi longtemps que nous réfléchissons sur nous[2], une preuve claire de Dieu ne peut nous faire défaut. Nous n'avons pas le droit non plus de nous plaindre de notre ignorance sur ce point important, puisqu'Il nous a magnifiquement dotés des moyens de Le découvrir et de Le connaître, autant que de besoin pour la destination de notre être et pour notre bonheur, notre intérêt majeur[3].

1. *Cf.* 1.4.12.
2. « ... as long as we carry ourselves about us ... ».
3. *Cf.* 1.4.12.

Cette vérité est la plus manifeste que découvre la raison, et, sauf erreur, son évidence est égale à la certitude mathématique ; mais elle demande néanmoins étude et attention ; l'esprit doit s'appliquer à la déduire, selon les règles, ᵃ‑d'une partie de notre connaissance intuitive‑ᵃ ; autrement, nous resterons aussi incertains et ignorants sur ce point que sur d'autres propositions qui en elles-mêmes sont capables de démonstration claire.

Pour montrer donc que ᵇ‑nous sommes capables de *connaître* (c'est-à-dire *d'être certains*‑ᵇ) *qu'il y a un DIEU* et comment nous pouvons ᶜ acquérir ᵈ‑cette certitude,‑ᵈ je pense qu'il n'est pas nécessaire d'ᵉ‑aller‑ᵉ au-delà de nous-mêmes et de la connaissance indubitable que nous avons de notre propre existence.

§ 2
L'homme connaît d'abord que lui-même est

Je pense qu'il est incontestable que *l'homme a une perception claire de son être propre* ; il connaît avec certitude qu'il existe et qu'il est quelque chose. Celui qui en est à se demander s'il est quelque chose ou non, je ne lui parle pas, pas plus que je ne discuterais avec un pur rien ou que je ne tenterais de convaincre le Néant qu'il est quelque chose[1]. Si quelqu'un prétend être suffisamment sceptique pour nier sa

---

a. Texte inséré depuis la deuxième édition ; il remplace : « ... de parties irréfutables de notre connaissance ».

b. Texte inséré depuis la deuxième édition ; il remplace : « ... *nous sommes capables de connaître,* de connaître *avec certitude* ... ».

c. Terme inséré depuis la deuxième édition.

d. Texte inséré depuis la deuxième édition ; il remplace : « ... celle-ci, ... ».

e. Texte inséré depuis la deuxième édition ; il remplace : « ... regarder ... ».

1. *Cf.* 4.11.3.

propre existence (car | en douter réellement est manifestement impossible), laissez le, je vous prie, jouir du bonheur chéri **620** d'être rien, jusqu'à ce que la faim ou quelqu'autre douleur le convainque du contraire [1]. Voici donc ce que je pense pouvoir prendre pour vérité assurée par la connaissance certaine de chacun, dépassant sa liberté de douter : il est quelque chose qui existe effectivement.

§ 3
Il connaît aussi que rien ne peut produire un être,
et donc il existe quelque chose d'éternel

Ensuite, l'homme connaît en outre, par certitude intuitive, que le pur *rien ne peut produire aucun être réel* [2], *pas plus qu'il ne peut être égal à deux angles droit.* Si un homme ne connaît pas que le néant, ou l'absence de tout être, ne peut être égal à deux angles droit, il est impossible qu'il connaisse aucune démonstration d'Euclide. Si donc nous connaissons qu'il y a de l'être réel et que le néant ne peut en produire aucun, il est évident par démonstration que, de toute éternité, il y a eu quelque chose. En effet, ce qui n'était pas de toute éternité a eu un commencement ; et ce qui a eu un commencement doit être produit par quelque chose d'autre.

§ 4
Cet être éternel doit être tout puissant

Ensuite, il est évident que ce qui a eu son être et son commencement d'un autre doit aussi avoir d'un autre tout ce qui est en son être et lui appartient. Tous ses pouvoirs doivent être reçus de la même source. Cette source éternelle de tout être doit donc aussi être source et origine de tout pouvoir ; ainsi *cet être éternel doit aussi être le plus puissant.*

---

1. *Cf.* 4.11.3.
2. Voir 4.10.15 et note.

§ 5
Et tout connaissant

En outre, l'homme trouve en lui-même *perception* et *connaissance*. Nous avançons donc d'un pas et sommes maintenant certains qu'il y a non seulement un être, mais un être intelligent et connaissant dans le monde.

Donc, ou bien il y a eu un temps sans être connaissant où la connaissance commença à être ; ou bien, au contraire, il y a eu aussi *un être connaissant de toute éternité*. Si l'on dit : « Il y a eu un temps où aucun être n'avait de connaissance, où cet être éternel était démuni de tout entendement », je réponds : « Alors il est impossible qu'il y ait jamais eu de la connaissance : il est en effet impossible que des choses totalement démunies de connaissance, agissant aveuglément et sans aucune perception, produisent un être connaissant, autant qu'il est impossible qu'un triangle fasse de lui-même trois angles plus grands que deux angles droits. Car il est contraire **621** à l'idée de matière privée de sens | qu'elle se donne à elle-même sens, perception et connaissance autant qu'il est contraire à l'idée d'un triangle qu'il se donne à lui-même des angles plus grands que deux droits ».

§ 6
Et donc Dieu

Ainsi, à partir de la considération de nous-mêmes, et de ce que l'on trouve infailliblement dans notre propre constitution, notre raison nous conduit à la connaissance de cette vérité certaine et évidente qu'*il y a un être éternel, tout-puissant et tout connaissant* (que l'on peut appeler *Dieu* si l'on veut, peu importe). La chose est évidente et, à partir de cette idée dûment considérée, tous les autres attributs que l'on doit imputer à cet être éternel seront aisément déduits [1].

---

1. *Cf.* 2.23.33 et note à 4.3.6 (5ᵉ édition, en annexe).

[f-]Si néanmoins on trouve quelqu'un assez insensé et arrogant pour faire l'hypothèse : « seul l'homme est connaissant et sage ; pourtant il est le produit de l'ignorance et du hasard purs comme tout le reste de l'univers, agi seulement par ce hasard aveugle », je le laisserai considérer à loisir la critique très rationnelle et énergique de Cicéron (*Lois*, livre 2) : « Y a-t-il plus stupidement arrogant et malvenu, pour un homme, que de penser qu'il a un esprit et un entendement en lui, et qu'il n'y a pourtant rien de tel dans l'univers extérieur ? Ou que ces choses qu'il peut à peine comprendre dans l'extrême déploiement de sa raison, soient mues et gouvernées sans aucune raison »[-f1].

À partir de ce qui vient d'être dit, il est pour moi clair que notre connaissance de l'existence de Dieu est plus certaine que celle de tout ce que nos sens ne nous ont pas immédiatement découvert. Je crois pouvoir même dire que nous connaissons avec plus de certitude qu'il y a un Dieu, que nous ne connaissons qu'il y a quelque chose d'autre extérieur à nous. Quand je dis « nous *connaissons* », je veux dire qu'est accessible une connaissance que nous ne pouvons manquer si nous appliquons notre esprit à ce sujet, au moins comme nous le faisons pour diverses autres recherches.

f. Texte inséré depuis la deuxième édition, sauf la traduction anglaise de la citation, insérée depuis la quatrième édition.

1. *Lois*, 2.VII. 16. Texte latin donné par Locke après le texte anglais : « *Quid est enim verius, quam neminem esse oportere tam stultè arrogantem, ut in se mentem et rationem putet inesse, in cœlo mundoque non putet ? Aut ea quæ vix summâ ingenii ratione comprehendat, nullâ ratione moveri putet ?* » ; voir la suite du passage, conforme à la thèse de Locke, notamment dans ses conséquences politiques.

§ 7

Notre idée d'un être infiniment parfait n'est pas la seule preuve d'un Dieu

À quel point l'idée d'un être infiniment parfait qu'un homme peut former en son esprit prouve ou ne prouve pas l'*existence d'un* Dieu, je ne l'examinerai pas ici. Car, avec des gens qui diffèrent par leur tempérament et leur façon de **622** penser, certains arguments ont plus de poids | que d'autres dans l'établissement de la même vérité. Pourtant, je pense pouvoir dire que c'est une mauvaise façon d'établir cette vérité et de faire taire les athées que de faire reposer tout le poids d'une question si importante sur le fondement suivant à lui seul : prendre le fait que certains ont dans l'esprit l'idée de Dieu (car il est évident que certains n'en ont aucune, certains une idée pire que s'ils n'en avaient pas, et la plupart une idée très différente[1]) et en faire la seule preuve d'une divinité ; puis, par zèle exagéré pour cette invention chérie, rejeter ou au moins chercher à affaiblir tous les autres arguments ; et, sous prétexte qu'il s'agit de preuves faibles ou fallacieuses, interdire de prêter attention aux preuves que notre propre existence ou les éléments sensibles de l'univers offrent à la pensée, si clairement et de façon si convaincante que j'estime impossible à un homme attentif d'y résister. Car je crois qu'il s'agit d'une vérité aussi claire et certaine que toute autre : « Les choses invisibles de Dieu, son pouvoir éternel et sa divinité mêmes, sont vus clairement depuis la création du monde car elles sont comprises à travers les choses qui sont faites »[2], même si notre être propre nous donne, comme je l'ai montré, une preuve évidente et incontestable de Sa divinité. Je crois que personne ne peut éviter sa force à condition d'y prêter soigneusement attention, comme à toute démonstration si composée.

1. *Cf.* 1.4.14-16.
2. *Épître aux Romains*, 1.20.

Cependant, comme il s'agit d'une vérité si fondamentale et d'une telle importance que toute religion et toute morale véritable en dépendent, je ne doute pas du pardon de mon lecteur si je reviens sur certains éléments de l'argumentation et si je m'étends un peu plus sur la question.

§ 8
Quelque chose de toute éternité

Il n'y a pas de vérité plus évidente : *quelque chose* doit être *de toute éternité*. Jamais encore je n'ai entendu parler de quelqu'un assez déraisonnable pour imaginer une contradiction aussi manifeste qu'un temps où il n'y avait absolument rien. Imaginer que le pur rien, la parfaite négation et l'absence de tout être, produisent jamais une existence réelle, c'est la plus grande de toutes les absurdités qui soit.

Il est donc inévitable que toute créature rationnelle conclue ainsi : quelque chose a existé de toute éternité. Voyons ensuite quel genre de chose ce doit être.

§ 9
Deux sortes d'êtres, les pensants et les non-pensants

L'homme ne connaît ou ne conçoit que deux sortes d'êtres dans le monde :

|1) les êtres purement matériels, démunis de sens, de **623** perception ou de pensée, comme des poils de barbe ou des rognures d'ongle ;

 2) les êtres sensibles, pensant, percevant, tels qu'on se voit soi-même ;

Si vous voulez, nous les appellerons par la suite êtres *pensants* et êtres *non-pensants* [1] ; pour notre propos actuel (sinon pour autre chose) ces termes sont peut-être meilleurs que *matériels et immatériels*.

---

1. *Cogitative and incogitative*, parfois employés parallèlement à *thinking* et *unthinking*.

§ 10

Un être non-pensant ne peut produire un être pensant

Si donc il doit y avoir quelque chose d'éternel, voyons quelle sorte d'être il doit être. Et sur ce point, il est très clair pour la raison que ce doit être un être *pensant*. Car on ne peut pas plus concevoir qu'une pure matière non-pensante produise jamais un être pensant[1] intelligent, qu'on ne peut concevoir que rien produise de soi-même de la matière[2]. Supposons un morceau de matière éternelle, petit ou grand ; on verra qu'en lui-même, il n'est capable de rien produire. Imaginons par exemple que la matière de ce caillou qui est là, soit éternelle, fortement unie, et que ses éléments soient tous ensemble totalement au repos : s'il n'y avait pas d'autre être dans le monde, ne devrait-elle pas rester éternellement ainsi, une masse morte inactive ? Est-il concevable qu'elle puisse s'ajouter à elle-même le mouvement ou produire quelque chose, puisqu'elle est purement matière. La matière donc, par sa propre force, ne peut produire en elle-même ne serait-ce que du mouvement : le mouvement qu'elle a doit ou bien être également de toute éternité, ou bien être produit et ajouté à la matière par un autre être plus puissant que la matière. La matière, c'est évident, n'a pas le pouvoir de produire le mouvement en elle-même.

Mais imaginons que le mouvement soit également éternel. La matière, *la matière non-pensante*, et le mouvement *ne pourraient* cependant *jamais produire de pensée*, quels que soient les changements qu'ils puissent produire dans la figure et la masse. Produire de la connaissance dépassera toujours le pouvoir du mouvement et de la matière, autant que produire de la matière dépasse le pouvoir du [g]*rien* ou du *néant*[g]. Et

g. Texte inséré depuis la quatrième édition ; il remplace : « ... rien ».

1. *Thinking*.
2. *Cf.* 4.3.27.

j'en appelle à la pensée de chacun : ne pouvez-vous pas concevoir aussi facilement que la matière soit produite par *rien* et que la pensée soit produite par la pure matière, avant qu'il n'y ait quelque chose comme de la pensée existante ou un être intelligent. Divisez la matière en parties aussi infimes que vous voudrez (qui peut être pour elle une sorte de spiritualisation ou de conversion en chose pensante, avons-nous tendance à penser), variez sa figure et son mouvement autant que vous le voulez : globe, cube, cône, prisme, cylindre, etc. dont le diamètre ne seront que la 1 000 000ᵉ partie d'un | *gry*◻, n'opèreront pas autrement sur les autres corps de masse **624** proportionnée, que ceux d'un pied ou d'un pouce de diamètre. Et vous pouvez espérer de façon aussi rationnelle produire du sens, de la pensée et de la connaissance en associant selon une certaine figure et un certain mouvement de grosses particules de matières, qu'en associant les plus infimes qui soient. Elles se choquent, se donnent des impulsions et résistent les unes aux autres, tout autant que les plus grosses, et c'est tout ce qu'elles peuvent faire.

Par conséquent, si l'on suppose que rien n'est premier ou éternel, la *matière* ne peut jamais commencer à être. Si l'on suppose que la pure matière sans mouvement est éternelle, le *mouvement* ne peut jamais commencer à être. Si l'on suppose

---

◻. Un *gry* est 1/10ᵉ de ligne ; la ligne, 1/10ᵉ de pouce ; le pouce, 1/10ᵉ du pied philosophique ; le pied philosophique, 1/3 de pendule dont les vibrations à la latitude de 45 degrés sont chacune égales à une seconde de temps ou 1/60ᵉ de minute. J'ai utilisé intentionnellement ici cette mesure, et ses divisions décimales accompagnées de noms, car je pense qu'il serait d'intérêt général que cela devienne la mesure commune dans le monde savant. *Ajout de Coste à la traduction de cette note :* « Cette note est de Mr Locke. Le mot *gry* est de sa façon. Il l'a inventé pour exprimer 1/10ᵉ de la ligne, mesure qui jusqu'ici n'a point eu de nom, & qu'on peut aussi bien désigner par ce mot que par quelque autre que ce soit ».

que la matière et le mouvement seuls sont premiers ou éternels, la *pensée* ne peut jamais commencer à être.

[h]-Car il est impossible de concevoir que la matière, avec ou sans mouvement ait, d'origine, en elle-même et par elle-même, sens, perception et connaissance ; c'est évident à partir du fait qu'alors sens, perception et connaissance devraient être des propriétés éternellement inséparables de la matière et de toutes ses particules.

Sans ajouter que, bien que notre conception générale ou spécifique de la matière nous fasse parler d'elle comme d'une seule chose, en fait toute la matière n'est pas une chose individuelle unique ; il n'y a pas un unique être matériel ou un corps unique, chose existante que nous connaîtrions ou concevrions[1]. Et donc si la matière était l'être éternel premier pensant, il n'y aurait pas un être unique éternel infini pensant, mais un nombre infini d'êtres éternels finis et pensants, indépendants les uns des autres, de force limitée, de pensées diverses et qui ne pourraient jamais produire l'ordre, l'harmonie et la beauté que l'on trouve dans la Nature[-h].

[i]-Ainsi, quel que soit l'*être* premier éternel, il doit être nécessairement pensant ; et[-i] ce qui est premier de toutes choses doit nécessairement contenir et avoir en acte au moins toutes les perfections qui pourront exister par la suite : il ne pourra jamais donner à un autre une perfection qu'il n'a pas, soit en acte en lui-même soit au moins à degré éminent[2] ; [j]-il en découle donc nécessairement que le premier être éternel ne peut être la matière[-j].

---

h. Texte inséré depuis la deuxième édition.

i. Texte inséré depuis la deuxième édition ; il remplace : « Tout ce qui donc est éternel doit être un être pensant, un Esprit ; … ».

j. Texte inséré depuis la deuxième édition.

1. *Cf.* 3.10.15.

2. *Cf.* Descartes, *Médiations*, III, et la tradition scolastique antérieure.

|§ 11
Donc il y a une sagesse éternelle

Si donc il est évident que *quelque chose* doit nécessairement *exister de toute éternité*, il est aussi évident que *ce quelque chose doit être* nécessairement *un être pensant*. Car il est aussi impossible que la matière non-pensante produise un être pensant, que ce rien, ou la négation de tout être, produise un être positif ou matière.

§ 12

Cette découverte de *l'existence nécessaire d'un esprit éternel* suffit à nous conduire à la connaissance de Dieu, puisqu'il en découlera que tous les autres êtres connaissants qui ont un commencement doivent dépendre de Lui et n'ont aucune autre voie de connaissance ou aucun autre champ de pouvoir que ceux qu'Il leur donne ; et donc s'Il les a faits, Il a fait aussi les éléments les moins nobles de cet univers, tous les êtres inanimés grâce auxquels son *omniscience*, sa *puissance*, sa *providence* seront établis ; et tous ses autres attributs en découleront. Pourtant, pour éclaircir un peu plus ce point, voyons quels soupçons peuvent être formés contre lui.

§ 13
Est-il ou non matériel ?

1) On dira peut-être : « Il est aussi clair que peut le rendre une démonstration : il doit y avoir un être éternel et cet être doit aussi être connaissant ; mais il ne s'ensuit pourtant pas que cet être ne puisse pas être aussi matériel ».

Admettons le ; néanmoins il s'ensuit toujours qu'il y a un Dieu. S'il y a en effet un être éternel, omniscient, omnipotent, il est certain qu'il y a un Dieu, que vous imaginiez cet être matériel ou non. Mais voici, je pense, où réside le danger et le vice de cette supposition : il n'y a pas moyen d'échapper à la démonstration qu'il y a un être éternel connaissant ; aussi les adeptes de la matière aimeraient-ils bien que cet être connaissant soit reconnu comme matériel ; aussi oublient-ils ou omettent-ils de mentionner la démonstration prouvant qu'un être connaissant éternel existe nécessairement et défendent-ils la thèse que tout est matière et ainsi nient Dieu, c'est-à-dire un être éternel pensant. Mais, ce faisant, loin d'établir leur hypothèse, ils la détruisent : s'il peut y avoir en effet, selon eux une matière éternelle sans aucun être pensant éternel, ils séparent manifestement la matière et la pensée et supposent qu'il n'y a aucune liaison nécessaire de l'une avec l'autre ; ils établissent ainsi la nécessité d'un Esprit éternel mais non celle de la matière, puisqu'il a déjà été prouvé qu'on ne peut éviter de reconnaître un être éternel pensant. Or si **626** | pensée et matière peuvent être séparés, *l'existence éternelle de la matière ne s'ensuivra pas de l'existence éternelle d'un être pensant* et il font cette supposition hors de propos.

§ 14
Il n'est pas matériel :
1) Parce que chaque particule de matière est non-pensante

Voyons maintenant comment ils admettent, eux ou les autres, que *ce premier être éternel pensant* est *matériel*.

1) Je leur demanderai s'ils estiment que toute matière, que *chaque particule de matière pense* ?

Je suppose qu'ils ne le diraient guère, car il y aurait alors autant d'êtres éternels pensants qu'il y a de particules de matière, et ainsi une infinité de dieux. Et pourtant, s'ils n'admettent pas que la matière en tant que matière, c'est-à-dire chaque particule de matière, soit aussi bien pensante qu'étendue, il leur sera aussi difficile de proposer à leur propre raison un être pensant fait de particules non-pensantes, qu'un seul être étendu fait de parties inétendues (si je peux parler ainsi).

§ 15
2) Une particule de matière seule ne peut être pensante

2) Si toute la matière ne pense pas, ma question suivante est : *un seul atome pense-t-il* ?

Cette question est aussi absurde que la précédente; car cet atome de matière devrait alors être seul éternel ou non.

S'il est seul éternel, alors lui seul, par sa pensée ou sa volonté puissantes, aurait fait tout le reste de la matière; et l'on a ainsi la création de la matière par une pensée puissante, ce que refusent les matérialistes. Car, s'ils supposent qu'un seul atome pensant a produit tout le reste de la matière, ils ne peuvent lui attribuer cette prééminence pour une raison autre que sa pensée, la seule différence supposée. Mais même en acceptant que cela se fasse d'une manière qui dépasse le concevable, cela restera de la Création, et ces gens doivent abandonner leur grande maxime : De rien, rien ne se fait[1].

Si l'on dit que tout le reste de la matière est, comme cet atome pensant, éternel, cela revient à dire quelque chose gratuitement, même si c'est moins absurde; car supposer toute matière éternelle et pourtant une petite particule dépassant infiniment tout le reste en connaissance et en pouvoir, n'a pas la moindre apparence de fondement pour la construction d'une hypothèse. Toute particule de matière peut recevoir, en tant que matière, toutes les mêmes figures et tous les mêmes mouvements que n'importe quelle autre particule; et je mets au défi quiconque d'ajouter en pensée quelque chose à l'une par rapport à l'autre.

|§ 16   627
3) *Un système de matière non-pensante ne peut être pensant*

3) Si donc, ni un atome singulier seul, ni toute la matière en tant que matière (c'est-à-dire chaque particule de matière) ne peuvent être cet être éternel pensant, seule reste la possibilité que ce soit *un certain système de matière* dûment assemblé qui est cet *être pensant éternel*. Telle est, j'imagine,

---

1. En latin dans le texte : « *Ex nihilo nihil fit* »; Principe courant en scolastique, attribué à Lucrèce, qui dit en fait : « ... Nullam rem e nihilo gigni divinitus unquam », *De rerum Natura*, I, 150 *sq.*

la conception que les gens qui tiennent à ce qu'Il soit un être matériel, risquent le plus d'avoir de Dɪᴇᴜ, conception induite facilement par l'estime qu'ils ont d'eux-mêmes et des autres hommes qu'ils considèrent comme des êtres matériels qui pensent.

Mais cette spéculation, certes plus naturelle, n'est pas moins absurde que la précédente. Car supposer que l'être pensant éternel n'est qu'une composition de particules de matière dont chacune est non-pensante, c'est attribuer toute la sagesse et la connaissance de cet être éternel à la seule *juxtaposition* des parties. Rien n'est plus absurde, car, en les assemblant de quelque façon que ce soit, on n'ajoute rien à des particules de matière non-pensantes, si ce n'est une nouvelle relation de situation, qui ne peut leur donner de pensée et de connaissance.

§ 17
Que ce soit en mouvement ou au repos

En outre, ou bien tous les éléments de ce *système corporel* sont au repos, ou bien sa pensée consiste en un certain mouvement de ses éléments.

S'il est parfaitement au repos, ce n'est qu'une masse qui ne peut avoir aucun privilège sur un atome.

Si sa pensée dépend du mouvement de ses éléments, toutes les pensées alors doivent inévitablement être accidentelles et limitées ; en effet toutes les particules qui causent la pensée par le mouvement sont, chacune en elle-même, démunies de pensée ; chacune ne peut donc régler ses propres mouvements, et encore moins être réglée par la pensée du tout, puisque cette pensée n'est pas la cause du mouvement (car il devrait alors le précéder et exister sans lui), mais sa conséquence : ce qui supprime totalement liberté, pouvoir, choix, et toute pensée ou agir sages et rationnels. Aussi un tel être pensant ne sera-t-il nullement meilleur ni plus sage que la pure matière aveugle ; en effet, tout réduire à des mouvements

accidentels et sans règles de la matière aveugle ou à de la pensée
dépendant de mouvements sans règles de la matière aveugle,
revient au même ; cela sans mentionner l'étroitesse de pensées et
de connaissance qui doivent résulter du mouvement de tels
éléments.

Mais il est inutile d'énumérer plus d'absurdités et d'im-
possibilités dans cette hypothèse que celles déjà mentionnées
(même si elle en est pleine). Supposons en effet que ce système
pensant soit ou bien tout ou bien une | partie de la matière **628**
de l'univers ; il est impossible qu'une particule quelconque
connaisse son propre mouvement ou le mouvement de toute
autre particule ; et il est impossible que le tout connaisse le
mouvement de chaque être singulier, et ainsi qu'il régule ses
propres pensées ou ses propres mouvements, ou ait vraiment
une pensée résultant de tel mouvement.

§ 18
La matière n'est pas co-éternelle à un esprit éternel

D'autres voudraient que la *matière* soit éternelle tout en
reconnaissant un être éternel, pensant, immatériel. Certes cela
ne supprime pas l'existence d'un DIEU, mais puisque cela nie
une grande part, et la première, de son œuvre, la Création,
considérons un peu cette position.

Il faut reconnaître que *la matière* est éternelle. Pourquoi ?
Parce que vous ne pouvez concevoir comment elle peut être
produite à partir de rien. Mais alors, pourquoi ne pensez vous
pas aussi que vous êtes, vous-même, éternel ? Vous répondrez
peut-être : « Parce que j'ai commencé à être il y a vingt ou
quarante ans ». Mais si je vous demande quel est ce *je* qui a
commencé alors à être, vous ne pourrez guère me le dire. La
matière dont vous êtes fait n'a pas commencé alors à être ; car
si elle a commencé, elle n'est pas éternelle : mais elle a
commencé à être assemblée en telle forme et telle structure qui
constitue votre corps. Pourtant, cette structure de particules
n'est pas vous, elle ne fait pas la chose pensante que vous

êtes ; (j'ai affaire pour le moment à quelqu'un qui accepte un être pensant éternel et immatériel, mais qui voudrait que la matière non-pensante soit également éternelle). Donc, quand cette chose pensante a-t-elle commencé à être ? Si elle n'a jamais commencé à être, alors avez-vous toujours été une chose pensante de toute éternité ? L'absurdité de cette position n'aura pas besoin d'être réfutée tant que je n'aurai pas rencontré quelqu'un assez pauvre d'esprit pour l'affirmer. Si donc vous reconnaissez qu'une chose pensante peut être faite à partir de rien (comme doivent l'être toutes les choses qui ne sont pas éternelles), pourquoi alors ne pas admettre qu'il est possible pour un être matériel d'être fait de rien, par un pouvoir équivalent ? La seule raison serait que vous avez l'expérience de l'un sous les yeux et pas de l'autre ?

Pourtant, tout bien considéré, on estimera que la création ᵏ⁻d'un Esprit ne requiert pas moins de pouvoir que la création de la matière. Peut-être même, si on se libérait des conceptions vulgaires et si on élevait ses pensées autant qu'elles le peuvent, jusqu'à une contemplation plus serrée des choses, on pourrait en venir à une conception difficile et vraisemblable[1] de la façon dont la matière a pu être faite initialement et a

k. Texte inséré depuis la deuxième édition ; il remplace : « ... de l'un aussi bien que de l'autre exige un pouvoir équivalent. Et l'on n'a pas plus de raison de protester devant l'effet de ce pouvoir dans l'un des cas que dans l'autre, parce que son processus dans les deux est également au-delà de notre compréhension. Car ... ».

1. Note linguistique de Coste : « Il y a, mot pour mot, dans l'Anglois, *nous pourrions être capables de viser à quelque* conception obscure et confuse, de la manière dont la Matière pourrait d'abord avoir été produite, etc. *we might be able to aim at some dim and seeming conception how Matter might at first be made*. Comme je n'entendois pas fort bien ces mots, *dim and seeming conception*, que je n'entends pas bien encore, je mis à sa place *quoique d'une manière imparfaite* : traduction un peu libre que Mr Locke ne désaprouva point, parce que dans le fond elle rend assez bien sa pensée ».

commencé à exister par le pouvoir de ce | premier être éternel. **629**
Mais on trouverait que donner le commencement et l'être à un
Esprit serait un effet plus inconcevable d'un pouvoir omnipotent [1]. Pourtant cela nous mènerait sans doute trop loin des
conceptions sur lesquelles la philosophie du monde actuel est
construite, et il ne serait pas pardonnable de s'en éloigner
autant, ou de chercher, dans la mesure où la grammaire même
l'autorise, si l'opinion commune établie s'y oppose ; spécialement en notre région, où la doctrine traditionnelle sert
suffisamment bien notre propos et pose comme indubitable
que[-k] la Création ou le commencement de n'importe quelle
SUBSTANCE [1] à partir de rien une fois admise, la Création de
tout le reste, CRÉATEUR excepté, peut être supposée avec la
même facilité.

---

1. Terme inséré depuis la deuxième édition ; il remplace : « … chose … ».

1. Note de Coste (2ᵉ édition, 1729, complétée en 1735) ; après avoir dit
que Locke ne lui avait pas lui-même révélé quelle était cette théorie, il
ajoute : « Enfin long-temps après sa mort, Mr le Chevalier *Newton* … me
découvrit tout le mystère. Souriant, il me dit d'abord que c'étoit lui-même qui
avoit imaginé cette manière d'expliquer la création de la Matière, que la
pensée lui en était venue dans l'esprit un jour qu'il vint à tomber sur cette
question avec Mr Locke & un Seigneur Anglois (Le feu comte de *Pembroke*,
mort en 1733). Et voici comment il leur expliqua sa pensée : *On pourroit,* dit-
il, *se former en quelque manière une idée de la création de la Matière, en
supposant que Dieu eût empêché par sa puissance que rien ne pût entrer dans
une certaine portion de l'Espace pur, qui de sa nature est pénétrable, éternel,
nécessaire, infini ; car dès-là cette portion d'Espace auroit l'impénétrabilité,
l'une des qualités essentielles à la Matière : & comme l'Espace pur est
absolument uniforme, on n'a qu'à supposer que Dieu auroit communiqué
cette espèce d'impénétrabilité à une autre pareille portion de l'Espace, &
cela nous donnerait en quelque sorte une idée de la mobilité de la Matière,
autre qualité qui lui est aussi très essentielle* ». Coste fait suivre ce rapport
d'une critique personnelle : « … la puissance de Dieu peut empêcher que
rien n'entre dans une certaine portion d'Espace, mais elle ne change point
par là la nature de cette portion d'Espace … ».

§ 19

Mais, direz-vous : « N'est-il pas impossible d'admettre que *quelque chose soit fait à partir de rien*, puisqu'il n'est pas possible de le concevoir ? ».

Je réponds : non ;

1) Parce qu'il n'est pas raisonnable de nier le pouvoir d'un être infini sous prétexte qu'on ne peut comprendre ses opérations. On ne nie pas d'autres effets selon ce principe sous prétexte qu'on ne peut pas comprendre la manière dont ils sont produits. Nous ne pouvons pas concevoir comment ᵐ⁻quelque chose d'autre que l'impulsion d'un corps⁻ᵐ peut mouvoir un corps, et pourtant ce n'est pas une raison suffisante pour nier que ce soit possible à l'encontre de l'expérience constante que nous en avons eu : tous nos mouvements volontaires produits en nous par ⁿ⁻l'action ou la pensée libre seule⁻ⁿ de notre esprit ; ce ne sont pas, et ne peuvent pas être, l'effet de l'impulsion ou de la détermination de la matière aveugle dans notre corps ou sur lui ; car il ne pourrait alors être en notre pouvoir ou de notre choix de les modifier. Par exemple ; ma main droite écrit pendant que ma main gauche est immobile : qu'est-ce qui cause l'immobilité de l'une et le mouvement de l'autre ? Rien, si ce n'est ma volonté, une pensée de mon esprit ; il suffit que ma pensée change : ma main droite est immobile et la main gauche bouge ; c'est un fait qui ne peut être nié. Expliquez cela, rendez le compréhensible, et l'étape suivante sera de comprendre la Création. ᵒ⁻Car donner une nouvelle détermination au mouvement des esprits animaux (ce à quoi certains font appel pour expliquer le

---

m. Texte inséré depuis la deuxième édition ; il remplace : « … la pensée (ou quelque chose d'autre que le mouvement dans le corps) … ».

n. Texte inséré depuis la quatrième édition ; il remplace : « … les pensées libres seules … ».

o. Texte inséré depuis la deuxième édition.

mouvement volontaire [1]) ne résout pas la difficulté d'un iota. Changer la détermination du mouvement n'est en l'occurrence ni plus ni moins facile que de donner le mouvement même. Puisque la nouvelle détermination donnée aux esprits-animaux doit se faire soit immédiatement par la pensée, soit par l'interposition par la pensée d'un autre corps qui n'y était pas auparavant, | elle doit aussi son mouvement à la pensée ; chacune **630** des deux solutions laisse le mouvement volontaire aussi inintelligible qu'avant⁻º.

[2] D'ailleurs, c'est se surévaluer que de tout réduire à l'étroite mesure de nos capacités et de conclure qu'il est impossible de faire tout ce dont la production dépasse la compréhension. C'est rendre notre compréhension infinie, ou Dieu fini, que de limiter ce qu'il peut faire à ce que nous pouvons en concevoir. Si vous ne comprenez pas les opérations de votre propre esprit fini, cette chose pensante qui vous est intérieure, n'estimez pas étrange que vous ne puissiez comprendre les opérations de cet esprit infini éternel, qui a fait et gouverne toutes choses et que les Cieux des Cieux ne peuvent contenir [2].

1. *Cf.* peut-être Descartes, *Traité de l'homme*, A.T. VI, p. 131-132.
2. Cf. *1 Rois* 8, 27.

CHAPITRE 11

LA CONNAISSANCE DE L'EXISTENCE
DES AUTRES CHOSES

§ 1
Elle ne peut être obtenue que par sensation

La connaissance de notre être propre, nous l'avons par intuition ; l'existence d'un DIEU, c'est la raison qui nous la fait connaître clairement, on vient de le montrer.

La *connaissance de l'existence* de toute autre chose, nous ne pouvons l'avoir que par *sensation*. Car il n'y a aucun liaison nécessaire entre l'*existence réelle* et toute idée mémorisée, et aucune entre l'existence d'un homme particulier et toute autre existence (exceptée celle de DIEU). Aucun homme particulier ne peut donc connaître l'*existence* d'un autre être, sauf quand ce dernier agit effectivement sur lui et se fait percevoir. Car avoir dans l'esprit l'idée d'une chose ne prouve pas plus l'existence de cette chose que l'image d'un homme ne manifeste son être dans le monde, ni que les visions d'un rêve ne constituent une histoire véritable.

§ 2

Exemple : la blancheur de ce papier

Recevoir effectivement des idées de l'extérieur, c'est donc ce qui nous informe de l'*existence* des autres choses et qui nous fait connaître l'existence présente de quelque chose en dehors de nous produisant cette idée en nous, même si nous ne savons peut-être pas ou ne considérons pas comment cela se fait. Car cela ne réduit pas la certitude des sens et des idées **631** qu'on en reçoit, de ne pas connaître la façon dont | elles sont produites.

Par exemple, tandis que j'écris ceci, l'idée que je nomme *blanc* est produite en mon esprit par le papier qui affecte mes yeux, quel que soit l'objet qui la cause ; par elle, je connais que cette qualité ou accident (c'est-à-dire ce dont la manifestation devant mes yeux cause toujours cette idée) existe réellement et qu'elle a un être en dehors de moi. Et de cela, la plus grande assurance[1] que je puisse sans doute avoir, à laquelle mes facultés puissent parvenir, c'est le témoignage de mes yeux, seuls juges appropriés de la chose ; et ce témoignage auquel j'ai raison de me fier est si certain que, tandis que j'écris ceci, je ne peux pas douter que je vois du blanc et du noir et que quelque chose existe réellement, causant en moi cette sensation, pas plus que je ne peux douter que j'écris et que je bouge ma main ; certitude égale à ce que peut atteindre la nature humaine à propos de l'existence de quoi que ce soit, l'existence de lui-même et de Dieu seuls exceptés[2].

---

1. Coste traduit *certitude*.
2. Texte proche en *Draft B*, § 35.

§ 3

Bien que cela ne soit pas aussi certain que la démonstration, on peut l'appeler
connaissance et cela prouve l'existence de chose en dehors de nous

L'information acquise par nos sens sur l'existence des
choses en dehors de nous n'est certes pas tout à fait aussi
certaine que la connaissance intuitive ou que les déductions de
la raison appliquées aux claires idées abstraites de notre propre
esprit; c'est pourtant une assurance qui *mérite le nom de*
connaissance. Si nous sommes convaincus que nos facultés
agissent et nous informent correctement de l'existence des
objets qui les affectent, ce ne peut passer pour une confiance
mal fondée; car personne, je pense, ne peut sérieusement être
sceptique au point de demeurer dans l'incertitude sur l'existence des choses qu'il voit et sent. Pour le moins, celui qui
pousse le doute si loin (quoiqu'il puisse soutenir concernant
ses propres pensées[1]) n'aura jamais de débat avec moi
puisqu'il ne sera jamais sûr que je dis quelque chose de
contraire à ses opinions[2].

Quant à moi, je pense que Dieu m'a suffisamment assuré
de l'existence des choses en dehors de moi, puisqu'en les
utilisant différemment, je peux produire en moi aussi bien du
plaisir que de la douleur, ce qui est d'un grand intérêt en mon
état actuel.

Ce qui est certain, c'est que la confiance que nos facultés
ne se trompent pas ici, est la plus grande assurance dont nous
soyons capables à propos de l'existence des êtres matériels.
Car nous ne pouvons rien faire si ce n'est par nos facultés, ni
parler de la connaissance elle-même sans l'aide de ces facultés
faites pour appréhender même ce qu'est la connaissance.

Mais, en dehors de l'assurance que nous avons par | nos **632**
sens mêmes qu'ils ne nous trompent pas dans l'information

---

1. *Cf.* 4.10.2.
2. *Cf.* 4.10.2.

qu'ils nous donnent sur l'existence de choses hors de nous, quand ils sont affectés par elles, nous sommes en outre confortés dans cette assurance par d'autres raisons qui vont dans le même sens [1].

§ 4

1) *Parce que nous ne pouvons pas les avoir sauf par l'entrée des sens*

1) Il est clair que ces perceptions sont produites en nous par des causes extérieures affectant nos sens, puisque *ceux à qui font défaut les organes d'un sens ne peuvent jamais obtenir que les idées appartenant à ce sens soient produites dans leur esprit.* C'est trop évident pour qu'on en doute ; on ne peut donc qu'être assuré de leur entrée par les organes de ce sens et par aucune autre voie. Les organes eux-mêmes, c'est clair, ne les produisent pas : autrement les yeux de quelqu'un dans le noir produiraient de la couleur et son nez sentirait des roses en hiver ; jamais on ne voit quelqu'un avoir le goût de l'ananas avant d'aller dans les Indes où il y en a, et d'en goûter.

§ 5

Parce qu'une idée d'une sensation effective
et une autre de la mémoire sont des perceptions très distinctes

2) Parce que *parfois j'éprouve que je ne peux pas empêcher que ces idées soient produites en mon esprit.* Certes, quand mes yeux et les rideaux sont fermés, je peux à volonté me ressouvenir des idées de *lumière* ou de *soleil* [a-]que des sensations antérieures avaient[-a] installées dans ma mémoire ; ainsi, puis-je à volonté abandonner cette idée et me fixer sur celle de l'*odeur* d'une rose ou le *goût* d'un sucre. Mais si à midi je tourne les yeux vers le soleil, je ne peux éviter les idées que la lumière ou le soleil produisent en moi. Ainsi,

a. Texte inséré depuis la deuxième édition ; il remplace : « ... qu'une expérience antérieure avait ... ».

1. *Cf.* 4.2.14. Les deux dernières phrases : parallèles en *Draft B*, § 36.

existe-t-il une différence manifeste entre les idées déposées dans la mémoire (si elles n'étaient que là, j'aurais constamment le même pouvoir d'en disposer, de les écarter à volonté) et celles qui pénètrent en force et que je ne peux éviter d'avoir. Ce doit donc être une cause extérieure et l'agir énergique d'objets extérieurs dont je ne peux fuir l'efficace, qui produisent ces idées dans mon esprit, que je le veuille ou non. En outre, il n'y a personne qui ne perçoive en lui la différence entre considérer le soleil quand il en a l'idée dans la mémoire et le regarder effectivement ; deux choses dont la perception est si distincte en son esprit que peu d'idées peuvent être mieux distinguées l'une de l'autre. Et donc, il a une connaissance certaine qu'elles ne sont pas toutes deux des souvenirs, ou des actions de son esprit et des imaginations internes seulement, mais que cette vision effective a une cause extérieure.

|§ 6   **633**

3) Le plaisir ou la douleur qui accompagne la sensation effective
n'accompagne pas le retour de ces idées sans les objets extérieurs

3) Ajoutez à cela que *nombre de ces idées se produisent douloureusement et que l'on s'en souvient sans le moindre déplaisir*[1]. Ainsi la douleur provoquée par le chaud ou le froid : son souvenir n'engendre aucune gêne, alors que la douleur était très pénible quand on l'a sentie et qu'elle l'est à nouveau quand elle se répète vraiment sous l'effet du désordre engendré dans le corps par l'objet extérieur qui le touche. Et l'on se souvient de la douleur de la *faim*, de la *soif*, et du *mal de tête* sans aucune douleur ; or elles ne nous incommoderaient jamais ou elles le feraient constamment dès que nous y pensons, si elles n'étaient que des idées flottant dans l'esprit et des manifestations occupant notre imagination, sans l'existence réelle des choses nous

---

1. Comparer avec 2.33.7-8.

affectant de l'extérieur. [b]On peut dire la même chose du plaisir accompagnant des sensations effectives[-b].

Bien que les démonstrations mathématiques ne dépendent pas des sens, les examiner par des figures c'est accorder un grand poids à la garantie de la vue et lui attribuer semble-t-il une certitude approchant celle de la démonstration même. Car il serait très étrange que quelqu'un accorde comme vérité indéniable que deux angles d'une figure mesurés par les lignes et les angles d'une figure soient plus grands l'un que l'autre, et qu'il doute néanmoins de l'existence de ces lignes[1] et angles qu'il utilise comme mesures en les regardant.

§ 7

4) Nos sens s'aident l'un l'autre dans le témoignage
sur l'existence des choses extérieures

4) Nos sens en de nombreux cas *témoignent* de la vérité des informations fournies par les autres sens, concernant l'existence des choses sensibles hors de nous. Celui qui voit un *feu* et se demande si c'est plus qu'une simple imagination, peut aussi le sentir et s'en convaincre en y mettant la main ; jamais une pure idée ou une pure illusion (sauf si la douleur elle aussi était une illusion) ne pourrait provoquer une douleur aussi forte ; et pourtant, une fois la brûlure guérie, il ne peut la revivre en en suscitant l'idée.

Ainsi, en écrivant ceci, je vois que je peux changer l'apparence du papier et, en traçant les lettres, dire d'avance quelle nouvelle idée il exhibera immédiatement après, du seul fait de quelques traits de ma plume ; et l'idée ne paraîtra pas (quoi que j'imagine) si ma main demeure fixe ou si je bouge **634** ma plume les yeux | fermés ; et une fois les caractères tracés sur le papier, je ne peux par la suite que les voir tels qu'ils sont,

b. Texte ajouté depuis la quatrième édition.

1. Texte parallèle aux § 5 et 6 en *Draft B*, § 37.

c'est-à-dire avoir l'idée des lettres que j'ai tracées. Ce n'est donc manifestement pas le simple exercice gratuit de mon imagination qui me fait voir que les caractères tracés au gré de mes pensées ne leur obéissent pas, ne cessent pas d'exister quand je l'imagine, mais continuent à affecter mes sens avec constance et régularité selon la figure que je leur ai donnée. Et si j'ajoute que la vue de ces caractères tirera de quelqu'un d'autre les sons que j'avais prévus en les traçant, il restera peu de raisons de douter que ces mots que j'écris existent réellement hors de moi, alors qu'ils produisent une longue série de sons réglés pour affecter mes oreilles, ce qui ne peut être l'effet de mon imagination et que ma mémoire ne pourrait retenir en cet ordre [1].

§ 8
Cette certitude est aussi grande que le nécessite notre condition

Pourtant, si après tout cela quelqu'un demeure assez sceptique pour se défier de ses sens et affirmer que tout ce que l'on voit et entend, sent et goûte, pense et fait durant toute la vie, n'est que la suite d'apparences trompeuses d'un long rêve qui n'a aucune réalité, s'il met donc en question l'existence de toute chose ou notre connaissance de quoi que ce soit, je désire qu'il considère que si tout est rêve, alors il ne fait que rêver qu'il pose cette question ; aussi, peu importe qu'un homme éveillé lui réponde.

Pourtant s'il veut, il peut rêver que je lui fais cette réponse : quand on a *le témoignage des sens* en leur faveur, la *certitude des* choses existant *dans la nature des choses* [2], est non seulement *aussi grande* que notre constitution le permet, mais *que le nécessite notre condition*. Car nos facultés ne sont pas adaptées à l'entier domaine de l'être ni à une connaissance

---

1. Texte parallèle à la section 7 en *Draft B*, § 38
2. En latin dans le texte : *in rerum Naturâ.*

parfaite, claire, étendue des choses, à une connaissance libre de tout doute et de toute réserve, mais à la conservation de l'être (nous) en qui elles sont et aux usages de la vie. Elles servent suffisamment bien à notre finalité si elles se contentent de donner un certain savoir des choses qui nous sont utiles ou non [1].

Car quelqu'un qui voit une bougie brûlante et a expérimenté la force de sa flamme en y mettant le doigt ne mettra pas vraiment en doute que c'est quelque chose extérieur à lui qui le blesse et lui provoque une grande douleur ; assurance suffisante quand personne n'exige, comme règle dans ses **635** actions, une certitude | plus grande que celle de ses actions elles-mêmes. Et si notre rêveur veut bien tester, en y mettant la main, si la chaleur incandescente d'un four est une pure imagination égarée d'un homme endormi, il sera peut-être éveillé à une plus grande certitude qu'il ne le veut, quelque chose de plus que la pure imagination. Ainsi, cette évidence est-elle aussi grande que nous le désirons, puisqu'elle est aussi certaine pour nous que notre plaisir ou notre douleur (le bonheur ou le malheur), au-delà desquels nous n'avons aucun intérêt, que ce soit de connaissance ou d'existence [2]. Une telle assurance de l'existence des choses hors de nous suffit pour nous diriger dans la recherche du bien et la fuite du mal qu'elles produisent ; d'où le grand intérêt qu'il y a à se familiariser avec elles.

§ 9
Mais elle ne va pas plus loin que la sensation effective

Pour conclure donc, quand les sens introduisent dans l'entendement une idée, on ᶜ⁻ne peut qu'être convaincu⁻ᶜ que

---

c. Depuis la quatrième édition remplace : « … est bien assuré … ».

1. *Cf.* 2.2.3 ; 2.32.14 ; 4.4.4 ; 4.20.3.
2. Texte parallèle en § 8, en *Draft B*, § 39.

quelque chose existe effectivement à ce moment en dehors de nous, qui affecte nos sens, qui par leur intermédiaire informe nos facultés perceptives de son existence, puis qui produit effectivement cette idée que nous percevons alors [1]. Et nous ne pouvons nous défier de leur témoignage jusqu'à mettre en doute que ces collections d'idées simples dont les sens ont observé l'unité, existent réellement ensemble.

Mais *cette connaissance s'étend aussi loin que le témoignage présent des sens* appliqué à des objets singuliers qui les affectent, *et pas au-delà*. Car si je vois une collection d'idées simples, habituellement nommée *homme*, exister ensemble depuis une minute et si je suis seul ensuite, je ne peux plus être certain que le même homme existe maintenant, puisqu'il n'y a pas de liaison nécessaire entre son existence il y a une minute et son existence actuelle : de mille manières, il peut avoir cessé de vivre depuis que j'ai eu le témoignage de son existence par mes sens. Et si je ne peux être certain[d] que l'homme que j'ai vu en dernier aujourd'hui est maintenant en vie, je peux encore moins être certain[d] qu'est en vie celui qui a été plus longtemps éloigné de ma vue et que je n'ai pas vu depuis hier ou depuis l'an dernier, et encore moins serai-je certain[d] de l'existence de gens que je n'ai jamais vus. Et donc, bien qu'il soit hautement probable que des millions de gens existent actuellement, pendant que j'écris ceci seul, [e]je n'en ai pas cette certitude nommée connaissance au sens strict[e], même si la | grande vraisemblance me rend indubitable et **636** raisonnable l'action en plusieurs domaines, sur la foi de l'existence de ces gens (ainsi que des personnes familières

---

d. Mot que remplace *sûr* depuis la quatrième édition.

e. Texte inséré depuis la cinquième édition ; il remplace : « ... je n'en ai aucune connaissance indubitable... ».

1. Texte parallèle en § 9, en *Draft B*, § 40.

auxquels j'ai affaire) actuellement dans le monde. Mais ceci n'est que probabilité, et pas connaissance [1].

§ 10
C'est folie d'espérer de la démonstration en toute chose

À partir là, on peut mesurer la folie et la vanité d'un homme à la connaissance limitée à qui la raison est donnée pour juger de la différence entre l'évidence et la probabilité des choses et pour se diriger d'après elle : *il espère une démonstration* et une certitude *en des questions où elles sont impossibles* ; il refuse l'assentiment à des propositions très rationnelles ; il agit contrairement à des vérités très claires et très manifestes, sous prétexte qu'elles ne peuvent être dégagées avec une évidence suffisante pour surmonter (je ne dis pas la moindre raison mais) le moindre prétexte de doute. Celui qui n'admettrait dans les affaires courantes de la vie que la démonstration directe et manifeste ne serait sûr de rien dans ce monde si ce n'est de périr rapidement : la qualité de sa nourriture ou de sa boisson [f-]ne lui donnerait pas de raisons pour[-f] s'y risquer, et j'aimerais savoir ce qu'il pourrait faire sur de telles bases qui ne soit pas objet de doutes ou d'objections.

§ 11
L'existence passée est connue par la mémoire

Lorsque les sens sont effectivement utilisés sur un objet, on connaît qu'il existe vraiment ; de même, *par la mémoire*, on peut être assuré que les choses qui ont auparavant affecté les sens ont existé. Ainsi *avons-nous connaissance de l'existence passée* de diverses choses dont les sens nous ont informés et dont la mémoire retient les idées ; et de cela, nous ne

---

f. Texte inséré depuis la quatrième édition ; il remplace : « … ne serait guère capable de certitude suffisante pour … ».

1. Paragraphe parallèle à *Draft B*, § 93.

pouvons douter tant que nous nous en souvenons correctement. Mais cette connaissance ne dépasse pas non plus ce dont nos sens nous ont autrefois assuré [1].

Ainsi, parce que je vois de l'eau à l'instant, c'est pour moi une vérité indubitable que l'eau existe vraiment; et, parce que je me souviens en avoir vu hier, ce sera également toujours vrai; aussi longtemps que ma mémoire le retiendra, ce sera pour moi une proposition irréfutable que de l'eau a existé le 10 juillet 1688 [g]. Et il sera aussi également vrai qu'un certain nombre de très belles couleurs que j'ai vues au même moment sur un bulle de cette eau ont vraiment existé; mais comme cette eau aussi bien que ces bulles sont maintenant complètement invisibles, je ne connais pas avec plus de certitude l'existence effective de l'eau maintenant | que celle des bulles **637** ou des couleurs en elle. Il n'est pas nécessaire en effet que l'eau existe aujourd'hui parce qu'elle a existé hier, pas plus qu'il n'est nécessaire qu'existent aujourd'hui sous prétexte qu'elles ont existé hier les couleurs ou les bulles, même s'il est infiniment plus probable que l'eau existe encore, parce que l'on a remarqué qu'elle persévère longuement dans l'existence alors que les bulles et les couleurs en elles disparaissent rapidement.

§ 12
L'existence des Esprits n'est pas connaissable

J'ai déjà montré quelles idées l'on a des Esprits et comment on les acquiert [2]. Mais bien que l'on ait ces idées dans l'esprit et que l'on connaisse qu'elles y sont, avoir l'idée d'Esprits ne nous fait pas *connaître* que de telles choses

g. Note de Coste : « C'est en ce tems-là que Mr *Locke* écrivoit ceci ».

1. Paragraphe parallèle à *Draft B*, § 40 et 94.
2. 2.23.5, 15, 36; 3.6.11-12; la suite du paragraphe a un parallèle en *Draft B*, § 94.

existent hors de nous, ou *qu'il y ait aucun Esprit fini* ou aucun autre être spirituel en dehors du Dᴇᴜ éternel. On a un fondement dans la Révélation et plusieurs autres raisons pour croire avec assurance qu'il y a de telles créatures ; mais les sens ne sont pas capables de les découvrir, et donc les moyens de connaître leur existence singulière fait défaut. Car on ne peut pas plus connaître qu'il y a des Esprits finis existant réellement par l'idée que l'on dans l'esprit de tels êtres, que l'on ne parvient à connaître par l'idée que l'on a des fées ou des centaures, que des choses répondant à ces idées existent réellement.

Et donc pour l'existence des Esprits finis, aussi bien que pour plusieurs autres choses, on doit se contenter de l'évidence de la foi ; mais sur cette question, des propositions certaines universelles sont hors de portée. Car, aussi vrai soit-il par exemple que tous les Esprits intelligents que Dᴇᴜ ait jamais créés, existent toujours effectivement, cela ne peut cependant pas faire partie de notre connaissance certaine. Ces propositions et leurs semblables, nous pouvons leur donner assentiment comme hautement probables ; mais, en l'état ou nous sommes maintenant, nous ne sommes pas, je le crains, capables de les connaître. Il ne faut donc pas exiger d'autrui des démonstrations ni se mettre soi-même en recherche de certitude universelle, en toutes ces questions où l'on n'est capable d'aucune autre connaissance que celle donnée par les sens en tel ou tel cas singulier.

§ 13
Les propositions singulières concernant l'existence sont connaissables

D'où il est apparaît qu'il y a deux sortes de *propositions* :

ʰ-1) Il y a une sorte de *propositions*⁻ʰ concernant l'*existence* de quelque chose correspondant à telle idée ; par

h. Texte inséré depuis la quatrième édition ; il remplace : « … L'une … ».

exemple, ayant à l'esprit l'idée d'un *éléphant*, d'un *phénix*, du *mouvement* ou d'un *ange*, la première question naturelle est : « Une telle chose existe-t-elle quelque part ? » et cette | connaissance porte seulement sur des *singuliers*. L'existence **638** de quoi que ce soit hors de nous, sauf celle de D<small>IEU</small>, ne peut être connue avec certitude au-delà de l'information reçue des sens.

2)[i] Il y a une autre sorte de *propositions*, où est exprimée la convenance ou la disconvenance des idées abstraites et leur dépendance réciproque. De telles propositions peuvent être *universelles* et certaines. Ainsi, ayant l'idée de D<small>IEU</small> et de mon moi, de peur et d'obéissance, je ne peux qu'être sûr que je dois craindre D<small>IEU</small> et Lui obéir. Et cette proposition sera certaine pour l'*homme* en général si j'ai constitué une idée abstraite d'une telle espèce, dont je suis un membre singulier. Pourtant la proposition *Les hommes doivent craindre D<small>IEU</small> et Lui obéir*, quelle que soit sa certitude, ne me prouve pas l'existence des hommes dans le monde, mais elle sera vraie de toute créature telle qui existera. Et la *certitude* de telles propositions générales dépend de la convenance ou de la disconvenance que l'on peut découvrir entre ces idées abstraites[1].

§ 14
Et les propositions générales concernant les idées abstraites

Dans le premier cas précédent, la connaissance est la conséquence de l'existence de choses produisant par les sens des idées dans l'esprit ; dans le second, la connaissance est la conséquence des idées (quelles qu'elles soient)[j] qui sont dans

---

i. Signe ajouté depuis la quatrième édition.
j. Parenthèse ajoutée depuis la deuxième édition.

1. Cf. *Draft A*, *memorandum*, *in fine*.

l'esprit [k]et y[k] produisent des propositions générales certaines. Beaucoup parmi elles sont appelées *vérités éternelles*[1]
et toutes[1] le sont effectivement : non pas qu'elles soient
toutes (ou certaines) écrites dans l'esprit de l'homme ou
[m]qu'il y en ait qui soient en forme de proposition dans
quelque esprit avant qu'il ait acquis des idées abstraites et les
ait jointes ou séparées par une affirmation ou une négation[m] ;
mais en tout lieu où l'on peut supposer qu'une créature
comme l'*homme* existe, doté comme nous de facultés et par
leur intermédiaire d'idées, il faut conclure que, quand elle
applique ses pensées à la considération de ses idées, elle doit
nécessairement connaître la vérité de certaines propositions
qui surgira de la convenance ou de la disconvenance perçue
entre ses propres idées. [n]De telles propositions sont donc
appelées *vérités éternelles*, non pas parce que ce sont des
propositions éternelles effectivement formées antérieurement
à l'entendement[2] (il les fabrique en tout temps), parce qu'elles

639 sont imprimées sur l'esprit à partir de modèles | quelque part
hors de l'esprit où ils existaient auparavant ; mais parce que
faites à un moment de manière à être vraies à propos d'idées
abstraites, elles seront toujours effectivement vraies, dès
lors qu'on pourra les supposer refaites à tout moment passé
ou futur par un esprit ayant ces idées[n]. Car les noms sont
supposés tenir perpétuellement lieu des mêmes idées et les

k. Texte inséré depuis la deuxième édition ; il remplace : « … quel qu'il
soit et … ».

l. Terme inséré depuis la deuxième édition.

m. Texte inséré depuis la deuxième édition ; il remplace : « … qu'elles
soient devant le monde. ».

n. Texte ajouté depuis la deuxième édition.

1. En latin dans le texte : « *æternæ veritates* ».
2. *Cf.* 1.2.

mêmes idées ont immuablement les mêmes rapports entre elles ; donc les propositions concernant toute idée abstraite qui sont vraies à un moment doivent nécessairement être des *vérités éternelles*[1].

---

1. *Cf.* 2.11.10 ; 4.7.9 ; *Examen de la vision en Dieu*, § 52.

CHAPITRE 12

L'AMENDEMENT DE LA CONNAISSANCE

§ 1

La connaissance ne vient pas des maximes …

Il est une opinion commune traditionnelle, répandue parmi les gens cultivés : les *maximes* seraient les fondements de toute connaissance et chaque science serait construite sur certaines vérités déjà connues[1] à partir desquelles l'entendement devrait s'élever et s'organiser dans ses recherches sur les questions propres à cette science ; aussi la manie des Écoles a-t-elle été d'instituer au départ une ou plusieurs propositions générales, comme fondements sur lesquels bâtir la connaissance sur la question. Ces thèses, ainsi posées comme fondements de toute science, furent appelées *principes*, comme le point de départ où commencer les recherches, sans remonter au-delà [a-](comme on l'a déjà observé[2])[-a].

---

a. Texte inséré depuis la quatrième édition ; il remplace : « … mais les prendre pour des vérités incontestables et des principes établis ».

1. En latin : *præcognita*.
2. 1.2.27 ; 4.2.8 ; 4.7.8.

§ 2
(*L'occasion de cette opinion*)

Cette façon de procéder dans les autres sciences[b]a pu être[b] occasionnée, je suppose, par le grand succès qu'elle a paru rencontrer en *mathématiques* : on a remarqué la grande certitude de la connaissance à laquelle y parvenaient les gens, aussi les a-t-on nommées Μαθήματα et Μάθησις (savoir, ou choses apprises, complètement sues) de façon prééminente, parce que, de toutes les sciences, elles sont les plus certaines, les plus claires et les plus évidentes[1].

640
|§ 3
… *mais de la comparaison entre les idées claires et distinctes*

Mais quiconque étudiera la question verra, j'imagine, que *les importants progrès* et la forte certitude de *la connaissance réelle* à laquelle sont arrivés les hommes dans ces sciences n'étaient pas dus à l'influence de ces principes, ne venaient pas de l'avantage propre de deux ou trois maximes générales posées au point de départ, mais *des idées claires, distinctes et complètes* sur lesquels travaillait leur pensée, et de la relation d'égalité et d'inégalité entre certaines idées, si claire qu'ils en tiraient une connaissance intuitive[2], puis, par ce biais, une voie pour la découvrir ailleurs, le tout sans l'aide de ces *maximes*.

Car, je vous prie, est-il impossible pour un jeune garçon de connaître que tout son corps est plus grand que son petit doigt, sans faire appel à cet *axiome* : *Le tout est plus grand que la partie* et d'en être assuré avant d'avoir appris cette *maxime*? Est-ce qu'une paysanne qui a reçu un shilling de quelqu'un qui lui en doit trois, et un autre shilling d'un autre qui lui aussi en doit trois, ne peut connaître que la dette de

---

b. Texte inséré depuis la quatrième édition ; il remplace : « … fut… ».

1. *Cf.* Descartes, *Regulae*, II ; Hobbes, *Léviathan*, I.V.
2. *Cf.* 2.29.1 ; 4.2.1 ; 4.12.3.

chacun est égale? Ne connaît-elle pas cela avant même de chercher la certitude de cette pensée dans la maxime : *Si de choses égales vous soustrayez des choses égales, les restes seront égaux*, maxime que peut-être elle n'a jamais entendue ni remarquée.

$^{c-}$À partir de ce qui a été dit ailleurs$^{-c\ 1}$, je voudrais que chacun étudie la question suivante : ce qui est connu en premier et le plus clairement par la plupart des gens, est-ce le cas particulier ou la règle générale? Quel est celui qui donne à l'autre naissance et vie? Ces règles générales ne sont que la comparaison des idées les plus abstraites et générales, œuvres de l'esprit qui les forme et leur attribue un nom, pour raisonner plus aisément et résumer en termes généraux et en règles simples ses multiples observations.

Mais la connaissance a commencé dans l'esprit en se fondant sur des cas particuliers, quoique peut-être par la suite on ne s'en rende plus compte; il est en effet naturel pour l'esprit (toujours prêt à accroître encore ses connaissances) de poser avec beaucoup de soin ces notions générales pour en faire l'usage approprié : libérer la mémoire de la charge encombrante des cas particuliers.

$^{d-}$Car je voudrais que l'on considère à quel moment un enfant (ou n'importe qui) est plus certain que tout son corps, petit doigt compris, est plus gros que son petit doigt seul : est ce après avoir donné à son corps le nom *tout* et à son petit doigt le nom | *partie*, ou avant? Ou quelle nouvelle connais- **641** sance sur son corps, qui serait impossible sans eux, lui ont donné ces deux termes relatifs? Si la langue qu'il parle avait été imparfaite au point de ne pas disposer des termes relatifs *Tout* et *Partie*, lui aurait-il alors été impossible de connaître

c. Texte inséré depuis la deuxième édition.
d. Texte inséré depuis la quatrième édition.

1. 1.2.25, 27 ; 4.7.8-11.

que son corps est plus grand que son petit doigt? Autre question : comment est-il plus certain, après avoir appris ces noms, que son corps est un *tout* et son petit doigt une *partie*, qu'il n'était certain (ou ne pouvait l'être) auparavant, que son corps est plus grand que son petit doigt? Chacun peut, aussi raisonnablement, mettre en doute ou nier les deux affirmations : que son petit doigt est une partie de son corps, et qu'il est plus petit que son corps; et celui qui met en doute que ce petit doigt est plus petit, mettra aussi certainement en doute qu'il est une partie. Aussi la maxime *Le tout est plus grand que la partie* ne peut-elle jamais être utilisée pour prouver que le petit doigt est plus petit que le corps, sauf quand c'est inutile : quand on l'apporte comme preuve pour convaincre quelqu'un d'une vérité qu'il connaît déjà. Car celui que ne connaît pas avec certitude qu'un morceau de matière ajouté à un autre morceau de matière est plus grand que l'un des deux seul, ne pourra jamais le connaître à l'aide de ces deux termes relatifs : *Tout* et *Partie*, quelle que soit la maxime qu'on en tire[-d].

§ 4
Il est dangereux de bâtir sur des principes incertains

Quoi qu'en disent les mathématiques, je laisse à chacun le soin de décider lequel de ces deux énoncés est le plus clair et le premier connu : « Si vous ôtez un pouce d'une ligne noire de deux pouces et un pouce d'une ligne rouge de deux pouces, les restes des deux lignes seront égaux » et « Si vous ôtez des choses égales de quantités égales, les restes seront égaux », car ce n'est pas important pour mon propos actuel.

Ce que j'ai à faire, c'est chercher ceci : en admettant que commencer avec des maximes générales puis bâtir sur elles soit la voie la plus facile vers la connaissance, est-ce néanmoins une voie sûre que de prendre les *principes* posés dans n'importe quelle autre science comme vérités incontestables, de les recevoir sans examen, d'y adhérer sans accepter qu'on les mette en question, sous prétexte que les mathématiciens ont été assez heureux ou assez bons pour n'utiliser que des principes évidents par eux-mêmes et indéniables ? S'il en est ainsi, je ne sais ce qui ne peut passer pour vérité en morale et ce qui ne peut être prouvé en philosophie naturelle.

Acceptons comme certain et indubitable ce principe des anciens philosophes : *Tout est matière* et il n'y a rien d'autre ; | il sera facile de voir dans les écrits de certains qui l'ont **642** réactualisé de nos jours [1] à quelles conséquences il conduit. Affirmez avec *Polémon* que le monde est Dieu, avec les *Stoïciens* que c'est l'*éther* ou le soleil, avec *Anaximène* que c'est l'air : à quelle théologie, à quelle religion, à quel culte sera-t-on alors contraint ? *Rien* n'est *plus dangereux que des principes reçus* ainsi *sans examen ni remise en question*, notamment ceux qui concernent la morale, influencent la vie des gens et donnent une orientation à leurs actions [2]. Ne peut-on à juste titre attendre un autre type de vie d'*Aristippe* qui a placé le bonheur dans les plaisirs corporels, et d'*Antisthène* pour qui la vertu suffit à la félicité ? Et celui qui mettra avec *Platon* la béatitude dans la connaissance de Dieu élèvera ses pensées en d'autres contemplations que ceux qui ne regardent pas au-delà de ce petit bout terre et des choses périssables qui l'on peut y gagner. Celui qui posera comme principe avec *Archelaüs* que le juste et l'injuste, l'honnête et le déshonnête sont définis seulement par les lois et non par la Nature aura d'autres critères de rectitude et de perversité morales que ceux qui tiennent pour assuré que l'on est soumis à des obligations antérieures à toute constitution humaine.

---

1. Hobbes, voire Spinoza, selon les ragots bien-pensants de son époque.
2. *Cf.* 1.3.4.

§ 5
Ce n'est pas une voie certaine vers la vérité

Si donc passent pour *principes* des énoncés qui ne sont *pas certains* (ce qu'il faut bien avoir un moyen de connaître, afin de les distinguer de ceux qui sont douteux), mais que l'on qualifie ainsi seulement par un assentiment aveugle, ils risquent de nous égarer ; au lieu d'être conduits à la vérité nous serons seulement confortés dans l'erreur et la méprise.

§ 6
Au contraire,
comparer des idées claires et complètes sous des noms stables

Puisque la connaissance de la certitude des principes, comme de toutes les autres vérités, ne dépend que d'une perception de la convenance ou de la disconvenance des idées, *la façon d'amender la connaissance* n'est pas, j'en suis sûr, de recevoir et d'avaler aveuglément des principes avec une foi implicite [1] ; mais au contraire, je pense, d'acquérir et *de fixer dans l'esprit des idées claires, distinctes et complètes*, pour autant qu'on puisse en avoir, *et de leur attacher des noms propres stables*. Ainsi peut-être, sans aucun autre principe mais en considérant simplement ces idées [e] et en *les comparant les unes aux autres*, trouvera-t-on leur convenance ou leur disconvenance, leurs rapports et leurs relations diverses ; on obtiendra une connaissance plus vraie et plus claire sous la **643** conduite de cette seule | règle, qu'en épousant des principes et en mettant du même coup l'esprit à la discrétion d'autrui [2].

---

e. Les quatre premières éditions ajoutaient ici « … parfaites … ».

1. *Cf.* 1.3.27 ; 1.4.24 ; 4.20.8.
2. *Cf.* 1.4.24.

§ 7

*La véritable méthode pour l'avancement de la connaissance
est de considérer nos idées abstraites*

Nous devons donc, si nous voulons agir comme la raison
le suggère, *adapter nos méthodes de recherche à la nature des
idées que nous examinons* et à la vérité que nous voulons
atteindre. Les vérités générales certaines ne sont fondées que
sur les rapports et les relations entre les idées abstraites[1]. Une
application perspicace et méthodique de la pensée à la recherche de ces relations est la seule façon de découvrir tout ce que
l'on peut mettre en propositions générales avec certitude et
vérité. Quelles sont les étapes obligatoires de ce processus, il
faut l'apprendre dans les écoles de mathématiques : là, sur des
bases claires et aisées, par degrés progressifs et selon une
chaîne continue de raisonnements, on parvient à la découverte
et à la démonstration de vérités qui paraissent à première vue
au-delà des capacités humaines[2]. L'art de trouver des preuves
et les [f-admirables méthodes qu'ils ont inventées pour dégager
et placer en ordre les idées intermédiaires-f] qui montrent par la
démonstration l'égalité ou l'inégalité de quantités non super-
posables, c'est [g-ce qui les a menés si loin et a produit ces
découvertes merveilleuses et inattendues ;-g] quant à savoir si
l'on ne pourra pas avec le temps découvrir, comme pour les
idées de grandeur, quelque chose de semblable pour les autres
idées, je ne le déterminerai pas. Je peux au moins dire ceci : si
d'autres idées qui sont les essences réelles aussi bien que
nominales de leur espèce, étaient cherchées selon la méthode
familière aux mathématiciens, elles porteraient nos pensées

f. Texte inséré depuis la deuxième édition ; il remplace : « … idées … ».

g. Texte inséré depuis la deuxième édition ; il remplace : « … de grand
secours pour eux, je l'avoue ; ».

1. *Cf.* 4.6.16 ; 4.9.1.

2. *Cf.* 4.17.3 ; Descartes, *Discours de la Méthode*, 2e partie.

plus loin et avec plus d'évidence et de clarté que nous ne sommes peut-être prêts à imaginer.

§ 8
Par cette méthode, la morale peut aussi devenir plus claire

C'est pourquoi j'ai osé proposer cette conjecture au chapitre 3[1] : *la morale est capable de démonstration* autant que les mathématiques. Car les idées sur lesquelles porte l'éthique sont toutes des essences réelles et sont telles que, je suppose, elles ont entre elles une liaison et une convenance que l'on peut découvrir[2]. Dans la mesure où l'on peut découvrir leurs rapports et leurs relations, on possèdera des vérités générales certaines et réelles. Et je ne doute pas que si une méthode correcte était utilisée, une grande partie de la morale pourrait être énoncée avec la clarté nécessaire pour qu'un homme attentif n'ait pas plus de raison de douter qu'il n'en a **644** de douter de la vérité | de propositions mathématiques qu'on lui a démontrées.

§ 9
Mais la connaissance des corps ne être amendée que par l'expérience

Dans notre recherche d'une connaissance des *substances*, le manque d'idées adaptées à une telle façon de faire oblige à suivre une méthode tout à fait différente. Ici, on ne progresse pas comme dans la précédente (où les idées abstraites sont les essences réelles aussi bien que nominales) en observant ses idées et en considérant leurs relations et leurs correspondances ; c'est fort peu utile pour les raisons largement exposées ailleurs[3]. A partir de là, il est évident, je pense, que les substances offrent très peu matière à connaissance générale ; la simple observation de leurs idées abstraites ne nous

1. § 18-20 (Noté par Coste).
2. *Cf.* 3.3.18 et 3.5.1-6.
3. 2.23 ; 3.6 ; 4.3.11-17, 23-30 ; 4.6.10-15 etc.

avancera que très peu dans la recherche de la vérité et de la certitude.

Que faut-il donc faire pour amender la *connaissance des êtres substantiels* ? Il faut ici prendre un chemin exactement opposé : le manque d'idées de leur *essence* réelle nous renvoie, de nos propres pensées [h], aux choses mêmes telles qu'elles existent. *L'expérience ici* [i] *doit m'apprendre* ce que ne peut la raison ; et c'est seulement en testant, que je peux connaître avec certitude quelles autres qualités coexistent avec celles de mon idée complexe : par exemple, si ce corps *jaune*, *lourd, fusible* que j'appelle *or* est ou non *malléable*. Et cette expérience (quelle que soit la solution prouvée avec le corps particulier que j'examine) ne me rend pas certain qu'il en est de même avec tous ou avec n'importe quels autres corps *jaunes*, *lourds*, *fusibles* en dehors de celui que j'ai testé, car d'une façon ou d'une autre, ce ne sont pas des conséquences de mon idée complexe : la nécessité ou l'incompatibilité de la *malléabilité* n'a aucune liaison visible avec la combinaison de cette *couleur*, de ce *poids* et de cette *fusibilité* dans un corps. Ce que j'ai dit ici de l'essence nominale de l'or, supposée consister en un corps de telle *couleur*, de tel *poids* et de telle *fusibilité* déterminés, demeurera vrai si la *malléabilité*, la *fixité* et la *solubilité dans l'eau régale* sont ajoutées.

Les raisonnements à partir de ces idées ne nous mèneront pas loin dans la découverte de certitudes quant aux autres propriétés de ces masses de matière où se trouvent toutes ces idées ; car ces autres propriétés de ces corps ne dépendent pas des premières, mais de cette essence réelle inconnue dont elles aussi dépendent ; et donc on ne peut par elles découvrir le reste : on ne peut aller plus loin que là où nous mèneront les

h. Texte inséré dans la première édition et supprimé depuis la seconde :
« … de la contemplation des idées et des conséquences qu'on en tire… ».

i. Terme ajouté depuis la seconde édition.

645 idées simples de notre essence nominale, ce qui n'est | guère au-delà de ces idées : elles ne nous fourniront donc que très parcimonieusement quelques vérités certaines universelles et utiles.

Ainsi, parce que j'ai testé ce morceau particulier [de matière] et trouvé qu'il était *malléable* (ainsi que tous les autres morceaux de cette couleur, de ce poids, de cette fusibilité que j'aie jamais testés), cette idée peut désormais faire aussi partie de mon idée complexe, de mon essence nominale d'*or* ; je fais ainsi entrer, dans l'idée complexe à laquelle j'attribue le nom d'*or*, un plus grand nombre d'idées simples qu'avant ; et pourtant, ne contenant l'essence réelle d'aucune espèce de corps, l'idée ne m'aidera pas à connaître avec certitude (je dis bien *connaître*, mais elle peut sans doute aider à conjecturer) le reste des propriétés de ce corps, au-delà de celles qui ont une liaison visible avec certaines idées simples (ou toutes) qui constituent mon essence nominale. Par exemple, je ne peux être certain, à partir de cette idée complexe, que l'*or* est fixe ou non, car, comme avant, il n'y a pas de liaison (ou d'incompatibilité) nécessaire entre une idée complexe d'un corps *jaune*, *lourd*, *fusible*, *malléable*, et la *fixité*, qui me permettrait de connaître avec certitude qu'en tout corps où les premières se trouvent, la fixité se trouve certainement aussi. Ici encore, pour m'en assurer, je dois m'en remettre à l'*expérience* et, aussi loin qu'elle s'étende, il se peut que j'aie une connaissance certaine, mais pas au-delà[1].

§ 10
On peut y trouver des facilités, pas de la science

Je ne nie pas que quelqu'un qui serait accoutumé à des expérimentations rationnelles et réglées soit apte à voir plus avant dans la nature des corps et à pressentir plus exactement

---

1. *Cf.* 2.31.6-11 ; 3.9.13-14.

leurs propriétés encore inconnues que quelqu'un qui leur est étranger. Mais pourtant, je l'ai dit [1], ce n'est là que jugement et opinion, pas de la connaissance et de la certitude.

Cette *façon* d'acquérir et *d'amender notre connaissance des substances seulement par l'expérience* et l'histoire [2] (tout ce que permet la faiblesse de nos facultés dans la *modestie* de notre état en ce monde) me fait soupçonner que la philosophie naturelle n'est pas capable de devenir une science entre nos mains. Nous sommes capables, je suppose, d'atteindre une connaissance générale très limitée dans le domaine des espèces de corps et leurs diverses propriétés ; nous pouvons faire des expérimentations et des observations historiques, dont nous pouvons tirer les bénéfices que sont l'aisance et la santé, et augmenter ainsi notre lot d'agréments en cette vie ; mais, je crains que nos talents n'aillent pas au-delà, et que nos facultés ne soient pas capables [j⁻], comme je le pressens, de progresser[⁻j] [3].

|§ 11   **646**

*Nous sommes faits pour la connaissance morale
et l'amendement de la nature*

Il faut clairement en conclure que, puisque nos facultés ne sont pas faites pour la pénétration dans la structure interne et dans l'essence réelle des corps, mais nous découvrent néanmoins l'être d'un DIEU et la connaissance de nous-mêmes, suffisamment pour nous mener jusqu'à la découverte complète et claire de notre devoir et de notre intérêt majeur, il convient qu'en tant que créatures rationnelles, nous employions les

---

j. Texte inséré depuis la deuxième édition ; il remplace : « … d'atteindre ».

1. 4.6.13.
2. Terme à comprendre au sens de *histoire naturelle*, opposé à *science*, *philosophie* ; *cf.* 1.1.2 et note.
3. *Cf.* 1.1.4-5.

facultés dont nous disposons pour les choses auxquelles elles sont les plus adaptées et que nous suivions la direction de la nature, quand elle semble nous indiquer la voie. Car il est rationnel d'en déduire que notre vocation propre réside dans ces recherches et dans cette sorte de connaissance qui convient le mieux à nos capacités naturelles et qui emporte notre intérêt majeur : notre condition dans l'Éternité.

D'où je peux conclure, je pense, que *la Moralité* est *la science et la tâche propres de l'humanité en général* (à la fois concernée par la recherche du Souverain Bien [1] et faite pour elle), de même que divers arts portant sur diverses parties de la Nature sont le lot et le talent personnel d'hommes particuliers, pour l'usage commun de la vie des gens et pour leur propre subsistance en ce monde [2].

Quelles conséquences pour la vie humaine peut avoir la découverte d'un corps naturel et de ses propriétés, le vaste continent de l'*Amérique* en est un exemple convainquant : l'ignorance des arts utiles et le manque de la plus grande partie des agréments de la vie, dans un pays qui regorge de toutes sortes de richesses naturelles, peuvent être attribués, je pense, à leur ignorance de ce que l'on peut trouver dans une pierre très ordinaire et méprisée, le minerai de *fer*. Et quoiqu'on pense de nos moyens ou de nos progrès en cette partie du monde où la connaissance ne le cède en rien à la richesse, il paraîtra indubitable, je suppose, à toute personne qui y réfléchira sérieusement, que si nous perdions l'usage du *fer*, nous serions réduits en quelques siècles aux besoins et à l'ignorance des sauvages *Américains* anciens, dont les capacités et les réserves ne sont nullement inférieures à celles des nations les plus florissantes et les plus cultivées. Aussi, celui qui le premier

---

1. En latin dans le texte : *Summum Bonum*.
2. *Cf.* Aristote, *Éthique à Nicomaque*, 1094 a 9-18.

fit connaître l'usage de ce minerai méprisable peut être à juste titre nommé *Père des arts* et *Auteur de l'abondance*.

|§ 12

Mais il faut se méfier des hypothèses et des faux principes

Je ne voudrais *donc pas* qu'on pense que *je méprise ou déconseille l'étude de la nature*. Je reconnais volontiers que la contemplation de Ses œuvres donne l'occasion d'admirer, de révérer, de glorifier leur Auteur ; et que si on la mène correctement, elle peut être de plus grand profit que les monuments de charité exemplaire que les fondateurs d'hôpitaux et d'hospices ont érigés à si grands frais. Celui qui a inventé l'imprimerie, celui qui a découvert l'usage de la boussole, celui qui a fait connaître la vertu et le bon usage de la Quinquina, ont plus fait pour la propagation de la connaissance, pour la mise à disposition et l'accroissement des agréments utiles à la vie, ils ont sauvé plus de gens du tombeau que ceux qui ont construit des universités, des manufactures [1] ou des hôpitaux.

Tout ce que je voudrais dire, c'est qu'il ne faut pas s'empresser de croire ou d'espérer qu'on puisse accéder à la connaissance en des domaines où elle est inaccessible ou avec des moyens insuffisants, qu'il ne faut pas prendre des systèmes douteux pour des sciences complètes, ni des conceptions inintelligibles pour des démonstrations scientifiques. Dans la connaissance des corps, il faut se contenter de glaner ce qu'on peut des expérimentations particulières, puisqu'on ne peut, à partir de la découverte de leur essence réelle, saisir en une fois des gerbes entières et comprendre par lots entiers la nature et les propriétés de toute l'espèce à la fois. Là où l'enquête concerne la coexistence (ou l'incompatibilité à la coexistence) que l'on ne peut découvrir par la contemplation

---

1. Établissements fournissant du travail aux pauvres sans emploi. Coste écrit en note : « Ce mot signifie ici le lieu où l'on travaille … ».

de ses idées [1], l'expérience, l'observation, et l'histoire naturelle doivent fournir par les sens un aperçu des détails des substances corporelles. La connaissance des corps, il faut l'acquérir par les sens, prudemment utilisés pour remarquer leurs qualités et leurs opérations mutuelles ; et ce que l'on espère connaître en ce monde des Esprits séparés, il faut, je pense, l'attendre seulement de la Révélation.

Les maximes générales, les principes incertains, les hypothèses gratuites ont peu servi à faire avancer la véritable connaissance ; ils ont fourni peu de réponses aux recherches d'améliorations véritables menées par les gens de raison ; les efforts en ce sens pendant de nombreux siècles ont peu favorisé les progrès humains vers la connaissance de la philosophie naturelle : considérer tout cela amène à penser que l'on a raison de remercier ceux qui au cours de ce dernier siècle ont pris une autre direction et ont tracé pour nous une voie, sinon plus facile vers la docte ignorance, du moins plus sûre vers la connaissance fructueuse.

648

|§ 13
Le véritable usage des hypothèses

Non pas que l'on ne puisse utiliser toute *hypothèse* probable pour expliquer un *phénomène* de la Nature ; les *hypothèses*, bien construites, sont pour le moins de grand secours pour la mémoire et mènent souvent à de nouvelles découvertes. Mais ce que je veux dire, c'est que l'on ne devrait *pas les accepter avec trop de hâte* (ce que l'esprit, qui voudrait toujours pénétrer dans les causes des choses et avoir des principes sur lesquels s'appuyer, risque fortement de faire) avant d'avoir soigneusement examiné les cas particuliers, fait plusieurs expérimentations sur les choses que l'on voudrait expliquer par l'hypothèse et voir si elle s'accorde avec tout

1. *Cf.* 4.3.9 *sq.*

cela : est-ce que les principes s'appliquent à tous les cas et ne sont pas aussi incompatibles avec un *phénomène* de la Nature qu'apparemment adaptés et explicatifs pour un autre. Il faudrait au moins prendre soin que le nom de *principes* ne trompe pas, ne fasse pas illusion, en faisant accepter pour vérité incontestable ce qui en fait est au mieux une conjecture très douteuse, comme le sont la plupart (j'allais presque dire *toutes*) des *hypothèses* en philosophie naturelle [1].

§ 14
*Les moyens d'étendre la connaissance : des idées claires et distinctes
avec des noms stables, et trouver celles qui manifestent
leur convenance ou leur disconvenance*

Que la philosophie naturelle soit ou non capable de certitude, les *façons d'étendre la connaissance* pour autant qu'on en soit capable me semblent en bref être les deux suivants :

1) La *première* est *d'acquérir et d'établir dans l'esprit* des idées déterminées[k] des choses [l]pour lesquelles existent des noms généraux ou d'espèce, ou du moins les idées que l'on voudrait considérer pour améliorer la connaissance ou raisonner à leur propos. Et si ce sont des idées d'*espèces* de *substance*, il faudrait également s'efforcer de les rendre aussi complètes que possible ; je veux dire, d'assembler suffisamment d'idées simples dont la coexistence soit constamment observée pour déterminer parfaitement l'*espèce*. Et chaque idée simple qui est l'ingrédient de l'idée complexe, devrait être claire et distincte dans *l'esprit*[l]. Car il est évident que la

---

k. Terme inséré depuis la quatrième édition ; il remplace : « … autant que nous le puissions, *claires, distinctes et constantes*… ».

l. Texte inséré depuis la quatrième édition ; il remplace : « … que l'on puisse considérer et connaître ».

1. *Cf.* Bacon, *Novum Organum*, I. XXV-XXX ; Locke, *Correspondence*, Lettre n°2277.

connaissance ne peut outrepasser les idées et donc, dans la mesure où celles-ci sont imparfaites, confuses [m] ou obscures, on ne peut espérer avoir de connaissance certaine, parfaite ou claire [n][1].

2) L'autre est l'art de *dégager* les *idées intermédiaires* qui manifesteront la convenance ou l'incompatibilité des autres idées qui ne peuvent être immédiatement comparées [2].

649 |§ 15

Les mathématiques en sont un exemple

Ces deux façons de faire (plutôt que se reposer sur des maximes et tirer des conclusions de certaines propositions générales) constituent la méthode correcte pour amender la connaissance dans les [o-]idées de modes, outre ceux de la quantité[-o] : on en sera facilement convaincu en considérant la connaissance mathématique. On y verra d'abord que celui qui n'a pas une idée parfaite et claire des angles ou des figures dont il désire connaître quelque chose, est de ce fait totalement incapable d'aucune connaissance à leur sujet.

Supposez seulement quelqu'un qui n'ait pas une idée parfaite et exacte d'un *angle droit*, d'*un triangle scalène*, d'*un trapèze* : très certainement ce sera en vain qu'il cherchera à en démontrer quelque chose. En outre, il est évident que ce ne fut pas l'influence de ces maximes prises comme principes en mathématiques, qui conduisit les maîtres de cette science aux découvertes magnifiques qu'ils ont faites. Qu'un homme très

m. Terme ajouté depuis la deuxième édition.

n. Terme ajouté depuis la deuxième édition.

o. Texte inséré depuis la deuxième édition ; il remplace : « ... autres idées de modes... ».

1. Point de départ des thèses de Toland dans *Christianity not mysterious* et de la controverse entre Locke et Stillingfleet qui a succédé à la publication de l'ouvrage.

2. *Cf.* 4.17.3.

intelligent connaisse le plus parfaitement possible toutes les maximes généralement utilisées en mathématiques, qu'il étudie autant qu'il veuille leur portée et leurs conséquences, je suppose qu'avec leur aide il ne parviendra jamais à connaître que *Dans un triangle rectangle, le carré de l'hypoténuse est égal à la somme des carrés des deux autres côtés*. La connaissance des maximes *Le tout est égal à la somme de ses parties* et *Si de quantités égales, vous ôtez des quantités égales, les restes seront égaux*, etc. ne l'a pas aidé, je présume, pour cette démonstration. Et je pense qu'un homme peut méditer longtemps sur ces axiomes sans jamais voir saisir un iota supplémentaire de vérités mathématiques. Celles-ci ont été découvertes grâce à une autre façon de mettre en œuvre la pensée[1] : l'esprit a eu devant lui d'autres objets, d'autres conceptions, bien différentes de ces maximes, quand il a la première fois acquis la connaissance de ces vérités mathématiques ; et les gens, assez familiers des axiomes traditionnels mais ignorants des méthodes de ceux qui ont les premiers fait ces démonstrations, ne les admireront jamais suffisamment. Et qui sait quelles méthodes [p]vont pouvoir être inventées pour étendre la connaissance dans les autres parties de la science, comparable à[-p] la méthode *algébrique* en mathématiques qui dégage si aisément les idées de quantités permettant d'en mesurer d'autres dont l'égalité ou le rapport proportionnel ne pourraient que difficilement (ou jamais) être connus ?

---

p. Texte inséré depuis la deuxième édition ; il remplace : « ... peuvent par la suite être trouvées pour étendre la connaissance en d'autres matières aussi bien que dans... ».

1. Phrase non reprise par Coste.

QUELQUES CONSIDÉRATIONS
SUPPLÉMENTAIRES SUR LA CONNAISSANCE

§ 1
La connaissance partiellement nécessaire, partiellement volontaire

La connaissance, ici comme sur d'autres points, ressemble fort à la vue : elle n'est *ni totalement nécessaire ni totalement volontaire*. Si la connaissance était totalement nécessaire, non seulement tous les hommes auraient une connaissance identique, mais ils connaîtraient tout ce qui est connaissable ; et si elle était totalement volontaire, certains s'y intéressant et l'appréciant fort peu, elle serait extrêmement réduite, voire nulle.

Les hommes, qui sont dotés de sens, ne peuvent par leur intermédiaire que recevoir certaines idées ; et s'ils ont de la mémoire, ils ne peuvent que retenir certaines d'entre elles ; et s'ils ont une faculté pour distinguer, ils ne peuvent que percevoir la convenance ou la disconvenance de certaines idées avec d'autres ; de même que celui qui a des yeux, s'il les ouvre de jour, ne peut que voir certains objets et percevoir une différence entre eux. Mais, même si quelqu'un, les yeux ouverts dans la lumière, ne peut que voir, il y a certains objets qu'il peut choisir de regarder : il peut y avoir à sa portée un livre contenant des images et des propos capables de l'amuser ou de l'instruire, que pourtant il n'aura peut-être jamais la volonté d'ouvrir, qu'il ne prendra jamais la peine de regarder.

§ 2
L'application est volontaire,
pourtant on connaît les choses telles qu'elles sont, pas comme il nous plaît

Autre chose est au pouvoir de l'homme : même quand il lui arrive de tourner les yeux vers un objet, il peut encore choisir s'il va l'examiner attentivement et, avec une [a]-application soutenue[-a], tâcher d'observer précisément [b] tout ce qui y est visible. Pourtant ce qu'il voit, il ne peut le voir autrement qu'il ne le voit. Il ne dépend pas de sa volonté de voir *noir* ce qui apparaît *jaune*, ni de se convaincre que ce qui *l'ébouillante* réellement paraisse *froid* ; la terre ne lui paraîtra pas ornée de fleurs ni les champs couverts de plantes quand il en aura envie : l'hiver, il ne peut s'empêcher de la voir givrée et blanche dès qu'il regarde dehors.

Il en va de même pour l'entendement : tout ce qui est *volontaire* dans la connaissance, c'est d'*employer* telle ou telle *faculté* sur telle ou telle sorte d'objet et de l'examiner avec plus ou moins de précision, ou de l'en distraire. Mais, quand la faculté est employée, *la volonté n'a aucun pouvoir*
651 *de déterminer* | *la connaissance de l'esprit d'une manière ou l'autre* : seuls les objets mêmes le font, dans la mesure où ils sont clairement découverts.

Dans la mesure donc où les sens humains portent sur les objets extérieurs, l'esprit ne peut que recevoir les idées qui lui sont présentées et apprendre l'existence de choses extérieures. Dans la mesure où les pensées humaines portent sur leurs

---

a. Texte inséré depuis la deuxième édition ; il remplace : « … recherche précise… ».

b. Terme ajouté depuis la seconde édition.

propres idées déterminées ^c, elles ne peuvent qu'observer pour partie la convenance ou la disconvenance repérables entre certaines d'entre elles, et dans ces limites connaître ; et si l'homme a des noms pour les idées ainsi considérées, il est nécessaire qu'il soit assuré de la vérité des propositions exprimant la convenance ou la disconvenance perçues en ces idées, être persuadé sans doute possible de leur vérité. Car ce qu'un homme voit, il ne peut que le voir ; et ce qu'il perçoit, il ne peut que connaître qu'il le perçoit [1].

§ 3
Exemple : les nombres

Ainsi, celui qui a acquis les idées de nombre et pris la peine de comparer *un*, *deux* et *trois* à *six*, n'a pas d'autre choix que connaître qu'ils sont égaux ; celui qui a acquis l'idée de triangle et trouvé le moyen de mesurer ses angles et leur grandeur, est certain que ses trois angles sont égaux à deux droits, ^{d-}et il ne peut en douter plus que de cette vérité^{-d} : *Il est impossible à la même chose d'être et de ne pas être.*

Exemple : la religion naturelle ^e

Celui aussi qui a l'idée d'un être intelligent mais fragile et faible, dépendant d'un Autre qui l'a fait et qui est, Lui, éternel, tout puissant, parfaitement sage et bon, connaîtra avec certitude que l'homme doit honorer Dieu, le craindre et lui obéir, autant qu'il connaît que le soleil brille quand il le voit. Car s'il a seulement l'idée de deux êtres tels dans l'esprit, s'il oriente sa pensée en ce sens et la considère, il verra avec certi-

c. Terme qui remplace depuis la quatrième édition : « ... claires et distinctes... ».

d. Texte inséré depuis la quatrième édition ; il remplace : « ... comme... ».

e. Intertitre ajouté depuis la quatrième édition.

1. Comparer avec 4.19.9.

tude que l'inférieur, le fini, le dépendant est dans l'obligation d'obéir au Supérieur et à l'infini[1], autant qu'il est certain de voir que *trois*, *quatre* et *sept* sont inférieurs à *quinze* s'il considère et calcule ces nombres. Et il ne peut être plus sûr par un clair matin que le soleil est levé s'il ne fait qu'ouvrir les yeux et les tourner vers lui. Pourtant, bien que ces vérités soient les plus certaines et les plus claires, celui qui ne prendra jamais la peine d'utiliser ses facultés comme il le devrait pour s'instruire à leur sujet, peut les ignorer toutes ou chacune.

1. *Cf.* 2.28.8 ; 3.9.23 ; 4.17.4.

LE JUGEMENT

§ 1
La connaissance étant limitée, nous avons besoin de quelque chose d'autre

Les facultés de l'entendement n'ont pas été données à l'homme seulement pour la spéculation, mais aussi pour la conduite de sa vie[1] ; aussi serait-il complètement désemparé s'il n'avait pour le diriger que ce qui a la certitude de la véritable *connaissance*. Car, on vient de le voir, cette connaissance étant très limitée et très insuffisante, il resterait souvent complètement dans le noir, et pour la plupart des actions de sa vie il serait totalement entravé, s'il n'avait rien pour le guider en l'absence de connaissance claire et certaine : celui qui ne mangera pas tant qu'il n'aura pas la démonstration que telle chose le nourrira, celui qui ne bougera pas tant qu'il ne connaîtra pas de façon infaillible que son projet sera couronné de succès, n'aura guère autre chose à faire que de s'asseoir et se laisser mourir.

1. *Cf.* 1.1.4.

§ 2
Que faire de cet état de clair-obscur

C'est pourquoi Dieu a exposé certaines choses au grand jour ; Il nous a donné des connaissances certaines, mais limitées à peu de choses en comparaison de ce dont sont capables sans doute les créatures intellectuelles [1], comme un avant-goût pour éveiller en nous le désir d'un meilleur état et l'effort pour l'atteindre [2] ; mais, de même, Il nous seulement a fourni, pour la majeure partie des choses qui nous concernent, le "clair-obscur" de la *probabilité*, adapté je présume à l'état de modestie [3] et de probation dans lequel il Lui a plu de nous mettre ici-bas ; en ce lieu, [a]pour contenir notre suffisance et notre présomption[a], l'expérience quotidienne peut nous sensibiliser à notre courte vue et notre faillibilité, et cette sensibilité servir de constante admonestation à passer les jours de notre pèlerinage [sur terre] à chercher, et à suivre avec soin et application, la voie qui nous mènera à un état plus parfait. Car, même si la Révélation avait été silencieuse sur ce point [4], il serait hautement raisonnable de penser que, selon que les hommes auront employé les talents que Dieu leur a remis ici-bas, ils recevront leur récompense à la fin du jour quand leur soleil se couchera et la nuit mettra fin à leurs labeurs.

a. Texte qui, depuis la quatrième édition, remplace : « ... pour que nous puissions ne pas être suffisant et présomptueux, mais ... ».

1. Anges.

2. Cf. *1 re Épître aux Corinthiens*, 13.9 *sq.* ; etc.

3. *Mediocrity*, terme qui connote également le statut intermédiaire de l'homme dans l'échelle des êtres.

4. En fait : *Matthieu*, 20.12-13 ; 25.14 *sq.*

|§ 3

Le jugement supplée au manque de connaissance

La faculté que Dieu a donnée à l'homme pour [b-]suppléer au manque de[-b] connaissance claire et certaine [c-]dans les cas où l'on ne peut l'obtenir[-c], c'est le *jugement* : il permet à l'esprit d'estimer que ses idées conviennent ou non (ou, ce qui revient au même, qu'une proposition est vraie ou fausse) sans en percevoir l'évidence démonstrative dans des preuves[1]. L'esprit exerce parfois ce *jugement* par nécessité : quand des preuves démonstratives et une connaissance certaine ne peuvent être obtenues ; et parfois par paresse, maladresse ou hâte, même quand des preuves démonstratives et certaines sont accessibles. Souvent les gens ne s'arrêtent pas pour examiner avec soin la convenance ou la disconvenance de deux idées qu'ils cherchent ou ont intérêt à connaître : incapables de maintenir l'attention nécessaire au cours d'une longue suite d'étapes ou de supporter l'attente, ils jettent superficiellement les yeux sur les preuves ou les négligent complètement ; ainsi, sans établir la démonstration, ils décident de la convenance ou de la disconvenance des deux idées en les regardant comme à distance et choisissent l'une ou l'autre selon ce qui leur paraît le plus vraisemblable après un aussi vague examen.

Quand on exerce cette faculté de l'esprit immédiatement sur les choses, on l'appelle *jugement* ; quand on le fait sur les vérités exprimées en mots, on l'appelle plus communément *assentiment*[2] ou *dissentiment* ; comme l'esprit emploie le plus couramment cette faculté de cette dernière façon, j'en

---

b. Texte qui, depuis la quatrième édition, remplace : « … l'éclairer, presque jusqu'à la … ».

c. Texte ajouté depuis la quatrième édition.

1. *Cf.* 2.11.2.

2. Comparer avec le sens différent en 4.7.2, etc. *Cf.* 4.15.3.

parlerai en ces termes, moins sujets à équivoque en notre langue.

§ 4

Le jugement consiste à présumer que les choses sont telles sans le percevoir

Ainsi l'esprit a-t-il deux facultés portant sur la vérité et la fausseté :

1) la *connaissance*, où il perçoit avec certitude la convenance ou la disconvenance de certaines idées et en est convaincu sans doute possible ;

2) le *jugement*, qui consiste à assembler des idées ou à les séparer l'une de l'autre dans l'esprit, quand leur convenance ou leur disconvenance certaines ne sont pas perçues mais *présumées* (comme l'indique le mot, c'est les prendre pour telles avant que cela ne se manifeste avec certitude)[1]. Si le jugement unit ou sépare les idées comme elles le sont dans la réalité, c'est un *jugement droit*.

1. *Cf.* 4.17.17.

LA PROBABILITÉ

§ 1
La probabilité, c'est la manifestation de la convenance
à partir de preuves faillibles

De même que la démonstration consiste à montrer la convenance ou la disconvenance de deux idées par l'intermédiaire d'une ou plusieurs preuves qui ont entre elles une liaison constante, immuable et visible, de même la *probabilité* n'est autre que la manifestation d'une telle convenance ou disconvenance par l'intermédiaire de preuves dont le lien n'est pas constant ou immuable (ou du moins n'est pas perçu comme tel) mais l'est dans la plupart des cas (ou paraît l'être), suffisamment pour induire l'esprit à *juger* que la proposition est vraie ou fausse plutôt que l'inverse.

Par exemple, quelqu'un perçoit, en la démontrant, la liaison certaine et immuable d'égalité entre les trois angles d'un *triangle* et les intermédiaires qu'il utilise pour montrer leur égalité à deux droits ; par connaissance intuitive de la convenance ou de la disconvenance des idées intermédiaires à chaque étape de la progression, toute la série est alors suivie avec évidence qui montre clairement la convenance ou la disconvenance de ces trois angles avec l'égalité à[1] deux droits ; et cet homme a par là connaissance certaine que les choses sont ainsi. Mais quelqu'un d'autre, qui n'a jamais pris la peine d'observer la démonstration et qui entend un mathématicien, homme de confiance, affirmer que les trois angles d'un triangle sont égaux à deux droits, *donne son assentiment* à cet énoncé, c'est-à-dire l'accepte pour vrai ; en ce cas, le fondement de son assentiment, c'est la probabilité de la chose ; la preuve est du genre de celles qui sont accompagnées, dans la plupart des cas, de vérité : il l'accepte sur le témoignage d'une homme qui n'a pas l'habitude d'affirmer des choses contredisant ou dépassant sa connaissance, spécialement sur les questions de ce genre. Aussi, ce qui cause son assentiment à cette proposition (*Les trois angles d'un triangle sont égaux à deux droits*), ce qui lui fait accepter que les idées s'accordent sans qu'il en ait connaissance, c'est la véracité coutumière du locuteur dans les autres cas, ou sa véracité supposée en celui-ci.

§ 2
C'est pour suppléer au manque de connaissance

Notre connaissance, on l'a montré[2], est très limitée et nous ne sommes pas assez heureux pour trouver une vérité 655 certaine en toute chose | que nous avons l'occasion de considérer ; aussi, la plupart des propositions sur lesquelles nous pensons, raisonnons, discourons, voire agissons, sont telles qu'il est impossible d'avoir une connaissance indubitable de leur vérité ; certaines pourtant sont si proches de la certitude que nous n'avons absolument aucun doute à leur sujet : nous *donnons notre assentiment* aussi fermement et nous agissons

---

1. Le texte dit littéralement : « ... convenance ou disconvenance de ces trois angles en égalité à deux droits ... ».
2. *Cf.* 4.11 et 4.14.2.

selon cet assentiment de façon aussi décidée[a], que si elles avaient été démontrées de manière infaillible et si notre connaissance était parfaite et certaine. Mais il y a là des degrés, depuis ce qui est très proche de la certitude et de la démonstration, jusqu'à l'improbabilité et l'invraisemblance, voire jusqu'aux confins de l'impossibilité ; et il y a aussi des degrés de l'*assentiment*, depuis[b] la pleine *assurance* et la pleine confiance, jusqu'à la *conjecture*, le *doute* et la *défiance*[c].

J'en viens maintenant (ayant dégagé, je pense, les limites de la connaissance humaine et de la certitude) à considérer, pour suivre, *les divers degrés et motifs de probabilité et d'assentiment ou foi*[1].

§ 3
Elle est ce qui nous fait présumer que des choses sont vraies, avant que nous ne sachions qu'elles le sont

Être *probable*, c'est sembler être vrai[2] (la dénotation propre du mot est une proposition pour laquelle existent des arguments ou des preuves qui la font prendre ou accepter pour vraie). L'attitude de l'esprit à l'égard de ces sortes de proposition est appelée *croyance*, *assentiment*[3] ou *opinion*, c'est-à-dire le fait d'admettre ou d'accepter une proposition pour vraie, à partir d'arguments et de preuves que l'on trouve

---

a. Terme qui, depuis la deuxième édition, remplace : « … vigoureuse … ».

b. Jusqu'à la cinquième édition, le texte ajoutait ici : « … la connaissance certaine et ce qui en est proche, … ».

c. Jusqu'à la cinquième édition, le texte ajoutait ici : « … et l'incroyance … ».

1. *Cf.* 1.1.2 ; paragraphe parallèle en *Draft A*, § 32.

2. *Probability is likeliness to be true.*

3. Sens différent en 4.7.2.

persuasifs et qui la font accepter pour vraie sans connaissance certaine qu'il en soit ainsi.

Et c'est ici que se trouve la différence entre *probabilité* et *certitude*, entre *foi* et *connaissance* : en toute partie de la connaissance, il y a intuition ; chaque idée immédiate, chaque étape a sa liaison visible et certaine. Il n'en va pas de même pour la croyance : ce qui me fait croire, c'est quelque chose d'extérieur à la chose que je crois, quelque chose qui n'est pas évidemment joint des deux côtés aux idées que l'on considère, et donc qui ne manifeste pas leur convenance ou leur disconvenance [1].

§ 4
Il y a deux motifs de la probabilité : la conformité à notre propre expérience et le témoignage de l'expérience des autres

La *probabilité* donc, puisqu'elle a pour fonction de suppléer aux défauts de connaissance et de servir de guide là où celle-ci est absente, porte toujours sur des propositions [d] [e-]dont on n'a aucune certitude mais seulement certains motifs **656** pour | les accepter comme vraies[-e]. Ses motifs sont en bref les deux suivants [2] :

1) la conformité d'une chose avec notre propre connaissance, observation et expérience ;

2) le témoignage des autres attestant de leur observation et de leur expérience. Dans le témoignage des autres, il faut considérer

a) le nombre des témoins,

b) leur intégrité,

c) leur habileté,

d. Terme qui, depuis la deuxième édition, remplace : « … choses … ».

e. La troisième édition seule donnait ici : « … que l'on a certains motifs d'accepter pour vraies, sans connaissance certaine qu'elles le sont. ».

1. Paragraphe presque entièrement repris en *Draft A*, § 33.
2. Distinction analogue en *Draft A*, § 33 ; *cf.* 4.18.2, 5.

d) le but de l'auteur quand le témoignage est une citation de livre,

e) la cohérence des éléments et des circonstances de la narration,

f) les témoignages contraires[1].

§ 5

Ici, il faut examiner toutes les convenances, pour et contre,
avant de former un jugement

Puisque l'évidence intuitive, qui détermine infailliblement l'entendement et produit une connaissance certaine, fait défaut à la probabilité, [f-*si l'esprit veut procéder rationnellement, il-f] doit examiner tous les motifs de probabilité* et voir comment ils confirment ou infirment plus ou moins [g-telle proposition probable, avant de lui donner ou de lui refuser son assentiment-g]; puis après avoir bien pesé le tout, il doit la rejeter ou l'accepter avec un assentiment plus ou moins ferme, selon que les motifs de la probabilité sont plus ou moins en faveur d'un côté ou de l'autre[2]. Par exemple :

Si je vois moi-même quelqu'un marcher sur la glace, c'est plus que de la *probabilité*, c'est de la connaissance; mais si quelqu'un d'autre me dit qu'il a vu quelqu'un en *Angleterre*, au milieu d'un hiver rigoureux, marcher sur l'eau durcie par le froid, cela a tellement de conformité avec ce qui est habituellement observé que la nature de la chose me dispose elle-même à lui donner mon assentiment, sauf si une soupçon manifeste entache la relation du fait. Mais, si la même chose

f. Texte qui, depuis la troisième édition, remplace : « … *l'esprit, avant de donner ou refuser* rationnellement *son assentiment* à une proposition probable, … ».

g. Texte qui, depuis la quatrième édition, remplace : « … elle … ».

1. *Cf.* Préface de la *Paraphrase des Épitres de saint Paul, cf.* note à 4.19.14.

2. Cf. *Conduite de l'entendement*, § 7, 10.

était racontée à quelqu'un né entre les Tropiques, qui n'a jamais vu ni entendu dire une telle chose auparavant, alors toute la probabilité repose sur le témoignage et selon que les narrateurs sont plus nombreux, de plus grande confiance, qu'ils n'ont aucun intérêt à dire quelque chose qui soit contraire à la vérité, le fait risque d'être plus ou moins cru. Pourtant, pour quelqu'un dont l'expérience à toujours été exactement contraire, et qui n'a jamais entendu parler de quelque chose comme cela, le témoin le plus fiable et le moins corrompu ne pourra guère être cru.

657　　C'est ce qui arriva à un ambassadeur *hollandais* | qui parlait au roi de Siam des caractéristiques de la *Hollande* que celui-ci cherchait à connaître : il lui dit entre autres choses que, dans son pays par temps froid, l'eau devenait parfois si dure que les gens marchaient dessus et que, s'il y avait eu un éléphant, l'eau aurait pu le porter. Le roi répliqua : « Jusqu'ici, j'ai cru les choses étranges que nous m'avez dites, parce que je vous considère comme un homme d'honneur sincère, mais maintenant je suis sûr que vous mentez ».

§ 6
Il y en a une grande variété

Voilà les motifs dont dépend la *probabilité* de toute proposition. Et selon que la conformité de la connaissance, la certitude des observations, la fréquence et la constance de l'expérience, le nombre et la crédibilité des témoignages concordent plus ou moins avec elle ou non, toute proposition est en elle-même plus ou moins probable.

Il existe, je l'avoue, un autre motif de *probabilité* qui certes en lui-même n'est nullement véritable, mais qu'on utilise pourtant fréquemment ainsi, qui pour beaucoup de gens sert de critère pour régler leur assentiment, et plus que tout autre pour définir leur foi : *l'opinion des autres*; pour appuyer sa croyance, il n'y a pourtant rien de plus dangereux ni plus à même d'égarer, car il y a bien plus de fausseté et d'erreur parmi les hommes que de vérité et de connaissance. Et si les opinions et les convictions des autres que l'on connaît et que l'on estime étaient des motifs de l'assentiment, les hommes auraient raison d'être païens au *Japon*, mahométans en *Turquie*, papistes en *Espagne*, protestants en *Angleterre* et luthériens en *Suède*. Mais de ce motif erroné d'assentiment, je vais avoir l'occasion de parler plus longuement ailleurs [1].

1. *Cf.* 4.20.17-18.

Chapitre 16

LES DEGRÉS D'ASSENTIMENT

§ 1

L'assentiment doit être réglé en fonction des degrés de probabilité

Les motifs de probabilité établis dans le chapitre précédent sont aussi bien les fondations sur lesquelles se construit notre *assentiment* que les mesures sur lesquels sont (ou doivent être) *réglés* ses différents degrés. Quels que puissent être les différents motifs de probabilité, il faut seulement noter qu'ils n'opèrent, sur l'esprit qui cherche la vérité et s'efforce de juger | correctement, que dans les limites de leur manifestation, au **658** moins la première fois où l'esprit juge ou cherche. J'avoue que dans les opinions auxquelles adhèrent les gens à travers le monde, leur *assentiment* ne vient pas toujours d'une vision effective des raisons qui d'abord ont prévalu : dans de nombreux cas, il est presque impossible (et dans la plupart il est très difficile), même pour ceux qui ont une mémoire admirable, de retenir toutes les preuves qui les ont fait se déclarer pour ce parti après un examen correct. Il suffit que, une fois avec soin et sincérité, ils aient passé au crible[a] la question aussi loin qu'ils le pouvaient et qu'ils aient examiné tous les détails qu'ils imaginaient éclairer la question et avec leur plus grande compétence fait le compte en fonction de l'ensemble des preuves. Ayant ainsi trouvé une fois de quel côté la probabilité se manifestait à eux, après une recherche aussi complète et exacte que possible, ils déposent la conclusion dans leur mémoire comme une vérité qu'ils ont découverte et, pour l'avenir, restent convaincus par le témoignage de leur mémoire[1] que c'est l'opinion qui mérite, du fait des preuves qu'une fois ils en ont vues, le degré d'*assentiment* qu'ils lui apportent[2].

§ 2

Ils ne peuvent être toujours effectivement présents à la vue ;
il faut donc se contenter de se souvenir qu'autrefois
on a vu le motif d'un tel degré d'assentiment

C'est tout ce que peuvent faire la plupart des gens pour ajuster leurs opinions et leurs jugements. Ou alors il faudrait exiger d'eux qu'ils conservent distinctement en mémoire toutes les preuves portant sur toute vérité probable, et cela suivant l'ordre et la déduction régulière des conséquences autrefois imposés ou vus ; et, sur une seule question, il y a de quoi remplir parfois un volume entier. On pourrait aussi exiger de chacun qu'il examine chaque jour les preuves de toutes les opinions qu'il soutient. Mais les deux sont impossibles. Les gens ne peuvent donc que se fier à leur mémoire en ce cas et il est inévitable *qu'ils soient convaincus d'opinions diverses dont les preuves ne soient pas effectivement présentes à leur pensée*, ou même impossibles à remémorer effectivement. Sans cela, il

---

a. Verbe qui, depuis la deuxième édition, remplace : « … examiné… ».

1. *Cf.* 4.1.9.
2. Cf. *De la conduite de l'entendement*, § 33.

faudrait que la plus grande part d'entre eux soient entièrement sceptiques ou changent d'opinion à tout moment pour se soumettre à quelqu'un qui vient d'étudier la question et présente des arguments auxquels ils sont incapables de répondre sur le champ, faute de mémoire.

§ 3
Conséquence néfaste, si le premier jugement n'a pas été fait correctement

Je dois avouer que *l'adhésion* des gens *à* leur *jugement passé* et aux conclusions tirées autrefois est souvent | cause **659** d'entêtement dans l'erreur. Mais la faute n'est pas de se reposer sur la mémoire pour décider de ce dont on a auparavant bien jugé, mais d'avoir jugé avant d'avoir bien examiné.

Ne peut-on trouver un grand nombre de gens (pour ne pas dire la plupart) qui pensent avoir formé des jugements corrects sur plusieurs questions, pour la seule raison qu'ils n'ont jamais pensé autrement ; qui s'imaginent avoir jugé correctement seulement parce qu'ils n'ont jamais mis en question, jamais examiné leurs propres opinions – ce qui revient à estimer avoir jugé correctement parce qu'on n'a absolument jamais jugé. Ce sont pourtant eux qui, parmi tous les autres, soutiennent leurs opinions avec le plus de rigidité ; ceux qui sont les plus féroces et les plus déterminés dans leurs croyances sont ceux qui les ont le moins examinées.

Une fois la connaissance acquise, on est certain qu'elle est cette connaissance, et on peut être sûr qu'il ne reste pas de preuves cachées à découvrir qui pourraient la détruire ou la mettre en doute. Mais en matière de probabilité, on ne peut être sûr à chaque fois que l'on a devant soi tous les points particuliers qui concernent la question, et qu'il n'y a pas, derrière, un preuve pas encore vue, qui pourrait rejeter la probabilité de l'autre côté et contrebalancer tout ce qui sur le moment semble l'emporter. Peut-on trouver quelqu'un qui ait le loisir, la patience et les moyens d'assembler toutes les preuves concernant la plupart de ses opinions, de manière à conclure en toute sécurité qu'il a une vision claire et complète et qu'on ne peut plus rien alléguer en faveur d'une meilleure information [1] ?

On est pourtant obligé de se déterminer pour un côté ou l'autre. La conduite de la vie et la gestion des intérêts ne peut souffrir de délai ; ils dépendent pour la plupart de la détermination de jugements sur des points où aucune connaissance certaine et démonstrative n'est accessible, et où il est nécessaire d'adhérer à un côté ou à l'autre.

§ 4
Usage juste : charité et indulgence mutuelles

Il est donc inévitable que la plupart des hommes, sinon tous, aient des opinions diverses sans preuves certaines et indubitables de leur vérité ; par ailleurs, renoncer à ses croyances anciennes dès la présentation d'un argument auquel on ne peut répondre sur le champ en montrant son insuffisance, serait considéré comme ignorance, légèreté ou folie graves ; aussi conviendrait-il, je pense, à tous les hommes de préserver la *paix* et les devoirs communs d'humanité et de

660 *fraternité au milieu de la diversité d'opinions*, | puisqu'on ne peut espérer raisonnablement que quelqu'un se soumette et soit prêt à abandonner ses opinions pour adhérer aux nôtres avec une aveugle déférence à une autorité que l'entendement humain ne reconnaît pas ; car bien qu'il [b] puisse souvent se tromper, l'entendement ne reconnaît d'autre guide que la raison et ne peut se soumettre à la volonté et aux décisions d'un autre [2].

Si celui que vous voudriez amener à vos sentiments est quelqu'un qui examine avant de donner son assentiment,

b. Coste traduit ici : « l'homme ».

1. Cf. *Conduite de l'entendement*, § 3.
2. Cf. *Lettre sur la tolérance*, éd. G.F., 1992, p. 170, etc.

vous devez lui donner le loisir de revenir sur la question et, en se remémorant ce qui a échappé à son esprit, d'examiner tous les détails pour voir de quel côté est l'avantage; et s'il ne pense pas que nos arguments aient assez de poids pour s'engager de nouveau dans un tel effort, il ne fait que ce que nous faisons nous-mêmes dans des cas semblables : nous prendrions mal que d'autres nous prescrivent alors les points que nous aurions à étudier. S'il est quelqu'un qui choisit ses opinions en faisant confiance à autrui, comment peut-on imaginer qu'il renonce à ses dogmes, si bien installés dans son esprit par le temps et la coutume qu'il les estime évidents par eux-mêmes et d'une certitude incontestable ou qu'il les prend pour des impressions reçues de Dieu lui-même ou d'hommes envoyés par Lui [1] ? Comment espérer, dis-je, que des opinions aussi installées soient abandonnées au profit des arguments ou de l'autorité d'un étranger ou d'un adversaire, spécialement s'il y a soupçon d'un intérêt ou d'un dessein, ce qui ne manque pas de se produire dès que les gens s'estiment maltraités.

Il vaudrait mieux compatir à nos ignorances communes et s'efforcer de les dissiper dans les voies douces et justes de l'information, plutôt que de maltraiter d'emblée autrui comme quelqu'un d'obstiné et de pervers sous prétexte qu'il ne renonce pas à ses opinions, qu'il n'accepte pas les nôtres ou au moins celles auxquelles on voudrait le contraindre : il est plus que probable que nous ne sommes pas moins obstinés à ne pas adhérer à certaines de leurs opinions. Car où est l'homme qui a l'évidence incontestable de la vérité de tout ce qu'il soutient, ou de la fausseté de tout ce qu'il condamne; ou qui peut dire qu'il a examiné au fond toutes ses opinions ou celles des autres hommes ?

1. *Cf.* 1.2.26.

La nécessité de croire sans connaître, voire de croire souvent sur des fondements très minces, dans l'état provisoire d'action et d'aveuglement où nous sommes, devrait nous rendre plus actifs et plus soigneux pour notre propre instruction que pour la contrainte des autres. Au moins ceux qui n'ont pas examiné complètement et jusqu'au fond toutes leurs croyances doivent confesser qu'ils ne sont pas les personnes adaptées pour les prescrire aux autres ; qu'ils sont déraisonnables d'imposer aux autres de croire comme vérité ce qu'eux-mêmes n'ont pas **661** examiné, ce dont ils n'ont pas pesé les arguments en faveur de | la probabilité, à partir desquelles ces autres devraient les accepter ou les refuser. Ceux qui ont honnêtement examiné en vérité et sont de ce fait arrivés au delà du doute dans toutes les doctrines qu'ils professent et qui leur servent de règle, auraient une prétention plus légitime à exiger des autres qu'ils les suivent. Mais ils sont si peu nombreux, ils trouvent tellement peu de raisons d'avoir une attitude magistrale dans leurs opinions, qu'on ne peut attendre d'eux aucune insolence ni aucun impérialisme. Et il y a des raisons de penser que si les gens étaient eux-mêmes mieux instruits, ils seraient moins dogmatiques envers les autres.

§ 5
La probabilité concerne soit un fait soit une spéculation

Mais pour en revenir aux motifs de l'assentiment et à ses divers degrés, il faut noter que les propositions acceptées pour raison de *probabilité*, sont *de deux sortes* : elles concernent soit une existence singulière (ou, comme on la nomme habituellement, un fait) qui tombe sous l'observation et peut donc relever du témoignage humain, soit des choses qui dépassent la découverte des sens et ne relèvent donc d'aucun témoignage tel.

§ 6

*La convenance de notre expérience avec celle de tous les autres hommes
produit une assurance proche de la connaissance*

Concernant la *première* de ces sortes, *le fait particulier* :

1) Là où une chose singulière conforme à l'observation constante des autres et de nous-mêmes dans les mêmes situations se trouve attestée par les rapports concordants de tous ceux qui la mentionnent, on l'accepte aussi facilement et on construit sur elle aussi fermement que s'il s'agissait d'une connaissance certaine, puis on raisonne et on agit à partir de là avec aussi peu de doute que s'il s'agissait d'une démonstration parfaite. Ainsi, si tous les *anglais* à qui il arrive d'en parler affirmaient qu'il a gelé l'hiver dernier en *Angleterre* ou qu'on y vu en été des hirondelles, je pense qu'on en douterait presque aussi peu que de Sept et quatre font onze.

Le premier *degré donc de probabilité et le plus haut*, c'est quand le consentement général de tous les hommes dans tous les siècles, pour autant qu'on puisse le connaître, concorde avec l'expérience constante et jamais contredite en pareil cas, dans la confirmation de la vérité d'un fait particulier attesté par des témoins honnêtes. Sont de ce genre, la constitution et les propriétés établies des corps ainsi que les enchaînements normaux de causes et d'effets dans le cours ordinaire de la nature [1]. C'est ce qu'on appelle un argument à partir de la nature des choses mêmes. Car ce qui est, selon l'observation constante des autres et la nôtre, toujours de la même manière, on conclut à juste titre que c'est l'effet de causes stables et régulières même si elles ne sont pas accessibles par | la connaissance.

662

Ainsi, *Le feu a réchauffé quelqu'un, Il a fluidifié le plomb, Il a changé la couleur et la consistance du bois ou du charbon de bois, Le fer s'enfonce dans l'eau et surnage dans le vif-argent* : toutes ces propositions et leurs semblables à propos de faits

---

1. Jusqu'ici, le paragraphe est parallèle à *Draft A*, § 34.

particuliers sont conformes à notre expérience constante, chaque fois que nous avons affaire à ces matériaux ; on en parle en général (quand d'autres les mentionnent) comme de choses qui se trouvent constamment ainsi, personne ne le conteste, et on ne peut donc mettre en doute qu'un récit affirmant qu'une telle chose a existé, ou que l'assertion : « Cela arrivera encore de la même manière », soient tout à fait vrais.

Ces *probabilités* approchent tellement de la *certitude* qu'elles gouvernent la pensée de façon aussi absolue et ont une influence aussi entière sur les actions que la démonstration la plus évidente. Et sur ce qui nous concerne, nous faisons peu de différence, voire aucune, entre elles et une connaissance certaine[1] : la croyance ainsi fondée atteint l'*assurance*[2].

§ 7
Le témoignage et l'expérience incontestables produisent pour la plupart la confiance

2) *Le degré suivant de probabilité*, c'est quand je trouve par ma propre expérience et l'accord de tous les autres qui en parlent, qu'une chose est telle pour sa plus grande part, et que le cas particulier est attesté par beaucoup de témoins indubitables. Par exemple, l'Histoire présente de la manière suivante les hommes de tous les siècles, et mon expérience propre (dans la mesure où j'ai eu l'occasion de les observer) le confirme : la plupart des hommes préfèrent leur avantage privé plutôt que l'intérêt public ; si tous les historiens qui ont écrit sur Tibère disent que Tibère a agi ainsi, c'est extrêmement probable. Et en ce cas notre assentiment a un motif suffisant pour atteindre le degré que l'on peut nommer *confiance*[3].

---

1. Comparer avec 4.17.16.
2. Paragraphe parallèle à *Draft A*, § 34.
3. Paragraphe parallèle à *Draft A*, § 35.

§ 8
Le témoignage honnête et l'indifférence du cas produisent aussi
une croyance confiante

3) Dans les choses indifférentes, par exemple qu'un oiseau vole de tel ou tel côté, qu'il tonne à droite ou à gauche, etc., quand un fait particulier est attesté par le témoignage concordant de témoins insoupçonnés, l'assentiment est alors inévitable. Ainsi, qu'existe en *Italie* un ville telle que *Rome*, qu'il y a 1700 ans y ait vécu un homme appelé *Jules César*, qu'il ait été général, et qu'il ait gagné une bataille contre un autre général nommé Pompée : dans la nature de la chose il n'y a rien pour ou contre lui ; le fait est raconté par des historiens de confiance et n'est contredit par aucun écrivain ; donc personne ne peut s'empêcher d'y croire et ne peut en douter plus qu'il ne doute de | l'être et des actions de ses proches dont il est lui-même témoin. **663**

§ 9
Expériences et témoignages contradictoires :
variations infinies de degrés de probabilité

Jusque là, les choses sont assez simples. La probabilité sur de tels motifs comporte tellement d'évidence qu'elle détermine naturellement le jugement et laisse aussi peu de liberté de croire ou de ne pas croire, que la démonstration n'en laisse de connaître ou d'être ignorant.

Il y a difficulté quand les témoignages contredisent l'expérience commune et que les récits de l'histoire et des témoins s'opposent entre eux ou au cours ordinaire de la nature ; c'est là que sont requis soin, attention, exactitude, pour former un jugement droit et proportionner l'*assentiment* à l'évidence et à la probabilité différentes de la chose ; celle-ci croît ou décroît selon que les deux motifs de crédibilité (l'observation commune de cas semblables et les témoignages particuliers sur des cas particuliers) l'appuient ou le contredisent. Ces motifs sont soumis à de telles variations (observations, conditions, récits contraires ; qualités, humeurs, desseins, oublis différents des narrateurs) qu'il est impossible de ramener à des règles précises les différents degrés d'assentiment donnés par les gens.

On ne peut dire que cette généralité : de même que, après un examen correct pesant précisément chaque circonstance particulière, les arguments et les preuves pour ou contre paraîtront finalement avantager plus ou moins un côté, de même ils sont faits pour produire dans l'esprit les attitudes différentes correspondantes, que l'on nomme *croyance*, *conjecture*, *estimation*, *doute*, *hésitation*, *défiance*, *incroyance* [c], etc. [1].

§ 10
Les témoignages de la tradition : plus ils sont lointains, moins ils prouvent

Voila ce qui concerne l'*assentiment* dans les questions où l'on utilise le témoignage ; à leur sujet, je pense qu'il n'est pas inutile de relever une règle observée dans la loi d'*Angleterre* : bien que la copie d'un Acte soit une preuve valable, la copie d'une copie, même parfaitement attestée par des témoins les plus crédibles, ne sera pas admise comme preuve en Justice. Cette règle est approuvée de façon si générale, comme raisonnable et adaptée à la sagesse et à la prudence à respecter dans la recherche de vérités importantes, que jamais encore je n'ai entendu parler de quelqu'un qui la blâmât. Si cette pratique est valable pour les décisions sur le Juste et l'Injuste, on est amené à étendre cette observation : plus un témoignage est **664** éloigné de | la vérité d'origine, moins il a de force probante. Ce que j'appelle *vérité d'origine*, c'est l'être et l'existence de la chose même ; un homme fiable témoignant de sa connaissance du fait, c'est une preuve valable ; mais si quelqu'un d'autre, également fiable, témoigne sur le rapport du premier, le témoignage est plus faible ; et un troisième qui atteste l'ouï-dire d'un ouï-dire est encore moins valable. Ainsi *pour les*

---

c. *Estimation* et *incroyance* ne sont pas repris par Coste.

1. Les deux derniers paragraphes sont parallèles à *Draft A*, § 36.

vérités portées par la tradition, chaque étape affaiblit la force de la preuve; et plus de mains ont successivement transmis la tradition, moins elle en tire de force et d'évidence [1].

Je pensais nécessaire de prendre note de ce point, car je rencontre chez certains l'exact inverse couramment pratiqué : ils estiment que les opinions se renforcent en vieillissant ; et ce qui ne serait pas du tout apparu probable à un homme raisonnable, contemporain du premier témoin il y a mille ans, est maintenant allégué comme certain, au delà de toute question, pour la seule raison que plusieurs à partir de lui l'ont depuis transmis les uns aux autres [2]. Sur cette base, des propositions évidemment fausses ou assez douteuse au tout début, en viennent à passer, par une règle de probabilité inversée, pour des vérités authentiques. Et on estime que celles qui ont reçu et mérité peu de crédit dans la bouche de leur premier auteur, sont maintenant devenues vénérables par l'âge et sont présentées comme indéniables.

§ 11
Pourtant l'Histoire est très utile

Je ne voudrais pas que l'on pense que je restreins ici l'autorité et l'utilité de l'*Histoire* : en de nombreux cas, toute la lumière que l'on ait vient de là, et l'on en tire une grande partie des vérités utiles dont on dispose, avec une évidence convaincante. Je pense que rien n'est plus estimable que les Mémoires de l'Antiquité et je souhaiterais qu'on en ait plus et de moins corrompus.

Mais la vérité elle-même me force à dire qu'aucune *probabilité* ne peut s'élever plus haut que son origine. Ce qui n'a d'autre preuve que le témoignage unique d'un seul témoin, doit tenir ou tomber par ce seul témoignage, bon, mauvais ou neutre ; et, même s'il est cité ensuite par des

1. *Cf.* 4.2.6.
2. *Cf.* Pascal, *Pensées*, 505 (Lafuma).

centaines d'autres, l'un à la suite de l'autre, loin de recevoir par là la moindre force il n'en devient que plus faible. La passion, l'intérêt, l'inattention, l'erreur sur l'intention et un millier de raisons étranges ou de caprices qui font agir les hommes (impossibles à découvrir), peuvent faire que l'un cite de façon erronée les mots ou l'intention de l'autre. Celui qui a jamais tant soit peu examiné les citations d'écrivains ne peut mettre en doute que les citations méritent peu de crédit quand

665 les originaux manquent ; et | on peut encore moins se fier par conséquent aux citations de citations. Ce qui est certain, c'est que ce qui a été affirmé à une époque sur des bases fragiles ne peut jamais devenir plus valide dans les siècles suivants du fait de répétitions fréquentes. Mais plus il s'éloigne de l'original, moins il est valide ; et il a toujours moins de force dans la bouche ou sous la plume du dernier qui l'utilise que chez celui dont il l'a reçu.

§ 12

Dans les choses que les sens ne peuvent dévoiler,
l'analogie est la grande règle de probabilité

Les probabilités mentionnées jusqu'ici sont seulement celles qui concernent les faits et les choses susceptibles d'observation et de témoignage. Il reste cette autre sorte *à propos* desquelles les gens ont des opinions (avec des degrés d'assentiment différents), bien que les *choses* soient de telle nature qu'*elles ne soient pas accessibles par les sens et donc ne puissent être attestées par témoignage*. Telles sont :

1) L'existence, la nature et les opérations des êtres finis immatériels en dehors de nous : les Esprits, les anges, les démons, etc., ou l'existence des êtres matériels que les sens ne peuvent percevoir, soit à cause de leur petitesse en eux-mêmes, soit à cause de leur éloignement ; par exemple : y a-t-il des plantes, des êtres animés et des habitants intelligents sur les planètes et dans les autres demeures de ce vaste univers ?

2) Concernant les modes opératoires dans la plupart des œuvres de la Nature : on en voit les effets sensibles, mais leurs

causes sont inconnues et l'on ne perçoit pas la façon dont ils sont produits[1]. On voit que les êtres animés sont engendrés, nourris et qu'ils se meuvent, que l'aimant attire le fer, et que les morceaux de cire fondent puis s'enflamment et fournissent à la fois lumière et chaleur. Ces effets et les effets similaires sont vus et connus ; mais les causes qui agissent et la façon dont elles se produisent, on ne peut que les deviner et conjecturer de façon probable ; ces causes et leurs semblables ne tombent en effet pas sous l'observation des sens humains, ne peuvent être examinées par eux ni attestées par qui que ce soit ; elles ne peuvent donc paraître plus ou moins probables qu'en fonction de leur plus ou moins grande convenance avec les vérités qui sont établies dans l'esprit et de leur rapport aux autres parties de la connaissance et de l'observation. L'*analogie* est sur ces questions le seul secours que l'on ait, et c'est d'elle seule que l'on tire tous nos motifs de probabilité[2].

Ainsi, en observant que le seul fait de frotter vivement deux corps l'un sur l'autre produise de la chaleur et très souvent du feu même, on a raison de penser que ce que l'on appelle chaleur et feu | consiste en une violente agitation des **666** éléments infimes imperceptibles de la matière brûlante.

En observant de même que la diversité de réfraction des corps transparents produit dans les yeux des manifestations diverses de couleurs, et aussi que les diverses façons de poser et d'arranger les parties superficielles de plusieurs corps comme du velours, de la soie moirée, etc., ont le même effet, on estime probable que la couleur et l'éclat des corps ne sont en eux-mêmes que la diversité d'arrangement et de réfraction de leurs éléments infimes et insensibles[3].

1. *Cf.* 4.3.24-25.
2. *Cf.* Newton, *Principia*, III, Règle 3.
3. *Cf.* 2.8.13 ; 2.23.11 ; 4.3.25, etc.

Ainsi, voyant qu'entre toutes les parties de la Création qui tombent sous l'observation humaine, il y a une liaison progressive sans lacune importante ou discernable de l'une à l'autre[1], au milieu de l'immense variété des choses que l'on voit dans le monde si étroitement liées ensemble qu'il n'est pas aisé de découvrir les limites qui séparent les divers ordres d'êtres, on a raison d'être convaincu que les choses croissent en degrés de perfection par étapes progressives : il est difficile de dire où commencent le sensible et le rationnel et où finissent l'insensible et l'irrationnel ; et qui a un esprit assez pénétrant pour déterminer avec précision quelle est l'espèce la plus basse parmi les choses vivantes et la première de celles qui n'ont aucune vie ? Les choses, pour autant qu'on puisse les observer, diminuent et augmentent comme la quantité dans un cône régulier : il y a des disparités manifestes entre les diamètres fort distants et pourtant la différence entre le supérieur et l'inférieur lorsqu'ils se touchent est difficilement discernable ; la différence est énorme entre certains hommes et certains animaux, mais si l'on compare l'entendement et les capacités de certains hommes et de certaines bêtes, on trouvera si peu de différences qu'il sera difficile de dire que l'entendement de l'homme est le plus clair ou le plus étendu. Observant, dis-je, de tels dégradés progressifs et minimes dans les parties de la Création qui sont en dessous de l'homme, nous pouvons, par la règle de l'analogie, prendre pour probable qu'il en soit de même pour les choses au-dessus de nous et de notre observation ; et qu'il y a plusieurs ordres d'êtres intelligents qui nous dépassent en plusieurs degrés de perfection, allant jusqu'à la perfection infinie du Créateur par étapes et différences minimes, chacune à distance réduite de la suivante.

Cette sorte de probabilité, le meilleur guide pour des expérimentations rationnelles et la construction d'hypo-

---

1. *Cf.* 3.6.12.

thèses, a aussi son utilité et son influence ; et un raisonnement prudent à partir de l'analogie | conduit souvent à la découverte **667** de vérités et de productions utiles qui autrement seraient restées cachées [1].

§ 13
Un cas où l'expérience contraire n'amoindrit pas le témoignage

Bien que l'expérience commune et le cours ordinaire des choses aient à juste titre une influence puissante sur l'esprit des hommes et leur fassent donner ou refuser crédit à toute chose proposée à leur croyance, il existe pourtant un cas où l'assentiment à un témoignage sincère n'est pas limité par l'étrangeté du fait rapporté. Là où des événements surnaturels sont adaptés aux fins visées par Celui qui a le pouvoir de changer le cours de la Nature, là dans ces circonstances, ils peuvent être d'autant plus à même de procurer une croyance qu'ils sont au-dessus de l'observation ordinaire ou contraire à elle. C'est le cas spécifique des *miracles* qui, bien attestés, trouvent non seulement crédit pour eux-mêmes mais le communiquent aussi aux autres vérités qui ont besoin d'une telle confirmation [2].

§ 14
Le pur témoignage de la Révélation est la plus haute certitude

Outre les propositions dont on vient de parler, il y a une sorte qui rivalise avec le plus haut degré d'assentiment sur simple témoignage, que la chose énoncée concorde ou non avec l'expérience commune et le cours ordinaire des choses. La raison en est que le témoignage vient de quelqu'un qui ne peut ni tromper ni se tromper, Dieu lui-même : il comporte

---

1. Cf. *Draft A*, § 38 ; *De la conduite de l'entendement*, § 40.
2. Cf. *Draft A*, § 37 ; *Discours sur les miracles*, trad. française, Oxford, Voltaire Foundation, 1999.

alors une assurance[d] au-delà du doute, une évidence sans réserve. C'est ce qu'on appelle d'un nom particulier, la *Révélation*, et l'assentiment correspondant s'appelle la *foi* : elle [e]détermine aussi absolument l'esprit et exclut aussi parfaitement toute hésitation[e] que la connaissance même ; et l'on peut aussi bien douter de son être propre que de la vérité d'une révélation de Dieu.

De telle sorte que la foi est un principe stable et sûr d'assentiment et d'assurance ; elle ne laisse aucune place pour le doute et l'hésitation. Il faut seulement être sûr qu'il s'agit d'une révélation divine et qu'on la comprend bien ; autrement on s'exposera à toutes les extravagances de l'enthousiasme et à toutes les erreurs des principes erronés, si l'on met sa foi et son assurance dans ce qui n'est pas de révélation divine. Dans ces cas, l'assentiment ne peut donc être rationnellement plus élevé que la garantie qu'il s'agit d'une révélation[1] et qu'il s'agit du sens des expressions qu'elle fournit. Si la garantie qu'il s'agit d'une révélation ou que c'est son sens vrai repose **668** | seulement sur des preuves probables, l'assentiment ne peut atteindre plus que l'assurance ou la défiance émanant de la probabilité plus ou moins apparente des preuves.

Mais de la foi et de la préséance qu'elle doit avoir sur les autres arguments propres à persuader, je parlerai plus par la suite, là où j'en traite en opposition à la raison, comme on le fait d'ordinaire[2] ; mais en réalité, la foi n'est rien d'autre qu'un assentiment fondé sur la plus haute raison[3].

d. Terme qui, depuis la cinquième édition, remplace : « … certitude… ».

e. Texte qui, depuis la cinquième édition, remplace : « … a autant de certitude … ».

1. *Cf.* 4.19.10.
2. *Cf.* 4.17.24 ; puis 4.18.
3. *Cf.* 4.19.4.

CHAPITRE 17

LA RAISON

§ 1

Différentes significations du mot raison

Le mot raison en anglais a différentes significations : il désigne parfois des principes vrais et clairs; parfois des déductions justes et claires de ces principes; et parfois la cause et particulièrement la cause finale. Mais l'aspect sous lequel je la considérerai ici est une signification différente de toutes celles là : à savoir une faculté de l'homme, cette faculté qui distingue, suppose-t-on, l'homme des bêtes et où il les surpasse évidemment beaucoup [1].

§ 2

En quoi consiste raisonner

Si la connaissance générale consiste, comme on l'a montré [2], en une perception de la convenance ou de la disconvenance entre nos propres idées, et si la connaissance de

---

1. Coste ajoute ici : « & c'est dans ce sens-là que je vais la considérer dans tout ce Chapitre ».
2. *Cf.* 4.1.1.

l'existence des toutes les choses hors de nous (excepté seulement [a]d'un DIEU dont chaque homme peut connaître et démontrer avec certitude l'existence pour lui-même à partir de sa propre existence[-a]) peut être obtenue seulement pas nos sens, quelle place y a-t-il pour la mise en œuvre d'une faculté autre que le sens externe et la perception interne ? Quel besoin y a-t-il de la raison ?

Très grand, aussi bien pour étendre la connaissance que pour réguler l'assentiment ; car la raison a de quoi faire, aussi bien dans la connaissance que dans l'opinion, et elle est nécessaire pour toutes les autres facultés intellectuelles qu'elle assiste ; elle en contient d'ailleurs deux : la *sagacité* et l'*inférence*. Par la première, elle découvre et par la seconde elle ordonne les idées intermédiaires, de manière à trouver le lien entre chaque maillon de la chaîne qui unit les extrêmes ; par là,

669 elle met au jour, pour ainsi dire, la vérité recherchée ; | c'est ce que l'on appelle l'*inférence*, qui ne consiste en rien d'autre que la perception de la liaison entre les idées à chaque étape de la déduction ; l'esprit parvient ainsi à voir soit la convenance (ou la disconvenance) certaine de deux idées (comme dans la démonstration qui accède à la connaissance), soit leur liaison probable à laquelle il donne ou retient son assentiment (comme pour une opinion).

Le sens et l'intuition ne vont pas très loin ; la plus grande part de la connaissance dépend de déductions et d'idées intermédiaires. Et dans les cas où l'on est contraint de mettre l'assentiment à la place de la connaissance et de prendre pour vraies des propositions sans être certain qu'elles le soient, il faut nécessairement trouver, examiner et comparer les motifs de leur probabilité. Dans les deux cas, la faculté qui décèle les moyens et les applique bien, pour découvrir la certitude dans le premier cas et la probabilité dans l'autre, est ce que l'on

---

a. Texte qui, depuis la deuxième édition, remplace : « … de DIEU… ».

appelle *raison*. Car de même que la raison perçoit la liaison nécessaire et indubitable de toutes les idées (ou preuves) entre elles, à chaque étape de la démonstration qui produit la connaissance, de même elle perçoit la liaison probable de toutes les idées (ou preuves) entre elles, à chaque étape d'un discours auquel elle juge devoir donner son assentiment. C'est le degré inférieur de ce que l'on peut appeler à juste titre *raison*, car là où l'esprit ne perçoit pas cette liaison probable, là où il ne discerne pas s'il y a une telle liaison ou non, là les opinions des gens ne sont pas le produit du jugement ou le fruit de la raison, mais les effets du hasard, de l'errance d'un esprit sans préférence et sans orientation.

§ 3
Ses quatre fonctions

On peut donc considérer *quatre degrés* dans la *raison* : le premier, le plus élevé, est de découvrir et de dégager les preuves ; le second, leur disposition réglée et méthodique pour les mettre en ordre clair permettant de percevoir facilement et clairement leur liaison et leur force ; le troisième est de percevoir leur liaison ; et le quatrième, de tirer la conclusion correcte. On peut observer ces différents degrés en toute démonstration mathématique, mais c'est une chose de percevoir la liaison entre chaque partie quand la démonstration est faite par quelqu'un d'autre, une autre de percevoir la dépendance de la conclusion par rapport à toutes les parties, une troisième de produire une démonstration soi-même clairement et avec ordre, et quelque chose de différent de tout cela d'avoir | le premier trouvé les idées intermédiaires ou preuves **670** pour le faire [1].

---

1. *Cf.* 4.12.7, 14.

§ 4
Le syllogisme n'est pas le grand instrument de la raison

Il y a une chose de plus que je désire voir considérée à propos de la raison : est-ce que le syllogisme, comme on le pense généralement, est l'instrument propre de la raison et le moyen le plus utile pour mettre en œuvre cette faculté. Voici les causes de mes doutes :

1)[1] Parce que le syllogisme aide la raison, mais seulement dans l'une de ses fonctions mentionnées ci-dessus : pour montrer la liaison des preuves en n'importe quel cas, et pas ailleurs[2] ; mais en cela, il n'est pas de grande utilité puisque l'esprit peut percevoir une telle liaison là où elle existe réellement, aussi facilement voire mieux, sans lui.

Si l'on observe l'agir de l'esprit, on verra que l'on raisonne mieux et plus clairement quand on observe seulement la liaison des preuves, sans réduire la pensée aux règles du syllogisme. On peut remarquer que beaucoup de gens raisonnent tout à fait clairement et correctement et ne savent pas faire un syllogisme. Celui qui cherchera dans de grandes parties de l'*Asie* ou de l'*Amérique* y trouvera des gens qui raisonnent peut-être aussi précisément que lui et qui n'ont pourtant jamais entendu parler du syllogisme et ne peuvent réduire un argument à ces formes ; [b-]et je ne crois pas que quelqu'un ait jamais fait un syllogisme en raisonnant en lui-même[-b].

Il est vrai que [c-]le syllogisme est utilisé occasionnellement[-c] pour découvrir une faute de raisonnement cachée dans une fleur de rhétorique ou adroitement enveloppée dans

---

b. Texte ajouté depuis la deuxième édition.

c. Texte qui, depuis la quatrième édition, remplace : « … parfois il peut servir … ».

1. Le deuxièmement se trouve vers la fin de la section (éd. Nidditch p. 677).

2. Coste traduit : « … dans un seul exemple et non au-delà ».

une période harmonieuse : ôtant le bon mot et le beau langage qui masquent une absurdité, il peut la montrer dans sa difformité nue. Mais, [d-]par la forme artificielle qu'il impose à un discours incohérent, il montre sa faiblesse ou son erreur seulement à ceux qui ont entièrement étudié les *modes et les figures* et qui ont suffisamment examiné les différentes façons dont trois propositions peuvent être assemblées pour connaître celle qui est certainement concluante, celle qui ne l'est pas, et pour quelles raisons il en est ainsi. Tous ceux qui ont assez étudié le *syllogisme* voient la raison pour laquelle parmi trois propositions, la conclusion est certainement valide, si elles sont assemblées sous une certaine forme et pas sous une autre : ils sont certains, je le reconnais, de la conclusion qu'ils tirent des prémisses selon les *modes* et les *figures* autorisées. Mais ceux qui n'ont pas été aussi loin dans l'examen de ces formes ne sont pas sûrs, en | vertu du syllogisme, que la conclusion **671** suit certainement des prémisses : ils acceptent seulement qu'il en soit ainsi par une foi implicite en leurs enseignants et une confiance en ces formes d'argumentation ; mais ce n'est encore que croire, et non être certain. Or, si dans toute l'humanité ceux qui peuvent construire un syllogisme sont très peu nombreux en comparaison de ceux qui ne le peuvent pas ; si parmi les rares qui ont appris la logique, il n'y en a qu'un tout petit nombre qui aille un peu plus loin que croire que les syllogismes dans les *modes* et *figures* autorisés concluent correctement sans connaître avec certitude qu'ils le font ; si le syllogisme doit être considéré comme le seul instrument propre de la raison et le seul instrument de la connaissance, il s'ensuivra qu'avant Aristote, il n'y avait personne qui connaisse ou puisse connaître quelque chose par la raison, et que depuis l'invention des syllogismes, il n'y a pas une personne sur dix mille qui le connaissent.

d. Texte ajouté depuis la quatrième édition.

Mais Dieu n'a pas été si avare envers les hommes qu'Il en ait fait seulement des créatures à deux pieds et qu'Il ait laissé à Aristote le soin de les rendre rationnels (je veux dire, de rendre rationnels [seulement] le petit nombre d'hommes qu'il pourrait amener à l'examen des fondements du syllogisme, de manière à découvrir que parmi plus de soixante manières d'assembler trois propositions, il n'y en a que quatorze dont on puisse être sûr de la conclusion correcte, et sur quels fondements il se fait que cette conclusion soit certaine et pas l'autre). Dieu a été plus généreux envers les hommes : Il leur a donné un esprit qui peut raisonner sans être formé aux méthodes du syllogisme[-d]. Ce n'est pas par ces règles que l'entendement[e] apprend à raisonner : il a une faculté originaire[1] de percevoir la cohérence ou l'incohérence de ses idées et peut les ranger correctement sans toutes ces répétitions incompréhensibles.

[f-]Je ne dis pas du tout cela pour rabaisser *Aristote* que je considère comme l'un des plus grands hommes de l'Antiquité : peu ont égalé sa largeur de vue, l'acuité et la pénétration de sa pensée, la force de son jugement ; par l'invention même des formes d'argumentation, où l'on peut montrer que la conclusion a été correctement déduite, il a rendu de grands services contre ceux qui n'avaient pas honte de tout mettre en doute. Et je reconnais volontiers que tout raisonnement correct peut être ramené à ses formes de syllogisme. Mais je pense cependant pouvoir dire en toute vérité, sans le rabaisser en quoi que ce soit, que ce ne sont ni les seules ni les meilleures façons de raisonner pour mener à la vérité ceux qui cherchent à la trouver et désirent **672** faire le meilleur usage de leur raison pour | atteindre la connaissance. Et Aristote même, c'est clair, trouva que certaines

e. Terme qui, depuis la quatrième édition, remplace : « … l'esprit … ».

f. Paragraphe ajouté depuis la quatrième édition.

1. *Native.*

formes sont concluantes et pas d'autres, non par les formes elles-mêmes mais par la voie originale de la connaissance : par la convenance visible des idées[-f].

Dites à une dame de la campagne que le vent est au sud-ouest et que le temps se couvre et tourne à la pluie ; elle comprendra facilement qu'il vaut mieux pour elle ne pas sortir légèrement vêtue un lendemain de fièvre : elle voit clairement la liaison probable de tous ces facteurs ; vent de sud-ouest, nuages, pluie, se mouiller, prendre froid, rechute, danger de mort, sans les lier en ces chaînes artificielles et encombrantes de plusieurs syllogismes qui entravent et bloquent l'esprit ; sans eux, il va beaucoup plus vite et plus clairement d'un élément à l'autre ; et la probabilité que cette dame perçoit ainsi dans les choses en leur état originaire, serait complètement manquée si cette démonstration était traitée savamment et proposée sous la forme de modes et de figures. Très souvent cela brouille la liaison, et je pense que chacun verra dans les démonstrations mathématiques que la connaissance acquise par ce moyen, apparaît plus claire et plus rapide sans syllogisme.

[g]L'inférence est considérée comme le grand acte de la faculté rationnelle, et elle l'est effectivement quand elle est correctement faite. Mais l'esprit, soit par désir d'augmenter ses connaissances, soit par tendance à privilégier les opinions qu'il a autrefois avalées, est très impatient de faire des inférences et souvent les fait trop hâtivement, avant de percevoir la liaison des idées qui doivent relier les deux extrêmes.

Inférer n'est rien d'autre que, en vertu de la vérité d'une proposition posée comme vraie [1], déduire la vérité d'une autre,

---

g. Long passage (jusqu'au 2, page 677 de l'édition Nidditch) ajouté depuis la quatrième édition.

1. *Cf.* la définition du syllogisme par Aristote : *Premiers Analytiques*, I. 1, 24 b 18 : « Le syllogisme est un discours dans lequel, certaines choses

c'est-à-dire voir ou supposer une telle liaison des deux idées
de la proposition inférée. Par exemple, on pose la proposition : *Les hommes seront punis dans un autre monde* et on
en infère cette autre : *Donc les hommes peuvent se déterminer
eux-mêmes*. La question est maintenant de savoir si l'esprit a,
ou non, bien fait cette inférence ; s'il l'a faite en dégageant les
idées intermédiaires et en observant leur liaison une fois
placées en bon ordre, il a procédé rationnellement et fait une
inférence correcte ; s'il l'a faite sans observation de ce genre, il a
moins fait une inférence solide, ou inférence de droite raison,
que manifesté la velléité qu'il en soit ainsi ou que ce soit pris
pour tel. Mais, en aucun des cas, ce n'est le *syllogisme* qui a
découvert ces idées ou montré leur liaison, car les deux
673 doivent être découverts et la liaison partout | perçue, avant que
l'on puisse rationnellement les utiliser dans un *syllogisme* ;
autrement, on pourrait dire que toute idée, indépendamment
de sa liaison avec les deux autres dont la convenance devrait
être manifestée par le syllogisme, fera suffisamment bien
l'affaire dans un syllogisme et pourra être pris au hasard
comme moyen terme [1], pour prouver n'importe quelle conclusion. Mais cela, personne ne le dira, parce que c'est en vertu de
la convenance perçue entre idées intermédiaires et extrêmes
que l'on conclut que les extrêmes s'accordent, et donc chaque
idée intermédiaire doit être telle qu'elle ait dans toute la
chaîne une liaison visible avec les deux idées entre lesquelles
elle est placée ; autrement, la conclusion ne peut être inférée ou
tirée par là ; car partout où un maillon de la chaîne est faible et
sans liaison, alors la vigueur de toute la chaîne se perd et elle
n'a plus aucune force pour inférer ou déduire quoi que ce soit.
Dans l'exemple mentionné ci-dessus, qu'est-ce qui montre la

étant posées, quelque chose d'autre que ces données en résulte nécessairement ».

1. En latin dans l'original : « *medius terminus* ».

force de l'inférence, et donc son caractère raisonnable, si ce n'est la vision de la liaison de toutes les idées intermédiaires qui tirent la conclusion ou la proposition inférée ?

Par exemple : *Les hommes seront punis*, *Dieu celui qui punit, punition juste*, *culpabilité du puni*, *aurait pu faire autrement*, *liberté*, *autodétermination* : par cette chaîne d'idées visiblement liées entre elles en une suite (c'est-à-dire que chaque idée intermédiaire s'accorde avec les deux idées entre lesquelles elle est immédiatement placée), les idées d'*homme* et d'*autodétermination* sont manifestement liées, c'est-à-dire que la proposition : *Les hommes peuvent se déterminer eux-mêmes* est tirée ou inférée de celle-ci : *Ils seront punis dans l'autre monde*. Car l'esprit qui voit la liaison entre les idées de *punition de l'homme dans l'autre monde* et l'idée de *Dieu punissant*, entre *Dieu punissant* et la *justice de la punition*, entre la *justice de la punition* et la *culpabilité*, entre la *culpabilité* et un *pouvoir de faire autrement*, entre un *pouvoir de faire autrement* et la *liberté*, et entre la *liberté* et l'*autodétermination*, cet esprit voit la liaison entre *hommes* et *autodétermination* [1].

Or je demande si le lien entre les extrêmes n'est pas vu plus clairement dans cet ordonnancement simple et naturel que dans les répétitions embarrassées et l'embrouillamini de cinq ou six *syllogismes*. Il faudra qu'on m'excuse d'appeler cela *embrouillamini*, jusqu'au jour où quelqu'un aura mis ces idées en autant de syllogismes et estimé leur liaison plus visible et les idées moins embrouillées quand elles sont transposées, répétées et délayées dans les formes artificielles, plus étirées que dans | l'ordre bref naturel et simple où elles sont ici **674** rangées, où chacun peut voir la liaison et doit voir les idées avant de pouvoir les ranger en une suite de *syllogismes*. Car l'ordre naturel suivi pour lier les idées doit commander l'ordre

---

1. *Cf.* 2.28.8 ; 4.13.3.

des syllogismes ; et un homme doit voir la liaison de chaque idée intermédiaire avec celles qu'elle lie, avant de pouvoir avec raison l'utiliser dans un *syllogisme*.

Et quand tous ces syllogismes sont construits, ni ceux qui sont logiciens, ni ceux qui ne le sont pas, ne verront mieux d'un iota la force de l'argumentation, c'est-à-dire la liaison des extrêmes. {Car ceux qui ne sont pas des gens de l'art ne connaissent pas les vraies formes du *syllogisme* ni leurs raisons, et ne peuvent pas connaître s'ils sont ou non construits selon les *modes* et les *figures* corrects et conclusifs ; ils ne sont donc pas aidés par les formes dans lesquelles on met les idées, bien que l'ordre naturel dans lequel l'esprit pourrait juger de leur liaison respective, est perturbé par ces formes, ce qui rend l'inférence bien plus incertaine}. Quant aux logiciens eux-mêmes, ils voient la liaison de chaque idée intermédiaire avec celles entre lesquelles elle est placée (liaison dont dépend la force de l'inférence), aussi bien avant qu'après la construction du *syllogisme* ; autrement ils ne le voient pas du tout ; car un *syllogisme* ne montre ni ne renforce la liaison entre deux idées mises immédiatement ensemble, mais seulement, par la liaison [déjà] vue en elles, il montre quelle liaison ont l'un avec l'autre les extrêmes. Mais quelle liaison l'intermédiaire entretient-il avec l'un des extrêmes dans ce syllogisme, aucun syllogisme ne peut le montrer ; cela, l'esprit seul le fait ; seul, il peut le percevoir tandis que les extrêmes sont là *juxtaposés* par sa propre vision ; et la forme syllogistique qu'il leur arrive d'avoir n'y apporte aucun secours ni aucune lumière : elle montre seulement que si l'idée intermédiaire s'accorde avec celles, de chaque côté, auxquelles elle est immédiatement appliquée, alors les deux plus éloignées qu'on nomme *extrêmes* s'accordent certainement ; et donc la liaison immédiate de chaque idée avec celle qu'elle jouxte de chaque côté, dont dépend la force du raisonnement, est vue aussi bien avant qu'après la construction du *syllogisme* ; autrement celui qui fait le syllogisme ne pourrait jamais le voir du tout. Cela, on l'a déjà noté, est vu seulement par l'œil ou faculté perceptive de l'esprit, qui les regarde assemblées en *juxtaposition*; et ce regard, il l'a également quand elles sont assemblées en une proposition, que cette proposition soit placée en *majeure*, en *mineure*, dans un *syllogisme* ou non.

|À quoi servent donc les syllogismes? Je réponds : ils **675** servent principalement dans les Écoles où les gens sont autorisés à nier sans honte la convenance d'idées qui manifestement conviennent; ou en dehors des Écoles, à ceux qui y ont appris sans honte à nier la liaison d'idées qui leur est à eux-mêmes visible[1]. Mais pour quelqu'un qui cherche la vérité avec franchise et n'a pas d'autre but que de la trouver, ces formes ne sont pas nécessaires pour contraindre à accepter l'inférence : sa vérité et son caractère raisonnable sont mieux perçus quand on ordonne les idées de façon simple et claire. C'est pourquoi les gens dans leur propre recherche de la vérité n'utilisent jamais les *syllogismes* pour se convaincre eux-mêmes [h-(ou, en l'enseignant à d'autres, pour instruire des apprentis bienveillants)-h]. Car, avant de mettre ces idées en syllogismes, les gens doivent voir la liaison qui existe entre les deux idées et l'idée intermédiaire placée entre elles pour leur être reliée et pour montrer leur convenance; et quand ils voient cette convenance, ils voient si l'inférence est bonne ou non, et le *syllogisme* arrive ainsi trop tard pour l'établir.

Pour utiliser à nouveau l'exemple précédent, je demande si l'esprit, considérant l'idée de Justice, placée en intermédiaire entre la *punition* des hommes et la culpabilité du puni (l'esprit ne peut utiliser cette idée comme *moyen terme*[2] avant de la considérer ainsi), ne voit pas aussi clairement la force de

h. Parenthèse ajoutée pour la cinquième édition.

1. *Cf.* 4.7.11 (éd. Nidditch, p. 600-601).
2. En latin dans l'original : « *medius terminus* ».

l'inférence que quand on l'a mise en forme de syllogisme. Pour le montrer sur un exemple très clair et très simple : supposons que *être animé* soit l'idée intermédiaire (ou *moyen terme*[1]) utilisée par l'esprit pour montrer la liaison entre *homme* et *vivant*[2] ; je demande si l'esprit ne voit pas plus aisément et plus clairement cette liaison lorsque l'idée qui lie les deux autres est placée au milieu, dans sa position propre et simple :

homme – être animé – vivant[3],

plutôt que dans la position embrouillée :

être animé – vivant – homme – être animé[4]

(position de ces idées dans le syllogisme), pour montrer la liaison entre *homme* et *vivant* par l'intervention de *être animé*[5].

Il est vrai, on pense que le syllogisme est nécessaire même pour ceux qui aiment la vérité, afin de montrer les sophismes cachés souvent dans les discours fleuris, brillants ou entortillés. Mais c'est une erreur ; on le verra si l'on considère ce qui fait que les hommes visant sincèrement la vérité soient parfois **676** trompés par ces propos incohérents | et rhétoriques, comme on dit : leur imagination est frappée par des représentations métaphoriques vives et ils négligent d'observer (ou ils perçoivent difficilement) les véritables idées dont dépend l'inférence. Or, pour montrer à ces personnes la faiblesse d'une telle argumentation, il suffit de la dépouiller de ses idées superflues : mélangées et confondues à celles dont dépend l'inférence, elles paraissent désigner une liaison là où il n'y en a pas, ou au moins empêcher de découvrir qu'il n'y en a pas. Il suffit alors de mettre dans leur ordre normal les idées nues ; dans cette

---

1. En latin dans l'original : « *medius terminus* ».
2. En latin dans l'original : « *homo* et *vivens* ».
3. En latin dans l'original : « *homo – animal – vivens* ».
4. En latin dans l'original : « *animal – vivens – homo – animal* ».
5. En latin dans l'original : « *homo – animal – vivens* ».

situation, l'esprit les observe, voit la liaison qu'elles entre-tiennent et devient ainsi capable de juger l'inférence, sans du tout recourir à un syllogisme.

Je reconnais que *mode* et *figure* sont communément utilisés comme si l'on était entièrement redevable de la décou-verte de l'incohérence des discours décousus à la forme syllo-gistique. J'ai moi-même pensé ainsi autrefois ; mais après un examen plus strict [1], je pense maintenant que disposer les idées intermédiaires nues dans leur ordre normal montre mieux les incohérences de l'argumentation que le syllo-gisme : non seulement cela soumet chaque maillon de la chaîne, en sa position propre, à la vue directe de l'esprit, ce qui permet de mieux observer la liaison ; mais encore le syllo-gisme ne manifeste l'incohérence qu'à ceux qui comprennent parfaitement les *modes* et les *figures* et la raison sur laquelle ces formes sont fondées (il n'y en a pas un sur dix mille). Au contraire, placer en ordre correct les idées sur lesquelles se fait l'inférence fait voir à toute personne (aussi bien logicien que non logicien) qui comprend les termes et a la faculté de percevoir la convenance ou la disconvenance de ces idées (sans cette perception, avec ou sans syllogisme, il ne peut percevoir la force ou la faiblesse, la cohérence ou l'incohérence du discours), le manque de liaison dans l'argumentation et l'absurdité de l'inférence.

J'ai ainsi connu quelqu'un, inexpert en syllogismes, qui pouvait d'emblée percevoir qu'un discours long, artificieux et plausible était faible et non concluant, alors que d'autres, plus experts en syllogismes, ont été trompés ; et je crois que beaucoup de lecteurs connaîtront des personnes de ce genre. S'il n'en était pas ainsi en effet, les débats des conseils de la plupart des princes, et le travail des assemblées risqueraient

---

1. *Cf.* Épître au lecteur (éd. Nidditch, p. 11).

d'être mal conduits, puisque ceux qui y ont autorité et habituellement grande influence, ne sont pas toujours ceux qui ont
677 eu la chance de connaître parfaitement les formes du | syllo-
gisme ⁱou d'être experts en *modes* et *figures*ⁱ. Et si le syllogisme était le seul (ou au moins le plus sûr) moyen de détecter
les sophismes dans les discours artificiels, je ne pense pas
qu'il y ait en toute l'humanité, particulièrement chez les
princes pour les questions concernant leur couronne et leur
dignité, un tel amour de l'erreur et de la méprise qu'ils
auraient partout négligé d'introduire le syllogisme dans les
délibérations importantes, ou pensé ridicule de s'en servir au
moins dans les affaires primordiales : une preuve claire pour
moi que des gens valables et perspicaces, qui n'étaient pas
prêts à perdre leur temps à disputer à loisir mais devaient agir
selon le résultat de leurs délibérations et souvent payer de leur
tête ou de leur fortune leurs erreurs, aient trouvé ces formes
scolastiques peu utiles pour découvrir la vérité ou le
sophisme, alors que l'un et l'autre pourraient être montrés, et
mieux montrés, sans syllogisme à ceux qui ne refuseraient pas
de voir ce qui leur est visiblement exposé^{-g}.

2) ^{1 j}Une autre raison me fait douter de ce que le
syllogisme soit le seul instrument propre de la raison dans la
découverte de la vérité : quelle que soit l'utilité prétendue des

[g. Fin du long passage depuis p. 111.]

i. Expression non reprise par Coste.

j. Texte qui, depuis la quatrième édition, remplace : « Parce que, bien
que le syllogisme serve à montrer la force ou le sophisme d'un argument
utilisé selon la façon normale de discourir, en suppléant la proposition
absente et en la mettant ainsi sous les yeux en pleine lumière, il n'en introduit
pas moins l'esprit dans l'embarras de termes obscurs, équivoques ou fallacieux, dont abondent toujours cette façon artificielle de raisonner ; car elle
est plus adaptée à conquérir la victoire dans les disputes qu'à découvrir ou
confirmer la vérité dans les recherches sincères ».

1. *Premièrement* au début de la section § 4.

modes et des *figures* dans le dévoilement des sophismes (ce qui a été considéré ci-dessus), ces formes scolastiques de discours ne sont pas moins sujettes à sophismes que les formes plus simples d'argumentation. J'en appelle à l'observation commune, qui a toujours trouvé ces méthodes artificielles de raisonnement plus adaptées pour capturer et entraver l'esprit que pour informer et instruire l'entendement. De là vient que même quand les gens sont confondus et réduits au silence par cette méthode scolastique, ils sont rarement ou jamais convaincus et convertis au parti du vainqueur ; ils reconnaissent peut-être que leur adversaire est le plus adroit disputant, mais restent néanmoins persuadés de la vérité de leur parti ; ils s'en vont, quoique vaincus, en conservant la même opinion, alors qu'ils ne pourraient le faire si cette façon d'argumenter apportait lumière et conviction et faisait voir aux gens où réside la vérité. Et donc on a estimé que le syllogisme était plus propre à gagner la victoire dans les disputes | qu'à découvrir ou confirmer la vérité dans des recherches **678** sincères. Et s'il est certain que le sophisme peut être mis en forme de syllogisme, ce qu'on ne peut nier, ce doit être quelque chose d'autre, et pas le syllogisme, qui doit le découvrir.

J'ai fait l'expérience de la tendance de certains, lorsqu'on ne valide pas toutes leurs façons courantes d'utiliser quelque chose, à s'écrier que je suis partisan de les exclure totalement. Mais pour prévenir ces imputations injustes et sans fondement, je leur dis que je ne suis pas partisan d'exclure tout ce qui aide l'entendement à parvenir à la connaissance ; et si des gens experts et aguerris en syllogismes y trouvent une aide pour leur raison dans la recherche de la vérité, je pense qu'ils doivent les utiliser. Tout ce à quoi je vise, c'est à ce qu'ils n'attribuent pas plus à ces formes que ce qui leur appartient, et qu'ils ne pensent pas que sans eux la faculté de raisonner est pour les hommes inutilisable (ou partiellement inutilisable). Il y a des yeux qui ont besoin de lunettes pour voir clairement et distinctement ; mais que ceux qui les utilisent ne disent pas pour autant que personne ne peut voir clairement sans elles ; on pensera de ceux qui le font qu'ils déprécient et discréditent un peu trop la nature pour faire l'éloge d'un art (dont sans doute ils sont redevables). La raison forte et exercée voit habituellement par sa propre pénétration plus vite et plus clairement sans syllogisme ; si l'utilisation de ces lunettes a tellement obscurci sa vue qu'elle ne peut voir sans elles la conséquence ou l'inconséquence d'une argumentation, je ne suis pas assez déraisonnable pour m'opposer à leur usage. Chacun connaît ce qui convient le mieux à sa vue ; mais qu'il n'en conclue pas que tous ceux qui n'utilisent pas exactement les mêmes aides que celles qu'il trouve nécessaires, sont entièrement dans le noir[j].

§ 5
Il aide peu pour les démonstrations et moins encore pour la probabilité

Mais, quoiqu'il en soit pour la connaissance, je pense qu'il est vrai que *pour les probabilités* le syllogisme est *bien* moins utile, voire *d'aucune utilité*. Car l'assentiment ici doit être déterminé par la supériorité d'une position, après évaluation sérieuse de toutes les preuves avec toutes les circonstances en faveur de chaque côté ; et par conséquent rien n'est aussi inadapté que le syllogisme pour y aider l'esprit : muni d'une seule probabilité supposée ou d'un seul argument topique, le syllogisme se met en route, exploite les données jusqu'à ce que l'esprit ait complètement perdu de vue la chose en question ; il le contraint à s'arrêter sur une difficulté éloignée, le maintient là, entravé peut être et "menotté" par la chaîne du syllogisme ; l'esprit n'a plus alors la liberté | de montrer de quel côté se trouve, tout bien considéré, la plus grande probabilité, et moins encore le syllogisme lui en donne-t-il les moyens.

679

§ 6

Il ne sert pas à accroître la connaissance, mais à s'escrimer avec elle

Mais admettons que le syllogisme nous serve à convaincre les gens de leurs erreurs et de leurs méprises (on le dit peut-être, et pourtant je serais très heureux de voir un homme qui ait été contraint de quitter ses opinions par la force du syllogisme); pourtant, dans le rôle qui ne constitue pas la plus haute perfection de la raison mais qui représente néanmoins sa tâche la plus difficile, le domaine où nous avons le plus besoin d'aide : *trouver des preuves pour faire de nouvelles découvertes*, le syllogisme fait encore défaut à la raison; les règles du syllogisme ne servent pas à doter l'esprit d'idées intermédiaires qui puissent montrer la liaison avec les plus éloignées. Cette façon de raisonner ne découvre pas de nouvelles preuves, mais c'est l'art de ranger les anciennes que l'on a déjà. La 47ᵉ proposition du premier Livre d'Euclide[1] est très vraie, mais sa découverte ne doit rien, je pense, aux règles de la logique commune.

On connaît d'abord, et ensuite on devient capable de prouver par syllogisme. Aussi le *syllogisme* vient-il après la connaissance et l'on n'a que peu ou pas du tout besoin de lui. Mais c'est principalement en découvrant les idées qui montrent la liaison entre des idées éloignées que le fonds de connaissances augmente, que les arts et les sciences utiles progressent. Le *syllogisme* n'est au mieux que l'art de s'escrimer avec le peu de connaissance que l'on a, sans y faire aucune addition. Et si l'on employait sa raison uniquement de cette façon, on ne ferait pas autrement que celui qui aurait tiré du fer des entrailles de la terre, en aurait fait uniquement des épées qu'il aurait mises entre les mains de ses serviteurs pour s'escrimer avec elles et se battre entre eux. Si le roi d'Espagne avait utilisé ainsi le fer

---

1. *Éléments de Géométrie* ; théorème sur le triangle rectangle, selon lequel la somme des carrés des côtés est égale au carré de l'hypothénuse.

de son royaume et les mains de son peuple, il aurait mis au jour bien peu des trésors qui sont restés cachés si longtemps dans les entrailles de l'Amérique. Et j'ai tendance à penser que celui qui emploiera toute la force de sa raison à brandir uniquement des *syllogismes*, découvrira très peu de la masse de connaissance qui demeure encore cachée dans les secrets recoins de la nature ; et que la raison primitive et grossière est plus à même (elle l'a déjà fait) d'ouvrir une voie vers le fonds commun de l'humanité et d'y ajouter quelque chose, que n'importe quelle stricte procédure scolastique de modes et figures.

§ 7

Il faudrait chercher d'autres secours [k]

Je ne doute pas néanmoins qu'il faille trouver des moyens d'aider la raison dans ce rôle des plus utiles ; et le judicieux **680** | Hooker m'encourage à le dire : dans son *Ecclesiastical Polity*, livre 1 § 6, il parle ainsi :

> Je dois l'avouer clairement : ce siècle qui porte le nom de *siècle cultivé* les connaît peu et les méprise en général ; mais si l'on pouvait cumuler les justes secours de l'art et de la culture, entre les gens qui s'y seraient habitués et ce que sont maintenant les gens, la profondeur de jugement serait presque aussi différente qu'entre ce que les gens sont maintenant et des *idiot*s.

Je ne prétends pas avoir trouvé ou découvert ici les "justes secours de l'art" que mentionne ce grand homme aux pensées profondes ; mais il est clair que le syllogisme et la logique utilisée actuellement, qui étaient de son temps bien connus, ne peuvent en rien être ce qu'il vise. Il me suffit, par un propos peut-être un peu hors de sujet et pour moi complètement neuf (j'en suis sûr) et original, d'avoir ainsi donné l'occasion à

---

k. Titre absent de la traduction de Coste.

d'autres de se mettre à la recherche de nouvelles découvertes et de chercher dans leurs pensées ces "justes secours de l'art" qui ne seront guère découverts, je le crains, par ceux qui s'en tiennent servilement aux règles et aux préceptes d'autrui. Car les sentiers battus conduisent cette sorte de troupeau (comme les appellent un Romain observateur) dont les pensées ne vont pas plus loin que l'imitation [1] : « non où il faut aller, mais où l'on va » [2]. Mais j'ose dire que ce siècle est riche de personnes d'une telle force de jugement et d'une telle largeur de vues que, si elles employaient leurs pensées à ce sujet, elle pourraient ouvrir de nouvelles voies encore ignorées aux progrès de la connaissance.

§ 8
On raisonne sur les choses singulières

Ayant eu ici l'occasion de parler du *syllogisme* en général et de son utilité dans le raisonnement et l'amendement de la connaissance, il convient, avant d'abandonner la question, de noter l'une des erreurs manifestes contenues dans les règles du *syllogisme* : aucun raisonnement syllogistique ne pourrait être conclusif et correct s'il ne contenait pas au moins une proposition générale ; comme si l'on ne pouvait pas *raisonner* et avoir de connaissance *sur les choses singulières*.

---

1. Horace, *Épîtres*, livre I lettre 19, où Horace critique ses imitateurs et critiques : « Faciles à imiter, les défauts d'un modèle nous égarent, … O imitateurs, troupeau servile, combien de fois votre vaine agitation a remué ma bile ou excité ma joie ! J'ai, avant tous les autres, porté de libres pas dans un domaine encore vacant. Mon pied n'a point foulé les traces d'autrui… » (trad. F. Villeneuve, Les Belles Lettres, 1934, 1995) ; Coste cite un élément de vers : « O Imitatores, servum pecus ».

2. En latin dans le texte : « non quo eundum est, sed quo itur », Sénèque, *De Vita beata,* 1.3 : « Il faut avant tout nous bien garder de suivre comme des moutons le troupeau de ceux qui nous précèdent, en nous dirigeant non où il faut aller, mais où l'on va », trad. A. Bourgery, Les Belles Lettres-Bouquins, 1993.

Au contraire, si l'on considère bien la question, seules des choses singulières sont en réalité objet immédiat de tout raisonnement et de toute connaissance[1]. Le raisonnement et la connaissance de chacun portent seulement sur les idées existant dans son esprit, dont chacune est en vérité une existence singulière ; et il n'y a connaissance et raisonnement sur d'autres **681** choses qu'en tant que celles-ci correspondent à celles | des idées singulières. Aussi, la perception de la convenance ou de la disconvenance des idées singulières est-elle le tout et le fond de toute connaissance ; l'universalité n'est que seconde ; elle consiste uniquement en ceci : les idées particulières sur lesquelles elle porte sont telles que plus d'une chose singulière peut leur correspondre et être représentée par elles. Mais la perception de la convenance ou de la disconvenance de deux idées, et par conséquent la connaissance, sont également claires et certaines, qu'une, que deux ou qu'aucune de ces idées soient à même de représenter plusieurs êtres réels ou non[2].

[1]Une autre chose que je désire présenter sur le syllogisme, avant d'abandonner la question : ne peut-on se demander à juste titre si la forme actuelle du syllogisme est celle qu'il devrait avoir rationnellement ? Car le *moyen terme*[3] ayant à joindre les extrêmes, c'est-à-dire les idées intermédiaires[4], par son intervention, pour montrer la convenance ou la disconvenance des deux termes en question, est-ce que la position du *moyen terme* ne serait pas plus naturelle et ne montrerait pas mieux et plus clairement la convenance ou la disconvenance des extrêmes, si ce moyen terme était placé au milieu d'eux ? Ce serait fait

---

l. Paragraphe ajouté depuis la quatrième édition.

1. *Cf.* 4.1.4.
2. *Cf.* 2.11.19.
3. En latin dans le texte : « medius terminus », de même que dans la suite.
4. Faut-il comprendre : idées intermédiaires dans la disposition classique donnant grand et petit termes (extrêmes) en milieu d'énoncé ?

aisément en inversant les propositions et en faisant du *moyen terme* le prédicat de la première et le sujet de la seconde ; ainsi :

> *Tout homme est un animal,*
> *Tout animal est vivant,*
> *Donc tout homme est vivant.*
> *Tout corps est étendu et solide,*
> *Aucune chose étendue et solide n'est l'étendue pure,*
> *Donc le corps n'est pas la pure étendue* [1].

Il est inutile d'importuner mon lecteur avec des exemples de *syllogismes* dont les conclusions sont singulières : dans la même forme, la même raison vaut pour eux comme pour le général[-1].

§ 9
1) *La raison nous fait défaut par manque d'idées* [m]

La raison pénètre dans les profondeurs de la terre et de la mer, elle élève les pensées aussi haut que les étoiles et conduit l'homme à travers les vastes espaces et les demeures immenses de cet édifice grandiose[n] ; pourtant elle manque l'étendue réelle même des êtres corporels, et il y a beaucoup de cas où elle *nous fait défaut* ; ainsi :

|1) Elle nous fait totalement défaut *là où les idées font* **682** *défaut*. Elle ne s'étend pas ni ne peut s'étendre au-delà des idées. Et donc, partout où l'on n'a aucune idée, le raisonnement s'arrête et l'on arrive au bout du compte. Et, si à un

---

m. Coste repousse ce titre à l'alinéa suivant et met ici le titre : « Pourquoi la raison vient à nous manquer en certaines rencontres ».

n. Coste ajoute : « … que l'on nomme l'*Univers*, … ».

1. Les deux syllogismes précédents sont en latin dans le texte : « *Omis Homo est Animal*, / *Omne Animal est vivens*, / *Ergo omnis homo est vivens*. // *Omne corpus est extensum et solidum*, / *Nullum extensum et solidum est pura extensio*, / *Ergo corpus non est pura extensio*. ».

moment on raisonne sur des mots qui ne tiennent lieu d'aucune idée, on raisonne uniquement à propos de ces sons et de rien d'autre.

§ 10
2) *À cause d'idées obscures et imparfaites*

2) La raison est souvent embarrassée et perdue *à cause de l'obscurité, de la confusion, de l'imperfection des idées sur lesquelles on l'utilise*, et l'on est alors empêtré dans les difficultés et les contradictions. Ainsi, pour n'avoir aucune idée parfaite de la moindre étendue de matière, ni de l'infini, on est perdu sur la divisibilité de la matière ; mais, ayant des idées parfaites, claires et distinctes du nombre, la raison ne rencontre aucune de ces difficultés inextricables sur les nombres, et ne se trouve enfermée en aucune contradiction à propos d'eux [1]. Ainsi encore, pour n'avoir que des idées imparfaites des opérations de notre esprit [o] et du commencement du mouvement ou de la pensée [p-]et comment l'esprit produit les deux[-p] en nous, et des idées encore plus imparfaites de l'opération de Dieu, nous nous enfonçons dans de grandes difficultés à propos des agents créés libres, dont la raison ne parvient pas à bien s'extraire [2].

§ 11
3) *Par manque d'idées intermédiaires*

3) La raison est souvent acculée, *parce qu'elle ne perçoit pas les idées qui pourraient servir à montrer la convenance ou la disconvenance certaines ou probables de deux autres*. Et en ce domaine, les facultés de certains dépassent largement celles d'autres. Jusqu'à la découverte de l'*algèbre*, grand

o. La première édition ajoutait ici : « … sur le corps et la pensée … ».
p. Texte ajouté depuis la quatrième édition.

1. *Cf.* 2.17.12.
2. *Cf.* Épître au lecteur (éd. Nidditch, p. 11).

instrument et grand exemple de sagacité humaine, les hommes ont regardé avec étonnement plusieurs démonstrations des anciens mathématiciens et ils pouvaient à peine s'empêcher de penser que la découverte de plusieurs de ces preuves était au-dessus des forces humaines.

§ 12
4) À cause de faux principes

4) *q-En travaillant sur de faux principes*, l'esprit-q est souvent engagé dans des absurdités et des difficultés, mené en des impasses et des contradictions, sans savoir comment s'en libérer; r-et dans ces cas, il est inutile d'implorer l'aide de la raison, si ce n'est pour découvrir la fausseté et repousser l'influence de ces faux principes. Bien loin d'éclaircir les difficultés dans lesquelles | l'homme s'engage en construisant **683** sur de faux principes, la raison l'entrave d'autant plus qu'il la poursuit et elle le-r jette dans des confusions encore plus grandes.

§ 13
5) À cause de termes ambigus

5) De même que la raison s'empêtre dans les idées obscures et imparfaites, de même et pour la même raison si l'on n'y prend pas garde, les *mots ambigus* et les signes incertains, au fil des discours et des argumentations, mettent souvent la raison dans l'embarras et la conduisent dans une impasse. Mais ces deux derniers cas ne sont pas la faute de la raison, mais la nôtre; pourtant ses conséquences sont manifestes et l'on voit partout

---

q. Texte qui, depuis la quatrième édition, remplace : « La raison … ».

r. Texte qui, depuis la quatrième édition, remplace : « … *en travaillant sur de faux principes* ; quand ils les suivent, ils mènent les gens à des contradictions avec eux-mêmes et des incohérences dans les pensées ; et s'ils conservent leur raison, loin de lever les difficultés, elle les entrave et les… ».

les confusions et les erreurs qui emplissent l'esprit des gens de leur fait.

§ 14

Le plus haut degré de connaissance est intuitif, sans raisonnement

Il y a dans l'esprit certaines idées telles que, par elles-mêmes, elles peuvent être immédiatement comparées entre elles ; en elles, l'esprit est apte à percevoir leur convenance ou leur disconvenance aussi clairement qu'il les voit elles-mêmes. Ainsi l'esprit perçoit-il qu'un arc de cercle est plus petit que le cercle entier, aussi clairement qu'il perçoit l'idée de cercle. Et cela, comme je l'ai dit [1], je l'appelle *connaissance intuitive* ; elle est certaine, au-delà de toute doute ; elle ne nécessité aucune preuve et ne peut en recevoir aucune, car elle est la plus haute de toutes les certitudes humaines. En elle, réside l'évidence de toutes ces *maximes* [s] dont personne ne doute, mais que chacun connaît comme vraies (et non pas, comme on dit, leur donne seulement son assentiment) dès qu'elles sont éventuellement proposées à l'entendement. Dans la découverte de ces vérités et dans l'assentiment qu'on leur donne, la faculté discursive n'a aucune utilité, *il n'est pas nécessaire de raisonner* [t] : elles sont connues par un degré supérieur d'évidence. Et, si je peux faire des conjectures sur des choses inconnues, j'ai tendance à penser que c'est ce que les anges ont maintenant, et que les Esprits des hommes justes devenus parfaits auront dans un état futur, sur des milliers de choses qui pour le moment échappent entièrement

---

s. Terme qui, depuis la deuxième édition, remplace : « … *æternæ veritates*… ».

t. Terme qui, depuis la quatrième édition, remplace : « … *raison*… » (*id.* au début du § 15).

1. *Cf.* 4.2.1.

à notre appréhension, ou bien que notre raison à courte vue n'a qu'entraperçues et que nous cherchons à tâtons dans le noir.

§ 15

Le degré suivant est la démonstration par raisonnement

Mais bien que nous ayons ici et là quelque lueur de cette claire lumière, quelques éclats de cette connaissance brillante, la plus grande part de nos idées sont telles que nous ne pouvons discerner leur convenance ou leur disconvenance en les comparant immédiatement. Et pour toutes celles-là, nous avons *besoin de raisonner* et nous devons, par le discours et l'inférence, | faire nos découvertes. Or, il y a deux sortes **684** d'idées, que je vais me permettre de mentionner à nouveau [1] :

1) Celles dont la convenance ou la disconvenance ne peuvent être vues en les associant immédiatement, mais doivent être examinés par l'intervention d'autres idées qui peuvent être comparées avec elles. [u-]En ce cas, quand la convenance ou la disconvenance de l'idée intermédiaire avec les deux idées auxquelles de chaque côté on veut la comparer, sont pleinement discernées, alors on parvient à la démonstration, et on produit une connaissance, qui est certaine, mais pas aussi facile cependant ni tout à fait aussi claire que la *connaissance intuitive* (car dans cette dernière, il y a uniquement une intuition simple où il n'y a pas place pour la moindre erreur ou le moindre doute : la vérité est vue parfaitement d'un coup). Dans la démonstration, c'est vrai, il y a aussi intuition, mais pas entièrement et d'un coup[-u] car,

---

u. Texte qui, depuis la quatrième édition, remplace : « ... Là, s'il discerne pleinement la convenance ou la disconvenance des idées intermédiaires, de chaque côté avec celles qu'il voudrait comparer, il y a *démonstration*, et cela produit de la connaissance certaine, bien que pas aussi garantie que la première ; car il y a dans la première une intuition pure, et dans celles-ci de l'intuition certes, mais tout d'un coup... ».

1. *Cf.* 4.15.1-2.

quand on compare le *moyen* avec une idée, il doit y avoir souvenir de l'intuition de la convenance du *moyen* (ou idée intermédiaire)[v] avec l'autre idée comparée auparavant ; et quand il y a de nombreux *moyens termes*, le danger d'erreur est plus grand.

[w-]Car chaque convenance ou disconvenance des idées doit être observée et vue à chaque étape de la suite, et retenue dans la mémoire exactement telle qu'elle est, et l'esprit doit être sûr qu'aucune part de ce qui est nécessaire pour construire la démonstration n'est omise ou négligée[2]. C'est ce qui rend certaines démonstrations longues et embarrassées et trop difficiles pour ceux qui n'ont pas la vigueur intellectuelle pour percevoir distinctement et garder en tête tant de détails de façon ordonnée ; et même ceux qui sont aptes à maîtriser des spéculations aussi intriquées sont obligés parfois de les reprendre ; et il faut plus d'une reprise avant de parvenir à la certitude[-w]. Mais là où l'esprit retient clairement l'intuition qu'il a eue de la convenance d'une idée avec une autre, et de celle-ci avec une troisième, puis avec une quatrième, etc., la convenance de la première et de la quatrième est une démonstration et produit une connaissance certaine qui peut être appelée *connaissance rationnelle*, comme l'autre est *intuitive*[3].

685 |§ 16
Pour pallier sa limitation, nous n'avons que le jugement
à partir de raisonnement probable

2) Il y a d'autres idées dont on ne peut juger la convenance ou la disconvenance que par l'intervention d'autres idées, qui n'ont pas avec les extrêmes une convenance certaine, mais une

v. Parenthèse ajoutée depuis la quatrième édition.
w. Texte qui, depuis la quatrième édition, remplace : « ... et par conséquent elle peut être soumise à une plus grande incertitude ».

2. *Cf.* 4.2.7 ; 4.1.9 ; 4.16.1.
3. *Cf.* 4.2.2.

convenance vraisemblable ou usuelle ; c'est ici qu'est mis en œuvre le *jugement* au sens propre : l'esprit acquiesce au fait que des idées concordent en les comparant avec des *moyens* probables. On ne parvient jamais ainsi à la connaissance, pas même à ce qui en est le plus bas degré ; pourtant les idées intermédiaires lient parfois si fermement les extrêmes et la probabilité est si claire et forte que l'assentiment s'ensuit aussi nécessairement que la connaissance de la démonstration[1]. Le jugement est parfait et utile quand on observe correctement et que l'on estime en vérité le poids et la force de chaque probabilité et qu'ensuite on en fait la balance globale et on choisit le parti qui a le plus de poids.

§ 17
Intuition, démonstration, jugement

La *connaissance intuitive* est la perception de la convenance ou de la disconvenance certaines de deux idées immédiatement comparées entre elles.

La *connaissance rationnelle* est la perception de la convenance ou de la disconvenance certaines de deux idées par l'intervention d'une ou de plusieurs autres idées.

Le *jugement*, c'est estimer deux idées concordantes ou discordantes, ou les prendre pour telles, par la médiation d'une ou plusieurs idées dont l'esprit ne perçoit pas la convenance ou la disconvenance certaines mais l'a observée fréquente et ordinaire[2].

§ 18
Enchaînement de mots et enchaînement d'idées

Bien que déduire une proposition d'une autre, ou faire un *inférence sur des mots*, soit une grande fonction de la raison, celle pour laquelle on l'utilise habituellement, l'acte principal

1. *Cf.* 4.16.6, 14.
2. *Cf.* 4.14.4 ; 4.15.1.

de la ratiocination est quand même de trouver la convenance ou la disconvenance de deux *idées* l'une avec l'autre, par l'intervention d'une troisième, comme un homme découvre grâce à un mètre que deux maisons, qu'il ne pourrait assembler afin d'en mesurer l'égalité par *juxta*position, ont la même longueur. Les mots ont leur enchaînement en tant que signe d'idées, et les choses concordent ou non en fonction de ce qu'elles sont en réalité ; mais on ne l'observe que par les idées.

§ 19
Quatre sortes d'arguments :
1) D'autorité [1]

Avant d'abandonner cette question, il vaut sans doute la peine de réfléchir quelque peu sur *quatre sortes d'arguments*
686 qu'utilisent ordinairement les hommes en raisonnant | avec d'autres afin de dominer leur assentiment ou au moins de les intimider suffisamment pour les réduire au silence.

1) Le premier consiste à alléguer l'opinion de gens à qui les qualités, la culture, l'éminence, le pouvoir ou toute autre cause ont donné un nom et une réputation dans l'estime publique, et conféré une certaine autorité. Quand quelqu'un a acquis une certaine dignité, on estime que c'est pour les autres manquer de modestie que de déprécier cette dignité en mettant en question l'autorité de ceux qui la possèdent. On risque de critiquer, comme trop orgueilleux, celui ne se rend pas immédiatement x-à la décision-x d'auteurs célèbres, acceptés d'habitude avec respect et soumission par les autres ; et l'on considère comme de l'insolence d'établir une opinion personnelle et d'y souscrire contre le courant ordinaire de ce qui est ancien,

---

x. Texte qui, depuis la deuxième édition, remplace : « … aux opinions… ».

1. En latin dans le texte (ici et à la fin du paragraphe) : « ad Verecundiam ».

ou de l'opposer à celle d'une savant docteur ou d'un auteur estimé pour d'autres raisons. Celui qui appuie ses dogmes sur ces autorités pense qu'il lui revient ainsi de prendre en charge leur cause, et est enclin à qualifier d'impudence celui qui se lève contre elles. C'est ce qu'on peut appeler, je pense, *argument d'autorité*.

§ 20
2) *D'ignorance* [1]

Une autre voie que les gens utilisent habituellement pour amener les autres et les forcer à soumettre leurs jugements à l'opinion débattue et à y souscrire, est d'exiger de l'adversaire qu'il admette ce que ces gens allèguent comme preuve sauf à en donner une meilleure. C'est ce que j'appelle *argument d'ignorance*.

§ 21
3) *Ad hominem* [2]

Une troisième façon est de presser quelqu'un par les conséquences tirées de ses propres principes ou de ses concessions; ce qui est déjà connu sous le nom d'*argument ad hominem*.

§ 22
4) *De jugement* [3]

4) La quatrième consiste à utiliser des preuves tirées de n'importe quelle source, de la connaissance ou de la probabilité. Je l'appelle l'*argument du jugement*; c'est le seul parmi les quatre qui nous apporte une véritable instruction et nous fasse avancer sur la voie de la connaissance. Car :

---

1. En latin dans le texte (ici et à la fin du paragraphe) : « ad Ignorantiam ».

2. Mot à mot, *argument visant l'homme*.

3. En latin dans le texte (ici et dans la phrase suivante) : « ad Judicium ».

a) De ce que je ne veux pas contredire quelqu'un d'autre par respect ou pour toute autre considération (la conviction exceptée), il ne s'ensuit pas que son opinion soit juste.

687   b) Que je ne connaisse | pas de meilleure voie que la sienne, ne prouve pas que quelqu'un soit dans la bonne voie, et que je doive prendre la même que lui.

c) De ce qu'il m'a montré que je suis dans la mauvaise voie, il ne s'ensuit pas que quelqu'un d'autre soit dans le droit chemin.

Je peux être modeste et pour cette raison ne pas attaquer l'opinion de quelqu'un d'autre ; je peux être ignorant et ne pas être capable de produire une meilleure [opinion] ; je peux être dans l'erreur et quelqu'un d'autre peut me montrer que je le suis : tout cela me disposera peut-être à recevoir la vérité, mais ne me mettra pas sur la voie : [la vérité] doit venir de preuves, d'arguments et de lumière surgissant de la nature des choses elles mêmes et non de ma modestie, de mon ignorance ou de mon erreur.

§ 23
Au-dessus de, contraire et conforme à la raison

Ce qui vient d'être dit de la *raison* permet de faire certaines conjectures sur la distinction des choses en trois classes : celles qui sont conformes à la raison, au-dessus d'elle et contraire à elle.

a) Sont *conformes à la raison* les propositions dont la vérité peut être découverte en examinant, et en suivant à la trace, les idées que l'on reçoit de la *sensation* et de la *réflexion* et que l'on peut trouver vraies ou probables par déduction naturelle.

b) Sont *au-dessus de la raison* les propositions dont la vérité et la probabilité ne peut être dérivée par la raison de ces principes.

c) Sont *contraires à la raison* les propositions qui sont en contradiction avec nos idées claires et distinctes, ou irréconciliables avec elles.

Ainsi l'existence d'un DIEU est conforme à la raison, l'existence de plus d'un DIEU est contraire à la raison ; la résurrection des morts [y] est au-dessus de la raison.

[z-]En outre, de même que *au-dessus de la raison* peut être pris en un double sens (signifiant soit au-dessus de la probabilité, soit au-dessus de la certitude), de même[-z] aussi *contraire à la raison* peut parfois être pris, je suppose, en ce sens large.

§ 24
Raison et foi ne sont pas opposés

Il existe un autre usage du mot *raison*, où on *l'oppose à foi* ; en soi, c'est une façon très incorrecte de parler ; mais l'usage commun l'a autorisée et ce serait de la folie soit de s'y opposer, soit d'espérer la corriger. Je crois seulement qu'il ne serait pas inutile de noter que, même si la *foi* est opposée à la raison, la *foi* n'est qu'un assentiment ferme de l'esprit ; s'il faut le réguler comme c'est notre devoir, il ne doit être accordé que pour une bonne raison, et donc il ne peut être opposé à la raison. Celui qui croit sans avoir aucune raison de croire peut être amoureux de ses propres fantaisies, mais il ne cherche pas la vérité comme il le doit, ni ne paie à son Créateur l'obéissance qui Lui est due, Lui qui voudrait que l'homme utilise les facultés de discernement | qu'Il lui a données pour le **688** préserver de l'erreur et de la méprise. Celui que ne le fait pas au mieux de ses capacités, peut certes parfois tomber sur la vérité, mais il n'est dans le vrai que par hasard, et je ne sais

---

y. Terme qui, depuis la quatrième édition, remplace : « … corps après la mort… » ; *cf.* note à 2.27.29, 5ᵉ édition, annexe.

z. Texte qui, depuis la cinquième édition, remplace : « … Au dessus de la raison peut aussi être pris en un double sens : au-dessus de la probabilité ou au dessus de la certitude ; et… ».

pas si la chance de la rencontre peut excuser l'inexactitude de la conduite.

Ce qui est au moins certain, c'est qu'il doit être responsable des erreurs dans lesquelles il tombe quelles qu'elles soient ; tandis que celui qui utilise la Lumière et les facultés données par Dieu, qui cherche sincèrement à découvrir la vérité par les aides et la capacités dont il dispose, peut, en faisant son devoir comme une créature rationnelle, avoir cette compensation : s'il manque la vérité, il n'en manquera pas la récompense. Car celui qui, en quelques situation ou sujet que ce soient, croit ou non en fonction de ce que la raison lui conseille, dirige correctement son assentiment et le donne comme il le faut ; celui qui agit autrement, transgresse sa propre lumière et abuse de ses facultés qui ne lui ont été données pour aucune autre fin que chercher et suivre l'évidence la plus claire et la probabilité la plus grande[1].

Mais, puisque certains présentent la raison et la foi comme opposées, il faut les considérer sous cet angle dans le chapitre suivant.

---

1. Comparer avec Descartes, *Méditations*, IV.

Chapitre 18

FOI ET RAISON ; LEUR DOMAINE PROPRE

§ 1
Nécessité de connaître leurs limites

Il a été montré ci-dessus que :

– on est par nécessité ignorant et dépourvu de toutes les sortes de connaissance, là où les idées font défaut ;

– on est ignorant et dépourvu de connaissance rationnelle, là où les preuves font défaut ;

– on est dépourvu de connaissance générale et de certitude, dans la mesure où l'on est dépourvu d'idées claires et déterminées d'espèces ;

– on est dépourvu de probabilité pour guider l'assentiment, dans les questions où l'on n'a ni connaissance par soi-même ni témoignage des autres sur lesquels appuyer sa raison.

À partir de ces prémisses, je pense que l'on peut arriver à établir les mesures et les *limites entre foi et raison* : leur absence a sans doute été dans le monde la cause, sinon de grands désordres, du moins de grands débats et peut-être de grandes erreurs. Car, tant que l'on n'a pas résolu la question de savoir jusqu'où l'on est guidé par la raison et | jusqu'où par **689** la foi, c'est en vain qu'on débattra, qu'on tâchera de se convaincre l'un l'autre en matière de religion.

§ 2
La foi et la raison, ce qu'elles sont quand on les oppose

Je constate qu'en toute secte on utilise volontiers la raison aussi longtemps qu'elle sert mais, quand elle n'est plus utile, on s'écrie : « C'est une question de foi, au-dessus de la raison » [1]. Je ne vois pas comment ces gens peuvent [a-]argumenter avec qui que ce soit, ou même convaincre un contradicteur[-a] qui utilise la même justification, sans définir les limites précises entre *foi* et *raison*, alors que ce devrait être le premier point établi dans toutes les questions où la *foi* est concernée.

Par *raison*, donc, ici en tant qu'opposée à *foi*[2], je comprends la découverte de la certitude ou de la probabilité de propositions auxquelles parvient l'esprit par déductions à partir des idées qu'il a obtenues par l'emploi de ses facultés naturelles (sensation et réflexion).

La *foi*, quant à elle, est l'assentiment à une proposition non pas produite ainsi par les déductions de la raison, mais en faisant crédit à l'informateur [3] selon lequel [la proposition] vient [b-]de Dieu de façon extraordinaire. Cette façon de découvrir des vérités aux hommes est nommée *révélation*[-b].

§ 3
Aucune idée simple nouvelle ne peut être transmise par révélation traditionnelle

1. Or je prétends qu'*aucun homme inspiré par Dieu ne peut communiquer aux autres par révélation la moindre idée simple nouvelle* qu'ils n'auraient pas déjà eue de la sensation

a. Texte qui remplace, depuis la deuxième édition, « … jamais être convaincus par quelqu'un ».

b. Texte qui remplace depuis la quatrième édition : « … immédiatement de Dieu, qu'on appelle révélation … ».

1. *Cf.* 4.17.23.
2. *Cf.* 4.17.24 ; comparer avec 4.17.2, fin.
3. *Cf.* 4.15.3.

ou de la réflexion. Car, quelles que soient les impressions qu'il puisse lui-même recevoir de la main immédiate de Dieu, cette révélation, si elle consiste en nouvelles idées simples, ne peut être transmise à autrui, que ce soit par mots ou par quelqu'autre signe. Car les mots n'engendrent, par leur opération immédiate sur nous, aucune autre idée que celles de leur son naturel. C'est par l'habitude de les utiliser comme signes qu'ils excitent et réveillent dans l'esprit des idées latentes – mais seulement celles qui se trouvaient déjà là. Car les mots vus et entendus ne font revenir à la pensée que les idées dont ils sont devenus pour nous les signes par habitude ; mais ils ne peuvent introduire aucune idée simple parfaitement nouvelle ᶜ⁻jusque là inconnue⁻ᶜ. Cela vaut également pour les autres signes, qui ne peuvent nous signifier des choses dont nous n'avons eu auparavant absolument aucune idée.

|Ainsi, de tout ce qui a été découvert à saint Paul quand il **690** fut enlevé au troisième Ciel [1], de toutes les idées neuves reçues là par son esprit, la seule description de ce lieu qu'il put donner aux autres fut : il y a là « ce que l'œil n'a pas vu, que l'oreille n'a pas entendu et qu'il n'est pas donné au cœur de l'homme de concevoir » [2]. Et à supposer que Dieu découvre surnaturellement à quelqu'un (que ce soit possible, personne ne peut le nier) une espèce de créatures (habitant par exemple *Jupiter* ou *Saturne*) qui posséderait six sens, et imprime sur son esprit les idées introduites dans l'esprit de ces créatures par ce sixième sens – il ne pourrait produire par des mots dans l'esprit d'autrui les idées imprimées par ce sixième sens [3], pas

c. Texte qui remplace depuis la deuxième édition : « … qui n'avait jamais été là auparavant … ».

1. Cf. *2ᵉ Épitre aux Corinthiens*, 12.2-4.
2. *1ʳᵉ Épitre aux Corinthiens*, 2.9; cf. *Paraphrase*, sub 1ᵉʳ Cor 2.10; *Actes des Apôtres*, 9.3-4.
3. *Cf.* 2.23.12-13.

plus que l'un d'entre nous ne peut introduire par le son de mots les idées d'une couleur chez quelqu'un qui aurait quatre sens parfaits mais à qui manquerait totalement depuis toujours le cinquième, la vue [1].

Pour nos idées simples donc, qui sont le fondement et la seule matière de toute notion et de toute connaissance, nous devons dépendre entièrement de notre raison, je veux dire de nos facultés naturelles [2]; et nous ne pouvons en aucune manière les recevoir, toutes ou certaines, de la *révélation traditionnelle* – je dis *révélation traditionnelle*, par opposition à *révélation originelle* : par la seconde, j'entends cette impression première faire immédiatement par Dieu sur l'esprit humain, et on ne peut y mettre aucune limite ; par la première, j'entends ces impressions transmises à d'autres par des mots et par les façons ordinaires de transmettre entre nous nos conceptions.

§ 4

La révélation traditionnelle peut nous faire connaître des propositions connaissables également par la raison, mais pas avec la même certitude

2. Je dis que *peuvent être aussi découvertes et transmises à partir de la révélation les vérités qui nous sont accessibles par la raison* [d-]*et par les idées* [e] *que nous pouvons avoir naturellement*[-d f]. Ainsi, Dieu pourrait découvrir par révélation la vérité d'une proposition d'*Euclide*, de même que les hommes parviennent par l'usage naturel de leurs facultés à en faire eux-mêmes la découverte [3]. Pour toutes les choses de ce

d. Passage absent dans la traduction de Coste.

e. Les trois premières éditions ajoutaient ici « ... claires ... », et la quatrième a supprimé ce mot.

f. « ...naturellement... » a été ajouté à partir de la quatrième édition.

1. *Cf.* 2.9.8.
2. Comparer avec 4.18.2.
3. *Cf.* 4.19.10.

genre, la *révélation* n'est pas très nécessaire ni très utile, car DIEU nous a dotés de moyens naturels plus sûrs pour parvenir à les connaître. Car toute vérité que nous parvenons à découvrir clairement [g] à partir de la connaissance et de l'observation de nos idées [e], sera toujours plus certaine à nos yeux que celle | qui nous est transmise par *révélation traditionnelle*. Notre **691** connaissance que cette *révélation* vient initialement de DIEU ne peut en effet jamais être aussi sûre que la connaissance que nous avons à partir de [h-]la perception claire et distincte de nos propres idées; par exemple,[-h] s'il avait été révélé il y a quelques siècles que les trois angles d'un triangle sont égaux à deux droits, je pourrais donner mon assentiment à la vérité de cette proposition sur la foi de la tradition selon laquelle cela a été révélé; mais cela n'atteindrait jamais une certitude aussi grande que le fait de la connaître par comparaison et mesure de mes idées [e] de deux angles droits et des trois angles d'un triangle.

Cela vaut aussi pour les faits connaissables par les sens; par exemple l'histoire du Déluge nous est transmise par les Écritures qui ont leur origine dans la Révélation; pourtant personne, je pense, ne dira qu'il a une connaissance aussi claire et certaine du Déluge que *Noé* qui l'a vu, ou que la sienne s'il avait alors été vivant et l'avait vu. Du fait que c'est écrit dans le livre supposé écrit par Moïse inspiré [i], il n'en a pas d'assurance plus grande que celle de ses sens; mais lui n'est pas aussi assuré que Moïse a écrit ce livre que s'il avait vu Moïse l'écrire. Aussi l'assurance que c'est une révélation est-elle encore moindre que l'assurance de ses sens.

---

e. Les trois premières éditions ajoutaient ici « … claires … », et la quatrième a supprimé ce mot.

g. Terme ajouté à partir de la quatrième édition.

h. Texte qui remplace, à partir de la quatrième édition : « … nos propres idées claires et distinctes. Comme … ».

i. Terme ajouté à partir de la deuxième édition.

§ 5
La révélation ne peut être admise contre la claire garantie de la raison

Donc, dans les propositions dont la certitude est bâtie sur
[j-]la perception claire de la convenance ou de la disconvenance
de nos idées, perception obtenue soit par intuition immédiate
(comme dans les propositions évidentes par elles-mêmes) soit
par déductions évidentes de la raison (dans les démonstrations)[-j], on n'a pas besoin de l'assistance de la *révélation*
comme si elle était nécessaire pour gagner l'assentiment et
introduire ces propositions dans l'esprit : les moyens naturels
de connaissance pourraient les y introduire – ou l'ont déjà fait –
et c'est la plus grande assurance que nous puissions avoir de
quoi que ce soit, sauf quand Dieu nous le révèle immédiatement ; là aussi, notre assurance ne peut être plus grande que
la connaissance que c'est une *révélation* de Dieu.

Pourtant rien, je crois, ne peut à ce titre ébranler ou
dépasser la connaissance claire, ou conduire rationnellement
quelqu'un à l'admettre pour vraie en contradiction directe
avec la claire évidence de son propre entendement. Car,
puisqu'aucune évidence de nos facultés qui nous procurent ces
692 révélations ne peut dépasser ni même égaler la certitude | de
notre connaissance intuitive, nous ne pouvons jamais recevoir
pour vrai quelque chose qui est directement contraire à notre
connaissance claire et distincte ; par exemple [k-]les idées d'un
corps unique, d'un lieu unique, conviennent si clairement, et
l'esprit a la perception si évidente de leur convenance, que
l'on ne peut jamais donner son assentiment à une proposition
qui affirme que le même corps est en deux lieux séparés à
la fois, même si elle prétend à l'autorité d'une *révélation*
divine[-k]. En effet l'évidence que, *premièrement*, l'on ne se

j. Texte qui remplace, à partir de la quatrième édition : « … des idées
claires et parfaites et des déductions évidentes de la raison ».

k. Absent chez Coste.

trompe pas en l'attribuant à Dieu et que, *deuxièmement*, on comprend bien la proposition, ne peut jamais être aussi grande que l'évidence de notre propre connaissance intuitive, qui nous permet de discerner qu'il est impossible ⌐pour le même corps d'être en deux lieux à la fois¬[1].

Et donc *aucune proposition ne peut être reçue comme révélation divine* ou gagner l'assentiment dû à toute proposition telle, *si elle contredit la claire connaissance intuitive*; ce serait subvertir les principes et les fondements de toute connaissance, de toute évidence et de tout assentiment. Il n'existerait absolument plus aucune différence entre vérité et fausseté, aucune mesure absolue du crédible et de l'incrédible si des propositions douteuses avaient la priorité sur les propositions évidentes par elles-mêmes et si ce que l'on connaît avec certitude devait céder le pas à ce qui peut être erroné.

Donc, dans les propositions contraires à la convenance ou à la disconvenance clairement perçues entre n'importe quelles idées, il est vain de prétendre que ce sont des questions de *foi*. Elles ne peuvent provoquer l'assentiment à ce titre ou à quelque titre que ce soit, car la *foi* ne peut jamais persuader de quelque chose qui contredit la connaissance. Bien que la *foi* soit fondée sur le témoignage de Dieu (qui ne saurait mentir) nous révélant toute proposition, nous ne pouvons pourtant être plus assurés de son statut divinement révélé que de notre connaissance. Toute la force de la certitude dépend en effet de notre connaissance que Dieu a révélé cette proposition[1]; or, lorsque la proposition prétendument révélée contredit notre connaissance et notre raison, l'objection sera toujours pen-

---

1. Coste, qui plus haut avait omis l'application à l'ubiquité, écrit ici : « … que deux idées dont nous voyons intuitivement la disconvenance doivent être regardées ou admises comme ayant une parfaite convenance entre elles … ».

1. Cf. *Logique de Port-Royal*, IV.12.

dante : comment concevoir que Dieu (auteur bienfaisant de notre être) puisse être à l'origine de ce qui doit révolutionner, si c'est avéré, tous les principes et | tous les fondements de la connaissance qu'Il nous a donnée, rendre inutiles toutes les facultés, détruire la part la plus digne de son œuvre (notre entendement), mettre l'homme dans une condition où il a moins de lumière et moins de normes que l'animal périssable ? Car si, pour établir que telle chose est une *révélation* divine, il ne peut jamais y avoir pour l'esprit humain d'évidence plus claire (et, peut être, pas aussi claire) que celle des principes de sa raison, il ne peut jamais y avoir de motif pour ignorer la claire évidence de sa raison et admettre une proposition dont la révélation n'a pas une évidence plus grande ᵐ⁻que ces principes⁻ᵐ.

693 à gauche marge

§ 6
Encore moins pour la révélation traditionnelle

Voilà jusqu'où la raison peut être utilisée et doit être écoutée en ce qui concerne la *révélation* immédiate et originale qu'on prétend recevoir soi-même.

Pour tous ceux qui ne prétendent pas à une *révélation* immédiate, mais à qui on demande de recevoir avec soumission les vérités révélées à d'autres puis transmises jusqu'à eux par la tradition écrite ou orale, la raison a encore plus à faire : elle seule peut nous conduire à les accepter. Car, relève de la *foi* la seule révélation divine et rien d'autre ; donc la *foi* au sens usuel (couramment nommée *foi divine*) n'a affaire qu'aux propositions supposées divinement révélées.

Aussi, je ne vois pas comment ceux qui font de la révélation seule l'unique objet de la *foi*, peuvent dire que c'est une question de *foi* et non de *raison* de croire que telle ou telle proposition qu'on peut trouver dans tel ou tel livre est

---

m. Ajout à partir de la deuxième édition.

d'inspiration divine ; à moins qu'il ne soit révélé que cette proposition, ou tout le livre, ont été communiqués par inspiration divine. Sans cette *révélation*, croire ou ne pas croire que cette proposition ou ce livre sont d'autorité divine, ne peut jamais être une question de *foi*, mais une question de raison [1] ; et je ne peux parvenir à lui donner mon assentiment qu'en usant de ma raison, qui ne peut jamais exiger que je croie ce qui lui est contraire, ni m'en rendre capable ; il est en effet impossible pour la raison de produire un assentiment à ce qui lui apparaît déraisonnable.

Donc, en toute chose clairement attestée par les idées et les principes de connaissance ci-dessus mentionnés, la *raison* est le juge pertinent ; et la *révélation* peut certes s'accorder avec elle sur ce point et confirmer ses préceptes ; mais elle ne peut en ces cas invalider | ses ordonnances. *Et l'on ne peut pas être* **694** *obligé, quand on a la décision claire et évidente de la raison, d'y renoncer pour l'opinion contraire sous prétexte que c'est une question de foi* : [n]celle-ci ne peut avoir aucune autorité contre les préceptes clairs et manifestes de la *raison*[n].

§ 7
Les choses au-dessus de la raison [sont des questions de foi]

3. Mais il y a beaucoup de choses dont on a une notion très imparfaite (voire absolument aucune), et d'autres dont l'existence passée, présente ou future ne peut absolument pas être connue par l'usage de nos facultés naturelles. Ces choses, en tant qu'elles sont au-delà de ce que découvrent nos facultés naturelles et au-dessus de la *raison*, sont, une fois révélées, *la matière propre de la foi*. Par exemple, qu'une partie des anges se soient rebellés contre Dieu et aient ainsi perdu leur

---

n. Ajout à partir de la deuxième édition.

1. *Cf.* 4.19.10.

béatitude initiale, que les morts[o] ressusciteraient et revivraient[1] et autres choses semblables, sont au-delà de ce que découvre la *raison*, ce sont de pures questions de *foi* dans lesquelles la *raison* n'a, directement, rien à faire.

§ 8

Et les choses qui ne sont pas contraires à la raison, si elles sont révélées, sont des questions de foi

[p-]Mais DIEU, en nous donnant la lumière de la *raison*, ne s'est pas lié les mains, Il ne s'est pas interdit de nous apporter quand Il le jugerait bon la lumière de la *révélation* en telle question où les facultés naturelles peuvent fournir des déterminations probables; et donc la *révélation*, là où il a plu à DIEU de la donner[-p], *doit l'emporter sur les conjectures probables de la raison*. L'esprit en effet n'est pas certain de la vérité de ce qu'il ne connaît pas de façon évidente; il [q-]cède seulement à la probabilité qui y paraît[-q]; il est donc tenu à donner son assentiment à un tel témoignage qui, c'est clair, vient de quelqu'un qui ne peut se tromper et ne trompera pas.

Pourtant, il appartient encore à la *raison* de juger de la vérité du fait qu'il s'agisse d'une révélation, ainsi que de la signification des mots qui ont transmis la révélation : de fait,

o. Terme qui remplace depuis la quatrième édition : « … le corps de l'homme … ».

p. Texte qui remplace depuis la quatrième édition : « Mais, puisque toutes les choses qui ont le caractère de révélation divine sont estimées matières de foi, et que parmi elles il y a plusieurs choses qui tombent sous l'*examen* de la raison et sont telles que nous puissions en juger par nos facultés naturelles sans révélation surnaturelle, pour celles-ci, la *révélation* … ».

q. Remplace depuis la quatrième édition : « … en est seulement convaincu de façon probable … ».

1. Cf. *Second Reply to the Bishop of Worcester*, Works, 1759, vol. 1, p. 492-507, fin (repris dans la note de la cinquième édition à 2.27.29 – *cf.* Annexes, n° 6).

là où l'on estime révélé quelque chose qui est contraire aux principes clairs de la raison et à la connaissance évidente qu'a l'esprit de ses propres idées claires et distinctes, là il faut écouter la *raison* se prononçant sur une question de son domaine. En effet, qu'une proposition qui contredit les principes clairs et l'évidence de sa propre connaissance ait été divinement révélée, ou que l'on comprenne correctement les mots dans lesquelles cette révélation a été fournie, ce sont des connaissances qui ne sont jamais aussi certaines que la connaissance que | le contraire est vrai ; aussi doit-on consi- **695** dérer cette proposition comme une question de raison et en juger comme telle, et non pas l'avaler sans examen comme une question de *foi*.

§ 9
Dans les questions où la raison ne peut juger, ou ne le fait que de façon probable, la révélation doit être écoutée

1. Toute proposition révélée dont l'esprit ne peut juger de la vérité par ses facultés et ses notions naturelles, est une pure *question de foi*, au-dessus de la raison [1].

2. Toutes les propositions sur lesquelles l'esprit peut arriver par ses facultés naturelles à décider et à porter un jugement à partir des idées naturellement acquises, sont des *questions de raison*. À cette nuance près cependant : dans les propositions où l'esprit n'a qu'une évidence incertaine, là donc où il est convaincu de la vérité sur des bases seulement probables, alors qu'il est toujours possible que le contraire soit vrai sans faire violence à l'évidence certaine de sa propre connaissance ni renverser les principes de toute raison, là, pour ces propositions probables, une révélation évidente doit déterminer l'assentiment même contre la probabilité. Car, là où les

---

1. *Cf.* note à 4.3.6 ; cinquième édition, annexe, note 9.

principes de la raison n'ont pas garanti [r] qu'une proposition est certainement vraie ou certainement fausse, une *révélation* claire, autre principe de vérité et autre fondement pour l'assentiment, peut décider ; et donc cette proposition peut relever de la *foi* et être aussi au-dessus de la *raison*. Car la *raison* en cette occasion, n'a pas été capable d'aller plus loin que la probabilité ; aussi la *foi* a décidé là où la raison s'est arrêtée et la *révélation* a découvert de quel côté se trouve la vérité.

§ 10
*Dans les questions où la raison peut offrir une connaissance certaine,
il faut l'écouter*

Jusqu'à ce point va l'empire de la *foi*, sans aucune violence ni restriction à la *raison*, qui n'est pas outragée ni ébranlée, mais aidée et améliorée par les nouvelles découvertes de vérité, émanant de la Fontaine Éternelle de toute connaissance. Tout ce que Dieu a révélé est certainement vrai, aucun doute n'est possible à ce sujet ; là est l'objet propre de la *foi*. Mais quant à savoir si c'est ou ce n'est pas une révélation divine, c'est la *raison* qui doit en juger et elle ne peut jamais permettre à l'esprit de rejeter une évidence plus forte pour embrasser ce qui est moins évident, ni [s] autoriser l'esprit à faire prévaloir une probabilité sur une connaissance et une certitude [s]. L'origine divine d'une révélation traditionnelle, avec les termes dans lesquels nous la recevons et avec le sens selon lequel nous la comprenons, ne peut avoir une évidence aussi claire ni aussi certaine que les | principes de raison. Et donc, *rien qui soit contraire aux préceptes clairs et évidents par eux-mêmes de la raison ou qui leur soit contradictoire n'a le droit d'être recommandé ou accepté comme matière de*

696

---

r. « garanti (*evidenced*) » remplace depuis la deuxième édition « déterminé (*determined*) ».

s. Remplace depuis la quatrième édition : « … préfère une certitude faible à la plus grande ».

foi où la raison n'aurait rien à faire. N'importe quelle *révé-lation* divine doit l'emporter sur toutes nos opinions, tous nos préjugés, tous nos intérêts, et a le droit d'être accepté avec plein assentiment. Une telle soumission de notre *raison* à la *foi* ne supprime pas les frontières de la connaissance, elle n'ébranle pas les fondements de la raison, mais nos facultés peuvent être utilisées conformément au but pour lequel elles nous ont été données.

§ 11
Si les limites ne sont pas posées entre foi et raison, aucun enthousiasme,
aucune extravagance en religion ne peuvent être contredits

Si *la distinction des domaines de la foi et de la raison n'est pas préservée par ces limites*, il n'y aura en matière de religion absolument aucune place pour la raison et l'on n'aura aucun droit de critiquer ces opinions et ces cérémonies extra-vagantes que l'on peut trouver dans les diverses religions du monde. Car, à cet appel à la *foi* par opposition à la *raison*, on peut je pense attribuer en grande partie les absurdités dont regorgent presque toutes les religions qui possèdent et divi-sent l'humanité. On a en effet inculqué aux gens le principe qu'ils ne doivent pas consulter la *raison* dans les matières de religion, même quand cela contredit manifestement le sens commun et les principes mêmes de toute leur connaissance ; aussi ont-ils laissé libre cours à leurs chimères et à la super-stition naturelle, qui les ont menés à des opinions si étranges et à des pratiques si extravagantes en religion qu'un homme prudent ne peut que rester ébahi de leurs folies et les juger si peu agréables au DIEU suprême et sage qu'il ne peut s'empê-cher de les penser ridicules et choquantes pour tout homme de bien raisonnable Aussi, en fait, ᵗ⁻la religion qui devrait le plus

t. Texte qui remplace depuis la quatrième édition : « ... ce qui devrait nous distinguer de la façon la plus spécifique des bêtes, ce en quoi nous sommes élevés ... ».

nous distinguer des bêtes et devrait plus particulièrement nous élever[t], comme créatures raisonnables, au-dessus des animaux, est ce en quoi les gens se manifestent souvent les plus irrationnels et plus dénués de sens que les bêtes elles-mêmes. *Je crois parce que c'est impossible*[1] pourrait chez un homme de bien passer pour un excès de zèle, mais devrait être chez les gens la preuve d'un très mauvais principe de choix entre leurs opinions ou leur religion.

1. Locke donne d'abord la formule en latin : *Credo quia impossibile est*; *cf.* Tertullien, *De Carne Christi*, V.

L'ENTHOUSIASME [a]

§ 1

L'amour de la vérité est nécessaire

Celui qui voudrait se mettre sérieusement à la recherche de la vérité devrait en premier lieu se préparer l'esprit par l'amour de la vérité ; car celui qui ne l'aime pas ne fera pas grand effort pour l'acquérir et ne sera pas trop inquiet si elle lui fait défaut. Il n'y a personne, dans la République des Lettres, qui ne s'affiche comme amoureux de la vérité, et pas de créature raisonnable qui ne prenne mal de ne pas être considérée comme tel ; il est pourtant avéré qu'il y a très peu d'amoureux de la vérité pour la vérité, même parmi ceux qui croient l'être.

Comment peut-on connaître si on l'est sérieusement, cela vaut la peine de s'en préoccuper. En voici, je pense, le signe infaillible : ne pas soutenir une proposition avec plus de conviction que ne le justifient les preuves sur lesquelles elle est bâtie. Celui qui outrepasse cette mesure de l'assentiment,

---

a. Chapitre ajouté à partir de la quatrième édition ; les deux chapitres suivants sont alors décalés d'autant.

c'est clair, n'accueille pas la vérité par amour pour elle ; il n'aime pas la vérité pour elle-même, mais pour une fin annexe. Car l'évidence de la vérité d'une proposition (sauf pour les vérités évidentes par elles-mêmes) réside seulement dans les preuves que l'on en a ; et donc quelle que soit la force de l'assentiment qu'on lui accorde au-delà des degrés de cette évidence, il est clair que tout ce supplément de conviction est dû, non à l'amour de la vérité, mais à une autre passion ; il est en effet impossible que l'amour de la vérité entraîne mon assentiment au-delà de l'évidence de vérité qui m'est disponible, comme il est impossible que l'amour de la vérité me fasse assentir à une proposition à cause d'une évidence de vérité qu'elle n'a pas (ce serait en réalité l'aimer comme vérité sous prétexte qu'il est possible ou probable qu'elle ne soit peut-être pas vraie) [1].

Toute vérité qui ne conquiert pas l'esprit par la lumière irrésistible de son évidence par soi ou par la force de la démonstration, reçoit l'assentiment du fait d'arguments qui sont les garants et les gages de sa probabilité à nos yeux, et nous ne pouvons la recevoir que telle qu'ils la fournissent à notre entendement : si l'on accorde à une proposition un crédit ou une autorité qui dépassent ceux que lui confèrent principes **698** et preuves sur lesquels elle s'appuie, ce supplément est | dû à notre inclination en sa faveur et, dans cette mesure, déroge à l'amour de la vérité comme telle ; et de même que passions et intérêts ne peuvent aucunement garantir [2] cet amour, de même ils ne devraient pas non plus l'influencer.

---

1. *Cf.* 1.3.27 ; 1.4.24 ; 4.20.4,8 ; *Conduite de l'entendement*, § 10, 14, 33.
2. *Evidence*.

§ 2

La tendance à imposer son opinion : son origine

S'attribuer le pouvoir de commander aux autres et de régenter impunément leurs opinions va constamment de pair avec ce parti-pris et avec la corruption de ses propres jugements. Comment peut-il en être autrement ? Est prêt à abuser de la croyance des autres celui qui a déjà abusé de la sienne. Peut-on raisonnablement attendre qu'il utilise arguments et persuasion dans ses rapports à autrui, s'il n'y a pas habitué son propre entendement dans ses rapports à lui-même, s'il fait violence à ses propres facultés, tyrannise son propre esprit, usurpe la prérogative propre à la vérité seule, qui est de commander l'assentiment par sa seule autorité, c'est-à-dire proportionnellement à l'évidence qu'elle offre ?

§ 3

Force de l'enthousiasme

Je vais, à ce sujet, me permettre de considérer un troisième motif d'assentiment qui a, pour certains, la même autorité et la même fiabilité que *foi* ou *raison* ; je veux parler de l'*enthousiasme*. Écartant la raison, l'enthousiasme voudrait, sans elle, établir la révélation ; ce faisant, il supprime en fait la révélation en même temps que la raison, il met à leur place les chimères infondées du seul cerveau d'un individu, et en fait le fondement de l'opinion aussi bien que de la conduite.

§ 4

Raison et Révélation

La *raison* est la *révélation* naturelle, moyen pour le Père éternel de Lumière, Fontaine de toute Connaissance, de communiquer à l'humanité cette part de la vérité qu'Il a placée à portée de ses facultés naturelles [1]. La *révélation* est la *raison*

---

1. Ensemble classique de références bibliques (*1 re Épître de Jean*, 1.5-6 ; 5.20 ; *Jean*, 4.14 ; *Épître aux Romains*, 1.19-20).

naturelle élargie par un nouvel ensemble de découvertes, communiquées immédiatement par Dieu, dont la raison atteste la vérité en certifiant et en prouvant qu'elles viennent de Dieu [1]. Celui donc qui écarte la *raison* pour ouvrir la voie à la *révélation*, éteint ces deux lumières et fait exactement comme s'il voulait convaincre quelqu'un que s'aveugler est le meilleur moyen de recevoir d'un télescope la lumière éloignée d'une étoile invisible.

§ 5
Naissance de l'enthousiasme

Il est bien plus facile pour les hommes de forger leur opinion et de régler leur conduite par la révélation *immédiate* **699** que par le | raisonnement rigoureux, labeur pénible et pas toujours fructueux ; aussi ne faut-il pas s'étonner que certains aient été fort tentés de prétendre à une révélation et de se persuader qu'ils étaient sous l'assistance particulière des Cieux dans leurs actions et leurs opinions, spécialement pour celles qu'ils ne pouvaient expliquer par les méthodes ordinaires de connaissance et par les principes de raison. À toutes les époques, on voit des gens chez qui la mélancolie s'est mêlée à la dévotion et que l'orgueil a poussés jusqu'à la croyance en une familiarité avec Dieu et en un accès à ses faveurs plus grands que les autres ; ces gens se sont souvent flattés d'une relation immédiate avec la divinité et de fréquents messages de l'Esprit divin, dont ils sont persuadés. On ne peut refuser à Dieu, je le reconnais, le pouvoir d'illuminer l'entendement d'un rayon immédiatement dardé depuis la Fontaine de Lumière jusqu'à l'esprit ; Dieu leur a promis, interprètent-ils, d'illuminer l'entendement ; et qui a plus de titre à cette

---

1. *Cf.* 4.16.14.

illumination que ceux qui sont de Son peuple propre, qu'Il a choisis et qui Lui appartiennent[1] ?

§ 6
L'enthousiasme

Quand leur esprit est ainsi prédisposé, toute opinion sans motif qui vient à s'imposer à leur imagination devient une illumination de l'Esprit de Dieu, d'autorité divine présente. Toute action étrange à laquelle ils se sentent fortement poussés est une impulsion interprétée comme une vocation ou une orientation divines, qui doivent être obéies ; c'est une mission d'en haut et ils ne peuvent se tromper en l'exécutant[2].

§ 7

Voila ce que je considère comme l'enthousiasme à proprement parler : il n'est fondé ni sur la raison ni sur la révélation divine, il naît des fantasmes d'un esprit échauffé et suffisant ; et pourtant, une fois installé, il agit avec plus de force sur les convictions et les actions des gens que ne le font les deux autres fondements pris séparément ou ensemble. Plus que tout, les gens sont prêts à obéir aux impulsions reçues d'eux-mêmes, et quand tout l'homme est emporté par un mouvement naturel, il est sûr d'agir avec plus de vigueur. Un fantasme fort, comme un nouveau principe, emporte aisément tout avec lui quand il est mis au dessus du sens commun, quand, libéré de toute entrave de la raison et de tout contrôle de la réflexion, il est élevé au rang d'autorité divine avec le concours du caractère et de l'inclination personnels.

---

1. Thème classique de l'élection du Peuple juif (*Deutéronome*, 7.6-7, *Isaïe*, 41.8 *sq.*, etc.) repris par les enthousiastes.

2. *Cf.* note à 4.3.6 (cinquième édition, annexe n° 9).

§ 8
L'enthousiasme confondu avec voir et sentir

Les opinions étranges et les actions extravagantes auxquelles l'*enthousiasme* a conduit les gens suffisaient pour **700** les prévenir contre ce faux | principe, si propre à les égarer aussi bien dans leur croyance que dans leur conduite ; et pourtant l'amour de l'extraordinaire, le plaisir et la gloire d'être inspirés et d'être au dessus des modes ordinaires et naturels de connaissance, flattent tellement la paresse des gens, leur ignorance et leur vanité, qu'une fois entrés dans la voie de cette révélation immédiate, de l'illumination sans recherche, de la certitude sans preuve ni examen, il est difficile de les en sortir. La raison a perdu pouvoir sur eux ; ils sont au-dessus de cela : ils voient la lumière infusée dans leur entendement et ne peuvent se tromper ; c'est clair et visible, là ; comme la lumière du soleil brillant se manifeste d'elle-même et ne nécessite pas d'autre preuve que sa propre évidence, ils sentent la main de Dieu et les impulsions de l'Esprit qui les meuvent de l'intérieur, et ils ne peuvent être trompés sur ce qu'ils ressentent.

Ils se défendent ainsi eux-mêmes et sont sûrs que la raison n'a rien à faire avec ce qu'ils voient et sentent en eux. Ce dont ils ont une expérience sensible n'admet pas de doutes, n'exige pas de preuves. Ne serait-il pas ridicule, celui qui exigerait qu'on lui prouve que la lumière brille et qu'il la voit ? C'est à soi-même sa preuve, et il ne peut y en avoir d'autre. Quand l'Esprit introduit la lumière dans notre esprit, il chasse les ténèbres. Nous la voyons comme nous voyons la lumière du soleil à midi et nul besoin des lueurs de la raison pour la montrer. Cette lumière du Ciel est forte, claire, pure ; ellë contient sa propre démonstration et il serait aussi raisonnable de saisir un ver luisant pour nous aider à découvrir la lumière que d'examiner le rayon céleste à la lueur de notre faible chandelle, la raison[1].

§ 9

Telle est la façon de parler de ces gens-là : ils sont sûrs parce qu'ils sont sûrs, et leurs convictions sont justes pour la seule raison qu'en eux elles sont fortes ; car, vidés des métaphores de la vision et du sentir, c'est à cela que se ramènent leurs propos ; et pourtant, ces comparaisons les abusent tellement que pour eux elles servent de certitude et pour les autres de démonstration.

§ 10
Comment démasquer l'enthousiasme

Examinons un peu plus sérieusement cette lumière interne, cette sensation, sur lesquelles ils construisent tant de choses. Ces gens ont, disent-ils, une claire lumière, et ils voient ; ils ont un sens éveillé, et ils sentent. Ils en sont sûrs, cela ne peut leur être contesté : quand quelqu'un dit qu'il voit ou qu'il sent, personne ne peut dénier qu'il le fasse[2].

Mais ici, je m'interroge : cette vision, est-ce la perception de la vérité de | la proposition ou de la vérité du fait que ce soit **701** une révélation de Dɪᴇᴜ ? Cette sensation est-elle perception d'une inclination ou du phantasme d'une action, ou perception de l'Esprit de Dieu suscitant cette inclination ? Ce sont deux perceptions très différentes et il faut soigneusement les distinguer si l'on ne veut pas s'abuser[3]. Je peux percevoir la vérité d'une proposition, et pourtant ne pas percevoir que c'est une révélation immédiate de Dɪᴇᴜ. Je peux percevoir la vérité d'une proposition d'*Euclide* sans que ce soit une révélation de

---

1. Ce texte est pétri de références bibliques et d'emprunts aux sermons (notamment à la fin, *Proverbes*, 20.27 (*Candle of the Lord*) ; *cf.* 4.3.20.

2. *Cf.* 4.13.2.

3. *Cf.* 4.18.6.

Dieu ou sans que je perçoive qu'elle est révélée. En outre, je peux percevoir que je n'ai pas reçu cette connaissance de manière naturelle et conclure pour cette raison qu'elle est révélée, sans percevoir que c'est une révélation de Dieu[1]. Car il pourrait y avoir des Esprits qui, sans être des envoyés divins, éveillent ces idées en moi dans un ordre tel que mon esprit perçoive leur lien. Ainsi la connaissance d'une proposition s'introduisant dans l'esprit je ne sais comment, n'est pas la perception qu'elle vient de Dieu. Moins encore, la forte conviction qu'elle est vraie n'est pas la perception qu'elle vient de Dieu, pas même qu'elle est vraie.

Mais, bien qu'on parle de lumière et de vue, je crois que ce n'est au mieux que de la croyance et de l'assurance ; et la proposition prise pour une révélation n'est pas une proposition que ces gens connaissent pour vraie, mais qu'ils prennent pour vraie. Car, quand on connaît qu'une proposition est vraie, la révélation est inutile ; et il est difficile de concevoir comment il peut y avoir révélation à quelqu'un de quelque chose qu'il connaît déjà. Si donc ils sont convaincus d'une proposition mais n'en connaissent pas la vérité, quelle que soit la façon dont ils la nomment, ce n'est pas une vision, c'est une croyance : ce sont deux façons pour la vérité d'entrer dans l'esprit, entièrement distinctes, et donc l'une n'est pas l'autre : ce que je vois, je connais que c'est vrai par l'évidence de la chose même ; ce que je crois, je le prends comme tel par le témoignage d'un autre ; mais ce témoignage, je dois connaître qu'il a été délivré, autrement quel motif aurais-je à ma croyance ? Je dois voir que c'est Dieu qui me le révèle, autrement je ne vois rien.

La question ici est donc : comment est-ce que je connais que Dieu est celui qui me révèle cela ? Comment est-ce que je connais que cette impression est faite sur mon esprit par

---

1. *Cf.* 4.18.4.

l'Esprit Saint et que je dois donc lui obéir ? Si je ne le connais pas, quelle que soit la conviction qui me possède, elle est infondée ; quelle que soit la lumière à laquelle je prétends, ce n'est que de l'*enthousiasme*. Car, que la proposition supposée révélée soit en elle-même évidemment vraie, ou visiblement probable, ou selon les moyens naturels de connaissance, incertaine, la proposition qui doit être correctement fondée et manifestée comme vraie est : DIEU est celui qui l'a révélée, et ce que je prends | pour une révélation est certainement intro- **702** duit dans mon esprit par Lui, ce n'est pas une illusion insi- nuée par une autre Esprit ou suscitée par mon imagination.

Car, si je ne me trompe, ces gens prennent la proposition pour vraie, car ils estiment que DIEU l'a révélée. Ne leur revient-il pas alors d'examiner sur quels fondements ils supposent que c'est une révélation de DIEU ? Autrement, toute leur confiance n'est que présomption et cette lumière dont ils sont si éblouis n'est qu'un feu-follet[1] qui les fait continuel- lement tourner en rond dans ce cercle : *C'est une révélation parce qu'ils le croient fermement* et *Ils le croient parce que c'est une révélation.*

§ 11
Il manque à l'enthousiasme la garantie que la proposition vient de Dieu

Pour tout ce qui est de *révélation* divine, il n'y a pas besoin d'autre preuve que le fait qu'il s'agisse d'une inspi- ration de DIEU ; car Lui ne peut tromper ni être trompé. Mais comment connaîtra-t-on qu'une proposition présente dans l'esprit est une vérité infusée par DIEU, une vérité qui nous est révélée par Lui, qu'Il nous divulgue et qu'il nous faut par conséquent croire ?

C'est là que fait défaut à l'*enthousiasme* l'évidence à laquelle il prétend. Car les gens possédés ainsi se vantent

---

1. En latin dans le texte : *ignis fatuus.*

d'une lumière qui les illumine, disent-ils, et les introduit dans la connaissance de telle ou telle vérité. Mais, s'ils connaissent qu'il s'agit d'une vérité, il faut que ce soit ou bien du fait de son évidence par soi propre pour la raison naturelle, ou bien par les preuves rationnelles qui la rendent vraie. S'ils voient et connaissent que c'est une vérité par l'une ou l'autre de ces voies, c'est en vain qu'ils présupposent que c'est une révélation : ils connaissent en effet que c'est vrai aussi naturellement que tout autre peut le connaître , sans le secours de la révélation ; c'est ainsi que les vérités de n'importe quelle sorte, qui illuminent les gens sans inspiration, se sont introduites dans leur esprit et s'y sont installées.

S'ils disent qu'ils connaissent qu'elle est vraie parce que c'est une *révélation* par Dieu, la raison est bonne, mais on demandera alors comment ils connaissent que c'est une révélation par Dieu. S'ils disent que c'est par la lumière que porte en elle cette vérité qui brille dans leur esprit et qu'ils ne peuvent y résister, je les prie de considérer si cela a plus de valeur que ce que l'on a noté auparavant : c'est une révélation parce qu'ils croient fortement que c'est une vérité.

Toute la lumière dont ils parlent n'est que la conviction de leur propre esprit, forte mais infondée, que c'est une vérité. Car, de motifs rationnels issus de preuves qu'il s'agit d'une vérité, ils doivent reconnaître qu'ils n'en ont pas : ils ne recevraient pas alors cette vérité comme une *révélation*, mais sur les motifs ordinaires, ceux qui permettent d'accepter les **703** autres vérités. Et, s'ils croient | que c'est vrai parce que c'est une *révélation*, et n'ont pas d'autre raison pour dire que c'est une *révélation* sauf que, sans autre raison, ils sont totalement convaincus que c'est vrai, alors ils croient que c'est une révélation pour la seule raison qu'ils croient fortement que c'est une révélation, ce qui est un motif très peu assuré pour avancer, dans les convictions comme dans les actions.

Y-a-t-il moyen plus apte à nous précipiter dans les erreurs et les égarements les plus extravagants que d'instituer ainsi l'imagination comme seul et suprême guide, et de croire qu'une proposition est vraie, qu'une action est droite, pour la seule raison que nous croyons qu'elles le sont ? La force de nos convictions n'est en rien une évidence de leur rectitude : les choses tordues peuvent être aussi rigides et inflexibles que les droites, et les hommes peuvent être aussi affirmatifs et péremptoires dans l'erreur que dans la vérité. Comment surgiraient autrement les fanatiques intraitables dans des camps divers et opposés ?

Car, si la lumière que chacun pense avoir en son esprit (qui n'est en ce cas que la force de sa propre conviction) était une évidence qu'elle vient de Dieu, des opinions contraires pourraient avoir le même droit au titre d'inspiré ; et Dieu ne serait pas seulement le Père des Lumières, mais celui de lumières opposées et contradictoires, conduisant les gens en des chemins contraires ; et des propositions contradictoires seraient des vérités divines si la force d'une assurance injustifiée garantissait qu'une proposition est une révélation divine.

§ 12
La fermeté de la conviction n'est pas la preuve
qu'une proposition vient de Dieu

Il ne peut en être autrement tant qu'on fait de la fermeté de la conviction la cause de la croyance, et de la confiance de son bon droit une preuve de la vérité. Saint *Paul* lui-même croyait qu'il faisait bien et que c'était sa vocation, quand il persécutait les chrétiens dont il était sûr qu'ils se trompaient [1] ; et pourtant c'était lui et non eux qui se trompaient. Les hommes de bien demeurent des hommes, et ils peuvent se tromper : parfois ils s'engagent avec chaleur dans l'erreur, en la prenant pour vérité divine parce qu'elle brille de la plus vive clarté dans leur esprit.

---

1. Cf. *Actes des Apôtres*, 7.58 ; 8.1-3 ; 9.1-3 ; 22.4 ; 26.9-11.

§ 13
La lumière dans l'esprit : ce qu'elle est

La lumière, la vraie lumière dans l'esprit, est, et ne peut être autre que l'évidence de la vérité d'une proposition ; et, si ce n'est pas une proposition évidente par elle-même, toute la lumière dont elle jouit ou peut jouir lui vient de la clarté et de la validité des preuves qui la font accepter. Parler d'une autre lumière dans l'entendement, c'est se plonger dans les ténèbres ou sous le pouvoir du Prince des Ténèbres et s'abandonner de soi-même à l'illusion pour croire au mensonge. Car si la force de la conviction était la lumière qui devait nous guider **704** | comment distinguerait-on, je vous prie, entre les illusions de Satan et les inspirations de l'Esprit-Saint ; on pourrait se transformer soi-même en Ange de Lumière [1] ; et ceux qui sont conduits par ce Fils de l'Aurore [2] sont aussi comblés par cette illumination, c'est-à-dire sont aussi fortement convaincus qu'ils sont éclairés par l'Esprit de Dieu, que ceux qui le sont [effectivement] ; ils se soumettent, se réjouissent en lui, sont mus par lui ; et personne ne peut être davantage qu'eux sûr et dans le droit chemin (si leur propre forte croyance peut servir de critère).

§ 14
La révélation doit être jugée par la raison

Celui donc qui ne veut pas s'abandonner à toutes les extravagances de l'illusion et de l'erreur doit mettre à l'épreuve ce guide de la « lumière intérieure ». Dieu ne défait pas l'homme quand il fait le prophète : Il laisse en leur état

---

1. Cf. *2 e Épître aux Corinthiens*, 11. 14 : « Satan lui-même se camoufle en Ange de Lumière ». (Pour cette note et la suivante, *cf.* P. Taranto, traduction et commentaire de *Locke, Essai…, 2.19*, Paris, Ellipses, 2000, p. 53).

2. Satan (référence à *Isaïe* 14.12 : « Comment es-tu tombé du Ciel, Astre brillant, Fils de l'Aurore, comment as-tu été précipité à terre, toi qui réduisais les nations »). Coste traduit par *feu-follet*.

naturel toutes ses facultés, pour lui permettre de juger si ses inspirations sont ou non d'origine divine. Quand Il illumine l'esprit d'une lumière surnaturelle, Il n'éteint pas celle qui est naturelle [1]. S'Il souhaite notre assentiment à la vérité d'une proposition, soit Il garantit cette vérité par les méthodes habituelles de la raison naturelle, soit Il nous fait connaître par son autorité que c'est une vérité à laquelle Il souhaite notre assentiment et Il nous convainc qu'elle vient de Lui par des signes où la raison ne peut se tromper.

La *raison* doit être notre dernier juge et notre dernier guide en tout. Je ne veux pas dire que l'on doive consulter la raison et examiner si une proposition révélée par Dieu peut être construite par les principes naturels, et qu'on doive la rejeter si c'est impossible. Mais consulter la raison, on le doit, et s'en servir pour examiner si la proposition est ou non une *révélation* de Dieu. Et si la *raison* trouve qu'elle est révélée par Dieu, la *raison* se déclare alors en sa faveur autant qu'en faveur de toute autre vérité, et elle en fait l'un de ses préceptes.

Tout fantasme qui échauffe fortement l'imagination devrait passer pour une inspiration s'il n'y avait que la force des convictions pour juger des convictions. Si la *raison* ne doit pas examiner la vérité des convictions par quelque chose qui leur soit extérieur, les inspirations et les illusions, la vérité et la fausseté, auront même mesure et ne pourront être distinguées.

---

1. Locke applique cette méthode à saint Paul dans *An Essay for the Understanding of St Paul's Epistles by consulting St Paul himself* (rédigé vers 1703, publication posthume en 1707; traduction, *Essai sur la nécessité d'expliquer les épitres de S. Paul par S. Paul même*, Oxford, Voltaire Foundation, 1999).

§ 15
La croyance n'est pas preuve de révélation

Si cette lumière intérieure, ou toute proposition qui passe à ce titre pour inspirée, sont conformes aux principes de la raison ou à la Parole de Dieu (la révélation attestée), la *raison* les garantit et elles peuvent en toute sécurité être acceptées **705** pour vraies ; on peut se laisser | guider par elles dans la croyance et dans les actions[1]. Si elles ne reçoivent aucune attestation ni évidence de l'un ou l'autre de ces règles, on ne pourra les prendre pour des *révélations* ni même pour des vérités, tant que l'on n'aura pas d'autre signe que c'est une *révélation*, hors la croyance que c'en est une[2].

Ainsi voit-on que les saints de l'Antiquité qui recevaient des *révélations* divines, avaient, en dehors de la lumière intérieure procurée par l'assurance de leur esprit, quelque chose d'autre qui leur en garantissait l'origine divine. Ils n'étaient pas abandonnés à leur seule conviction que ces convictions venaient de Dieu : ils avaient des signes extérieurs pour les persuader que Dieu était l'auteur de ces révélations. Et quand ils devaient en convaincre d'autres, ils recevaient le pouvoir de témoigner de la vérité de leur mission venue du Ciel : par des signes visibles, ils affirmaient l'autorité divine du message qu'ils portaient[3].

Moïse vit le buisson brûler sans se consumer et entendit une voix en sortir[4] : c'était plus que [simplement] sentir une impulsion mentale à aller voir *Pharaon* pour obtenir qu'il fasse sortir ses frères d'*Egypte* ; et pourtant il estima que ce n'était pas suffisant pour l'investir de la mission de porter ce message, jusqu'à ce que Dieu, par cet autre miracle du bâton

---

1. Cf. *Paraphrase*, 1 Cor., 2.14-16 ; *Reasonableness*, chap. 14, (ed. J. C. Higgins-Biddle, Oxford, Clarendon U.P. p. 149).

2. Cf. *Correspondence*, lettre n° 834.

3. Cf. *Discourse on Miracles*, début ; traduction française, Voltaire Foundation, 1999, p. 178.

4. *Exode*, 3.2. (*cf.* suite).

changé en serpent, ne l'assure du pouvoir de garantir sa mission par le même miracle refait devant ceux à qui il était envoyé[1]. *Gédéon* fut envoyé par un ange pour délivrer *Israël* des *Madianites*, et il désira pourtant un signe pour le persuader que sa mission venait de Dieu[2]. Ces exemples, et les exemples semblables que l'on trouve chez les anciens prophètes, suffisent à montrer qu'ils n'estimaient pas qu'une vision intérieure ou une conviction de l'esprit, sans autre preuve, étaient des garanties suffisantes qu'elles venaient de Dieu, (bien que l'Ecriture ne mentionne pas partout qu'ils aient demandé ou obtenu de telles preuves).

§ 16

En ce que je viens de dire, je suis loin de nier que Dieu puisse illuminer (ou parfois illumine en fait) l'esprit des hommes pour qu'ils saisissent certaines vérités, ou puisse les inciter à des actions bonnes par l'influence immédiate de l'Esprit Saint sans aucun signe extraordinaire. Mais en ces cas également nous avons aussi la raison et l'Ecriture, règles infaillibles pour connaître si l'origine est ou non divine. Si la vérité confessée s'accorde à la *Révélation* dans la Parole écrite de Dieu, si l'action est conforme aux préceptes de la droite *raison* ou de l'Écriture Sainte, on peut être assuré de ne courir aucun risque à la prendre pour telle. En effet, ce n'est peut-être pas une révélation immédiate de Dieu | agissant de façon extraordinaire **706** sur l'esprit ; et pourtant, on est assuré qu'elle est garantie par cette Révélation de la vérité qu'il nous a donnée.

Mais ce n'est pas la force de la conviction privée à l'intérieur de nous qui peut garantir que c'est bien une lumière ou une impulsion qui viennent du Ciel ; rien ne peut le garantir, si ce n'est le Verbe de Dieu écrit, extérieur à nous, ou la règle de la raison qui nous est commune avec tous les

---

1. *Exode*, 4.1-9.
2. *Juges*, 6.11-24.

hommes. Là où la raison ou l'Écriture sont explicitement en faveur d'une opinion ou d'une action, on peut l'accepter comme d'autorité divine; mais ce n'est pas la force de la conviction propre qui puisse leur donner par elle-même ce sceau. L'esprit peut autant qu'on veut avoir tendance à privilégier cette conviction, cela témoignera peut-être d'un attachement personnel mais ne prouvera jamais que ce soit une production céleste d'origine divine.

Chapitre 20

L'ASSENTIMENT ERRONÉ OU ERREUR

§ 1
Les causes de l'erreur

La connaissance ne peut porter que sur des vérités visibles et certaines ; l'erreur n'est donc pas un défaut de la connaissance, mais une méprise du jugement qui donne son assentiment à ce qui n'est pas vrai.

Mais si l'assentiment est fondé sur la vraisemblance, si la probabilité est l'objet propre et le motif de l'assentiment et si cette probabilité est ce qu'on a établi dans les chapitres précédents, on se demandera comment les hommes en viennent à donner un assentiment contraire à la probabilité ; rien de plus courant en effet que les opinions contradictoires ; rien de plus commun que ce qui est inconcevable pour une personne ou douteux pour une autre, soit une croyance ferme pour une troisième, qui s'y tiendra obstinément. Les raisons en sont peut-être très variées, mais elle peuvent, je crois, être réduites aux quatre suivantes :

1) *manque de preuves,*
2) *manque d'aptitude à les utiliser,*
3) *manque de volonté de les utiliser,*
4) *normes erronées de probabilité.*

§ 2
1) *Manque de preuves*

1) Par *manque de preuves*, je n'entends pas seulement le manque de ces preuves qui n'existent nulle part et qu'on ne **707** peut donc jamais obtenir, | mais le manque des preuves mêmes qui existent et que l'on pourrait acquérir.

Manquent ainsi de preuves les gens qui n'ont pas les moyens ou le loisir de faire eux-mêmes des expérimentations et des observations afin de prouver une proposition, et pas plus les moyens de chercher et de rassembler les témoignages d'autrui.

Telle est la situation de la plupart de l'humanité : liés au travail, asservis aux nécessités de leur condition misérable, ces gens passent leur vie à chercher de quoi subsister [1]. Pour eux, les occasions de connaissance et de recherche sont fréquemment aussi limitées que la richesse ; l'entendement est trop peu formé quand tout le temps et toutes les peines sont consacrés à faire taire les gargouillements du ventre et les pleurs des enfants. Il ne faut pas s'attendre à ce qu'un homme qui peine toute sa vie dans un métier pénible ait plus de connaissances sur la variété des choses qui se font dans le monde, que n'est douée dans la géographie de son pays une bête de somme qui ne fait jamais que des allers-retours au marché sur une route étroite et boueuse. Pas plus n'est-il possible à quelqu'un qui n'a ni loisirs, ni livres, ni connaissance des langues, ni occasion de discuter avec des gens différents, de rassembler les témoignages et les observations, nécessaires à l'élaboration de nombreuses propositions (ou de la plupart) jugées de la plus grande importance dans les Sociétés humaines ; pas plus ne lui est-il possible de dégager

---

1. *Cf.* 1.3.24.

les *fondements* d'une croyance aussi assurée que nécessaire pour ce qu'il voudrait construire sur eux [1].

Aussi, à cause de l'état naturel et inaltérable des choses en ce monde et de la constitution des affaires humaines, une grande part de l'humanité est-elle inévitablement condamnée à ignorer définitivement les preuves sur lesquelles bâtissent les autres et qui sont nécessaires pour valider ces opinions. La plupart des hommes a trop à faire pour s'assurer les moyens de vivre ; quant aux moyens de mener des investigations savantes et laborieuses, ils n'ont donc pas les moyens de s'en inquiéter.

§ 3
Réponse à l'objection :
que va-t-il arriver à ceux qui manquent de preuves

Que dire alors ? Est-ce que la plus grande partie de l'humanité, par la nécessité de sa condition, est sujette à l'ignorance inévitable des choses qui sont pour elle de la plus grande importance (à son sujet, la question se pose assurément) ? Est-ce que la masse de l'humanité n'a pas d'autre guide que l'événement ou le hasard aveugle pour | la conduire **708** au bonheur ou au malheur ? Peut-on prendre pour garanties, pour cautions suffisantes, et risquer sur eux ses plus grands intérêts (à savoir son bonheur ou son malheur éternels) les opinions dominantes ou les leaders autorisés de chaque pays ? Peut-on prendre ceux qui enseignent une chose dans la *chrétienté* et une autre en *Turquie* [2] pour des oracles certains et infaillibles, pour les normes de vérité ? Ou est-ce qu'un pauvre paysan sera éternellement heureux pour avoir eu la chance d'être né en *Italie*, et un journalier irrémédiablement perdu pour avoir eu la malchance de naître en *Angleterre* ?

---

1. Les deux derniers paragraphes ont un parallèle en *Draft A*, § 39.
2. Cf. *Lettre sur la Tolérance.*

Certains sont sans doute prêts à tenir de tels propos, je ne les examinerai pas ici. Mais je suis sûr qu'on doit ou bien accorder la vérité de l'une ou l'autre de ces thèses (qu'on choisisse celle qu'on veut), ou bien admettre que Dieu a doté les hommes de facultés suffisantes pour les diriger dans la voie qu'ils devraient prendre, s'ils veulent au moins utiliser ces facultés en ce sens, quand leurs occupations ordinaires leur en laissent le loisir[1]. Personne n'est si accaparé par le souci de ses moyens de subsister qu'il n'ait absolument pas le temps de penser à son âme et de s'informer des questions de religion. Si les hommes étaient aussi résolus sur ce point qu'ils ne le sont sur des questions de moindre importance, aucun ne serait asservi aux nécessités de la vie au point de ne pas trouver assez de temps libre à préserver pour accroître ainsi sa connaissance.

§ 4
On empêche les gens de chercher[a]

Outre ceux dont les progrès et la formation sont gênés par la faiblesse de leurs revenus, il y en a d'autres qui ont des biens abondants, qui devraient leur permettre de disposer de suffisamment de livres et d'autres moyens pour lever les incertitudes et découvrir la vérité ; [b-]mais ils sont étroitement *emprisonnés par les lois* de leur pays et la surveillance rigide de ceux dont l'intérêt est de les maintenir dans l'ignorance, de peur que, s'ils en savaient plus, ils croiraient moins en eux[2]. Ils demeurent donc aussi éloignés, voire plus éloignés, de la *liberté*

---

a. Titre absent de la traduction de Coste.

b. Coste remplace toute la fin de cette section par : « ... mais ils en sont détournés par des obstacles pleins d'artifice qu'il est assez facile d'apercevoir, sans qu'il soit nécessaire de les établir en cet endroit ».

1. *Cf.* 2.23.12 ; *De la conduite de l'entendement*, § 8, 23, 37.
2. *Cf.* 1.3.22, 1.4.24.

et des occasions de recherche équitable que les pauvres travailleurs sans fortune dont on vient de parler. Apparemment célèbres et puissants, ils n'en sont pas moins contraints à une pensée étroite, réduits à l'esclavage en ce qui devrait être la partie la plus libre de l'homme : leur entendement.

C'est en général ce | qui se passe pour tous ceux qui vivent **709** en un lieu où l'on prend soin de propager la vérité sans la connaissance [1], où les gens sont forcés à être de la religion qui est par hasard celle de leur pays, et doivent donc avaler les opinions comme les sots avalent les pilules des charlatans : sans en connaître la composition, l'efficacité, ni avoir autre chose à faire que croire qu'ils seront soignés ; ils sont même bien plus malheureux que les sots, car ils ne sont pas libres de refuser d'avaler ce qu'ils préféreraient peut-être éviter, ou de choisir le médecin et les conseils à qui se confier[-b 2].

§ 5
2) *Manque d'aptitude à les utiliser*

2) Ceux à qui *manque l'aptitude à utiliser les évidences qu'ils ont* en matière de probabilités, ceux qui ne peuvent maîtriser mentalement une suite de déductions, ni peser avec précision la supériorité de telle preuve ou de tel témoignage contraires à d'autres, en donnant à chaque circonstance sa juste place, risquent facilement l'erreur de donner leur assentiment à des positions improbables. Il y a des gens d'un syllogisme, d'autres de deux seulement et pas plus, d'autres encore ne peuvent faire qu'un pas de plus : ces gens ne peuvent pas toujours discerner

---

1. *Cf.* 4.19.4.

2. Section parallèle à *Draft A*, § 39 ; le début du second paragraphe était dans le *Draft A* : « C'est en général ce qui se passe pour tous ceux qui vivent à portée de l'Inquisition, le grand Office de l'ignorance, érigé très sournoisement pour propager la vérité sans la connaissance, où le bon catholique doit avaler… ».

de quel côté sont les preuves les plus fortes, ni suivre avec constance ce qui est en soi l'opinion la plus probable.

Aucun de ceux qui ont eu les moindres rapports avec leurs voisins (même sans avoir jamais été à *Westminster* ou à la *Bourse* d'une part, à *l'Hôtel-Dieu* ou à *Bedlam*[1] d'autre part), ne mettra en doute qu'il y ait de telles différences entre les gens en ce qui concerne l'entendement. Et que cette différence d'intelligence entre les gens vienne d'un défaut des organes corporels spécialement dévoués à la pensée, du manque d'utilisation de ces facultés qui leur ôte vivacité et souplesse ou, comme certains le pensent, de différences naturelles entre les âmes elles-mêmes, qu'elle vienne de certaines ou de toutes ces causes, ce n'est pas le lieu ici de s'interroger ; il est seulement évident, qu'il y a des différences de degré entre les entendements, les appréhensions, les raisonnements humains, au point que l'on peut, sans faire injure à l'humanité, affirmer que sous cet angle il y a plus de distance entre certains hommes et d'autres qu'entre certains hommes et des bêtes. D'où cela vient, c'est l'objet d'une spéculation, de grande importance certes mais pas nécessaire à notre but présent[2].

710

|§ 6
3) *Manque de volonté de les utiliser*

3) Il existe une autre sorte de gens qui *manquent de preuves*, non pas qu'elles leur soient inaccessibles, mais *parce qu'ils ne veulent pas les utiliser*, des gens qui ont suffisamment de

---

1. Dans le texte, successivement : *Westminster Hall* : (cour de justice à Londres, à l'époque) ; *Exchange* (*Royal Exchange*, installé dans la City pour l'échange des monnaies) ; *Almshouses* (hospices d'institutions caritatives) ; *Bedlam* (asile d'aliénés de Londres).

2. Fin de paragraphe parallèle à *Draft A*, § 41 ; cf. *De la conduite de l'entendement*, § 2.

richesses et loisirs, qui ne manquent ni de talents ni [c]d'autres secours, et qui n'en profitent pourtant jamais.

La poursuite acharnée du plaisir, ou l'esclavage perpétuel des affaires polarise ailleurs les pensées de certains; la paresse et la négligence en général, ou une aversion particulière pour les livres, l'étude, la méditation en éloignent d'autres de la moindre pensée sérieuse. Pour certains, la crainte qu'une recherche impartiale ne favorise pas les opinions les plus accordées à leurs préjugés, leur vie, leurs objectifs, fait qu'ils se contentent sans examen d'accepter en confiance ce qu'ils estiment être approprié et à la mode[1]. Ainsi, la plupart des gens, même parmi ceux qui pourraient faire autrement, passent leur vie dans l'ignorance de ce qui est probable et qu'il est de leur intérêt de connaître, et a fortiori sans y donner un assentiment guidé par la raison; pourtant, c'est[c] tellement à leur portée que, pour en être convaincus, ils n'ont qu'à tourner le regard en ce sens. Mais on sait que des gens ne lisent pas une lettre supposée leur apporter de mauvaises nouvelles, et que beaucoup évitent de faire leurs comptes, voire de penser à leurs biens, quand ils ont une raison de craindre que leurs affaires ne soient pas en bonne situation[2].

Je ne peux dire comment les gens qui ont des fortunes énormes, et donc le loisir de cultiver leur esprit, peuvent se satisfaire d'une ignorance paresseuse; mais ceux qui dépensent tous leurs revenus en provisions pour le corps et n'en utilisent aucun pour se procurer les moyens et les secours de la

c. Texte depuis la deuxième édition, qui remplace le texte suivant donné dans la première édition : « … d'érudition, peuvent pourtant, par leur poursuite acharnée du plaisir ou des affaires, ou encore par paresse ou crainte que les doctrines dont ils devraient vérifier la vérité ne correspondent pas bien à leurs opinions, leur vie, leur orientation, ne jamais arriver à leur connaissance, ni donner leur assentiment aux probabilités qui sont … ».

1. *Cf.* 4.3.26.
2. Les deux derniers paragraphes sont parallèles à *Draft A*, § 40.

connaissance, ceux qui prennent bien soin de paraître toujours en propre et brillant extérieur et s'estimeraient misérables en vêtements grossiers ou en veste rapiécée, mais se contentent néanmoins d'un esprit s'offrant à la vue de tous en tenue bigarrée, faite de pièces grossières et de lambeaux d'emprunt, dont le hasard ou le tailleur de leur pays (j'entends, l'opinion commune de ceux avec qui ils ont discuté) a choisi de les vêtir, ceux-là, je crois, ont une bien mauvaise opinion de leur âme.

Je ne mentionnerai pas ici combien cette conduite est irrationnelle, pour des gens qui pensent éventuellement à un état futur et à leur intérêt en ce domaine, ce qu'aucun homme rationnel ne manque de faire parfois ; et je ne relèverai pas **711** la honte et la confusion, pour ceux qui | méprisent si fort la connaissance, lorsqu'ils se révèlent ignorants en des questions qu'ils ont tout intérêt à connaître.

Mais au moins, ceux qui se considèrent comme gentils-hommes devraient envisager ceci : ils pensent peut-être que la confiance, le respect, le pouvoir et l'autorité leur sont dus à cause de leur naissance et de leur fortune ; mais ils découvriront que ces qualités leur seront enlevées par des gens de condition inférieure qui les surpassent en connaissance. Les aveugles seront toujours conduits par ceux qui voient, sinon ils tombent dans le trou [1] ; et celui qui est le plus assujetti et le plus asservi est celui qui l'est par l'entendement.

Dans les exemples précédents, on a montré quelques causes de l'assentiment erroné, et comment il arrive que des doctrines probables ne soient pas toujours reçues avec un assentiment proportionné aux raisons que l'on peut obtenir quant à leur probabilité ; mais jusque là nous n'avons considéré que les probabilités pour lesquelles des preuves existent mais n'apparaissent pas à celui qui commet l'erreur.

---

1. Cf. *Matthieu*, 15.14 ; *Luc*, 6.39.

§ 7
4) Normes erronées de probabilité, en quels cas

4) Reste la dernière sorte [de gens], ceux qui, même en présence de probabilités effectives et présentées devant eux, ne se laissent pas convaincre, ne se rendent pas aux raisons manifestes mais suspendent leur assentiment[1] ou l'accordent à l'opinion la moins probable. A ce danger sont exposés ceux qui ont adopté des *normes erronées de probabilité* qui sont :

a) *les propositions ni certaines ni évidentes en elles-mêmes mais douteuses et fausses, prises pour principes* ;
b) *les théories traditionnelles* ;
c) *les passions et les inclinations dominantes* ;
d) *l'autorité.*

§ 8
a) Les propositions douteuses prises pour principes

a) Le motif premier et le plus ferme de probabilité, c'est la conformité d'une chose à notre propre connaissance, spécialement cette partie de connaissance adoptée comme *principes* et toujours considérée comme tels : ils ont une si grande influence sur les opinions que c'est habituellement à partir d'eux que l'on juge de la vérité et que l'on mesure la probabilité, au point que ce qui n'est pas cohérent avec nos *principes* passera pour si peu probable à nos yeux qu'il ne sera pas reconnu possible. Le respect pour ces *principes* est si grand et |leur autorité tellement supérieure à toute autre que, non seule- **712** ment le témoignage des autres, mais aussi la garantie des sens sont souvent rejetés quand ils tendent à valider quelque chose de contraire à ces règles établies. À quel point la doctrine des *principes* innés, des *principes* qui ne doivent pas être prouvés ou

---

1. Locke donne le verbe grec correspondant : ἐπέχειν.

remis en question, est pour quelque chose dans cette conception, je ne l'examinerai pas ici [1].

Je concède volontiers qu'une vérité ne peut en contredire une autre; mais je me permets aussi d'ajouter que chacun devrait soigneusement se méfier de ce qu'il admet pour *principe*, devrait l'examiner sérieusement et voir s'il connaît avec certitude que ce principe est vrai de lui-même par sa propre évidence, ou s'il le croit seulement avec assurance d'après l'autorité d'autres personnes. Car celui qui a absorbé de *faux principes* et s'est aveuglément abandonné à l'autorité d'une opinion qui n'est pas évidemment vraie en elle-même, a dans son esprit de fortes préventions, qui dévoieront inévitablement son assentiment.

§ 9

Rien n'est plus courant pour les *enfants* que de recevoir en leur esprit des propositions (spécialement en matière de religion) de leurs parents, nourrice ou proches; introduites dans leur entendement naïf et sans prévention, progressivement enracinées, elles y sont finalement (que ce soient les vraies ou les fausses) serties par une longue accoutumance et une longue éducation, sans qu'il soit possible désormais de les expulser [2]. Car, devenus adultes, les gens qui réfléchissent à leurs opinions trouvent que cette catégorie d'opinions est aussi ancienne en leur esprit que leurs souvenirs eux-mêmes; ils n'ont pas observé leur introduction initiale, ni comment ils les ont reçues; aussi risquent-ils de les respecter comme des choses sacrées, de ne pas admettre qu'on les profane, qu'on les modifie, qu'on les remette en question [3]; ils les

---

1. *Cf.* 1.3.27; 1.4.24; 4.19.2.
2. *Cf.* 1.3.22.
3. *Cf.* 1.3.22.

considèrent comme les *Urim* et les *Tummim*[1] installés immédiatement dans leur esprit par Dieu même pour être arbitres souverains et infaillibles de vérité et de fausseté et juges auxquels faire appel en toute controverse[2].

§ 10

Une fois cette interprétation des *principes* (peu importe lesquels) *établie dans l'esprit de quelqu'un*, il est facile d'imaginer comment celui-ci accueillera toute proposition (même clairement prouvée) qui invaliderait leur autorité ou du moins s'opposerait à ces oracles internes; et pourtant les absurdités et invraisemblances les plus énormes, conformes à ces principes, sont avalées sans peine et facilement digérées. L'obstination extrême de ceux qui adhèrent à des thèses totalement opposées bien qu'également | absurdes souvent, à **713** travers les différentes religions de l'humanité, est à la fois une preuve évidente et une conséquence inévitable de cette façon de raisonner à partir de principes traditionnels : les gens ne vont pas croire leurs yeux, vont renoncer à l'évidence de leurs sens et démentir leur propre expérience, plutôt qu'admettre quoi que ce soit d'incompatible avec leurs dogmes sacrés.

Prenez un catholique romain[d] intelligent à qui, dès les premières lueurs de pensée, on a inculqué le principe suivant : « Il faut croire ce que croit ton Église (c'est-à-dire ceux de ta religion) », [e]ou « Le pape est infaillible »[e] et qui n'a jamais entendu remettre ces principes le moins du monde en question avant de rencontrer (à quarante ou cinquante ans) quelqu'un qui a d'autres principes. N'est-il pas prêt à avaler, non

d. Coste écrit « luthérien ».

e. Ignoré par Coste.

1. Noms de chacun des deux dés utilisés dans la société juive jusqu'à David pour tirer les sorts (cf. *Nombres*, 22.21; *Deutéronome*, 33.8; 1 *Samuel*, 14.41).

2. Section parallèle à *Draft A*, § 42.

seulement contre toute probabilité mais aussi contre la claire évidence de ses sens, la doctrine [1] de la *transsubstantiation* [f]; ce principe a une telle influence sur son esprit qu'il croira [g]chair ce qu'il voit pain[g]. Et par quelle voie allez-vous convaincre quelqu'un que l'opinion qu'il soutient est invraisemblable, s'il a posé avec certains philosophes comme principe de raisonnement que, contre ses sens, il doit croire sa raison (nom incorrect que les gens donnent aux thèses tirées de leurs principes [2]).

Qu'on inculque à un *enthousiaste* le principe que son maître ou lui sont inspirés et dirigés par communication immédiate de l'Esprit divin : c'est en vain que vous apporterez contre ses dogmes l'évidence de raisons claires ; sur des points en contradiction avec ces principes, les probabilités les plus manifestes et les plus convaincantes ne pourront faire changer d'avis celui qui a absorbé des principes erronés, tant qu'il ne sera pas assez franc et sincère pour se laisser entraîner à examiner même les principes que beaucoup se refusent à examiner un jour eux-mêmes [3].

§ 11
b) *Les hypothèses traditionnelles*

Proches sont ceux dont l'entendement est formé dans un moule, façonné juste aux dimensions d'une *hypothèse traditionnelle*. La différence avec ceux qui précèdent tient à ce

---

f. Coste : « *consubstantiation* ».

g. Coste interprète, dans le sens de la consubstantiation, : « … qu'une chose est chair et pain tout à la fois, quoiqu'il soit impossible qu'elle soit autre chose que l'une d'eux ».

1. Doctrine catholique élaborée au Concile de Trente (1551) pour rendre compte philosophiquement de la consécration du pain et du vin, par transformation des substances sans perte des qualités sensibles.

2. *Cf.* 4.17.1 et 4.19.14.

3. *Cf.* 1.3.25 ; section parallèle à *Draft A*, § 42, où l'*enthousiaste* était remplacé par le *Quaker*.

qu'ils | admettront les faits, [h-]ce en quoi ils s'accordent avec **714**
les dissidents [1-h] (dont ils se distinguent seulement par la
façon de donner des raisons et d'expliquer les processus). Ils
n'ont pas comme les premiers cette défiance ouverte envers
leurs sens : ils arrivent à accepter de prêter l'oreille avec un peu
de patience à leurs informations ; mais, dans l'explication des
choses, ils n'admettent aucunement leur apport, ils refusent
d'être déterminés par des probabilités qui les persuaderaient
que les choses ne se sont pas produites de la façon dont ils ont
en eux-mêmes décidé.

Ne serait-il pas insupportable pour un savant professeur,
[i-]sa toge écarlate ne rougirait-elle pas[-i], de voir son autorité
vieille de quarante ans, extraite du fond des galeries [2] du grec
et du latin, à grands renforts de chandelles et de veilles, confir-
mée par une réputation générale et une barbe vénérable, remise
en cause en un instant par un jeune blanc-bec ? Peut-on espérer
lui faire admettre que ce qu'il a enseigné à ses étudiants, il y a
trente ans, n'était qu'erreurs et méprises, et qu'il leur a vendu
bien cher de grands mots et de l'ignorance ?

Dans une telle situation, quelles probabilités sont assez
fortes pour prévaloir ? Qui sera convaincu par les arguments
les plus puissants de se dévêtir d'un seul coup de toutes ses
anciennes opinions, de ses anciennes prétentions à la connaissance et au savoir, pour lesquelles il a tout ce temps peiné, et
recommencera complètement nu sa quête de nouvelles
conceptions ? Tous les arguments peuvent être utilisés, mais

---

h. Coste : « …ils conviennent sans peine sur tout cela avec tous ceux qui
le leur prouvent… ».

i. Passage ignoré par Coste.

1. *Dissenters* : à la fois « celui qui refuse de donner son assentiment » et
le dissident de l'Église Anglicane officielle, et éventuellement de toute
Église.

2. *Wrought out of hard Rock Greek and Latin* : image vraisemblablement empruntée au vocabulaire de la mine.

ils auront autant de mal à convaincre que n'en aurait le vent qui voudrait convaincre le voyageur de se défaire de son manteau plutôt que de mieux s'emmitoufler[1].

À ces fausses hypothèses, on peut ramener les erreurs occasionnées par une hypothèse vraie, ou par de justes principes, mais mal interprétés ; rien n'est plus courant. Les exemples de gens luttant pour des opinions opposées, qu'ils tirent tous de la vérité infaillible de l'Écriture, en sont une preuve indéniable. Tous ceux qui se nomment *chrétiens* admettent que le texte[2] qui dit μετανοεῖτε porte en lui une obligation à un devoir très strict ; pourtant, parmi ceux qui ne comprennent que le français, qui aura une conduite erronée : celui qui reçoit cette règle avec la traduction « Repentez-vous », ou celui qui la reçoit avec la traduction « Faites pénitence »[3] ?

§ 12
c) *Les passions dominantes*

715   c) Les probabilités contraires aux appétits et aux | passions dominantes des gens courent le même risque. Que pèse sur l'esprit d'un avare la plus forte probabilité qui soit d'un côté et de l'autre une somme d'argent ? Il est facile de prévoir qui gagnera. Les esprits terre à terre, comme des murs de boue, résistent à l'artillerie la plus puissante et, bien que la force d'un argument puisse parfois faire impression, ils demeurent

---

1. Les trois paragraphes précédents, parallèles à *Draft A*, § 42.

2. *Matthieu* 3.2 ; 4.17 ; *Marc*, 1.4 ; 6.12 ; *Luc*, 9.6 ; etc. *cf.* la longue étude faite par Locke sur le sens du terme dans *Reasonableness*, chapitre 11 (éd. J. C. Higgins-Biddle, Oxford, 1999, p. 110-113 ; trad.française, Voltaire Foundation, p. 125-127).

3. Les deux expressions sont en français dans le texte. Allusion possible au différent entre catholiques et protestants sur les sacrements (leur rôle par rapport à la foi vécue ainsi que le statut du baptême et de la confession).

fermes malgré tout, ils résistent à l'ennemi (la vérité) qui voudrait les captiver et les inquiéter[1].

Dites à un homme passionnément amoureux qu'il est trompé, convoquez vingt témoins de l'infidélité de sa maîtresse ; je parie à dix contre un que trois mots doux de sa part invalideront leurs témoignages. « Ce qui correspond à nos vœux est volontiers cru[2] », c'est je suppose ce que chacun a plus d'une fois expérimenté et, quoique les gens ne puissent pas toujours contredire la force de probabilités manifestes qui s'opposent à eux ou leur résister ouvertement, ils ne se rendent néanmoins pas à l'argument. Non pas que ce ne soit pas la nature de l'entendement que de coller constamment au côté le plus probable[3], mais l'homme a le pouvoir de suspendre et de restreindre ses recherches et de ne pas autoriser un examen aussi complet et satisfaisant que ne le permettrait et le supporterait la question[4]. Tant que ce n'est pas fait, il restera toujours *deux façons d'échapper aux probabilités les plus manifestes* :

§ 13
Les moyens d'échapper aux probabilités ;
a) *Les sophismes prétendus*

Les arguments étant transmis par des mots (la plupart le sont), *il peut y avoir en eux un sophisme caché* ; et les déductions enchaînées étant (éventuellement) nombreuses, il peut y en avoir d'incohérentes : il y a très peu d'exposés suffisamment clairs, courts et cohérents contre lesquels beaucoup ne peuvent pas, de façon assez justifiée à leurs yeux, soulever cette objection ; très peu dont ils ne puissent pas se soustraire

---

1. Paragraphe parallèle à *Draft A*, § 42.
2. La citation latine s'ajoute à la traduction : « Quod volumus, facile credimus » César, *De Bello Civili*, 2.27 ; Bacon, *Novum Organum*, 1.49.
3. Comparer avec 2.21.58, 62.
4. *Cf.* 2.21.47.

à la persuasion, sans reproche de mauvaise foi ou de déraison, grâce à cette réponse classique : « Bien que je ne puisse pas répondre, je ne me rendrai pas » [1].

§ 14
b) Prétendus arguments en faveur du contraire

On peut échapper aux probabilités manifestes et retirer son assentiment en suggérant que : « Je ne connais pas tout ce qui peut être dit par les adversaires ; donc, bien que je sois battu, il ne m'est pas nécessaire de me rendre puisque je ne connais pas quelles sont les forces en réserve à l'arrière ». C'est une protec-

716 tion si générale et si | étendue contre la *persuasion* qu'il est difficile de déterminer quand on échappe entièrement à sa portée [2].

§ 15
Quelles probabilités déterminent l'assentiment

Mais il y a un terme [à ces arguties] : si l'on a soigneusement cherché tous les motifs de probabilité et d'invraisemblance, si l'on a fait de son mieux pour s'informer correctement de tous les détails et récapitulé la somme totale de chaque côté, on peut arriver la plupart du temps à reconnaître dans l'ensemble où se trouve la plus grande probabilité ; dans le domaine du raisonnement, des preuves formées de suppositions basées sur l'expérience universelle sont si puissantes et si claires, dans le domaine des faits, des témoignages sont si universels qu'on ne peut refuser son assentiment.

Aussi peut-on conclure, je pense, que dans les propositions où, bien que les preuves en question soient de la plus grande importance, il y a pourtant des motifs suffisants pour suspecter qu'il y a soit des sophismes de mots soit des preuves certaines aussi considérables à produire du côté

---

1. La citation latine s'ajoute à la traduction : « non persuadebis, etiamsi persuaseris » ; Érasme, *Adages*, 2.7.56. Section parallèle à *Draft A*, § 42.
2. *Cf.* 4.19.20. Section parallèle à *Draft A*, § 42.

opposé ; là, assentiment, suspens ou dissentiment sont souvent des actions volontaires. Mais *là où* les preuves sont telles qu'elles le rendent hautement probable (sans motif suffisant pour le soupçonner), qu'il y a un sophisme de mots (ce qu'une considération prudente et sérieuse peut découvrir) ou qu'il ne reste pas de preuves également valables encore cachées du côté opposé (ce que la nature de la chose peut dans certains cas rendre évident à quelqu'un d'attentif), là, dis-je, *quelqu'un* qui les a pesés, *ne peut guère refuser son assentiment* au côté où apparaît la plus forte probabilité.

Des caractères d'imprimerie en désordre complet qui se mettent souvent en ordre pour imprimer sur le papier un exposé cohérent ; ou une convergence fortuite d'atomes sans l'aide d'un agent intelligent, qui constitue fréquemment le corps d'êtres animés de toutes espèces[1] : y a-t-il là des cas probables ? Dans ces cas et dans les cas semblables, je pense que toute personne qui les considèrera, ne pourra un instant se demander quel côté choisir, ni hésiter dans son assentiment.

Enfin, dans le cas où la chose est indifférente par nature, où elle dépend entièrement des dires de témoins et où l'on ne peut alors supposer qu'il y ait un témoignage valable, aussi bien contre que pour le fait attesté (sur lequel l'information suppose une recherche – par exemple s'il y avait voici 1700 ans à Rome un homme nommé *Jules César*), en ce cas dis-je, il n'est pas je pense | au pouvoir d'un homme de raison de **717** refuser son assentiment, qui suit nécessairement de près de telles probabilités[2].

Dans les cas moins clairs, je pense qu'il est au pouvoir de l'homme de refuser son assentiment et peut-être de se

---

1. *Cf.* 3.6.14, *sq.*

2. Cette section est jusqu'ici parallèle à *Draft A*, § 42, qui ajoutait ici : « Et si la foi n'était pas quelquefois au moins un acte volontaire, je ne vois pas comment l'infidélité pourrait être un péché ».

contenter des preuves qu'il a, si elles sont en faveur de l'opinion conforme à ses inclinations et ses intérêts, puis d'arrêter toute recherche ultérieure. Mais qu'un homme apporte son assentiment au côté où la probabilité la plus faible lui apparaît, me semble totalement irréalisable et aussi impossible que de croire en même temps que la même chose est probable et improbable.

§ 16
Là où il est en notre pouvoir de suspendre l'assentiment

De même que la connaissance n'est pas plus arbitraire que la perception, de même l'assentiment n'est pas, je pense, plus en notre pouvoir que la connaissance. Quand la convenance de deux idées se manifeste à l'esprit, que ce soit immédiatement ou avec l'aide de la raison, je ne peux pas plus refuser de la percevoir et éviter de la connaître que je ne peux éviter de voir les objets vers lesquels je tourne les yeux et que je regarde en plein jour. Ce qu'à l'examen approfondi je trouve le plus probable, je ne peux lui refuser mon assentiment.

Mais, si l'on ne peut s'empêcher de connaître, une fois la convenance perçue, ni de donner son assentiment là où la probabilité apparaît manifestement après considération correcte de toutes les mesures pertinentes, *on peut cependant empêcher à la fois la connaissance et l'assentiment en arrêtant l'enquête* et en n'utilisant pas ses facultés pour la recherche de vérités [1]. Si ce n'était pas le cas, l'ignorance, l'erreur, l'infidélité ne pourraient en aucun cas être des fautes [2] ; ainsi peut-on en certains cas parvenir à suspendre son assentiment [3].

Mais un homme versé dans l'histoire moderne ou ancienne peut-il mettre en doute qu'il y ait un lieu tel que

1. *Cf.* 4.13.2.

2. *Cf.* le débat ultérieur (1700-1701) avec Van Limborch : *Correspondence*, n° 2925, 2953, 2979, 3010, 3192, ...

3. *Cf.* 2.21.72.

Rome ou un homme tel que *Jules César*? Il y a en fait des millions de vérités qui ne nous concernent pas ou par lesquelles nous ne nous sentons pas concernés; par exemple, que Richard III roi d'Angleterre ait été ou non bossu, que Roger Bacon ait été mathématicien ou magicien. Dans ces cas et en d'autres semblables, l'assentiment dans un sens ou l'autre est sans importance pour les intérêts de quiconque; il est sans influence et s'y conformer ou en dépendre est sans conséquences; aussi n'est-il pas étonnant qu'alors l'esprit s'abandonne à l'opinion commune ou se rende au premier venu. Ces opinions et leurs semblables sont de si peu | d'importance que, comme des poussières volant dans un rayon de soleil, on s'avise rarement de leur orientation: elles sont là "par hasard" et l'esprit les laisse flotter librement. **718**

Mais quand l'esprit juge qu'une proposition le concerne, quand donner ou refuser son assentiment est vu comme gros de conséquences, quand on pense que le bien ou le mal dépend du choix ou du refus du bon côté, quand l'esprit se met à chercher sérieusement et à examiner la probabilité, alors j'estime qu'on ne peut choisir le parti qui plaît le plus, s'il se révèle une différence manifeste d'un côté; en ce cas, la plus grande probabilité déterminera l'assentiment et on ne peut pas plus éviter de donner son assentiment au côté où l'on perçoit la plus grande probabilité (ou le considérer comme vrai), qu'on ne peut éviter de connaître qu'est vrai ce en quoi l'on perçoit la convenance ou la disconvenance de deux idées.

S'il en est ainsi, le fondement de l'erreur sera dans la mesure erronée de la probabilité, comme le fondement du vice est dans la mesure erronée du bien.

§ 17
d) L'autorité

d) La quatrième et dernière *mesure erronée de probabilité* que je relèverai, celle qui maintient dans l'ignorance ou l'erreur plus de gens que les trois autres réunies, est celle que j'ai mentionnée au chapitre précédent[1] : l'abandon de l'assentiment à l'opinion traditionnelle des amis ou du parti, du voisinage ou du pays. Combien n'ont d'autre fondement pour leurs thèses que la probité, le savoir, ou le nombre prétendu, de gens de la même religion ; comme si des gens probes ou cultivés ne pouvaient se tromper, ou si la vérité devait être décidée par le vote de la multitude ; à beaucoup cela sert de critère. La thèse a été attestée par l'Antiquité vénérable, elle me parvient avec le sauf-conduit des siècles passés et je suis donc en sécurité en l'acceptant : d'autres ont été et sont de la même opinion (car c'est tout ce que l'on dit) ; il est donc raisonnable pour moi d'y adhérer.

Il est plus légitime de jouer à pile ou face ses opinions que les choisir selon de telles mesures. Tous les hommes peuvent se tromper et beaucoup, par passion ou intérêt, en sont tentés. Si l'on pouvait seulement voir les motifs secrets qui ont influencé les grands hommes savants dans le monde et les 719 | chefs de partis, on ne trouverait pas toujours l'amour de la vérité pour elle-même, à l'origine du choix des doctrines qu'ils professaient et défendaient. Il est au moins certain qu'il n'existe pas d'opinion assez absurde qu'un homme ne puisse accepter pour ce motif ; on ne peut nommer une erreur qui n'ait pas eu ses professeurs ; et l'on ne manquera jamais de sentiers tordus à emprunter si l'on pense que l'on est dans le droit chemin dès que l'on a des traces à suivre.

§ 18

Les hommes ne sont pas autant dans l'erreur qu'on l'imagine

Malgré tout le bruit fait dans le monde sur les erreurs et les opinions, je dois à l'humanité de reconnaître qu'*il n'y a pas autant de gens dans l'erreur ni d'opinions fausses qu'on ne*

---

1. Apparemment ni au chapitre 19, ni au chapitre 18 ; peut être 4.15.6, ou 4.16.3-4, ou 4.17.19.

le croit ordinairement; non pas que je pense qu'ils embrassent la vérité mais parce que, sur les doctrines dont ils font un tel cas, ils n'ont en fait absolument aucune pensée, aucune opinion. Car si l'on interrogeait quelque peu la plupart des partisans de la majorité des sectes du monde, on trouverait que, sur les questions dont ils sont si fanatiques, ils n'ont aucune opinion propre, et l'on aurait encore moins de raison de penser qu'ils les ont choisies après examen des arguments et en fonction de la probabilité manifestée. Ils se sont décidés à adhérer à un parti où les a engagés leur formation ou leur intérêt; et là, comme les simples soldats d'une armée, ils manifestent leur courage et leur flamme dans le sens prescrit par leur chef, sans jamais examiner (*a fortiori* connaître) la cause pour laquelle ils luttent. Si quelqu'un manifeste par sa vie qu'il n'a pas de véritable respect pour la religion, pour quelle raison croire qu'il se préoccupe des opinions de son Église et s'inquiète de l'examen des fondements de telle ou telle doctrine ? Il lui suffit d'obéir à ses chefs, d'avoir la main et la langue prêtes à défendre la cause commune et de se faire voir ainsi de ceux qui peuvent lui accorder crédit, avancement ou protection dans cette société. Ainsi devient-on professeur et combattant pour des opinions dont on n'a jamais été convaincu ni prosélyte, pour des opinions qui n'avaient même jamais flotté dans la tête. Et bien qu'on ne puisse pas dire qu'il y ait moins d'opinions invraisemblables ʲ⁻ou erronées⁻ʲ dans le monde qu'il n'y en a, il est pourtant certain qu'il y a moins qu'on ne le croit de gens qui leur donnent effectivement leur assentiment ᵏ⁻et les confondent avec des vérités⁻ᵏ.

j. Ajout depuis la deuxième édition.
k. Ajout depuis la deuxième édition.

Chapitre 21

LA DIVISION DES SCIENCES

§ 1
Trois sortes

Tout ce qui peut venir à portée d'entendement humain se range sous l'une des catégories suivantes :

1) la nature des choses, telles qu'elles sont en elles-mêmes, leurs relations et leurs façons d'opérer ;

2) ce que l'homme lui-même doit faire comme agent rationnel et volontaire pour l'obtention d'une fin, spécialement le bonheur ;

3) les voies et moyens par lesquels la connaissance des deux catégories précédentes est atteinte et communiquée ;

j'estime donc que la connaissance peut être divisée correctement en *trois sortes* :

§ 2
1. *Physique* [1]

1. La connaissance des choses telle qu'elles sont dans leur être, leur constitution, leurs propriétés, et leurs opérations

---

1. Les titres des trois sortes sont données en latin (*physica, practica*) *ou en grec* (Σημειωτική).

propres (j'entends par *choses* non seulement matière et corps, mais aussi les Esprits qui ont aussi bien que les corps leur nature, leur constitution et leurs opérations propres). Cela, en un sens du terme légèrement élargi, je l'appelle *physique*[1] ou *philosophie naturelle*. Son but est la vérité purement spéculative, et tout ce qui peut fournir à l'esprit humain une telle connaissance fait partie de cette catégorie, que ce soit Dieu lui-même, les anges, les Esprits, les corps et toutes leurs affections (le nombre, la figure, etc.).

§ 3
2. *Pratique*

2. La Pratique[2], l'art de bien appliquer ses pouvoirs et ses actions pour atteindre des choses bonnes et utiles. Le plus important dans ce domaine, c'est l'*Éthique*, qui est la recherche des règles et des normes de l'action humaine qui conduisent au bonheur, et des moyens de les mettre en pratique. Son but n'est pas la pure spéculation et la connaissance de la vérité, mais le Juste et un comportement qui y soit conforme.

§ 4
3. *Sémiotique*

3. On peut nommer la troisième catégorie *théorie des signes*[3]; les signes les plus utiles sont les mots et donc on l'appelle aussi Logique[4]; leur fonction est de considérer la nature des signes dont l'esprit fait usage pour comprendre les choses ou pour transmettre aux autres sa connaissance. En **721** effet, parmi les choses qu'observe l'esprit, aucune sauf | lui-même n'est présente à l'entendement; il est donc nécessaire

---

1. En grec dans le texte : φυσική.
2. En grec dans le texte : Πρακτική.
3. Locke fait précéder le terme du nom grec : σημειωτική.
4. Locke fait précéder le terme du nom grec : λογική.

que quelque chose d'autre, comme un signe ou un représentant de la chose qu'il considère, lui soit présent[1] ; ce sont les idées. La [a-]scène des idées, qui constitue les pensées d'un homme donné, ne peut être exposée à la vue immédiate d'un autre, ni[-a] déposée nulle part ailleurs que dans la mémoire, [b-]qui n'est pas un dépôt très sûr[-b] ; donc, pour nous communiquer nos pensées[c] les uns aux autres aussi bien que pour les enregistrer pour notre propre usage, des signes des idées sont également nécessaires. Ceux que les hommes ont trouvé les plus faciles et dont ils font usage, sont en général les sons articulés.

La considération des *idées* et des *mots*[2] comme grands instruments de connaissance constitue donc une part non négligeable de l'étude de ceux qui veulent envisager la connaissance humaine dans toute son étendue. Et peut-être que si on les évaluait distinctement et si on les considérait correctement, ils nous offriraient une autre sorte de logique et de critique que celles qu'on nous a fait connaître jusqu'ici.

§ 5
Telle est la première division des objets de connaissance

Telle me semble être *la première division, la plus générale et la plus naturelle*, des objets de l'entendement. Car un homme peut seulement employer ses pensées ou bien à contempler les *choses* mêmes pour découvrir la vérité, ou bien à propos des choses en son pouvoir que sont ses *actions*, pour

a. Texte donné depuis la quatrième édition, qui remplace : « … idées de l'esprit d'un homme ne peuvent être immédiatement exposées à la vue d'un autre ni être elles-mêmes … ».

b. Texte donné depuis la quatrième édition, qui remplace : « … qui risque de les laisser perdre … ».

c. Mot qui remplace *idées* depuis la quatrième édition.

1. Comparer avec 2.10.2, etc.
2. *Cf.* 4.5.2.

atteindre ses propres fins, ou bien à propos des *signes* qu'il utilise dans les deux disciplines et de leur ordonnancement correct pour une information plus claire

Ces trois catégories, les *choses* comme elles sont en elles-mêmes connaissables, les *actions* en tant qu'elles dépendent de nous en vue du bonheur, et l'usage correct des *signes* en vue de la connaissance, sont absolument[1] différentes, et elles me semblent être les trois grands domaines du monde intelligible, totalement séparés et distincts l'un de l'autre.

1. En latin dans le texte : *toto cœlo*.

ANNEXES

Complément des notes ajoutées
à la cinquième édition [1]

1) NOTE À 1.1.8
[L'IDÉE]

[Ces quelques excuses ne pouvaient donner à notre auteur le droit d'user librement du mot idée : on s'en est offusqué et on l'a critiqué pour les conséquences dangereuses [de cet usage] :

« Récemment, dit l'évêque de Worcester (p. 93 [2]), le monde s'est étrangement laissé divertir par les idées : on nous a dit que les idées pouvaient réaliser d'étranges choses. Ces idées se révèlent pourtant n'être en dernière instance que des notions ordinaires des choses, à utiliser dans les raisonnements. Vous [l'auteur de l'*Essai*] dites dans le chapitre à propos de

---

1. Elles sont constituées, en quasi totalité, de textes rédigés par Locke à l'occasion des controverses avec Stillingfleet et introduites par quelques phrases éditoriales, ici présentées entre crochets. (On cite en note les références des passages tirés de la controverse dans une édition des œuvres complètes : *Works*, 1759, vol. 1 ; les textes de Stillingfleet, non réédités, sont cités dans l'édition dont disposait Locke).

2. *The Bishop of Worcester's Answer to Mr. Locke's letter, concerning some passages relating to his* Essay of human understanding, *mention'd in the late* Discourse in vindication of the Trinity, *with a postscript in answer to some reflections made on that treatise in a late Socinian pamphlet*, 1697. Les pages données en cours de texte font référence à ce texte, sauf autre indication.

l'existence de Dieu [1] que vous estimez plus pertinent de s'exprimer de façon commune et familière, avec des mots et des expressions ordinaires ; j'aurais aimé que vous le fissiez vous-même à travers tout votre livre ; ainsi vous n'auriez pas fourni aux ennemis de notre foi l'occasion de s'emparer de votre nouvelle voie des idées comme d'une artillerie efficace (selon ce qu'ils croient) contre les mystères de la foi chrétienne [2] ; vous auriez pu tirer longuement satisfaction de vos idées avant que je ne les remarque, si je ne les avais pas vu utilisées pour nuire ».

Notre auteur répond [3] :]

Il est clair, Monseigneur, que ce que vous craignez dans mon livre (qui « peut avoir des conséquences néfastes pour la thèse que vous vous êtes attaché à défendre » [4]), c'est mon utilisation de *nouveaux termes* ; et ce que vous en donnez comme exemple, c'est le terme d'*idées*. Et, chaque fois, la raison que vous donnez de votre crainte que les idées puissent avoir des conséquences néfastes pour l'article de foi que vous vous êtes attaché à défendre, c'est qu'on les a utilisées dans ce but. Et j'aurais pu (dites-vous, Monseigneur [5]) « longuement tirer satisfaction de mes idées » avant que vous ne les remarquiez, si vous n'aviez pas découvert qu'on les employait pour nuire. Tout cela revient finalement, je le conçois modestement, à rien d'autre que ceci : vous craignez que les idées, (c'est-à-dire le terme *idées*) puissent à un moment ou à un autre s'avérer avoir des conséquences dangereuses pour la thèse que vous avez entrepris de défendre, parce qu'on les a utilisées pour argumenter contre elle. Car je suis sûr que vous ne voulez pas dire que vous craignez que les choses signifiées par le mot *idées* puissent avoir des effets néfastes sur l'article de foi que vous avez entrepris de défendre parce qu'on les a utilisées contre lui. En effet, (outre le fait que vous mentionnez les *termes*) cela reviendrait à penser que ceux qui critiquent cet article de foi s'y opposent sans aucune pensée ; car la chose signifiée par *idée* n'est autre que l'objet immédiat de notre esprit. Aussi, sauf à critiquer sans penser à quoi que ce soit l'article de foi défendu par

1. *Cf.* 1.4.9-16.

2. John Toland notamment est ici visé : *Christianity not Mysterious* est paru en 1695.

3. *Mr Locke's Reply to the Bishop of Worcester Answer to his letter concerning some passages relating to Mr Locke's* Essay on Human Understanding *in a discourse of his Lorship's* Vindication of the Trinity, 1697 ; *Works*, 1759, vol. 1, p. 408-413, sauf le dernier paragraphe.

4. Le dogme de la Trinité, contre Unitariens et Déistes ?

5. P. 93.

Monseigneur, il faut bien utiliser la chose signifiée par *idée*; celui qui pense doit en effet avoir un objet immédiat de l'esprit quand il pense, c'est-à-dire doit avoir des idées [1].

Peu importe que ce soit le nom ou la chose (l'idée comme son ou l'idée dans sa signification) dont vous craignez, Monseigneur, « une conséquence dangereuse pour l'article de foi que vous vous évertuez à défendre » : il me semble que c'est, non pas « une nouvelle voie de raisonnement » (qui m'est réservée), mais une voie fort extraordinaire (dirais-je, si ce n'était pas la vôtre) que d'écrire contre un livre (où vous reconnaissez que les idées ne sont pas utilisées pour nuire) au seul motif que vous découvrez ces idées « utilisées pour nuire » par ceux qui vous critiquent, et que vous craignez « qu'elles puissent avoir des conséquences dangereuses » pour l'article de foi que vous avez entrepris de défendre. Car, que ce soient les idées comme *termes* ou les idées comme *objets* immédiats de l'esprit signifiés par ces *termes,* qui aient à votre sens « des conséquences dangereuses pour cet article de foi », peu importe : je ne vois pas comment votre écrit contre cette « notion d'idées », instituée par mon livre, empêchera vos adversaires « de les utiliser pour nuire » autant qu'avant.

Quoi qu'il en soit, il est de fait que vous craignez, Monseigneur, (p. 93) que « ces nouveaux termes, ces idées qui ces derniers temps ont si étrangement amusé le monde (bien qu'elles ne soient en dernière instance que des notions très ordinaires des choses) » comme vous le reconnaissez « n'aient des conséquences dangereuses pour cet article de foi ».

Monseigneur, si certains, dans leur réponse à vos *Sermons* et dans leurs autres *pamphlets* (où ils ont tant parlé d'idées, comme vous vous en plaignez) [2], vous ont troublé par ce *terme*, il n'est pas étonnant que vous soyez lassé de ce son. Il est naturel que notre faible constitution soit blessée par un son tapageur qui lui casse les oreilles. Mais je sais que Monseigneur a une trop bonne opinion des articles de notre foi pour estimer que l'un de ces articles puisse être rayé ou du moins ébranlé par un souffle exprimant un son ou un terme quelconque.

Les noms ne sont que les marques arbitraires de nos conceptions; ils doivent donc leur être suffisamment liés quand on les emploie [3]. Je ne connais pas de différence qui les distingue autre que leur prononciation

---

1. Cf. *Essai*, 2.8.8.

2. Outre les sermons, voir notamment *Discourse in Vindication of the Doctrine of Trinity*, (2ᵉ éd. 1697) et, pour les pamphlets, John Toland, *Christianity not mysterious*.

3. *Cf.* 3.2.1.

facile ou difficile et leur sonorité plus ou moins agréable. Il n'est pas facile de prévoir l'aversion particulière qui peut exister à ce titre envers certains sons ; mais je suis sûr qu'aucun *terme* n'est par lui-même plus opposé qu'un autre à la vérité. Il n'y a que les propositions qui contredisent ou peuvent contredire la vérité d'un article de foi ou d'une doctrine ; aussi, aucun *terme* n'a le privilège d'être opposé à la vérité [1].

Il n'existe aucun mot qui ne puisse être introduit dans une proposition où les vérités les plus sacrées et les plus évidentes sont critiquées ; ce n'est pas alors la faute du *terme,* mais de celui qui l'utilise. C'est pourquoi je ne parviens pas à me persuader (quoi que vous en disiez, Monseigneur, dans le feu de la controverse) que vous vous soyez donné autant de peine contre mon livre pour la seule raison qu'il utilise autant le mot *idée.* Je dis dans le chapitre sur l'existence de Dieu que je n'utilise que rarement le mot *idée* dans tout le chapitre [2], et Monseigneur émet le vœu (p. 93) que j'en « aie fait autant dans tout le livre » ; mais je dois plutôt considérer cela comme un compliment (Monseigneur vous souhaitez que mon livre convienne totalement au commun des lecteurs peu habitués à ce *terme* et à ses semblables), plutôt que comme la marque d'une crainte du mot *idée* ; ou comme le signe du danger de son utilisation (de préférence au mot *notion* qui semble avoir (p. 23), pour Monseigneur, une signification analogue) ; danger tel que Monseigneur, vous pensez qu'il vaut la peine de passer une partie de votre précieux temps et de vos précieuses pensées sur mon livre, parce que j'y ai utilisé si souvent le mot *idée* : ce serait croire que vous n'écrivez que contre un usage impropre de la langue.

Je reconnais dans ce procédé la grande complaisance de Monseigneur, si ce mot a une telle place dans ce que vous avez écrit contre mon livre (on en sera persuadé par quelques expressions). Et j'accepterais, pour votre satisfaction, de modifier le *terme* d'*idée* pour un meilleur, si vous ou quelqu'un d'autre pouvez m'y aider. Car *notion* ne désignera pas aussi facilement tout objet immédiat de l'esprit quand il pense, que le mot *idée* ; j'en ai donné (je crois) quelque part une raison dans mon livre [3], en montrant que le terme *notion* est plus particulièrement approprié à certaine sorte d'objets que j'ai appelés *modes mixtes* ; et je pense que cela ne sonnerait pas aussi bien de dire « la notion de rouge » et « la notion d'un cheval » que « l'idée de rouge » ou « l'idée d'un cheval ». Mais si quelqu'un pense que cela convient, je ne m'y oppose pas car je n'ai aucune préférence ni aucune aversion pour des sons

---

1. *Cf.* 2.32.1.
2. Affirmation apparentée en 4.10.7.
3. *Cf.* 2.22.2, ou, en sens contraire, 1.1.8.

articulés ; je ne pense pas plus qu'il y ait charme ou envoûtement en l'un ou l'autre.

Mais que le mot idée soit propre ou impropre, je ne vois pas comment il devient meilleur ou pire sous prétexte qu'il a été utilisé par des gens pervers ou avec un *dessein pervers*. Car s'il y avait là une raison de condamnation ou de bannissement, il faudrait bannir les termes *écriture, raison, perception, distinct, clair, etc.* ; même le nom de *Dieu* n'y échapperait pas. Car je ne pense pas qu'on puisse produire un seul de ces noms, ni d'autres encore, qui n'ait été utilisé par ce genre de personnes ou avec ce dessein. Et donc « si les Unitariens dans leurs pamphlets récents ont beaucoup parlé d'idées et étrangement amusé le monde avec elles », je ne peux croire que vous pensez, Monseigneur, que ce mot soit le moins du monde pire ou plus dangereux sous prétexte qu'ils l'utilisent ; pas plus que vous n'estimerez, du fait de leur emploi, que *raison* ou *Écriture* sont des termes pervers ou dangereux.

Et donc ce que vous dites, Monseigneur, (p. 93 en bas) : « vous auriez pu tirer longuement satisfaction de vos idées avant que je ne les remarque, si je ne les avais pas vu utilisées pour nuire », vous poussera, quand vous aurez reconsidéré la question, à me laisser *jouir* encore *de la satisfaction que je prends à mes idées*, c'est-à-dire toute la satisfaction que je peux prendre sur un point aussi banal que d'utiliser le terme propre, même s'il « est employé par d'autres pour nuire ».

Car, Monseigneur, si je le bannissais totalement de mon livre et si je le remplaçais partout par le mot *notion*, et si tout le monde faisait de même (bien que vous ne soupçonniez pas, je pense, que j'aie la vanité de penser que tout le monde suive mon exemple), mon livre vous conviendrait, bien plus, semble-t-il. Mais je ne vois pas en quoi cela diminuerait d'un iota la nuisance dont vous vous plaignez. Car les Unitariens pourraient aussi bien remplacer *idée* qu'ils utilisent maintenant, par *notions*, afin de *nuire*, à moins qu'ils ne soient assez fous pour penser que le mot exceptionnel : *idée* peut jeter un sort et que la force de leurs propos tient au son et non à la signification de leurs termes.

Les vérités de la religion chrétienne, j'en suis sûr, ne peuvent pas être attaquées par un mot plus que par un autre ; elles ne peuvent être vaincues ou compromises par quelque mot que ce soit. Et je peux me flatter de ce que vous reconnaissiez, Monseigneur, qu'il n'y a aucun danger dans le mot *idées* : vous dites que vous n'auriez pas fait attention à mes idées si « les ennemis de la foi n'avaient repris ma nouvelle voie des idées comme artillerie efficace contre les mystères de la foi chrétienne ». Ici, on ne peut interpréter cette nouvelle voie des idées autrement que par ce que j'exprime par le terme d'*idées*, et qui ne peut être exprimé par d'autres mots de la langue anglaise plus ordinaires et plus vénérables.

[Quant à l'objection selon laquelle la voie des *idées* de l'auteur est une voie nouvelle, celui-ci répond :]

Ma 'voie nouvelle des idées' ou ma 'voie par les idées' qui revient souvent dans la lettre de Monseigneur est, je l'avoue, une expression très large et très ambiguë ; elle peut dans son extension large inclure tout mon *Essai*. J'y traite de l'entendement, qui n'est autre que la faculté de penser, et je ne pouvais bien traiter de cette faculté de l'esprit qui consiste à penser, sans considérer les objets immédiats de l'esprit quand il pense, ce que je nomme *idées*. Et donc, pour traiter de l'entendement, il ne paraîtra pas étrange, j'imagine, que la plus grande part de mon livre soit consacrée à considérer ce que sont ces objets de l'esprit quand il pense, d'où ils viennent, quel usage l'esprit en fait dans ses diverses façons de penser, quelles sont les marques extérieures par lesquelles il les signifie aux autres ou les enregistre pour son propre usage. Telle est en bref 'ma voie des idées', que vous nommez, Monseigneur, 'ma voie nouvelle par les idées'.

Car, Monseigneur, si elle est *nouvelle*, elle n'est que la nouvelle histoire d'une vieille chose. En effet, on ne mettra pas en doute, je pense, que les hommes ont toujours accompli les actions de *penser*, *raisonner*, *croire* et *connaître* de la même manière qu'actuellement, bien que j'ignore si l'on a donné jusqu'ici la même explication de la façon dont sont accomplies ces actions ou de leur nature. Aurais-je lu autant que Monseigneur, j'aurais été à l'abri de votre reproche (p. 81) : penser que « ma voie des idées est NEUVE, faute d'avoir regardé les pensées des autres telles qu'elles se manifestent dans leurs livres ».

Je vais citer *in extenso* les paroles mêmes de Monseigneur, pour prendre en compte vos instructions en ce cas et pour prévenir les autres qui s'aventurent audacieusement à « tisser quelque chose uniquement à partir de leur propre pensée » (p. 80) :

> Peu importe que vous empruntiez cette voie des idées au philo-sophe moderne que vous mentionnez [1] ; je ne voulais vous faire aucune réflexion à ce sujet (c'est que ce vous entendez quand je vous loue comme disciple d'un si grand maître) ; je n'ai jamais voulu vous ôter l'honneur de vos propres inventions ; et je vous crois quand vous dites que vous avez écrit à partir de vos propres pensées et des idées que vous y trouviez. Mais beaucoup de choses peuvent sembler neuves à quelqu'un qui ne converse qu'avec ses propres pensées – qui ne le sont pas réellement

1. Descartes (qui n'est pas explicitement cité dans l'*Essai* même, mais dans la controverse).

comme il le verra en regardant les pensées des autres qui sont publiées dans leurs livres. Et donc, si j'ai une grande estime pour les inventions de ceux qui peuvent tisser des volumes uniquement à partir de leurs propres pensées, j'ai tendance à penser qu'ils obligeraient plus le monde si, après avoir autant pensé par eux-mêmes, ils examinaient les pensées des autres avant eux sur les mêmes sujets ; ils ne penseraient pas alors que ce qui leur est commun avec d'autres est leur propre invention. Si quelqu'un tentait lui-même toutes les expérimentations sur le magnétisme et s'il les publiait comme ses propres pensées, il pourrait se prendre pour leur inventeur ; mais celui qui les examine et les compare avec ce que Gilbert et d'autres ont fait avant lui, n'estimera pas moins ses capacités mais il regrettera de ne pas avoir comparé ses pensées avec celles des autres : le monde aurait par là reçu de plus grands bénéfices, même s'il perdait, lui, l'honneur d'avoir été original.

Pour minimiser ma faute, je reconnais avec Monseigneur que « beaucoup de choses peuvent sembler NEUVES à quelqu'un qui ne converse qu'avec ses propres pensées, qui ne le sont pas réellement » ; je me permets cependant de vous suggérer que si, quand vous les tissez à partir de vos propres pensées, elles vous *paraissent* neuves, vous en êtes certainement l'inventeur. Vous pouvez aussi bien penser qu'elles sont *votre propre invention* que celle de quiconque ; et vous en êtes avec autant de certitude l'inventeur que toute personne qui avant vous y a pensé. La distinction entre *inventer* et *ne pas inventer* ne réside pas dans le fait d'y penser le premier ou non, mais dans le fait d'emprunter ou non ses pensées à un autre. Et celui qui les a tissées à partir de ses propres pensées et à qui elles *semblent neuves* n'a certainement pas pu les emprunter à un autre. Par exemple, a inventé *l'imprimerie* en Europe celui qui sans aucune communication avec les Chinois l'a tirée de ses propres pensées, même si rien n'est plus vrai que les Chinois utilisaient entre eux l'imprimerie, et même l'utilisaient exactement de manière similaire bien des siècles avant lui. Ainsi, celui qui à, partir de ses propres pensées, tisse quelque chose qui *lui paraît neuf* ne peut s'empêcher de penser que c'est sa propre invention, « examinerait-il (aussi loin que possible) quelles pensées les autres ont eu avant lui à propos de la même chose » et découvrirait-il par cet examen que les autres ont eu les mêmes pensées que lui.

Mais j'avoue ne pas voir en quoi parcourir les livres à la recherche de ces idées *constituerait* pour le monde une grande *obligation* ou une raison grave. À mes yeux, le premier but quand je converse avec mes propres pensées ou avec celles des autres sur des questions spéculatives, est de trouver la vérité, sans trop m'occuper de savoir s'il est plus utile de les tisser de mes propres pensées ou si d'autres les ont tissées des leurs. Je revendique fort peu l'honneur de l'*originalité*, comme il est avéré dans mon livre, là où cette envie de vaine gloire aurait vraisemblablement dû se manifester plus qu'ailleurs si j'en avais été possédé au point de devoir en être guéri : là où je parle de la certitude dans les termes suivants (que vous avez remarqués ailleurs (p. 39), Monseigneur) : « Je pense avoir montré en quoi consiste cette certitude, cette certitude véritable ; quoi qu'elle soit pour les autres, jusqu'ici elle était pour moi, je l'avoue, l'un de ces *desiderata* dont je sentais fortement le manque » [1].

Voilà ce qui *me paraît nouveau*, d'autant plus que c'est ce que j'avais cherché en vain dans les *livres des autres* ; j'en parle pourtant comme quelque chose de *neuf* pour moi seulement, laissant *les autres* dans la possession tranquille de ce qui était leur auparavant, que ce soit par invention ou par lecture, sans me prévaloir d'autre honneur que celui de ma propre ignorance jusqu'alors, si d'autres m'avaient précédé en montrant où réside la certitude. Pourtant, Monseigneur, si j'avais osé me prévaloir en l'occurrence de l'*honneur de l'originalité*, je pense que je l'aurais possédé en toute sécurité, puisque vous auriez été pour moi une garantie et un *défenseur* sur ce point : il vous plaît de le dire *nouveau* et de le combattre comme tel.

Il est vrai, Monseigneur, que de ce point de vue mon livre est né sous une mauvaise étoile puisqu'il a eu la malchance de vous déplaire par la nouveauté de nombreux objets : « nouvelle voie de raisonnement, nouvelle hypothèse sur la raison, nouveau genre de certitude, nouveaux termes, voie nouvelle des idées, nouvelle méthode de certitude, etc. » (*Vindication of the doctrine of the Trinity*, p. 234, 240). Et pourtant ailleurs, vous semblez m'estimer digne de vos réflexions pour avoir dit seulement ce que d'autres ont dit auparavant. Ainsi quand je dis : « Pour des gens qui diffèrent de caractère et de façons de penser, certains arguments ont plus de poids que d'autres dans l'établissement de la même vérité » [2], vous me demandez (*Vindication*, p. 249) « Qu'y a-t-il là de différent de ce qu'ont dit tous les hommes de bon sens ? ». En outre, je ne prends pas pour une recommandation de mon livre les termes suivants (p. 23) : « Mais si, par l'expression : 'Les idées simples qui pénètrent par sensation et par réflexion et qui sont le fondement de notre connaissance', rien de plus n'est signifié que le fait que les notions que nous avons des choses pénètrent soit à partir des sens soit à partir de l'exercice de l'esprit, il n'y a rien d'extraordinaire dans cette

---

1. *Cf.* 4.4.18.
2. *Cf.* 4.10.7.

découverte », vous êtes loin de vous opposer à ce qui fait selon vous l'accord de toute l'humanité.

Vous dites encore (p. 29) : « Mais quel besoin de tout ce bruit à propos des idées et de la certitude, de la certitude vraie et réelle par les idées, si, après tout, cela se ramène à : 'Nos idées ne font que nous présenter les choses' et si nous en tirons des preuves en faveur de la vérité des choses ? ».

Mais (p. 93) « Récemment le monde s'est étrangement laissé divertir par les idées : on nous a dit que les idées pouvaient réaliser d'étranges choses. Ces idées se révèlent pourtant n'être en dernière instance que des notions ordinaires des choses, à utiliser dans les raisonnements ». On trouve ailleurs d'autres passages dans le même sens.

Monseigneur, vous déciderez-vous donc enfin sur la question de savoir s'il y a ou non du *neuf*, ou si c'est un tort d'être *neuf* (je vous laisse décider) ? Mais je découvre que, d'un côté ou de l'autre, mon livre ne peut échapper à la condamnation, et je ne peux rien y faire. S'il y a des lecteurs qui n'aiment que les pensées *neuves*, ou d'autres qui ne peuvent supporter que ce qui peut être justifié par les livres des autorités reconnues, je souhaiterais qu'ils compensent le déplaisir ressenti dans la seconde par ce qu'ils aiment dans la première ; mais si beaucoup sont assez exigeants pour juger fautives les deux situations, je ne sais plus très bien que leur dire : la cause est entendue ; le livre est tout entier perdu et il n'y a pas en lui une phrase qui n'ait pas à être condamnée, soit pour son antiquité soit pour sa nouveauté ; la question est facilement résolue. De Monseigneur en particulier, je peux espérer pourtant quelque chose de meilleur, car vous estimez (p. 35) le « dessein général si bon » que cela vous amènera, je m'en flatte, à le sauver du bûcher.

Quant à la voie que j'aurais dû suivre pour éviter *qu'on ne pense qu'il s'agissait de mon invention alors que cela m'était commun avec d'autres*, il se fait que, eu égard au thème de mon *Essai sur l'entendement humain*, je ne pouvais regarder dans les pensées des autres hommes pour m'informer moi-même. Mon dessein était, autant que possible, de copier la nature et de donner un compte-rendu des opérations de l'esprit pensant ; pour voir comment il travaille, je ne pouvais regarder dans un entendement autre que le mien, ni avoir d'aperçu sur l'esprit des autres pour y voir leurs pensées, leur progrès, leurs mouvements et par quelles étapes ils passent pour connaître la vérité et progresser vers la connaissance. Les pensées que l'on trouve dans les livres n'en sont que le résultat et non le processus et le travail de leur esprit pour parvenir aux opinions ou aux conclusions qu'ils ont établies et publiées.

Tout ce que je peux donc dire de mon livre, c'est que c'est une copie de mon propre esprit dans ses différentes façons d'opérer ; et tout ce que je peux dire sur sa publication, c'est que je pense que les facultés intellectuelles sont faites et qu'elles opèrent de la même façon chez la plupart des gens.

Certains à qui j'ai montré mon livre avant de le publier l'ont tellement apprécié que j'ai été confirmé dans cette opinion. S'il arrivait donc qu'il n'en soit pas ainsi et que certains aient pour penser, raisonner, arriver à la certitude, des voies différentes des autres et supérieures à celles que je vois mon esprit utiliser et accepter, je ne sais pas en quoi mon livre peut leur être utile. Je ne peux que prier humblement, au nom de ceux qui sont de ma taille parce qu'ils voient leur esprit travailler, raisonner et connaître selon la même voie moyenne, et en mon nom, que ces gens d'un génie plus heureux nous montrent la voie de leurs nobles envolées, et particulièrement qu'ils nous découvrent leur voie vers la certitude, plus courte ou plus sûre que la voie par les idées et l'observation de leur convenance ou de leur disconvenance [1].

[2]Monseigneur, vous ajoutez (p. 146) : « Or, il semble que rien n'est intelligible s'il ne s'accorde avec la voie nouvelle des idées ». Monseigneur, *la voie nouvelle des idées* et la voie ancienne pour parler intelligiblement ont toujours été et seront toujours les mêmes. Et si je peux me permettre d'expliciter comment je la conçois, elle consiste en ce que :

1. un homme n'utilise d'autre mot que ceux qu'il a produits comme signes d'objets déterminés de l'esprit quand il pense, objets qu'il peut faire connaître aux autres ;

2. il utilise le même mot de façon constante comme signe du même objet immédiat de l'esprit quand il pense ;

3. il assemble ces mots en propositions selon les règles grammaticales de la langue qu'il parle ;

4. il unit ces phrases en un discours cohérent.

Ainsi, et seulement ainsi, pensé-je en toute humilité, quiconque peut éviter les masques et les soupçons du jargon ; peu importe alors s'il veut ou non appeler les objets immédiats de l'esprit que ses mots signifient (ou devraient signifier) ou non, des idées.

---

1. Cf. *Essai*, Épître au lecteur.

2. Dernier paragraphe, extrait de *Mr Locke's Reply to the Right Reverend the Lord Bishop of Worcester's Answer to his second Lettey ; Wherein besides other incident matters, what his Lordship has said concerning certainty by reason, certainty by ideas and certainty of faith ; the resurrection of the same body ; the immateriality of the soul ; the inconsistency of Mr Locke with the articles of the christian faith, and their tendency to scepticism, is examined*, 1699 ; *Works*, 1759, vol. 1, p. 554.

2) NOTE À 1.4.8
[CONSENTEMENT UNIVERSEL]

[On a beaucoup blâmé ce raisonnement de l'auteur contre les idées innées, parce qu'il semble détruire un argument communément utilisé pour prouver l'existence de Dieu, à savoir *le consentement universel* de l'humanité. L'auteur répond (dans sa *2ᵉ Réponse à l'évêque de Worcester*[1]) :]

Je pense que le *consentement universel* de l'humanité quant à l'existence de Dieu, se résume en ceci : de loin, la majorité de l'humanité, à travers toutes les générations, a cru effectivement en un Dieu ; et la plupart de ceux qui restent n'ont pas en fait refusé de croire ; par conséquent, ceux qui se sont effectivement opposé à la croyance en un Dieu sont en réalité très peu nombreux. Aussi, en comparant ceux qui ont effectivement refusé de croire et ceux qui ont effectivement cru en Dieu, le nombre des premiers est peu important par rapport à la majorité incomparablement supérieure de ceux qui ont confessé la croyance en un Dieu, si bien qu'on peut dire qu'il y a un *consentement universel* de l'humanité.

Voila tout ce que *le consentement universel* autorise dans la réalité des faits, et donc tout ce qui peut être utilisé pour prouver un Dieu. Mais si quelqu'un veux donner plus de portée à l'argument et parler mensongèrement d'universalité au sens strict en faveur de Dieu (non la simple majorité mais le consentement général de tous, voire de tout homme de toute époque et de tout pays), il en fait soit une preuve défaillante, soit une preuve parfaitement inutile et superflue. Si une seule personne nie Dieu en effet, cette parfaite universalité du consentement est détruite ; et si personne ne nie Dieu, pour quoi aurait-on besoin d'arguments pour en convaincre les *athées* ?

Permettez moi de demander à Monseigneur : y a-t-il eu ou non des *athées* dans le monde ? S'il n'y en a pas eu, quel besoin y a t-il de soulever une question à propos de l'existence d'un Dieu que personne ne questionne ? Quel besoin d'arguments éventuels contre une faute dont l'humanité serait à ce point totalement indemne, et dont elle serait à l'abri, croit-on, du fait du *consentement universel* ? Si vous dites, comme je n'en doute pas, qu'il y a eu des *athées* dans le monde, alors votre *consentement universel* se réduit à une grande majorité seulement ; que cette majorité soit alors aussi grande que vous voudrez, ce que j'ai dit dans le passage que vous citez garde toute sa force. Je n'ai pas dit un mot qui *invalide* le moins du monde *cet argument* pour un Dieu : l'argument que j'ai utilisé là, visait à montrer que l'idée de Dieu

1. *Ibid.*, p. 585-587 (fin de ce texte).

n'est pas innée, et il suffisait à mon dessein qu'il y ait dans le monde des gens sans aucune idée de Dieu, fût-ce en nombre inférieur à ces *athées* déclarés que vous m'accordez. Car tout ce qui est inné doit être universel au sens le plus strict ; une seule exception est une preuve suffisante contre l'inné. Aussi, tout ce que j'ai dit et qui visait un tout autre but, ne tendait pas du tout à invalider le raisonnement en faveur d'une divinité basé sur ce consentement universel et ne pouvait pas être utilisé en ce sens, comme doivent le reconnaître Monseigneur et tous ceux qui érigent une preuve sur ce consentement (ce qui n'est que d'une majorité très disproportionnée). Ce consentement universel, mon raisonnement ne l'affirme ni l'exige moindre que ce que vous voudrez bien accorder. Donc, sans nuire à ces déclarations de bienveillance et de faveur à l'égard de l'auteur de l'*Essai sur l'entendement humain*, vous auriez pu éviter de mentionner ces auteurs récents qui me citent pour des faits d'une toute autre portée : « comme susceptibles d'invalider l'argument en faveur d'une divinité à partir du consentement universel de l'humanité ». L'auteur laisse en effet ce *consentement universel* aussi entier et étendu que vous l'admettez, que vous pouvez l'admettre, ou que vous le supposez. Mais *je n'ai aucune raison de me plaindre de ce que, Monseigneur, vous m'ayez donné ici l'occasion de défendre ce passage de mon livre*, pour le cas où il y aurait, en plus de vous, quelqu'un pour se méprendre à son sujet au point de penser qu'il *invalide* le moins du monde *l'argument* en faveur d'un Dieu *par le consentement universel*.

Mais puisque vous mettez en question (*1ʳᵉ Réponse*, p. 89) la fiabilité des auteurs que j'ai cités, dont vous dites *qu'ils ont été très mal choisis*, je me permettrai de dire que celui sur lequel je me suis appuyé pour son témoignage sur les Hottentots de Soldania n'était pas moins qu'un ambassadeur du roi d'Angleterre auprès du Grand Mongol. Cette relation, monsieur Thévenot [1] qui n'est pas mauvais juge en l'occurrence, l'avait en telle estime qu'il a pris la peine de la traduire en français et de la publier dans sa collection de *Voyages* [2] (livre dont on apprécie la pertinence). Mais j'en appelle auprès de Monseigneur pour une bienveillance plus grande à l'égard du récit de Sir Thomas Roe : Coore, un autochtone qui parlait anglais a assuré à monsieur Terry (*Voyage de Terry*, p. 17 et 23 [3]) que les gens de Soldana

---

1. *Cf.* 1.4.2.

2. M. Thévenot, *Recueil de Voyages*, Paris, 1681, dans *The Library of John Locke*, J. Harrisson & P. Laslett (eds.), Oxford, Clarendon Press, 1971, n° 2889 ; *cf.* 1.3.9 note.

3. Ed. Terry, *A Voyage to East India*, London, 1655, dans *The Library of John Locke,* n° 2857 ; *cf.* 1.4.8, note.

n'avaient pas de Dieu. Mais, si lui non plus n'a pas la chance de trouver crédit à vos yeux, j'espère que vous aurez un peu plus de bonté pour un théologien de l'Église d'Angleterre, toujours vivant, et que vous admettrez son témoignage qui confirme celui de Sir Thomas Roe [1]. Cet estimable gentilhomme, parlant de ce même peuple dans la relation de son voyage à Surat imprimé il n'y a que deux ans [2], s'exprime ainsi :

> Ils sont tombés plus bas encore que l'idolâtrie ; ils n'ont ni prêtres ni temples et, à part une petite manifestation de réjouissance lors de la nouvelle lune et lors de la pleine lune, ils ont perdu tout signe de dévotion religieuse. La Nature les a tellement dotés de confort en cette vie qu'ils ont étouffé tout sens de Dieu et sont élevés dans l'insouciance totale de l'autre vie.

Pour vous défendre contre la preuve la plus claire de l'*athéisme* de ces gens, vous dites : « La présentation qu'on en fait leur ôte le droit d'être des modèles pour le sens de l'humanité ». Cette affirmation, je pense, n'a d'intérêt que si l'on trouve quelqu'un qui donne « le droit d'être des modèles pour le sens de l'humanité » ; mais pour moi leur fonction était de montrer qu'il y avait des gens dans le monde qui n'avaient pas d'idée innée de Dieu. Pour continuer à donner une apparence de raisonnement (à quoi cela sert-il autrement ?), vous arrivez presque à nier que les caffres soient des hommes ; sinon, que signifient ces mots : « Un peuple si étrangement privé de sens commun qu'on ne peut guère les admettre dans le genre humain, comme les meilleures présentations des cafres de Soldania, le manifestent, … » ? J'espère que, s'ils avaient pour nom Pierre, Jacques, ou Jean, on ne douterait pas que ce soient des hommes ; mais Courvee, Wewena et Cousheda et autres, absents de notre nomenclature des prénoms, ne seraient pas admis dans votre sélection.

Monseigneur, je ne devrais pas le dire, mais vos propres paroles peuvent vous mener à considérer que la *nature générale de l'homme* sur laquelle vous avez tellement insisté comme *être réel, siège de propriétés*, ne sert à rien pour distinguer les espèces. Vous dites en effet qu'il y a des *classes* et des *sortes* selon lesquelles « Dieu a ordonné les êtres et qu'il a distinguées par des propriétés essentielles » ; et pourtant vous affirmez vous-mêmes possible que « des individus composés d'une nature commune, et d'une subsistance particulière propre à chacun » ne puissent être rangés dans la

---

1. Ambassadeur auprès du Grand Mongol, *cf.* 1.4.8. note.
2. J. Ovington, *Voyage to Suratt,* 1696, dans *The Library of John Locke*, n° 2160 ; voir 1.4.8. note.

classe ou *sorte* à laquelle ils appartiennent, au point de vous demander s'« ils doivent ou non être admis dans l'humanité » [1].

3) NOTE À 2.2.2
[SENSATION, RÉFLEXION ET SUBSTANCE]

[Contre la thèse selon laquelle le matériau de toute notre connaissance est suggéré et procuré à l'esprit par les seules sensation et réflexion, l'évêque de Worcester utilise l'idée de *substance*, dans termes suivants (*Vindication*, p. 237) : « Si l'idée de substance est fondée sur la raison manifeste et évidente, on doit accorder qu'il y a une idée de substance qui ne pénètre pas par la sensation ou par la réflexion ; ainsi peut-on être certain de quelque chose que nous n'avons pas par ces idées ». Notre auteur répond ainsi (dans sa *1ʳᵉ Réponse à l'évêque de Worcester* [2]) :]

Je ne vois rien dans les mots de Monseigneur qui soit contre moi ; car je n'ai jamais dit : « L'idée générale de substance pénètre par la sensation et la réflexion », ni que cette idée de substance est une idée simple de sensation ou de réflexion, bien qu'elle soit fondée en dernière instance sur ces idées. Car l'idée de substance est une idée complexe, constituée de l'idée générale de *quelque chose* ou *d'étant*, avec la relation de support pour des accidents. Car les idées générales ne pénètrent pas dans l'esprit par la sensation ou la réflexion, mais ce sont des créatures ou des inventions de l'entendement, comme je crois l'avoir montré (3.3 [3]) ; et j'ai montré aussi comment l'esprit les construit à partir des idées qu'il a reçues de la sensation et de la réflexion. Quant aux idées de relation, leur formation par l'esprit et leur dérivation des idées de sensation et de réflexion où elles ont en dernière instance leur terme, je les ai montrées de la même manière (2.25 [4] et 2.28.18).

Mais pour que vous ne vous mépreniez pas sur ce que je veux dire quand je parle d'idées de sensation et de réflexion comme matériau de toute notre connaissance, Monseigneur, permettez moi de citer un ou deux endroits de

---

1. *Cf.* 3.3.17 ; 3.6.9 ; 4.4.13-16 ; note à 2.23.2 ci-dessous, etc.

2. *A Letter to the Right Reverend Edward Lord Bishop of Worcester, concerning some passages relating to Mr Locke's* Essay of Human Understanding, *in a Late Discourse of his Lorship's in* Vindication of the Trinity, 1697 ; *Works*, 1759, vol. 1, p. 355-356 (dans la controverse, ce texte suit immédiatement le texte constituant la note suivante).

3. § 11.

4. § 9.

mon livre pour m'expliquer. Voici comment je parlais des idées de sensation et de réflexion en 2.1.5 : « Une fois que nous en aurons fait une revue complète, avec leurs divers modes, combinaisons et relations, nous verrons qu'elles contiennent tout notre stock d'idées, et que nous n'avons rien dans l'esprit qui n'y soit entré par l'une ou l'autre de ces voies ». Pensée que j'exprimais ailleurs (2.7.10) ainsi : [1] « Voilà à mon sens, les idées *simples* les plus importantes de l'esprit, dont sont faites toutes ses autres connaissances ; il les reçoit par les deux seules voies de la *sensation* et de la *réflexion* que nous avons mentionnées ». Et en 2.21.73 : « J'ai donc donné en un tableau rapide une vue de nos idées *originaires*, dont tout le reste est dérivé et constitué ».

Ceci et ce que j'ai dit ailleurs dans le même sens, voilà ce que j'ai pensé à propos des idées de sensation et de réflexion comme fondement et matériau de toute nos idées et par conséquent de toute notre connaissance. J'ai cité ces extraits de mon livre, pour que le lecteur puisse avoir une vision entière de la position que j'y soutiens et puisse plus facilement voir ainsi ce qui tombe sous la censure de Monseigneur. Car vous ne vous en satisfaites pas vraiment, comme le manifestent non seulement les termes cités, mais aussi les suivants : « Mais on nous dit aussi que l'entendement ne peut avoir aucune autre idée que celles qui viennent de la sensation ou de la réflexion » (p. 236) et « Supposons que ce principe soit vrai, que les idées simples de la sensation et de la réflexion soient la seule matière et le seul fondement de notre raisonnement » (p. 240).

Voici l'argumentation de Monseigneur dans le passage qui nous intéresse : « Si l'idée de substance est fondée sur une raison claire et évidente, alors il faut accorder une idée de substance qui ne pénètre pas par la sensation ou la réflexion ». Je pense, si vous m'y autorisez, que c'est une déduction qui ne tient pas, parce qu'elle est fondée sur une supposition qui, je pense, ne tient pas, à savoir que la raison et les idées sont en contradiction ; car si cette supposition n'est pas vraie, alors l'idée générale de substance peut être fondée sur une raison claire et évidente, sans qu'il s'en suive qu'elle ne soit pas fondée en dernière instance sur les idées dont elle dérive, qui *pénètrent par la sensation et la réflexion*, et qu'on ne puisse pas dire qu'elle pénètre par la sensation ou la réflexion.

Pour m'expliquer et éclaircir ce que je veux dire à ce sujet : toutes les idées de toutes les qualités sensibles pénètrent dans mon esprit par sensation ; les idées de *percevoir*, *penser*, *raisonner*, *connaître*, *etc.* pénètrent dans mon esprit par réflexion. Les idées de ces qualités et de ces actions, ou de ces

---

1. La lettre originelle citait ici le début du paragraphe 2.2.2, citation supprimée parce que la note est adjointe à ce passage même.

pouvoirs, sont perçues par l'esprit comme incompatibles par elles-mêmes avec l'existence, ou comme vous le dites, Monseigneur, « on découvre que l'on ne peut avoir de véritable conception des modes ou des accidents sans avoir à concevoir un *substrat* [1] ou sujet dans lequel elles sont » (p. 236), c'est-à-dire qu'elles ne peuvent exister ou subsister par elles-mêmes. D'où l'esprit perçoit leur connexion nécessaire avec l'inhérence ou le fait d'être supporté : comme il s'agit d'une idée relative, surajoutée à la couleur *rouge* pour une cerise ou au fait de penser pour un homme, l'esprit forme l'idée corrélative d'un *support*. Je n'ai jamais nié en effet que l'esprit puisse former pour lui-même des idées de relation ; j'ai au contraire montré exactement le contraire dans mes chapitres sur la *relation* [2]. Mais parce qu'une relation ne peut être fondée sur rien, ni être relation de rien, et que la chose reliée ici comme supportant, ou *support*, n'est pas représentée à l'esprit par une idée claire et distincte, l'idée vague, indistincte et obscure de *chose* ou de *quelque chose* est tout ce qui reste comme idée positive qui ait la relation de *support* ou de *substrat* aux modes ou aux accidents, et cette idée indéterminée générale de *quelque chose* est, par abstraction de l'esprit, dérivée aussi des idées simples de sensation et de réflexion ; ainsi l'esprit, à partir des idées simples et positives acquises par sensation et par réflexion, en vient à l'idée relative générale de substance qu'il n'aurait jamais eue sans les idées simples positives.

C'est ce que, Monseigneur, (sans donner en détail toutes les étapes particulières de l'esprit dans ce travail) vous avez bien exprimé de façon plus familière : « On découvre que l'on ne peut avoir de véritable conception des modes ou des accidents sans avoir à concevoir un *substrat* [3] ou sujet dans lequel elles sont, puisque cela contredit notre conception des choses que les modes ou les accidents subsistent par eux-mêmes ».

Monseigneur, vous nommez cela l'« idée rationnelle de substance » et vous dites : « Je reconnais que par sensation et réflexion, on parvient à la connaissance des pouvoirs et des propriétés des choses ; mais notre raison est convaincue qu'au-delà il doit y avoir quelque chose, car il est impossible qu'ils subsistent par eux-mêmes ». Si donc c'est ce que Monseigneur, vous entendez par « l'idée rationnelle de la substance », je n'y vois rien contre ce que j'ai dit : qu'elle est fondée sur les idées simples de sensation et de réflexion et que c'est une idée très obscure.

1. En latin *substratum*.
2. *Essai*, 2.25.
3. En latin *substratum*.

La conclusion de Monseigneur à partir des mots précédents est : « Ainsi peut-on être certain de quelque chose que l'on n'a pas par ces idées » ; la proposition, telle qu'elle est ici, je n'en comprends pas le sens précis (Monseigneur, pardonnez mon affirmation). Car je suis dans l'incertitude : voulez vous dire que l'on peut connaître avec certitude l'existence de quelque chose que l'on n'a pas par ces idées ? Ou que l'on peut connaître avec certitude les propriétés distinctes de quelque chose que *l'on n'a pas par ces idées* ? Ou connaître avec certitude la vérité d'une proposition *que l'on n'a pas par ces idées* ? Car être certain de *quelque chose* peut signifier l'un ou l'autre ; mais quel qu'en soit le sens, je ne vois pas en quoi cela me concerne.

4) NOTE À 2.23.1
[ABSTRACTION ET SUBSTANCE]

[Cette section avait simplement pour but de montrer comment on en arrive à prendre les individus de différentes espèces de substances pour des idées simples et à leur donner des noms simples : à savoir, à partir de *substrat* ou *substance* simples supposés, pris pour la chose même dans laquelle est inhérente et qui a produit l'agrégation d'idées qui nous représente la substance. Mais cela par erreur a été pris pour un exposé de l'idée de substance en général, et comme tel a été condamné en ces termes :

> Mais comment se fait-il que l'idée générale de substance (2.23.4) soit formée dans l'esprit ? Est-ce 'par abstraction ou élargissement des idées simples' ? Non, 'mais c'est par agrégation de nombreuses idées simples ; parce que nous n'imaginons pas comment ces idées simples peuvent subsister par elles-mêmes, nous prenons l'habitude de supposer un substrat [1] dans lequel elles subsistent, dont elles résultent, et que nous appelons pour cette raison substance' [2]. Est-ce de fait tout ce qu'il y a à dire sur l'être de la substance, que 'nous prenons l'habitude de supposer un substrat' ? Est-ce que cette habitude est fondée sur une raison authentique ? Si non, alors les accidents et les modes doivent subsister par eux-mêmes et ces idées simples n'ont pas besoin de tortue pour les supporter : les figures et les couleurs, etc. se suffiraient à elles-mêmes, s'il n'y avait quelques phantasmes auxquelles les hommes se sont habitués.

1. En latin *substratum*.
2. Texte partiellement emprunté à 2.23.1, où Locke parle d'un « agrégat de nombreuses idées », sans préciser qu'elles sont simples.

À cette objection de l'évêque de Worcester, notre auteur (dans sa Ire *Lettre à l'évêque* [1]), répond ainsi :]

Ici Monseigneur, vous semblez m'attribuer deux fautes ; l'une, avancer que l'idée générale de substance est construite non par abstraction et par élargissement des idées simples, mais par agrégation de beaucoup d'idées simples ; l'autre, comme si j'avais dit que l'*être de la substance* n'avait d'autre fondement que les phantasmes des hommes.

Quant à la première faute, je demande le droit de rappeler à Monseigneur ce que j'ai dit en plus d'un endroit et particulièrement en 3.3.6 et en 1.11.9, où je traite *ex professo* de l'abstraction et des idées générales : ces idées générales sont toutes constituées par abstraction et on ne peut donc pas interpréter mes propos comme si je disais que l'idée générale de substance est construite d'une autre manière. Cependant ma plume a pu errer ou une négligence d'expression a pu donner à penser que j'en parlais ainsi, là où j'avais quelque chose d'autre en tête que l'idée générale de substance.

Par le titre du chapitre (*Les idées complexes de substance*), il est manifeste que je ne parlais pas de *l'idée générale de substance* dans le passage que vous citez, Monseigneur ; et sa première section, que vous citez pour ces mots, vous la transcrivez [2].

Dans cette citation, je ne vois aucun mot qui nie que *l'idée générale de substance* soit faite pas abstraction, ni aucun qui dise qu'elle soit faite par « agrégation de beaucoup d'idées simples ». Mais, parlant à cet endroit des idées des substances distinctes, telles que *homme*, *cheval*, *or*, etc., je dis qu'elles sont constituées de combinaisons d'idées simples, qui sont, chacune, prises pour une seule idée simple, alors qu'il y en a beaucoup ; et on la désigne du nom unique de *substance*, alors qu'elle est constituée de modes, en ce qu'on a l'habitude de supposer un *substrat* là où cette combinaison subsiste. Aussi, dans ce paragraphe, je me contente de présenter les idées des substances distinctes telles que *chêne*, *éléphant*, *fer*, etc. et je dis comment chacune (bien que constituée d'une agrégation distincte de modes) est prise pour une seule idée et nommée d'un seul nom comme constituant une classe distincte de substances.

Mais que ma notion de *substance en général* soit totalement différente et qu'elle ne contienne pas une telle combinaison d'idées simples, c'est évident par ce qui suit immédiatement (2.23.2) où je dis : « L'idée de *pure substance*

1. *Letter to ... Bishop of Worcester*, 1697, *Works*, 1759, vol. 1, p. 353-354.

2. La lettre originelle citait ici le texte même de 2.2.1 dont ce texte est devenu la note.

en général n'est que la supposition d'on ne sait quel support de ces qualités capables de produire des idées simples en nous ». Et ces deux substances, je les distingue clairement tout au long, particulièrement là où je dis « quelle que soit donc la nature secrète et *abstraite* de la substance en général, toutes les idées que l'on a des substances distinctes singulières, ne sont que des combinaisons nombreuses d'idées simples co-existant en une cause de leur union qui, bien qu'inconnue, fait que le tout subsiste de lui-même » [1].

L'autre chose dont on m'accuse : j'aurais considéré l'*être de la substance* comme douteux, ou je l'aurais rendu douteux par l'idée imparfaite ou mal fondée que j'en ai donnée. Qu'on me permette de répondre que je ne fonde pas l'*être* mais l'*idée* de substance sur le fait que l'on s'habitue à supposer un *substrat* ; car ce n'est que de l'idée dont je parle ici, et non de l'*être de la substance*. Et, parce que j'ai affirmé partout que l'homme est une substance et parce que je me suis appuyé sur cette affirmation, on ne peut supposer que je mette en question *l'être de la substance ou* que j'en doute, à moins que je ne mette en doute mon propre *être*. En outre, je dis (2.23.29) : « La sensation nous prouve qu'il y a des substances étendues solides, et la réflexion, qu'il y a des substances pensantes » ; je pense donc que l'*être de la substance* n'est pas ébranlé par ce que j'ai dit. Et si l'idée de substance l'était, puisque l'être des choses ne dépend pas de nos idées, l'*être de la substance* ne serait pas du tout ébranlé par ce que j'ai dit, (à savoir que nous n'en avons qu'une *idée* obscure et imparfaite, et que cette *idée* est née de l'habitude que nous avons prise de supposer une *substrat*) ; elle ne serait même pas ébranlée si je disais que l'on n'a absolument aucune *idée* de substance. Il peut y avoir en effet un grand nombre de choses, qui ont assurément l'*être* et qui sont dans la nature, et dont nous n'avons pourtant aucune idée ; par exemple, on ne peut douter qu'il y ait différentes espèces d'Esprits séparés, dont nous n'avons absolument aucune idée ; on ne peut mettre en question que les Esprits ont les moyens de se transmettre leurs pensées et pourtant nous n'en avons absolument aucune *idée*.

Si l'*être* de la substance est donc sain et sauf quoi que j'aie pu dire, voyons si son idée ne l'est pas aussi. Monseigneur, soucieux, vous demandez : « Cela constitue-t-il tout ce qu'il y a à dire au sujet de l'être (dites, je vous prie : l'idée) *de la substance* : que nous prenons l'habitude de

---

1. Le texte de 2.23.2 dit en fait « L'idée que nous avons, à laquelle nous donnons le nom général de *substance* n'est donc que le support, supposé mais inconnu, des qualités dont nous découvrons l'existence et dont nous imaginons qu'elles ne peuvent subsister *sine re substante* (sans quelque chose qui les supporte) ».

supposer un *substrat* ? Est-ce que cette habitude est ou non fondée sur une raison authentique ? ». J'ai dit (2.23.4) qu'elle est fondée sur ceci : « On ne peut *concevoir* comment subsisteraient seules des idées simples de qualités sensibles [1] ; on suppose donc qu'elle existent dans un sujet commun qui les supporte ; et ce support est dénoté par le nom substance ». C'est, je pense, une raison authentique, parce que c'est sur cette raison-là, Monseigneur, que vous fondez la supposition d'un substrat dans cette même page, sur le fait que « nos conceptions répugnent à ce que les modes et les accidents subsistent par eux-mêmes ». Aussi ai-je la chance de m'accorder ici encore avec Monseigneur et je conclus par conséquent que j'ai son approbation sur cette affirmation : le substrat des modes et des accidents, qui est notre idée de substance en général, est fondé sur ceci : « Nous ne pouvons concevoir comment les modes et les accidents peuvent subsister par eux-mêmes ».

5) NOTE À 2.23.2
[CONNAISSANCE DE LA SUBSTANCE]

[De ce paragraphe, l'évêque de Worcester tire une objection selon laquelle la doctrine de notre auteur « a quasiment expulsé du monde la substance ». Les termes de l'auteur en ce second paragraphe sont cités pour prouver qu'il est une de ces « personnes adeptes de cette nouvelle voie de raisonnement qui a quasiment expulsé la substance de la partie raisonnable du monde ». Voici ce que répond notre auteur : [2]]

Voila, Monseigneur une accusation à laquelle, veuillez m'en excuser, je ne sais vraiment pas comment répondre, parce que je ne comprends pas ce qu'est « quasiment expulser la substance de la partie raisonnable du monde ». Si, Monseigneur, vous signifiez par là que je nie ou que je doute qu'il y ait dans le monde une chose telle que la substance, vous m'en disculperez quand vous relirez dans ce chapitre 23 du livre 2, que vous avez cité plus d'une fois, au paragraphe 4 :

> Quand on parle d'une sorte particulière de substances, comme celle de cheval, de pierre, etc., ou quand on y pense, l'idée qu'on en a n'est que la somme, la collection, des diverses idées simples

1. Le texte de 2.23.4 ajoutait ici « ...ou comment elles subsisteraient l'une dans l'autre ... ».

2. *Letter to ... Bishop of Worcester*, 1697, *Works*, 1759, vol. 1, p. 348-350 (§ 9 au début de la lettre).

de qualités sensibles que l'on trouve habituellement unies dans les choses nommées cheval, pierre. Et pourtant, parce qu'on ne peut pas concevoir comment elles subsisteraient seules, ou comment elles subsisteraient l'une dans l'autre, on suppose qu'elles existent dans un sujet commun qui les supporte ; et ce support est dénoté par le nom *substance*, bien qu'il soit certain que l'on n'a aucune idée claire et distincte de cette chose que l'on suppose être un support.

Et encore au paragraphe 5 :

Il en va de même pour les opérations de l'esprit (penser, raisonner, avoir peur, etc.) : considérant [1] qu'elles ne subsistent pas par elles-mêmes, et ne percevant pas comment il est possible qu'elles appartiennent à un corps, ou qu'elles soient produites par lui, on tend à penser que ce sont les actions d'une autre substance que l'on appelle Esprit. Ainsi, puisque l'on n'a aucune autre idée ou notion de la matière que « quelque chose » où subsistent effectivement ces nombreuses qualités sensibles qui affectent nos sens, en supposant une substance où penser, connaître, douter, et le pouvoir de mouvoir, etc., subsistent effectivement, on a, c'est évident, une notion aussi claire de la substance de l'Esprit que de celle du corps ; l'une est supposée être (sans qu'on sache ce que c'est) le substrat pour les idées simples reçues de l'extérieur, et l'autre est supposée être (avec la même ignorance de ce qu'elle est) le substrat pour les opérations que l'on expérimente à l'intérieur de soi.

Et encore au paragraphe 6 :

Quelle que soit la nature secrète [2] de la *substance* en général, *toutes les idées que nous avons des substances* [3] *particulières* ne sont que diverses combinaisons d'idées simples coexistant dans la cause de leur union, cause inconnue certes mais qui assure la subsistance autonome du tout.

1. Le texte originaire portait : « … inférant … » (*concluding* et non *considering*).

2. Le texte original ajoutait : « … et abstraite… ».

3. Le texte original disait : « … des *sortes particulières de substances* … ».

Et plus loin dans la même *section* :

> Nous supposons que ces combinaisons résident toutes dans ce
> sujet commun inconnu [1] et que ce sujet même n'est inhérent à rien
> d'autre. Et nos idées complexes de substance, outre toutes ces
> idées simples dont elles sont constituées, contiennent toujours
> l'idée confuse de quelque chose auquel elles appartiennent et
> dans laquelle elles subsistent. Et donc, quand nous parlons d'une
> sorte de substance, nous disons que c'est une chose qui a telles
> et telles qualités : un corps est une chose qui est étendue, figurée
> et capable de mouvement ; un esprit est une chose capable de
> penser [2].

Ces expressions et les semblables impliquent que la substance est *toujours quelque chose* en plus de l'étendue, de la figure, de la solidité, du mouvement, de la pensée et autre idée observable, bien que l'on ne sache pas ce que c'est.

Je dis en 2.23.22 : « Notre idée de corps est une substance solide étendue [3] et notre idée de notre âme [4] est celle d'une substance qui pense ». Aussi, tant qu'il y a quelque chose tel qu'un corps ou un Esprit dans le monde, je n'ai rien fait pour « expulser la substance de la partie raisonnable du monde ». Plus encore, aussi longtemps qu'il y a la moindre idée simple ou la moindre qualité sensible, d'après ma voie de raisonnement la substance ne peut être expulsée, parce que toutes les idées simples, toutes les qualités sensibles impliquent la supposition d'un *substrat* dans lequel elles existent et d'une substance où elles inhèrent. Et le chapitre en est tellement rempli que je mets au défi quiconque le lit de penser que j'ai quasiment, ou le moins du monde, « rejeté la substance de la partie raisonnable du monde ». *Homme, cheval, eau, fer, diamant, etc.* que j'ai cités comme diverses sortes de substances, en seront mes témoins aussi longtemps que reste l'une de ces choses. Voici ce que j'en dis (2.12.6) : « Les idées de substance sont des combinaisons d'idées simples prises comme représentant des choses particulières

---

1. Le texte original ajoutait : « , qu'elles lui sont pour ainsi dire attachées, ».

2. Seule la première phrase se trouve en 2.23.6. La suivante est en 2.23.3.

3. Le texte original ajoutait : « ..., capable de communiquer le mouvement par poussée ... ».

4. Le texte original ajoutait : « ... en tant qu'Esprit immatériel ... ».

distinctes, subsistant par elles-mêmes ; et, parmi ces idées, l'idée supposée ou confuse de substance est toujours la première et la principale ».

Par « expulse quasiment la substance de la partie raisonnable du monde », Monseigneur, voulez-vous dire que j'ai détruit et *quasiment expulsé* l'idée vraie que l'on en a, en la désignant comme « un *substrat* » (2.23.1), « une supposition d'on ne sait quel support des qualités capables de produire des idées simples en nous » (2.23.2), « une idée obscure et relative » (2.23.3), ou « on ne connaît pas ce qu'elle est, mais elle est ce qui porte les accidents, de sorte que, de la substance nous n'avons aucune idée de ce quelle est, mais seulement une idée confuse et obscure de ce qu'elle fait » (2.13.19) ? Je dois alors confesser que je l'ai dit de notre idée de substance et que j'ai dit des choses semblables. Mais je serais très heureux d'être convaincu par Monseigneur, ou par quelqu'un d'autre, d'en avoir parlé de façon trop négative ; celui que me montrerait une idée plus claire et plus distincte de substance serait fort aimable et je l'en remercierais ; pourtant c'est la meilleure idée que j'aie pu jusqu'ici trouver dans mes propres pensées ou dans les livres des logiciens. Car leur présentation ou leur idée, c'est qu'elle est 'l'être' ou 'la chose subsistant par soi et soutenant les accidents' [1] ; ce qui n'est en fait rien d'autre que : la substance est un *être* ou une *chose* ; ou en bref, *quelque chose*, il ne savent pas quoi, ou dont ils n'ont pas d'idée plus claire que : c'est *quelque chose* qui supporte des accidents ou d'autres idées ou modes simples, ou un accident. De sorte que je ne vois que cette conséquence : Burgerdicius [2], Sanderson [3], et toute la tribu des logiciens doivent être associés aux « personnes de cette nouvelle voie de raisonnement, qui ont quasiment expulsé la substance de la partie raisonnable du monde » [4].

Mais à supposer, Monseigneur, que ces personnes, logiciens de réputation dans les Ecoles, ou moi, reconnaissions que nous avons une idée très imparfaite, obscure et inadéquate de substance, ne serait-il pas un peu

---

1. En latin dans le texte : *ens, res per se subsistens et substans accidentibus*.

2. Franco Burgersdijk, professeur de logique à l'université de Leyden.

3. R. Sanderson, *Logicæ artis compendium*, Oxford, 1615.

4. *Cf.* entre autres Guillaume d'Occam : « Nous connaissons les substances individuelles par les accidents mêmes, car les accidents sont connus directement et en soi par notre intellect ; mais les substances ne le sont pas », *Expositio in librum Porphyri de prædicabilibus*, chap. 2 ; cité dans A. Robert, *Penser la substance, étude d'une question médiévale*, thèse Université de Nantes, 2005, p. 362.

trop sévère de nous accuser d'« expulser la substance hors du monde » ? Car ce que signifient *quasiment* expulser et *partie raisonnable* du monde, je dois avouer ne pas le comprendre clairement. Mais que les termes *quasiment* et *partie raisonnable* signifient (car j'ose dire que vous signifiez quelque chose ici) n'importe quoi, n'estimeriez-vous pas être traité un peu trop rudement si, parce que vous reconnaissez avoir vous-même une idée très imparfaite et inadéquate de Dieu ou de plusieurs autres choses que dans ce traité même vous confessez être inaccessibles et incompréhensibles par l'entendement, vous soyez accusé d'être l'une de « ces personnes qui ont quasiment expulsé » du monde raisonnable Dieu ou les autres choses mystérieuses dont vous soutenez que nous n'avons que des idées très imparfaites et inadéquates. Car je suppose que par « expulse quasiment du monde raisonnable » Monseigneur, vous entendez quelque chose de blâmable : cela ne semble pas être dit de façon élogieuse. Pourtant je pense que ne mérite aucun blâme celui qui reconnaît avoir des idées imparfaites, inadéquates, obscures quand il n'en a pas de meilleures ; mais, si l'on en infère qu'il *expulse quasiment* ces choses, [ce sera] soit de l'être, soit du discours rationnel (si c'est là ce qu'on entend par *monde raisonnable*) ; mais dans le premier cas le raisonnement ne peut tenir, car l'être des choses dans le monde ne dépend pas de nos idées ; et le second cas est vrai à quelque degré mais n'est pas une faute, car il est certain que là où l'on a des idées imparfaites, inadéquates, confuses, obscures, on ne peut discourir et raisonner sur ces choses aussi bien, complètement et clairement que si l'on avait des idées parfaites, adéquates, claires et distinctes.

[Ce révérend Prélat a d'autres objections sur la suite de ce paragraphe : la reprise de l'histoire du philosophe indien et le fait que sur la substance nous parlions comme des enfants. Notre auteur y répond ainsi : [1]]

Monseigneur, je dois le reconnaître, vous avez raison de remarquer que j'ai *plus d'une fois mis en parallèle* notre idée de substance et le 'je ne sais quoi' du philosophe indien qu'une tortue supporte [2] ; ... Dans un exposé scientifique, cette répétition, je le reconnais, est une faute [3], mais je l'ai reconnue et justifiée en ces termes dans ma préface [4] :

« Je m'inquiète peu de ma réputation en publiant ici délibérément un livre qui risque d'indisposer par ce défaut les lecteurs les plus sensés, qui sont

1. Dans la controverse originelle, le texte qui suit est en fait immédiatement à la suite du passage cité qui précède.

2. Deux mentions : 2.13.19 et 2.23.23.

3. 'Exact writing'.

4. Épître au lecteur, ed. Nidditch, p. 8.

toujours aussi les plus exigeants » et j'ajoutais : « Je n'ai pas publié mon *Essai* pour les grand maîtres de la connaissance comme Monseigneur ; je l'ai adapté aux gens de ma taille, pour qui les répétitions sont parfois utiles » [1]. Il n'aurait donc pas dû outrepasser la générosité de Monseigneur (que je ne cherchais pas à provoquer par cette répétition) de passer sur une telle faute chez quelqu'un qui ne prétend pas s'élever au-dessus de la dernière catégorie d'auteurs. Mais je vois que, Monseigneur, vous me voudriez exact et sans erreur, et j'aimerais l'être, pour mieux mériter votre approbation.

Ce que je dis : « Quand nous parlons de substance, nous parlons comme des enfants : on les interroge sur quelque chose qu'ils ne connaissent pas et ils donnent d'emblée la réponse satisfaisante : 'c'est quelque chose' », Monseigneur, vous semblez le prendre à cœur par ces mots : « Si ceci est vrai, nous devons encore parler comme des enfants et je ne vois comment m'en empêcher. Car si nous ne pouvons parvenir à une idée rationnelle de substance, nous ne pouvons avoir aucun principe de certitude sur lequel s'appuyer en ce débat ». Si, Monseigneur, vous avez une meilleure idée de substance, plus distincte que la mienne (celle dont j'ai rendu compte), vous n'êtes pas du tout concerné par ce que j'ai dit. Mais ceux dont l'idée de *substance*, qu'elle soit *rationnelle* ou non, est comme la mienne, quelque chose dont ils ne savent pas ce que c'est, doivent sur ce point parler avec moi comme des enfants qui parlent de quelque chose dont ils ne savent pas ce que c'est. Car un philosophe qui dit que ce qui supporte les accidents est quelque chose dont il ne sait pas ce que c'est, un fermier qui dit que la fondation de la grande église de Harlem [2] est supportée par quelque chose dont il ne sait pas ce que c'est, et un enfant qui dans le noir marche sur le manchon de sa mère et qui dit qu'il marche sur ce dont il ne sait pas ce que c'est, tous trois parlent de ce point de vue de la même manière. Mais si le fermier sait que la fondation de l'église de Harlem est supportée par le rocher comme les maisons de Bristol, ou par du gravier comme les maisons autour de Londres, ou par des piliers en bois comme les maisons d'Amsterdam, il a évidemment une idée claire et distincte de la chose qui supporte l'église, il ne parle pas de

---

1. Texte originel : « Je ne prétends pas publier cet essai pour la formation de gens à l'esprit vif et puissant j'avoue être moi-même disciple de ces maîtres du savoir. Je les préviens donc qu'ils n'ont ici rien à attendre d'autre que le tissu de mes réflexions ordinaires, adapté à des gens de mon niveau eux accepteront peut être la peine prise à rendre évidentes et familières à leur esprit certaines vérités que le préjugé commun ou le caractère abstrait des idées mêmes ont pu obscurcir ».

2. Aux Pays-Bas.

ces questions comme un enfant ; et ne parlera pas du support des accidents comme un enfant celui qui en a une idée plus claire et plus distincte que celle de simplement *quelque chose*. Mais aussi longtemps que nous pensons comme des enfants, là où nos idées ne sont pas plus claires et distinctes que les leurs, je m'accorde avec Monseigneur pour dire que *je ne sais pas comment y remédier*, mais que nous devons parler comme eux.

[Plus loin, l'évêque demande s'il n'y a pas de différence entre le pur être d'une chose et sa subsistance par elle-même. À cela notre auteur répond [1]] :

Oui, mais en quoi cela sert-il pour prouver qu'on ne peut parvenir selon mes principes à aucune certitude de raison que quelque chose comme la substance existe ? Par votre question, vous semblez conclure que l'idée d'une *chose qui subsiste par elle-même* est une idée claire et distincte de la substance. Mais laissez-moi poser la question : est ce que l'idée de la façon dont subsiste une chose est l'idée de la chose elle-même ? Si ce n'est pas le cas, on peut avoir une idée claire et distincte de cette façon de subsister et n'avoir pourtant qu'une idée très obscure et confuse de la chose. Par exemple, je dis à Monseigneur que je connais une chose qui ne peut subsister sans un support et une autre qui subsiste effectivement sans support, sans rien dire de plus à leur propos : pouvez-vous me dire si, en ayant les idées claires et distinctes 'avoir un support' et 'ne pas avoir un support', vous avez une idée claire et distincte de la chose que je sais avoir un support et de celle que je sais ne pas en avoir ? Si vous le pouvez, je vous prie de me donner les idées claires et distinctes de ce que je nomme seulement du nom général de choses, qui ont ou n'ont pas de supports ; car telles elles sont, telles seront les idées claires et distinctes que je vous donnerai quand vous m'en demanderez. Je pense pourtant que vous ne les trouverez guère par l'idée générale et confuse de la chose ni dans l'idée plus claire et plus distincte 'avoir un support' ou 'ne pas en avoir'.

Pour montrer à un aveugle qu'il n'a aucune idée claire et distincte de *écarlate*, je lui dirai que la notion qu'il en a ('c'est un chose, un être') ne prouve pas qu'il en a une idée claire et distincte, mais simplement qu'il le prend pour quelque chose dont il ne sait pas ce que c'est. Il répondrait qu'il en connaît plus que cela : il connaît que l'écarlate subsiste ou est inhérent en quelque chose d'autre ; « et, dira-t-il avec les mots de Monseigneur, n'y a t-il aucune différence entre le pur être d'une chose et sa subsistance en autre chose ? » ; oui, lui répondrai-je, considérable, ce sont des idées très

1. *Reply to the Right Reverend the Lord Bishop of Worcester's Answer to his second Lettey*, 1699 ; *Works,* 1759, p. 563-564.

différentes ; mais pour autant, vous n'avez aucune idée claire et distincte de *écarlate*, ni une idée correspondante à celle que j'ai, moi qui le vois et le connais et qui en ai une autre sorte d'idée, outre celle d'inhérence.

Monseigneur, vous avez l'idée de *subsister par soi-même* et vous en concluez que vous avez une idée claire et distincte de la chose qui *subsiste par elle-même* ; c'est comme si, me semble-t-il un villageois disait qu'il a une idée du *cèdre du Liban*, qu'il s'agit d'un arbre de nature à ne pas avoir besoin de tuteur pour le conforter, et qu'il a donc une idée claire et distincte du *cèdre du Liban* ; mais cette idée claire et distincte n'est, après examen, que l'idée générale d'*arbre*, avec laquelle il confond son idée indéterminée de *cèdre*. Il en va exactement de même avec l'idée de *substance* qui, bien que dite claire et distincte, est confondue avec l'idée indéterminée et générale de *quelque chose*. Enfin, à supposer que la façon de subsister par soi-même nous donne une idée claire et distincte de la *substance*, comment est-ce que cela prouve que « selon mes principes, on ne peut arriver à aucune certitude de raison qu'il n'y ait rien de tel qu'une substance dans le monde », qui est la proposition à prouver ?

6) NOTE À 2.27.29 [1]
[IDENTITÉ DU CORPS]

[La théorie de l'identité et de la différence contenue dans ce chapitre, l'évêque de Worcester la présente comme contradictoire avec la doctrine de la foi chrétienne sur la résurrection des morts. Voici sa façon de raisonner ; il dit : « Selon les principes de Monsieur Locke, la raison de croire à la résurrection du même corps est tirée de l'idée d'identité ». Et notre auteur répond dans la *Troisième Lettre à l'évêque de Worcester* [2] :]

Permettez-moi, Monseigneur, de dire que, pour moi et *selon mes principes*, la *raison de croire* un article de la foi chrétienne (tel que celui dont vous parlez ici, Monseigneur), est qu'il fait partie de la révélation divine. C'est selon ce principe que j'y ai cru à la fois avant d'avoir écrit ce chapitre *Identité et différence* et avant d'avoir jamais pensé aux propositions de ce chapitre que vous citez ; et c'est selon le même principe que j'y crois toujours, et non « à partir de mon idée d'identité ». Cette affirmation de

1. Voir aussi *[première] Lettre à l'évêque de Worcester*, *in fine*, *Works*, 1759, vol. 1, p. 389-390.
2. *Reply to the Right Reverend the Lord Bishop of Worcester's Answer to his second Letter*, 1699, *Works*, 1759, t. 1, 492-507.

Monseigneur n'est donc une proposition ni évidente ni reconnue pour vraie ; elle reste à prouver et la grande superstructure que vous avez édifiée sur elle a une fondation est insuffisante et se réduit à néant.

Mais avant de poursuivre, je me permets de faire humblement remarquer à Monseigneur que votre objectif était, pensais-je, d'*établir que* ma *notion des idées* était *en contradiction avec les articles de la foi chrétienne* [1]. Pourtant le cas cité ici n'est pas, pour autant que je sache, un *article de la foi chrétienne*. Je confesse que la *résurrection des morts* est un article de la foi chrétienne ; mais que *la résurrection du même corps*, selon le sens que vous donnez au *même corps* soit un article de la foi chrétienne, voila quelque chose que j'avoue ne pas savoir encore [2].

Dans le *Nouveau Testament* (où se trouvent, je pense, tous les *articles de la foi chrétienne*), je lis que Notre Sauveur et les apôtres prêchent en de nombreux endroits *la résurrection des morts* et *la résurrection de la mort* ; mais je n'ai le souvenir d'aucun endroit où *la résurrection du même corps* soit ne fût-ce que mentionnée. Plus, ce qui est très remarquable en l'occurrence, je n'ai le souvenir en aucun endroit du *Nouveau Testament* (où la résurrection générale au Dernier Jour est abordée) d'aucune expression comme *la résurrection du corps* et encore moins *du même corps*.

Je parle de la résurrection générale au Dernier Jour ; car là où il s'agit de la résurrection d'une personne particulière au moment même de la résurrection de Notre Sauveur, le texte est : « Les tombeaux s'ouvrirent, les corps de nombreux saints défunts ressuscitèrent ; sortis des tombeaux après sa résurrection, ils entrèrent dans la ville sainte et apparurent à un grand nombre de gens » (*Matthieu*, 27.52-53). Cette façon particulière de parler de la résurrection est justifiée dans le passage même, par les mots « apparurent à beaucoup » : *ceux qui dormaient apparurent* de manière à ce qu'on sache qu'ils avaient surgi : ceci ne pouvait être connu que s'ils apportaient la preuve qu'ils étaient bien ceux qui étaient morts et il y avait deux preuves : les tombeaux ouverts et les corps qui non seulement en sortent mais aussi apparaissent les mêmes à ceux qui les avaient connus vivants et savaient qu'ils étaient morts et enterrés. Car s'il s'était agi de morts si anciens que tous

---

1. *Cf.* Le titre de la réponse de Stillingfleet, inclus dans la réponse de Locke : « … *the inconsistency of Mr Locke with the articles of the christian faith, and their tendency to scepticism, is examined* ».

2. Passage de la *2ᵉ Reply* de Locke non repris ici : « Et il peut sembler que ce ne soit pas sans quelque raison spéciale que là où le propos de saint Paul concerne spécialement le corps (*1 Cor.*, 6.14) et le pousse à le nommer, il dise pour parler de la résurrection *vous* et non *votre corps* ».

ceux qui les avaient connus vivants étaient maintenant décédés, ceux à qui ils seraient apparus auraient pu savoir qu'il s'agissait d'hommes, mais pas qu'ils étaient ressuscités des morts, parce qu'ils ignoraient qu'ils étaient morts ; par leur apparition, tout ce qu'ils auraient pu savoir, c'était qu'il s'agissait d'inconnus vivants, mais pas de ressuscités. Il était donc nécessaire qu'ils se présentassent dans un corps qui, par sa forme et sa taille, etc., apparaisse le même que celui d'avant et connu de ses amis. Il est probable aussi qu'il s'agissait de morts récents, dont les corps n'étaient pas encore dissous et dissipés ; c'est pourquoi ici particulièrement (à la différence de ce qui est dit de la résurrection générale), il est dit « leurs corps ressuscitent », parce que c'étaient les mêmes que ceux qui gisaient auparavant dans la tombe, juste avant de ressusciter.

Monseigneur, vous cherchez à prouver que ce doit être *le même corps*. Accordons que Monseigneur, voire d'autres encore, vous ayez prouvé à votre avis que ce *doive* être le même corps. Direz vous à partir de là que celui qui n'a jamais vu votre interprétation de l'Écriture ni vos raisons en faveur du *même corps*, dans le sens que vous donnez à 'même corps', soutient quelque chose qui contredit un article de foi ? Ou, [qu'il le contredit] s'il a déjà vu interprétation et raisons mais, parce qu'il ne les comprend pas ou n'en perçoit pas la force, croit ce que l'Écriture lui propose à lui, à savoir qu'au Dernier Jour « les morts ressusciteront », sans décider si ce sera ou non avec le même corps exactement ?

Je sais que vous ne prétendez pas, Monseigneur, ériger vos interprétations particulières de l'Écriture en articles de foi ; mais, si c'est vrai, celui qui croit que « les morts ressusciteront » croit l'article de foi que propose l'Écriture, et ne peut être accusé de soutenir quelque chose de *contradictoire* avec elle s'il se fait que ce qu'il soutient *contredit* cette autre proposition : « les morts ressusciteront avec le même corps » dans votre sens, que je ne trouve pas proposé dans l'Écriture Sainte comme article de foi.

Mais, Monseigneur, vous raisonnez (p. 34-35) : « Ce doit être le même corps » qui, selon votre sens de *même corps*, « n'est pas les particules individuelles de matière unies au moment de la mort ; ni les particules de matière que le pécheur avait lorsqu'il a commis ses péchés, mais qui doit être la substance matérielle qui était vitalement unie ici-bas à l'âme », c'est-à-dire, selon ce que je comprends, les particules individuelles de matière qui furent à un moment ou à un autre durant sa vie sur terre vitalement unies à l'âme.

Votre premier argument (p. 37) pour prouver que *ce doit être le même corps* en ce sens de *même corps* est emprunté aux mots de notre Sauveur

(*Jean,* 5.28-29) : « Tous ceux qui gisent dans les tombeaux entendront sa voix et sortiront »[1]. Monseigneur, vous en concluez que ces mots : « *tous ceux qui gisent dans les tombeaux* ne se rapportent à aucune autre substance qu'à celle qui fut unie à l'âme dans la vie », parce que « une substance différente ne peut pas être dite dans la tombe et en sortir ». Ces mots de Monseigneur, s'ils prouvent quelque chose, prouvent que l'âme est également logée dans le tombeau et qu'elle en sort au Dernier Jour. Vous dites en effet : « Peut-on dire qu'une substance différente est dans la tombe et en sort ? ». Ainsi, selon cette interprétation de ces mots de notre Sauveur, *aucune substance* n'est ressuscitée si elle n'entend sa voix ; et *aucune substance* n'entend sa voix si elle n'est appelée ; et donc ne sort du tombeau ; et *aucune substance* ne sort du tombeau si elle n'était dans le tombeau ; donc chacun doit conclure que l'âme doit être dans le tombeau pour avoir part à la personne ressuscitée ; sauf si, comme vous argumentez contre moi, « vous pouvez comprendre qu'une substance qui n'a jamais été dans la tombe puisse en sortir » (p. 37) ou si l'âme n'est pas une *substance*.

Mais, si l'on écarte la question de la substance de l'âme, autre chose fera douter que votre interprétation des mots de notre Sauveur doive être adoptée comme leur sens vrai : c'est que votre interprétation est difficilement conciliable avec ce que vous dites page 34 : par « le même corps » vous ne désignez pas « les particules individuelles qui furent unies au moment de la mort ». Pourtant, dans cette interprétation des mots de notre Sauveur, vous ne pouvez signifier d'autres *particules* que celles qui étaient unies au moment de la mort, parce que vous ne désignez pas d'autre *substance* que *celle qui sort du tombeau* ; et aucune *substance*, aucune particule *ne sort*, dites vous, si ce n'est celle qui était *dans le tombeau*. Et je pense, Monseigneur, que vous ne direz pas que les particules qui furent séparées du corps *par perspiration* avant le moment de la mort, furent déposées dans le tombeau.

Mais je découvre page 37 une réponse de Monseigneur : « En comparant ce passage avec d'autres, je découvre que les mots (de notre Sauveur, cités ci-dessus) doivent être compris de la substance du corps auquel l'âme était unie et non à (je suppose que vous voulez dire,

---

1. Le texte de *Jean* est en fait : « Tous ceux qui gisent dans les tombeaux entendront sa voix et *ceux qui auront fait le bien en* sortiront *pour la résurrection qui mène à la vie ; ceux qui auront pratiqué le mal, pour la résurrection qui mène au jugement* ». L'omission de la dernière partie de la phrase est à relier à l'interprétation de Locke sur la non – résurrection des damnés ; cf. *Paraphrase* de *1 Cor.*, 15.42 (Clarendon, t. 1, p. 252-253).

Monseigneur, *de*) ces particules individuelles » c'est-à-dire : de ces particules individuelles qui sont dans le tombeau à la résurrection – car il faut lire
ainsi, pour mener à son terme votre pensée d'après le sens de votre réponse
ici. Or ce sens que vous donnez aux mots de notre Sauveur inverse complètement, me semble-t-il, le sens que vous leur avez donné plus haut, où vous
utilisez ces mots pour appuyer la croyance en la résurrection du même corps
par l'argument puissant qu'une substance ne pourrait pas, en entendant la
voix du Christ, « sortir du tombeau si elle n'a jamais été dans le tombeau » : là
(pour autant que je puisse comprendre votre expression), vous affirmez que
les mots de notre Sauveur doivent être compris des particules dans le
tombeau, « à moins, comme vous dites, que l'on comprenne qu'une
substance qui n'a jamais été dans le tombeau puisse en sortir ». Et ici vous
dites expressément que « les mots de notre Sauveur doivent être compris de
la substance de ce corps auquel l'âme était [à n'importe quel moment] unie
et non à ces particules individuelles qui sont dans le tombeau ». En somme,
vous me semblez dire qu'il faut comprendre les mots de notre Sauveur
1) seulement de ces particules qui sont dans le tombeau, 2) pas seulement de
ces particules qui sont dans le tombeau mais aussi des autres qui ont été à un
moment vitalement unies à l'âme mais n'ont jamais été dans le tombeau.

Le texte suivant que vous proposez, Monseigneur, pour faire de *la
résurrection du même corps* en son sens un article de foi, sont les mots de
saint Paul (*2 Cor.*, 5.10) [1] : « Car il nous faudra comparaître devant le tribunal
du Christ, afin que chacun recueille le prix de ce qu'il aura fait en ce corps,
soit en bien soit en mal ». Et, Monseigneur, vous ajoutez cette question
(p. 38) : « Est-ce que l'on peut comprendre ces mots d'une substance matérielle autre que ce corps où ces actes ont été posés ? ». *Réponse* : un homme
peut mettre en suspens sa décision sur le sens de l'affirmation de l'apôtre – le
sens est-il bien : un pécheur souffrira pour ses péchés dans le même corps
exactement que celui où il les a posés ? En effet saint Paul ne dit pas que,
quand il souffre, il a le même corps exactement que celui qu'il avait quand il
péchait. L'apôtre dit en réalité « fait en ce corps ». Le corps qu'il avait et où
il a posés des actes à cinq ans ou à quinze, était sans aucun doute *son corps*,
tout autant qu'était *son corps* celui où il a posé des actes à cinquante ans ; et
pourtant *son corps* n'est pas *exactement le même corps* à ces différentes
époques. De même, *le corps* qu'il aura après la résurrection sera *son corps*,
bien que ce ne soit pas *le même* exactement que celui qu'il avait à cinq,

1. Pour toutes les références à la *Première Épître aux Corinthiens* de
Paul, chap. 15 qui suivent, voir la *Paraphrase and notes on Saint Paul
Epistles*, Clarendon, t. 1, p. 246-256.

quinze ou cinquante ans. Celui qui, à la soixantaine, est torturé sur la roue pour un meurtre qu'il a commis à vingt ans, est puni pour ce qu'il a fait *dans son corps*, bien que le corps qu'il a, c'est-à-dire son corps à la soixantaine, ne soit pas le même, c'est-à-dire ne soit pas constitué des mêmes particules individuelles de matière, que le corps qu'il avait quarante ans auparavant. Quand vous aurez résolu, Monseigneur, la question de savoir quelle même chose immuable il est, qui recevra au jugement dernier les actes posés en *son* corps, vous verrez facilement que le corps qu'il avait comme embryon dans le sein de sa mère, le corps qu'il avait comme enfant jouant en robe, celui qu'il avait comme jeune marié, comme grabataire mourant de consomption et enfin celui qu'il aura après la résurrection, chacun sera *son corps*, bien qu'aucun ne soit le même comparé à l'autre.

En outre, à la question de Monseigneur : « Est-ce que ces mots peuvent être compris d'une substance matérielle autre que le corps où ces actes ont été posés ? », je réponds : « Ces mots de saint Paul peuvent être compris d'une substance matérielle autre que ce corps où ces actes ont été posés », parce que, Monseigneur, vous me fournissez comme un professeur un raison forte de les comprendre ainsi. Vous dites page 34 : « Je ne dis pas que les mêmes particules de matière qu'avait le pécheur au moment même où il a commis ses péchés, ressusciteront au Dernier Jour ... » ; et vous en donnez cette raison page 35 : « Car un pécheur invétéré devrait alors avoir un corps énorme, vu la perte continue de particules par perspiration ». Or, si les mots de l'apôtre *ne peuvent être compris*, selon votre raisonnement, *d'aucune autre substance matérielle que du corps où les actes ont été posés*, et si aucun corps ne demeure la même substance matérielle ou le même corps après la suppression ou le changement de telle particule qui à un moment le constituait, il s'ensuivra, je pense, ou bien que le pécheur doit avoir lors de sa résurrection toutes les mêmes particules individuelles vitalement unies à son âme que celles qu'il avait quand il a péché, ou bien que les mots de saint Paul ici ne peuvent être compris comme signifiant *le même corps où les actes ont été posés*. Car, si le corps où les actes ont été posés contenait des particules de matière autres que celles qui constitueront le corps ressuscité, ce qui est ressuscité ne peut être *le même corps que celui dans lequel les actes ont été posés* : s'il y avait en effet d'autres particules de matière dans le corps où l'acte a été posé que dans celui qui est ressuscité, celui-ci ne pourrait être le *même* corps que celui dans lequel ils ont été posés. À moins que seul celui qui [à la résurrection] a exactement toutes les mêmes particules individuelles que lorsque l'acte est posé, soit le même corps que celui où l'acte a été posé, et qu'en même temps celui qui n'a pas [à la résurrection] les même particules individuelles que lorsque l'acte a été posé puisse être le même corps que celui où l'acte a été posé – ce qui reviendrait à faire du même corps parfois le même et parfois pas le même.

Pour constituer *le même corps*, Monseigneur, vous estimez qu'il suffit d'avoir, non pas toutes, mais aucune autre particule de matière que, celles qui ont été, à un moment antérieur ou à un autre, vitalement unies à l'âme ; mais un tel corps, constitué de particules vitalement unies à l'âme à un moment ou à un autre, n'est pas le même corps que celui où les actes ont été posés à différentes époques de la vie d'un *pécheur invétéré*, pas plus que n'est *le même corps* celui où manquent un quart, la moitié ou les trois quarts des particules qui le constituaient. Par exemple, un pécheur a agi ici dans son corps il y a cent ans ; il ressuscite au Dernier Jour, mais [665] avec quel corps ? Le même, dit Monseigneur, que celui où il a agi, parce que saint Paul dit qu'il doit *recevoir les choses faites en son corps* ; en quoi doit donc consister son corps à la résurrection ? Doit-il être constitué de toutes les particules de matière qui ont été une fois vitalement unies à son âme (car, successivement, elles ont toutes constitué son corps où il a posé des actes) ? Non, dit Monseigneur page 35, « car cela rendrait son corps trop gros ; il suffit de faire que le corps où les actes furent posés soit constitué de certaines des particules, uniquement de celles qui furent à un moment de sa vie vitalement unies à son âme ». Mais, selon cette explication, *son* corps à la résurrection sera, comme vous semblez le délimiter, Monseigneur, à peu près de la même taille que celui qu'il avait à un moment de sa vie ; en ce cas, il ne sera pas plus *le même corps où les actes ont été posés* en des moments éloignés de sa vie, que n'est le même corps celui où manque actuellement la moitié, les trois quarts ou plus de la matière individuelle qui le constituait alors. Par exemple, admettons que *son* corps à cinquante ans soit constitué d'un million d'éléments ; cinq cent mille de ceux-ci au moins seront différents de ceux qui constituent *son* corps à dix ans et à cent. Ainsi, prendre les parties numériques qui constituent *son* corps à cinquante ans ou à n'importe quel autre moment de sa vie, ou les assembler sans discrimination à partir de celles qui ont été à différents moments unies successivement à son âme, cela ne constituera pas plus le même corps, qui était *son* corps, *où certaines de ses actes ont été posés*, que n'est le même corps celui qui n'avait que la moitié des mêmes particules ; et pourtant ici tout l'argument de Monseigneur en faveur du même corps est que saint Paul dit qu'il faut que ce soit son corps, où les actes ont été posés, ce qu'il ne pourrait être « si une autre substance lui était jointe », c'est-à-dire si n'importe quelles autres particules de matière, qui n'étaient pas vitalement unies à l'âme lors de l'acte, constituaient le corps.

En outre, Monseigneur, vous dites page 34 : « Je ne dis pas que les particules individuelles qui étaient unies au moment de la mort [constitueront le corps lors de la résurrection], car au cours de la mort lente, il a dû y avoir une forte altération, comme lorsqu'un homme obèse tombe en consomption ». Il semble ainsi que vous pensiez les particules d'un corps décrépi, miné, fané, trop faibles ou inaptes pour constituer un corps rebondi, fort, vigoureux et bien proportionné, tel qu'il vous a plu d'imaginer les hommes lors de la résurrection. De ce fait, une petite partie des anciennes particules vitalement unies à l'âme de cet homme seront reprises pour rebâtir son corps, jusqu'à la masse que vous estimez pertinente, Monseigneur ; mais la plus grande part sera délaissée, afin ne pas rendre ce corps plus *imposant* que ce que, Monseigneur, vous estimez convenable, comme le laissent paraître les termes qui suivent immédiatement (p. 35) : « Je ne dis pas qu'il s'agit d'éléments que le pécheur avait au moment même où il a commis ses péchés, car alors un pécheur invétéré devrait avoir un corps imposant ».

Mais, s'il vous plaît, Monseigneur : un embryon qui meurt peu de temps après l'union vitale de son corps avec son âme, que doit-il faire pour mener son corps à la taille et à la proportion que, Monseigneur, vous semblez exiger des corps à la résurrection ? Ou faut-il croire qu'il se contentera pour l'éternité de cette portion réduite de matière et de ce corps encore imparfait, sous prétexte que c'est un article de foi de croire à la *résurrection du même corps exactement*, c'est-à-dire constitué uniquement des particules qui ont été vitalement unies à l'âme. Car s'il est vrai, comme vous le dites, Monseigneur, page 43, que « La vie est le résultat de l'union de l'âme et du corps », il en découlera que le corps d'un embryon mort avant la naissance peut être très petit, pas le millième d'un homme normal : puisque depuis le premier moment de sa conception et le commencement de sa formation, il a la vie, et que « La vie est le résultat de l'union de l'âme et du corps », un embryon qui meurt soit de la mort prématurée de sa mère soit d'un autre accident après avoir reçu la vie, doit, selon la doctrine de Monseigneur, demeurer pour l'éternité un homme de moins d'un pouce : il n'y a pas de particules de matière unies auparavant à son âme qui puisse le rendre plus grand, et l'on ne peut en utiliser aucune autre dans ce but ; et pourtant, si on voulait le savoir, il serait difficile de déterminer si l'âme a plus de parenté avec des particules de matière qui lui ont été unies mais ne le sont plus, qu' avec des particules de matière avec lesquelles elle n'a jamais été unies.

Ces conséquences et un bon nombre d'autres semblables manifestent le service rendu à la religion par ceux qui soulèvent des problèmes et forgent des articles de foi sur la *Résurrection du même corps*, alors que l'Écriture ne dit rien du *même corps* ; ou si elle en parle, c'est en critiquant passablement ceux qui posent de telles questions (*1 Cor.*, 15, 35-38) :

> Mais dira-t-on, comment les morts ressuscitent-ils ? Avec quel corps reviennent-ils ? Insensé ! Toi, ce que tu sèmes ne prend vie qu'à condition de mourir. Et ce que tu sèmes, ce n'est pas la plante qui doit naître, mais un grain nu, de blé ou d'autre chose. Puis Dieu lui donne corps, comme il le veut.

Termes qui suffisent pour nous détourner de toute décision pour ou contre le fait que ce soit le même corps qui ressuscite au Dernier Jour. Il suffit que *tous les morts ressuscitent*, et que chacun soit jugé responsable des actes posés durant sa vie, puis reçoive selon les actes posés dans son corps, en bien ou en mal. Celui qui le croit et n'a rien dit qui le contredise, peut, je le suppose, et même doit, être disculpé de l'accusation de dire quoi que ce soit qui « contredise l'article de foi de la résurrection des morts ».

Mais, Monseigneur, pour prouver que la résurrection du même corps est un article de foi, demande en outre page 38 : « Comment pourrait-on dire, si c'était une autre substance qui était jointe à l'âme lors de la résurrection pour lui servir de corps, que tel acte a été commis dans ou par le corps ? ». *Réponse* : exactement de la même manière que l'on peut dire, d'un homme de cent ans qui, à cet âge, joint à son âme une substance autre que celle de vingt ans, que le meurtre ou l'ivresse dont il était responsable à vingt ans a été commis dans le corps (pourquoi l'expression 'par le corps' intervient ici, je ne le vois pas).

Monseigneur, vous ajoutez : « La discussion de saint Paul sur le mode de la résurrection des corps aurait été rapidement close s'il n'avait pas été nécessaire que ce soit le même corps ». *Réponse* : Quand je comprendrai en quoi ces termes contiennent une preuve en faveur de la résurrection du *même corps* sans qu'il y ait mélange du moindre nouvel atome de matière, je saurai que vous répondre. En attendant, voici ce que je comprends : saint Paul aurait rapidement clos n'importe quelle discussion sur la question, s'il avait dit : « Il faut nécessairement que ce soit le même corps ».

Le passage de l'Écriture que vous alléguez ensuite en faveur du même corps est celui de la *Première Épître aux Corinthiens*, 15.16 : « S'il n'y a pas de résurrection des morts, alors le Christ n'est pas ressuscité », à partir de quoi Monseigneur, vous soutenez, page 38 : « Il semble donc que les autres corps doivent ressusciter comme le sien ». Je reconnais que les autres morts sont ressuscités de façon aussi certaine *que le fut le Christ*, car sa résurrection ne serait autrement d'aucune utilité pour l'humanité. Mais je ne vois pas comment il en découle qu'ils seront ressuscités avec le même corps, comme vous le déduisez dans les termes que vous ajoutez : « Peut-il y avoir le moindre doute que le même corps soit la même substance matérielle que celle qui était unie auparavant à son âme ? ». Je réponds : absolument pas et pas plus qu'il n'a les mêmes caractéristiques distinctives voire les mêmes blessures que celles qu'il avait au moment de sa mort. Si donc Monseigneur, vous déduisez, de ce que « Les autres corps ressuscitent comme le sien », qu'ils devraient conserver le même rapport d'identité que le sien, alors nous devrions croire que chaque homme ressuscitera avec les caractéristiques et tous les autres traits distinctifs qu'il avait au moment de sa mort, y compris les blessures encore ouvertes s'il en avait, sous prétexte que notre Sauveur ressuscita ainsi. Mais cela me semble difficilement conciliable avec ce que vous dites page 34 à propos d'un homme obèse qui tombe malade, maigrit et meurt.

Mais que ce soit ou non conciliable avec le sens donné ici par Monseigneur, il me semble qu'il faudra mieux prouver la conclusion selon laquelle nos corps doivent être ressusciter identiques, exactement comme le fut celui de notre Sauveur sous prétexte que saint Paul dit : « S'il n'y a pas de résurrection des morts, alors le Christ n'est pas ressuscité ». Car on peut en conclure à juste titre : « Le Christ est ressuscité, donc il y aura une résurrection des morts » ; mais pas : « Le Christ est ressuscité avec le corps qu'il avait à sa mort, donc tous les hommes seront ressuscités avec le corps qu'ils avaient à leur mort », ce qui est contraire à ce que vous dites à propos de l'homme obèse qui meurt de consomption. Le cas est je pense très différent pour notre Sauveur et pour ceux qui seront ressuscités au Dernier Jour :

1) Son corps « ne vit pas la corruption », et donc donner à notre Sauveur un autre corps, refait à neuf, mêlé à d'autres particules qui n'étaient pas contenues dans le corps tel qu'il gisait dans le tombeau, exactement et complètement tel qu'il y avait été déposé, aurait été détruire son corps et lui en faire un nouveau, et ce sans aucune utilité. Inversement, pourquoi les éléments d'un corps désintégré depuis longtemps et réduit en poussière, en atomes, (dont peut-être une grande partie a subi des changements variés et s'est agrégé à d'autres corps – y compris au corps d'autres hommes), mêlés à de nouveaux éléments différents de matière, ne pourraient servir à lui refaire *son* corps, aussi bien que le mélange au cours de sa vie de nouvelles et d'anciennes particules de matière différente ont constitué son corps ? On ne peut en donner aucune raison, je crois. Voilà de quoi montrer pourquoi le matériau du corps de notre Seigneur n'a pas été modifié lors de sa Résurrection, sans qu'il doive en découler que le corps d'un homme mort et pourri dans la tombe, ou brûlé, puisse inclure au Dernier Jour de nouveaux éléments. Cela ne présente aucune difficulté : toute matière vitalement unie à son corps, est son corps, autant que ce qui lui était uni à sa naissance ou à tout autre moment de sa vie [1].

2) Ensuite, la taille, la forme, la figure et les traits du corps de notre Sauveur, jusqu'à ses blessures dans lesquelles Thomas incrédule mit ses doigts et ses mains [2], devaient être conservés dans le corps ressuscité de notre Sauveur, semblables à ce qu'ils étaient lors de sa mort, pour servir de preuve à ses disciples (à qui il se montrait et qui devaient être les témoins de

1. *Cf.* 2.27.8, 21, 29.
2. *Jean*, 20, 25-27.

sa résurrection) que leur maître, exactement le même homme, avait été crucifié, était mort et enterré, et était ressuscité [1] ; et pour cette raison il a été touché par eux, il a mangé devant eux après être ressuscité, pour leur donner en tout point pleine assurance que c'était réellement lui, le même et pas un autre, ni son fantôme, ni son apparence [2]. Mais je ne pense pas que vous en tirerez, Monseigneur, la conclusion que, parce que « Les autres doivent ressusciter comme lui », il est nécessaire de croire que, sous prétexte qu'il a mangé après sa résurrection, les autres mangeront et boiront au Dernier Jour après leur résurrection des morts – ce qui me semble un argument aussi valable que de dire que sous prétexte que son corps non désagrégé est ressuscité de la tombe exactement comme on l'y a déposé sans le mélange d'aucun nouvel élément, le corps corrompu et désagrégé des morts sera après la résurrection reconstitué à partir des seuls éléments éparpillés qui ont été vitalement unis autrefois à leur âme, sans le moindre mélange d'un seul atome de nouvelle matière. Mais au Dernier Jour, quand tous les hommes ressusciteront, il ne sera pas nécessaire d'être assuré de la résurrection de quelqu'un en particulier : il suffira que chacun se présente devant le siège de justice du Christ pour recevoir en fonction de ce qu'il a fait dans sa vie antérieure ; mais, dans quel corps se présentera-t-il, de quels éléments sera-t-il constitué, l'Écriture n'en dit rien, si ce n'est que ce sera un « corps spirituel ressuscité pour l'incorruptibilité » [3] et ce n'est donc pas à moi à le déterminer.

Monseigneur, vous demandez page 39 : « Est-ce que ceux (qui ont vu notre Sauveur après sa résurrection) étaient seulement les témoins d'une substance matérielle unie alors à son âme ? ». En réponse, je demande à Monseigneur de réfléchir : supposez vous qu'il faille que Notre Sauveur soit reconnu (par les témoins qui devaient le voir et témoigner de sa résurrection) comme le même homme par son âme, qu'on ne pouvait ni voir ni savoir identique, ou par son corps, que l'on pouvait voir et savoir identique par sa structure visible et ses caractéristiques ? Quand Monseigneur, vous aurez résolu cette difficulté, tout ce que vous dites dans cette page trouvera sa réponse. Mais, sous prétexte que quelqu'un sait si un autre homme est le

---

1. Cf. *Actes des Apôtres*, 2. 23-24, etc.

2. *Luc*, 24. 37-43.

3. Cf. *1 Cor.*, 15. 42-44 : « Il en est ainsi pour la résurrection des morts : semé corruptible, on ressuscite incorruptible … Semé corps animal, on ressuscite corps spirituel ». *Cf.* l'utilisation de ce même passage pour défendre l'ignorance de la substance pensante en note à 4.6.3, 5e édition, en annexe ci-dessous.

même [que celui qu'il avait connu] uniquement par les caractéristiques visibles et extérieures et par les traits sensibles qui ont habituellement servis à le connaître et à le distinguer, est-ce que Monseigneur, vous en déduirez que le grand Juge, au Dernier jour, qui donne à chaque homme qu'Il ressuscite son nouveau corps, ne sera pas capable de savoir qui est qui s'Il ne donne pas à chacun un corps qui ait exactement la même figure, la même taille et les mêmes traits, qui soit exactement fait des mêmes éléments individuels que ceux qu'il avait dans sa vie antérieure ? Quant à savoir si une telle façon de raisonner en faveur de *la résurrection du même corps comme un article de foi* contribue à renforcer la crédibilité de l'article de foi de la résurrection des morts, je le laisse au jugement d'autrui.

Par ailleurs, pour prouver que *la résurrection du même corps est un article de foi*, Monseigneur, vous dites page 40 : « L'apôtre insiste sur la résurrection du Christ non pas simplement comme un argument en faveur de la possibilité de la nôtre, mais en faveur de sa certitude : Parce qu'il est ressuscité, comme 'les prémices' ; d'abord les prémices, le Christ, puis ceux qui appartiennent au Christ lors de sa venue » (*1 Cor.*, 15. 20, 23). *Réponse* : Sans doute, *la résurrection du Christ* est une preuve de la *certitude de notre* résurrection. Mais est-ce pour autant une preuve de la résurrection du *même corps*, constitué des mêmes éléments individuels qui participèrent à la constitution de notre corps ici, sans mélange d'aucun autre élément de matière ? J'avoue que ne vois aucune conséquence de ce genre.

Mais Monseigneur, vous poursuivez page 40 : « Saint Paul était conscient des objections présentes à l'esprit des gens concernant la résurrection du même corps ; et il est de grande importance pour cet article de foi de montrer sur quelles bases il s'appuie : 'Mais, dira-t-on, comment les morts ressuscitent-ils et avec quel corps reviennent-ils ?' [1]. Il montre d'abord que les parties séminales des plantes sont merveilleusement améliorées par la Providence ordinaire de Dieu quant à leur façon de croître ». *Réponse* : Je ne comprends pas bien ce qu'est « pour les parties séminales des plantes, être merveilleusement améliorées par la Providence ordinaire de Dieu quant à leur façon de croître » ; autrement, je comprendrais mieux peut-être comment cela tend à prouver la résurrection du même corps en votre sens.

La suite page 40 : « Ils sèment un grain nu de blé ou d'autre chose, puis Dieu lui donne un corps comme il le veut, et à chaque semence son corps propre [2]. Ici (dit Monseigneur) est supposée l'identité de la substance matérielle ». Peut-être ; mais pour moi c'est la diversité de substance matérielle,

---

1. *1 Cor.*, 15.35.
2. Citation de *1 Cor.*, 15. 37-38.

c'est-à-dire de particules composantes, qui est ici supposée ou exprimée en termes explicites. Car le texte intégral de saint Paul est : « Ce que tu sèmes, ce n'est pas le corps qui sera, mais un grain nu (et la suite comme vous l'avez citée) » (*1 Cor.*, 15.37). À partir de ces mots de saint Paul, le raisonnement normal me semble être le suivant : si le corps mis en terre en semant n'est pas ce corps qui sera, le corps déposé dans le tombeau n'est pas ce corps, c'est-à-dire n'est pas le même corps qui sera.

Monseigneur, vous voulez prouver qu'il s'agit du même corps par les trois mots grecs : τὸ ἴδιον σῶμα, que vous interprétez ainsi page 40 : « le corps qui lui appartient en propre ». Ma *réponse* : De fait, par les mots grecs τὸ ἴδιον σῶμα (qu'ils soient rendus correctement par nos traducteurs : 'son propre corps' ou plus correctement par vous : 'le corps qui lui appartient en propre'), je n'ai jusqu'ici compris rien de plus que ceci : dans la production du blé ou d'une autre graine issue de semence, Dieu a maintenu chaque espèce distincte ; ainsi, de grains de blé semés sont sortis racine, tige, épi et grains de blé, et non d'orge ; et de même pour le reste ; voilà ce que je comprends comme 'à chaque semence son propre corps'. « Non, dit Monseigneur, ces mots prouvent qu'à toute plante de blé, et à chaque grain de blé qui y est produit, est donné *le corps qui lui appartient en propre*, le corps même du grain qui fut planté ». Je réponds : j'avoue que je ne comprends pas, parce que je ne comprends pas comment un grain individuel peut être le *même* que vingt, cinquante ou cent grains (il en pousse parfois autant).

Mais Monseigneur, vous le prouvez page 40, car vous dites :

> Toute semence a en réduction le corps qui sera ensuite considérablement agrandi. Dans le grain, la semence pourrit avant de germer, mais elle a ses éléments organiques propres, qui en font le corps auquel elle parvient en s'accroissant. Car, bien que le grain ne soit pas divisé en lobes comme les autres semences, les observations les plus précises ont néanmoins trouvé qu'en séparant les membranes, on y distingue ces éléments séminaux qui croissent ensuite jusqu'à ce corps que nous nommons *blé*.

Je me permets de faire observer que, par ces mots, Monseigneur, vous supposez qu'un corps peut croître par addition de cent à mille fois sa propre masse de matière, et rester pourtant *le même corps* – ce que j'avoue ne pouvoir comprendre.

Mais ensuite, s'il pouvait en être ainsi, si la plante en fin de croissance était le même corps, lors de la moisson, enrichie d'une matière un millier ou d'un million de fois égale à ce qu'elle avait quand elle était cachée dans la grain semé, je ne pense pas que vous diriez néanmoins que chaque grain minuscule, insensible et inconcevablement petit, parmi la centaine de grains, soit précisément le même que le grain qui contient toute cette petite plante séminale avec toutes les petites graines. Car il s'en suivrait qu'une graine est la même qu'un millier, et qu'un millier de graines distinctes sont le même qu'une seule graine. Je pourrai accepter cette affirmation le jour où je pourrai concevoir que tout le blé du monde n'est qu'une seule petite graine.

Je vous en prie, Monseigneur, considérez ce dont parle saint Paul ici ; il est évident qu'il parle de « ce qui est semé et meurt » ; c'est-à-dire, le grain que le cultivateur tire de sa réserve pour le planter dans son champ. Et saint Paul dit de ce grain : « Ce n'est pas ce corps qui sera ». Les deux corps : « Ce qui est semé » et « Ce corps qui sera » sont les seuls dont parle ici saint Paul pour représenter la convenance ou la différence entre le corps humain avant la mort et le corps humain après la résurrection. Je me permets alors de demander à Monseigneur : lequel des deux est cette petite plante séminale invisible dont vous parlez ici ?

– Est-ce que vous désignez par là le grain « qui est semé » ? Mais ce n'est pas ce dont parle saint Paul : il ne pouvait parler ici de cette petite plante embryonnaire, car il ne pouvait la désigner par les mots : « ce que tu plantes » : il en dit « cela doit mourir », mais cette petite plante embryonnaire contenue dans la semence qui est semée ne meurt pas.

– Ou est-ce que Monseigneur, vous entendez par là « Le corps qui sera » ? Mais par ces mots « Le corps qui sera », on ne peut non plus supposer que saint Paul désigne cette petite plante embryonnaire insensible, car celle ci devrait être déjà contenue dans la semence qui est semée et on ne peut donc en parler en disant « Le corps qui sera ».

Et donc j'avoue ne pas voir à quoi sert, Monseigneur, d'introduire ici ce troisième corps que saint Paul ne mentionne pas, et d'en faire le même (ou pas le même) qu'un autre, alors que ceux dont parle saint Paul sont, comme je me permets humblement de le penser, les deux corps visibles sensibles : le grain planté et le blé monté en épi ; et cette plante embryonnaire insensible ne peut être le même corps qu'aucun des deux, à moins qu'un corps insensible puisse être le même corps qu'un corps sensible et un corps minuscule, le même qu'un corps dix mille ou cent mille fois plus grand. Aussi j'avoue ne pas voir prouvé par ces mots *la résurrection du même corps comme article de foi.*

Monseigneur, vous poursuivez page 41 : « Saint Paul dit en effet : 'nous ne plantons pas le corps qui sera' ; pourtant il ne parle pas de son identité, mais de sa perfection ». Ici encore mon entendement me trahit : je ne peux comprendre que saint Paul dise que le même grain sensible de blé, identique, qui a été semé aux semailles, soit exactement le même que chacun des grains de blé de l'épi qui en résulte lors de la moisson ; et je devrais pourtant l'entendre ainsi pour que ce soit la preuve que le même corps sensible déposé dans le tombeau soit exactement le même que celui qui ressuscitera.

Car je ne connais aucun *corps* séminal *en réduction* contenu dans le cadavre d'un homme ou d'une femme qui, comme vous le dites Monseigneur, ait ses propres parties organiques dans la semence et *croisse par la suite* pour devenir au moment de la résurrection *le même homme*. Car jamais je n'ai pu penser une semence ou des *éléments séminaux*, que ce soit d'une plante ou d'un animal, *qui soit si merveilleusement perfectionné par la Providence divine* que la même plante ou le même animal s'engendre lui-même ; et je n'ai jamais entendu dire que par la Providence divine il soit destiné à produire le même individu, mais bien à produire des individus ultérieurs distincts, pour la continuation de la même espèce.

Vous poursuivez, Monseigneur, page 41 : « Bien qu'il diffère tellement du grain lui-même en devenant du blé mûr avec sa racine, sa tige, son épi que son apparence extérieure permette de dire que ce n'est pas le même corps, pourtant, du point de vue de ses éléments séminaux et organiques, c'est aussi bien le même qu'un homme adulte est le même que l'embryon dans le sein de sa mère ». *Réponse* : Par quoi que ce soit que je puisse lire dans le texte, il n'apparaît pas que saint Paul compare ici *le corps* produit à ses éléments séminaux et organiques contenus dans le grain dont il émane, mais à la totalité du grain sensible qui a été semé. Les microscopes alors n'avaient pas encore découvert le petit embryon de plante dans la semence. Et à supposer que cela ait été révélé à saint Paul (quoique l'on trouve peu de révélation de philosophie naturelle dans l'Écriture) [1], un argument emprunté à quelque chose parfaitement inconnu des Corinthiens à qui il écrit, n'aurait pu servir à les instruire ou à les convaincre, ni leur être d'aucune utilité. Mais, même en admettant que ceux à qui saint Paul écrit en connaissaient autant que Mr Leeuwenhook, vous ne prouvez pas pour autant la résurrection du *même corps* : vous dites que « c'est aussi bien le même (j'ose ajouter *corps*) qu'un homme adulte est le même (même quoi, je vous prie ?) que l'embryon dans le sein de sa mère ». Car, que le corps de l'embryon dans le sein et le corps de l'homme adulte soient le même corps, personne ne le dira, je pense, à moins de pouvoir se persuader qu'un *corps* qui n'est pas la centième partie d'un autre est le même que l'autre – ce que personne je pense ne dira, sauf à

1. Cf. *Paraphrase and notes on Saint Paul's Epistles,* préface : « Il est évident que l'enseignement de la philosophie humaine n'avait aucune part au dessein de la révélation divine, mais que les expressions de l'Écriture sont normalement adaptées à la compréhension et à la conception ordinaire du lieu et du peuple où les Écritures ont été présentées » (Clarendon, t. 1, p. 114 ; trad. fr. Voltaire Foundation, p. 217).

renoncer à cette dangereuse voie des idées et apprendre à dire qu'une partie et un tout sont les mêmes.

Vous poursuivez, Monseigneur, (page 41) : « Bien qu'on puisse faire usage de nombreux arguments pour prouver qu'un homme n'est pas le même sous prétexte que la vie, qui dépend de la circulation du sang, du processus de la respiration et de nutrition, est si différente en ces deux états, on jugera ridicule celui qui affirmerait sérieusement que ce n'était pas le même homme. [Et vous ajoutez : Locke] reconnaît que la variation de grandes parties de matière dans les plantes n'altère pas leur identité et que l'organisation des éléments en un corps solidaire partageant une vie commune fait l'identité de la plante ». *Réponse* : Monseigneur, je pense que la question n'est pas à propos du *même homme* mais du *même corps*. Certes je dis (2.27.4) – d'une façon un peu différente de ce que vous citez ici comme mes termes – :

> Ce qui a une organisation de ces éléments adaptée à la réception et la distribution de la nourriture telle que l'organisation se maintienne et forme bois, écorce, feuilles, etc. … d'une plante [1] – ce qui constitue la vie végétale [2] continue à être la même plante tant qu'elle partage la même vie, même si cette vie est communiquée à de nouvelles particules de matière vitalement unies à la plante vivante.

mais je ne me souviens pas avoir dit quelque part qu'une plante qui a été grande comme un brin d'avoine et qui par la suite croît jusqu'à dépasser une brasse, soit le *même corps*, bien que ce soit toujours la *même plante*.

L'arbre fameux de la forêt d'Epping nommé 'le chêne du roi' [3], qui ne pesait pas plus d'une once au départ et qui a crû jusqu'à avoir un tronc de plusieurs tonnes, était durant tout ce temps le même chêne, exactement la même plante ; mais personne ne dira, je pense, que c'était le même corps quand il pesait une tonne et quand il ne pesait qu'une once, à moins de vouloir se singulariser en disant que ce qui contient mille particules de matière différente contre une particule de même matière est le *même corps* ; ce qui ne vaut pas mieux que de dire qu'un millier de particules différentes n'est

1. Dans le texte d'origine : « d'un chêne ».

2. Passage originel sauté : « Si donc être une plante, c'est avoir une organisation des éléments en un corps cohérent partageant une vie commune, alors une plante… ».

3. Chêne sous lequel se serait assis Henri VIII pendant l'exécution d'Anne Boleyn (précision due à l'édition de l'*Essay* par R. Woolhouse).

qu'une seule et même particule et qu'une seule et même particule est un millier de particules différentes ; c'est un millier de fois plus absurde que de dire que la moitié est le tout ou que le tout est le même que la moitié ; et ce sera encore dix fois mieux quand on dira (comme vous me semblez le prétendre, Monseigneur) que le grand chêne est précisément le même corps que le gland dont il est sorti, parce qu'il y avait dans ce gland un chêne en réduction qui a *par la suite* (comme vous le dites, Monseigneur) tellement cru qu'il est devenu cet arbre puissant. Car cet embryon, si je peux le nommer ainsi, ou ce chêne en réduction n'est pas la centième ou peut-être la millième partie du gland et le gland n'est pas la millième partie du chêne adulte, et donc il serait tout à fait extraordinaire de prouver que le gland et le chêne adulte sont le *même corps* et de ne pouvoir prouver de la même façon que la particule dont on parlait ci-dessus, une sur cent mille ou un million, est la même dans un corps et dans l'autre. En raisonnant selon cette voie, il s'ensuivrait qu'une nourrice et son nourrisson ont le même corps, et il serait indubitable qu'une mère et son enfant ont le même corps. Voilà une voie de certitude inventée pour établir des articles de foi et renverser la nouvelle méthode de certitude que j'ai selon vos dires « engagée et qui risque de laisser l'esprit des hommes plus incertain qu'avant ».

Or je souhaiterais que Monseigneur, vous considériez à quoi sert de citer ici ces mots de mon *Essai* : « partager une vie commune fait l'identité de la plante » puisque la question ne porte pas sur 'l'identité d'une plante', mais sur 'l'identité d'un corps' et c'est une chose très différente d'être *la même plante* et d'être *le même corps* ; car ce qui fait la même plante ne fait pas le même corps : pour l'une, c'est le fait de partager la même vie végétale continuée ; pour l'autre, c'est le fait d'être constitué des mêmes particules numériques de matière. Et donc l'inférence tirée (p. 42), de mes termes cités ci-dessus, à ceux que vous ajoutez me paraît très étrange : « Ainsi, pour toute chose vivante, l'identité consiste en une succession continuée d'éléments ; et donc le blé adulte est le même corps que le grain qui a été semé ». Car je crois que si mes termes dont vous inférez : « Donc le blé adulte est le même corps que le grain qui a été semé » étaient mis en forme de syllogisme, on n'obtiendrait guère cette conclusion.

Mais Monseigneur, vous poursuivez de conséquence en conséquence jusqu'à introduire la résurrection du *même corps*, sans que mes yeux insuffisamment aiguisés ne voie toujours le lien logique. Selon votre expression page 41, le lien est le suivant :

> Ainsi, l'altération des éléments du corps à la résurrection est-elle compatible avec son identité, si son organisation et sa vie sont les mêmes ; telle est l'identité réelle du corps, qui ne dépend pas de la

> conscience. Il en découle que, pour que ce soit le même corps, il
> ne faut rien de plus que rendre la vie à ses éléments organisés.

Si la question portait sur la résurrection de la même plante, je ne dis pas qu'il
ne puisse pas y avoir à partir de mes mots quelque apparence d'inférence
correcte comme : « Il en découle que, pour que ce soit le même plante, il ne
faut rien de plus que rendre la vie à ses éléments organisés ». Mais cette
déduction, où vous inférez de mes paroles qui ne traitent que de l'identité de
la plante, qu'il ne faut pas plus pour faire le même corps que pour faire la
même plante, est trop subtile pour moi, et je laisse mon lecteur s'y retrouver.

Vous poursuivez, Monseigneur (p. 42) en disant que « [Locke]
reconnaît de la même manière que l'identité du même homme consiste en la
participation à la même vie continuée de particules de matières s'évanouis-
sant constamment, unies vitalement en leur succession dans le même corps
organisé » [1]. *Réponse* : Je parle en ces termes de *l'identité du même homme*
et vous en concluez carrément : « Ainsi n'y a-t-il aucune difficulté pour
l'identité du corps ». Mais vous savez que je ne considère pas que les deux
vocables *homme* et *corps* désignent la même chose, ni que l'identité de
l'homme est la même que l'identité du corps.

Mais lisons vos termes, Monseigneur, page 42 :

> Ainsi n'y a t-il aucune difficulté pour l'identité du corps, si la vie
> est continuée. Et si par pouvoir divin, la vie est restaurée dans
> cette substance matérielle autrefois formée par l'union de l'âme
> à cette substance, il n'y a aucune raison de nier l'identité du corps.
> Non pas du fait de la conscience de l'âme, mais du fait de la vie qui
> est le résultat de l'union de l'âme et du corps.

Si je vous comprends bien, Monseigneur, en ces termes vous déduisez des
passages de mon livre cités plus haut qu'il découle de mon expression que
c'est, ou ce peut être, le *même corps* qui ressuscite à la résurrection. S'il en
est ainsi, vous avez prouvé que mon livre ne contredit pas l'article de la
résurrection du même corps pour laquelle vous militez et que vous voudriez
tenir pour un article de foi, mais que mon livre peut y être conforme. Car bien
que je ne nie nulle part que les *mêmes corps* ressusciteront au Dernier Jour,
je ne vois pourtant rien, dans ce que vous avez dit, qui prouve que ce soit un
article de foi.

Mais Monseigneur, vous poursuivez vos preuves en disant page 43 :

---

1. *Essai*, 2.27.6.

Mais saint Paul suppose toujours que ce doit être cette substance matérielle à laquelle l'âme était auparavant unie. Car il dit : 'semé corruptible, on ressuscite incorruptible ; semé méprisable, on ressuscite dans la gloire ; semé dans la faiblesse, on ressuscite dans la force ; semé corps naturel, on ressuscite corps spirituel' [1]. D'une telle substance matérielle qui n'aurait jamais été unie au corps pourrait-on dire qu'elle est semée dans la *corruption*, dans la *faiblesse* et dans le *mépris* ? Donc, ou bien il doit parler du même corps, ou bien on ne peut comprendre ce qu'il veut dire.

Réponse : Est-ce que, d'une substance matérielle qui n'a jamais reposé dans la tombe, on peut dire qu'elle est semée … etc. ? Car vous dites page 34 : « Je ne dis pas que les particules individuelles qui étaient unies au moment de la mort ressusciteront au dernier jour » et qu'aucune autre que celle qui étaient unies au moment de la mort n'est déposée dans la tombe. Donc, Monseigneur, *ou vous devez dire* que ressuscitera *un* autre *corps*, différent de celui qui a été *semé, ou autrement ce que* vous *voulez dire est* à mon sens *inintelligible*.

Mais peu importe ici ce que vous voulez dire, Monseigneur ; vous prouvez page 43 que ce que saint Paul veut dire, c'est que ressuscitera le *même corps* que celui qui a été semé ; vous le dites dans les termes suivants : « En quoi tout ceci a rapport au principe de la conscience ? ». *Réponse* : L'Écriture dit expressément que les mêmes personnes seront ressuscitées et paraîtront au Siège de Justice du Christ, que chacun peut recevoir selon ce qu'il a commis dans son corps. Il était tout à fait adapté aux compréhensions communes (qui ne raffinaient pas à propos des 'particules qui avaient été vitalement unies à l'âme') de parler du corps que chacun devait avoir après la résurrection à la manière sont chacun aurait pu en parler lui-même. C'est en effet *son corps*, avant et après la résurrection ; donc chacun parle normalement de *son corps* comme le même, bien qu'au sens strict et philosophique que vous utilisez ce ne soit pas exactement le même. Ainsi, ce n'est pas une incorrection de langage de dire : « Mon corps, qui était autrefois fort et bien en chair, est maintenant faible et décharné » bien qu'au sens que vous utilisez actuellement, il ne s'agisse pas du même corps. La révélation ne dit rien nulle part concernant le *même corps*, au sens que vous donnez à l'expression, sens qui ne semble pas avoir été envisagé. L'apôtre ne propose rien directement pour ou contre le *même corps* comme chose nécessaire à croire. Ce sur quoi il est clair et direct, c'est son refus et sa condamnation des questions indiscrètes sur le corps, qui ne peuvent servir qu'à créer des

1. *I Cor.*, 15. 42-44.

difficultés et non pas à confirmer ce qui leur est important et nécessaire de croire, à savoir un jour de jugement et de rétribution des hommes dans un état futur ; il n'est donc pas étonnant qu'en mentionnant leur corps, il utilise une façon de parler adaptée aux notions du vulgaire, à partir desquelles il serait difficile de conclure de façon positive quoi que ce soit pour décider de la question (spécialement contre des expressions qui dans le même discours tendent manifestement vers l'autre interprétation) sur un sujet sur lequel, semble-t-il, l'apôtre pensait qu'il n'était pas nécessaire de se décider et l'Esprit de Dieu pensait inadapté de satisfaire la curiosité de quiconque.

Mais, Monseigneur, vous dites page 43 : « L'apôtre parle clairement de ce corps qui fut ravivé puis tomba par la suite dans la corruption et qui doit être restauré avec de plus nobles qualités ». J'aurais aimé que vous citiez les termes de saint Paul dans lesquels il parle ouvertement de ce corps numérique qui fut ravivé : cela aurait immédiatement décidé de la question. Mais Monseigneur, vous le prouvez par ces termes de saint Paul : « Il faut en effet que cet être corruptible revête l'incorruptibilité et que cet être mortel revête l'immortalité » [1], et vous ajoutez : « Je ne vois pas comment il pourrait exprimer plus explicitement l'identité de ce corps corruptible avec celui qui existera après la résurrection ». On considèrera par la suite le caractère explicite de cette affirmation ; en attendant, il est hors de doute que vous savez mieux que quiconque ce que vous voyez ou 'ne voyez pas'. Mais voici ce que j'oserai dire : si saint Paul avait seulement dit quelque part en ce chapitre (où il en avait tellement l'occasion, s'il avait été nécessaire de le faire croire) en termes explicites, que les mêmes corps ressusciteraient, n'importe qui d'autre *verrait* à la réflexion qu'il a *très explicitement affirmé l'identité* du corps que les hommes ont maintenant et de celui qu'ils auront après la résurrection.

Voici la suite de votre phrase, Monseigneur, page 44 : « Ceci, sans aucunement prendre en compte le principe de la conscience de soi ». *Réponse* : ces termes indubitablement ont un sens ; mais je dois avouer que je ne le vois pas lequel ; ils servent soit à prouver *la résurrection du même corps*, soit à montrer que tout ce que j'ai dit concernant *la conscience de soi* est incohérent ; car je ne me souviens pas avoir dit quelque part que *la conscience de soi* constituait *l'identité du corps*.

Des termes précédents, vous concluez page 44 : « Et donc si l'Écriture est le seul fondement de notre foi, cela en fait partie ». Monseigneur, je me permets de penser que, pour rendre la conclusion irréfutable, la phrase devrait être la suivante : « Et *si l'Écriture* et son interprétation par

---

1. *1 Cor.*, 15. 52.

Monseigneur *sont les seuls fondements de notre foi*, la résurrection du même corps en est un *article* ». Car, sauf votre respect Monseigneur, vous n'avez ni présenté les termes explicites de l'Écriture en faveur de cet article, ni prouvé que tel est le sens d'aucun terme de l'Écriture que vous avez présenté en sa faveur, de sorte que quelqu'un qui lirait et essaierait de comprendre honnêtement l'Écriture, se voie obligé de croire de façon aussi explicite que *le corps même* du mort (au sens de Monseigneur) ressuscitera, et que *les morts ressusciteront*. Je prie Monseigneur de m'autoriser à ne lui en donner que la raison suivante.

Celui qui lit avec attention le texte où saint Paul traite de la résurrection (*1 Cor.*, 15) verra qu'il distingue nettement les *morts qui ressusciteront* et *le corps des morts*. Car (aux versets 15, 22, 23, 29, 32, 35 et 52) les sujets des verbes « ressuscitent », « recevront la vie » « ressusciteront », sont « les morts », « tous », « ceux », et non « les corps »[1] que l'on pourrait avec raison voir utilisés ici ou là si tout ceci avait été dit pour proposer comme article de foi que ce sont exactement les mêmes corps qui ressusciteront. L'Esprit de Dieu observe la même manière de parler à travers tout le *Nouveau Testament*, où il est dit : « ressuscite les morts », « ranimer ou rend la vie aux morts », « la résurrection des morts »[2]. Plus, les termes mêmes de notre Sauveur rapportés par Monseigneur en faveur de la thèse de la résurrection du même corps sont les suivants : « Tous ceux qui gisent dans les tombeaux entendront sa voix et ceux qui auront fait le bien en sortiront pour la résurrection qui mène à la vie ; ceux qui auront pratiqué le mal, pour la résurrection qui mène au jugement »[3]. Est-ce que quelqu'un de bien intentionné, qui scrute les Écritures, ne serait pas enclin à penser que, si le but de notre Sauveur avait été ici d'enseigner et de proposer, comme article de foi nécessaire à croire par chacun, que précisément le même corps des morts serait ressuscité, est-ce que, dis je, n'importe qui ne serait pas enclin à penser que, si notre Sauveur avait cette intention, les termes auraient dû être : « *Tous les corps* qui sont dans le tombeau »[4] plutôt que : « Tous ceux qui sont dans le tombeau » – qui dénote des personnes et non précisément des corps ?

Une autre preuve que saint Paul distingue « les morts » et « le corps des morts » de sorte que « les morts » ici en *1 Cor.*, 15 ne peut précisément être

---

1. Ces termes sont donnés en grec par Locke.

2. *Matthieu*, 22.31 ; *Marc*, 12.36 ; *Jean*, 5.2 ; *Actes*, 26 ; *Romains*, 4.17 ; *2 Corinthiens*, 1.9 ; *1 Thessaloniciens*, 4.14, 16 ; références données dans le texte ; les termes sont cités en grec par Locke.

3. *Jean*, 5. 28-29 ; cité en grec par Locke.

4. Cité en grec par Locke avant la traduction.

compris comme « les corps des morts », ce sont les termes de l'apôtre au verset 35 : « Mais dira-t-on, comment les morts ressuscitent-ils ? *Avec quels corps* reviennent-ils ? ». Si l'on suppose que les termes *morts* et *ils* tiennent lieu précisément du corps des morts, la question devient celle-ci : « Comment les corps morts ressuscitent-ils ? Avec quels corps les corps morts reviennent-ils ? », ce qui ne paraît pas un sens très pertinent.

Puisqu'il en est ainsi, puisque l'Esprit de Dieu s'en tient aussi explicitement à cette expression ou à cette façon de parler dans le *Nouveau Testament* : *relever, revivifier, ressusciter, résurrection*, etc. des morts quand on parle de la résurrection du Dernier jour, et puisque *le corps* n'est pas mentionné, si ce n'est en réponse à la question : « Avec quel corps reviendront les morts qui ressuscitent ? », par l'expression *les morts*, on ne peut précisément vouloir signifier *les corps morts*. En tout cela, je ne vois rien d'autre que ceci : un bon chrétien, qui lit les Écritures avec l'intention de croire tout ce qui lui est révélé ici sur la résurrection, peut s'acquitter de son devoir sans entrer dans la question de savoir si les morts auront *exactement le même corps* ou non ; genre de question que l'apôtre ne semble pas tellement encourager, vu le titre qu'il donne à celui qui la pose. Et s'il se croit obligé de se décider sur l'identité du corps des morts ressuscités au Dernier Jour, trouvera-t-il dans la suite de la réponse de saint Paul qu'il se soit décidé favorablement pour *le même corps* précisément ? À moins que dire « Le corps semé *n'est pas le corps qui sera* » « Le corps ressuscité est aussi différent de celui qui avait été enterré », « La *chair de l'homme* est différente de la *chair des animaux, des poissons* et *des oiseaux* » ou « Le *soleil, la lune* et *les étoiles* sont différents les uns des autres, ou aussi différents qu'un corps corruptible, faible, naturel et mortel est différent d'un corps incorruptible, puissant, spirituel et immortel ; enfin, aussi différents qu'un corps qui est *chair et sang* est différent d'un corps qui n'est pas chair et sang ('Car la chair et le sang ne peuvent hériter du Royaume de Dieu' dit saint Paul au même endroit (verset 50)) » ; à moins que, dis-je, on puisse supposer que tout ce qui est contenu dans les termes de saint Paul soit le moyen de délivrer comme article de foi que chacun devrait croire que « Les morts seront ressuscités avec le même corps précisément que celui qu'ils avaient auparavant dans cette vie-ci ». Cet article de foi, proposé en ces termes ou en des termes analogues clairs et explicites n'aurait laissé aucune place au doute dans les esprits les moins habiles, ni à la contestation dans les esprits les plus pervers.

Monseigneur, vous ajoutez ensuite (p. 44) : « Et c'est ce que l'on a toujours compris dans l'Église chrétienne : la résurrection du même corps (au sens des termes *mêmes corps* pour Monseigneur) est un article de foi ». *Réponse* : ce que l'*Église chrétienne a toujours compris* dépasse mes connaissances. Mais pour ceux qui n'ont pas votre grande érudition et ne peuvent construire leur credo à partir de ce que comprend toute l'Église chrétienne depuis la prédication de l'Évangile (ce qui représente la plus grande part de la chrétienté, j'oserais dire neuf cent quatre vint dix neuf pour mille), mais sont contraints d'avoir recours à l'Écriture pour le trouver, je ne pense pas qu'ils trouveront là, présenté comme un article de foi, qu'il y aura *une résurrection du même corps*, mais qu'il y aura une *résurrection des morts*, sans préciser explicitement qu'ils seront ressuscités avec un corps entièrement constitué des mêmes particules que celles qui furent unies vitalement à leur âme dans leur vie antérieure, sans mélange d'aucune autre particule de matière – ce que Monseigneur, vous entendez par le *même corps*.

Mais, à supposer que, Monseigneur, vous ayez démontré que ce soit un article de foi, (même si tout ce que vous dites ici, je dois l'avouer, ne me semble même pas le rendre probable), qu'est-ce que tout cela a à voir avec moi ? Oui, dites-vous, Monseigneur, dans la suite du texte (p. 44) : « Votre idée de l'identité personnelle est incompatible avec cet article, car elle fait que le corps qui était uni à l'âme ici-bas ne soit pas nécessaire à la doctrine de la résurrection ; toute substance matérielle unie au même principe de conscience peut faire le même corps ».

C'est un argument de Monseigneur auquel il me faut répondre ; mais ne convient-il pas que je le comprenne avant de répondre ? Or je ne vois pas ce qu'est « faire que quelque chose ne soit pas nécessaire à la doctrine de la résurrection ». Mais pour m'en sortir le mieux possible je ferai une conjecture (chose incertaine quand on discute avec un savant) : Monseigneur, vous voulez dire que « mon idée de l'identité personnelle fait qu'il ne soit pas nécessaire » que le corps soit le même pour la résurrection de la même personne.

Votre mot suivant, Monseigneur, est *mais*. Et j'ai envie de répondre : *Mais quoi* ? Que vient faire *mon* idée de l'identité personnelle ? Car la conjonction adversative *mais* devrait introduire quelque chose de ce genre afin de rendre la proposition claire et intelligible, selon la construction habituelle de la langue. *Mais* n'est pas cela ici ; *mais* est une de vos conjonctions privilégiées, Monseigneur, dont je ne dois pas m'occuper, de crainte que vous ne vous plaigniez de nouveau de moi, « critique si sévère qui, pour la moindre ambiguïté d'une conjonction, remplit des pages de réponses afin que son livre devienne plus estimable par son simple volume ». Mais puisque la proposition : « Son idée de l'identité personnelle fait que le corps qui était uni à l'âme ici-bas n'est pas nécessaire à la doctrine de la résurrection. MAIS toute substance matérielle unie au même principe de conscience constitue le même corps » est produite pour prouver que « Son idée de l'identité personnelle est incompatible » avec l'article de la résurrection, il me faut traduire cette proposition en un sens clair ou en un autre, afin de voir lequel de ces sens est à la fois vrai et concluant. Je me risque donc à la lire ainsi : « Son idée de l'identité personnelle fait que le corps qui était uni à l'âme ici-bas n'est pas nécessaire à la doctrine de la résurrection ; mais *elle accorde que* n'importe quelle substance matérielle, unie au même principe de conscience, constitue le même corps ; *donc* son idée de l'identité personnelle est incompatible avec l'article de la résurrection du même corps ».

Si votre sens, Monseigneur, dans ce passage est bien celui que j'imagine (autrement je ne sais pas quel autre sens il peut avoir), je réponds que :

1) Mon idée de l'identité personnelle *n'accorde pas que* n'importe quelle substance matérielle, unie au même principe de conscience, constitue le même corps. [1] Dans mon livre, je ne dis rien de semblable, ni quoi que ce soit dont on puise le déduire. Monseigneur, vous auriez dû me faire la faveur de citer les mots où je le dis, ou ceux dont vous les inférez en montrant comment cela découle de ce que j'ai dit.

2) Même si j'accordais que ce soit une conséquence de mon « idée de l'identité personnelle » que « n'importe quelle substance matérielle, unie au même principe de conscience, constitue le même corps », cela ne prouverait pas que « mon idée de l'identité personnelle soit incompatible avec » la proposition « le même corps ressuscitera », mais au contraire l'affirmerait. En effet, puisque j'affirme comme je le fais, que les mêmes personnes ressusciteront, et s'il suivait comme une conséquence de mon idée de l'identité personnelle que « n'importe quelle substance matérielle, unie au même principe de conscience, constitue le même corps », il en découlerait que, si la même personne ressuscite, le même corps doit ressusciter. Ainsi n'aurais-je rien dit ici qui soit incompatible avec la résurrection du même corps ; j'en aurais dit au contraire plus que vous en sa faveur. Car rien n'est plus évident : il est révélé dans l'Écriture que les personnes ressuscitées seront les mêmes et qu'elles paraîtront devant le Siège de Justice du Christ pour répondre de ce qu'elles auront fait dans leur corps. Si donc *n'importe quelle matière* jointe au même principe de conscience produit le même corps, c'est la preuve que si les mêmes personnes ressuscitent, elles ont le même corps. Comment vous pouvez donc rendre cela incompatible avec la résurrection, dépasse mon entendement. « Oui, dites vous page 44, c'est incompatible car cela fait que le même corps qui était uni à l'âme ici-bas n'est pas nécessaire ».

1. La syntaxe de Locke présente cette phrase comme le complément d'objet de 'dis' dans la phrase suivante, ce qui paraît contredire la logique du paragraphe précédent ; la traduction rétablit ce qui paraît logique.

3) Troisième réponse : c'est la première fois que j'entends dire que *pas nécessaire* est synonyme de *incompatible*. Je dis qu'un corps constitué des mêmes éléments numériques de matière n'est pas nécessaire pour constituer la même personne. Il en découlera que pour la résurrection de la même personne, les mêmes particules numériques de matière ne sont pas requises. Qu'en déduisez-vous ? Ceci : celui qui pense que les mêmes particules de matière ne sont pas nécessaires à la constitution des mêmes personnes, ne peut pas croire que les mêmes personnes peuvent ressusciter avec un corps fait exactement des mêmes particules de matière, alors que Dieu révèle qu'il en serait ainsi : les mêmes personnes ressusciteront avec le même corps que celui qu'elles avaient auparavant. On pourrait alors dire de la même manière : celui qui pense qu'il n'était pas en soi nécessaire de souffler dans les trompettes pour faire tomber les murs de Jéricho [1], ne pouvait pas croire qu'ils tomberaient au moment où les trompettes ont retenti, alors que Dieu a déclaré qu'il en serait ainsi.

Monseigneur, vous dites que « Mon idée de l'identité personnelle est incompatible avec l'article de foi en la résurrection » ; la raison sur laquelle vous vous appuyez est que cela ne rend pas le même corps *nécessaire* pour constituer la même personne. Admettons que votre raisonnement soit correct, qu'en résultera-t-il ? Pas moins que ceci : la notion que vous avez, Monseigneur, (car je n'ose pas dire que vous ayez des choses aussi dangereuses que des *idées*) de l'identité personnelle est incompatible avec *l'article de la résurrection*. En voici la démonstration : Monseigneur, vous dites, pages 34 et 35, qu'il n'est pas nécessaire, pour que le corps ressuscite au Dernier Jour, qu'il soit constitué « des particules de matière qui étaient unies au moment de la mort ; car au cours de la mort lente, il a dû y avoir une forte altération, comme lorsqu'un homme obèse tombe en consomption » ; et vous ne dites pas non plus que sont nécessaires « les mêmes particules que celles qu'avait le pécheur au moment même où il a péché, car autrement, vu la perte continue de particules par perspiration, un pécheur invétéré devrait avoir un corps énorme ». Et vous dites encore page 44 : « J'accorde que la notion d'identité personnelle appartient au même homme subissant différentes modifications de matière ». Par ces mots, il est évident que vous supposez qu'une personne en ce monde peut persévérer et se maintenir identique dans un corps qui n'est pas constitué des mêmes particules individuelles de matière. Et donc, il s'ensuit démonstrativement que, quelle que soit la *notion de l'identité personnelle* de Monseigneur, « elle ne rend pas le même corps nécessaire à la même personne » ; et donc, selon la règle de

1. *Josué*, 6.1-21.

Monseigneur, « elle est incompatible avec l'article de la résurrection ». Quand il vous plaira, Monseigneur, de délivrer de cette incompatibilité avec l'article de la résurrection votre propre *notion de l'identité personnelle*, je ne doute pas que mon *idée de l'identité personnelle* sera de ce fait délivrée aussi. D'ici là, toute *incompatibilité* avec cet article, ce dont Monseigneur a accusé ma définition, vaudra aussi pour la sienne.

Pour délivrer les deux à la fois, laissez moi dire, Monseigneur, que tout ce qui *n'est pas nécessaire* ne devient pas pour autant *incompatible*. Il *n'est pas nécessaire* pour qu'on aie la même personne que son corps soit toujours constitué des mêmes particules numériques ; et la preuve en est que les particules du corps d'une même personne en cette vie changent à tout moment, ce que Monseigneur ne peut nier ; ce fait n'est pourtant pas *incompatible* avec la possibilité que Dieu, s'Il le juge pertinent, conserve à une même personne le corps constitué des mêmes particules numériques, de la résurrection jusqu'à l'éternité. Et parallèlement, même si je dis quoi que ce soit qui suppose qu'il *ne soit pas nécessaire* que les mêmes particules numériques unies vitalement à l'âme au cours de sa vie, lui soient réunies lors de la résurrection et constituent le corps qu'il aura alors, néanmoins, il n'est pas *incompatible* avec cela que Dieu puisse, s'il lui plaît, donner à chacun un corps constitué seulement des particules qui étaient auparavant unies vitalement à son âme. Je pense avoir ainsi délivré mon livre de toute l'*incompatibilité* avec *l'article de la résurrection des morts*, dont vous l'accusez en cherchant à persuader le monde que mon livre y succombe.

Avant de quitter le sujet, je citerai seulement la fin de vos remarques : je n'en vois ni la cohérence, ni le but, ni le pouvoir contre moi du moindre argument ; mais je voudrais que rien ne soit omis de que vous avez estimé utile de dire à votre lecteur sur ce point, et que personne ne puisse me suspecter d'avoir omis un mot de Monseigneur (sur ce premier sujet) qui pourrait apporter la preuve à ses yeux de ce que vous avez promis dans votre titre [1].

Votre texte se termine ainsi (page 44) :

> La discussion n'est pas : jusqu'à quel point l'identité personnelle en elle-même peut-elle être constituée par la même substance matérielle précise ? Car nous accordons que la notion d'identité personnelle appartient au même homme à travers plusieurs changements de matière. Mais elle est : ne dépend-elle pas d'une

1. Titre de l'ouvrage de Stillingfleet : *The Bishop of Worcester's Answer to Mr Locke's second letter, wherein his Notion of IDEAS is proved to be inconsistent with itself and with the articles of the Christian Faith*, Londres, 1698.

union vitale entre l'âme et le corps et de la vie qui en découle ? Et donc, lors de la résurrection, la même substance matérielle doit être réunie, faute de quoi on ne peut parler de résurrection, mais de *rénovation* : il peut y avoir une nouvelle vie mais pas la résurrection du corps de la mort.

J'avoue ne pas voir comment ce qui est introduit par les mots « et donc » est une conséquence des termes précédents. Quant à la propriété du nom, je pense qu'on ne mettra pas tellement en question que si l'homme même qui était mort ressuscite, cela peut être nommé en toute propriété du terme *résurrection du mort*, qui est le langage de l'Écriture.

Il ne faut pas que je quitte cette question de la résurrection sans vous remercier, Monseigneur, de m'avoir fait prendre conscience (p. 62) d'une erreur dans mon *Essai*. Lorsque j'écrivis ce livre, je pris pour assuré, comme beaucoup d'autres je crois, que l'Écriture avait mentionné en termes explicites *la résurrection du corps*. Mais votre dernière lettre m'a donné l'occasion de regarder de plus près ce que la révélation avait déclaré concernant la résurrection ; et je n'ai pas trouvé dans l'Écriture les termes explicites « Les corps ressusciteront » ou « seront ressuscités », ou « La résurrection du corps ». Aussi dans la prochaine édition [1], je modifierai les termes de mon livre : « Les corps morts des hommes ressusciteront » en ceux de l'Écriture : « Les morts ressusciteront » [2]. Non pas que je remette en question que les morts ressuscitent avec un corps, mais en matière de Révélation je pense qu'il est non seulement plus sûr mais aussi de notre devoir, dès qu'on le présente comme Révélation, de rester proche des termes de l'Écriture, sauf à assumer l'autorité d'inspiré ou à se faire plus sage que l'Esprit-Saint lui-même. Si j'avais parlé de la résurrection dans les termes précis de l'Écriture, j'aurais évité de donner à Monseigneur l'occasion de faire ici (p. 63) une remarque verbale sur mon vocabulaire : « Pourquoi pas, s'il y a une idée de l'identité du corps ? ».

7) NOTE À 3.3.11
[ESSENCE]

[Contre ceci, l'évêque de Worcester fait une objection, puis notre auteur y répond : [3]]

1. Quatrième édition.
2. 4.18.7.
3. Texte repris à la *Letter to ... Bishop of* Worcester, 1697 ; *Works*, 1759, vol. 1, p. 385-389 ; mais Locke ne reprend pas ici le début de sa réponse :

Cependant, [dit l'évêque p. 257], les idées abstraites sont l'œuvre de l'esprit, comme le montre le cas cité [1] de l'essence du soleil, réalisée en un seul individu ; en ce cas, on a assurément une idée abstraite où peuvent se retrouver d'autres soleils encore, et il s'agit d'une sorte, tout comme s'il y avait un nombre égal de soleils et d'étoiles. Voici donc une essence réelle subsistant en un seul individu, mais apte à être multipliée en plusieurs, tout en demeurant la même essence ; dans ce seul soleil, il y a une essence réelle et non une simple essence nominale ou abstraite. Mais, supposez qu'il y ait plus d'un soleil : est-ce que chacun n'aurait pas l'essence réelle du soleil ? Car de quoi est fait le second soleil, si ce n'est d'avoir la même essence réelle que le premier ? S'il ne s'agissait que d'une essence nominale, le second n'en aurait que le nom.

Ceci, comme je le comprends, [répond Monsieur Locke] a pour but de prouver que l'essence générale abstraite d'une sorte de choses qui ont la même dénomination (par exemple *homme* ou *souci*) a un *être réel* en dehors de l'entendement, ce que j'avoue ne pouvoir comprendre. La preuve de Monseigneur, tirée de ce que je dis à propos du soleil dans mon *Essai*, n'y parviendra pas, je me permets de le penser, car ce qui est dit là ne concerne pas du tout *l'essence réelle*, mais bien *l'essence nominale* ; le fait que l'*idée* dont je parle ici soit une idée *complexe* le manifeste : nous n'avons aucune *idée complexe* de la constitution interne ou de l'essence réelle du soleil. En outre, je dis expressément que nos distinctions de substances en espèces par le nom n'est pas du tout fondée sur leur essence réelle. Aussi, le soleil étant l'une de ces substances, on ne peut supposer que, par *essence du soleil* dans votre citation, j'entende l'essence réelle du soleil, sauf si je l'avais dit explicitement. Mais ce raisonnement sera complet quand vous aurez expliqué ce que vous entendez par les termes *soleil vrai*. Pour moi, est un vrai *soleil* celui

[objection de Stillingfleet] : « L'essence des choses, en tant que nous pouvons la connaître, a une réalité en elle car elle est fondée sur la constitution naturelle des choses » ; [réponse de Locke] : « Je pense que l'essence réelle des choses n'est pas fondée sur la constitution réelle des choses mais elle est cette constitution même, et donc j'accorde aisément qu'il y a en elle une réalité. Et c'est à cause de cette réalité que je l'appelle *essence réelle*. Mais je ne peux pour autant être d'accord avec ce qui suit : ... ».

1. 3.6.1.

à qui on peut attribuer le nom *soleil* en vérité et propriété de terme ; et on peut appliquer en vérité et propriété le nom *soleil* à la substance ou à la chose qui a en elle assemblée la combinaison des qualités sensibles par lesquelles on distingue des autres substances quelque chose qui est appelé *soleil*, c'est-à-dire par l'*essence nominale*. Ainsi, notre soleil est nommé et distingué d'une étoile fixe, non par une *essence réelle* que nous ne connaissons pas (si nous le pouvions, nous verrions que *l'essence* ou *la constitution réelles* de l'une des étoiles fixes est la même que celle de notre *soleil*), mais par une idée complexe des qualités sensibles co-existantes qui *constituent un vrai soleil* où qu'on les trouve. Je réponds ainsi à la question de Monseigneur : « Car de quoi est fait le second soleil, si ce n'est d'avoir la même essence réelle que le premier ? S'il ne s'agissait que d'une essence nominale, le second n'en aurait que le nom ».

Je reconnais que si le soleil avait l'*essence nominale*, il aurait quelque chose en plus du *nom* (à savoir cette essence nominale qui suffit pour le nommer en vérité un *soleil*, ou pour en faire un *vrai soleil*) bien qu'on ne connaisse rien de cette essence réelle dont dépend l'essence nominale ; et Monseigneur, vous raisonnerez alors : l'*essence réelle* est dans le *second soleil* et *constitue le second soleil*. Je l'accorde, quand le *second soleil* vient à l'existence et quand nous le percevons comme ayant toutes les idées contenues dans notre idée complexe, c'est-à-dire dans notre *essence nominale* d'un *soleil*. Car, serait-il vrai (comme le croient actuellement les astronomes) que l'essence réelle du soleil se trouve dans n'importe quelle étoile fixe, nous n'appellerions pas pour autant cette étoile un *soleil* tant qu'elle ne répondrait pas à notre idée complexe ou à notre essence nominale de *soleil*. Mais à quel point cela prouve que *l'essence des choses telles que nous pouvons les connaître a en elle une réalité* distincte de celle des *idées abstraites* dans l'esprit, qui sont *de simples créatures de l'esprit*, je ne le vois pas.

Continuons à le chercher en considérant la suite de vos propos : donc, dites-vous (p. 258), « il doit y avoir une essence réelle en tout individu du même genre ». Oui, et laissez-moi vous dire : et également de *genre* différent ; car cela seul l'est « qui le fait être ce qu'il est » [1]. Que chaque substance individuelle ait une constitution réelle, interne, individuelle, c'est-à-dire une essence réelle, qui la fait être ce qu'elle est, je l'accorde. Là-dessus, vous dites : « Pierre, Jacques et Jean sont tous des hommes vrais et

---

1. Définition classique de l'essence comme nature ; cf. *Essai* 3.3.15.

réels ». *Réponse* : sans aucun doute ; à supposer que ce soient des hommes (c'est-à-dire à supposer que les noms de ces espèces leur appartiennent), ce sont des hommes vrais et réels. Ainsi également trois marmottes bobaks sont toutes de vraies et réelles marmottes bobaks à supposer que le nom de cette espèce d'animal leur appartienne.

Car, je vous en prie, Monseigneur, veuillez considérer si dans votre raisonnement, en les nommant Pierre, Jacques et Jean, noms familièrement attachés à des individus de l'espèce *homme*, vous ne présupposez pas d'abord que ce sont des hommes, pour demander ensuite en toute sérénité si ce ne sont pas *tous des hommes vrais et réels*. Mais si je vous demande : Wewena, Cuckery et Cousheda sont-ils ou non des hommes vrais et réels ? Monseigneur, vous ne serez pas capable de me le dire avant que je ne vous aie désigné les individus ainsi nommés. En examinant s'ils ont ces qualités sensibles que vous avez combinées en cette idée complexe à laquelle vous avez donné ce nom d'espèce *homme*, vous avez déterminé si tous ou certains sont de l'espèce que vous appelez *homme* et ainsi s'ils sont *des hommes véritables et réels* ; et quand vous l'avez déterminé, il est clair que vous l'avez fait seulement par ce qui est l'essence nominale, sans connaître l'essence réelle.

Mais Monseigneur, vous demandez encore (p. 258) : « Qu'est ce qui fait de Pierre, Jacques et Jean, des hommes réels ? Est-ce le fait de leur attribuer ce nom général ? Certainement pas. C'est le fait que l'essence réelle et véritable de l'homme est en chacun d'eux ». Si, quand vous demandez : « Qu'est ce qui fait l'homme ? », vous utilisez le mot *faire* au sens propre, pour la cause efficiente, et que dans ce sens il soit vrai que l'essence de l'homme, c'est-à-dire l'essence spécifique de cette espèce, a fait un homme, il en découlerait sans aucun doute que cette essence spécifique a une réalité au-delà du fait d'être seulement l'idée abstraite générale dans l'esprit. Mais quand on dit que c'est « L'essence vraie et réelle d'un homme qui en chacun d'eux fait Pierre, Jacques et Jean, des hommes vrais et réels », la signification vraie et réelle de ces mots n'est pas autre que : 'L'essence de cette espèce, c'est-à-dire les propriétés répondant à l'idée complexe abstraite à laquelle est donné le nom spécifique, se trouvent dans ce qui les fait appeler proprement et vraiment *hommes*, ou c'est la raison pour laquelle on les appelle *hommes*'.

Monseigneur, vous ajoutez : « Nous devons être certains, comme nous le sommes, que ce sont des hommes ». Comment, s'il vous plaît, sommes-nous certains que ce sont des *hommes*, si ce n'est par nos sens qui découvrent en eux les propriétés qui correspondent à l'idée complexe abstraite qui est dans notre esprit, à l'idée spécifique à laquelle nous avons attaché le nom spécifique *homme* ? C'est pour moi le véritable sens de ce que Monseigneur dit par la suite : « Ils prennent leur dénomination d'*homme* de cette nature commune, ou essence qui est en eux ». J'ai tendance à penser que ces mots ne peuvent être vérifiés en aucun autre sens.

La quatrième inférence de Monseigneur commence ainsi : « L'idée générale n'est pas faite à partir d'idées simples par le seul acte de l'esprit abstrayant des circonstances, mais de la raison et de la considération de la nature des choses ». Je pensais, Monseigneur, que *la raison et la considération* étaient *des actes de l'esprit*, *de simples actes de l'esprit* quand quelque chose est fait par eux. Vous en donnez une raison : « Quand on voit plusieurs individus qui ont les mêmes pouvoirs et les mêmes propriétés, on en infère qu'il doit y avoir quelque chose de commun à tous, qui les rend membres d'une seule espèce ».

J'accorde la vérité de l'inférence, mais permettez-moi de nier que cela prouve que l'idée générale à laquelle le nom est attaché ne soit pas le fait de l'esprit. J'ai dit en 3.6.28-29, et cela s'accorde avec ce que vous dites ici, :

> L'esprit, en faisant ses idées complexes de substances, suit seulement la Nature et n'assemble pas d'idées qui ne soient supposées avoir une union par nature : personne n'associe la voix du mouton et la forme du cheval, ni la couleur du plomb et le poids ou la fixité de l'or, pour en faire l'idée d'une substance réelle, à moins d'avoir l'intention de se remplir la tête de *chimères* et les propos de mots inintelligibles. Les gens, observant certaines qualités toujours jointes et existant ensemble, ont ici copié la Nature ; et, d'idées ainsi unies, ils ont fait leur idée complexe de substance ; etc.

Ceci diffère très peu de ce que vous dites ici, Monseigneur : c'est à partir de notre observation des individus que nous en venons à inférer que « Il y a quelque chose de commun à tous ». Mais je ne vois pas comment il en découle que l'idée spécifique ou générale n'est pas le simple fait de l'esprit. Non, dites-vous (p. 259), « Il y a quelque chose de commun à eux tous, qui les fait appartenir à une même espèce ; et si la différence des genres est réelle, ce qui les fait tous appartenir à un même genre doit être non pas une *essence nominale* mais une *essence réelle* ».

Il y a là peut-être une objection contre le nom d'*essence nominale*, mais aucune, selon ma conception, contre la chose qu'il désigne. Il y a une constitution interne des choses dont dépendent leurs propriétés ; vous et moi sommes d'accord là-dessus et nous l'appelons l'*essence réelle*. Il existe aussi certaines idées complexes ou certaine combinaison de ces propriétés, dans l'esprit des gens qui leur attachent communément un nom d'espèce, ou de sorte, ou de *genre* de choses. Cela, vous ne le niez pas, je crois. Faute de meilleur nom, j'ai appelé ces idées complexes, *essence nominale* ; est-ce pertinent ? Je n'en discuterai pas ; mais si quelqu'un peut m'aider et me donner un nom meilleur, je suis prêt à l'accepter ; en attendant, pour m'exprimer, je dois utiliser celui-ci.

Or, Monseigneur, *corps*, *vie*, et pouvoir de *raisonner* ne constituent pas l'essence réelle d'un homme, vous l'accepterez je pense ; direz vous donc qu'ils ne suffisent pas pour faire appartenir la chose où on les trouve au genre appelé *homme* et non au genre appelé *babouin*, parce que « la différence entre ces genres est réelle » ? Si cela n'est pas assez réel pour « faire appartenir la chose à un genre » et pas à un autre, je ne vois pas comment *animal raisonnable* [1] peut suffire pour distinguer *réellement* un *homme* d'un cheval, car ce n'est que l'essence nominale, non l'essence réelle de ce genre désigné par le nom *homme*. Et pourtant, je suppose, tout est suffisamment *réel* pour produire une *différence réelle* entre ce *genre* et les autres. Et si rien ne peut servir « à faire appartenir une chose à un genre et pas à un autre » (ce qui signifie rien d'autre, je l'ai montré, que de les classer sous des noms spécifiques), sauf leur constitution réelle et inconnue qui est l'essence réelle dont nous parlons, je crains qu'il ne se passe beaucoup de temps avant que nous ayons des genres de substances réellement différents ou des noms distincts pour les classer, sauf à pouvoir les distinguer par ces différences dont nous n'avons aucune conception distincte. Car, si je demandais où est la *différence réelle* entre la constitution interne d'un *cerf* et celle d'un *daim*, connus pour être chacun d'un genre et non de l'autre, la réponse ne viendrait pas facilement, je pense. Et personne ne doute que le genre auquel chacun appartient est *réellement différent*.

Monseigneur, vous ajoutez : « Cette différence ne dépend pas des idées complexes de substance par lesquelles les gens unissent arbitrairement en esprit des modes ». J'avoue, Monseigneur, ne savoir que répondre, car je ne sais pas ce que sont ces idées complexes de substance « par lesquelles les gens unissent arbitrairement en esprit des modes ». Mais les mots qui suivent me font penser qu'il y a erreur sur la question : « Qu'importe l'erreur dans la collation des idées, quand on inclut ou exclut ce qui ne leur appartient pas ; qu'importent leurs idées ; l'essence réelle d'un homme, d'un cheval et d'un arbre n'est que ce qu'elle est ».

L'erreur dont je parlais [2], je me permets de le penser, est celle-ci : on croit que les choses sont distinguées par leur essence réelle, alors que la façon même de parler montre qu'elles sont en réalité distinguées par leur essence nominale et qu'on les accepte comme telles. Car, je vous en prie,

1. En latin dans le texte.
2. 3.6.13.

que signifiez-vous quand vous dites « L'essence réelle d'un homme, d'un cheval, d'un arbre », si ce n'est que ce sont des genres déjà établis par la signification des noms *homme*, *cheval*, *arbre* ? Et quelle est, je vous prie, la signification de chacun de ces noms d'espèce, si ce n'est l'idée complexe dont il tient lieu ? Et cette idée complexe est l'essence nominale et rien d'autre. Aussi, si l'on prend *homme*, comme vous le faites ici Monseigneur, comme tenant lieu d'un genre ou d'une sorte d'individus qui tous se retrouvent dans cette idée complexe commune dont tient lieu ce nom d'espèce, il est certain que l'essence réelle de tous les individus inclus sous le nom d'espèce *homme* selon votre usage est exactement le même, quel que soit ce qu'incluent ou excluent les autres dans leur idée complexe d'*homme* ; car il faut nécessairement conclure que l'essence réelle dont dépend cette idée complexe inaltérée, c'est-à-dire ces propriétés, est la même.

Car je tiens pour accordé qu'en utilisant ici le nom *homme*, Monseigneur, vous l'utilisez pour cette idée complexe de l'espèce qui est dans votre esprit. Aussi, en mettant ce nom à la place de l'idée complexe (là où vous dites que l'essence réelle est « juste comme elle était », ou la même exactement qu'elle était), vous supposez que l'idée dont le nom tient lieu est idéellement la même. Car si je change la signification du mot *homme* et fais qu'il n'inclue pas exactement les mêmes individus qu'elle inclut en votre sens (si j'exclus certains de ceux qui sont *hommes* au sens où vous comprenez *homme* et si j'en inclus d'autres auxquels vous n'accordez pas le nom d'*homme*), je ne pense pas que vous direz que l'essence réelle de *homme* est la même en chaque sens ; et pourtant vous semblez le dire quand vous dites « Qu'importe l'erreur dans la collation des idées, quand on inclut ou exclut ce qui ne leur appartient pas ; qu'importent leurs idées ; l'essence réelle *des individus compris sous le nom attaché à ces idées sera la même* ; car c'est ce qu'il faut dire, je me permets de le penser, pour énoncer ce que vous cherchez à dire. Car, selon votre présentation, par le nom *homme* ou tout autre nom d'espèce, vous me semblez supposer que ce nom tient lieu d'une idée et n'en tient pas lieu en même temps.

Par exemple, Monseigneur, supposons que vous attachiez le nom *homme* à l'idée *animal raisonnable*[1] ; quelqu'un d'autre à *animal raisonnable de telle forme* ; un troisième à : *animal de telle taille et de telle forme*, en laissant tomber *raisonnable* ; un quatrième à : *animal avec un corps de telle forme et une substance immatérielle dotée du pouvoir de raisonner* ; et qu'un cinquième ôte de cette idée la substance immatérielle[2]. Il est évident que

---

1. En latin.
2. Comparer avec 2.27.21.

chacun nommera son idée *homme*, aussi bien que Monseigneur ; et pourtant il est évident qu'on ne peut supposer que *homme*, suppléant de chacune de ces idées complexes distinctes, ait la même constitution interne, c'est-à-dire la même *essence réelle*. La vérité est que chaque idée abstraite distincte, et le nom qui lui est attaché, font un genre réel distinct, quelle que soit l'essence réelle (que nous ne connaissons pour aucune d'entre elles).

Donc j'accorde la vérité de ce que dit Monseigneur par la suite : « Peu importe la différence d'essence nominale, l'essence réelle commune ou la nature des différents genres n'est pas modifiée par l'essence nominale », c'est-à-dire que nos pensées, nos idées ne peuvent altérer la constitution réelle qui est dans les choses qui existent ; rien n'est plus certain. Pourtant il est vrai que la modification des idées à laquelle nous attachons des noms, peut altérer et altère en fait la signification de leur nom, et de ce fait altère le genre sous lequel nous classons ces choses par leur nom.

Monseigneur ajoute : « Ces essences réelles sont inaltérables, c'est-à-dire *les constitutions internes* sont inaltérables ». De quoi sont, je vous prie, « les constitutions internes inaltérables » ? Pas de quelque chose qui existe, si ce n'est Dieu seul, car elles peuvent toutes être changées par la main de celui qui les a faites, aussi facilement que la structure interne d'une montre. Qu'est qui est donc inaltérable ? La constitution interne ou l'essence réelle d'une espèce ? Ce qui, en bon français, ne signifie rien d'autre que ceci : « Tant que le même nom d'espèce (*homme*, *cheval*, *arbre*) est attaché ou renvoie à la même idée complexe abstraite sous laquelle je classe plusieurs individus, il est impossible que la constitution réelle dont dépendent cette idée complexe ou cette essence nominale inaltérées, ne soit pas la même » ; en d'autres mots : là où on trouve toutes les mêmes propriétés, on a raison de conclure qu'il y a la même constitution interne réelle, dont découlent ces propriétés.

Mais, Monseigneur, vous prouvez par les termes suivants que l'essence réelle est inaltérable parce que Dieu la fait : « Bien que des accidents singuliers puissent produire quelque différence entre individus, l'essence de l'homme, celle du cheval, celle de l'arbre demeure toujours chacune la même parce qu'elle ne dépend pas des idées des hommes mais de la volonté du Créateur qui a fait différentes sortes d'êtres ». Il est vrai, la constitution réelle ou l'essence réelle des choses particulières qui existent ne dépend pas des idées des hommes mais de la volonté du Créateur. Mais leur classement en sortes sous tel ou tel nom dépend, et dépend entièrement, des idées des hommes.

8) NOTE À 4.1.2
[MÉTHODE DE CERTITUDE]

[Placer la certitude dans la perception de la convenance ou de la disconvenance de nos idées, comme le fait Monsieur Locke, paraît à l'évêque de Worcester avoir des suites dangereuses pour l'article de foi qu'il a entrepris de défendre [1]. Monsieur Locke répond dans sa *seconde lettre à l'Évêque de Worcester* [2]] :

Puisque Monseigneur, pour autant que je m'en souvienne, vous n'avez ni montré ni tenté de montrer comment la proposition « La certitude consiste dans la perception de la convenance ou de la disconvenance de deux idées » est opposée à « l'article de foi que Monseigneur vous avez entrepris de défendre » ou le contredit, il est clair qu'il ne s'agit que de votre crainte (qu'elle « puisse avoir des suites dangereuses » pour lui) – ce qui n'est pas, je me permets de le penser, la preuve qu'elle contredise en quoi que ce soit cet article.

Personne, je pense, ne peut blâmer Monseigneur ou qui que ce soit de prendre à cœur un article de la foi chrétienne, sauf si cet intérêt fait craindre à quelqu'un qu'il y a un danger là où il n'y en a pas (c'est possible, et réel, on le sait). Nous faut-il refuser et condamner une proposition sous prétexte que quelqu'un, fût-il de premier ordre et de première importance, craint « qu'il puisse avoir des suites dangereuses » pour une vérité de religion, sans avoir montré qu'il en est réellement ainsi ? Si de telles craintes sont le critère pour juger de la vérité ou de la fausseté, affirmer qu'il y a des antipodes serait toujours une hérésie. Et la doctrine du mouvement de la terre devrait être rejetée pour subversion de la vérité des Écritures ; car beaucoup de pieux théologiens érudits ont craint, parce qu'ils ont pris à cœur la religion, que cette proposition ait ces « suites dangereuses ». Pourtant, malgré ces grandes craintes des « suites dangereuses possibles », les savants l'acceptent universellement maintenant comme une vérité indubitable et certains dont la croyance aux Écritures n'est pas mise en doute ont écrit en sa faveur ;

1. La Trinité ; Locke répond à *A Discourse in Vindication of the doctrine of the Trinity*, Londres, 1697, qui contient une critique de son *Essay* à la suite de la parution de *Christianity not Mysterious* de John Toland (1696), et d'autres textes 'unitariens'.

2. Texte emprunté à *Mr Locke's Reply to the Bishop of Worcester Answer to his letter concerning some passages relating to Mr Locke's* Essay on Human Understanding *in a discourse of his Lorship's* Vindication of the Trinity, 1697, *Works*, 1759, vol . 1, p. 413-416.

particulièrement un théologien de l'Église d'Angleterre avec force et raison récemment dans son ouvrage prodigieusement intelligent, *Nouvelle théorie de la Terre* [1].

La raison que Monseigneur donne à ses craintes, est que « cette affirmation puisse avoir des suites dangereuses pour l'article de foi que je défends » bien qu'il paraisse en plus d'un endroit qu'il ne s'agisse en l'occurrence que d'« être utilisée par de mauvaises gens pour nuire », c'est-à-dire de s'opposer à l'article de foi que Monseigneur a entrepris de défendre. Mais, Monseigneur, si le fait que quoi que ce soit puisse être (ou soit) utilisé dans un but nocif, est une raison pour le rejeter comme nocif, je ne vois pas ce qui sera suffisamment innocent pour être conservé. Les armes, faites pour notre défense, sont parfois utilisées pour *nuire* et elles ne sont pas pour autant estimées avoir des suites dangereuses. Personne n'abandonne son épée et ses pistolets ni ne pense qu'ils « ont des suites dangereuses » au point de devoir les ignorer ou rejeter sous prétexte que des voleurs ou la lie de la société en font parfois usage pour voler la vie ou les biens des honnêtes gens ; la raison en est qu'ils ont été pensés, et serviront, pour se protéger. Et on le sait, c'est ce qui peut se produire dans le cas présent. Si vous pensez que la certitude placée dans la perception de la convenance ou de la disconvenance des idées, est fausse et doit être rejetée, parce que vous craignez que « cela ait des suites dangereuses pour cet article de foi », inversement d'autres, dont je suis, penseront peut-être que c'est une protection contre l'erreur qu'il faut donc (parce qu'utile) accepter et adopter.

Je ne voudrais pas que l'on pense, Monseigneur, qu'ici je prône mon propre jugement (ou celui de n'importe qui) à l'encontre du vôtre. Je n'ai dit cela que pour montrer qu'un argument pour ou contre une proposition, fondé sur le seul fait qu'on imagine qu' « il puisse y avoir » des suites pour la défense ou la subversion d'une vérité éloignée, est incapable de définir la vérité ou la fausseté de cette proposition. Car l'imagination sera dressée contre l'imagination, et l'imagination la plus forte vous sera sans doute contraire car les imaginations les plus fortes sont habituellement dans les esprits les plus faibles. La seule façon de parvenir à l'indubitable est en ce cas de montrer la contradiction des deux propositions et l'on verra alors que l'une rejette l'autre, que la vraie rejette la fausse.

Monseigneur, vous dites que c'est une « nouvelle méthode de certitude ». Je n'en dirai pas autant moi-même, de peur de mériter à nouveau votre critique : j'aurais l'audace de « me donner l'honneur d'être un

1. Th. Burnet, *Theory of the Earth*, vol. 1, 1684, dans *The Library of John Locke*, n° 534.

original ». Cela me donne, je pense, l'occasion de demander à Monseigneur, sans paraître impertinent, s'il y a une autre méthode de certitude, ou une méthode plus ancienne ? Qu'est-elle, alors ? S'il n'y en a pas d'autre ni de plus vieille, de deux choses l'une : ou bien elle a toujours été la « méthode de certitude » et donc la mienne n'est pas du tout *nouvelle* ; ou bien le monde me doit cette *nouvelle* méthode après avoir attendu si longtemps une chose aussi nécessaire qu'une *méthode de certitude*. S'il y en a eu une plus ancienne, je suis sûr que vous ne pouvez l'ignorer et la condamnation de ma méthode comme *nouvelle* aussi bien que votre perspicacité sur l'Antiquité ne peuvent que réjouir chacun. Donc, remettre le monde dans le droit chemin sur un sujet d'une telle importance et rejeter ma méthode, prévenir ainsi les « suites dangereuses » qui grèvent mon initiative déplacée, cela ne sera pas, je le conçois humblement, inconvenant pour votre souci de « cet article de foi que vous avez entrepris de défendre », ni pour la bienveillance que vous portez pour la vérité en général. Car je réponds de moi même et je crois pouvoir répondre pour les autres : tous, nous abandonnerons la méthode qui consiste à placer la certitude dans la perception de la convenance ou de la disconvenance des idées, si Monseigneur veut bien montrer qu'elle réside en autre chose.

Mais, en vérité, pour ne pas m'attribuer l'invention de ce qui est aussi vieux que la connaissance dans le monde, je dois confesser que je ne suis pas responsable de ce que Monseigneur vous voulez bien appeler « l'initiative de nouvelles méthodes de certitude ». La connaissance, depuis qu'elle existe dans le monde est constituée d'une action particulière de l'esprit. Et cela se poursuivra, selon moi, jusqu'à la fin du monde. « Prendre l'initiative de nouvelles méthodes de connaissance ou de certitude » (pour moi, c'est la même chose), c'est-à-dire trouver et proposer de nouvelles méthodes pour atteindre la connaissance, que ce soit avec plus d'aisance et de rapidité ou pour atteindre des choses encore inconnues, c'est ce que personne ne peut blâmer je pense. Mais ce n'est pas ce que vous entendez par « nouvelles méthodes de certitude » ; ce que vous entendez par cette expression (s'il faut parler de *nouvelle méthode de certitude*), je pense, c'est placer la *certitude* soit là où elle n'est pas, soit là où on ne la mettait pas jusqu'ici. Dans le second cas, je saurai si j'en suis ou non coupable quand vous m'aurez fait la faveur de me dire où on plaçait jusqu'ici la certitude ; Monseigneur, vous savez que je l'ignorais quand j'ai écrit mon livre et que je l'ignore encore. Mais si « prendre l'initiative de nouvelles méthodes de certitude », c'est placer la certitude là où elle n'est pas, je dois en appeler à l'expérience de l'humanité, pour savoir si je l'ai fait ou non.

Il y a plusieurs actions de l'esprit humain que l'on est conscient d'accomplir, comme *vouloir, croire, connaître*, etc. ; on en a le sens si individualisé qu'on peut les distinguer d'autres ; autrement on ne pourrait pas dire quand on a *voulu*, quand on a *cru*, et quand on a *connu* quelque chose. Mais, bien que ces actions soient suffisamment différentes les unes des autres pour que ceux qui en parlent ne les confondent pas, je n'ai lu aucun ouvrage qui ait de façon distincte précisé en quoi consiste l'acte de *connaître*.

J'ai été naturellement mené à cette réflexion sur les actions de mon propre esprit par le thème de mon *Essai sur l'entendement humain*. Si quelque chose de *nouveau* s'y produit, c'est que je décris aux autres, plus précisément qu'avant, ce que fait leur esprit quand ils accomplissent l'action qu'ils nomment *connaître*. Et si, à l'examen, ils constatent que j'ai donné un compte-rendu exact de l'action de leur esprit en toutes ses parties, je suppose qu'il sera inutile de s'opposer à ce qu'ils trouvent et ressentent en eux-mêmes ; si je n'ai pas dit correctement et exactement ce qu'ils trouvent et ressentent en eux-mêmes quand leur esprit accomplit l'acte de connaître, ce que j'ai dit sera inutile ; on n'emporte pas la conviction des gens contre leurs sens. La connaissance est une perception interne de l'esprit et si, quand on réfléchit sur elle, on trouve que ce n'est pas ce que j'ai dit, mon élucubration sans fondement ne sera pas écoutée ; chacun la dénoncera et elle mourra d'elle même ; personne n'a besoin de se donner la peine de l'expulser du monde. Aussi est-il impossible de découvrir de « nouvelles méthodes de certitude », de les mettre en place ou de les faire accepter, si on les met ailleurs que là où elles sont réellement ; il est encore moins possible de risquer d'être induit en erreur par tel projet *nouveau* insensé aux yeux de chacun. Peut-on supposer que quelqu'un puisse « prendre l'initiative d'une nouvelle méthode de vision » et convaincre les gens qu'ils ne voient pas ce qu'ils voient ? Peut-on craindre que quelqu'un jette un brouillard tel que les gens ne sachent plus ce qu'ils voient et soient menés là où il ne veulent pas aller ?

La connaissance, je le vois en moi-même et je le conçois chez les autres, est constituée par la perception de la convenance ou de la disconvenance des objets immédiats de l'esprit quand il pense, ce que je nomme *idées*. Mais, qu'il agisse ainsi chez d'autres ou non, doit être décidé par leur propre expérience, en réfléchissant sur les actions de l'esprit quand il connaît : cela, je ne peux le changer, pas plus qu'ils ne le peuvent, je pense. Quant à savoir s'il faut ou non appeler ces objets immédiats de l'esprit quand il pense des *idées*, libre à eux : s'ils n'aiment pas ce nom, ils peuvent l'appeler *notions* ou *conceptions*, ou comme il leur plaît, peu importe, du moment qu'ils les utilisent en évitant l'obscurité et la confusion [1]. S'ils sont utilisés constamment dans un sens connu et identique, chacun peut se faire plaisir avec ses

---

1. *Cf.* 1.1.8.

mots [1] : ce n'est pas là que réside la vérité ni l'erreur ni la science, bien que ceux qui les prennent pour des choses et non pour ce qu'ils sont [2] (des signes arbitraires de nos *idées*) font souvent beaucoup de bruit à leur propos, comme s'il y avait des enjeux importants dans le choix de tel ou tel son. Tout ce que je sais ou que je peux imaginer à leur sujet, c'est que la différence réside en ce que les mots les meilleurs sont toujours ceux dont la signification, lors de telle utilisation, est la plus connue et donc prête le moins à confusion.

Monseigneur, il vous a plu de trouver fautif mon usage du nouveau terme *idée*, mais vous ne m'avez pas donné de nom meilleur pour les objets immédiats de l'esprit quand il pense. Il vous a plu aussi de trouver fautive ma définition de la connaissance, mais vous ne m'avez pas fait la faveur de m'en donner de meilleure. Car c'est seulement à propos de ma définition de la connaissance qu'est fait tout ce bruit sur la *certitude*. Car selon moi, *être certain* et *connaître* sont la même chose. Ce que je connais, j'en suis certain ; et ce dont je suis certain, je le connais [3] ? Ce qui parvient à la connaissance, selon moi peut être appelé certitude et je pense que ce qui manque de certitude ne peut être appelé connaissance, ce que vous ne pouvez manquer dans mon livre en 4.4.18 que vous citez.

Ma définition de la connaissance [4] est celle-ci : « La connaissance n'est rien d'autre, me semble-t-il, que la perception de la liaison et de la convenance ou de la disconvenance et de la contradiction de telle ou telle de nos idées ». Cette définition déplaît à Monseigneur et il craint qu'« elle ait des suites dangereuses pour l'article de foi qu'il a entrepris de défendre ». Il y a à cela un remède très facile : il vous suffit d'*écarter* cette définition de la connaissance en en donnant une meilleure, et le danger sera écarté. Mais vous semblez plutôt critiquer mon livre parce qu'il contient cette définition et m'amener à la défendre, ce dont je vous suis reconnaissant : vous me consacrez tant de temps et vous m'accordez la faveur de discuter autant avec quelqu'un qui me surpasse à tous points de vue.

Monseigneur, vous dites : « Il peut y avoir des suites dangereuses pour cet article de foi que j'ai entrepris de défendre ». Bien que les lois de la controverse permettent la simple dénégation comme réponse suffisante aux propos sans preuve, cependant, pour vous montrer combien je souhaite vous donner toute satisfaction sur ce que dans mon livre vous craignez avoir des

---

1. *Cf.* 3.10.5.

2. *Cf.* 3.10.14.

3. *Cf.* 4.6.3.

4. La controverse initiale donnait ici la référence : « au début du quatrième livre de mon *Essai* » ; 4.1.2.

suites dangereuses sur cette question, je ne vais pas attendre de mauvaise grâce et reporter sur vous la charge de montrer où est ce danger ; je vais au contraire tenter de vous montrer que ma définition, qu'elle soit vraie ou fausse, correcte ou erronée, ne peut avoir « aucune suite dangereuse pour cet article de foi ». La raison que j'apporte est celle-ci : elle n'a absolument aucune portée sur lui.

C'est pour un article de foi que, Monseigneur, vous craignez que cela ait des suites dangereuses ; ce qui vous occupe, ce pour quoi vous œuvrez, c'est la certitude de la foi. Or Monseigneur, je conçois respectueusement que la *certitude de la foi* (si cela vous plaît de l'appeler ainsi) n'a rien à voir avec la certitude de la connaissance. Parler de *la certitude de la foi* me semble identique à parler de *la connaissance de la croyance*, façons de parler qui me semblent difficiles à comprendre.

Mettez la connaissance en ce que vous voulez, « prenez l'initiative des nouvelles méthodes de certitude » que vous voulez, « elles qui sont à même de laisser l'esprit des gens plus dubitatifs qu'avant », placez la certitude sur des bases qui ne conserveront que peu ou pas de connaissance dans le monde : tels sont les arguments que vous utilisez contre ma définition de la connaissance – mais cela n'ébranle pas du tout, ni même ne concerne aucunement, l'assurance de la foi : celle-ci est totalement différente et son existence ne dépend pas de la connaissance.

La *foi* tient par elle-même et sur des fondements propres ; elle ne peut en être dissociée ni posée sur les fondements de la connaissance. Leurs fondements sont tellement différents, ils ont tellement peu en commun que quand la *foi* est portée à la certitude, elle est détruite : elle est connaissance et plus foi.

Quelle que soit l'assurance de ma croyance, je donne mon assentiment à un *article de foi* au point d'aventurer avec fermeté tout ce qui est mien sur elle, et cela reste de la *croyance*. Portez-la à la *certitude*, cela cesse d'être de la foi. Je crois que Jésus-Christ a été crucifié, qu'il est mort et enterré, qu'il ressuscita de la mort le troisième jour et qu'il est monté au Ciel ; or quelles que soient « l'initiative de méthodes de connaissance ou de certitude, qui laissent l'esprit des gens plus dubitatifs qu'auparavant », que les fondements de la connaissance soient mis en ce que l'on veut, cela ne touche pas ma foi ; son fondement reste aussi sûr qu'avant et ne peut être ébranlé. On peut dire tout autant que quelque chose qui affaiblit la vue ou jette un voile de brume devant les yeux met en danger l'audition, et que quelque chose qui altère la nature de la connaissance (si c'était possible) serait « de conséquence dangereuse pour un article de foi ».

Que je sois ou non dans l'erreur quand je place la *certitude* dans la perception de la convenance ou de la disconvenance d'idées, que cette présentation de la connaissance soit vraie ou fausse, qu'elle étende ou restreigne plus qu'il ne faut ses limites, la *foi* demeure sur ses propres bases qui ne sont pas du tout altérées par là ; et tout article de foi conserve exactement le même fondement et la même crédibilité que ceux qu'il avait avant. Aussi, Monseigneur, quoique j'aie dit sur la *certitude*, et quelle que puisse être mon erreur à ce sujet si je me suis trompé, vous n'avez aucun motif d'en redouter un *danger* pour un *article de foi* : chacun demeure sur le même fond qu'avant, hors de portée de ce qui a trait à la connaissance et à la certitude, et dans cette mesure, hors de *ma voie de certitude par les idées*. J'espère que cela vous rassurera sur le peu de danger de cette voie pour n'importe quel article de la foi chrétienne.

9) NOTE À 4.3.6
[MATIÈRE ET PENSÉE]

[Contre l'affirmation de Monsieur Locke : « Nous ne pourrons peut-être jamais savoir si des êtres matériels pensent ou non », l'évêque de Worcester argumente ainsi :

> Si ceci est avéré alors, d'après tout ce que nous pouvons savoir par nos idées de matière et de pensée, la matière peut avoir un pouvoir de penser ; et en ce cas, il est impossible de prouver une substance spirituelle en nous à partir de l'idée de pensée ; car, comment nos idées peuvent-elles nous assurer que Dieu n'a pas donné un tel pouvoir de penser à la matière disposée comme l'est notre corps ? Spécialement puisqu'il est dit en 4.3.6 : « Sur le plan des notions, concevoir que Dieu peut, s'il Lui plaît, surajouter à la matière une faculté de penser, ne dépasse pas beaucoup plus les capacités humaines que concevoir qu'Il surajouterait à cette matière une substance dotée de la faculté de penser ». Quiconque pose une telle affirmation ne pourra jamais prouver qu'il existe une substance spirituelle en nous à partir de l'existence d'une faculté de penser, parce qu'il ne peut pas connaître à partir de l'idée de matière et de l'idée de penser que la matière ainsi disposée ne peut penser. Il ne peut être certain que Dieu n'a pas constitué la matière de notre corps de manière à ce qu'elle en soit capable.

À cela Monsieur Locke répond ainsi [1] :]

Ici Monseigneur, vous démontrez qu'à partir de mes principes, « On ne peut pas prouver qu'il y a une substance spirituelle en nous ». Permettez moi de le dire humblement : je pense qu'à partir de mes principes on peut le prouver, et je pense l'avoir fait. Dans mon livre, la preuve en est la suivante : d'abord, nous expérimentons en nous le fait de penser ; l'idée de cette action ou de ce mode qu'est *penser* est incompatible avec l'idée d'autosubsistance et elle a donc une liaison nécessaire avec un support ou un sujet d'inhérence : l'idée de ce support est ce que nous appelons *substance* ; ainsi à partir du fait de penser expérimenté en nous, nous avons la preuve d'une *substance pensante* en nous, ce qui est à mon sens un *Esprit* [2].

Contre cela, Monseigneur, vous raisonnerez : à partir de ce que j'ai dit de la possibilité que Dieu, s'il lui plaît, surajoute à la matière la faculté de penser, on ne peut jamais prouver qu'il y ait en nous une substance spirituelle, parce qu'à partir de cette position il peut y avoir en nous une substance matérielle qui pense. Je l'accorde, mais j'ajoute que l'idée générale de substance est la même partout et donc que la modalité de *penser* ou le pouvoir de *penser* qui lui est joint en fait un *Esprit,* sans que l'on prenne en considération quelles sont ses autres modalités, qu'elle ait ou non la modalité de *solidité* ; comme, inversement, la *substance* qui a la modalité de la *solidité* est de la matière, qu'elle ait ou non la modalité de penser. Et donc si, Monseigneur, vous entendez par substance *spirituelle* une substance immatérielle, j'accorde que je ne l'ai pas prouvée et que sur mes principes il ne peut être prouvé (vous comprenez, je crois, prouvé par démonstration) qu'il y a une substance immatérielle en nous qui pense. Pourtant je présume que, à partir de ce que j'ai dit à propos de la supposition d'un système de matière (4.10.16), le fait de penser (qui sert ici à démontrer que Dieu est immatériel) *prouvera* qu'il est au plus haut degré probable que la substance pensante en nous est immatérielle. Mais, Monseigneur, vous pensez que la probabilité ne suffit pas et, en attribuant à mes principes un défaut de démonstration de la chose pensante en nous comme immatérielle, vous semblez en déduire qu'il est possible de la démontrer à partir des principes de la philosophie. Cette démonstration, je l'accueillerai avec plaisir, de Monseigneur ou de n'importe qui d'autre ; car, bien que toutes les grandes fins de la moralité et de la religion soient suffisamment assurées sans cela (je l'ai montré en

---

1. *Letter to ... Bishop of Worcester*, 1697 ; *Works*, 1759, vol. 1, p. 361-363, pour la première partie de cette réponse.

2. L'argument n'existe pas sous cette forme ; on en trouve des éléments en 2.23.3-5 et 4.10.2.

4.3. 6), ce serait un grand progrès pour notre connaissance de la nature et pour la philosophie.

À ce que j'ai dit dans mon livre pour montrer que les grandes fins de la religion et de la moralité sont assurées par la simple immortalité de l'âme, sans que l'on ait à supposer nécessairement que cette âme soit immatérielle, permettez moi d'ajouter que l'immortalité peut être attachée, et le sera, à ce qui par sa propre nature n'est ni immatériel ni immortel, comme le déclare expressément l'apôtre en ces termes (*1 Cor.*, 15.53) : « Il faut en effet que cet être corruptible revête l'incorruptibilité et que cet être mortel revête l'immortalité » [1].

Peut-être pensera-t-on qu'utiliser le mot *Esprit* pour une substance pensante sans en exclure la matérialité, c'est faire preuve d'une trop grande liberté, qui mérite d'être censurée comme telle : j'exclus l'immatérialité de l'idée dont j'institue le mot *Esprit* pour signe. Je reconnais volontiers qu'il faut avec parcimonie se risquer à utiliser des mots en un sens totalement nouveau ; seule une nécessité absolue peut justifier l'audace qui consiste à utiliser un terme en un sens dont on ne peut produire aucun exemple. Mais dans le cas présent, je pense pouvoir m'appuyer sur des autorités reconnues. On s'accorde en effet de tous côtés à reconnaître que l'âme est en nous ce qui pense ; et celui qui consultera le premier livre des *Tusculanes* de Cicéron et le sixième livre de l'*Énéide* de Virgile verra que ces deux autorités, qui parmi les Romains comprenaient le mieux la philosophie, pensaient ou au moins ne niaient pas que l'âme soit une matière subtile, qui pouvait recevoir le nom de *souffle*, de *feu* ; d'*éther* ; et tous deux appelaient cette âme *Esprit* [2] ; et dans leur notion de la chose ils n'incluaient clairement que la pensée et le mouvement actif, sans exclure totalement la matière.

Je ne dis pas que leur pensée était en cela correcte ; là n'est pas la question ; la question est de savoir s'ils utilisaient les termes appropriés quand ils appelaient *Esprit* [3] une substance subtile, active et pensante dont ils excluaient seulement la matière grossière et palpable. Je pense que personne ne niera que si l'on veut reconnaître à quelqu'un parmi les Romains la capacité d'utiliser les termes appropriés, Cicéron et Virgile sont les deux écrivains auxquels on peut se fier avec le plus de sécurité. L'un dit en parlant de l'âme : « Tant qu'un Esprit dirigera ces membres » [4] et l'autre : « La vie

---

1. *Cf.* note à 2.27.29 sur l'immortalité de l'âme en annexe ci-dessus.

2. Ces quatre noms sont en latin dans le texte *aura*, *ignis*, *æther*, *spiritus*.

3. Le terme est en latin (*spiritus*) puis la traduction anglaise est ajoutée.

4. Texte cité en latin : « Dum memor ipse mei » ; extrait de Virgile, *Enéïde*, livre IV, 335-336 : « … nec me meminisse pigebit Elissae / Dum

est contenue en un corps et un Esprit »[1], où il est évident que par *corps* [Cicéron] entendait (comme partout en général) la matière grossière seulement, qui peut être sentie et manipulée, c'est évident par ces mots : « Si l'Esprit est cœur, sang ou cerveau, puisqu'il est alors corps assurément, il périra avec le reste du corps ; s'il est âme, il se dissipera sans doute ; s'il est feu, il s'éteindra » (*Tusculanes*, livre 1, chap. 11[2]). Là, Cicéron oppose *corps* à *feu* et *âme*, c'est à dire à *souffle*[3]. Et le fondement de sa distinction entre l'âme et ce qu'il nomme *corps*, il le donne un peu plus bas (*ibid.*, chap. 22[4]) en ces mots : « ... si subtile qu'elle échappe au regard ».

Et ce n'est pas seulement le monde païen qui avait cette notion de l'*Esprit*. L'homme le plus éclairé de tout l'ancien peuple de Dieu, Salomon lui-même, parle de la même manière : « Le sort des fils de l'homme, c'est le sort de la bête, c'est un sort identique : telle est la mort de celle-ci, telle est la mort de ceux-là ; ils ont tous un Esprit identique » (*Ecclésiaste*, 3.19) – Je traduis ainsi le mot hébreu רוח[5] ici car je le vois traduit ainsi deux versets plus loin (v. 21) : « Qui connaît l'Esprit d'un homme, qui monte vers le haut, tandis que l'Esprit des bêtes descend vers la terre » et à cet endroit il est clair que Salomon et ses traducteurs chez nous appliquent le terme רוח à une substance dont l'immatérialité n'est pas totalement exclue, à moins que « l'Esprit des bêtes [qui] descend vers la terre » soit immatériel. Et la façon de parler au temps de Notre Sauveur n'en diffère pas beaucoup : saint Luc

memor ipse mei, dum spiritus hos regit artus » « ... jamais il ne me coûtera de me souvenir d'Elissa, tant qu'il me souviendra de moi-même et qu'un esprit animera mes membres ».

1. Texte cité en latin : 'vita continetur corpore et spiritus', extrait de Cicéron, *Pro Marcello*, IX : « Du reste ton âme jamais ne fut contente de ces bornes que la nature nous a données pour vivre, et toujours elle brûle de l'amour de l'immortalité. Et cette vie en vérité ne doit pas être dite tienne, si elle est contenue en un corps et un souffle (esprit). C'est cette vie-là, dis-je, qui est tienne, qui sera florissante dans la mémoire de tous les siècles, que la postérité entretiendra, et que l'éternité même garantira toujours ». Il est remarquable que ces deux références ont pour contexte la question de la définition de l'esprit par la mémoire.

2. § 24, cité en latin : « Si cor aut sanguis, aut cerebrum est animus, certe, quoniam est corpus, interibit cum reliquo corpore, si anima est, forte dissipatur, si ignis extinguitur ».

3. Locke donne les termes latin *corpus, ignis, anima, aura*.

4. § 50, cité en latin : « tanta sit ejus tenuitas, ut fugat aciem ».

5. Terme donné en hébreu dans le texte.

nous dit (24.37) que quand Notre Seigneur après sa résurrection se tenait au milieu d'eux, «ils furent effrayés et croyaient avoir vu un πνεῦμα», mot grec qui correspondent toujours à *Esprit* en français; aussi les traducteurs de la Bible écrivent ici: «ils croyaient avoir vu un Esprit». Mais Notre Sauveur leur dit: «Regardez mes mains et mes pieds: c'est bien moi. Touchez-moi, regardez; un Esprit n'a ni chair ni os, comme vous voyez que j'en ai». Ces mots de Notre Sauveur font la même distinction entre *corps* et *Esprit* que celle que faisait Cicéron dans le texte cité plus haut, à savoir que l'un était une masse qui pouvait être sentie et touchée, et l'autre ce que décrit Virgile du fantôme ou de l'âme d'Anchise:

> Par trois fois il essaya de jeter ses bras autour de son cou;
> Par trois fois la forme vainement saisie échappa de ses mains;
> Semblable aux vents légers et plus encore à un songe.
> (*Énéide*, Livre VI [1])

Ne pensez pas que je dise ici que *Esprit* ne signifie jamais une substance purement immatérielle. L'Écriture, selon moi, l'utilise en ce sens quand elle dit: «Dieu est un Esprit» et je l'ai utilisé en ce sens; et en ce sens j'ai prouvé à partir de mes principes qu'il y a une *substance spirituelle*; et je *suis certain qu'il y a une substance spirituelle immatérielle*, ce qui est, je me permets de le penser, une réponse directe à la question de Monseigneur au début de son argumentation («Comment parvenons-nous à être certain qu'il y a des substances spirituelles en supposant vrai le principe que les idées simples de sensation et de réflexion sont la seule matière et le seul fondement de toute notre activité de raisonner?»). Mais cela n'empêche pas que s'il a plu à Dieu, cet Esprit infini, tout puissant et parfaitement immatériel, de donner à un système de matière très subtile le sens et le mouvement, celui-ci pourrait être dit à proprement parler *Esprit*, bien que la matérialité ne soit pas exclue de son idée complexe.

Monseigneur continue:

> Il est dit ailleurs qu''Il est contraire à notre idée de matière privée de sens qu'elle se donne à elle-même sens, perception et connaissance' (4.10.5). Mais cela ne concerne pas notre problème actuel, qui n'est pas: 'Que peut faire la matière par elle-même?' mais 'Que peut faire une matière préparée par une main toute puissante, et quelle certitude peut-on avoir qu'il ne l'a pas faite ainsi?'. Nous ne pouvons avoir aucune certitude à partir des idées, car elles nous font défaut en ce domaine et par conséquent

---

1. Vers 700 à 703; même texte: livre II, vers 793-795.

nous ne pouvons avoir aucune certitude à partir de ces principes sur la question de savoir si nous avons ou non une substance spirituelle en nous.

Dans ce paragraphe, Monseigneur, vous prouvez, à partir de ce que j'ai dit, que : « Nous ne pouvons avoir aucune certitude sur la question de savoir si nous avons ou non en nous une *substance spirituelle* ». Si par *substance spirituelle* vous entendez une substance immatérielle en nous, comme il le dit page 246, j'accorde que ce que vous dites est vrai : on ne peut le démontrer *sur ces principes*. Mais permettez-moi de dire en même temps que, *sur ces principes*, il est possible de le prouver avec le plus haut degré de probabilité. Si par *substance spirituelle* vous entendez une substance pensante, je dois exprimer mon désaccord avec vous et dire que, *sur mes principes, on peut avoir une certitude qu'il y a une substance spirituelle en nous* : brièvement, Monseigneur, *sur* mes *principes*, c'est-à-dire à partir de l'*idée* de penser, *nous pouvons avoir la certitude* qu'il y a une substance pensante en nous et à partir de là nous avons la certitude qu'il y a une *substance éternelle pensante* [1]. Cette substance pensante qui existe depuis l'éternité, j'ai prouvé qu'elle est immatérielle [2]. Cette substance éternelle, immatérielle et pensante a mis en nous une substance pensante ; mais, que cette substance pensante soit une substance matérielle ou immatérielle, on ne peut le démontrer avec infaillibilité à partir de nos idées, bien qu'à partir d'elles il soit possible de prouver qu'il est au plus haut degré probable qu'elle est immatérielle [3].

[De nouveau l'évêque de Worcester tente de prouver à partir des principes de Monsieur Locke que l'on peut être certain que « Le premier être pensant éternel ou Esprit tout puissant ne pourrait pas, s'Il le voulait, donner à certains systèmes de matière créée dotée de sens, assemblés comme Il le juge bon, un certain degré de sens, de perception et de pensée ».

Dans sa Troisième lettre [4], Monsieur Locke donne la réponse suivante :]

Votre premier argument, je le comprends ainsi : pour moi, la connaissance que nous avons se fait par nos idées et notre idée de matière en général est celle d'une substance solide, étendue et dotée de figure ; donc, si j'admets que la matière est capable de penser, je confonds l'idée de matière avec celle d'Esprit. Je réponds : non, pas plus que je ne confonds l'idée de matière avec l'idée de cheval quand je dis que la matière en général est *une*

---

1. 4.10.2-6.
2. 4.10.13-18.
3. Fin de la reprise de la première lettre de Locke.
4. Jusqu'à la fin : *Second Reply*, 1699 ; *Works*, 1759, t. I, p. 568-585.

substance solide étendue et qu'un cheval est *un être animé matériel* ou *une substance solide étendue dotée de sens et de mouvement spontané.*

L'idée de matière est celle *d'une substance solide étendue* ; là où il y a une telle substance, il y a matière, et essence de la matière, quelles que soient les autres qualités non contenues dans cette essence que Dieu veuille lui surajouter. Par exemple, Dieu crée une substance solide étendue, sans lui ajouter rien d'autre : on peut alors la considérer au repos ; à certaines parties de cette substance, Il surajoute le mouvement : elle a néanmoins toujours l'essence de la matière ; avec d'autres parties de cette matière, Il forme des plantes avec toutes les privilèges de la végétation, de la vie et de la beauté que l'on trouve dans une rose, dans un pêcher, etc., en plus de l'essence de la matière en général : cela reste néanmoins de la matière seulement ; à d'autres parties, Il ajoute le sens et le mouvement spontané et les autres propriétés que l'on doit trouver chez les éléphants ; on ne doute pas que le pouvoir de Dieu puisse aller jusque là et que les propriétés de la rose de la pêche ou de l'éléphant, surajoutées à la matière, ne changent pas les propriétés de la matière. En ces choses, la matière est une matière inerte. Mais si l'on se hasarde à faire un pas de plus et à dire que Dieu peut donner à la matière la pensée, la raison, la volition ainsi que le sens et le mouvement spontané, il y a aussitôt des gens prêts à limiter le pouvoir du Créateur tout puissant et à nous dire qu'Il ne peut pas faire cela parce que cela détruit l'essence, ou cela *détruit les propriétés essentielles de la matière.* Pour rendre raison de leur assertion, ils n'ont rien d'autre à proposer que : « La pensée et la raison ne sont pas incluses dans l'essence de la matière ». Je l'accorde, mais quel que soit le privilège, non contenu dans l'essence, qui soit surajouté à la matière, il ne détruit pas l'essence de la matière s'il lui conserve son état de substance solide étendue [1] ; partout où il en est ainsi, il y a essence de la matière. Et si quelque chose d'une plus grande perfection détruisait l'essence de la matière, qu'adviendrait-il de l'essence de la matière dans une plante ou un animal dont les propriétés excèdent de loin celles d'une simple substance solide étendue [2].

L'argument présenté ensuite est le suivant : nous ne pouvons pas concevoir comment la matière pense. Je l'accorde, mais en déduire que, pour cette raison, Dieu ne peut donner à la matière la faculté de penser, c'est dire que la Toute-Puissance de Dieu est limitée à une sphère étroite parce que l'Esprit humain est limité, et c'est réduire le pouvoir infini de Dieu à la mesure de nos capacités. Si Dieu ne peut donner à un élément de matière

---

1. *Cf.* 2.4.3.
2. Allusions aux conceptions de l'animal-machine, etc.

aucun autre pouvoir que ceux que les hommes peuvent expliquer à partir de l'essence de la matière en général, si toutes les qualités et toutes les propriétés qui, pour nos conceptions, sont au-dessus de la matière et ne peuvent être la conséquence naturelle de cette essence, doivent en détruire l'essence ou en *changer les propriétés essentielles*, il est clair que l'essence de la matière est détruite et que *ses propriétés essentielles sont changées* dans les éléments les plus perceptibles de notre système. Car il est visible que toutes les planètes tournent en révolutions autour de centres éloignés et je voudrais bien que quelqu'un me l'explique ou me le rende concevable par la simple essence ou par les pouvoirs dépendant de l'essence de la matière en général, sans que soit ajouté à la matière quelque chose que l'on ne peut concevoir ; car 'la matière se meut selon une ligne courbe', ou 'la matière est attirée par la matière', c'est tout ce que l'on peut dire sur la question ; chacun de ces deux faits, il est au-dessus de nos capacités de les dériver de l'essence de la matière ou du corps en général, bien qu'il faille inévitablement admettre qu'en l'occurrence l'un des deux est surajouté à l'essence de la matière en général [1]. Le Créateur tout-puissant ne nous a pas consultés quand il a fait le monde et ses voies ne sont pas moins excellentes sous prétexte qu'elles sont hors de notre portée.

Ensuite, on ne met pas en doute que la part végétale de la création soit entièrement matérielle ; et pourtant celui qui l'étudiera, notera dans cette partie de la matière des perfections et des opérations qu'il ne trouvera pas contenues dans l'essence de la matière en général, et dont il ne pourra concevoir comment elles peuvent être produite par elle. Dira-t-il pour autant que l'essence de la matière est en eux [2] détruite, sous prétexte qu'ils ont des propriétés et des opérations non contenues dans les propriétés essentielles de la matière comme matière, ni explicables par l'essence de la matière en général ?

Avançons d'un pas et nous trouverons dans le monde animal des perfections et des propriétés plus grandes, qu'on ne peut en aucune façon expliquer par l'essence de la matière en général. Si le Créateur tout puissant n'avait pas surajouté à la terre ce qui a produit les êtres animés irrationnels, des qualités surpassant celles de la terre inerte et inanimée dont sont sortis la vie, le sens, le mouvement spontané – qualités plus nobles que celles qui étaient en elle auparavant – la terre serait restée une matière brute dénuée de sensibilité. Et s'il n'avait pas surajouté aux individus de chaque espèce un pouvoir de propagation, l'espèce aurait péri en même temps que ces indi-

---

1. Comparer avec Newton, *Principia*, III, Scholium Generale, fin.
2. Pluriel qui semble désigner les végétaux.

vidus. Au contraire, par l'essence et les propriétés de chaque espèce surajoutées à la matière dont ils ont été faits, l'essence ou les propriétés de la matière en général n'ont pas été détruites ou changées, pas plus que n'a été changé ou détruit quoi que ce soit qui était auparavant dans les individus par le pouvoir de génération qui leur a été surajouté par la première bénédiction du Tout-Puissant[1].

Dans tous les cas de ce genre, la sur-adjonction de perfections plus grandes et de qualités plus nobles ne détruit en rien l'essence ou les perfections qui existaient auparavant, à moins qu'on ne puisse mettre en évidence une contradiction manifeste entre eux. Mais toutes les preuves qu'on en a présentées sont : nous ne pouvons concevoir comment la matière, sans ces perfections surajoutées, peut produire ces effets. Ce qui revient en réalité à dire uniquement que la matière en général, ou toute partie de la matière en tant que matière ne les a pas. Mais cela ne prouve pas que Dieu, s'il Lui plaît, ne peut pas les surajouter à une partie quelconque de matière (à moins qu'on ne puisse prouver qu'il est contradictoire que Dieu donne à certaines parties de matière des qualités et des perfections que la matière en général n'a pas), même si nous ne pouvons concevoir comment la matière en est investie ou comment elle opère en vertu de ces nouvelles attributions. Et il ne faut pas s'étonner de ne pas le pouvoir tant que nous limitons toutes les opérations de la matière aux qualités qu'elle avait auparavant et tant que nous cherchons à les expliquer par les opérations de la matière en général sans aucune de ces perfections surajoutées. Car, si c'est une règle correcte de raisonnement de nier l'existence d'une chose sous prétexte que nous ne pouvons concevoir la façon dont elle vient à l'existence, je désire que ceux qui l'utilisent s'en tiennent à cette règle et constatent ce qu'elle produira en théologie aussi bien qu'en philosophie : peuvent-ils inventer quelque chose de plus avantageux pour le scepticisme ?

Pour s'en tenir à la question présente, le pouvoir de penser et de se mouvoir attribué par un pouvoir tout-puissant à certaines parties de la matière, l'objection est la suivante : « Je ne peux pas concevoir comment la matière pourrait penser ». Quelle est la conséquence ? « *Donc* Dieu ne peut lui donner le pouvoir de penser ». Admettons que ce soit une bonne raison et utilisons la ailleurs. Vous ne pouvez pas concevoir comment la matière peut attirer la matière à distance, et encore moins à la distance d'un million de miles, *donc* Dieu ne peut lui donner ce pouvoir. Vous ne pouvez concevoir comment la matière peut sentir ou se mouvoir ou affecter un être immatériel, ou encore être mu par lui ; *donc* Dieu ne peut lui donner ces pouvoirs. Ce qui

1. Voir *Genèse,* 1.28.

revient à nier en fait la gravitation et la révolution des planètes autour du soleil, à faire des animaux de pures machines dénuées de sensibilité et de mouvement spontané et à n'attribuer à l'homme ni sensibilité ni mouvement volontaire.

Appliquons cette règle encore un peu plus loin. Vous ne pouvez pas concevoir comment une substance étendue solide pourrait penser, donc Dieu ne peut pas la faire penser. Pouvez-vous concevoir comment pense votre propre âme ou n'importe quelle substance ? Vous découvrez en effet que vous pensez, et moi aussi. Mais je voudrais qu'on me dise comment s'accomplit l'action de penser : cela dépasse, je l'avoue, ma conception et je serais heureux que toute personne qui le conçoit me l'explique. Je découvre que Dieu m'a donné cette capacité et, puisque je ne peux qu'être convaincu de son pouvoir en l'occurrence, que j'expérimente en moi à tout instant sans pouvoir en concevoir pourtant la procédure, serait-ce moins qu'une absurdité insolente de nier son pouvoir en d'autres cas semblables pour cette seule raison que je ne peux en concevoir la procédure ?

Pour expliquer un peu plus ce point : Dieu a créé une substance, prenons par exemple une substance étendue solide ; est-Il obligé de lui donner, en plus de l'être, le pouvoir de l'action ? Personne, je pense, ne le dira ; Il peut donc la laisser dans un état d'inactivité et elle sera néanmoins une substance, car l'action n'est pas nécessaire à l'être d'une substance que Dieu crée. Puis Dieu de la même manière a créé et fait exister *de novo* une substance immatérielle, qui ne perdra pas son être de substance même si Dieu ne lui attribuait rien de plus que ce pur être sans lui donner aucune activité. Voilà donc deux substances distinctes, l'une matérielle, l'autre immatérielle et toutes les deux dans un état de parfaite inactivité. Voici maintenant ma question : quel pouvoir Dieu peut-Il donner à l'une de ces deux substances (en supposant qu'elles conservent les mêmes natures distinctes qu'elles avaient comme substances dans leur état d'inactivité), qu'Il ne puisse donner à l'autre ? En cet état, il est clair qu'aucune des deux ne pense, car penser est une action et il ne peut pas être nié que Dieu puisse mettre fin à toute action de n'importe quelle substance créée sans annihiler la substance dont c'est une action. Et s'il en est ainsi, Il peut aussi créer ou donner l'existence à une telle substance sans donner à cette substance aucune action. Pour la même raison, il est clair qu'aucune d'entre elles ne peut se mouvoir. Or je voudrais poser la question : pourquoi la Toute-Puissance ne peut-elle donner à chacune de ces substances, qui est également dans un état de parfaite inactivité, le même pouvoir que celui qu'elle peut donner à l'autre ? Prenons par exemple le pouvoir de mouvement spontané ou auto-mouvement, qui est un pouvoir que Dieu est supposé pouvoir donner à une substance qui n'est pas solide, et non à une substance solide.

Si l'on demandait pourquoi ils limitent la Toute-Puissance divine en ce qui concerne l'une et non l'autre substance, tout ce qu'on peut répondre est qu'ils ne peuvent pas concevoir comment une substance solide pourrait se mouvoir elle-même. Et ils sont aussi peu capables, selon moi, de concevoir comment une substance créée non-solide se meut elle-même. « Mais il peut y avoir quelque chose dans une substance immatérielle que vous ne connaissez pas ». Je l'accorde, et dans une substance matérielle aussi ; par exemple, la gravitation de la matière vers la matière, dans la diversité observable de ses proportions, montre inévitablement qu'il y a dans la matière quelque chose que nous ne comprenons pas, à moins que nous puissions concevoir dans la matière un auto-mouvement ou une attraction inexplicable et inconcevable à des distances immenses et presque inconcevables. Il faut donc avouer qu'il y a quelque chose dans les substances solides aussi bien que dans les non-solides que nous ne comprenons pas. Mais nous savons au moins ceci : elles peuvent avoir chacune leur être distinct sans aucune activité surajoutée, à moins que vous ne niiez que Dieu puisse ôter à un être son pouvoir d'agir, ce qu'on estimera probablement trop présomptueux. Et je dis : il est aussi difficile de concevoir l'auto-mouvement dans un être immatériel créé que dans un être matériel, de quelque façon qu'on le considère. Ce n'est donc nullement une raison de nier que la Toute-Puissance soit capable de donner un pouvoir de mouvement autonome à une substance matérielle s'il Lui plaît, aussi bien qu'à une substance immatérielle, puisque aucune des deux ne peut l'avoir d'elle-même, et nous ne pouvons concevoir comment il peut être en chacune d'entre elles.

On peut voir la même chose dans l'autre opération : la pensée. Ces deux substances peuvent être faites et exister sans la pensée ; aucune des deux n'a ou ne peut avoir le pouvoir de penser d'elle-même. Dieu peut le donner à l'une d'entre elles, selon le bon plaisir de sa Toute-Puissance ; et dans quelque substance qu'il se trouve, il est également au-delà de nos capacités de concevoir comment l'une de ces substances pense. Mais pour cette raison, nier que Dieu, qui a le pouvoir suffisant pour donner à chacune l'être à partir de rien, puisse par la même Toute-Puissance leur donner les pouvoirs et les perfections qu'il Lui plaît, n'est pas plus fondé que nier le pouvoir de création sous prétexte que nous ne pouvons concevoir comment il s'accomplit. Cette façon de raisonner aboutit là à une impasse.

Que la Toute-Puissance ne puisse faire qu'en même temps une substance soit solide et non-solide, je pense, avec tout le respect nécessaire, qu'on peut le dire. Mais qu'une substance solide puisse ne pas avoir les qualités, les perfections et les pouvoirs qui n'ont aucune liaison visiblement nécessaire avec la solidité ou l'étendue, est trop fort pour nous (qui ne sommes que d'hier et ne connaissons rien) pour que nous puissions être affirmatifs. Si Dieu ne peut assembler des choses par des liaisons qui nous sont inconcevables, nous devons aller jusqu'à nier la cohérence et l'être de la matière même, puisque chaque particule a une masse et a donc des éléments liés par des voies qui nous sont inconcevables. Aussi, toutes les difficultés levées à partir de notre ignorance ou nos conceptions étroites, contre la pensée de la matière, ne font pas du tout obstacle au pouvoir de Dieu s'il Lui plaît de l'organiser ainsi ; et cela ne prouve rien contre le fait qu'il ait effectivement attribué à certains fragments de matière disposées comme il le juge bon, une faculté de penser, tant que l'on n'a pas pu montrer qu'il est contradictoire de le supposer.

Bien que pour moi la sensation doive être comprise dans la pensée en général, dans l'exposé précédent j'ai parlé du sens chez les animaux comme distincte de la pensée, parce que Monseigneur, selon mon souvenir, parle de sens chez les animaux. Mais je prends ici la liberté de noter que si Monseigneur accorde que les brutes ont de la sensation, il s'en suivra soit que Dieu peut donner et donne en fait à certains fragments de matière un pouvoir de perception et de pensée, soit que tous les êtres animés ont une âme immatérielle et par conséquent, selon Monseigneur, une âme immortelle, aussi bien que les hommes. Et dire que les mouches et les mites, etc., ont un âme comme les hommes sera sans doute considéré comme un grand pas au service d'une hypothèse.

J'ai été assez long sur ce sujet pour éclaircir cette question, afin que ceux qui sont enclins à critiquer ou à nommer durement les opinions de ceux qui diffèrent d'eux, puissent se demander si ce ne sont pas leurs propres opinions qui mériteraient parfois ces critiques ; et pour les convaincre de modérer un peu cette chaleur qui leur fait croire à la vérité de leurs opinions actuelles et leur donne droit (à leur avis) d'accuser comme il leur plaît ceux qui voudraient honnêtement examiner les fondements sur lesquels ils s'appuient. Car, parler en supposant, et en insinuant, que la vérité, la connaissance et même la religion, tiennent ou tombent avec leur système, n'est au mieux qu'un façon dictatoriale de préjuger de la réponse et de s'attribuer un titre à l'infaillibilité sous prétexte de zèle pour la cause de Dieu [1]. Il conviendrait bien que le zèle des gens pour la vérité s'étende aussi loin que leurs preuves, mais ne remplace pas les preuves elles mêmes [2]. Celui qui attaque les opinions traditionnelles avec autre chose que des arguments valables, je le reconnais, peut à bon droit être suspecté de ne pas avoir de bonnes intentions et de ne pas être mené par l'amour de la vérité ; mais ceux qui, de la même manière, les défendent peuvent s'entendre dire la même

---

1. *Cf.* 4.19.6.
2. *Cf.* 4.19.12.

chose. Une erreur n'est pas meilleure sous prétexte qu'elle est commune, ni la vérité pire pour être demeurée inconnue. Et si on la mettait aux voix partout dans le monde, je me demande si, comme les choses sont menées, la vérité aurait au moins la majorité, dans la mesure où l'autorité des hommes et non l'examen des choses doit être sa mesure. L'accusation de scepticisme et ces insinuations générales visant à rendre suspect ce que j'ai écrit, si fréquentes comme s'il s'agissait du but principal de toute la peine que vous avez prise à mon sujet, m'a fait dire tout cela, Monseigneur, comme mon interprétation de la façon d'établir la vérité dans toute sa force et sa beauté, plutôt que comme ce dont le monde aurait besoin, selon moi, de s'entendre dire ; ainsi pourra-t-il distinguer dans nos écrits entre votre but et le mien, ce que je laisse en toute confiance au jugement du lecteur pour revenir à la discussion présente.

Ce que j'ai dit ci-dessus, je le tiens pour un réponse complète à ce tout que Monseigneur voudrait inférer de mon idée de matière, de liberté et du pouvoir d'abstraire.

Vous demandez (*1re Réponse*, p. 73) : « Comment votre conception [1] de la liberté s'accorde avec l'idée que les corps peuvent agir seulement par mouvement ou impulsion ? » *Réponse* : Par la Toute-Puissance de Dieu, qui peut faire que s'accordent toutes choses qui n'impliquent pas contradiction. Il est vrai, je dis « Les corps agissent par impulsion et rien d'autre » (2.8.11), et je le pensais quand je l'ai écrit et je ne peux toujours concevoir aucune autre façon pour eux d'opérer. Mais je suis depuis convaincu par le livre incomparable de monsieur Newton, homme judicieux, que c'est une marque de présomption trop forte de limiter le pouvoir de Dieu en ce domaine par mes conceptions limitées. La gravitation de la matière vers la matière par des procédures qui me sont inconcevables n'est pas seulement une démonstration que Dieu peut, s'il lui plaît, mettre dans les corps des pouvoirs et des façons d'opérer au-dessus de ce qui peut être tiré de notre idée de corps ou expliqué par ce que nous connaissons de la matière ; mais c'est aussi une instance indubitable et partout visible d'une telle action. Et donc dans la prochaine édition de mon livre [2], je veillerai à faire rectifier ce passage.

À propos de la *conscience de soi*, Monseigneur demande : « Qu'y a-t-il comme conscience de soi dans la matière ? » (*1re Réponse*, p. 74) Rien du tout dans la matière comme matière. Mais que Dieu ne puisse pas attribuer à certains fragments de matière un pouvoir de penser et avec lui de la conscience de soi, ne sera jamais prouvé par le fait de demander « Comment

1. *Way of liberty* : cf. *way of ideas*.
2. Quatrième édition (1700), 2.8.11 (*cf.* note).

est-il possible de comprendre qu'un simple corps perçoive qu'il perçoit ? » (*ibid.*). Je reconnais la faiblesse de notre compréhension en l'occurrence. J'avoue, autant que vous le voudrez, que nous ne pouvons concevoir comment une substance créée solide pense, et pas plus une substance non-solide. Mais cette faiblesse de notre compréhension ne touche pas le pouvoir de Dieu dont la faiblesse est plus forte que quoi que ce soit en l'homme.

Votre argument tiré de l'abstraction tient en cette question : « S'il peut être au pouvoir de la matière de penser, comment se fait-il qu'il soit impossible pour des corps organisés comme celui des brutes, d'étendre leurs idées par abstraction ? » (*1re Réponse*, p. 76). *Réponse* : Cela suppose, semble-t-il, que je mette la pensée parmi les pouvoirs naturels de la matière. Si c'est ce que vous voulez dire, Monseigneur, je ne dis ni ne sous-entends que toute matière a naturellement en elle une faculté de penser, mais exactement le contraire. Mais si vous voulez dire que certains fragments de matière, ordonnés par le pouvoir divin comme il semble lui convenir, peuvent être rendus capables de recevoir de sa Toute-Puissance la faculté de penser, je le dis en effet ; et, ceci accordé, la réponse à votre question est aisée puisque, si la Toute-Puissance peut donner la pensée à n'importe quelle substance solide, il n'est pas difficile de concevoir que Dieu puisse donner cette faculté à un degré plus ou moins élevé, comme il Lui plaît, à Lui qui connaît quelle disposition du sujet[1] est adaptée à telle façon ou tel degré particuliers de penser.

Un autre argument pour prouver que Dieu ne peut doter n'importe quel fragment de matière de la faculté de penser, est emprunté à mes propres termes dans ma *1re Lettre* (p. 139), où je montre par quelle liaison d'idées nous parvenons à savoir que Dieu est une substance immatérielle : ce sont les idées suivantes : « L'idée d'un être éternel effectif connaissant, ainsi que l'idée d'immatérialité par l'intervention de l'idée de matière et celles de sa division effective, de sa divisibilité et de son absence de perception, etc. »[2]. À partir de quoi Monseigneur raisonne ainsi : « Ici, l'absence de perception est reconnue si essentielle à la matière qu'on en conclut que Dieu est imma-tériel » (*1re Réponse*, p. 77). *Réponse* : La perception et la connaissance, en

---

1. Au sens de *substrat*.

2. *Works*, 1749, vol. 1, p. 376 ; la citation est extraite d'un texte où Locke présente la déduction de l'existence de Dieu comme dépendante de sa 'voie des idées' en ce qu'elle se sert des idées : « Par cette même voie des idées il peut être perçu que l'existence effective d'un être connaissant a un lien avec l'existence depuis l'éternité d'un être connaissant effectif ; et l'idée d'un être, ... ».

cet Être éternel unique où elles ont leur source, c'est visible, doivent en être essentiellement inséparables; donc le manque effectif de perception dans une si grande partie des fragments de matière est une démonstration que le premier Être, dont la perception et la connaissance sont inséparables, n'est pas la matière. À quel point ceci fait du *manque de perception une propriété essentielle de la matière*, je n'en discuterai pas; il suffit que cela montre que la perception n'est pas une propriété essentielle de la matière et donc que la matière ne peut pas être cet Être originaire éternel à qui la perception et la connaissance sont essentielles. J'affirme que la matière est naturellement sans perception; donc, dit Monseigneur « le manque de perception est une propriété essentielle de la matière et Dieu ne change pas les propriétés essentielles des choses, leur nature demeurant ». À partir de quoi vous inférez que Dieu ne peut attribuer à un fragment de matière (*la nature de la matière demeurant*) une faculté de penser. Si les règles de la logique de mon temps n'ont pas changé, je peux en toute sécurité nier la conséquence, car un raisonnement qui se présente ainsi : 'Dieu ne fait pas… donc il ne peut pas faire …', j'ai appris quand je suis entré à l'université qu'il n'est pas cohérent. Je n'ai jamais dit que Dieu a fait (4.3.6), mais que « je ne vois pas de contradiction à ce qu'Il donne, s'il Lui plaît, la faculté de penser à certains systèmes de matière dénués de sensibilité » [1] et je ne connais personne avant Descartes qui ait jamais prétendu montrer qu'il y avait une contradiction en cela [2]. Aussi, au pire, mon incapacité à trouver dans la matière une telle incapacité (qui rendrait impossible l'attribution par la Toute-Puissance de la faculté de penser à la matière), m'oppose seulement aux cartésiens. Car je n'ai jamais lu ou entendu que les Pères de l'Église chrétienne aient jamais prétendu démontrer que la matière était incapable de recevoir un pouvoir de sensation, de perception, de penser de la main du Créateur tout puissant. Supposez donc, s'il vous plaît, que la forme de votre raisonnement soit correcte et que vous vouliez dire : *Dieu ne peut pas* … et si votre raisonnement était bon, il prouverait que Dieu ne peut pas donner à l'âne de Balaam le pouvoir de parler à son maître comme il l'a fait [3], car, l'absence de discours

---

1. Texte original en 4.3.6 : « Je ne vois pas de contradiction à ce que l'Être pensant éternel et premier donne, s'il lui plaît, quelque degré de sensibilité, de perception et de pensée à certains systèmes de matière créés dénués de sensibilité ».

2. Descartes, *Notæ in Programmæ*, VIII, 347-351 qui aborde la problématique de la pensée comme substance ou comme mode; et aussi *Réponse aux secondes objections,* AT VII, 131-133.

3. *Nombres*, 22.28-30.

rationnel étant naturel à cette espèce, il suffit à Monseigneur de l'appeler une *propriété essentielle* pour que Dieu ne puisse changer « les propriétés essentielles des choses, leur nature demeurant ». Et par là il est prouvé que Dieu ne peut, avec toute sa toute-puissance, donner à un âne le pouvoir de parler comme le fit l'âne de Balaam.

Vous dites, Monseigneur, (*1*^{re} *Réponse*, p. 78) « Je ne mets pas de limite à la Toute-Puissance de Dieu ; car il peut s'il Lui plaît changer un corps en substance immatérielle », c'est-à-dire ôter d'une substance la solidité qu'elle avait auparavant et qui en faisait de la matière, et lui donner ensuite une faculté de penser qu'elle n'avait pas auparavant, ce qui en fait un Esprit, la même substance *demeurant*. Car si la même substance ne demeure pas, *le corps* n'est pas *changé en une substance immatérielle*. Mais la substance solide et tout ce qui lui appartient est annihilé et une substance immatérielle est créée, ce qui n'est pas le changement d'une chose en une autre, mais la destruction de l'une pour faire une autre à neuf. À propos de ce changement donc d'un corps ou d'une substance matérielle en une substance immatérielle, faisons ces différentes remarques :

D'abord, vous dites « Dieu peut, s'il Lui plaît » ôter d'une substance solide la solidité qui est ce qui en fait une substance matérielle ou un *corps*, et Il peut en faire « une substance immatérielle », c'est-à-dire une substance sans solidité. Mais cette privation d'une qualité ne lui en donne pas une autre ; le simple fait d'ôter une qualité plus basse ou moins noble ne lui en donne pas une plus haute ou une plus noble ; ce doit être le don de Dieu. Car la pure privation de l'une et une qualité plus basse ne peuvent être la position d'une plus élevée et meilleure ; à moins que quelqu'un ne dise que la cogitation ou le pouvoir de penser résulte de la nature de la substance elle-même et si elle le faisait, alors partout où il y a substance, il devrait y avoir cogitation ou pouvoir de penser. Ici donc, selon les principes mêmes de Monseigneur, il y a une *substance immatérielle* sans pouvoir de penser.

Ensuite, vous ne nierez pas que Dieu puisse donner à cette substance ainsi privée de solidité une faculté de penser ; car vous supposez qu'elle en devient capable en devenant immatérielle, et ainsi vous accordez que la même substance numérique peut parfois être totalement non cogitative ou sans pouvoir de penser, et à d'autres moments, parfaitement cogitative, ou dotée d'un pouvoir de penser.

En outre, vous ne nierez pas que Dieu puisse lui rendre de la solidité et la faire redevenir matérielle. Car je conclus qu'on ne niera pas que Dieu puisse la faire revenir à ce qu'elle était auparavant. Et maintenant permettez moi de demander à Monseigneur pourquoi Dieu, qui a donné à cette substance la faculté de penser après en avoir ôté la solidité, ne peut pas la lui rendre sans ôter la faculté de penser. Quand vous aurez résolu cela, vous aurez prouvé qu'il est impossible pour la Toute-Puissance de Dieu de donner à une substance solide une faculté de penser ; mais d'ici là, n'ayant pas prouvé que c'est impossible et niant pourtant que Dieu puisse le faire, vous niez qu'Il puisse faire ce qui est en soi possible, ce qui comme je le conçois humblement est manifestement « mettre des limites à la Toute-Puissance de Dieu », bien que vous disiez ici (*1re Réponse*, p. 78), que vous « ne mettez pas de barrières à la Toute-Puissance de Dieu).

Si j'imitais la façon d'écrire de Monseigneur, je n'omettrais pas d'introduire ici Épicure et de noter que c'était sa façon de faire : « Poser Dieu en paroles et le nier en réalité »[1], puis d'ajouter que « Je suis certain que vous ne le considérez pas comme un défenseur des grandes finalités de la religion et de la moralité », car c'est avec de telles insinuations benoîtes et aimables que vous introduisez à la fois Hobbes (*1re Réponse*, p. 55) et Spinoza (*ibid.*, p. 79) dans votre discours sur la possibilité pour Dieu de donner s'il Lui plaît à certains fragments de matière ordonnés comme Il le pense convenable la faculté de penser. Aucun de ces auteurs n'a dit quoi que ce soit sur la question, comme le montrent les passages que vous citez, et il n'ont apparemment d'autre fonction ici que de prêter leur nom pour donner adroitement à mon livre l'image qui vous permettra de le recommander au monde.

Je ne prétends pas chercher quel zèle et quel but guident la plume de Monseigneur dans sa façon d'écrire à mon égard au long de son texte. Je ne peux que noter la réputation qu'auraient acquis les écrits des Pères de l'Église si ceux-ci avaient pensé que la vérité exigeait ou que la religion autorisait l'imitation de tels modèles. Mais, Dieu merci, il y a en a eu parmi eux qui n'ont pas admiré cette façon de défendre la cause de la vérité ou de la religion : ils savaient que, si toute personne qui croit ou prétend avoir la vérité de son côté est autorisée du fait même à insinuer sans preuve tout ce qui peut servir à prévenir l'Esprit des gens contre le camp opposé, la charité et la pratique seront fortement lésés, sans bénéfice pour la vérité ou la connaissance. Mais les débatteurs ont souvent pris la liberté d'agir ainsi, ce qui a sans doute été la cause des controverses religieuses à travers les siècles qui ont apporté au monde tant de dommages et si peu de bénéfices.

Tels sont les arguments de Monseigneur pour réfuter une affirmation de mon livre par d'autres passages de ce livre : ce sont donc tous des arguments ad hominem qui, s'ils sont probants (et ils ne le sont pas) n'ont d'autre utilité que de gagner une bataille contre moi, chose tellement indigne de Monseigneur qu'elle ne mérite pas une de vos pages. La question est de savoir si Dieu peut attribuer, s'il Lui plaît, à un fragment de matière ordonné comme Il

---

1. En latin dans le texte : *Deum verbis ponere, re tollere*.

l'estime convenable, la faculté de percevoir et de penser. Vous dites (*1re Réponse*, p. 79) : « Je considère qu'une erreur en ce domaine a des conséquences dangereuses quant aux grandes finalités de la religion et de la morale ». S'il en est ainsi, Monseigneur, on peut s'étonner que vous n'ayez fourni aucun argument pour établir la vérité même, alors que vous considérez que « l'erreur en ce domaine a des conséquences si dangereuses » ; au contraire, vous passez tant de pages sur une question de personne, pour montrer qu'il y a des contradictions dans mon livre alors que, si vous l'aviez mis en évidence, la question ne serait toujours pas décidée et les risques d'erreur sur le sujet seraient toujours aussi grands que si rien n'avait été dit. Si donc le souci de Monseigneur pour les « grandes finalités de la religion et de la morale a rendu nécessaire » l'élucidation de la question, le monde a raison de conclure qu'il y a peu à dire contre la proposition que l'on trouve dans mon livre (sur la possibilité que certains fragments de matière puissent être ordonnés par la Toute-Puissance de telle manière qu'ils soient dotés, s'il plaît à Dieu, de la faculté de penser) puisque votre intérêt pour la « défense des grandes finalités de la religion et de la morale » ne vous a pas rendu capable de produire un seul argument contre une proposition que vous « jugez de conséquence si dangereuse pour elles ».

Permettez-moi, je vous en supplie, de noter ici que vous promettiez sur votre page de titre de prouver que ma « notion d'idées est contradictoire avec elle-même – si elle l'était, on ne pourrait guère prouver qu'elle est contradictoire avec quelque chose – et avec les articles de la foi chrétienne », et que pourtant vous avez cherché tout au long à prouver que je suis en contradiction avec moi-même, sans avoir montré une proposition de mon livre en contradiction avec un *article de la foi chrétienne*.

Je pense qu'en fait Monseigneur a utilisé un argument de son cru, mais il est tel que j'avoue ne pas voir comment il peut promouvoir la religion, spécialement la religion chrétienne fondée sur la révélation. Je citerai vos termes, pour qu'on puisse en juger ; vous dites (*1re Réponse*, p. 54, 55) :

> Je suis d'opinion que les grandes finalités de la religion et de la morale sont mieux assurées par les preuves de l'immortalité de l'âme à partir de sa nature et de ses propriétés, qui prouvent qu'elle est immatérielle. [Et vous ne mettez pas en doute que] Dieu peut donner l'immortalité à une substance matérielle [mais vous dites que] c'est ôter beaucoup de la preuve par l'immortalité, que de la faire dépendre de Dieu qui donnerait ce dont l'âme n'est pas capable par elle-même. [etc. …] [Et de même vous dites (*2e Réponse*, p. 28) :] Si l'on peut être certain que la matière peut penser [comme je l'affirme], qu'advient-il de l'immatérialité (et donc l'immortalité) de ses opérations ?

Mais j'affirme que, sur toutes ces questions, l'assurance de la foi demeure sur ses propres bases. Ensuite, vous en appelez à toute personne de bon sens :

> Est-ce que découvrir l'incertitude de ses propres principes auxquels il se réfère dans ses raisonnements, n'affaiblit pas la crédibilité de ces articles fondamentaux, quand ils sont considérés comme de pures questions de foi ? Car, auparavant, ces articles possédaient une crédibilité naturelle due à la raison ; mais parce qu'ils s'appuient sur des fondements erronés de certitude, tout cela est perdu : au lieu d'être certain, l'homme de bon sens est plus que jamais dans le doute. Et si l'évidence fait tellement défaut à celle de la foi, celle-ci aura nécessairement moins d'effet sur l'esprit des gens ; le service [1] de la raison est alors délaissé, comme c'est forcément le cas lorsque les fondements rationnels de la certitude sont éliminés. Est-il même possible que celui qui découvre que sa raison le trompe sur des points aussi fondamentaux conserve une foi stable et inébranlable sur la base de la révélation. Car, en matière de révélation, il doit y avoir des principes antécédents que l'on pose avant que de pouvoir croire quelque chose parce qu'il a été révélé.

On trouve plus de chose dans le même sens quelques pages plus loin (*ibid.* p. 35) où Monseigneur affirme à propos de ce que je dis :

> Je ne peux pas ne pas noter que nous n'avons aucune certitude à partir des fondements que vous posez, selon lesquels la conscience de soi dépend d'une substance immatérielle individuelle : en conséquence, une substance matérielle peut, selon vos principes, avoir en elle une conscience de soi ; au moins, n'êtes vous pas certain du contraire. Et sur ce principe, je vous prie de considérer si cela n'affecte pas tant soit peu tout l'article de foi en la résurrection ?

À quoi tend tout cela, si ce n'est à faire croire au monde entier que j'ai *affaibli la crédibilité* de l'immortalité de l'âme et de la résurrection en disant que, bien qu'il soit très hautement probable que l'âme soit immatérielle, cela ne peut cependant pas être démontré d'après mes principes, parce qu'il n'est pas impossible à la Toute-Puissance divine, s'il Lui plaît, d'attribuer à

---

1. *Subserviency* ; reprise du vocabulaire traditionnel selon lequel la philosophie est servante de la théologie.

certains fragments de matière disposées comme il le voit convenable, la faculté de penser ?

Cette accusation d'*affaiblir la crédibilité* de ces articles de foi est fondée sur la thèse que l'immortalité de l'âme perd de sa crédibilité si l'on admet que son immatérialité (qui est la preuve supposée de la raison et de la philosophie en faveur de son immortalité) ne peut être démontrée à partir de la raison naturelle ; et cet argument de Monseigneur repose à mon sens sur le présupposé que la révélation divine perd de sa *crédibilité* dans tous les articles qu'elle propose proportionnellement à la diminution du soutien de la raison humaine au témoignage de Dieu. Et l'on verra à l'examen que tout ce que Monseigneur a dit en ces passages ne contient rien de plus que ceci : 'Dieu a-t-il proposé au genre humain quelque chose à croire ? Si la raison peut démontrer que c'est vrai, cela mérite tout à fait la croyance ; mais si la raison humaine fait défaut en la matière et ne peut le dégager, sa *crédibilité* est du même coup *diminuée*'. Ce qui revient à dire que la véracité de Dieu n'est pas un fondement ferme et sûr de la foi auquel se fier, sans le témoignage concourant de la raison, c'est-à-dire, sauf mon respect, que Dieu ne doit pas être cru sur sa propre parole, à moins que ce qu'Il révèle soit par lui-même crédible et puisse être cru sans Lui.

Si ceci constitue un moyen de promouvoir la religion, la religion chrétienne en tous ses articles, je ne regrette pas que ce ne soit pas un moyen que l'on puisse trouver dans l'un de mes écrits ; car j'imagine que tout moyen de ce genre recevrait (et mériterait, je pense) d'autres titres que celui de pur *scepticisme* et soulèverait une forte réprobation, pour peu que son auteur ne soit pas supposé infaillible en tous ses propos et donc autorisé à dire en toute sécurité ce qui lui plaît. Pour les gens comme moi, le peuple profane [1], se mettre à examiner serait se permettre beaucoup trop : nous n'avons qu'à écouter et à croire, même si ce qui est dit subvertit les vrais fondements de la foi chrétienne.

Ce que je viens de noter est contenu de façon si manifeste dans votre raisonnement que quand je l'ai rencontré pour la première fois dans votre réponse à ma première lettre, cela m'a paru si étrange de la part d'une personnalité comme Monseigneur, et dans une discussion où vous défendez la doctrine de la Trinité, que je ne pouvais guère me persuader que ce n'était pas un lapsus. Mais quand j'ai trouvé dans votre seconde lettre (*2ᵉ Réponse*, p. 28-29) que vous l'utilisiez à nouveau et que vous lui donniez une place considérable pour en faire un argument de poids à faire valoir, j'ai été convaincu que c'était un principe que vous aviez accueilli avec bienveillance,

---

1. En latin dans le texte : *profanum vulgus*.

même s'il n'était pas en accord avec les articles de la religion chrétienne, particulièrement ceux que vous aviez entrepris de défendre.

Je souhaite que mon lecteur lise les passages tels qu'ils se trouvent dans vos lettres mêmes et voient si ce que vous y dites ne se réduit pas à ceci : 'Une révélation de Dieu est plus ou moins crédible selon qu'elle reçoit une confirmation plus ou moins forte de la raison humaine', car

1) Monseigneur dit (*1re Réponse,* p. 55) « Je ne mets pas en doute que Dieu puisse donner l'immortalité à une substance matérielle ». Mais vous dites : « Cela *ôte beaucoup* de l'évidence de l'immortalité si cela dépend entièrement du fait que Dieu donne ce dont elle n'est pas capable par sa propre nature ». Je réponds : le fait que n'importe qui ne soit pas capable de démontrer que l'âme est immatérielle, *n'ôte pas beaucoup*, n'ôte même rien, de l'*évidence de l'immortalité*, si Dieu a révélé qu'elle sera immortelle ; ceci parce que la véracité de Dieu est la démonstration de la vérité de ce qu'Il a révélé ; et l'absence d'une autre démonstration d'une proposition, c'est-à-dire qu'elle soit par démonstration vraie, n'enlève rien à sa garantie. Car, là où il y a une démonstration claire, il y a autant d'évidence que peut en avoir une vérité qui n'est pas évidente par elle-même. Dieu a révélé que l'âme des hommes vivra pour toujours. Mais dit Monseigneur, « de cette évidence beaucoup est ôté si elle dépend entièrement du fait que Dieu ait donné ce dont elle n'est pas capable par sa propre nature », c'est-à-dire, la révélation et le témoignage de Dieu perdent beaucoup de leur validité, s'il dépend entièrement du bon plaisir de Dieu et s'il ne peut être démonstrativement dégagé par la raison naturelle que l'âme est immatérielle et par conséquent immortelle en sa nature. Car c'est tout ce qui est ou peut être signifié par ces mots pour qu'ils soient à propos : « ce dont elle n'est pas capable par sa propre nature ». Car le tout de l'exposé de Monseigneur ici est de prouver que l'âme ne peut être matérielle, car l'évidence de son immortalité serait alors *fort diminuée* ; ce qui revient à dire qu'à partir de la révélation divine, il n'est pas aussi crédible qu'une substance matérielle soit immortelle et qu'une substance immatérielle le soit ; ou ce qui est tout un, que Dieu ne doit pas être cru de la même manière quand il déclare qu'une substance matérielle sera immortelle et quand il déclare qu'une substance immatérielle le sera, parce que l'immortalité d'une substance matérielle ne peut être démontrée à partir de la raison naturelle.

Mettons à l'épreuve cette règle de Monseigneur sur d'autres cas ; Dieu a révélé que le corps qu'auront les hommes après la résurrection vivra pour l'éternité aussi bien que leur âme. Croyez-vous en la vie éternelle de l'un plus qu'en celle de l'autre sous prétexte que vous pensez pouvoir prouver l'une par la raison naturelle et pas l'autre ? Ou quelqu'un qui admet la révélation divine sur la question, peut-il douter de l'une plus que de l'autre, ou estimer la proposition : 'Le corps des hommes après la résurrection vivra pour toujours' moins crédible que celle-ci : 'L'âme des hommes après la résurrection vivra pour toujours', ce qu'il doit faire, s'il estime qu'une proposition est moins crédible que l'autre ? S'il en est ainsi, il faut consulter la raison pour savoir jusqu'où Dieu doit être cru et le crédit du témoignage divin doit son pouvoir à l'évidence de la raison, ce qui revient évidemment à supprimer la crédibilité de la révélation divine dans toutes les vérités surnaturelles où fait défaut la garantie de raison [1]. Et je vous laisse considérer quel est l'apport de ce principe à la défense de la doctrine de la Trinité ou au progrès de la religion chrétienne [2].

Je n'ai pas assez la pratique des textes de Hobbes ou de Spinoza pour dire quelles étaient leurs opinions en la matière. Mais sans doute, il y en aura pour penser que l'autorité de Monseigneur sur ce sujet leur est plus utile que celle de ces noms, décriés à juste titre, et ils seront heureux de trouver en vous un défenseur des *oracles de la raison* [3] si peu favorables au *oracles* de la révélation divine. Cela au moins peut être joint aux termes qui figurent au bas de la page suivante (p. 65 de la *1re Réponse*) : *ceux qui se sont attachés* à diminuer la crédibilité de ces articles de foi (ce que font effectivement ceux qui les disent moins crédibles sous prétexte qu'ils ne peuvent pas être démonstrativement élaborés par la raison naturelle) ne sont pas considérés comme des gens qui préservent plusieurs articles de la foi chrétienne, spécialement ceux de la Trinité, de l'Incarnation et de la Résurrection des corps, articles qui servent à Monseigneur pour m'introduire dans la querelle actuelle.

---

1. Comparer avec 4.18.4-10.

2. Non repris ici le passage de la *2e Réponse* de Locke : « Je peux être assuré, je crois, que peu de chrétiens ont fondé leur croyance en l'immortalité de l'âme sur autre chose que la révélation ; en effet s'ils l'avaient défendue par des raisons naturelles et philosophiques, ils n'auraient pu éviter de croire en la pré-existence avant l'union au corps aussi bien qu'à son existence future après la séparation du corps ». Ce qui est justifié par cette observation du Dr Cudworth : « Aucun ancien avant le christianisme n'a défendu la permanence future de l'âme après la mort, sans affirmer aussi sa pré-existence » ; *The True Intellectual System of the Universe*, 1.1, § 31. Le texte de Cudworth dit en fait : « Il est en outre évident que le même principe qui a conduit ainsi les Anciens à défendre l'immortalité de l'âme et sa permanence future après la mort doit nécessairement les déterminer à défendre de la même manière sa préexistence et donc sa transmigration ».

3. Titre d'une œuvre de Charles Blount, déiste anglais, écrite en 1693 et publiée de façon posthume en 1695.

Je n'ennuierai pas le lecteur avec vos tentatives ultérieures tendant à prouver que, si l'âme n'était pas une substance immatérielle, elle ne pourrait être *autre que la vie*, les tout premiers mots (*1*^{re} *Réponse*, p. 55) réfutant manifestement tout ce que vous alléguez en ce sens : « Si l'âme était une substance matérielle, elle ne serait rien d'autre que la vie », ce qui signifie que si l'âme était réellement une *substance*, elle ne serait pas réellement une *substance*, mais réellement rien d'autre qu'une affection de substance ; car la vie, qu'elle appartienne à une substance matérielle ou à une substance immatérielle, n'est pas la substance elle-même mais une affection de la substance.

2) Vous dites (*1*^{re} *Réponse*, p. 57) :

> Nous pensons que l'état séparé de l'âme après la mort est suffisamment révélé dans l'Écriture ; pourtant il est très difficile de le comprendre si l'âme n'était que la vie ou une substance matérielle qui doit être dissoute quand la vie est finie. Car, si l'âme était une substance matérielle, elle devrait être constituée, comme les autres, par la cohésion d'éléments séparés, aussi minuscules et invisibles soient-ils. Et qu'est-ce qui les garderait assemblés une fois la vie disparue ? Aussi n'est-il pas chose aisée d'expliquer *comment* l'âme serait capable d'immortalité si elle n'est pas une substance immatérielle. Alors nous savons que la dissolution et la constitution des corps ne peut atteindre l'âme, car elle est de nature différente.

Qu'il soit aussi difficile que possible « d'expliquer ce qui garderait assemblés les éléments de l'âme matérielle » après sa séparation du corps, il sera toujours aussi facile de l'expliquer que d'expliquer *ce qui garde assemblé* une substance matérielle et immatérielle. Et pourtant la difficulté *d'en donner une explication* ne *réduit* pas *la crédibilité* (je l'espère avec Monseigneur) de l'union inséparable du corps et de l'âme pour l'éternité. Et je me persuade que *l'homme de bon sens*, auquel vous *faites appel* en l'occurrence, ne voit pas sa croyance en ce *point fondamental* fort amoindrie par cette difficulté. Je pensais donc (et avec votre permission je penserai encore) que l'union d'éléments de matière l'un avec l'autre est aussi bien entre les mains de Dieu que l'union d'une substance matérielle et immatérielle ; et le fait que *ce ne soit pas une chose facile d'expliquer ce qui les tient assemblés* n'*ôte pas beaucoup* ou pas du tout, *de l'évidence de l'immortalité*, qui dépend de cette union ; même si, que cela *dépende entièrement du don et du bon plaisir de Dieu* (procédé qui *crée de grandes difficultés de compréhension* et que notre raison ne peut découvrir dans *la nature* des choses) « amoindrit la crédibilité des articles fondamentaux de la résurrection et de l'immortalité », selon l'affirmation si péremptoire de Monseigneur.

Mais, Monseigneur, pour écarter un peu cette objection et montrer sa faible force même pour vous, permettez moi de présumer que vous croyez à l'immortalité du corps après la résurrection aussi fermement qu'à tout autre article de foi. S'il en est ainsi, qu'il ne soit pas *facile d'expliquer ce qui gardera assemblés* les éléments d'une âme matérielle, ne peut pas plus *affaiblir la crédibilité* de l'immortalité de l'âme aux yeux de quelqu'un qui croit qu'elle est matérielle, que la même difficulté n'*affaiblit la crédibilité* de l'immortalité du corps. Car, lorsque Monseigneur trouvera *facile d'expliquer* ce qui, outre le bon plaisir de Dieu, gardera assemblés les éléments de notre corps pour l'éternité, ou même ce qui gardera assemblés l'âme et le corps, toute personne qui estime l'âme matérielle trouvera également, je n'en doute pas, aussi *facile d'expliquer ce qui garde également assemblés* les éléments de la matière pour l'éternité.

Si l'ardeur de la controverse ne rendait les gens oublieux au point d'adopter (quand ils leur sont utiles) les principes mêmes qu'ils ont hautement condamnés chez les autres, je m'étonnerais de voir Monseigneur raisonner ainsi : « Il est difficile de comprendre ce qui garderait assemblés les éléments minuscules d'une âme matérielle quand la vie s'en va ; et il n'est-il pas chose aisée d'expliquer *comment* l'âme serait capable d'immortalité si elle n'est pas une substance immatérielle ? » ; pour ces deux raisons, *la façon dont* cela peut se faire n'est pas aussi crédible que s'il était facile de l'expliquer par la raison naturelle. C'est à cela que tend tout votre discours présent, comme il est manifeste par ce qui a déjà été cité de la page 55, et comme ce sera encore plus flagrant par ce que vous dites ailleurs, bien que de telles preuves soient inutiles, puisqu'en un autre sens, tout cela ne serait pas contre moi.

Je pensais que Monseigneur avait ailleurs affirmé, et insisté sur cette vérité, qu'il fallait refuser qu'une partie de la révélation divine soit d'autant moins crue que la chose même *créait de grandes difficultés de compréhension* et que sa façon d'être était difficile à expliquer, qu'*il n'était pas facile de rendre compte du comment.* Monseigneur, je suppose, le condamnait chez les autres comme un principe tout à fait déraisonnable, propre à détruire, comme je le pense, tous les articles de la religion chrétienne qui seraient de pures questions de foi. Mais est-il possible que vous l'utilisiez vous-même contre l'article de la *vie et de l'immortalité* mis en lumière par le Christ à travers tout l'Evangile et qui n'avait pas été, et ne pouvait pas être, dégagé par la raison naturelle sans révélation [1] ? Vous direz que vous ne parlez que de l'âme, et que vos termes sont : « Il n'est pas facile d'expliquer *comment* l'âme serait capable d'immortalité si elle n'est pas une substance immatérielle ». Je l'accorde, mais permettez-moi de dire qu'il n'y a pas une des difficultés objectées (ou qui pourraient l'être) sur la façon dont une âme matérielle peut être immortelle, qui n'atteigne pas aussi l'immortalité du corps.

Et si ce n'était pas le cas, le principe de Monseigneur toucherait, j'en suis sûr, d'autres articles de foi où notre raison naturelle ne trouve pas facile d'expliquer *comment* ces mystères existent ; et ces articles de foi doivent donc, selon vos principes, être moins *crédibles* que d'autres articles qui *créent moins de difficultés pour l'entendement*. Car vous dites, Monseigneur (*2ᵉ Réponse*, p. 28) :

> J'en appelle à tout homme de bon sens pour savoir si [un homme qui pense d'après ses propres principes peut démontrer l'immortalité de l'âme à partir de fondements naturels, et si] la découverte de l'incertitude de ces principes quant à la raison [c'est-à-dire l'incapacité de prouver avec certitude par la raison naturelle] n'affaiblit pas la crédibilité de cet article fondamental considéré comme une pure question de foi ?

Ce qui en fait revient, je me permets de le penser, à ceci : une proposition divinement révélée qui ne peut être prouvée par la raison naturelle est moins crédible qu'une proposition qui le peut. Ce qui me semble être très proche de ceci (je le dis avec toute la respect nécessaire) : quand Dieu affirme une proposition qui ne peut pas être prouvée par la raison naturelle, il doit être moins cru que quand il propose ce qu'elle peut prouver. C'est l'exact contraire de mon opinion, quoique vous essayiez de prouver par les termes suivants (*2ᵉ Réponse*, p. 29 [2]) :

> Et si l'évidence de la raison fait tellement défaut à celle de la foi, celle-ci aura nécessairement moins d'effet sur l'esprit des gens ; le service de la raison est alors abandonné, comme c'est forcément le cas lorsque les fondements rationnels de la certitude sont éliminés. Est-il même possible que celui qui découvre que sa raison le trompe sur des points aussi fondamentaux conserve une foi stable et inébranlable sur la base de la révélation ?

1. Cf. *Le Caractère raisonnable du Christianisme*, chap. 14.
2. Citation déjà faite quelques pages plus haut.

Il est difficile d'affirmer en termes plus clairs que la crédibilité du témoignage de Dieu dépend de l'évidence ou de la probabilité naturelles de ce que nous recevons par révélation ; crédibilité qui tient ou s'écroule avec cette évidence ou cette probabilité ; autant les vérités de Dieu ou articles de pure foi sont privés de preuve de la raison, autant ils perdent leur *crédibilité*. Et si c'est vrai, la révélation peut en venir à ne plus avoir aucune *crédibilité* : dans le cas présent, si la crédibilité de la proposition : « L'âme des hommes vivra pour toujours », révélée dans l'Écriture est affaiblie par l'aveu qu'elle ne peut être démonstrativement prouvée par la raison alors qu'on l'affirme hautement probable, selon la même règle sa crédibilité ne s'efface-t-elle pas progressivement jusqu'à s'annuler si la raison naturelle n'est pas capable de la rendre au moins probable ou si les principes naturels rendent plus probable la proposition inverse ? Si le simple défaut de démonstration *affaiblit la crédibilité* d'une proposition divinement révélée, est-ce que le manque de probabilité ou la probabilité contraire à partir de la raison naturelle ne suppriment pas toute sa *crédibilité* ? Elle doit à ce point se réduire à néant, si la véracité de Dieu et la *crédibilité* des vérités que nous recevons de Lui dans la révélation sont à chaque fois sujettes au verdict de la raison humaine et si d'autres preuves ou un manque de preuves de sa certitude ou de sa probabilité lui confèrent plus ou moins de crédibilité.

Si telle est pour Monseigneur la façon de promouvoir la religion ou de défendre ses articles, je ne sais pas quels arguments plus efficaces pour la subversion de ceux que vous avez entrepris de défendre peuvent utiliser leurs plus grands ennemis : vous réduisez purement et simplement toute révélation à la raison naturelle, pour lier sa *crédibilité* à la raison et ne laisser aucune place à la foi ailleurs que dans ce qui peut être expliqué par la raison naturelle sans révélation [1].

Monseigneur insiste beaucoup sur ce point (*1re Réponse*, p. 48-54) comme si j'avais contredit ce que j'ai soutenu dans mon *Essai* [2] en affirmant que sur la base de mes principes on ne peut prouver par démonstration que c'est une substance immatérielle qui pense en nous, quelque probable que ce soit. Celui qui prendra la peine de lire mon chapitre et de l'étudier verra que mon but est d'y montrer qu'il n'est pas plus difficile de concevoir une substance immatérielle qu'une substance matérielle ; et qu'à partir des idées de pensée et du pouvoir de mouvoir la matière, expérimentées en nous-

---

1. Position déiste, de Toland notamment (*Christianity not Mysterious*) que critique Stillingfleet ailleurs dans la controverse et qu'il considère comme un disciple de Locke.

2. 2.23.22, 31.

mêmes (idées qui n'appartiennent pas originellement à la matière comme matière), il n'y a pas plus de difficulté à déduire en nous une substance immatérielle que des éléments matériels. Ces idées de penser et de pouvoir mouvoir la matière, j'ai montré ailleurs [1] qu'elles nous mènent par démonstration à la connaissance certaine de l'existence d'une être pensant immatériel, en qui nous trouvons l'idée d'un Esprit au sens le plus strict ; et c'est en ce sens aussi que je l'ai appliquée à l'âme dans ce chapitre 23 de mon *Essai,* trouvant un fondement suffisant dans la possibilité aisément concevable, voire la grande probabilité, que la substance pensante en nous soit immatérielle. Et je penserai que je peux en toute sécurité l'attribuer en ce sens à la substance pensante en nous, tant que Monseigneur n'aura pas mieux prouvé à parmi de mes expressions qu'il est impossible qu'elle soit immatérielle. Car je dis seulement qu'il est possible, c'est-à-dire qu'il n'implique pas de contradiction, que Dieu, Esprit immatériel tout-puissant, donne s'il Lui plaît à des fragments de matière, ordonnés comme il le juge bon, un pouvoir de penser et de mouvoir ; et ces fragments de matière, ainsi dotés du pouvoir de penser et de mouvoir, sont proprement appelés Esprits, par différence avec la matière non-pensante. Et en tout cela, je présume, il n'y a aucune sorte de contradiction.

J'ai justifié mon emploi du mot *Esprit* en ce sens, à partir de l'autorité de Cicéron et de Virgile, en appliquant le mot latin *Spiritus* dont est dérivé *Esprit* à l'âme comme chose pensante, sans en exclure la matérialité. Monseigneur répond à cela (*1 [re] Réponse,* p. 58-60) :

> Cicéron, dans ses *Tusculanes* suppose que l'âme est, non pas une sorte de corps plus subtil, mais d'une nature différente du corps : il appelle le corps la prison de l'âme et dit que la tâche de l'homme sage est d'extraire son âme de son corps. [Et ensuite Monseigneur conclut comme d'habitude par une question :] Est-il possible alors de penser qu'un homme si grand ne considérait l'âme que comme une modalité du corps, qui doit s'achever avec la vie ?

Réponse : non ; il est impossible qu'un homme de bon sens comme Cicéron, lorsqu'il utilise le mot *corps* pour les parties grossières et visibles d'un homme qu'il reconnaît mortel, *considère l'âme comme une modalité de ce corps,* dans un discours où il tâchait de persuader quelqu'un d'autre qu'elle était immortelle. Il faut reconnaître que les *grands hommes* authentiques tels que lui n'ont pas l'habitude de se contredire aussi manifestement. Il n'a donc ici aucune pensée sur une *modalité du corps* de l'homme ; il n'était pas assez

---

1. 4.10.2-18.

frivole pour examiner si une modalité du corps de l'homme est immortelle quand le corps lui-même est mortel ; et donc, ce qu'il rapporte comme l'opinion de Dicéarque [1], il l'écarte au début sans plus d'égard au chapitre 11 [2]. La question de Cicéron était directe, claire et sensée : 'qu'est-ce que l'âme ?', pour voir s'il pouvait en tirer son immortalité. Et dans tout ce discours du premier livre des *Tusculanes*, où il manifeste tant de culture et de raison, il n'y a pas une syllabe qui manifeste la moindre pensée que l'âme soit une substance immatérielle, mais au contraire beaucoup de propos directement opposés.

En effet,

1) il exclut le *corps* pris dans le sens où il utilise *corpus* tout au long des chapitres 19, 22, 30, 31 [3] pour les parties organiques sensibles d'un homme, et il affirme que ce n'est pas l'âme. Le *corps* en ce sens, pris pour le corps humain, il l'appelle la *prison de l'âme* [4], et il dit en donnant l'exemple de Socrate et de Caton que le sage est heureux de saisir la bonne occasion d'en sortir [5]. Mais nulle part il ne dit rien de tel de la matière : il n'appelle pas la matière en général 'prison de l'âme' et il ne dit pas un mot sur le fait d'en être séparé.

2) Il conclut que l'âme n'est pas comme les autres choses ici-bas, faite d'une composition d'éléments (chap. 27 [6]).

3) Il exclut que les deux éléments génériques, la terre et l'eau, soient l'âme (chap. 26 [7]).

Jusque là, il est clair et assuré ; mais au-delà, il est incertain et ne s'aventure pas. En certains endroits, il se demande de façon dubitative : l'âme n'est-elle pas air ou feu ? : « J'ignore si l'âme est souffle ou feu » (chap. 25 [8]). Il est donc d'accord avec Panetius pour dire que si elle est un élément, elle est, comme il le dit : « air enflammé » [9] et il en donne plusieurs raisons aux chapitres 18 et 19. Et bien qu'il pense qu'elle ait « sa propre

---

1. Cf. *Tusculanes*, Livre 1, chap. 10, § 21, chap. 31, § 77.

2. *Ibid*., § 24, *cf*. aussi § 41.

3. *Ibid*., § 44, 52-53, 72, 75 ; en marge : « Ainsi parle Ennius 'la terre est corps mais l'esprit est feu' ».

4. *Ibid*., § 118 (l'image et non l'expression même).

5. *Ibid*., § 71-75.

6. *Tusculanes*, I, 22, 71 Cicéron parle de *genres*.

7. *Ibid*., § 65.

8. *Ibid*., § 60 : « animae sit ignisne nescio » ; cité par Locke en latin « Anima sit animus ignisve nescio ».

9. *Ibid*., § 42, cité en latin avant sa traduction : « inflammata anima ».

nature particulière », il est tellement éloigné de la croire immatérielle qu'il dit au chapitre 19 [1] qu'admettre qu'elle soit *de nature aérienne ou ignée* ne contredirait pas ce qu'il a dit.

Ce qu'il semble privilégier, c'est que l'âme ne soit pas du tout un élément, mais qu'elle soit de la même substance que les cieux, distinguée par Aristote [2] des quatre éléments et des corps changeants d'ici bas (qu'il supposait composés des quatre éléments) et qu'il appelait *quinte essence* Que telle était l'opinion de Cicéron, c'est clair par ces mots :

> Donc, à mon sens, l'*âme* est divine – Euripide ose dire : est un dieu –; et, donc, si dieu est souffle ou feu, telle est aussi l'âme de l'homme ; car, de même que cet élément céleste ne renferme ni terre ni liquide, de même on ne trouvera dans l'âme ni l'une ni l'autre de ces matières. Si au contraire il existe un certain cinquième élément, introduit par Aristote, il appartient d'abord aux dieux et aux âmes. C'est cette opinion que nous avons suivie et que nous avons exprimée en ces termes dans notre *Consolation*... (chap. 26 [3]).

Puis il poursuit (chap. 27 [4]) en reprenant les termes de son Traité *De la Consolation* que Monseigneur a cités, où il affirme que l'âme ne tient pas son origine de la terre ou n'est ni mêlée ni constituée de terre ; il dit : « Il y a donc un élément singulier et l'essence de l'âme est distincte des éléments qui nous sont habituels et connus », et par là, dit-il, il n'entend rien d'autre que la *quinte essence* d'Aristote, qui est sans mélange puisqu'elle constitue les dieux et les âmes et qu'elle est *divine, céleste* [5] ; et il en déduit qu'elle est éternel ; car elle est, comme il dit : « séparée de toute composition mortelle » [6]. Il est donc clair que, dans toute sa recherche sur la substance de l'âme, ses pensées ne l'ont pas conduit au-delà des quatre éléments ou de la quinte essence d'Aristote. Et en tout cela, il n'y a aucune immatérialité, bien au contraire.

Il voulait croire (comme l'ont toujours fait les sages et gens de bien) que l'âme est immortelle ; mais pour autant il est clair qu'il n'a jamais pensé à son immatérialité, comme les populations de l'Orient qui croient que l'âme est

---

1. Expression approchée au § 43.
2. *Du Ciel*, 1.2 (268a-269b).
3. *Ibid.*, § 65, Locke cite en latin.
4. *Ibid.*, § 66, citation qui suit en latin.
5. En latin dans le texte : *divinum celeste*.
6. En latin dans le texte : « sejuncta ab omni mortali concretione ».

immortelle mais n'ont néanmoins aucune pensée, aucune conception de son immatérialité. Il faut remarquer ce qu'un auteur important et judicieux, Simon de la Loubère, dit à ce sujet :

> Nulle opinion n'a été si généralement reçue parmi les hommes que celle de l'immortalité de l'âme ; mais que l'âme soit immatérielle, c'est une vérité dont la connaissance ne s'est pas tant étendue. Aussi est-ce une difficulté très grande de donner à un Siamois l'idée d'un pur Esprit ; et c'est le témoignage qu'en rendent les missionnaires qui ont été le plus longtemps parmi eux. Tous les païens de l'Orient croient à la vérité qu'il reste quelque chose de l'homme après sa mort, qui subsiste séparément et indépendamment de son corps, mais ils donnent étendue et figure à ce qui reste et ils lui attribuent en un mot tous les mêmes membres et toutes les mêmes substances solides et liquides dont nos corps sont composés. Ils supposent seulement que les âmes sont d'une matière assez subtile pour se dérober à l'attouchement et à la vue… [1]. Telles étaient les mânes et les ombres des Grecs et des Romains ; et c'est à cette figure des âmes, pareille à celle des corps, que Virgile suppose qu'Enée reconnut Palinure, Didon et Anchise dans les Enfers (*Du Royaume de Siam*, t. 1, chap. 19, § 14 [2]).

Ce gentilhomme n'était pas quelqu'un qui voyageait dans cette partie du monde pour son plaisir ou pour avoir l'occasion de raconter à son retour des histoires étranges assemblées par hasard : il avait été choisi à dessein (et semble-t-il bien choisi) pour mener des recherches sur les particularités du Siam. Et il s'est si bien acquitté de la tâche que, selon son épître dédicatoire, il avait reçue de s'informer avec exactitude de ce qu'il y avait là-bas de plus remarquable ; et si nous avions seulement une présentation d'autres pays de l'Orient équivalente à celle qu'il donne de ce Royaume où il fut envoyé, nous

---

1. Texte omis par Locke : « quoiqu'ils croient d'ailleurs que si on blessait quelqu'une, le sang qui coulerait de sa blessure pourrait paraître ».

2. *Du Royaume de Siam*, par Monsieur de la Loubère…, À Amsterdam chez A. Wolfang, 1691, t. 1, 3ᵉ partie, chap. 19, 'De la doctrine des Talapoins' [*Library of John Locke*, n° 1811 – Locke possédait aussi la traduction anglaise de 1693] retranscrit ici à partir de l'édition critique : Michel Jacq-Hergoual'ch, *Étude historique et critique du livre de Simon de la Loubère « Du Royaume de Siam »*, Paris, Éditions Recherches sur les Civilisations, 1987. Voir aussi note à 1.4. 8.

serions bien mieux renseignés que nous ne le sommes sur les manières, les notions et les religions de cette partie du monde, habitée par des nations civilisées, qui ne manquent ni de bon sens ni de raison aiguisée, même si elles ne sont pas dans le moule de la logique et de la philosophie de nos Écoles.

Mais, pour en revenir à Cicéron, il est évident que, dans ses recherches sur l'âme, ses pensées ne se sont pas aventurées au-delà de la matière. Les expressions qui tombent de sa plume à divers endroits de son livre le manifestent : par exemple, l'âme des hommes et des femmes illustres monte dans les cieux alors que celle des autres reste sur terre (chapitre 12 [1]) ; l'âme est chaude et réchauffe le corps ; en quittant le corps, elle pénètre, divise, et fait éclater notre air épais, brumeux et humide, elle s'arrête dans les régions de feu et ne monte plus, l'égalité de chaleur et de poids en faisant son lieu propre où elle est nourrie et entretenue des mêmes choses que celles qui nourrissent et soutiennent les astres ; et par sa parenté avec son environnement, elle aura là une vue plus claire et une connaissance plus complète des corps célestes (chap. 19) ; l'âme aura, de cet endroit élevé, une vision agréable et plus pure des corps célestes (chap. 20) ; il est difficile de déterminer la conformation, la taille et le lieu de l'âme dans le corps : elle est trop subtile pour être vue [2] ; elle est dans le corps humain comme dans une maison, un vase ou un réceptacle (chap. 22 [3]). Toutes ces expressions mettent suffisamment en évidence que celui qui les utilise n'a pas séparé dans son esprit son idée de l'âme de la matérialité.

On peut sans doute répondre qu'une grande partie de ce qu'on trouve dans le chapitre 19 peut être dit à propos des principes de ceux pour qui l'âme est « air enflammé ». Je l'accorde, mais il faut aussi observer que, dans ce chapitre et les suivants, non seulement il ne nie pas, mais plus encore il admet qu'une chose aussi matérielle que l'air enflammé peut penser.

En fait, voici brièvement ce dont il s'agit : Cicéron voulait croire à l'immortalité de l'âme ; mais quand il chercha dans la nature de l'âme même quelque chose qui fasse de cette croyance une certitude, il se trouva perplexe. Il reconnut qu'il ne savait pas ce qu'est l'âme ; mais le fait de ne pas savoir ce qu'elle est, affirme-t-il au chapitre 22, n'est pas une raison pour dire qu'elle n'existe pas. Et ensuite, il continue par la répétition de ce qu'il a dit à propos de l'âme dans le sixième livre de sa *République* [4].

---

1. § 27.
2. § 51.
3. § 52.
4. *De Re Publica*, VI, 27.

L'argument qu'il emprunte à Platon [1] prouve, s'il prouve quelque chose, non seulement que l'âme est immortelle, mais, plus encore que ce que Monseigneur accorderait pour vrai, il prouve qu'elle est éternelle et sans commencement aussi bien que sans fin : « Elle n'est pas née, c'est certain, et elle est éternelle » dit-il [2].

De fait, à partir des facultés de l'âme, il conclut bien qu'elle est *d'origine divine* ; mais quant à la substance de l'âme, à la fin de son exposé sur ses facultés (chap. 25 [3]), aussi bien qu'au début (chap. 22 [4]), il n'a pas honte d'avouer son ignorance :

> Est-ce que l'âme est souffle ou du feu, je l'ignore et je n'ai pas honte, comme ces gens-là, d'avouer que j'ignore ce que j'ignore ; mais si je pouvais affirmer quelque chose d'autre de cette chose obscure, que l'âme soit souffle, ou qu'elle soit feu, je jurerais qu'elle est divine.

Aussi, toute la certitude à laquelle il parvenait à propos de l'âme était qu'il était assuré qu'il y a quelque chose de divin en elle, c'est-à-dire qu'il y a dans l'âme des facultés qui ne peuvent être l'effet de la nature de la matière, mais qu'elles doivent avoir leur origine dans un pouvoir divin. Mais aussi divines que soient ces qualités, il reconnaissait qu'elles pouvaient être placées dans le souffle ou dans le feu qui sont, Monseigneur ne le niera pas je pense, des substances matérielles. Aussi toutes ces qualités divines qu'il vante si justement dans l'âme ne le conduisaient pas, comme il paraît, à penser le moins du monde à l'immatérialité. Ceci démontre qu'il ne les appuyait pas sur l'exclusion de la matérialité hors de l'âme, car il professe ouvertement qu'il ne connaît pas d'autre position que celle selon laquelle le souffle et le feu peuvent être la chose pensante en nous. Et dans toutes ses considérations sur la substance de l'âme elle-même, il s'en tient à l'*air* ou au *feu* ou à la *quinte essence* d'Aristote, car il est évident qu'il ne se risque pas au-delà.

Mais avec toutes ces preuves tirées de Platon qu'il révère tellement, avec tous les arguments que sa vaste culture et son grand talent pouvaient lui procurer en faveur de l'immortalité de l'âme, il était si peu satisfait et si loin d'être certain, si loin de posséder ou d'être capable de prouver une pensée,

---

1. *Phèdre*, 245c-e.

2. § 54, cité en latin : « neque nata certe est, et æterna est ».

3. § 60.

4. § 51, cité en latin : « Anima sit animus, ignisve nescio ; nec me pudet ut istos, fateri nescire quod nesciam. Illud, si ulla alia de re obscura affirmare possum, sive anima, sive ignis sit animus, eum jurarem ese divinum ».

qu'il professe encore et encore son ignorance et son doute. Au début, il énumère les diverses opinions des philosophes chez qui il a étudié la question avec soin et il dit, plein de certitude : « Parmi ces propositions, quelle est la vraie, un dieu le verra ; quelle est la plus vraisemblable, c'est une grande question » (chap. 11 [1]). Et vers la fin, après avoir repris toutes les positions et les avoir examinées une par une, il avoue rester perplexe, ne sachant à laquelle s'arrêter et ce que décider :

> Le perspicacité de l'esprit qui se regarde lui-même s'émousse constamment et à cause de cela nous en délaissons la considération soigneuse [2]. C'est pourquoi, doutant, inquiet, hésitant, craignant de nombreux obstacles, notre discours est charrié comme sur un radeau dans la mer immense (chap. 30 [3]).

Et pour conclure cette discussion, quand la personne qu'il présente comme celle qui discute avec lui, lui dit qu'elle est décidée à garder sa croyance en l'immortalité, Cicéron répond :

> Je t'en félicite, même s'il ne faut pas trop s'y attacher ; souvent en effet nous sommes ébranlés sous l'effet d'une conclusion subtile, nous vacillons, nous changeons d'avis, même sur les sujets les plus clairs ; dans ces questions en effet une certaine obscurité demeure (chap. 32 [4]).

Cette vérité délivrée par l'Esprit de vérité est si constante que, même si la Lumière de la nature donne une lueur obscure et des espoirs incertains d'un état futur, la raison humaine ne pouvait à ce sujet atteindre aucune clarté, aucune certitude, si ce n'est que c'est « Jésus Christ seul qui a fait briller la vie et l'immortalité par l'Évangile » (*2 e Épître à Timothée*, 1.10). On nous dit maintenant que reconnaître l'incapacité de la raison naturelle à *faire briller l'immortalité* ou, ce qui passe pour identique, reconnaître des principes sur

---

1. § 23, cité en latin : « Harum sententiarum quæ vera sit, Deus aliquis videret, quæ veri simillima magna quæstio ».

2. *Cf.* 1.1.1.

3. § 73, cité en latin : « Mentis acies se ipsa intuens non nunquam hebescit, ob eamque causam contemplandi diligentiam amittimus. Itaque dubitans, circumspectans, hæsitans, multa adversa reverens. Itaque in rate in mari immenso notra vehitur oratio ».

4. § 78, cité en latin : « Laudo id quidem, etsi nihil nimis oportet confidere. Movemur enim sæpe aliquo acuto concluso, labamus, mutamusque sententiam clarioribus etiam in rebus ; in his est enim aliqua obscuritas ».

lesquels l'immatérialité de l'âme (et par conséquent, comme on le soutient, son immortalité) ne peut être prouvée démonstrativement, cela *diminue la croyance* en cet article de la révélation que Jésus-Christ seul a *fait briller* et que l'Écriture par conséquent nous garantit établi et certifié par la révélation seule ; mais cela n'aurait peut-être pas paru étrange si cela avait été exprimé par ceux dont on se plaint avec raison qu'ils dédaignent la révélation de l'Évangile et qui ne devraient donc pas être pris très au sérieux quand ils contredisent un texte si manifeste de l'Écriture au profit de leur raison en tout suffisante. Mais quel profit peuvent tirer de ce qui vient de quelqu'un de votre haute autorité et de votre grande culture, les *défenseurs du scepticisme et de l'infidélité à une époque* si suspecte pour Monseigneur, cela mérite votre considération.

Ainsi, Monseigneur, j'espère avoir satisfait votre intérêt pour l'opinion de Cicéron concernant l'âme dans son premier livre des *Tusculanes*. Je veux bien croire que vous « n'êtes pas du tout étranger » à ce texte, comme vous le dites ; mais je me permets pourtant de penser que vous n'avez pas cité (et après une relecture soigneuse de ce traité, je pense pouvoir dire hautement que vous ne pouvez citer) un mot dans ce traité qui exprimerait quelque chose comme une notion de l'immatérialité de l'âme ou du statut de substance immatérielle chez Cicéron.

De vos références à Virgile, vous concluez (*1ʳᵉ Réponse*, p. 62-63) que « pas plus que Cicéron, il ne me fait aucune amabilité sur la question : ils sont tous deux partisans de l'immortalité de l'âme ». Monseigneur, si la question de l'immatérialité de l'âme n'était pas ici comme d'habitude transformée en celle de son *immortalité*, dont je ne suis pas moins partisan que chacun des deux, Cicéron et Virgile, faites moi toute l'*amabilité* que je souhaite sur la question : montrez qu'ils ont attribué le mot *Esprit*[1] à l'âme de l'homme sans penser aucunement à son immatérialité ; et les vers de Virgile que vous citez vous-même le confirment (aussi bien que ceux de son livre VI que j'ai cités) :

> Et quand la mort glacée aura séparé le corps de l'âme,
> Je serai là, ombre présente en tous lieux. Tu le paieras, cruel !
> (*Énéide*, IV, 385-386).

Et monsieur de la Loubère sera mon témoin sur ce point, avec les termes que je viens de citer : il y montre qu'il existe de nos jours des païens qui pensent, comme Virgile et d'autres parmi les Grecs et les Romains de l'Antiquité, que l'âme ou le fantôme des hommes décédés ne meurt pas avec le corps, sans

---

1. En latin : *Spiritus*.

penser qu'elle est parfaitement immatérielle, cette dernière position leur étant bien plus incompréhensible que la première [1].

La réponse de Monseigneur (*1ʳᵉ Réponse*, p. 64-65) à propos de ce qui est dit en *Ecclésiaste 12* [2] porte entièrement sur le fait que Salomon considère l'âme comme immortelle, qui n'est pas ce que je mets en question : la raison pour laquelle je citais ce texte était de montrer que *Esprit* en français peut être utilisé en toute propriété sans aucune notion de son immatérialité, comme *ruah* [3] l'était par Salomon dont la question de savoir s'il pensait que l'âme de l'homme est immatérielle, apparaît peu en ce passage où de fait il parle à la fois de l'âme de l'homme et de celle de la bête. Mais en outre, ce que je défendais est à cet endroit évident par le fait que dans cette citation où *Esprit* est appliqué par nos traducteurs à l'âme des bêtes, que vous ne rangez pas, je pense Monseigneur, parmi les *Esprits* immatériels et par conséquent immortels, bien qu'ils aient sensation et mouvement spontané.

Mais vous dites (*1ʳᵉ Réponse*, p. 65) : « Si l'âme n'est pas par elle-même une libre substance pensante, je ne vois pas quel est le fondement en nature du Jour du Jugement ». *Réponse* : Bien que le monde païen autrefois et jusqu'à ce jour « ne voie pas de fondement en nature du Jour du Jugement », dans la révélation (si Monseigneur peut s'en contenter) chacun peut « voir un fondement du Jour du Jugement » parce que Dieu l'a positivement déclaré ; et pourtant Dieu ne nous a pas enseigné par cette révélation quelle est la substance de l'âme, et n'a dit nulle part que « l'âme est *par elle-même* un libre » agent. Quelle que soit la substance créée, elle n'est pas *par elle-même*, mais par le bon plaisir de son Créateur ; quelque degré de perfection lui appartienne, elle l'a par la main bienveillante de son Auteur. Car, est vrai au sens naturel aussi bien qu'au sens spirituel, ce que dit saint Paul (*2 Corinthiens*, 3.5) : « Ce n'est pas que de nous-mêmes nous ayons qualité pour

---

1. Passage de la seconde réponse de Locke non repris ici : « Et le position de Virgile sur l'âme, ainsi que le fait que le corps quand il est opposé à l'âme ne signifie rien, est évident dans ce vers de l'*Énéide* : 'des formes ténues sans corps', *Énéide*, 6.292 ». En fait ce sont les gorgones qui sont décrites : « Ici, tremblant d'une crainte soudaine, Énée saisit son épée, / tend sa lame dégainée vers ceux qui viennent à sa rencontre / et, si sa docte compagne ne l'avertissait que ces vies ténues, sans corps, / voltigent sous l'image inconsistante d'une forme, il se ruerait / tête en avant et, de son arme, pourfendrait vainement les ombres ».

2. *Ecclésiaste* 12.7 : « ... avant que la poussière ne retourne à la terre, selon ce qu'elle était, et que le souffle ne retourne à Dieu qui l'avait donné ».

3. *Souffle ;* écrit par Locke en hébreu.

revendiquer quoi que ce soit comme venant de nous ; c'est Dieu qui nous a donné qualité ».

Mais Monseigneur, comme je le devine par les mots qui suivent, vous voudriez soutenir qu'une substance matérielle ne peut être un agent libre ; et par là vous entendez seulement, je suppose, que vous ne pouvez voir ou concevoir comment une substance solide commencerait, arrêterait ou changerait son propre mouvement. Permettez moi de répondre que, lorsque vous pourrez rendre concevable comment une substance créée, finie, dépendante, peut se mouvoir, changer ou arrêter son mouvement (ce qu'elle doit faire pour être un agent libre), vous verrez je suppose qu'il n'est pas plus difficile pour Dieu d'attribuer ce pouvoir à une substance créée solide qu'à une substance créée non solide. Cicéron, à l'endroit cité plus haut (*Tusculanes*, livre I, chap. 23) ne pouvait pas concevoir ce pouvoir en autre chose que ce qui existe depuis l'éternité : « Puisqu'il est donc manifeste qu'est éternel ce qui se meut soi-même, qui nierait que cette qualité soit attribuée à l'âme ? ». Mais, bien que vous ne puissiez *voir* comment une substance créée, solide ou non, (veuillez m'excuser, Monseigneur, si j'associe les deux tant que vous ne m'aurez pas expliqué et montré la façon dont l'un des deux peut *par soi-même* mouvoir autre chose ou soi-même) peut être un agent *libre*, vous ne nierez pas, je pense, que les hommes sont des agents libres sous prétexte qu'il est difficile de *voir* comment ce sont de libres agents, au point de mettre en doute que *le Jour du Jugement soit suffisamment fondé*.

Il ne m'appartient pas de juger les conséquences des spéculations de Monseigneur ; mais voyant en moi que rien n'est plus vrai que ce que me dit le sage Salomon : « De même que tu ignores la voie de l'Esprit, aussi bien que la façon dont les os croissent dans le ventre d'une femme enceinte, de même tu ne peux connaître l'œuvre de Dieu, Lui qui fait toutes choses » (*Écclésiaste*, 11.5), je reçois avec gratitude et me réjouis de la lumière de la révélation, qui me laisse ignorant en de nombreuses choses ; et ma pauvre raison ne peut me découvrir les processus. Je sais que la Toute-Puisssance peut faire tout ce qui n'implique pas contradiction ; aussi je crois volontiers tout ce que Dieu a déclaré, bien que ma raison y trouve des difficultés que je ne peux maîtriser. Comme, dans le cas présent, Dieu a révélé qu'il y aura un Jour du Jugement, je pense que ce *fondement* suffit pour conclure que les hommes sont assez *libres* pour devenir responsables de leur action et être rétribué en fonction de ce qu'ils ont fait ; bien que savoir comment l'homme est un agent libre dépasse ma compréhension et mes explications.

En réponse à ma citation de saint Luc (24.39), vous demandez (*1ʳᵉ Réponse* p. 66) « si, de ces mots de Notre Sauveur, il suit qu'un Esprit n'est qu'une apparence ». Je réponds : non, et je ne sais qui a tiré de là une telle conclusion ; mais il s'en suit que dans les *apparitions* il y a quelque chose qui apparaît et que ce qui apparaît n'est pas totalement immatériel ; et pourtant ceci était proprement nommé pneuma [1] et était souvent considéré par ceux qui l'appelaient en grec pneuma et le nomment maintenant *Esprit* en français, comme le fantôme ou l'âme de quelqu'un décédé – ce qui justifie, je me permets de le penser, mon emploi du mot *Esprit* pour un agent pensant volontaire, qu'il soit matériel ou immatériel.

Monseigneur, vous dites (*1ʳᵉ Réponse*, p. 67) que *j'accorde* qu'on ne peut démontrer selon ces principes que la substance spirituelle en nous est immatérielle ; et vous en concluez qu'alors je *renonce totalement à la fondation de la certitude à partir des idées*. C'est une façon de raisonner que vous utilisez souvent, j'ai souvent eu l'occasion de le remarquer, mais je ne peux malgré cela voir la force de l'argument : 'Je reconnais que telle ou telle proposition ne peut être démontrée à partir de mes principes, *donc* je reconnais que la proposition selon laquelle la certitude consiste dans la perception de la convenance ou de la non convenance des idées, est fausse'. Car telle est pour moi le fondement de la certitude et tant que je n'y ai pas renoncé, je n'ai pas renoncé à *mon fondement de la certitude*.

1. Cité en grec par Locke : *Esprit*.

TABLE DES MATIÈRES
DES ÉDITIONS ORIGINALES [1]

1. Table ajoutée à partir de la 2ᵉ édition. Ce qui suit est la 'synthèse' des tables des diverses éditions jusqu'à la 5ᵉ, parfois corrigée ; elle ne signale pas les ajouts, oublis, corrections de chaque édition (voir à ce sujet l'édition critique de Nidditch). Les références par livre, chapitre, section, remplacent ici les références par numéros de page et de section utilisées dans l'original.

INDEX

TABLE DES MATIÈRES

ESSAI SUR L'ENTENDEMENT HUMAIN
LIVRE III

ESSAI SUR L'ENTENDEMENT HUMAIN
LIVRE IV

ANNEXES
NOTES DE LA CINQUIÈME ÉDITION

ACHEVÉ   D'IMPRIMER
EN SEPTEMBRE 2006
PAR   L'IMPRIMERIE
DE LA MANUTENTION
A MAYENNE
FRANCE
N° 221-06

Dépôt légal : 3ᵉ trimestre 2006